面向21世纪课程教材
Textbook Series for 21st Century

"十二五"普通高等教育本科国家级规划教材

高等学校金融学专业主要课程精品系列教材

金融市场学

（第六版）

张亦春　郑振龙　林　海　主编

高等教育出版社·北京

内容简介

本书根据国内外金融市场研究和教材建设的最新进展，对第五版作了修订和完善。全书分为四个部分，共15章，系统介绍了国内外金融市场的产品、机制以及相关理论。第一部分介绍了国际金融市场的主要类型，如货币市场、资本市场和外汇市场；第二部分介绍了金融市场的主要产品，如债券、股票、远期、期货、期权、抵押性资产等；第三部分介绍了金融市场的主要理论，如利率期限结构、效率市场假说、投资组合理论、资本资产定价理论以及资产配置等；第四部分则对金融市场理论的发展进行了总结和归纳。

本书适合作为普通高等学校金融学、经济学、财务管理、会计学等专业本科阶段的金融市场学教材，也可以作为银行、保险公司、证券公司、信托公司、基金管理公司等金融机构培训教材。

图书在版编目（CIP）数据

金融市场学 / 张亦春，郑振龙，林海主编. -- 6版. -- 北京：高等教育出版社，2020.12（2025.1重印）

ISBN 978-7-04-055118-1

Ⅰ. ①金… Ⅱ. ①张… ②郑… ③林… Ⅲ. ①金融市场—高等学校—教材 Ⅳ. ①F830.9

中国版本图书馆CIP数据核字（2020）第192921号

策划编辑 郭金录　责任编辑 郭金录　封面设计 张 楠　版式设计 杜微言
插图绘制 黄云燕　责任校对 刁丽丽　责任印制 刘思涵

出版发行	高等教育出版社	网　址	http://www.hep.edu.cn
社　址	北京市西城区德外大街4号		http://www.hep.com.cn
邮政编码	100120	网上订购	http://www.hepmall.com.cn
印　刷	天津画中画印刷有限公司		http://www.hepmall.com
开　本	787 mm×1092 mm 1/16		http://www.hepmall.cn
印　张	26.75	版　次	1999年10月第1版
字　数	610千字		2020年12月第6版
购书热线	010-58581118	印　次	2025年1月第13次印刷
咨询电话	400-810-0598	定　价	55.00元

物 料 号 55118-00

作 者 简 介

张亦春，中国著名经济金融学家、教育家。毕业于厦门大学政治经济学专业，获香港科学院荣誉博士。曾任厦门大学财金系主任、厦门大学经济学院院长；现任厦门大学金融研究所所长、金融学教授、博士生导师、厦大国家金融重点学科学术总带头人；受聘对外经贸大学等多所大学的客座教授；享受国务院政府特殊津贴。迄今出版著作、教材 40 部，发表论文 270 多篇（均含合作）。2001 年和 2006 年两次获得教育部高等教育国家级教学成果一等奖，2013 年被鸿儒金融教育基金会授予“中国金融学科终身成就奖”；2017 年获厦门大学教师最高奖——南强杰出贡献奖。

郑振龙，经济学博士，现任国务院学科评议组成员、国家“万人计划”领军人才、闽江学者特聘教授、厦门大学证券研究中心主任，享受国务院政府特殊津贴，兼任中国金融学年会秘书长、中国金融学会常务理事兼学术委员、中国管理现代化研究会金融管理委员会副主任、大连商品交易所理事会战略咨询委员会委员、郑州商品交易所理事会咨询顾问委员会委员等职。曾任厦门大学金融系代主任、经济学院副院长、研究生院副院长。迄今出版著作、教材 40 多部，发表论文 200 多篇（均含合作）。荣获鸿儒金融教育基金会“金融学杰出教师”、福建省优秀教师称号。

林海，金融学博士。新西兰惠灵顿维多利亚大学经济与金融系金融学教授、副主任，全国优秀博士论文提名奖获得者，美国康奈尔大学访问学者，新加坡管理大学访问研究员。编辑出版 3 部著作和教材，在 *Journal of Financial Economics*、*Management Science*、*Journal of Banking and Finance*、*Journal of Financial Intermediation*、*Journal of Financial Markets*、《管理科学学报》《经济学季刊》《金融研究》等国内外刊物发表论文 30 多篇（均含合作）。

第六版前言

本书前五版教材被全国普通高等学校金融、保险、贸易等经济类专业本科生、专科生广泛使用，并深受好评。本书入选“十二五”普通高等教育本科国家级规划教材、普通高等教育国家精品教材、高等学校金融学专业主干教材。我们对全国师生在使用本教材过程中提出的富有建设性的意见和建议表示衷心的感谢！

党的二十大对以中国式现代化全面推进中华民族伟大复兴作出战略部署，对全面建成社会主义现代化强国作出了战略安排，提出了前进道路上必须牢牢把握的重大原则，构建了中国式现代化的理论和政策框架。金融市场要服从和服务于这个大局，坚持金融服务实体经济的宗旨，全面深化改革，完善多层次金融市场体系，健全资本市场功能，提高直接融资比重，守住不发生系统性风险底线，推动经济社会发展绿色化、低碳化，扩大金融市场高水平对外开放。要坚持将金融市场一般规律与中国市场的实际相结合，与中华优秀传统文化相结合，加快建设中国特色现代金融市场。我们结合中国式现代化的中国特色、本质要求和重大原则，对中国特色现代金融市场的基本内涵、实现路径、重点任务进行系统深入思考和探索。

基于上述思考，本书第六版修订内容主要包括：

1. 在相关章节全面融入金融服务实体经济、促进高质量发展、防范和化解系统性风险等相关内容和案例。

2. 错误修订。第六版对第五版进行了一次全面详细的校对，以尽可能地减少错误。

3. 资料更新。金融市场变化日新月异，理论不断创新。为了让读者尽可能地了解金融市场理论和实践的最新动态，第六版对第五版中的资料进行了更新，尽可能使用可获得的最新数据。

4. 根据金融市场的不断发展增加了如下内容：(1)在第 3 章另类投资中增加了密码货币的介绍；(2)增加了一章(第 14 章)，主要介绍在金融市场实践中越发重要的资产配置的相关内容；(3) 在第 15 章添加一节介绍金融资产收益率可预测性的相关研究。

5. 保留了前几版的主要特色。(1)保留大量关于中国市场实际情况的介绍。(2)每章章末都列出进一步阅读文献。(3)我们对本书涉及的计算问题编写了 Excel 文件，通过二维码资源链接供读者下载，教师可以鼓励学生们自己动手再编一次，以激发他们的学习热情。(4)添加了外部资源链接。在相关章节，我们通过二维码与外部资源连接，强化学生获取外部知识的能力，同时通过二维码技术做即测即评题，提高学生对相关知识的掌握。(5)为了节省教师的备课时间，我们制作了讲义的幻灯片供大家下载。该网站上还将有其他教学参考资料，我们将利用这个平台为教师和学生提供后续服务。

本书第六版修订主要由郑振龙和林海两位主编完成。由于我们水平有限，不当和错漏之处在所难免，敬请广大读者见谅，并欢迎批评指正。下列 E-mail 地址恭候你的批评和指正：zlzheng@xmu. edu. cn 和 hai. lin@vuw. ac. nz。教师还可以通过这个邮箱索要习题答案。

本书的修订和出版得到了高等教育出版社的鼎力帮助，特在此表示感谢！

张亦春　郑振龙　林　海

2020 年 7 月

（2023 年 10 月修订）

第五版前言

本书第四版出版已经有 4 年多的时间了。本书前四版教材被全国普通高等学校金融、保险、贸易等经济类专业本科生、专科生广泛使用，并深受好评。本书入选普通高等教育“十一五”国家级规划教材，普通高等国家精品教材，高等学校金融学专业主干教材。我们对全国师生在使用本教材过程中提出的富有建设性的意见和建议表示衷心的感谢！

第五版在第四版的基础上进行修订，主要包括：

1. 错误修订。第五版对第四版进行了一次全面详细的校对，以尽可能地减少错误。

2. 资料更新。金融市场变化日新月异，理论不断创新。为了让读者尽可能地了解金融市场和理论的最新动态，第五版对第四版中的资料进行了更新，尽可能使用可获得的最新数据。同时，第五版还增加了两节内容，其中在第 3 章添加一节介绍另类投资的兴起，在第 14 章添加一节介绍 2015 年之后广泛流行的有效的无效市场理论。

3. 添加了外部资源链接。在相关章节，我们通过二维码与外部资源连接，强化学生获取外部知识的能力，同时通过二维码技术做即测即评题，提高学生对相关知识的掌握。

4. 保留了许多第三、四版的特色。(1)保留大量关于中国市场实际情况的介绍；(2)每章章末都列出进一步阅读文献；(3)我们对本书涉及的计算问题编写了 Excel 文件，放在书后所附的光盘中，教师可以鼓励学生们自己动手再编一次，以激发他们的学习热情；(4)为了节省教师的备课时间，我们制作了讲义的幻灯片放在与本书配套的教学课件上，并同时放到本书配套资源链接供大家下载。该网址上还将有其他教学参考资料，我们将利用这个平台为教师和学生提供后续服务。

本书主编对第四版进行了全面细致的审订。由于我们水平有限，不当和错漏之处在所难免，敬请广大读者见谅，并欢迎批评指正。下列 E-mail 地址恭候你的批评和指正：zlzheng@xmu.edu.cn。教师还可以通过这个邮箱索要习题答案。

本书的修订和出版得到了高等教育出版社的鼎力帮助，在此特表示感谢！

张亦春　郑振龙　林　海

2017 年 9 月

第四版前言

本书第三版已出版4年多了,前三版出版之后,得到了广泛的好评。本书第三版入选了2008年普通高等教育国家精品教材。本教材目前已被全国普通高等学校金融、保险、贸易等经济类专业的本科生、专科生广泛使用。这些师生在使用本教材的过程中,给我们提供了很多非常富有建设性的意见和建议。在此我们表示衷心的感谢!

第四版主要是在第三版的基础上进行修订,主要包括:

1. 错误修订。第三版由于出版比较仓促,难免存在少许错误。第四版对第三版进行了一次全面详细的校对,以尽可能地减少错误。

2. 资料更新。金融市场的变化日新月异,为了让读者尽可能地了解金融市场的最新动态,第四版对第三版中的资料进行了更新,相关的数据尽可能使用可获得的最新数据。同时,第四版还增加了美国次贷危机的更详细、更全面的资料。

3. 保留了许多第三版的特色:(1)保留大量关于中国市场实际情况的介绍;(2)每章末都列出进一步阅读文献;(3)我们对本书涉及的几乎所有计算问题都编写了Excel软件,教师可以鼓励学生自己动手再编一次,以进一步激发他们的学习热情;(4)为了节省教师的备课时间,我们还制作了讲义的幻灯片放在本书配套资源链接供大家下载。该网站上还将有其他教学参考资料,我们利用这个平台为教师和学生提供后续服务。

本书主编对第三版进行了全面、细致的审订。由于我们水平有限,不当和错漏之处在所难免,敬请广大读者谅解,并欢迎批评指正。下列E-mail地址恭候您的批评和指正:zlzheng@xmu.edu.cn。

本书的修订和出版得到了高等教育出版社和厦门大学金融系的鼎力资助,在此表示感谢!

张亦春　郑振龙　林　海

2012年12月

第三版前言

在过去的几年中，国内外金融市场发生了巨大的变化与发展，主要体现为：(1)新的金融产品层出不穷；(2)新的金融市场理论在不断地发展。基于此，本书在前两版的基础上进行了大规模的修订和完善，力图能够反映近年来金融市场所发生的最新变化和理论的最新进展。

我们对第二版所进行的修订和完善主要有：

1. 降低难度。第二版用了大量的篇幅介绍金融工程中衍生产品定价的理论内容，第三版在此基础上进行大幅删减，大大地降低了难度，同时增加了很多新的金融产品的介绍。具体而言，删除了“投资管理”和“金融市场监管”两章，“衍生市场”“远期与期货的定价”以及“期权的定价”三章精简为“金融远期、期货和互换”和“期权和权证”两章，“风险机制”和“风险资产的定价”精简为“投资组合理论”和“资产定价理论”两章，新增“抵押和证券化资产”和“现代金融市场理论的发展”两章。这样，本书的总章数由原来的15章减少为现在的14章。需要特别指出的是，最后一章“现代金融市场理论的发展”是对现代金融市场理论最新发展的综述性描述，其内容可以穿插在相关章节中进行介绍，也可以作为学期教学的最后总结。

2. 对保留的章节进行了大量修订。其中，“金融市场概论”一章在第二版中的第一节和第三节并为第三版的第一节，第二版中第一节的第二部分作为新的第三节；在“债券价值分析”一章中，将久期和凸度单独列出作为第四节，并增加了对免疫的简单介绍，等等。

3. 增加了大量关于中国市场实际情况的介绍。在书中增加相关阅读内容穿插在正文的相关部分，介绍中国金融市场的发展和改革。

4. 每章章末增加了“进一步阅读”板块，供有兴趣进一步了解相关知识的读者参考。这些文献的电子版大部分都会放到本书配套资源链接上供大家下载。

5. 保留了第二版的许多特色：(1)对本书涉及的计算问题编写了Excel文件，放在本书配套资源链接网站上，教师可以鼓励学生自己动手再编一次，以激发他们的学习热情。(2)对章节的习题进行了大幅修改，其答案全部放在与本书配套的教学课件中。(3)为了节省教师的备课时间，制作了讲义的幻灯片放在与本书配套的教学课件上，并同时放到本书配套资源链接供大家下载。该网站上还将有其他教学参考资料，我们将利用这个平台为教师和学生提供后续服务。

由于我们水平有限，不当和错漏之处在所难免，敬请广大读者见谅，并欢迎批评指正。下列E-mail地址恭候您的批评和指正：zlzheng@xmu.edu.cn。

本书修订的分工如下：

现章节	原作者	修订者
第一章	厦门大学张亦春教授/博导	厦门大学张亦春教授/博导、许文彬副教授
第二章	厦门大学张亦春教授/博导	厦门大学张亦春教授/博导、许文彬副教授
第三章	厦门大学张亦春教授/博导	厦门大学张亦春教授/博导、许文彬副教授
第四章	厦门大学李晓峰教授/博导	厦门大学郭晔副教授
第五章	复旦大学刘红忠教授/博导	厦门大学林海副教授、陈森鑫博士
第六章	复旦大学刘红忠教授/博导	厦门大学陈森鑫博士
第七章	厦门大学郑振龙教授/博导	厦门大学郑振龙教授/博导、陈森鑫博士
第八章	厦门大学郑振龙教授/博导	厦门大学林海副教授
第九章		厦门大学林海副教授
第十章	厦门大学郑振龙教授/博导	厦门大学郑振龙教授/博导、林海副教授
第十一章	厦门大学郑振龙教授/博导	厦门大学郑振龙教授/博导、林海副教授
第十二章	厦门大学郑振龙教授/博导	厦门大学郑振龙教授/博导、林海副教授
第十三章	厦门大学郑振龙教授/博导	厦门大学郑振龙教授/博导、林海副教授
第十四章		厦门大学林海副教授
软件	厦门大学郑振龙教授/博导	厦门大学郑振龙教授/博导、林海副教授
课件	厦门大学郑振龙教授/博导	厦门大学郑振龙教授/博导、林海副教授

本书的修订和出版得到了高等教育出版社和厦门大学金融系的鼎力资助，得到了美国康奈尔大学周颖刚博士，厦门大学王亚南经济研究院任婕茹、邹春昊，厦门大学金融系蔡艳菲、陈小平、黄捷、林华、林晶、李君、李磊磊、林翟、元倩昵，天津财经学院张元萍教授、江西财经大学胡援成教授、河北大学边卫红副教授、山东财政学院宋琳教授等的大力支持和帮助，以及高等教育出版社相关编辑的大力支持，在此特表示感谢！

张亦春　郑振龙　林　海

2007 年 12 月

第二版前言

本书第一版已出版近 4 年了。第一版出版以后，得到了广泛的好评。据不完全统计，目前已有近 200 所高校的 4 万多名金融专业本科生使用此教材。这些师生在使用本教材的过程中，给我们提供了非常富有建设性的意见和建议。在此我们表示衷心的感谢！

根据国内外金融市场研究和教材建设的最新进展、我们在教学第一线所积累的经验以及众多同行师生的意见和建议，我们对第一版进行了大规模的修订和完善，主要有：

第一，为节省篇幅，去掉了“筹资行为”“套期保值行为”和“套利行为”三章。新增了“效率市场假说”一章。另外，将“外汇市场”和“汇率机制”两章的内容精简成“外汇市场”一章。这样，总章数由原来的 18 章减少到现在的 15 章。

第二，对“利率机制”“风险机制”“风险资产的定价”“债权价值分析”“普通股价值分析”“投资管理”等各章作了大幅度的修订和补充，增加了很多内容，其余各章也作了一定程度的修改。

第三，为了培养学生的动手能力和对数学应用的兴趣，我们对本书所涉及的几乎所有计算问题都编写了 Excel 软件，放在书后所附的光盘中。这些软件都是未加密的，读者可以很容易看出各单元格之间的相互联系。教师可以鼓励学生自己动手再编一次，以进一步激发他们的学习热情。

第四，为了方便教师布置作业和批改作业，我们对大多数章节的习题都作了大幅修改，题量增多了。我们还把计算题和有难度的所有题目的答案全部放在与本书配套的教学课件中。

第五，为了节省教师的备课时间，我们还制作了讲义幻灯片（PowerPoint）放在与本书配套的教学课件上，并同时放在本书配套网站上供大家下载。该网站上还将有其他教学参考资料。我们将利用这个平台为教师和学生提供后续服务。

本书主编对修订稿进行了全面、细致的审订。由于我们水平所限，不当和错漏之处在所难免，敬请广大读者谅解，并欢迎批评指正。下列 E-mail 地址恭候您的批评和指正：zlzheng@jingxian. xmu. edu. cn.

本书修订的分工如下：

现章节	原作者	修订者
第一章	厦门大学张亦春教授、博导	厦门大学张亦春教授、博导
第二章	厦门大学张亦春教授、博导	厦门大学张亦春教授、博导
第三章	厦门大学张亦春教授、博导	厦门大学张亦春教授、博导
第四章	厦门大学李晓峰教授	厦门大学李晓峰教授
第五章	厦门大学郑振龙教授、博导	厦门大学郑振龙教授、博导
第六章	北京大学吕随启副教授	厦门大学郑振龙教授、博导
第七章	厦门大学陈国进教授、厦门大学郑振龙教授、博导	厦门大学郑振龙教授、博导
第八章	厦门大学陈国进教授、厦门大学郑振龙教授、博导	厦门大学郑振龙教授、博导
第九章		厦门大学郑振龙教授、博导
第十章	复旦大学刘红忠教授、博导	复旦大学刘红忠教授、博导
第十一章	复旦大学刘红忠教授、博导	复旦大学刘红忠教授、博导
第十二章	厦门大学郑振龙教授、博导	厦门大学郑振龙教授、博导
第十三章	厦门大学郑振龙教授、博导	厦门大学郑振龙教授、博导
第十四章	中国人民大学赵锡军教授、博导	中国人民大学赵锡军教授、博导
第十五章	中国人民大学赵锡军教授、博导	中国人民大学赵锡军教授、博导
软件		厦门大学郑振龙教授、博导
课件		厦门大学郑振龙教授、博导

本书第一版获得了教育部2002年全国普通高等院校优秀教材二等奖。本书的修订版被教育部确定为“十五”规划国家重点教材。本书的修订和出版得到了高等教育出版社和厦门大学金融系的鼎力资助，得到了美国康奈尔大学周颖刚博士、厦门大学金融系蒋峰、林海、康朝锋、甘少浩、陈淼鑫、马喜德、俞琳、黄兴李、郑泽星，天津财经学院张元萍教授，江西财经大学的胡援成教授、河北大学边卫红副教授，山东财政学院的宋琳教授、中国人民银行秦国楼、陈惠玲等的大力帮助，以及高等教育出版社刘清田、孙乃彬、徐强的大力支持，在此特表感谢！

张亦春　郑振龙

2003年3月28日

第一版前言

金融市场学是研究市场经济条件下金融市场运行机制及其各主体行为规律的科学。随着中国改革开放的日益深入和社会主义市场经济体系的日益完善，金融市场愈益成为整个经济体系的核心，金融市场的地位也愈益重要。金融市场学作为金融学专业主干课程，对于学生全面掌握市场经济条件下金融市场运行的原理和规律，适应教育部“宽口径、厚基础”的改革要求，适应社会主义市场经济对于人才的要求具有重要意义。

金融市场学的教学对象是已掌握了宏微观经济学、货币银行学、财政学、高等数学等基础课程理论知识的高等院校本科学生。本课程的教学目的是要求学生掌握金融市场的基本理论、基本知识和基本技能，掌握金融市场的各种运行机制（包括利率机制、汇率机制、风险机制和证券价格机制等）、金融资产的定价方法（包括货币资金、外汇、风险资产、股票、债券、远期、期货、期权等）、主要金融变量的相互关系、各主体的行为（包括筹资、投资、套期保值、套利、政策行为和监管行为），并能够运用所学理论、知识和方法分析解决金融市场的相关问题，达到金融学专业培养目标的要求，为日后进一步学习、理论研究和实际工作奠定扎实的基础。

作为面向21世纪教学内容和课程体系改革项目的成果之一，本教材的基本内容及教学要求与以前相比有了很大改进，以体现时代发展的需要和学科建设的成果。为了适应21世纪对人才的要求和本课程的教学目的，本教材在编写过程中力求做到如下几点：

1. 全面体现反映市场经济普遍规律的金融市场的各种理论，力求通过加强学生的理论功底使学生拥有适应当今金融市场快速变化的能力，提高学生的素质。

2. 力求反映当今世界金融市场理论的最新成果和实践的最新发展，体现超前性原则。

3. 加强对数学和计量经济学在理论研究和实证分析中的运用，使学生掌握现代经济学的分析方法和基本技能。

为达到预定的教学目的，在教学方法上应注意如下几点：

第一，加强对基本理论的讲解和分析，使学生掌握现代经济学先进的分析方法。金融市场是当今社会发展最快的领域之一，为了培养学生的适应能力和创造能力，必须把教学重点放在理论上。我们应当在马列主义指导下，加强对反映市场经济普遍规律的金融市场理论的学习与研究，加强对数学和计量经济学等现代分析方法的运用，提高金融市场学教学的层次和水平。

第二，注重培养学生分析问题、解决问题的能力。在充分理解和掌握基本理论的基础上，要通过案例教学、课后习题练习等形式培养学生分析问题、解决问题的能力。

第三，坚持理论联系实际的原则，加强学生活学活用的能力。在教学过程中应联系金融市场领域不断涌现的新情况、新问题，运用教材中的基本理论和方法进行分析、研究，这既可解决教材难以完全反映各种实际情况的问题，又能培养学生的能力。

第四，坚持从实际出发原则。由于各校水平、层次不一，本书编写力求全面反映当今世界较成熟、较前沿的各种理论，其中有些难度较大，在教学要求中做了标记，各校可根据自身情况取舍。此外本教材理论性较强，各校可根据需要开设一些实务性课程，如投资银行业务、证券市场实务等。此外，为保证本教材体系的完整性，我们在写作时力求全面、系统，因此难免会与有些课程有所重复，如第四章和第七章就与国际金融有所重复，任课教师在授课时可酌情删减。

本教材由厦门大学张亦春教授担任主编、郑振龙教授担任副主编，负责制定教材写作大纲、教学基本要求和教学要点，并对全书作了逐字逐句的修改和总纂。本书各章分工如下：第一、二、三、十四章由厦门大学张亦春教授编写；第四、七章由厦门大学李晓峰副教授编写；第五、十二、十三、十六、十七章，附录和参考文献由厦门大学郑振龙教授编写；第六章由北京大学吕随启副教授编写；第八、九章由厦门大学陈国进副教授和郑振龙教授编写；第十、十一章由复旦大学刘红忠教授编写；第十五和十八章由中国人民大学赵锡军副教授编写。

本书的写作得到了众多专家、学者的大力支持、指导和帮助。江其务教授（陕西财经学院）、周升业教授（中国人民大学）、曾康霖教授（西南财经大学）、白钦先教授（辽宁大学）、曹凤岐教授（北京大学）、俞天一教授（中国金融学院）、李继熊教授（中央财经大学）和沈伟基教授（中国人民大学）对本教材的编写大纲提出了系统、宝贵的修改意见。林继肯教授（东北财经大学）、周升业教授（中国人民大学）、白钦先教授（辽宁大学）、邱华炳教授（厦门大学）、何泽荣教授（西南财经大学）、曹凤岐教授（北京大学）、马君潞教授（南开大学）、魏华林教授（武汉大学）和王广谦教授（中央财经大学）对本教材的初稿提出了全面、细致、宝贵的修改意见。在此，我们表示深深的谢意。我们要特别感谢教育部高教司财经政法处对本教材的写作和出版所给予的始终如一的支持。我们还要感谢高等教育出版社为本教材的出版所付出的辛勤努力和巨大的支持。

本书是金融学专业的主干课教材，也是经济学类大学本科的教材，也可作为理论研究和实际工作者的参考书。由于编者水平有限，加上时间仓促，书中可能有不当或错误之处，还望广大读者不吝指正，并请为本书的修订工作多提宝贵意见。

编　者

1999 年 6 月

目 录

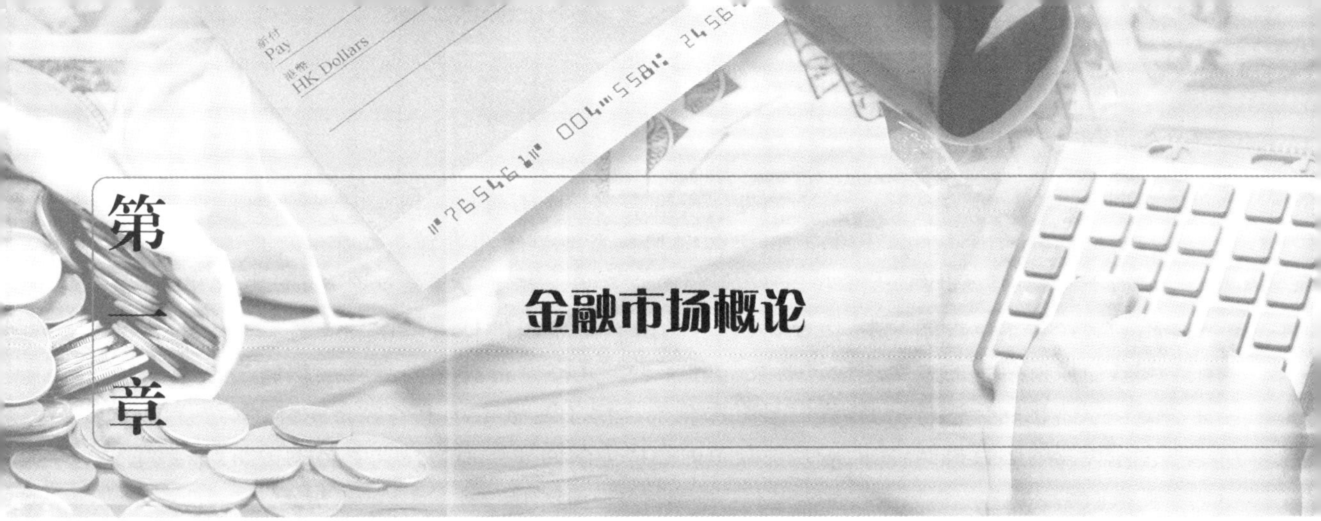

第一章 金融市场概论

现代经济体系中，有三类市场对经济运行起着主导作用，它们分别是要素市场、产品市场与金融市场。其中，要素市场指配置土地、劳动与资本等生产要素的市场；产品市场指对商品和服务进行交易的市场；而通过资金配置，引导资金由盈余部门流向短缺部门的市场即金融市场。

学完本章后，你应该能够：

★ 了解金融市场的概念和主体

★ 了解金融市场的主要类型

★ 了解金融市场的主要功能

★ 了解金融市场的发展趋势

第一节　金融市场的概念及主体

一、金融市场的概念

金融市场是指以金融资产为交易对象而形成的供求关系及其机制的总和。它包括三层含义：一是它是对金融资产进行交易的一个有形或无形的场所；二是它反映了金融资产的供应者和需求者之间所形成的供求关系；三是它包含了金融资产交易过程中所产生的运行机制，其中最主要的是价格（包括利率、汇率及各种证券的价格）机制。

金融资产亦称为金融工具或证券，是指一切代表未来收益或资产合法要求权的凭证。金融资产可以划分为基础性金融资产与衍生性金融资产两大类。前者主要包括债务性资产和权益性资产，后者主要包括远期合约、期货合约、期权合约和互换合约等衍生金融工具。

金融市场与要素市场和产品市场的差异在于：①在金融市场上，市场参与者之间的关系已不是一种单纯的买卖关系，而是一种借贷关系或委托代理关系，是以信用为基础的资金的使用权和所有权的暂时分离或有条件的让渡。②交易对象是一种特殊的商品，即金融产品。③交易场所通常是无形的，通过电信及计算机网络等进行交易的方式越来越普遍。

在当今世界上，伴随着经济全球化趋势的发展，经济金融化的进程也不断加深。突出表现为：经济关系日益金融化，社会资产日益金融资产化，融资非中介化、证券化趋向越来越明显。在这种情况下，金融业的发展所带来的影响不仅仅局限于其产业内部，而且涉及社会经济政治生活的各个层面，世界各国都越来越关注和重视金融业的发展及由此带来的巨大影响。20世纪90年代以来，一些国家和地区频繁发生金融危机，对经济发展及政治稳定产生了巨大的冲击，因此，人们开始对金融市场的发展现状和趋势、国际金融体制和秩序以及传统的金融理论进行反思和探索。在一个各种不同利益交织的、充满变幻的全球一体化的金融市场上，我们只有深刻地理解了金融市场上各经济主体的行为规律及金融市场的运行机制，才能对当前复杂的经济金融问题做出客观而具体的分析，以指导我们的行动。

金融是现代经济的核心。经济的发展依赖于资源的合理配置，而资源的合理配置主要靠市场机制的有效运行来实现。金融市场在市场机制中扮演着主导和枢纽的角色，发挥着极为关键的作用。在一个有效的金融市场上，金融资产的价格能及时、准确地反映所有公开信息，引导资金迅速、合理地流动。金融市场作为货币资金交易的渠道，通过特有的运作机制将居民、企业和政府部门的储蓄汇集成巨大的资金流，维持并推动着商品经济这个巨大的经济机器的运转。同时，金融市场通过灵敏的信号系统和有力的调控机制，引导经济资源向合理的方向流动，优化资源的配置。金融市场的发展反过来又能促进企业和实体经济的发展。在一个有效的金融市场上，金融资产价格能及时有效地反映企业的运行状态，对企业经营者行为产生有效的监督，促进其理性发展。而且不断丰富的金融工具有利于企业利用市场机制实现自我监督和约束，抑制道德风险等损害经济行为的发生。在金融市场上，价格机制是其运行的基础，完善的法规制度、先进的交易手段是其有效运行的保障。信息有效、透明、准确的传递是实现价格机制的核心保障。

二、金融市场的主体

从动机看，金融市场的主体主要有广义的投资者、筹资者、套期保值者、套利者、调控和监管者五大类。金融市场的投资者与实际部门的投资者有所不同，它是指为了赚取差价收入或者股息、利息收入而购买各种金融工具的主体，是金融市场的资金供应者。按交易动机、交易时间长短等划分，广义的投资者又可以分为投资者和投机者两大类。筹资者则是金融市场上的资金需求者。套期保值者是指利用金融市场转嫁自己所承担的风险的主体。套利者则是利用市场定价的无效率来赚取无风险利润的主体。调控和监管者是指对金融市场实施宏观调控和监管的中央银行和其他金融监管机构。这五类主体由如下六类参与者构成。

（一）政府部门

在各国的金融市场上，中央政府与地方政府通常是资金的需求者，它们主要通过发行财政部债券或地方政府债券来筹集资金，用于基础设施建设，弥补财政预算赤字等。政府部门同时也可能是资金的供应者，如在税款集中收进还没有支出时。另外，不少国家政府也是国际金融市场上的积极参与者，比如中东主要石油输出国的政府就是国际金融市场的资金供应大户，而一些发展中国家的政府则是国际金融市场上的主要资金需求者。不论是发展中国家还是发达国家，政府部门都是金融市场上的经济行为主体之一。

（二）工商企业

在不少国家，国有或私营的工商企业是仅次于政府部门的资金需求者，它们既通过市场筹集短期资金从事经营，以提高企业财务杠杆比例和增加盈利，又通过发行股票或中长期债券等方式筹措资金用于扩大再生产和经营规模。同时，工商企业也是金融市场上的资金供应者之一。为了使生产经营过程中暂时闲置的资金保值或获得盈利，它们会将其暂时让渡出去，以使资金发挥更大效益。此外，工商企业还是套期保值的主体。

（三）居民个人

居民个人一般是金融市场上的主要资金供应者。人们为了满足个人需求，如购买住房、汽车等大宗商品或储蓄养老金等，都希望通过资金投资使其保值增值。因此，居民个人在金融市场上购买各种有价证券并组合投资，既能满足日常的流动性需求，又能获得资金的增值。居民个人的投资可以是直接购买债券或股票，也可以是通过金融中介机构进行间接投资，如购买共同基金份额、投入保险等，这些行为都表现为向金融市场提供资金。居民个人有时也有资金需求，但数量一般较小，如住房抵押贷款等消费贷款。

（四）存款性金融机构

存款性金融机构是指通过吸收各种存款而获得可利用资金，并将其贷给需要资金的各经济主体或是投资于证券等以获取收益的机构。它们是金融市场的重要中介，也是套期保值和套利的重要主体。存款性金融机构一般包括如下几类：

1. 商业银行

商业银行是最主要的存款性金融机构。早期的商业银行是指接受活期存款，并主要为工商企业提供短期贷款的金融机构。但现代意义上的商业银行已经成为金融领域中业务最广泛、资金规模最雄厚的存款性金融机构。商业银行既是资金的需求者，又是资金的供应者，几乎参与了金融市场的全部活动。作为资金的需求者，商业银行利用其可开支票转账的特殊性，大量吸收居民、企业和政府部门暂时闲置不用的资金，还可以发行金融债券、参与同业拆借等。作为资金的供应者，商业银行主要通过贷款和投资来提供资金。此外，商业银行还能通过派生存款的方式创造和收缩货币，对整个金融市场的资金供应和需求产生巨大的影响。

2. 储蓄机构

西方国家的储蓄机构是专门吸收储蓄存款的机构，其大部分资金运用于发放不动产抵押贷款，投资于国债或其他证券等。与商业银行相比，储蓄机构的资产业务期限长，抵押贷款比重高。政府常利用储蓄机构来实现某些经济目标，其中多为房地产政策目标。因此，一些储蓄机构得到了政府的扶持。储蓄机构在各国的名称并不一样，如在美国是储蓄贷款协会、互助储蓄银行，在英国是信托储蓄银行、房屋互助协会，在法国、意大利和德国则为储蓄银行等。在金融市场上，它们与商业银行一样，既是资金的供应者，又是资金的需求者。

3. 信用合作社

信用合作社是由某些具有共同利益的人们组织起来的具有互助性质的会员组织。其资金来源主要是会员的存款，也可以来自于非会员。其资金运用于为会员提供短期贷款、消费信贷、票据贴现及从事证券投资，也有部分资金用于同业拆借和转存款等。信用合作社在经济生活中起着广泛动员社会资金的作用，它们遍布大银行难以顾及的每一个角落，进一步促进了社会闲散资金的汇聚和利用。由于金融竞争的影响及金融创新的发展，信用合作社的业务有拓宽的趋势。其资金来源及运用都从原有的以会员为主逐渐转向多元化，因而其在金融市场上的作用也越来越大。

（五）非存款性金融机构

金融市场上另一类重要的金融机构参与者就是非存款性金融机构。它们的资金来源和存款性金融机构吸收公众存款不一样，主要是通过发行证券或以契约性的方式聚集社会闲散资金。非存款性金融机构主要有：

1. 保险公司

保险公司包括人寿保险公司及财产和灾害保险公司。人寿保险公司是为人们因意外事故或死亡而造成经济损失提供保险的金融机构。财产和灾害保险公司是为企业及居民提供财产意外损失保险的金融机构。保险公司的主要资金来源于按一定标准收取的保险费。一般地说，人寿保险具有保险金支付的可预测性，并且具有当契约规定的事件发生时或到约定的期限时才支付的特征，因此，保险费实际上是一种稳定的资金来源。这与财产和灾害保险公司不同，财产和灾害事故的发生具有偶然性和不确定性。它们之间的差别决定了其资金运用方向不一致。人寿保险公司的资金运用以营利性为目标，主要投资于高风险、高收益的证券，如股票等，也有一部分用作贷款。因此，人寿保险公司是金融市场上的主要资金供应者之一。财产和灾害保险公司的资金运用以流动性为目标，主要投资于货币市场上的金融工具，还有一部分投资于安全性较高的政府债券、高级别的企业债券等。

2. 养老基金

养老基金是一种类似于人寿保险公司的专门金融组织。其资金来源是公众为退休后生活所准备的储蓄金，通常由资方和劳方共同缴纳，也有单独由资方缴纳的。养老金的缴纳一般由政府立法加以规定，因此，其资金来源是有保证的。与人寿保险一样，养老基金也能较精确地估计未来若干年它们应支付的养老金，因此，其资金主要投资于长期公司债券、质地较好的股票以及用于发放长期贷款。养老基金也是金融市场上的主要资金供应者之一。

3. 投资银行

投资银行是资本市场上从事证券的发行、买卖及相关业务的一种金融机构。最初的投资银行产生于长期证券的发行及推销要求，随着资本市场的发展，投资银行的业务范围也越来越广泛。目前，投资银行业务除了证券的承销外，还涉及证券的自营买卖、公司理财、企业购并、咨询服务、基金管理和风险资本管理等。一方面，投资银行为需要资金的单位，包括企业和政府部门提供筹集资金的服务；另一方面，投资银行充当投资者买卖证券的经纪人和交易商。在当今世界，投资银行已成为资本市场上最重要的金融中介机构，无论是在一级市场还是二级市场上都发挥着重要作用。投资银行在不同的国家有不同的称呼，在美国称为投资银行或公司，在英国称为商人银行，在日本称为证券公司，等等。在我国，目前一些比较规范的证券公司就是我国的投资银行。

4. 投资基金

投资基金是向公众出售其股份或受益凭证募集资金，并将所获资金分散投资于多样化证券组合的金融中介机构。投资基金的当事人有四个：委托人是基金的发起人；受托人是基金经理公司即代理投资机构，经营基金所募资金；受益人是投资者，即持有基金份额的人，基金份额的持有者可以按其持有比例分享基金的投资收益或资产净值；信托人负责基金资产的保管，一般由投资银行、信托公司或商业银行等大金融机构充当。投资基金可以按多种方式分类，最常见的是按基金份额的变现方式划分为开放式基金和封闭式基金。

此外，参与金融市场的还有一些官方、半官方的和在各国各具特色的其他类型的金融机构，如开发银行、进出口银行及农业信贷机构、大企业所属的金融公司等。在我国金融市场上，三大政策性银行、金融信托机构及财务公司等也归入金融机构之列，是金融市场的主体之一。

（六）中央银行

中央银行在金融市场上处于一种特殊的地位。它既是金融市场的行为主体，又是金融市场上的监管者。从中央银行参与金融市场的角度来看，首先，作为银行的银行，它充当最后贷款人的角色，从而成为金融市场资金的提供者。其次，中央银行为了执行货币政策，调节货币供应量，通常采取在金融市场上买卖证券的做法，进行公开市场操作。中央银行的公开市场操作不以营利为目的，但会影响到金融市场上资金的供求及其他经济主体的行为。此外，一些国家的中央银行还接受政府委托，代理政府债券的还本付息；接受外国中央银行的委托，在金融市场买卖证券，参与金融市场的活动。

第二节　金融市场的类型

为了更充分地理解金融市场，下面从多个角度对金融市场进行分类。

一、按标的物划分为货币市场、资本市场、外汇市场、大宗商品市场和衍生工具市场

（一）货币市场

货币市场是指以期限在一年及一年以下的金融资产为交易标的物的短期金融市场。它的主要功能是保持金融资产的流动性。它一方面满足了借款者的短期资金需求，另一方面也为暂时闲置的资金找到了出路。在美国金融史上，早期的货币市场概念较为狭义，主要指对证券经纪商和交易商进行通知放款的市场。后来，货币市场的概念得到进一步扩展，主要指短期资金市场。现在，货币市场一般指国库券、商业票据、银行承兑汇票、可转让定期存单、回购协议、联邦资金等短期信用工具买卖的市场。许多国家将银行短期贷款也归入货币市场的业务范围。一般来说，货币市场上的资金借贷以三到六个月期最为普遍，而债券则以六到九个月期为多。由于该类市场信用工具随时可以在发达的二级市场上出售变现，具有很强的流动性，功能近似于货币，故称货币市场。该市场主要经营短期资金的借贷，故亦称短期资金市场。

货币市场一般没有正式的组织，所有交易特别是二级市场的交易几乎都是通过电信

方式联系进行的。市场交易量大是货币市场区别于其他市场的重要特征之一。巨额交易使得货币市场实际上成为一个批发市场。由于货币市场的非人为性及竞争性，它又是一个公开市场，任何人或机构都可以进入市场进行交易，不存在固定不变的顾客关系。

（二）资本市场

资本市场是指期限在一年以上的金融资产交易的市场。一般来说，资本市场包括两大部分：一是银行中长期存贷款市场，二是有价证券市场。本章的讨论主要着眼于后者。

通常，资本市场主要指的是债券市场和股票市场。它与货币市场之间的区别为：①期限的差别。资本市场上交易的金融工具期限均为一年以上，最长者可达数十年，有些甚至无期限，如股票等。而货币市场上一般交易的是一年以内的金融工具，期限最短的只有几日甚至几小时。②作用不同。货币市场所融通的资金，大多用于工商企业的短期周转资金。而在资本市场上融通的资金，大多用于企业的创建、更新、扩充设备和储存原料，政府在资本市场上筹集长期资金则主要用于兴办公共事业和保持财政收支平衡。③风险程度不同。货币市场的信用工具，由于期限短，所以流动性高，价格不会发生剧烈变化，风险较小。资本市场的信用工具，由于期限长，流动性较低，价格变动幅度较大，风险也较高。

除了债券市场和股票市场，资本市场还包括投资基金和另类投资。

（三）外汇市场

如同货币市场一样，外汇市场也是各种短期金融资产交易的市场，不同的是货币市场交易的是同一种货币或以同一种货币计值的票据，而外汇市场上的交易则是以不同种货币计值的两种票据之间的交换。在货币市场上所有的贷款和金融资产的交易都受政府法令条例管制。但在外汇市场上，一国政府只能干预或管制本国的货币。

外汇市场按其含义有狭义和广义之分。狭义的外汇市场指的是银行间的外汇交易，包括同一市场各银行间的交易、中央银行与外汇银行间以及各国中央银行之间的外汇交易活动，通常被称为批发市场（wholesale market）。广义的外汇市场是指由各国中央银行、外汇银行、外汇经纪人及客户组成的外汇买卖、经营活动的总和，包括上述的批发市场以及银行同企业、个人间外汇买卖的零售市场（retail market）。

外汇市场的主要功能在于：①通过外汇市场的外汇储备买卖和货币兑换业务，使各国间债权债务关系的货币清偿和资本的国际流动得以形成，实现购买力的国际转移；②外汇市场集中了各国政府、企业、公司等单位的闲置资金，并对国际贸易中的进出口商进行借贷融资，从而加速了国际资金周转，调剂了国际资金余缺；③外汇市场所拥有的发达的通信设施及手段，将世界各地的外汇交易主体联成一个网络，缩短了世界各地间的远程货币收付时间，提高了资金的使用效率；④进出口商利用市场中的远期外汇买卖业务，可有效地避免或减少因汇率变动带来的风险，从而促进国际贸易的发展。此外，外汇市场提供的各种外汇资金的供求信息及其价格动态，有助于各国政府和企业据以正确地进行有关决策。

（四）大宗商品市场

大宗商品主要包括 4 个类别，即能源商品、基础原材料、大宗农产品和贵金属。商品交易所是相关的大宗商品交易的场所，即各类大宗商品市场。著名的如纽约商品交易所、芝加哥商品交易所、上海期货交易所等。

大宗商品交易所是一个古老的金融市场，其历史可以追溯到公元前 4 000 年。黄金市场早在 19 世纪初就已形成，现在世界上已有 40 多个黄金市场。其中，伦敦、纽约、苏黎世、芝加哥和香港的黄金市场被称为五大国际黄金市场。

（五）衍生工具市场

衍生工具市场是各种衍生金融工具进行交易的市场。所谓衍生金融工具，是指由原生性金融商品或基础性金融工具创造出的新型金融工具。它一般表现为一些合约，这些合约的价值由其交易的金融资产的价格决定。衍生工具包括远期合约、期货合约、期权合约、互换(swap)协议等。由于衍生金融工具在金融交易中具有套期保值、防范风险的作用，衍生工具的种类仍在不断增多。衍生金融工具同时也是一种投机的对象，其交易所带来的风险也应引起注意。

二、按中介机构特征划分为直接金融市场和间接金融市场

金融市场的形成与资金融通密切相关。在正常的经济生活中，总有资金暂时闲置者及资金短缺者存在，金融市场则为这两者提供了互通有无的渠道。根据在资金融通中的中介机构特征来划分，可将金融市场分为直接金融市场和间接金融市场。

直接金融市场指的是资金需求者直接从资金所有者那里融通资金的市场，一般指的是通过发行债券或股票的方式在金融市场上筹集资金的融资市场。而间接金融市场则是以银行等信用中介机构作为媒介来进行资金融通的市场。在间接金融市场上，资金所有者将手中的资金贷放给银行等信用中介机构，然后再由这些机构转贷给资金需求者。在此过程中，不管这笔资金最终归谁使用，资金所有者都将只拥有对信用中介机构的债权而不能对最终使用者具有任何权利要求。直接金融市场与间接金融市场的差别并不在于是否有金融中介机构的介入，而主要在于中介机构的特征的差异。在直接金融市场上也有金融中介机构，只不过这类公司与银行不同，它不是资金的中介，而大多是信息中介和服务中介。本书重点讨论直接金融市场。

三、按金融资产的发行和流通特征划分为初级市场、二级市场、第三市场和第四市场

资金需求者将金融资产首次出售给公众时所形成的交易市场称为初级市场、发行市场或一级市场。金融资产的发行方式主要有两种：一是将金融资产销售给特定的机构；二是将金融资产广泛地发售给社会公众。前者称为私募发行，其发行对象一般为机构投资者；后者称为公募发行，其发行对象为社会公众。公募又分为包销和代销两种。所谓包销，是指金融资产的发行人与银行等金融机构协商，由银行等承销机构按照商定的条件把全部证券承接下来负责对公众销售。包销期满后，不论证券是否已经推销出去，包销机构都要如数付给发行人应得资金。代销则是发行人自己承担全部发行风险，只将公开销售事务委托投资银行等办理的一种方式。代销商能销售多少就销售多少，它只收取手续费等费用，不承担任何风险。此外，还有一种自办发行或称自销的方式，一般通过私下洽商的方式直接销售给为数不多的个人及团体投资者。目前国际上流行的是包销方式。

证券发行后，各种证券在不同的投资者之间买卖流通所形成的市场即为二级市场，又称流通市场或次级市场。它又可分为两种：一是场内交易市场，即证券交易所；二是场外交易市场。证券交易所是依照国家有关法律规定，经政府主管机关批准设立的证券集中竞价的有形场所。场外交易市场又称柜台交易市场或店头交易市场，是在证券交易所之外进行证券买卖的市场。原则上在场外交易的证券以未上市的证券为主。然而现在情况发生了很大的变化，为数不少的上市证券，尤其是政府债券、地方和公司债券也纷纷涌入场外交易市场进行交易。

初级市场是二级市场的基础和前提，没有初级市场就没有二级市场；二级市场是初级市场存在与发展的重要条件之一，无论是从流动性上还是从价格的确定上，初级市场都要受到二级市场的影响。

此外，一些发达的市场经济国家还存在着第三市场和第四市场，实际上都是场外市场的一部分。第三市场是原来在交易所上市的证券移到场外进行交易所形成的市场。第三市场的交易相对于交易所交易来说，具有限制更少、成本更低的优点。第四市场是投资者和证券的出卖者直接交易形成的市场。其形成的主要原因是机构投资者在证券交易中所占比例越来越大，它们之间的买卖数额很大，因此，希望避开经纪人直接交易，以降低成本。

四、按成交与定价的方式划分为公开市场和议价市场

公开市场指的是金融资产的交易价格通过众多的买主和卖主公开竞价而形成的市场。金融资产在到期偿付之前可以自由交易，并且只卖给出价最高的买者。一般在有组织的证券交易所进行。在议价市场上，金融资产的定价与成交是通过私下协商或面对面的讨价还价方式进行的。在发达的市场经济国家，绝大多数债券和中小企业的未上市股票都通过这种方式交易。最初，在议价市场交易的证券流通范围不大，交易也不活跃，但随着现代电信及自动化技术的发展，该市场的交易效率已大大提高。

五、按有无固定场所划分为有形市场和无形市场

有形市场是指有固定交易场所的市场，一般指的是证券交易所等固定的交易场地。在证券交易所进行交易首先要开设账户，然后由投资人委托证券商买卖证券，证券商负责按投资者的要求进行操作。无形市场则是指在证券交易所外进行金融资产交易的总称。它的交易一般通过现代化的电信工具在各金融机构、证券商及投资者之间进行。它是一个无形的网络，金融资产及资金可以在其中迅速地转移。

六、按作用的地域范围划分为国内金融市场和国际金融市场

国内金融市场是指金融交易的作用范围仅限于一国之内的市场。它除了包括全国性的以本币计值的金融资产交易市场之外，还包括一国范围内的地方性金融市场。国际金融市场则是指跨越国界进行金融资产交易的市场，是进行金融资产国际交易的场所。国际金融市场有狭义和广义之分。狭义的国际金融市场指进行各种国际金融业务的场所，有时又称传统的国际金融市场，包括货币市场、资本市场、外汇市场、黄金市场以及衍生工

具市场等；广义的国际金融市场则包括离岸金融市场。这里，所谓离岸金融市场，是非居民间从事国际金融交易的市场。离岸金融市场以非居民为交易对象，资金来源于所在国的非居民或来自于国外的外币资金。离岸金融市场基本不受所在国的金融监管机构的管制，并可享受税收方面的优惠待遇，资金出入境自由。离岸金融市场是一种无形市场，从广义来看，它只存在于某一城市或地区而不存在于一个固定的交易场所，由所在地的金融机构与金融资产的国际性交易而形成。但最近几年，由于国际上在打击纳税方面的合作日益增加，监管日趋严格，离岸金融市场开始受到一定的限制。

国内金融市场是国际金融市场形成的基础。实际上，从金融监管角度来看，国内金融市场及传统的国际金融市场都要受到所在国金融监管当局的管制，而新兴的国际金融市场，如离岸金融市场则可以说是完全国际化的市场，它不受任何国家法令的限制，主要经营境外货币。国际金融市场是国内金融市场发展到一定阶段的产物，是与实物资产的国际转移、资本的国际流动、金融业及现代电子信息技术的高度发展相辅相成的。

第三节　金融市场的功能

金融市场作为金融资产交易的场所，从整个经济运行的角度来看，它提供如下几种经济功能：

一、聚敛功能

金融市场的聚敛功能是指金融市场具有聚集众多分散的小额资金成为可以投入社会再生产资金的能力。在这里，金融市场起着资金“蓄水池”的作用。在国民经济各部门中，各部门之间、各部门内部的资金收入和支出在时间上并不总是对称的。这样，一些部门和经济单位在一定的时间内可能存在暂时闲置的资金，而另一些部门和经济单位则存在资金缺口。金融市场为两者提供沟通的渠道。

金融市场是由资金供应者和资金需求者组成的。资金供应者就是在一定时间内的资金剩余者，这些资金剩余者的资金之所以暂时闲置，或者是因为要预防未来的意外急需，或者是要等到积累到足够数量之后进行某项大额投资或消费。比如，个人为预防意外事件或为了满足将来生活及购买大宗消费品之需而进行储蓄，企业为了积累足够的资金投资于某个新项目而进行的资金积累等。资金供应者希望这些闲置资金在使用之前能够通过投资得以保值增值。对资金需求者来说，其资金的需要通常来自于进行某项经济活动，或者是为了满足其比较迫切的需要，但由于资金不足而需要寻求更多的资金来源。但是，经济中各经济单位的闲置资金相对来说较为零散，不足以满足大规模的投资要求，特别是企业为发展生产而进行的大额投资和政府部门进行大规模的基础设施建设与公共支出的要求。这就需要一个能将众多的小额资金集合起来以形成大额资金的渠道，金融市场就提供了这种渠道，这就是金融市场的资金聚敛功能。

金融市场之所以具有资金的聚敛功能，一个原因是金融市场创造了金融资产的流动性，现代金融市场正发展成为功能齐全、法规完善的资金融通场所，资金需求者可以很方便地通过直接或间接的融资方式获取资金，而资金供应者也可通过金融市场为资金找到满意的投资渠道;另一个原因是金融市场根据不同的期限、收益和风险要求,为投资者提供了多样化的金融工具,资金供应者可以依据自己的收益风险偏好和流动性要求选择其满意的投资工具,实现资金效益的最大化。

二、配置功能

金融市场的配置功能表现在三个方面:一是资源的配置,二是财富的再分配,三是风险的再分配。

在经济的运行过程中,拥有多余资产的盈余部门并不一定是最有能力和机会进行最有效投资的部门,现有的资产在这些盈余部门可能得不到有效的利用。金融市场通过将资源从利用效率低的部门转移到效率高的部门,从而使一个社会的经济资源能最有效地配置在效率最高或效用最大的用途上,实现稀缺资源的合理配置和有效利用。在金融市场中,证券价格的波动,实际上反映着证券背后所隐含的相关信息。投资者可以通过证券交易中公开的信息及证券价格波动中反映出的信息来判断整体经济运行情况以及相关企业、行业的发展前景,从而决定其资金和其他经济资源的投向。一般来说,资金总是流向最有发展潜力,能够为投资者带来最大利益的部门和企业。这样,通过金融市场的作用,有限的资源就能够得到合理的利用。

财富是各经济单位持有的全部资产的总价值。政府、企业及个人通过持有金融资产的方式来持有财富。在金融市场上的金融资产价格发生波动时,其财富的持有数量也会发生变化。一部分人的财富量随金融资产价格的升高而增加,而另一部分人的财富量则由于金融资产价格下跌而相应减少。这样,社会财富就通过金融市场价格的波动实现了再分配。

金融市场同时也是风险再分配的场所。在现代经济活动中,风险无时不在、无处不在。而不同的主体对风险的厌恶程度是不同的。风险厌恶程度较高的人可以利用各种金融工具把风险转嫁给风险厌恶程度较低的人,从而实现风险的再分配。而且,金融市场多样化的金融工具使得市场主体可以根据自身的风险承受程度来选择合适的金融产品,实现其自身的风险偏好目标。

三、调节功能

调节功能是指金融市场对宏观经济的调节作用。金融市场是联系储蓄者与投资者的纽带,金融市场的运行机制通过对储蓄者和投资者产生影响而发挥作用。

第一,金融市场具有直接调节作用。在金融市场大量的直接融资活动中,投资者为了自身利益,一定会谨慎、科学地选择所投资的国家、地区、行业、企业、项目及产品。只有符合市场需要、效益高的投资对象,才能获得投资者的青睐。而且,投资对象在获得资本后,只有保持较高的经济效益和较好的发展势头,才能继续生存并进一步扩张。否则,它的证券价格就会下跌,继续在金融市场上筹资就会面临困难,发展就会受到后续资本供应的抑制。这实际上是金融市场通过其特有的引导资本形成及合理配置的机制首先对微观经济部门产生影响,进而影响到宏观经济活动的一种有效的自发调节机制。

第二,金融市场的存在及发展,为政府对宏观经济活动的间接调控创造了条件。货币政策属于调节宏观经济活动的重要宏观经济政策,其具体的调控工具有存款准备金、再贴现、公开市场操作等，这些政策的实施都以金融市场的存在、金融部门及企业成为金融市场的主体为前提。金融市场既提供货币政策操作的场所，也提供实施货币政策的决策信息。首先，因为金融市场的波动是对有关宏、微观经济信息的反映，所以，政府有关部门可以通过收集及分析金融市场的运行情况来为政策的制定提供依据。其次，中央银行在实施货币政策时，通过金融市场可以调节货币供应量、传递政策信息，最终影响到各经济主体的经济活动，从而达到调节整个宏观经济运行的目的。除货币政策外，财政政策的实施也越来越离不开金融市场，政府通过国债的发行及运用等方式对各经济主体的行为加以引导和调节，并通过中央银行进行公开市场操作，也对宏观经济活动产生着巨大的影响。

四、信息和监督功能

金融市场历来被称为国民经济的“晴雨表”和“气象台”，是公认的国民经济信号系统。这实际上就是金融市场信息功能的写照。

金融市场的信息功能表现在如下几个方面：①由于证券买卖大部分都在证券交易所进行，人们可以随时通过这个有形的市场了解到各种上市证券的交易行情，并据以判断投资机会。在一个有效的金融市场中，个股价格的升降变化，反映了该公司经营管理和经济效益的状况；一个企业的贷款运行变化，反映了该企业资金周转状况及其质量。此外，一个有组织的市场，一般也要求上市公司定期或不定期地公布其经营信息和财务报表，这也有助于人们了解及推断上市公司及相关企业、行业的发展前景。所以，金融市场首先是反映微观经济运行状况的指示器。②金融市场交易直接和间接地反映国家货币供应量的变动。货币政策的实施情况、银根的松紧、通货膨胀的程度以及货币供应量的变化，均会反映在金融市场之中。因此，金融市场所反馈的宏观经济运行方面的信息，有利于政府部门及时制定和调整宏观经济政策。③由于证券交易的需要，金融市场有大量专门人员长期从事商情研究和分析，并且他们每日与各类工商企业直接接触，能了解企业的发展动态。④金融市场有着广泛而及时地收集和传播信息的通信网络，整个世界金融市场已联成一体，四通八达，从而能使人们及时了解世界经济发展变化的情况。

金融市场的监督功能主要表现在两个方面：①金融资产的价格反映了企业经营管理的信息。当企业经营不佳时，其资产价格就会下跌，从而对企业经营者产生外部的压力，有效地监督其行为，促进企业良性发展；反之亦然。②不断丰富的金融工具使得各个利益相关者可以进行有效的风险管理和风险转移，从而从市场的机制促进企业的自我监督和自我制约，抑制道德风险等损害经济的行为发生。

党的二十大报告提出，“从现在起，中国共产党的中心任务就是团结带领全国各族人民全面建成社会主义现代化强国、实现第二个百年奋斗目标，以中国式现代化全面推进中华民族伟大复兴”。实现高质量发展、实现全体人民共同富裕，促进人与自然和谐共生则是中国式现代化的本质要求。如何实现高质量发展，如何实现全体人民共同富裕，如何促进人与自然和谐共生，如何让金融跳出“资金融通”的小圈子，切实服务社会，解决实现中国式现代化过程中遇到的各种问题和挑战，是金融人在中国义不容辞的担当和责任。

第四节 金融市场的发展趋势

一、资产证券化

所谓资产证券化(asset securitization),是指把流动性较差的资产,如金融机构的一些长期固定利率放款或企业的应收账款等通过商业银行或投资银行的集中及重新组合,以这些资产作抵押来发行证券,实现相关债权的流动化。资产证券化最早起源于美国。最初是储蓄银行、储蓄贷款协会等机构的住宅抵押贷款的证券化,接着商业银行也纷纷仿效,对其债权实行证券化,以增强资产的流动性和市场性。从20世纪80年代后期开始,证券化已成为国际金融市场的一个显著特点,传统的以银行为中心的融资借贷活动开始发生新的变化。

(一) 资产证券化趋势的内容

资产证券化的主要特点是将原来不具有流动性的融资形式变成具有流动性的市场性融资。以住宅抵押融资的证券化为例。住宅抵押融资虽然信用度较好,但属小额债权,且现金流动不稳定。为此,有关金融机构就将若干小额债权集中起来,通过政府机构的担保,使其转换成流动性较高的住宅抵押证券。再以对信用度较低的借款人融资的证券化为例。一些信用度较低的风险企业和中小企业,其资金大都依靠商业银行的贷款,因为受自身信用度的限制,它们难以在资本市场上筹资。但是,随着流通市场的扩大,这种低信用等级的企业发行的债券迅速增加,出现了一种高收益债券市场。这种高收益债券可视为银行向低信用企业融资证券化的一种形式。此外,某些信用度较低的发展中国家贷款也开始出现证券化的趋向,从而提高其流动性,以便于解决不断积累的债务问题。

随着20世纪80年代以来住宅抵押证券市场的不断扩大,资产证券化又有了一些新的发展:①将住宅抵押证券的做法应用到其他小额债权上,对这些小额债权进行证券化。这使资产证券化的领域大大拓宽,如汽车贷款、信用卡应收款、住宅资产净值贷款和大型设备的租赁等。②商业不动产融资的流动化。从1984年起,市场上出现了公募形式的商业不动产担保证券。它以商业不动产的租金收入作为还债金,与原所有者完全分离。③担保抵押债券。它是将住宅抵押凭证、住宅抵押贷款等汇集起来,以此为担保所发行的债券。其发行方式是由某个金融企业作为发行人,收买住宅抵押凭证并设立集合基金,再以此为担保同时发行3～4组债券。发行者以抵押集合基金每月产生的现金流为资金来源,在对各组债券支付利息的同时,只对其中的某一组债券的持有人偿还本金。发行此种债券在某种程度上是为了解决住宅抵押凭证在到期偿还时现金流不稳定的问题。

当前,西方国家的资产证券化趋势正深入金融活动的各个方面,不仅是传统银行贷款的证券化,而且经济中以证券形式持有的资产占全部金融资产的比例也越来越大。社会资产金融资产化、融资非中介化都是这种趋势的反映。在证券信用阶段,融资活动以有价证券作为载体,有价证券集价值储藏功能和价值流通功能于一身,即意味着短期资金可以长期化,长期资金亦可短期化,从而更好地适应了现代化大生产发展对资金调节的要求。

中国的资产证券化最早可以追溯到1992年三亚市开发建设总公司发行的三亚地产

投资券，通过预售地产开发后的销售权益，集资进行开发。此后，受困于当时国内相关制度不完善，中国企业进行了海外资产证券化的尝试。1999 年，中国人民银行和一些金融机构开始着手资产证券化的研究。2004 年，中国证监会颁布《证券公司客户资产管理业务试行办法》。2005 年，中国人民银行和银监会发布《信贷资产证券化试点管理办法》和《金融机构信贷资产证券化试点监督管理办法》，分别启动了人民银行和银(保)监会主管的以特殊目的信托(SPT)为载体的商业银行信贷资产证券化和证监会主管的以证券公司专项资产管理计划为载体的企业资产证券化业务。前者的相应产品称为"信贷资产支持证券"或"银行 CLO"(collateralized loan obligations)；后者的相应产品称为"企业资产支持证券"。2012 年 8 月，银行间交易商协会发布《银行间债券市场非金融企业资产支持票据指引》，开启了我国的第三类资产证券化产品——资产支持票据(asset-backed notes，ABN)，由非金融企业在交易商协会注册后，直接在银行间债券市场发行交易。2014 年以后，中国的资产证券化市场进入加速发展。截至 2020 年 3 月底，中国发行的资产证券化产品已经超过 8 万亿元，用于证券化的包括个人住房抵押贷款、个人汽车贷款、个人消费贷款、企业贷款、保理融资、融资租赁、应收账款、PPP 项目等几十种资产。

(二) 资产证券化趋势的原因

资产证券化之所以在 20 世纪 80 年代以来成为一种国际性的趋势，与以下原因是分不开的：

1. 金融管制的放松和金融创新的发展

20 世纪 70 年代以来，西方世界出现了一种经济自由化的思潮，强调市场机制的作用。与此同时，银行等金融机构的经营环境也发生了巨大的变化。20 世纪 30 年代的大萧条历史已经成为遥远的过去，而经济的"滞涨"则成为困扰西方发达国家的主要问题。这一时期，市场利率大幅波动，各类金融机构之间的竞争日趋激烈，一些以 20 世纪 30 年代经济危机的经验总结为基础而制定的金融管制法规与现实的经济环境已不相适应。因此，西方发达国家纷纷采取放松管制的措施，刺激本国金融业的发展。在这一过程中，金融创新起了推波助澜的作用。金融创新本身是适应市场需要的产物，也是金融机构规避管制的结果。金融管制的放松和金融创新的发展，促进了金融市场的活跃及效率的提高，从而构成了资产证券化的基础。

2. 国际债务危机的出现

国际债务危机的出现导致了巨额的呆账，一些国际性的大银行深受债务拖欠之苦，希望通过加强资产的流动性来解决资金周转的困难，而证券的发行无疑是途径之一。资产的证券化，既可使原有债权得以重新安排，又可使新增债权免受流动性差的困扰。因此，银行越来越多地开始介入国际证券市场。银行的介入，又对资产的证券化起着巨大的推动作用。

3. 现代电信及自动化技术的发展为资产的证券化创造了良好的条件

一方面，随着信息传递和处理技术的发展，获取信息成本的降低，完全依赖金融机构的服务以消除借贷者之间信息不对称的情况已有了很大改观；另一方面，交易过程中计算机技术的广泛使用，使数据处理成本大大下降，信息流通渠道大为畅通，从而使证券交易成本大幅度下降。另外，交易技术的改进，也为新的金融工具的开发创造了条件。这些都支持了资产证券化的发展。

（三）资产证券化趋势的影响

资产证券化的影响主要表现在以下几个方面：首先，对投资者来说，资产的证券化趋势为投资者提供了更多可供选择的新证券种类，投资者可以根据自己的资金额大小及偏好来进行组合投资。其次，对金融机构来说，通过资产的证券化，可以改善其资产的流动性，特别是对原有呆账债权的转换，对其资金周转效率的提高都是一个很大的促进。而且，资产的证券化，也是金融机构获取成本较低的资金来源、增加收入的一个新的渠道。最后，对整个金融市场来说，资产的证券化为金融市场增添了新的交易手段，这种趋势的持续将不断地推动金融市场的发展，增加市场活力。

但是，在看到资产证券化有利的一面的同时，也应看到，资产证券化中的许多资产实际上是一些长期的贷款和应收账款的集合，它们所固有的风险不可避免地影响到新证券本身的质地。资产的证券化涉及发起人、还本付息者、担保人、受托者及投资者等多个当事人，从而使传统贷款功能分散给几个有限责任的承担者，这样，资产证券化中的风险就表现出一定的复杂性，一旦处理不当，就会影响整个金融体系的稳定。2007 年在美国首先爆发进而影响全球的次贷危机就是一个最典型的例子。同时，资产证券化也使金融监管当局在信贷扩张及货币供应量的估计上面临更复杂的问题，对金融的调控监管会产生一定的不利影响。

不管怎样，资产证券化的趋势仍将持续下去。这是因为，国际金融市场仍在蓬勃发展，随着现代交易及清算技术的不断发展，金融市场的功能已越来越完善，其运作过程也日趋成熟，证券的发行及交易成本不断降低，手续也日趋简便。这对资产的证券化具有强大的吸引力。

二、金融全球化

金融市场全球化已成为当今世界的一种重要趋势。20 世纪 70 年代末期以来，西方国家兴起的金融自由化浪潮，使各国政府纷纷放宽对金融业活动的管制。随着外汇、信贷及利率等方面管制的放松，资本在国家间能够自由流动，国际利率开始趋同。目前，国际金融市场正在形成一个密切联系的整体市场，在全球各地的任何一个主要市场上都可以进行相同品种的金融交易，并且由于时差的原因，由伦敦、纽约、东京和新加坡等国际金融中心组成的市场可以实现 24 小时不间断的金融交易，世界上任何一个局部市场的波动都可能马上传递到全球的其他市场上。这就是金融全球化。

（一）金融全球化的内容

金融体系是一个复杂的整体，金融的全球化意味着资金可以实现国际自由流动，金融交易的币种和范围可以超越国界。它具体包括以下内容：

1. 市场交易的国际化

金融全球化实际上意味着各个金融子市场交易的国际化。在资产证券化趋势的影响下，传统的以国际银行为主的间接信贷市场已让位于直接的证券买卖和发行。而各国间资金的流动必然又涉及各国货币的交易及兑换，这也对外汇市场的全球化提出了要求。以下就从国际货币市场交易的全球化、国际资本市场交易的全球化和外汇市场的全球化三个方面加以说明。

首先,从国际货币市场交易的全球化来看。国际货币市场主要指欧洲货币市场。它涉及银行间的拆借、定期存单的发行及交易和各国大银行进行的银团贷款活动。此外,还有20世纪80年代资产证券化所产生的证券发行便利和欧洲票据市场。西方主要发达国家及部分发展中国家的银行及其他一些大金融机构通过欧洲货币市场筹集或运用短期资金,参与国际金融市场的活动。一些跨国公司也通过国际货币市场发行短期商业票据来融通资金。目前,伦敦是最重要的国际货币市场中心。另外,巴黎、卢森堡、巴林、新加坡等地在国际货币市场的交易中也占据着重要地位。

其次,从国际资本市场交易的全球化来看。为适应企业跨国经营和国内企业对外融资的需要,一些国家的政府和一些大企业纷纷进入国际资本市场融资。国际资本市场的融资主要是通过发行国际债券和到国际性的股票市场上直接募资进行的。国际债券市场一般分为两类:一种是各发达国家国内金融市场发行的以本币计值的外汇债券,如美国的扬基债券、日本的武士债券都是这种类型。另一种是离岸债券市场,即欧洲债券市场发行的以多种货币计值的债券。它是一国借款人在国外发行的以本币计值的债券,但不受本国法规的约束,其发行地也不一定局限于欧洲。股票市场交易的国际化体现在两个方面:一是一些重要的股票市场纷纷向外国的公司开放,允许国外公司的股票到其国家的交易所上市交易,如英国的伦敦、德国的法兰克福、美国的纽约等都是国外上市公司的上市可选地之一;二是一些国家既允许外国投资者参与本国股票市场上股票的买卖,如被称为"大爆炸"(Big Bang)的伦敦证券交易所1986年10月27日宣布进行的改革使国外的银行、非银行金融机构及证券商等可以直接进入英国股市进行交易,也允许本国投资者买卖在国外市场交易的股票。虽然目前资本市场的开放还有地区性及国别的差异,但由于一些主要发达国家在市场上所占份额很大,这些国家市场的国际化对国际金融市场的影响是非常巨大的。

最后,从外汇市场的全球化角度来看。由于外汇市场涉及的是各国间的货币交易,因此,它的国际性更加明显。尤其是浮动汇率制实行以来,各国中央银行为了稳定汇率,在外汇市场上进行的外币买卖使外汇市场交易更加活跃。外汇市场上的新工具层出不穷,诸如互换、期权等创新日新月异。

2. 市场参与者的国际化

金融市场的全球化还表现为市场参与者的国际化。传统的以大银行和主权国政府为代表的国际金融活动主体正被越来越多样化的国际参与者所代替。大企业、投资银行、保险公司、投资基金,甚至私人投资者纷纷步入国际金融市场,参与国际投资组合,以分散投资风险、获取高收益。在这个过程中,银行和各非银行金融机构纷纷向全球各金融中心扩散,代理本国或国外的资金供求者的投资与资金需求者的筹资活动,或直接在金融市场上参与以营利为目的的交易活动。特别值得一提的是,近几十年来各国金融机构之间并购重组浪潮风起云涌,各种各样的投资基金在全球金融市场上取得空前的大发展,更是大大地促进了金融市场交易的国际化。

(二) 金融全球化的原因

金融全球化的发展与国际经济交往的日益密切是分不开的。这种趋势正以前所未有的速度向前推进。产生这一趋势的原因主要有：

1. 金融管制放松所带来的影响

金融管制的放松，各国对金融机构跨国经营限制的减少，对外汇管制政策的放宽，大大地促进了国际资本的流动及金融市场的国际化。

2. 现代电子通信技术的快速发展，为金融的全球化创造了便利的条件

现代计算机及自动化技术的发展，使国际金融交易中信息传递更及时、交易成本更低、手续更简便。这构成了现代金融市场全球化的技术基础。

3. 金融创新的影响

20 世纪 70 年代以来的国际金融创新浪潮产生了许多新型的金融工具，它们有的本身就具有国际性质，如利率互换、货币互换等。

4. 国际金融市场上投资主体的变化推动了其进一步全球化

如前所述，国际金融市场的参与者已越来越多样化，特别是各种类型投资基金的崛起大大地改变了投资结构及交易性质，产生了一批专为套利而参与买卖的机构投资者。它们为了获利，必然频频出没于全球各国的金融市场，寻找获利机会。这种频繁的交易更加促进了各国市场间的联系。

（三）金融全球化的影响

金融全球化促进了国际资本的流动，有利于稀缺资源在国际范围内的合理配置，促进世界经济的共同增长。金融市场的全球化也为投资者在国际金融市场上寻找投资机会、合理安排资产持有结构、利用套期保值技术分散风险创造了条件。一个金融工具丰富的市场也为筹资者提供更多的选择机会，有利于其获得低成本的资金。这些都是金融全球化有利的一面。

金融全球化的不利影响首先表现在国际金融风险的防范上。由于全球金融市场的联系更加紧密，一旦发生利率和汇率波动或局部的金融动荡，会马上传递到全球各大金融中心，使金融风险的控制更为复杂。其次是增加政府在执行货币政策与金融监管方面的难度。由于国际资本流动加快，一些政策变量的国际影响增强，政府在实施货币政策和进行宏观调控时往往更难估计其传导过程及影响。最后，涉及国际性的金融机构及国际资本的流动问题，往往不是一国政府所能左右，也给政府金融监管部门在金融监管及维护金融稳定上造成了一定的困难。

总体来看，金融的全球化是大势所趋。通过国际协调及共同监管，建立新型的国际金融体系，是摆在金融全球化面前必须解决的一项重要课题。

三、金融自由化

金融自由化的趋势是指 20 世纪 70 年代中期以来在西方国家，特别是发达国家出现的逐渐放松甚至取消对金融活动的一些管制措施的过程。金融的自由化和金融的证券化、全球化在进入 20 世纪 90 年代以后，表现得尤其突出，它们相互影响，互为因果，共同促进。

（一）金融自由化的内容

由于金融业的活动涉及全社会各部门的利益，一旦某一金融机构倒闭，必然牵连很大，引起一些不利的连锁反应，甚至导致金融动荡和危机。因此，基于安全和稳健的理由，

从历史上看,金融业一直是受政府管制最严厉的部门之一。20世纪70年代中期以来,无论是过去管制较严的国家,还是管制较为宽松的国家,都出现了放松管制的趋势,主要表现为:

1. 减少或取消国与国之间对金融机构活动范围的限制

这是直到现在为止金融业务活动全球化的最主要推动因素之一。国与国之间相互开放本国的金融市场,允许外国银行等金融机构在本国经营和国内金融机构一样的业务,给予外国金融机构国民待遇,使国际金融交易急剧活跃,金融的全球化进程大为加快。

2. 对外汇管制的放松或解除

英国已于20世纪70年代末取消了外汇管制,法国和日本也随后逐渐地予以取消。美国在外汇管制较为宽松的情况下,20世纪90年代又取消了对外资银行账户的某些限制。外汇管制的放松或取消,使资本的国际流动进程大大加快,促进了国际金融的一体化。

3. 放宽金融机构业务活动范围的限制,允许金融机构之间的业务适当交叉

在西方国家,除了少数实行全能银行制度的国家如德国、奥地利、瑞士等外,绝大多数国家都在20世纪30年代经济危机的基础上建立起严格的分业经营制度,即银行业务和证券业务严格分离。但这一管制措施在20世纪70年代末期以来已经有缓和的趋势。特别是进入20世纪80年代后期以来,由于各国金融竞争日趋激烈,金融国际化进程加快,各国为了抢占国际金融市场,提高本国金融机构在国际金融竞争中的地位,尤其在国际金融领域,对这些限制都大为放宽。

4. 放宽或取消对银行的利率管制

美国已经取消了《Q项条例》所规定的银行存款利率上限。其他一些主要发达国家也纷纷步其后尘,这导致了银行领域内的自由化的快速发展。

除了上述管制措施的放宽或解除,西方各国对金融创新活动的鼓励,对新金融工具交易的支持与放任,实际上也是金融自由化兴起的重要表现。

(二) 金融自由化的原因

从金融自由化的内容可以看出,自由化实际上是对不适应经济金融环境变化的管制措施的废除,是与其背后的基本经济金融因素的变化分不开的,主要表现为:

1. 经济自由主义思潮的兴起

由于20世纪70年代以来西方经济的"滞胀",凯恩斯学派的经济思想受到质疑,新经济自由主义思潮崛起。如20世纪70年代兴起的货币学派和供应学派都强调市场机制的作用,反对政府过度干预,并在当时受到了较为广泛的欢迎,从而为金融的自由化奠定了理论和实践的基础。

2. 金融创新的作用

20世纪70年代末和80年代初,西方国家出现了两位数的恶性通货膨胀,导致市场利率高企。银行等金融机构受存款利率上限的限制,在市场竞争中处于不利的地位。为了缓解经营困境,并应付来自于国内外金融同业之间的竞争,各银行纷纷采取金融创新措施以规避管制,加之现代计算机及通信技术的飞速发展,一些新的金融工具不断地被开发出来。这些新的金融工具有效地避开和绕过了原有的管制条例,使监管者意识到许多旧的条例已不适应形势的变化,从而在客观上促进了管制的放松。

3. 金融证券化和全球化的影响

金融资产证券化、金融全球化与金融自由化是相互促进、相互影响、共同发展的。证券化过程中不断出现的新型金融工具总体已大大超出了原有管制条例的范围，而全球24小时不间断的金融市场交易活动对资本自由流动和外汇、利率及信贷等管制的放松提出了客观的要求。在国际金融市场的交易中，机会是稍纵即逝的。要参与国际金融的竞争，提高本国金融业在国际市场上的地位，放松管制、推行金融自由化是必然的。

（三）金融自由化的影响

金融自由化导致金融竞争更加激烈，这在一定程度上促进了金融业经营效率的提高。在金融自由化过程中，产生了许多新型的信用工具及交易手段，大大方便了市场参与者的投融资活动，降低了交易成本。金融自由化也极大地促进了资本的国际自由流动，有利于资源在国际的合理配置，在一定程度上促进了国际贸易的活跃和世界经济的发展。

金融自由化也同样面临着诸多问题。国际资本的自由流动，既有机遇，也充满了风险。金融市场上管制的放松，对金融机构的稳健经营提出了较高的要求，一旦处理不好，有可能危及金融体系的稳定，并导致金融动荡和经济危机。金融自由化还给货币政策的实施及金融监管带来了困难。

面对金融自由化利弊兼有的特点，国际金融界对金融自由化问题有一些不同的看法，赞成者有之，批评者有之，还有一些人持有折中的观点。实际上，自由化并不意味着没有政府的干预和管制，任何时候政府都没有对金融业的运行放任自流过，只不过在不同的时间某些趋势占上风罢了。问题的关键不在于要管制还是要自由化，而是如何采取适当的管制措施适应新的发展态势以趋利避害。无论从历史还是从现实来看，金融业的发展都是一个“管制—放松—再管制”的循环过程。当然，每一轮新的管制和新的自由化趋势都被赋予了新的内容。

四、金融工程化

（一）金融工程化的内容

所谓金融工程，是指将工程思维引入金融领域，综合采用各种工程技术方法（主要有数学建模、数值计算、网络图解、仿真模拟等）设计、开发新型的金融产品，创造性地解决金融问题。这里的新型和创造性指的是金融领域中思想的跃进、对已有观念的重新理解与运用，或者是对已有的金融产品进行分解和重新组合。

（二）金融工程化的原因

金融工程化的动力来自于20世纪70年代以来社会经济制度的变革和电子技术的进步。

1. 社会经济制度的变革

20世纪70年代以来，国际金融领域社会经济制度最大的变革是布雷顿森林体系的崩溃。汇率的浮动化使得国际贸易和国际投资活动的风险大大加剧，工商企业不仅要应付经营上的风险，还要面对汇率波动的风险。为保证国际贸易和国际投资的稳定，各国货币当局力图通过货币政策控制汇率的波动幅度，其中最常用的是改变贴现率。这样汇率的波动就传导到了利率上。20世纪70年代另外一个重大的冲击是石油提价引起的基础商品价格的剧烈变动。这些变化共同形成了对风险管理技术的需求。

2. 电子技术的进步

今天的金融市场日益依赖于信息的全球传播速度、交易商迅速交流的能力和个人计算机及复杂的分析软件。金融工程采用图解、数值计算和仿真技术等工程手段来研究问题，金融工程的研究直接而紧密地联系着金融市场的实际。大部分真正有实际意义的金融工程研究，必须有计算机技术的支持。图解法需要计算机制表和作图软件的辅助，数值计算和仿真则需要很强的运算能力，经常用到百万次甚至上亿次的计算，没有计算机的高速运算和设计，这些技术将失去意义。电信网络的发展能够实现即时的数据传送，这样在全球范围内进行交易才成为可能。技术的进步使得许多古老的交易思想旧貌换新颜，在新的条件下显示出更大的活力，譬如利用股票现货与股指期货之间的价格不均衡性来获利的计算机程序交易，其基本的套利策略本身是十分陈旧的，这种策略被应用于谷物交易已经有一个多世纪了，但是将该策略扩展到股票现货与股指期货上则需要复杂的数学建模、高速运算以及电子证券交易等条件。

（三）金融工程化的影响

金融工程化的趋势为人们创造性地解决金融风险提供了空间。金融工程的出现标志着高科技在金融领域的应用，它极大提高了金融市场的效率。特别是近几年来金融科技(fintech)已经渐渐地发展演变成金融专业的一个分支，成为一门独立的专业课程，这更突显出高科技在金融市场领域的重要性。值得注意的是，金融工程也是一把双刃剑：1997年东南亚金融危机中，国际炒家正是利用它来设计精巧的套利和投机策略，从而直接导致这一地区的金融、经济动荡；反之，在金融市场日益开放的背景下，各国政府和货币当局要保卫自己经济和金融的稳定，也必须借助这种高科技的手段。

本章小结

1. 金融市场是指以金融资产为交易对象而形成的供求关系及其机制的总和。

2. 金融市场的主体有筹资者、投资者(投机者)、套期保值者、套利者、调控和监管者。

3. 金融市场可以按多种方式进行分类，其中最常用的是按交易的标的物划分为货币市场、资本市场、外汇市场、黄金市场、衍生工具市场和另类投资市场。

4. 金融市场在经济系统中具有聚敛功能、配置功能、调节功能、信息与监督功能。

5. 资产证券化、金融全球化、金融自由化和金融工程化是金融市场的发展趋势。

重要概念

金融市场　金融资产　金融工具　套期保值者　套利者　投资者　投机者　货币市场　资本市场　外汇市场　衍生工具市场　直接金融市场　间接金融市场　初级市场　二级市场　第三市场　第四市场　公开市场　议价市场　有形市场　无形市场　资产证券化　金融全球化　金融自由化　金融工程化

进一步阅读

[1] Allen F,Gale D. 比较金融系统[M].北京:中国人民大学出版社,2002.
[2] Grinblatt M,Titman S.金融市场与公司战略[M]:2 版.北京:清华大学出版社,2002.
[3] 姜波克.国际金融新编[M]:5 版.上海:复旦大学出版社,2012.

参考文献

郑振龙,陈蓉.金融工程[M]:5 版.北京:高等教育出版社,2020.

即测即评

习题

1. 简述金融市场的概念。
2. 简述金融市场的主要类型。
3. 简述金融市场的主要功能。
4. 简述金融市场的发展趋势。
5. 谈谈金融自由化的原因和影响。

中国经济与社会发展统计数据库→中国金融年鉴

第二章 货币市场

货币市场是一年期及一年期以内的短期金融工具交易形成的供求关系及其运行机制的总和。货币市场的活动主要是为了保持资金的流动性,以便随时可以获得现实的货币。短期金融工具的交易,一方面满足了资金需求者短期资金的需要,另一方面也为资金盈余者暂时闲置的资金提供获取盈利机会的出路。同时,短期金融工具还为中央银行实施货币政策提供操作手段。这些短期金融工具一般期限较短,最短的只有一天,最长的也不超过一年,较为普遍的是3～6个月。正因为这些工具期限短,可随时变现,有较强的货币性,所以短期金融工具又有“准货币”之称。

学完本章后,你应该能够:

★ 了解同业拆借市场

★ 了解回购市场

★ 了解商业票据市场

★ 了解银行承兑票据市场

★ 了解大额可转让定期存单市场

★ 了解短期政府债券市场

★ 了解货币市场共同基金市场

第一节 同业拆借市场

同业拆借市场,也可以称为同业拆放市场,是指金融机构之间以货币借贷方式进行短期资金融通活动的市场。同业拆借的资金主要用于弥补短期资金的不足、票据清算的差额以及解决临时性的资金短缺需要。同业拆借市场交易量大,能敏感地反映资金供求关系和货币政策意图,影响货币市场利率,因此,它是货币市场体系的重要组成部分。

一、同业拆借市场的形成和发展

同业拆借市场形成的根本原因是存款准备金制度的确立。为了控制货币流通量和银行的信用扩张,1913年,美国最早以法律的形式规定:所有接受存款的商业银行都必须按存款余额计提一定比例的存款准备金,作为不生息的支付准备存入中央银行,准备数额不足就要受到一定的经济处罚。美国规定,实际提取的准备金若低于应提取数额的2%,就必须按当时的贴现率加2%的利率交付罚息。由于清算业务活动和日常收付数额的变化,总会出现有的银行存款准备金多余，有的银行存款准备金不足的情况，存款准备金多余的银行，一般希望尽可能地对多余部分加以利用，以获取利息收益；而存款准备金不足的银行，又必须按规定加以补足。这样，在存款准备金多余和不足银行之间，客观上就存在互相调剂的要求，同业拆借市场便应运而生。1921 年，在美国纽约形成了以调剂联邦储备银行会员银行的准备金头寸为内容的联邦资金市场，实际上就是美国的同业拆借市场。在英国，伦敦同业拆借市场的形成，则是建立在银行间票据交换过程的基础之上的。各家银行在轧平票据交换的差额时，有的银行头寸不足，从而就有必要向头寸多余的银行拆入资金，由此使不同银行之间出现经常性的资金拆借行为。

在经历了 20 世纪 30 年代的经济危机之后，西方各国普遍强化了中央银行的作用，相继引入法定存款准备金制度作为控制商业银行信用规模的手段。与此相适应，同业拆借市场也得到了较快发展。

同业拆借产生之初，主要是为了适应商业银行调整准备金的要求。但是，近年来，随着市场参与者由最初的商业银行扩展至所有金融机构，以及新型融资技术（如再回购协议）的引入，同业拆借市场的交易规模迅速扩张，其功能也随之发生了巨大变化。同业拆借市场已成为金融机构特别是商业银行进行资产负债管理的重要工具，也成为中央银行检测银根状况、进行金融调控的重要窗口。

相关阅读 2-1

我国的同业拆借市场

中国的同业拆借市场萌芽于 1984 年。1986 年 1 月，国务院颁布《中华人民共和国银行管理暂行条例》，规定专业银行之间可以进行资金拆借，从法律上第一次为我国同业拆借的开展提供了法律依据。1991 年，中国人民银行下发了《同业拆借管理暂行办法》，第一次用专门法规的形式对同业拆借市场管理做了比较系统的规定。

1996 年 3 月 1 日，中国人民银行建立了统一的全国银行间同业拆借市场，在中国外汇交易中心暨全国银行间同业拆借中心平台上进行交易，参与者包括各类银行（政策性银行、商业银行、外资银行、民营银行）、农村信用联社、保险公司、证券公司、资产管理公司、财务公司、金融租赁公司、境外人民币清算行等各类金融机构。中国银行间交易的同业拆借利率主要有三个指标：银行间同业拆借加权平均利率（interbank offered rate，IBO）、银银间同业拆借加权平均利率（DIBO）和上海银行间同业拆放利率（Shanghai interbank offered rate，SHIBOR）。其中 IBO 是全银行间市场的同业拆借利率，是包括非银行金融机构在内的所有以成交量为权重的加权平均利率，DIBO 则是存款类机构的同业拆借利率，都包括隔夜、1 周、2 周、3 周、1 个月、2 个月、3 个月、4 个月、6 个月、9 个月和 1 年共 11 个期限。SHIBOR 以全国银行间同业拆借中心为技术平台计算、发布并命名，是由信用等级较高的银行组成报价团自主报出的人民币同业拆出利率计算确定的算术平均利率，是单利、无担保、批发性利率。目前，对社会公布的 SHIBOR 品种包括隔夜、1 周、2 周、1 个月、3 个月、6 个月、9 个月及 1 年共 8 个期限。

二、同业拆借市场的参与者

同业拆借市场的主要参与者首推商业银行。商业银行既是主要的资金供应者,又是主要的资金需求者。由于同业拆借市场期限较短、风险较小,许多银行都把短期闲置资金投放于该市场,以及时调整资产负债结构,保持资产的流动性。特别是那些市场份额有限、承受经营风险能力脆弱的中小银行,更是把同业拆借市场作为短期资金运用的经常性场所,力图通过该市场提高资产质量,降低经营风险,增加利息收入。非银行金融机构也是同业拆借市场上的重要参与者。非银行金融机构如证券商、互助储蓄银行、储蓄贷款协会等大多以贷款人的身份出现在同业拆借市场上,但它们也有需要资金的时候,如证券商的短期拆入。此外,外国银行的代理机构和分支机构也是同业拆借市场的参与者之一。市场参与者的多样化,使商业银行走出了过去仅仅重新分配准备金的圈子,同业拆借市场的功能范围有了进一步扩大,并促进了各种金融机构之间的密切联系。

同业拆借市场中的交易既可以通过市场中介,也可以直接联系交易。市场中介指为资金拆入者和资金拆出者提供媒介交易以赚取手续费的经纪商。同业拆借市场的中介可以分为两类:一类是专门从事拆借市场及其他货币市场子市场中介业务的专业经纪商,如日本的短资公司就属这种类型;另一类是非专门从事拆借市场中介业务的兼营经纪商,大多由商业银行承担。这些大中型商业银行不仅充当经纪商,其本身也参与该市场的交易。

三、同业拆借市场的运作程序

同业拆借市场的运作程序因交易组织形式和拆借双方所处地理位置不同而有所差异,具体可分为通过中介机构(经纪商)的同城拆借、通过中介机构的异地拆借、不通过中介机构的同城拆借和不通过中介机构的异地拆借四种情形。

(一) 通过中介机构的同城拆借

通过中介机构的同城拆借主要是通过支票交换完成,其程序大致如下:

(1) 拆借双方向中介机构表达拆借意向,即拆出行通知拆借经纪机构可以拆出资金的数量、利率、期限等,拆入行通知拆借中介机构需要拆入资金的数量、期限和利率。

(2) 拆借机构将集中、大量的信息进行筛选,选择条件匹配的双方,并将相关信息通知拆借双方。

(3) 拆借双方依据中介机构提供的情况直接协商。

(4) 协商一致,同意拆借成交。拆入行签发自己付款的支票(面额为拆入资金额加上拆入至到期为止的利息),拆出行则签发由中央银行付款的支票(面额为拆出资金额),两张支票通过同城中央银行票据交换所进行交换,其中由中央银行付款的支票当日兑现,由同城中央银行进行内部转账,将拆出行在中央银行存款账户的可用资金划转至拆入行账户,会计表现为借记拆出行账户,贷记拆入行账户。

(5) 拆借到期,拆入行签发的由自己付款的支票兑现,由同城中央银行将拆入行在中央银行存款账户的可用资金划转到拆出行账户,从而归还资金,会计表现为贷记拆出行账户,借记拆入行账户,即用相反的借贷冲账。

这一拆借程序如图 2-1 所示。

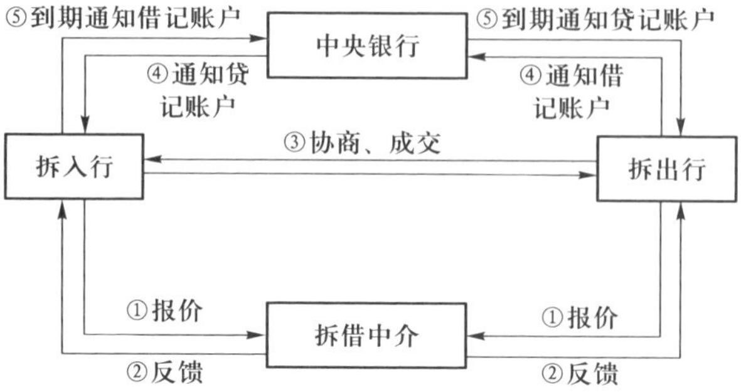

图 2-1　通过中介机构进行的同城拆借

(二)通过中介机构的异地拆借

异地金融机构之间通过中介机构实现拆借交易,其程序与同城拆借大致相同。只是在成交以后的资金划转方面有所不同。它不需要支票交换,而是依靠各自所在地的中央银行资金电划系统划拨转账。也就是说,买卖双方利用电报或电话谈妥交易条件后,由拆出行通知所在地中央银行将其存款提出一定金额,并以电报通知拆入行所在地的中央银行将同一金额加入拆入行的存款账户,到期日则以相反的程序完成资金的偿还。其具体过程见图 2-2。

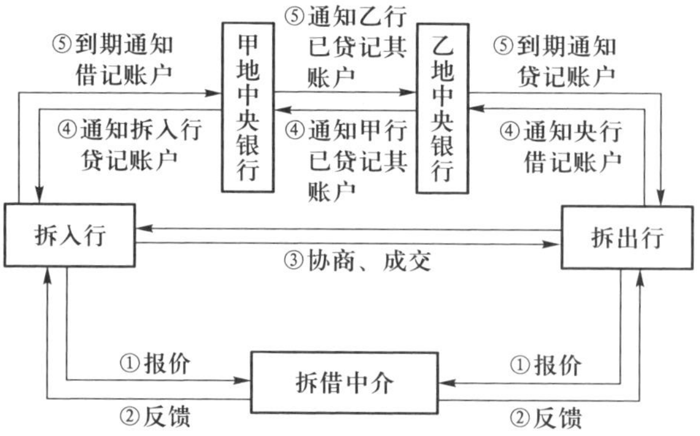

图 2-2　通过中介机构进行的异地拆借

(三)不通过中介机构的同城拆借和异地拆借

不通过中介机构的同城拆借和异地拆借程序可以参考通过中介机构的拆借程序,只不过是由买卖双方银行通过电话或其他方式进行直接联系和报价,既可单边报价,也可双边报价,经过洽谈成交后,通知结算部门以支票交换或电汇方式办理资金清算,实现双方资金划转,到期后再以相反方向划账偿还。具体过程可分别见图 2-3 和图 2-4。

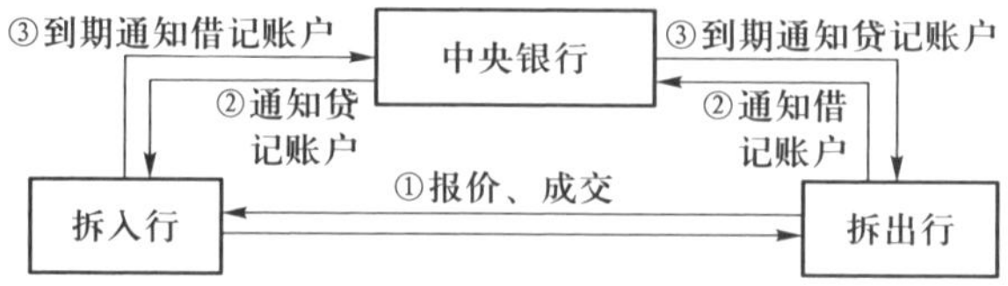

图 2-3　不通过中介机构的同城拆借

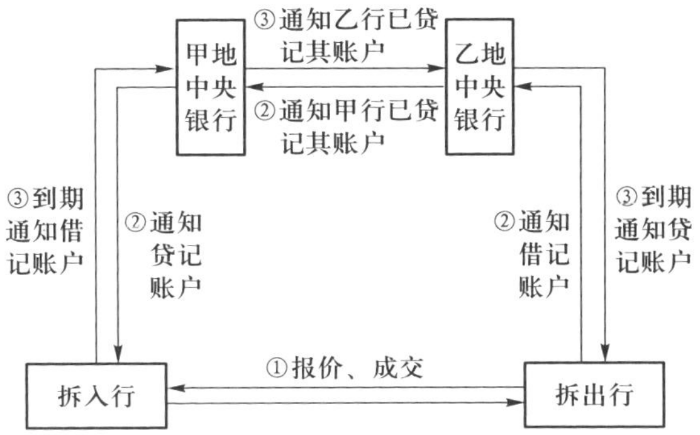

图 2-4　不通过中介机构的异地拆借

相关阅读 2-2

我国同业拆借市场的报价

我国同业拆借交易系统采用自主报价、格式化询价、确认成交的方式。交易系统以一定格式将询价内容固定，交易员可通过计算机终端界面查询前一交易日每一品种的加权平均价、收盘价，当日交易的开盘价、收盘价、最高价、最低价和最新成交价。交易双方在规定的次数内向对方轮流报价，直至确认。会员的确认报价经交易系统记录备案后，由交易系统签发成交通知单，作为交易双方成交确认的有效凭证，其内容包括拆借双方名称、金额、期限、利率、结算、账户、抵押品和数量等。成交后，会员按照成交通知单向交易对方全额办理资金清算。会员的拆借资金划付通过全国电子联行进行，对于7天以内的同业拆借，实行当天清算，7天以上至4个月以内的同业短期拆借实行第二个营业日清算。

表2-1给出了2020年3月中国银行间同业拆借市场的交易统计。

表 2-1　同业拆借月报(2020 年 3 月)

按交易品种				按机构类别交易统计	
品种	加权利率(%)	成交笔数(笔)	成交金额(亿元)	机构类型	余额(亿元)
IBO001	1.310 2	14 410	140 448.90	大型商业银行	2 811.24
IBO007	2.281 7	3 221	10 538.99	股份制商业银行	2 535.45
IBO014	1.964 2	265	1 104.65	城市商业银行	2 106.49
IBO021	2.057 1	73	152.26	农村商业银行和合作银行	2 280.92
IBO1M	2.531 9	184	535.84	证券公司	1 059.48

续表

按交易品种				按机构类别交易统计	
品种	加权利率（%）	成交笔数（笔）	成交金额（亿元）	机构类型	余额（亿元）
IBO2M	2.998 7	81	116.02	其他	4 781.05
IBO3M	3.255 9	287	430.35	合计	15 574.63
IBO4M	3.577 9	27	38.56		
IBO6M	3.145 5	60	66.23		
IBO9M	3.577 9	33	29.03		
IBO1Y	3.614 3	61	53.28		
合计	1.396 0	18 702	153 514.10		

数据来源：中国货币网。

四、同业拆借市场的拆借期限与利率

同业拆借市场的拆借期限通常以1～2天为限，短至隔夜，多则1～2周，一般不超过1个月，当然也有少数同业拆借交易的期限接近或达到一年的。同业拆借的拆款按日计息，拆息额占拆借本金的比例为拆息率。拆息率每天不同，甚至每时每刻都有变化，其高低灵敏地反映着货币市场资金的供求状况。

在国际货币市场上，比较典型的、有代表性的同业拆借利率有三种，即伦敦银行同业拆借利率（Libor）、新加坡银行同业拆借利率和香港银行同业拆借利率。伦敦银行同业拆借利率是伦敦金融市场上银行间相互拆借英镑、欧洲美元及其他欧洲货币时的利率，由报价银行在每个营业日的上午11时对外报出，分为存款利率和贷款利率两种报价。资金拆借的期限为1、3、6个月和1年等几个档次。自1986年诞生以来，该利率即成为伦敦金融市场借贷活动中的基本利率。目前，伦敦银行同业拆借利率已成为国际金融市场上的一种关键利率，一些浮动利率的融资工具在发行时，都以该利率作为浮动的依据和参照物。相比之下，新加坡银行同业拆借利率和香港银行同业拆借利率的生成和作用范围是两地的亚洲货币市场，其报价方法与拆借期限与伦敦银行同业拆借利率并无差别，但它们在国际金融市场上的地位和作用，则要差得多。

相关阅读2－3

Libor操纵案

根据Libor定价机制，几家大型银行向英国银行家协会提交借贷利率估值，后者根据报价计算出当天的Libor利率，随后这一利率便被应用到各种贷款、衍生品和其他金融工具的定价中。银行提出的报价理应真实、客观地反映银行对资金供求的评估。但是由于各大银行也是金融市场交易的主要参与者，在巨大经济利益的驱动下，他们就开始人为地操纵报价以获得自身银行交易利润的最大化。证据显示操纵行为从2005年就开始发生，甚至有可能更早。主要的事件包括：

2010年，英国金融服务局开始对巴克莱银行的利率操纵行为开始调查。

2012年6月，巴克莱银行同意向美国和英国监管机构支付4.5亿美元的罚金，巴克莱的首席执行官和董事会主席因此辞职。

2012年8月，监管机构开始对其他的大型金融机构展开调查，如皇家苏格兰银行、汇丰银行、JP摩根、德意志银行等。

2012年12月，瑞银集团同意支付1.5亿美元罚金。

2013年2月，皇家苏格兰银行同意支付6.12亿美元罚金。

这一系列丑闻反映出报价形成机制的先天缺陷，也暴露出监管的巨大漏洞。英国通过了金融服务2012年法案，将Libor的监管权移交给监管机构，同时提高了利率操纵的惩罚尺度。后来丹麦、瑞典、加拿大、澳大利亚和新西兰货币的Libor利率停止报价。从2013年7月开始，报价的数量从10种货币15个期限共150种报价减少为5种货币7个期限共35种报价，以使得报价更有可能反映真实的交易状况。

为进一步推动中国的利率市场化，培育中国货币市场基准利率体系，提高金融机构自主定价能力，指导货币市场产品定价，完善货币政策传导机制，上海银行间同业拆放利率(Shanghai Interbank Offered Rate，简称Shibor)自2007年1月4日起开始运行。上海银行间同业拆放利率以位于上海的全国银行间同业拆借中心为技术平台计算、发布并命名，是由信用等级较高的银行组成报价团自主报出的人民币同业拆出利率计算确定的算术平均利率，是单利、无担保、批发性利率。目前，对社会公布的Shibor品种包括隔夜、1周、2周、1个月、3个月、6个月、9个月及1年。

Shibor报价银行团现由18家商业银行组成。报价银行是公开市场一级交易商或外汇市场做市商，是在中国货币市场上人民币交易相对活跃、信息披露比较充分的银行。全国银行间同业拆借中心受权Shibor的报价计算和信息发布。每个交易日根据各报价行的报价，剔除最高、最低各4家报价，对其余报价进行算术平均计算后，得出每一期限品种的Shibor，并于11:00对外发布。表2-2列出了2020年4月3日上海银行间同业拆放行情报价情况。

表2-2　2019年4月3日上海银行间同业拆放行情报价

期限	Shibor (%)	涨跌 (BP)	期限	Shibor (%)	涨跌 (BP)
O/N	1.001 0	▼ 27.70	3M	1.844 0	▼ 4.50
1W	1.831 0	▼ 2.60	6M	1.956 0	▼ 2.60
2W	1.537 0	▼ 8.40	9M	2.075 0	▼ 2.30
1M	1.741 0	▼ 3.10	1Y	2.165 0	▼ 3.70

数据来源：SHIBOR上海银行间同业拆放利率。

第二节 回购市场

回购市场是指通过回购协议进行短期资金融通交易的市场。所谓回购协议(repurchase agreement),指的是在出售证券的同时,与证券的购买商签订协议,约定在一定期限后按约定价格购回所卖证券,从而获取即时可用资金的一种交易行为。从本质上说,回购协议是一种质押贷款,其质押品为证券。

一、回购协议交易的原理

回购协议的期限从一日至数月不等。当回购协议签订后,资金获得者同意向资金供应者出售政府债券和政府代理机构债券以及其他债券以换取即时可用的资金。一般来说,回购协议中所交易的证券主要是政府债券。回购协议期满时,再用即时可用资金作相反的交易。从表面上看,资金需求者通过出售债券获得了资金,而实际上,资金需求者是从短期金融市场上借入一笔资金。对于资金借出者来说,他获得了一笔短期内有权支配的债券,但这笔债券到时候要按约定的数量如数交回。所以,出售债券的人实际上是借入资金的人,购入债券的人实际上是借出资金的人。出售一方必须在约定的日期,以原来买卖的价格再加若干利息,购回该证券。这时,不论该证券的价格是升还是降,均要按约定价格购回。在回购交易中,若贷款或证券购回的时间为一天,则称为隔夜回购,如果时间长于一天,则称为期限回购。

金融机构之间的短期资金融通,一般可以通过同业拆借的形式解决,不一定要用回购协议的办法。但一些资金盈余部门不是金融机构,而是非金融行业、政府机构和证券公司等,它们采用回购协议的办法可以避免对放款的管制。此外,回购协议的期限可长可短,比较灵活,也满足了部分市场参与者的需要。期限较长的回购协议还可以套利,即在分别得到资金和证券后,利用再一次换回之间的间隔期进行借出或投资,以获取短期利润。

还有一种逆回购协议(reverse repurchase agreement),实际上与回购协议是一个问题的两个方面。它是从资金供应者的角度出发相对于回购协议而言的。回购协议中,卖出证券取得资金的一方同意按约定期限以约定价格购回所卖出证券。在逆回购协议中,买入证券的一方同意按约定期限以约定价格出售其所买入证券。从资金供应者的角度看,逆回购协议是回购协议的逆进行。

二、回购市场及其风险

回购协议市场并非一个完全独立的市场形态,它是证券的一种买卖方式,往往与国库券市场、同业拆借市场及其他长期债券市场具有十分密切的联系,交易大多以电信方式进行。大多数交易由资金供应方和资金需求方之间直接进行,但也有少数交易通过市场专营商进行。这些专营商大多为政府证券交易商,它们同获得资金的一方签订回购协议,并同供应资金的另一方签订逆回购协议。标准化的回购交易也可以通过证券交易所进行。

大银行和政府证券交易商是回购协议市场的主要资金需求者。银行利用回购协议市场作为其资金来源之一。作为资金获得者，它有着与众不同的优势：首先，它持有大量的政府证券和政府代理机构证券，这些都是回购协议项下的正宗抵押品。其次，银行利用回购协议所取得的资金不属于存款负债，不用缴纳存款准备金。政府证券交易商也利用回购协议市场为其持有的政府证券或其他证券筹措资金。回购协议中的资金供给方很多，如资金雄厚的非银行金融机构、地方政府、存款机构、外国银行及外国政府等。其中资金实力较强的非银行金融机构和地方政府占统治地位。对于中央银行来说，通过回购交易可以实施公开市场操作，所以，回购市场是其执行货币政策的重要场所。

回购协议中的交易计算公式为：

$$I=PP\times RR\times T/360 \tag{2.1}$$

$$RP=PP+I \tag{2.2}$$

其中，PP 表示本金，RR 表示证券商和投资者所达成的回购时应付的利率，T 表示回购协议的期限，I 表示应付利息，RP 表示回购价格。

尽管回购协议中使用的是高质量的抵押品，但是交易的双方当事人也会面临信用风险。回购协议交易中的信用风险来源如下：如果到约定期限后交易商无力购回政府债券等证券，客户只有保留这些抵押品。但如果适逢债券利率上升，则手中持有的证券价格就会下跌，客户所拥有的债券价值就有可能小于其借出的资金价值。减少信用风险的方法有如下两种：①设置保证金。回购协议中的保证金是指证券抵押品的市值高于贷款价值的部分，其大小一般在1%～3%。对于较低信用等级的借款者或当抵押证券的流动性不高时，差额可能达到10%。②根据证券抵押品的市值随时调整。既可以重新调整回购协议的定价，也可以变动保证金的数额。如在回购协议的条款中规定，当回购协议中的抵押品价值下跌时，回购协议可以要求按新的市值比例追加保证金，或者降低贷款的数额。

回购协议中证券的交付一般不采用实物交付的方式，特别是在期限较短的回购协议中。但为了防范资金需求者在回购协议期间将证券卖出或与第三方做回购所带来的风险，一般要求资金需求方将抵押证券交到贷款人的清算银行的保管账户中，或保留在借款人专用的证券保管账户中以备随时查询。当然也有不做这样规定的。

三、回购利率的决定

在回购市场中，利率是不统一的，利率的确定取决于多种因素。这些因素主要有：①用于回购的证券的质地。证券的信用度越高，流动性越强，回购利率就越低；否则，利率就会相对来说高一些。②回购期限的长短。一般来说，期限越长，由于不确定因素越多，因而利率也应高一些。但这并不是一定的，实际上利率是可以随时调整的。③交割的条件。如果采用实物交割的方式，回购利率就会较低；如果采用其他交割方式，则利率就会相对高一些。④货币市场其他子市场的利率水平。回购协议的利率水平不可能脱离货币市场其他子市场的利率水平而单独决定，否则该市场将失去其吸引力。它一般是参照同业拆借市场利率而确定的。由于回购交易实际上是以一种用较高信用的证券特别是政府证券作抵押的贷款方式，风险相对较小，因而利率也较低。表2-3给出了2020年4月3日我国银行间债券回购市场利率行情。

表 2-3 2020 年 4 月 3 日我国银行间债券回购市场利率行情报价

质押式回购（%）		买断式回购（%）	
DR001	0.970 0	OR001	1.075 6
DR007	1.400 0	OR007	1.648 3
DR014	1.390 0	OR014	0.899 6
DR021	1.300 0	OR1M	4.300 1
DR1M	1.500 0		
DR2M	1.450 0		
DR3M	1.900 0		
DR6M	2.300 0		

注：DR001 表示银银间隔夜质押式回购，OR007 表示 7 天买断式回购，以此类推。

数据来源：中国理财网。

相关阅读 2-4

我国的债券回购市场

我国的债券回购业务始于 1991 年。为了提高债券流动性，全国证券交易自动报价系统（STAQ 系统）于 1991 年 7 月宣布试办债券回购交易，随后，以武汉证券交易中心为代表的各证券交易中心也纷纷推出了债券回购业务。然而，作为一种新的金融交易方式，债券回购市场在我国出现后不久就暴露出了诸多的问题。例如，交易形式和资金用途不规范；金融机构的违规经费吸纳和运用情况较为严重；一些金融机构用回购资金绕开当局的信贷规模控制扩张贷款，逃避中央银行的监管；交易双方直接进行的“地下交易”也很活跃。

有鉴于此，1995 年 8 月，我国开始对债券回购市场进行规范清理，场外交易基本被遏止，回购市场的混乱状况有了明显改善。对我国债券回购市场进行清理之后，债券回购就主要在上海证券交易所进行交易。从此，我国的债券回购实现了集中交易和集中托管。由于商业银行也广泛参与了交易所的债券回购交易，一些证券公司和机构投资者便通过债券回购从商业银行获得大量资金，转而投资于股票市场。这种状况使商业银行面临较大风险。

于是，我国在 1997 年又对债券市场进行了一项重大的改革，将商业银行的债券交易业务从交易所分离出来，组建专门供商业银行之间进行债券回购交易的银行间市场，形成了两个相互平行的债券回购市场。最初，银行间债券市场与其名称是完全相对应的，即只有商业银行才能参与，包括证券公司在内的非银行金融机构则被排斥到了这个市场之外。自 2000 年起，证券公司、基金管理公司等，只要满足一定的条件也可以进入这一市场参与回购交易。自此，中国的货币市场与资本市场之间就正式建立起了资金流通的正规渠道和机制。

2004 年 4 月 17 日，在充分借鉴国外发达债券市场回购基本经验的基础上，财政部、中国人民银行和中国证监会颁布了《关于开展国债买断式回购交易业务的通知》，推出债券买断式回购业务，明确买断式回购的功能以融资为主，同时，引导市场成员合理利用其派生的融券功能，以便利债券资产管理，为以后的债券借贷业务、远期交易、利率期货和其他利率衍生产品的发展创造了条件。

在中国市场上，根据逆回购方对债券是否有处置权，回购可分为质押式回购和买断式回购。目前，质押式回购是我国货币市场上交易量最大的品种。由于对市场状况反映充分且信用风险低，回购利率经常被视为市场化的短期无风险利率。中国市场上的回购利率指标包括 R、FR、DR 和 FDR。其中 R 是指银行间（质押式）回购利率，反映全银行间市场回购利率的动态变化；FR 则是银行间（质押式）回购定盘利率，是以银行间市场每天上午 9:00—11:30 的以隔夜回购（R001）、七天回购（R007）、14 天回购（R014）交易利率为基础，取各自中位数得到的，形成 FR001、FR007 和 FR014。DR 则是银银间回购利率，仅反映存款类机构之间的回购利率，FDR001、FDR007 和 FDR014 是以银行间市场每天上午 9:00—11:30 存款类机构以利率债为质押的回购交易为样本，取各自中位数得到的。由于信用风险更低，从理论上说 FDR 利率在四个指标中应是相对最低的。

图 2-5 给出了 2012 年 5 月 21 日—2020 年 4 月 3 日 7 天质押式回购利率走势。

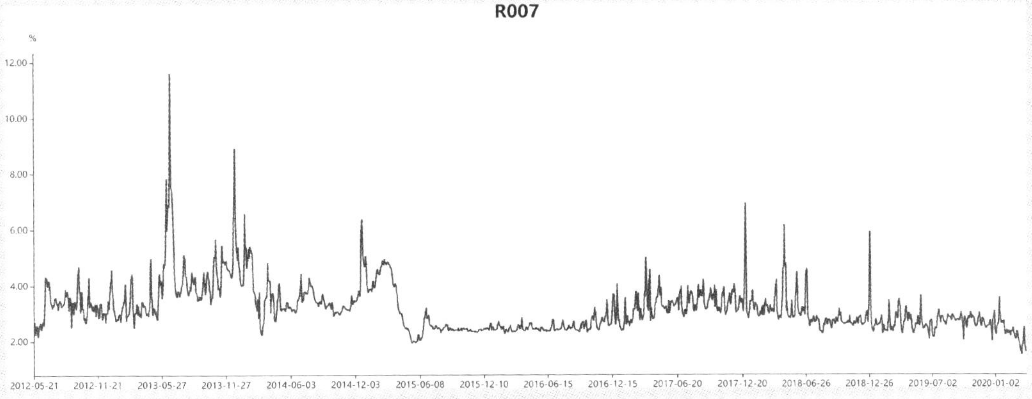

图 2-5　2012 年 5 月 21 日—2020 年 4 月 3 日 7 天质押式回购利率走势

数据来源：Wind。

表 2-4、表 2-5 分别列出了 2020 年 3 月中国银行间市场买断式回购和质押式回购的交易情况。

表 2-4　买断式回购月报（2020 年 3 月）

按交易品种				按机构类别交易统计			
品种	加权利率（%）	成交笔数（笔）	成交金额（亿元）	机构类型	成交笔数（笔）	成交金额（亿元）	加权平均利率（%）
OR001	1.361 6	2 931	5 920.73	大型商业银行	180	449.30	1.495 7

续表

按交易品种				按机构类别交易统计			
品种	加权利率（%）	成交笔数（笔）	成交金额（亿元）	机构类型	成交笔数（笔）	成交金额（亿元）	加权平均利率（%）
OR007	2.014 7	563	853.34	股份制商业银行	202	627.95	1.656 1
OR014	2.056 2	124	134.03	城市商业银行	1 199	5 226.52	1.323 3
OR021	2.689 6	12	5.77	农村商业银行和合作银行	1 325	1 323.82	1.615 9
OR1M	2.571 7	29	35.83	证券公司	3 370	4 179.28	1.496 1
OR2M	4.300 8	14	5.11	其他	1 082	2 133.38	1.605 1
OR3M	2.549 9	1	0.39	合计	7 358	13 940.25	1.466 4
OR4M	2.318 2	5	14.93				
合计	1.466 4	3 679	6 970.12				

数据来源：中国货币网。

表 2－5　质押式回购月报(2020 年 3 月)

按交易品种				按机构类别交易统计			
品种	加权平均利率（%）	成交笔数（笔）	成交金额（亿元）	机构类型	成交笔数（笔）	成交金额（亿元）	加权平均利率（%）
R001	1.338 4	179 629	792 561.64	大型商业银行	35 091	280 977.91	1.364 8
R007	2.067 6	46 795	83 981.61	股份制商业银行	42 634	326 244.97	1.329 3
R014	2.087 4	15 670	22 668.00	城市商业银行	78 907	338 439.34	1.347 7
R021	2.539 6	3 157	9 361.38	农村商业银行和合作银行	64 970	177 789.87	1.363 4
R1M	2.391 0	2 952	3 480.69	证券公司	51 254	104 130.01	1.577 8
R2M	2.733 5	478	491.75	其他	225 182	599 061.89	1.593 3
R3M	2.551 7	239	435.66	合计	498 038	1 826 643.99	1.442 2

续表

按交易品种				按机构类别交易统计			
品种	加权平均利率(%)	成交笔数(笔)	成交金额(亿元)	机构类型	成交笔数(笔)	成交金额(亿元)	加权平均利率(%)
R4M	2.526 0	58	105.65				
R6M	3.170 2	24	184.22				
R9M	2.612 7	10	39.68				
R1Y	2.624 9	7	11.71				
合计	1.442 2	249 019	913 322.00				

数据来源：中国货币网。

第三节　商业票据市场

商业票据(commercial paper)是大公司为了筹措资金，以贴现方式出售给投资者的一种短期无担保承诺凭证。由于商业票据没有担保，仅以信用作保证，因此，能够发行商业票据的一般都是规模巨大、信誉卓著的大公司。商业票据市场就是这些信誉卓著的大公司所发行的商业票据交易的市场。

一、商业票据的历史

商业票据是货币市场上历史最悠久的工具，最早可以追溯到19世纪初。早期商业票据的发展和运用几乎都集中在美国，发行者主要为纺织品工厂、铁路、烟草公司等非金融性企业。大多数早期的商业票据通过经纪商出售，主要购买者是商业银行。20世纪20年代以来，商业票据的性质发生了变化。汽车和其他耐用消费品的进口引发了消费者对短期季节性贷款的需求。这一时期产生了大量的消费信贷公司，以满足消费者融资购买的需要。而其资金来源则通过发行商业票据来进行。首家发行商业票据的大消费信贷公司是美国通用汽车承兑公司，它发行商业票据主要是为购买通用汽车公司的汽车融资。通用汽车承兑公司进行的改革是将商业票据直接出售给投资者，而不通过商业票据经纪商销售。

20世纪60年代，美国商业票据的发行迅速增加。其原因有三：①美国持续8年的经济增长。这段时间企业迅速增加，资金短缺，从银行贷款的费用增加，于是企业便转向商业票据市场求援。②美国联储体系实行紧的货币政策。1966年和1969年，那些过去使用银行短期贷款的公司发现由于《Q项条例》利率上限的限制使银行无法贷款给它们。这样，许多公司转向商业票据市场寻找替代的资金来源。③美国银行为了满足其资金需要，自己发行商业票据。为逃避《Q项条例》的限制，美国银行仅在1969年就发行了110多亿美元的商业票据。

历史上，商业银行是商业票据的主要购买者。自20世纪50年代初期以来，由于商业票据风险较低、期限较短、收益较高，许多公司也开始购买商业票据。现在，商业票据的主要投资者是保险公司、非金融企业、银行信托部门、地方政府、养老基金组织等。商业银行在商业票据的市场需求上已经退居次要地位，但它们在商业票据市场上仍具有重要作用。这表现在商业银行代理发行商业票据、代保管商业票据以及提供商业票据发行的信用额度支持等。由于许多商业票据是通过“滚动发行”偿还，即发行新票据取得资金偿还旧票据，加之许多投资者选择商业票据时较为看重银行的信用额度支持，因此，商业银行的信用额度对商业票据的发行影响极大。

20世纪80年代，CP市场的迅速发展导致了银行短期贷款客户不断流失，巴塞尔协议下的资本金约束又导致银行无法一味扩大贷款规模来与CP市场竞争。作为一个解决方案，银行业开发出了资产支持商业票据(asset-backed commercial paper，ABCP)。ABCP与传统商业票据的共同之处在于它也是短期本票，其到期期限一般在90天到180天；ABCP的特殊之处在于它不是无担保的，而是以一定的金融资产为担保发行的。其一般操作流程是：希望以一定金融资产进行抵押融资的金融机构将这些金融资产出售给具有破产隔离性质(bankruptcy remote)的特殊目的机构(special purpose vehicle，SPV)，SPV再以这些金融资产为抵押发行ABCP，也就是说，ABCP的偿还由这些金融资产未来的现金流作保证。这些金融资产早期主要是贸易应收账款、消费信贷应收账款、汽车与设备租赁及贷款等相对短期的资产。由于这些资产和贷款被出售给SPV，银行的资产负债表不会相应膨胀，从而可以在不受资本金的约束下发展这些资金融通业务。

ABCP的最大风险在于资产与负债的流动性错配，其管理者的重要任务是匹配抵押资产的未来现金流与商业票据本身的偿付需求。尤其是后来，ABCP的担保资产逐渐发展到房地产抵押贷款等长期资产，出现了以ABCP的短期资金来源为长期资金融资的趋势。当市场认为ABCP是一个安全投资品时，ABCP易于销售且融资成本较低，此种“借短贷长”的操作模式盈利颇丰；但当市场对房地产贷款等担保品的质量出现担忧时，ABCP销售会大幅下降，金融机构就不得不将用作担保品的金融资产变现以应对流动性需求。这就是2007—2008年在美国市场发生的事实。可以看出，ABCP属于资产证券化产品。

二、商业票据市场的要素

(一) 发行者

商业票据的发行视经济及市场状况的变化而变化。一般来说，高利率时期发行数量较少；资金来源稳定、市场利率较低的时期，发行数量较多。商业票据的发行者包括金融性和非金融性公司。金融性公司主要有三种：附属性公司、与银行有关的公司及独立的金融公司。第一类公司一般是附属于某些大的制造业公司，如前述的通用汽车承兑公司；第二类是银行持股公司的下属子公司；其他则为独立的金融公司。非金融性公司发行商业票据的频次较金融公司少，发行所得主要解决企业的短期资金需求及季节性开支如应付工资及交纳税收等。

(二) 面额及期限

同其他货币市场信用工具一样,发行者利用商业票据吸收了大量资金。在美国商业票据市场上,虽然有的商业票据的发行面额只有25 000美元或50 000美元,但大多数商业票据的发行面额都在100 000美元以上。二级市场商业票据的最低交易规模为100 000美元。据统计,商业票据市场上每个发行者平均拥有1.2亿美元的未到期的商业票据,一些最大的单个发行者拥有的未到期的商业票据达数十亿美元之多。

商业票据的期限较短,一般不超过270天。市场上未到期的商业票据平均期限在30天以内,大多数商业票据的期限在20至40天之间。

(三) 销售渠道

商业票据的销售渠道有二:一是发行者通过自己的销售力量直接出售;二是通过商业票据交易商间接销售。究竟采取何种方式,主要取决于发行者使用这两种方式的成本高低。非金融性公司主要通过商业票据交易商间接销售,因为它们的短期信用需求通常具有季节性及临时性,建立永久性的商业票据销售队伍不合算。但有一些规模非常大的公司则通过自己的下属金融公司直接销售,在这样的大公司中,其未到期的商业票据一般在数亿美元以上。这些公司大多数为大金融公司和银行持股公司。

尽管在投资者急需资金时,商业票据的交易商和直接发行者可在到期之前兑现,但商业票据的二级市场并不活跃。主要是因为商业票据的期限非常短,购买者一般都计划持有到期。另一个原因是商业票据是高度异质性的票据,不同经济单位发行的商业票据在期限、面额和利率等方面各有不同,其交易难以活跃。

(四) 信用评估

在商业票据发行过程中,票据的评级是十分重要的环节。所谓商业票据评级是指对商业票据的信用风险程度进行评价,并据此进行分级。对商业票据发行者来说,只有经过评级的商业票据才易为公众所接受并扩大商业票据的销路;对商业票据的投资者来说,资信评级机构对商业票据做出的信用评级结果是进行投资选择、决策,降低风险的重要依据。由于商业票据评级决定着商业票据销路的好坏和发行者能否按预期数额筹集到足够的资金,未经评级的商业票据一般很难在公开市场上找到销路,因此尽管一些国家的法律并未规定必须通过评级,但商业票据的发行者一般都主动向评级机构要求取得对商业票据的评级。

商业票据评级的一般程序是:①由商业票据发行者向评级机构提出评级申请,并根据评级机构的要求提供评级的书面资料;②评级机构与商业票据发行公司的主要负责人见面,就书面资料中的某些问题和其他有关情况提出询问;③评级机构对发行公司的财务、金融状况进行核实和分析;④评级机构评级后,一方面通知发行公司,即评级申请者,另一方面将评级结果公之于众。

目前全球主要有三家机构对商业票据进行评级,它们是穆迪投资者服务公司、标准普尔公司和惠誉国际信用评级公司。商业票据的发行人至少要获得其中的一个评级,大部分获得两个。商业票据的评级和其他证券的评级一样,也分为投资级和非投资级。美国证券交易委员会认可两种合格的商业票据:一级票据和二级票据。一般说来,要想成为一级票据,必须有两家评级机构对所发行的票据给予了“1”的评级;成为二级票据则必须有一家给予了“1”的评级,至少还有一家或两家的评级为“2”。二级票据为中等票据,货币市场基金对其投资会受到限制。

（五）发行价格和发行成本

商业票据的发行价格与期限、利率之间存在以下关系：

$$商业票据实际利率=\frac{折扣额}{发行价格}\times\frac{360}{距到期日天数}$$

$$折扣额=面额-发行价格$$

$$发行价格=\frac{面额}{1+实际利率\times\dfrac{距到期日天数}{360}}$$

【例 2－1】假设某商业汇票报价为：票面金额为 10 000 万元，利率为 3.06%，到期期限还有 30 天。则该商业票据的发行价格为：

$$10\,000/\left(1+3.06\%\times\frac{30}{360}\right)=9\,974.565(万元)$$

（六）发行商业票据的非利息成本

同发行商业票据有关的非利息成本有：①信用额度支持的费用。一般以补偿余额的方式支付，即发行者必须在银行账号中保留一定金额的无息资金，有时则按信用额度的 0.375% 至 0.75% 一次性支付。后一种方法近年来较受商业票据的发行者欢迎。②代理费用，主要是商业银行代理发行及偿付的费用。③信用评估费用，即发行者支付给信用评估机构的报酬。

（七）投资者

在美国，商业票据的投资者包括中央银行、非金融性企业、投资公司、政府部门、私人抚恤基金、基金组织及个人。另外，储蓄贷款协会及互助储蓄银行也获准以其资金的 20% 投资于商业票据。投资者可以从三个渠道购买商业票据：从交易商手中购买、从发行者那里购买、购买投资商业票据的基金份额。

三、我国的商业票据市场

在中国市场上没有商业票据的叫法，我国《票据法》把票据分为汇票、本票和支票，而本票只指银行本票，而且我国银行发行本票的量很少。但从 2005 年开始，在中国市场上流通的短期融资券（1 年以内）、超短期融资券（270 天以内）与商业票据在本质上是一样的，都是由信用度较高的企业发行的无担保短期债务凭证。中国市场上的短期融资券和超短期融资券属于“非金融企业债务融资工具”，由人民银行监管，在中国银行间市场交易商协会（以下简称“银行间交易商协会”）备案，在银行间市场发行和交易。

第四节　汇票市场

汇票是出票人签发的，委托付款人在见票时或者在指定日期无条件支付确定的金额给收款人或者持票人的票据。在付款日之前，持票人可以将其在市场上转让，从而形成相应的流通市场。在货币市场上流通的多为经过承兑的短期汇票。承兑是指汇票承兑人承诺在汇票到期日支付汇票金额的票据行为。一旦经过承兑，承兑人和出票人对汇票承担连带责任，因而有助于提高汇票的信用等级，促进流通。根据承兑人不同，汇票又可分为商业承兑汇票(commercial acceptance bill)和银行承兑汇票(bank's acceptance bill)。在我国，银行承兑汇票的市场占比远超商业承兑汇票，因此下文主要论述银行承兑汇票。

一、银行承兑汇票的原理

银行承兑汇票是为方便商业交易活动而创造出的一种工具，在对外贸易中运用较多。当一笔国际贸易发生时，由于出口商对进口商的信用不了解，加之没有其他的信用协议，出口方担心对方不付款或不按时付款，进口方担心对方不发货或不能按时发货，交易就很难进行。这时便需要银行信用从中作保证。一般地，进口商首先要求本国银行开立信用证，作为向国外出口商的保证。信用证授权国外出口商开出以开证行为付款人的汇票，可以是即期的也可以是远期的。若是即期的，付款银行(开证行)见票付款。若是远期汇票，付款银行(开证行)在汇票正面签上"承兑"字样，填上到期日，并盖章为凭。这样，银行承兑汇票就产生了。

为了进一步解释银行承兑汇票的产生过程，这里结合一笔进出口贸易来加以说明。假设甲国进口商要从乙国进口一批汽车，并希望在90天后支付货款。进口商要求本国银行按购买数额开出不可撤销信用证，然后寄给外国出口商。信用证中注明货物装运的详细要求并授权外国出口商按出售价格开出以进口方开证行为付款人的远期汇票。汽车装船后，出口商开出以甲国开证行为付款人的汇票，并经由乙国通知行将汇票连同有关单据寄往甲国开证行，要求承兑。甲国开证行审核无误后，在汇票正面加盖"承兑"图章，并填上到期日。承兑后，这张远期汇票便成为甲国(进口国)开证行的不可撤销负债。开证行承兑后将承兑过的汇票交由乙国的通知行退还给开出汇票的出口商。出口商收到汇票后，可要求通知行贴现，取得现款，等于提前收回货款。乙国通知行取得汇票后，可持有至到期日向甲国承兑行(开证行)收款，也可以将汇票拿到金融市场上出售。

从上面这个简单的例子可以看出，在国际贸易中运用银行承兑汇票至少具有如下三方面的优点：①出口商可以立即获得货款进行生产，避免由货物装运引起的时间耽搁；②由于乙国银行以本国货币支付给出口商，避免了国际贸易中的不同货币结算上的麻烦及汇率风险；③由于有财力雄厚、信誉卓著的银行对货款的支付作担保，出口商无须花费财力和时间去调查进口商的信用状况。

银行承兑汇票不仅在国际贸易中运用，也在国内贸易中运用。在有些货币为国际硬通货的国家如美国，银行承兑汇票还因其他国家周期性或季节性的美元外汇短缺而被创造出来，这种承兑汇票称外汇承兑汇票。但总的来说，为国际贸易创造的银行承兑汇票占绝大部分。国际贸易承兑主要包括三个部分：为本国出口商融资的承兑、为本国进口商融资的承兑、为其他国家之间的贸易或外国国内的货物包仓储融资的第三国承兑。为国内贸易融资创造的银行承兑汇票，主要是银行应国内购货人的请求，对国内售货人签发的向购货人索取货款的汇票承兑，从而承担付款责任而产生的汇票。

二、银行承兑汇票的市场交易

（一）初级市场

银行承兑汇票的初级市场就是指银行承兑汇票的发行市场，由出票和承兑两个环节构成，二者缺一不可。

1. 出票

出票是指出票人签发票据并将其交付给收款人的票据行为。出票行为由两个步骤组成：一是按照法定格式做成票据；二是将票据交付给收款人。汇票做成后，必须经过交付才算完成出票行为。票据设定的权利义务关系因出票行为而发生。其他各种票据行为都须以此为基础。所以，出票是基本的票据行为。

汇票是一种要式凭证，因此各种票据行为必须有一定的款式。出票是基本的票据行为，它的有效与否不仅影响其他票据行为的效力，而且决定着票据本身是否有效。因此，各国票据法对汇票出票的款式，即汇票签发时的记载事项都做了严格规定。

2. 承兑

承兑是指汇票付款人承诺在汇票到期日支付汇票金额的票据行为。汇票承兑具有十分重要的意义。汇票的付款人并不因出票人的付款委托而成为当然的汇票债务人，在汇票承兑以前，付款人只处于被提示承兑或被提示付款的地位，只有经过承兑，才对汇票的付款承担法律上的责任。付款人一经承兑，就叫作承兑人，是汇票的主债务人。因此，承兑虽然是在汇票签发的基础上所做的一种附属票据行为，但它是确定票据的权利与义务关系的重要步骤。

汇票的承兑一般分为三个步骤：提示承兑、承兑及交还票据。

（1）提示承兑。提示承兑是指汇票的持票人在应进行承兑的期限内，向付款人出示汇票，请求付款人予以承诺付款的行为。

（2）承兑。汇票的付款人对向其提示承兑的汇票，应当自收到提示承兑的汇票之日起的一定期间内（我国票据法规定的期限为 3 天）承兑或拒绝承兑。付款人如欲承兑，则必须做出承兑的意思表示。由于承兑属要式行为，所以各国法律规定付款人的承兑意思表示必须在汇票上做出。一般来说，应当在汇票正面记载“承兑”字样和承兑日期并签章。

（3）交还票据。付款人于有关事项记载完后应将汇票交还持票人。持票人接到付款人归还的汇票或接到付款人的书面承兑通知后，承兑的程序即告完成。

银行承兑汇票最常见的期限有 30 天、60 天和 90 天等几种。另外，也有期限为 180 天和 270 天的。交易规模一般为 10 万美元和 50 万美元。银行承兑汇票的违约风险较小，但有利率风险。

（二）二级市场

经过出票、承兑环节之后，银行承兑汇票作为商业信用的产物形成了，但尚未发挥银行承兑汇票在货币市场中的功能和作用。事实上，汇票持有人为避免资金积压，不会将银行承兑汇票持有至到期日再收款，大多数情况下会立即将银行承兑汇票予以转让，以融通短期资金。而经过银行承兑的汇票其信用程度显著提高，从而作为市场交易对象进入流通。银行承兑汇票的二级市场，就是一个银行承兑汇票不断流通转让的市场。它由票据交易商、商业银行、中央银行、保险公司以及其他金融机构等一系列的参与者和贴现、转贴现与再贴现等一系列的交易行为组成。银行承兑汇票的贴现、转贴现与再贴现等票据转让行为都必须以背书为前提。

1. 背书

背书是以将票据权利转让给他人为目的的票据行为，经过背书，汇票权利即由背书人转移到被背书人。背书有两个行为：一是在票据背面或者粘单上记载有关事项并签章，即背书；二是将汇票交付被背书人。背书人是汇票的债务人，要承担保证其后手所持汇票承兑和付款的责任，并证明前手签字的真实性和背书的连续性，以证明票据权利正当。如果汇票遭到拒绝付款，其后手有权向背书人追索要款。背书的次数越多，汇票负责人也越多，汇票的担保性也越强，持票人权利就越有保障。

2. 贴现

贴现就是汇票持有人为了取得现款，将未到期的银行承兑汇票以贴付自贴现日起至汇票到期日止的利息向银行或其他贴现机构所做的汇票转让。通过贴现，急需资金的持票人以其持有的未到期票据，经过背书转让给银行，向银行兑取现款。银行从票面额中扣除自贴现日起至到期日止的利息，将余额支付给持票人，票据到期时，由银行向票据付款人按票面额索回款项。票据贴现从表面上看是一种票据转让行为，其实质是短期资金的融通。

在票据贴现过程中，实付贴现金额由贴现额、贴现期和贴现率三个因素决定。

(1) 贴现额。贴现额是指贴现银行核定的凭以计算实付贴现金额的基数，一般均按票据的票面金额来核定。

(2) 贴现期。贴现期是贴现银行向申请贴现人支付贴现票款之日起至该贴现票据到期日为止的期限。

(3) 贴现率。汇票贴现时扣除的自贴现日起至汇票到期日止的利息，又称贴息，它与汇票票面金额的比率称为贴现率。影响贴现率水平的因素主要有四个：一是市场利率水平，它与贴现率成正相关；二是汇票的信用程度，信用程度高的汇票其贴现率相对较低；三是贴现期限，接近到期日的汇票，贴现率较低；四是供求关系，这会使贴现率上下浮动。

实付贴现金额的计算公式是：

$$贴现利息=贴现额\times贴现期(天数)\times\frac{贴现利率}{360}$$

$$实付贴现金额=贴现额-贴现利息$$

【例 2-2】假设某银行承兑汇票回购报价如表 2-6 所示。

表 2-6 某银行承兑汇票的回购报价

交易方向	票面总额(万元)	利率(%)	回购期限(天)	票据类型
正回购	15 000	3.000 0	30	银票

该票据回购期限为 30 天，则该票据的贴现利息为：

$$15\ 000 \times 30 \times (3\%/365) = 36.99(\text{万元})$$

实付贴现金额为：

$$15\ 000 - 36.99 = 14\ 963.01(\text{万元})$$

注意这里所报出的利率为年利率。

3. 转贴现

转贴现就是办理贴现业务的银行将其贴现收进的未到期票据，再向其他银行或贴现机构进行贴现的票据转让行为，是金融机构之间相互融通资金的一种形式。对申请转贴现的银行来说，通过转贴现可提前收回垫付于贴现票据的资金，解决临时资金需要；对接受转贴现的银行而言，又是运用闲置资金的有利途径。在西方国家发达的票据市场上，转贴现行为十分普遍，银行和市场上的其他投资者往往利用银行承兑汇票进行多次转贴现，以灵活运用资金并获取收益。

4. 再贴现

再贴现是指商业银行或其他金融机构将贴现所获得的未到期汇票向中央银行再次贴现的票据转让行为。在一般情况下，再贴现就是最终贴现，票据即退出流通转让过程。中央银行进行再贴现时，同样要先计算出贴现日到汇票到期日应计收的利息，把票面金额扣除利息后的金额支付给贴现银行。为了保证商业银行贴现业务有一定的利润，中央银行的再贴现率一般低于商业银行的贴现率。

三、银行承兑汇票价值分析

同其他货币市场信用工具相比，银行承兑汇票在某些方面更能吸引储蓄者、银行和投资者，因而作为信用工具，它既受借款者欢迎又为投资者青睐，同时也受到银行的喜爱。

（一）从借款人角度看

首先，借款人利用银行承兑汇票进行借款的成本低于传统银行贷款的利息成本及非利息成本之和。要求银行承兑汇票的企业实际上就是借款者，它必须向银行交付一定的手续费。当它向银行贴现后，又取得现款，故其融资成本为贴息和手续费之和。传统的银行贷款，除必须支付一定的利息外，借款者还必须在银行保持超过其正常周转资金余额的补偿性最低存款额，这部分存款没有利息，构成企业的非利息成本。对比而言，使用传统银行贷款的成本比运用银行承兑汇票的成本高。

其次，借款者运用银行承兑汇票比发行商业票据筹资有利。能在商业票据市场上发行商业票据的都是规模大、信誉好的企业。许多借款者都没有足够的规模和信誉以竞争性的利率发行商业票据筹资。但是这部分企业却可以运用银行承兑票据来解决资金上的困难。即使是少数能发行商业票据的企业，其发行费用和手续费加上商业票据利息成本，总筹资成本也高于运用银行承兑票据的成本。

（二）从银行角度看

首先，银行运用承兑汇票可以增加经营效益。银行通过创造银行承兑汇票，不必动用自己的资金，即可赚取手续费。当然，有时银行也用自己的资金贴进承兑汇票。但由于银行承兑汇票拥有大的二级市场，很容易变现，因此银行承兑汇票不仅不影响其流动性，而且提供了传统的银行贷款所无法提供的多样化的投资组合。

其次,银行运用承兑汇票可以增加其信用能力。一般地,各国银行法都规定了银行对单个客户提供信用的最高额度。通过创造、贴现或出售符合中央银行要求的银行承兑汇票,银行对单个客户的信用可在原有的基础上增加10%。

最后,银行法规定出售合格的银行承兑汇票所取得的资金不要求缴纳准备金。这样,在流向银行的资金减少的信用紧缩时期,这一措施将刺激银行出售银行承兑汇票,引导资金从非银行部门流向银行部门。

(三)从投资者角度看

投资者最重视的是投资的收益性、安全性和流动性。投资于银行承兑汇票的收益同投资于其他货币市场信用工具,如商业票据、大额可转让定期存单等工具的收益不相上下。银行承兑汇票的承兑银行对汇票持有者负不可撤销的第一责任,汇票的背书人或出票人承担第二责任,即如果银行到期拒绝付款,汇票持有人还可向汇票的背书人或出票人索款。因此,投资于银行承兑汇票的安全性非常高。一流质量的银行承兑汇票具有公开的贴现市场,可以随时转售,因而具有高度的流动性。

四、我国的汇票市场

以银行承兑汇票为主体的中国票据市场规模庞大,并增长很快。2019年,全市场累计签发承兑票据20.38万亿元,同比增长11.55%;年末承兑余额12.73万亿元,比年初增长15.27%。其中银行承兑汇票累计签发承兑17.36万亿元,同比增长10.41%;年末余额10.89万亿元,比年初增长14.27%;商业承兑汇票累计签发承兑3.02万亿元,同比增长18.61%;年末余额1.84万亿元,比年初增长21.56%。票据签发承兑量在社会融资规模中占比为5.07%,比上年提高0.2个百分点。2019年,票据累计贴现12.46万亿元,同比增长25.33%;年末贴现余额8.18万亿元,比年初增长24.03%,贴现增量在企业贷款增量中占比达到16.77%,成为支撑企业贷款增长的重要力量。2019年,企业背书金额为46.47万亿元,同比增长16.86%。随着票据便利性和安全性的提高,票据在企业中的接受度也进一步提升,2019年全国使用票据的企业达到245.11万家,同比增长24.89%。2019年,票据市场交易量为50.94万亿元,同比增长22.01%。其中,转贴现38.82万亿元,同比增长12.11%;回购12.12万亿元,同比增长70.11%。

第五节 大额可转让定期存单市场

一、大额可转让定期存单市场概述

大额可转让定期存单(negotiable certificates of deposits,NCD),是20世纪60年代以来金融环境变革的产物。由于20世纪60年代市场利率上升而美国的商业银行受《Q项条例》的存款利率上限的限制,不能支付较高的市场利率,大公司的财务主管为了增加临时闲置资金的利息收益,纷纷将资金投资于安全性较好又具有收益的货币市场工具,如国库券、商业票据等。这样,以企业为主要客户的银行存款急剧下降。为了阻止存款外流,银行设计了大额可转让定期存单这种短期的有收益票据来吸引企业的短期资金。这种存单形式的发明应归功于美国花旗银行。

同传统的定期存款相比，大额可转让定期存单具有以下几点不同：①定期存款记名，不可流通转让；而大额定期存单则是不记名的，可以流通转让。②定期存款金额不固定，可大可小；而可转让定期存单金额较大，在美国向机构投资者发行的 NCD 面额最少为 10 万美元，二级市场上的交易单位为 100 万美元，但向个人投资者发行的 NCD 面额最少为 100 美元。在香港最小面额为 10 万港元。③定期存款利率固定；可转让定期存单利率既有固定的，也有浮动的，且一般来说比同期限的定期存款利率高。④定期存款可以提前支取，提前支取时要损失一部分利息；可转让存单不能提前支取，但可在二级市场流通转让。

大额定期存单一般由较大的商业银行发行，主要是由于这些机构信誉较高，可以相对降低筹资成本，且发行规模大，容易在二级市场流通。

二、大额可转让定期存单的种类

按照发行者不同，大额可转让定期存单可以分为四类。

（一）国内存单

国内存单是四种存单中最重要、历史最悠久的一种，由美国国内银行发行。存单上注明存款的金额、到期日、利率及利息期限，向机构发行的面额为 10 万美元以上，二级市场最低交易单位为 100 万美元。国内存单的期限由银行和客户协商确定，常常根据客户的流动性要求灵活安排，期限一般为 30 天到 12 个月，也有超过 12 个月的。流通中未到期的国内存单的平均期限为 3 个月左右。

初级市场上国内存单的利率一般由市场供求关系决定，也有由发行者和存款者协商决定的。利息的计算通常按距到期日的实际天数计算，一年按 360 天计。利率又有固定和浮动之分。在固定利率条件下，期限在一年以内的国内存单的利息到期时偿还本息。期限超过一年的，每半年支付一次利息。如果是浮动利率，则利率每一个月或每三个月调整一次，主要参照同期的二级市场利率水平。

国内存单以记名方式或无记名方式发行，大多数以无记名方式发行。

（二）欧洲美元存单

欧洲美元存单是美国境外银行发行的以美元为面值的一种可转让定期存单。欧洲美元存单由美国境外的银行（外国银行和美国银行在外国的分支机构）发行。欧洲美元存单市场的中心在伦敦，但其发行范围并不仅限于欧洲。

欧洲美元存单最早出现于 1966 年，它的兴起应归功于美国银行条例，尤其是《Q 项条例》对国内货币市场筹资的限制。由于银行可以在欧洲美元市场不受美国银行条例的限制为国内放款筹资，欧洲美元存单数量迅速增加。美国大银行过去曾是欧洲美元存单的主要发行者，1982 年以来，日本银行逐渐成为欧洲美元存单的主要发行者。

（三）扬基存单

扬基存单也叫“美国佬”存单，因为美国历史上也叫作扬基（Yankee）国。扬基存单是外国银行在美国的分支机构发行的一种可转让的定期存单。其发行者主要是西欧和日本等地的著名的国际性银行在美分支机构。扬基存单期限一般较短，大多在三个月以内。

早期由于扬基存单发行者资信情况不为投资者了解，只有少数扬基存单由发行者直接出售给同其建立了关系的客户，大多数扬基存单通过经纪商销售。后来随着外国银行的资信逐渐为美国投资者所熟悉，扬基存单也广为人们接受，这时发行者直接以零售形式出售扬基存单变得更为普遍。外国银行发行扬基存单之所以能在美国立足基于如下两个方面的原因：一是这些银行持有美国执照，增加了投资者对扬基存单的安全感；二是其不受联储条例的限制，无法定准备金要求，使其同国内存单在竞争上具有成本优势。因为外国银行在美国发行证券一般都比美国国内银行支付更高的利息，但由于扬基存单在准备金上的豁免，使得其成本同国内存单的成本不相上下，甚至更低。

（四）储蓄机构存单

这是出现较晚的一种存单，它是由一些非银行金融机构（储蓄贷款协会、互助储蓄银行、信用合作社）发行的一种可转让定期存单。其中，储蓄贷款协会是主要的发行者。储蓄机构存单或因法律上的规定或因实际操作困难而不能流通转让，因此其二级市场规模很小。

三、大额可转让定期存单的市场特征

（一）利率和期限

20 世纪 60 年代，可转让存单主要以固定利率的方式发行，存单上注明特定的利率，并在指定的到期日支付。这在当时利率稳定时深受投资者欢迎。那些既注重收益又要求流动性的投资者购买短期可转让存单，而那些更注重收益的投资者则购买期限稍长的存单。

20 世纪 60 年代后期开始，金融市场利率发生变化，利率波动加剧，并趋于上升。在这种情况下，投资者都希望投资于短期的信用工具，可转让存单的期限大大缩短。20 世纪 60 年代存单的期限为 3 个月左右，1974 年以后缩短为 2 个月左右。

（二）风险和收益

对投资者来说，可转让存单的风险有两种：一是信用风险；二是市场风险。信用风险指发行存单的银行在存单期满时无法偿付本息的风险。在美国，虽然一般的会员商业银行必须在联邦存款保险公司投保，但由于存单发行面额大，而每户存款享受的最高保险额只有 10 万美元，因此存单的信用风险依然存在，更不用说没有实行存款保险制度国家的银行所发行的存单了。而且，由于近年来国际金融风波不断，信用风险还有加大的趋势。市场风险指的是存单持有者急需资金时，存单不能在二级市场上立即出售变现或不能以较合理的价格出售。尽管可转让存单的二级市场非常发达，但其发达程度仍比不上国库券市场，因此并非完全没有市场风险。

一般来说，存单的收益取决于三个因素：发行银行的信用评级、存单的期限及存单的供求量。另外，收益和风险的高低也紧密相连。可转让存单的收益要高于同期的国库券收益，主要原因是国库券的信用风险低并且具有免税优惠。另外，国库券市场的流动性也比存单市场高。在四种存单之间，欧洲美元存单的利率高于国内存单，一般高 0.2%～0.3%。平均来说，扬基存单的利率略低于欧洲美元存单利率。这有两个原因：一是扬基存单受美国法令和条例保护，因而投资者不用承担国外政治或国家风险；二是交易商从事扬基存单交易比欧洲美元存单交易更容易、成本更低。储蓄机构存单由于很少流通，其利率无法与以上三种存单比较。

四、大额可转让定期存单的投资者

大企业是存单的最大买主。对于企业来说，在保证资金流动性和安全性的情况下，其现金管理目标就是寻求剩余资金收益的最大化。企业剩余资金的一般用途有两种：一种用于应付各种固定的预付支出如纳税、分红及发放工资等；另一种用于意想不到的应急。企业可将剩余资金投资于存单，并将存单的到期日同各种固定的预期支出的支付日期联系起来，到期以存单的本息支付。至于一些意外的资金需要，则可在企业急需资金时在二级市场上出售存单来获取资金。

金融机构也是存单的积极投资者。货币市场基金在存单的投资上占据着很大的份额。其次是商业银行和银行信托部门。银行可以购买其他银行发行的存单，但不能购买自己发行的存单。此外，政府机构、外国政府、外国中央银行及个人也是存单的投资者。

五、大额可转让定期存单价值分析

对许多投资者来说，大额可转让定期存单既有定期存款利息收入较高的特征，又有活期存款的可随时获得兑现的优点，是追求稳定收益的投资者的一种较好选择。

对银行来说，发行存单可以增加资金来源，而且由于这部分资金可视为定期存款而能用于中期放款。发行存单的意义不仅在于增加银行存款，更主要是发行存单为银行经营管理带来正面作用。存单发行使银行在调整资产的流动性及实施资产负债管理上具有了更灵活的手段。

存单市场在很大程度上是通过存单交易商维持的。存单交易商的功能主要有两个：一是以自己的头寸买进存单后再零售给投资者；二是支持存单的二级市场——为存单的不断买卖创造市场。交易商购买存单的资金头寸主要是通过回购协议交易进行的。由于存单较政府证券的风险要大，因而以存单做抵押进行回购协议交易时，买回存单的价格要高于买回政府债券的价格。在美国，存单交易商的数量一度超过 30 家，但今天只有很少的交易商为存单做市。因此，存单的流动性大为降低。

相关阅读 2-5

我国的大额可转让定期存单市场

中国初次尝试大额存单是在 1986 年。1989 年中国人民银行首次颁布了《关于大额可转让定期存单管理办法》。但由于流动性、交易制度、技术条件等方面欠缺，我国早期的大额存单在安全性、流动性和合理定价等方面都出现一些问题，1997 年 4 月中国人民银行决定暂停大额可转让定期存单的发行。

2013 年 12 月，中国人民银行公布并实施《同业存单管理暂行办法》，首先开启了存款类金融机构之间的同业存单业务，其发行和交易都在全国银行间市场上进行。2015 年 6 月，中国人民银行公布《大额存单管理暂行办法》，再次面向非金融机构投资人推出大额可转让定期存单，并于 2016 年 6 月进一步将个人投资人认购起点金额从 30 万元降低至 20 万元。早期的同业存单最长期限可以达到 3 年，从 2017 年 9 月 1 日起，央行要求同业存单期限不能超过 1 年，成为典型的货币市场工具。

由于有利于银行降低负债成本、进行主动负债管理，同业存单市场发展非常迅速。截至 2020 年 3 月底，同业存单余额超过 10 万亿元，交易量也迅速增长。

第六节　短期政府债券市场

短期政府债券，是政府部门以债务人身份承担到期偿付本息责任的期限在一年及一年以内的债务凭证。从广义上看，政府债券不仅包括国家财政部门所发行的债券，还包括地方政府及政府代理机构所发行的证券。狭义的短期政府债券则仅指国库券（T-bills）。一般来说，政府短期债券市场主要指的是国库券市场。

一、政府短期债券的发行

政府短期债券以贴现方式发行，投资者的收益是债券的购买价与债券面额之间的差额。由财政部发行的短期债券一般称为国库券。值得注意的是，在我国不管是期限在一年以内还是一年以上的由政府财政部门发行的政府债券，均有称为国库券的习惯。但在国外，期限在一年以上的政府中长期债券称为公债，一年以内的债券才称为国库券。政府发行短期债券，其目的一般有两个：第一个目的是满足政府部门短期资金周转的需要。政府部门弥补长期收支差额，可通过发行中长期公债来筹措。但政府收支也有季节性的变动，每一年度的预算即使平衡，其间可能也有一段时间资金短缺，需要筹措短期资金以资周转。这时，政府部门就可以通过发行短期债券以保证临时性的资金需要。此外，在长期利率水平不稳定时，政府不宜发行长期公债，因为如果债券利率超过将来实际利率水平，则政府将承担不应承担的高利率。而如果预期利率低于将来实际利率水平，则公债市场价格将跌至票面之下，影响政府公债的销售。在这种情况下，最好的办法就是先按短期利率发行国库券，等长期利率稳定后再发行中长期公债。第二个目的是为中央银行的公开市场业务提供可操作的工具。政府短期债券是中央银行进行公开市场操作的极佳品种，是连接财政政策与货币政策的契合点。目前，由于政府短期证券的发行数额增长很快，其在货币政策调控上的意义有时超过了平衡财政收支的目的。

在美国，91 天和 182 天的国库券于每周一发行，52 周的国库券于每月的第三周发行。

新国库券大多通过拍卖方式发行，投资者可以两种方式来投标：①竞争性方式。竞标者报出认购国库券的数量和价格（拍卖中长期国债时通常为收益率），所有竞标根据价格从高到低（或收益率从低到高）排队。②非竞争性方式。由投资者报出认购数量，并同意以中标的平均竞价购买。竞标结束时，发行者首先将非竞争性投标数量从拍卖总额中扣除，剩余数额分配给竞争性投标者。发行者从申报价最高（或从收益率最低）的竞争性投标开始依次接受，直至售完。当最后中标标位上的投标额大于剩余招标额时，该标位中标额按等比分配原则确定。

竞争性招标又可以分为单一价格（即荷兰式）招标方式或多种价格（即美国式）招标方式。按单一价格招标时，所有中标者都按最低中标价格（或最高收益率）获得国库券。按多种价格招标时，中标者按各自申报价格(收益率)获得国库券。非竞争性投标者则按竞争性投标的平均中标价格来认购。

在多种价格投标方式中，竞争性投标者竞价过高要冒认购价过高的风险，竞价过低又要冒认购不到的风险，从而可以约束投标者合理报价。而在单一价格招标方式中，所有中标者均按最低中标价格(或最高中标收益率)中标，各投标者就有可能抬高报价，从而抬高最后中标价。而非竞争性投标者多为个人及其他小投资者，他们不会因报价太低而冒丧失购买机会的风险，也不会因报价太高冒高成本认购的风险。非竞争性投标方式认购的国库券数额较少。在美国每个投标者最多只能申购 100 万美元，非竞争性申购量通常占总发行量的 10%～25%。

国库券通过拍卖方式发行具有如下优点：①传统的认购方式下，财政部事先设置好新发行证券的息票和价格，实际上出售之前就决定了发行收益，若认购金额超过发行额，可足额发行，若认购金额少于发行金额，则只能部分发行。采用拍卖方式，较认购方式简单，耗时也少。在拍卖过程中，市场决定收益，因而不存在发行过多或不足的问题。财政部仅决定国库券的供应量，其余皆由市场决定。②采用拍卖方式发行，也为财政部提供了灵活的筹资手段，因为财政部负债中的少量变化可简单地通过变动每周拍卖中的国库券的供应来实现。

二、政府短期债券的市场特征

同其他货币市场信用工具不同，短期国库券交易具有一些较明显的投资特征。这些特征对投资者购买国库券具有很大影响。国库券的四个投资特征是：

(一) 违约风险小

由于国库券是国家的债务，因而它被认为是没有违约风险的。相反，即使是信用等级最高的其他货币市场票据，如商业票据、可转让存单等，都存在一定的风险，尤其在经济衰退时期。国库券无违约风险的特征增加了其对投资者的吸引力。

国库券的这一特征还间接地影响到投资者对国库券的需求，因为各种法令和条例赋予了国库券在投资者中的特殊地位。对商业银行和地方政府来说，利用国库券可以解决其他形式的货币市场票据如商业票据和银行承兑票据所无法解决的问题。例如，银行利用国库券可以很容易地与企业及地方政府等部门进行回购协议交易。

(二) 流动性强

国库券的第二个特征是具有高度的可流通性。这一特征使得国库券能在交易成本较低及价格风险较低的情况下迅速变现。国库券之所以具有这一特征，是由于它是一种在高组织性、高效率和竞争市场上交易的短期同质工具(short-term and homogeneous instrument)。当然，当投资者需要资金时，究竟是出卖国库券还是通过其他手段来筹集资金，很大程度上取决于其所需资金的期限及筹集资金的机会成本等问题，它包括对风险的考虑、通信费用等从属性交易成本及报价和出价之差额所形成的成本。

(三) 面额小

相对于其他货币市场票据来说，国库券的面额较小。在美国，1970 年以前，国库券的最小面额为 100 美元。1970 年年初，国库券的最小面额升至 1 000 美元，目前为 10 000 美元。其面额远远低于其他货币市场票据的面额(大多为 10 万美元)。对许多小投资者来说，国库券通常是他们能直接从货币市场购买的唯一有价证券。

（四）收入免税

免税主要是指免除州及地方所得税。假定州所得税率为 T，那么商业票据收益率和国库券收益率之间的关系可以通过下式表示：

$$RCP(1-T)=RTB \tag{2.3}$$

式中：RCP 表示商业票据利率；

RTB 表示与其等收益的国库券利率；

T 表示州及地方税率。

从上述公式可以看出，国库券免税优点的体现取决于投资者所在州及地方税率的高低和利率的现有水平。州及地方税率越高，国库券的吸引力越大。市场利率水平越高，国库券的吸引力也越大。

三、国库券收益计算

国库券的收益率一般以银行贴现收益率（bank discount yield）表示，其计算方法为：

$$Y_{BD}=\frac{F-P}{F}\times\frac{360}{t}\times 100\% \tag{2.4}$$

式中：Y_{BD} 表示银行贴现收益率；

P 表示国库券价格；

F 表示国库券面值；

t 表示距到期日的天数。

若已知某国库券的银行贴现收益率，就可以算出相应的价格，其计算方法为：

$$P=F\times\left(1-Y_{BD}\times\frac{t}{360}\right) \tag{2.5}$$

实际上，用银行贴现收益率计算出来的收益率低估了投资国库券的真实年收益率（effective annual rate of return）。真实年收益率指的是所有资金按实际投资期所赚的相同收益率再投资的话，原有投资资金在一年内的增长率，它考虑了复利因素。其计算方法为：

$$Y_{E}=\left(1+\frac{F-P}{P}\right)^{365/t}-1 \tag{2.6}$$

式中：Y_E 表示真实年收益率。

银行贴现收益率低估了国库券的真实收益率。与真实年收益率相比，银行贴现收益率存在三个问题：首先，在折算为年率时，银行贴现收益率用的是 360 天而不是 365 天。其次，它用单利计算法而不是复利计算法。最后，式 2.4 的分母用的是面额而不是投资额。

由于在实践中期限小于 1 年的大多数证券的收益率都是按单利计算的，因此，《华尔街日报》在国库券行情表的最后一栏中所用的收益率既不是银行贴现收益率，也不是真实年收益率，而是债券等价收益率（bond equivalent yield）。其计算方法为：

$$Y_{BE}=\frac{F-P}{P}\times\frac{365}{t}\times 100\% \tag{2.7}$$

式中：Y_{BE} 表示债券等价收益率。

债券等价收益率考虑了365天（闰年的年份在式2.7中的365应为366天）和分母应为投资额的问题，但未考虑复利问题。

可见，债券等价收益率低于真实年收益率，但高于银行贴现收益率。

【例2-3】2007年5月3日中国建设银行07央行票据25的报价为97.43元。07央行票据25是央行发行的1年期贴现票据。债券起息日为2007年3月21日，到期日为2008年3月21日。则其2007年5月3日的各项收益率如下：

贴现收益率为：

$$[(100-97.43)/100]\times 360/323=2.86\%$$

真实年收益率为：

$$[1+(100-97.43)/97.43]^{366/323}-1=2.99\%$$

债券等价收益率为：

$$[(100-97.43)/97.43]\times 366/323=2.99\%$$

第七节　货币市场共同基金市场

货币市场共同基金是美国20世纪70年代以来出现的一种新型投资理财工具。共同基金是将众多小额投资者的资金集合起来，由专门的经理人进行市场运作，赚取收益后按一定的期限及持有的份额进行分配的一种金融组织形式。而对于主要在货币市场上运作的共同基金，则称为货币市场共同基金。

一、货币市场共同基金的发展历史

货币市场共同基金最早出现在1972年。当时，由于美国政府出台了限制银行存款利率的《Q项条例》，银行存款对许多投资者的吸引力下降，他们急于为自己的资金寻找到新的能够获得货币市场现行利率水平的收益途径。货币市场共同基金正是在这种情况下应运而生。它能将许多投资者的小额资金集合起来，由专家操作。货币市场共同基金出现后，其发展速度是很快的。目前，在发达的市场经济国家，货币市场共同基金在全部基金中所占比重最大。

二、货币市场共同基金的市场运作

（一）货币市场共同基金的发行及交易

货币市场共同基金一般属开放型基金，即其基金份额可以随时购买和赎回。当符合条件的基金经理人设立基金的申请经有关部门许可后，它就可着手基金份额的募集。投资者一般依据基金的招募说明书来判断是否认购基金份额。基金的发行方式有公募与私募两种。具体来说，基金的发行可采取发行人直接向社会公众招募、由投资银行或证券公司承销或通过银行及保险公司等金融机构进行分销等办法。

基金的初次认购按面额进行，一般不收或收取很少的手续费。由于开放型基金的份额总数是随时变动的，因此，货币市场共同基金的交易实际上是指基金购买者增加持有或退出基金的选择过程。但货币市场共同基金与其他投资于股票等证券的开放型基金不同，其购买或赎回价格所依据的净资产值是不变的，一般是每个基金单位1元。同时，对基金所分配的盈利，基金投资者可以选择转换为新的基金份额或领取现金两种方式。一般情况下，投资者用投资收益再投资，增加基金份额。由于货币市场基金的净资产值是固定不变的，因此，衡量该类基金表现好坏的标准就是其投资收益率。

（二）货币市场共同基金的特征

货币市场共同基金首先是基金中的一种，同时，它又是专门投资货币市场工具的基金，与一般的基金相比，除了具有一般基金的专家理财、分散投资等特点外，货币市场共同基金还具有如下一些投资特征：

1. 货币市场共同基金投资于货币市场中高质量的证券组合

货币市场共同基金是规避利率管制的一种金融创新，其产生的目的最初是为了给投资者提供稳定或高于商业银行等存款金融机构存款利率的市场利率水平。因此，货币市场共同基金产生之后，就在各种短期信用工具中进行选择组合投资。早期的货币市场共同基金所投资的证券级别是没有限制的。但由于一些货币市场共同基金为追求高回报而投资于高风险的证券，导致其发生巨额亏损，损害了投资者的利益，从而引起了监管者的重视。这样，1991年2月，美国证券交易委员会(SEC)要求货币市场共同基金要提高在顶级证券上的投资比例，规定其投资在比顶级证券低一档次的证券数量不超过5%，对单个公司发行的证券的持有量不能超过其净资产的1%。这里所谓的顶级证券是指由一些全国性的证券评级机构中的至少两家评级在其最高的两个等级之中的证券。由于货币市场共同基金投资的高质量证券具有流动性高、收益稳定、风险小等特点，而资金较少的小投资者除了在货币市场上可以购买短期政府债券外，一般不能直接参与货币市场交易，货币市场共同基金的出现满足了一部分小额资金投资者投资货币市场获取稳定收益的要求，因此受到投资者的青睐。

2. 货币市场共同基金提供一种有限制的存款账户

货币市场共同基金的投资者可以签发以其基金账户为基础的支票来取现或进行支付。这样，货币市场共同基金的基金份额实际上发挥了能获得短期证券市场利率的支票存款的作用。尽管货币市场共同基金在某种程度上可以作为一种存款账户使用，但它们在法律上并不算存款，因此不需要提取法定存款准备金及受利率最高限的限制。当然，货币市场共同基金账户所开支票的数额是有最低限额要求的，一般不得低于500美元。另外，许多基金还提供客户通过电报电传方式随时购买基金份额或取现等的便利。

3. 货币市场共同基金所受到的法规限制相对较少

由于货币市场共同基金本身是一种绕过存款利率最高限的金融创新，因此，最初的发展中对其进行限制的法规几乎没有，如加在商业银行及其他储蓄机构上的利率上限的限制，对未到期的定期存款的提取要收取罚金等，其经营较为灵活。这使货币市场共同基金同银行等相关金融机构在资金来源的竞争中占有一定的优势。货币市场共同基金也不用缴纳存款准备金，所以，即使是保持和商业银行等储蓄性金融机构一致的投资收益，由于其资金的运用更充分，其所支付的利息也会高于银行储蓄存款利息。

三、货币市场共同基金的发展方向

货币市场共同基金的发展方向取决于其在金融市场中的作用。只有被市场需要的交易手段和机构才能得到不断发展。从目前的发展趋势看,货币市场共同基金的一部分优势仍得以保持,如专家理财、投资于优等级的短期债券等,但另一些优势正逐渐被侵蚀,主要表现在两个方面:①货币市场共同基金没有获得政府有关金融保险机构提供的支付保证。货币市场共同基金提供支票账户,因此在某种程度上可被看作一种存款性金融机构。但政府存款保险公司不为货币市场共同基金的投资者的资金提供存款保险。这在经营出现风险时容易导致投资者的损失,不利于基金在市场竞争中争取稳健投资者的参与,尤其是在20世纪80年代以来银行业的经营风险增大、银行倒闭事件增多的情况下。尽管一些基金组织在尝试建立私人保险机构或采取限制投资方向如将基金资金只投资于无风险的政府债券上等措施,但仍不能完全解除投资者的担忧。②投资于货币市场共同基金的收益和投资于由银行等存款性金融机构创造的货币市场存款账户的收益差距正在消失。一是由于银行面对竞争,在不断地推出新的更有吸引力的信用工具;二是货币市场共同基金受到管制较少的历史正逐渐成为过去。货币市场共同基金在追求高收益的过程中,必然伴随着高风险。一些货币市场共同基金出现了巨额的亏损,给基金持有人带来了损害。这导致了政府的干预。1991年证券交易委员会对货币市场共同基金投资的短期证券级别作了限制,1996年还加强了对货币市场共同基金投资于风险较大的衍生金融证券的限制。这表明政府监管机构开始逐渐加强对货币市场共同基金的监管。

即使货币市场共同基金的发展面临着一些问题,但它并不会从市场上消失。它仍将和其他存款性金融机构在竞争中一道发展。在这个过程中,货币市场共同基金将面临兼并重组要求,通过优胜劣汰、不断创新,以求在市场竞争中立足。

相关阅读2-6

中国货币市场基金的产生与发展

早在2002年年末至2003年年初,国内几家基金公司就在酝酿推出货币市场基金。直到2003年12月9日,中国证监会终于下达了批文,货币市场基金投入市场发行,标志着货币市场基金正式进入我国资本市场。当时由于受到政策限制,基金都回避了国际通用的叫法,并不叫作"货币市场基金",而以"现金基金"为名,因而被认为是"准货币市场基金"。

2004年8月,中国证监会和中国人民银行联合发布了《货币市场基金管理暂行规定》,该规定的发布规范了货币市场基金的名称、投资品种和剩余期限,同时也推动了货币市场基金的进一步发展。图2-6比较了2005—2013年我国货币市场基金平均收益率与我国存款利率。其中有5年基金平均年收益跑赢1年定期存款收益,2011—2013年的平均年收益连续高于1年定期存款。中国证券投资基金业协会统计显示,截至2019年6月底我国境内公募货币市场基金资产管理规模为7.28万亿元,占公募基金行业总资产的54%。

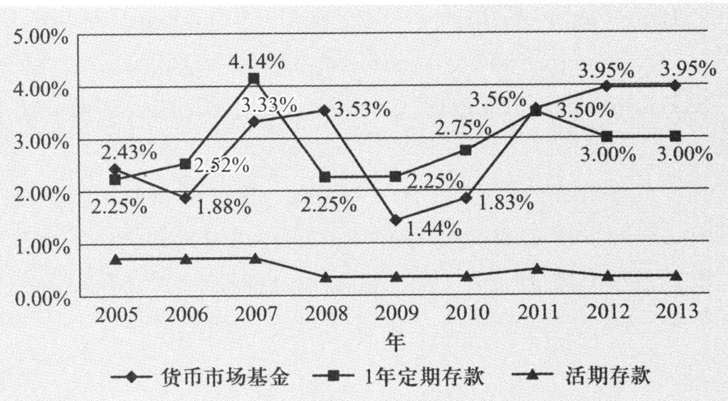

图 2-6 我国货币市场基金平均收益与存款利率的比较

资料来源：Morning star 晨星（中国）。

本章小结

1. 同业拆借市场是金融机构之间进行短期资金融通活动的场所。

2. 在回购市场上，短期资金的供求者通过签订证券的回购协议来融通资金。

3. 商业票据市场上交易的是由信用等级较高的大公司以贴现方式出售的一种无担保短期融资凭证。

4. 银行承兑票据市场交易的银行承兑票据，是为方便商业交易而创造的，在对外贸易中运用较多。

5. 大额可转让定期存单是银行为逃避利率管制而进行创新的产物，主要用于吸引企业的短期闲置资金。

6. 短期政府债券市场是国库券发行及流通所形成的市场。

7. 货币市场共同基金以投资于货币市场上高等级的证券为主，它允许持有其份额的投资者以支票形式兑现。

重要概念

同业拆借市场　回购协议　逆回购协议　商业票据　银行承兑票据　大额可转让定期存单　政府债券　货币市场共同基金

进一步阅读

[1] Fabozzi F J, Modigliani F, Ferri M G. Foundation of financial markets and institutions[M]4th Edition. Pearson,2010.

[2] Furfine C H. Banks as monitors of other banks: evidence from the overnight federal funds market[J]. The Journal of Business, 2001(74): 33 - 57.

[3] Mishkin F S, Eakins S G. Financial markets and institutions[M]7th Edition. Prentice Hall, 2011.

[4] Nippani S, Liu P, Schulman C T. Are treasury securities free of default? [J]. The Journal of Financial and Quantitative Analysis, 2001(36): 251 - 265.

[5] Rose P S, Marqnis M H. Money and capital markets[M]. McGraw-Hill/Irwin, 2007.

[6] 何康民，韩晶玉. 国际结算[M]. 电子工业出版社，2012.

即测即评

习　题

1. 假如某金融机构的资产组合中有如下一些金融资产，请指出其中哪些属于货币市场中的金融工具。

a. 民生银行的股票

b. 07 央行票据 06(期限为一年)

c. 封闭型基金(股票型)——基金开元

d. 债券：00 国开 10(由国家开发银行发行的期限为 10 年的政策性金融债券)

e. 在同业拆借市场上拆入期限为 7 天的资金

f. 还有 3 个月就要到期的银行承兑汇票

2. 根据表 2 - 2 绘出当天的 Shibor 曲线。

3. 根据你的理解，比较银行可转让大额存单与普通定期存款的区别。

4. 假设某回购协议本金为 1 000 000 元，回购天数为 7 天。如果该回购协议的回购价格为 1 001 556 元，请计算该回购协议的利率。按照你的理解，阐述影响回购协议利率的因素。

5. 2007 年 5 月 10 日中国建设银行 07 央行票据 25 的报价为 98.01 元。07 央行票据 25 是央行发行的 1 年期贴现票据。债券起息日为 2007 年 3 月 21 日，到期日为 2008 年 3 月 21 日。计算 2007 年 5 月 10 日的贴现收益率、真实年收益率和债券等价收益率。

6. 假如某货币市场基金只投资于五大债券，且一年后投资于这些债券的平均收益率和持仓比例如表 2 - 7 所示。

表 2-7　某货币市场基金投资收益率和持仓比例

债券名称	收益率(%)	持仓比例(%)
06 央行票据 78	2.91	35
06 农发 02	3.20	25
04 建行 03	3.85	15
05 中信债 1	3.0	12.5
06 央行票据 68	2.78	12.5

试计算该货币市场基金该年度的平均收益。

7. 请简述一下货币市场共同基金的特征。

中国银行间同业拆借中心→市场数据

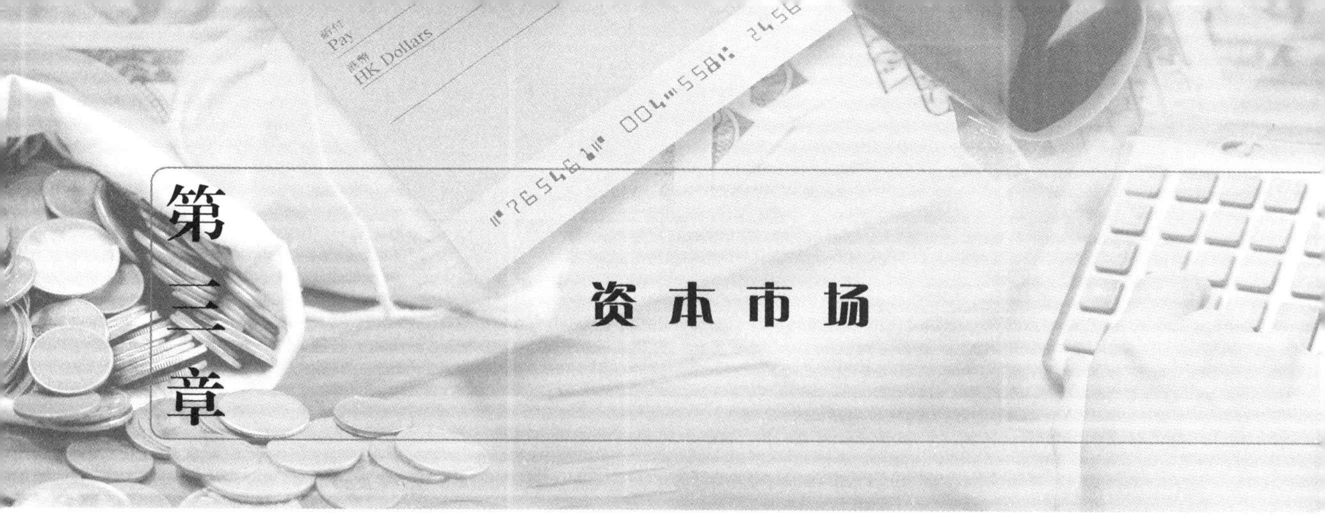

第三章 资本市场

资本市场(capital market)是期限在一年以上的中长期金融市场,其基本功能是实现并优化投资与消费的跨时期选择。按市场工具来划分,资本市场通常由股票市场、债券市场、投资基金和另类投资构成。本章将分别讨论这四个子市场。

学完本章后,你应该能够:

★ 了解股票的概念、种类以及股票市场的运作

★ 了解债券的概念、种类以及债券市场的运作

★ 了解投资基金的运作

★ 了解另类投资的概念和种类

第一节 股票市场

股票市场也称权益市场(equity market),因为股票是一种权益工具。股票市场的组织结构可分为一级市场和二级市场。

一、股票的概念和种类

(一) 股票的概念

股票是投资者向公司提供资本的权益合同,是公司的所有权凭证。股东的权益在利润和资产分配上表现为索取公司对债务还本付息后的剩余收益,即剩余索取权(residual claims)①。在公司破产的情况下股东通常将一无所获,但只负有限责任,即公司资产不足以清偿全部债务时,股东个人财产也不受追究。同时,股东有权投票决定公司的重大经营决策,如经理的选择、重大投资项目的确定、兼并与反兼并等,对于日常的经营活动则由经理做出决策。换言之,股东对公司的控制表现为合同所规定的经理职责范围之外的决策权,称之为剩余控制权(residual rights of control)。但同样,如果公司破产,股东将丧失其控制权。概括而言,在公司正常经营状态下,股东拥有剩余索取权和剩余控制权,这两者

---

① 剩余索取权是相对于合同收益权而言的,指的是公司收入在扣除所有固定的合同支付(原材料成本、固定工资、利息)后的余额的要求权。

构成了公司的所有权①。

股票只是消失掉的或现实资本的纸制复本，它本身没有价值，但作为股本所有权的证书，代表着取得一定收入的权利，具有价值，可以作为商品转让。但股票的转让并不直接影响真实资本的运动。股票一经认购，持有者就不能要求退股，但可到二级市场上交易。

（二）股票种类

将剩余索取权和剩余控制权进一步划分成不同层次并进行组合，可以设计出不同种类的股票。

1. 普通股

普通股（common stock）是在优先股要求权得到满足之后才参与公司利润和资产分配的股票合同，代表着最终的剩余索取权，其股息收益上不封顶，下不保底，每一阶段的红利数额也是不确定的。普通股股东一般有出席股东大会的会议权、表决权和选举权、被选举权等，他们通过投票（通常是一股一票制和简单多数原则）来行使剩余控制权。

普通股有时也划分为不同等级，如A级和B级。A级普通股是对公众发行的，可参与利润分红，但没有投票权或只有部分投票权；B级普通股是由公司创办人持有的，具有完全投票权。在老股东想要筹集权益资本又不愿过多地放弃对公司的控制权时，常常采取发行另一等级普通股的方法。例如，老股东的B级股票每股含1个投票权，发行A级新股则规定每股只含1/3个投票权。

应注意的是，中国股票有A、B股之分，但含义与上述不同。A股仅限于中国内地居民以人民币买卖。B股原只限于外国投资者以外币买卖，目前则开放至境内外投资者都可以以外币买卖。除了买卖主体、所用币种以及由此决定的流动性存在差异外，A、B股股东的其他权益是相同的，但两者存在很大的价差。这是一个非常有意思的研究课题。

普通股股东还具有优先认股权（preemptive right），即当公司增发新的普通股时，现有股东有权按其原来的持股比例认购新股，以保持对公司所有权的现有比例。现有股东也可以在市场上出售优先认股权，其价值取决于市场价格、新股出售价和购买一股所需的权数。当然，如果股东认为新发行的普通股无利可图时，也可以放弃这种权利。

普通股的价格受公司的经营状况、经济政治环境、心理因素、供求关系等诸多因素的影响，其波动很大，暴涨暴跌现象屡见不鲜②。因此，普通股的投资风险较大，其预期收益率高。而根据其风险特征，普通股又可分成以下几类：①蓝筹股。指具备稳定盈利记录，能定期分派股利的、大公司发行的并被公认具有较高投资价值的普通股。②成长股。指销售额和利润迅速增长，并且其增长速度快于整个国家及其所在行业的公司所发行的股票。这类公司目前一般只对股东支付较低红利，而将大量收益用于再投资，随着公司的成长，股票价格上涨，投资者便可以从中得到大量收益。③收入股。指那些当前能支付较高收益的普通股。④周期股。指那些收益随着经济周期波动而波动的公司所发行的普通

---

① 公司所有权不同于财产所有权，后者指的是对给定财产（人力资本、非人力资本）的占有权、使用权、收益权和转让权，公司是由不同财产所有者通过合同联结的，财产所有权是交易的基础，公司所有权是交易的结果。

② 目前我国股票市场在沪深交易所有日涨跌幅度10%的限制，但对披星戴帽的上市公司则采取5%的涨跌幅限制。新股在二级市场交易第一天一般不得高于发行价格144%，不得低于发行价格64%。上市公司复牌交易的第一天没有涨跌幅度限制。科创板在上市之后的前五个交易日内，不设置涨跌幅限制。之后日涨跌幅限制为20%。

股。⑤防守股。指在面临不确定因素和经济衰退时期，由高于社会平均收益且具有相对稳定性的公司所发行的普通股。公用事业公司发行的普通股是典型的防守股。⑥概念股。指适合某一时代潮流的公司所发行的、股价起伏较大的普通股。⑦投机股。指价格极不稳定或公司前景难以确定，具有较大投机潜力的普通股。

2. 优先股

优先股(preferred stock)是指在剩余索取权方面较普通股优先的股票，这种优先性表现在分得固定股息并且在普通股之前收取股息。但是，优先股在剩余控制权方面劣于普通股。优先股股东通常是没有投票权的，只是在某些特殊情况下才具有临时投票权。例如，当公司发生财务困难而无法在规定时间内支付优先股股息时，优先股就具有投票权而且一直延续到支付股息为止。又如，当公司发生变更支付股息的次数、公司发行新的优先股等影响优先股股东的投资利益时，优先股股东就有权投票表决。当然，这种投票权是有限的。

由于优先股股息是固定的，因此优先股的价格与公司的经营状况关系不如普通股密切，而主要取决于市场利息率，其风险小于普通股，预期收益率也低于普通股。

如果考虑跨时期、可转换性、复合性及可逆性等因素，优先股的剩余索取权和剩余控制权有不同的特点，由此分为不同的种类：①按剩余索取权是否可以跨时期累积分为累积优先股与非累积优先股。累积优先股(cumulative preferred stock)是指如果公司在某个时期内所获盈利不足以支付优先股股息，则累积到次年或以后某一年盈利时，在普通股的红利发放之前，连同本年优先股的股息一并发放。而非累积优先股(non-cumulative preferred stock)是指当公司盈利不足以支付优先股的全部股息时，非累积优先股股东不能要求公司在以后年度补发其所欠部分。②按剩余索取权是否为股息和红利的复合分为参加优先股和非参加优先股。参加优先股(participating preferred stock)又称参与分红优先股，是指除了可按规定的股息率优先获得股息外，还可以与普通股分享公司的剩余收益。它可进一步分为无限参加优先股和有限参加优先股，前者指优先股股东可以无限制地与普通股股东分享公司的剩余收益，后者则指优先股股东只能在一定限度内与普通股股东分享公司的剩余收益。而非参加优先股(non-participating preferred stock)是指只能获取固定股息，不能参加公司额外分红的优先股。目前大多数公司发行的优先股都属于非参加优先股。③可转换优先股(convertible preferred stock)，指在规定的时间内，优先股股东可以按一定的转换比率把优先股换成普通股。这实际上是给予优先股股东选择不同的剩余索取权和剩余控制权的权利。例如，当公司盈利状况不佳时，优先股股东就可以仍持有优先股，以保证较为固定的股息收入；而当公司大量盈利，普通股价格猛涨时，优先股股东就可以行使其转换的权利以便具有更大剩余索取权。又如，当优先股股东要加强对公司的控制时，也可能将优先股转换成普通股。在某些情况下，优先股兼有转换性和累积性，对投资者就更具吸引力。④可赎回优先股(callable preferred stock)，即允许公司按发行价格加上一定比例的补偿收益予以赎回的优先股。通常，当公司为了减少资本或者认为可以用较低股息率发行新的优先股时，就可能以上述办法购回已发行的优先股股票。显然，可赎回优先股在剩余索取(及剩余控制)方面对股东不利。

二、股票的一级市场

一级市场(primary market)也称为发行市场(issuance market),是指公司直接或通过中介机构向投资者出售新发行的股票所形成的市场。所谓新发行的股票包括初次发行和再发行的股票,前者是公司第一次向投资者出售的原始股,后者是在原始股的基础上增加新的份额。

一级市场的整个运作过程通常由咨询与管理、认购与销售两个阶段构成。

(一) 咨询与管理

这是股票发行的前期准备阶段,发行人(公司)须听取投资银行的咨询意见并对一些主要问题做出决策。主要包括:

1. 发行方式的选择

股票发行方式一般可分成公募(public placement)和私募(private placement)两类。公募是指面向市场上大量的非特定的投资者公开发行股票。其优点是可以扩大股票的发行量,筹资潜力大;无须提供特殊优厚的条件,发行者具有较大的经营管理独立性;股票可在二级市场上流通,从而提高发行者的知名度和股票的流动性。其缺点则表现为工作量大,难度也大,通常需要承销者协助;发行者必须向证券管理机关办理注册手续;必须在招股说明书中如实公布有关情况以供投资者作出正确决策。私募是指只向少数特定的投资者发行股票,其对象主要有个人投资者和机构投资者两类。前者如使用发行公司产品的用户或本公司的职工,后者如大的金融机构或与发行者有密切业务往来关系的公司。私募具有节省发行费、通常不必向证券管理机关办理注册手续、有确定的投资者从而不必担心发行失败等优点,但也有需向投资者提供高于市场平均条件的特殊优厚条件、发行者的经营管理易受干预、股票难以转让等缺点。

对于再发行的股票还可以采取优先认股权(preemptive right)方式,也称配股。它给予现有股东以低于市场价值的价格优先购买一部分新发行的股票的权利。其优点是发行费用低并可维持现有股东在公司的权益比例不变。在认股权发行期间,公司设置一个除权日(ex-rights date),在这一天之前,股票带权交易,即购得股票者同时也取得认股权;而除权日之后,股票不再附有认股权。

2. 选定作为承销商的投资银行

公开发行股票一般都通过投资银行来进行,投资银行的这一角色称为承销商(underwriter)。许多公司都与某一特定承销商建立起牢固的关系,承销商为这些公司发行股票而且提供其他必要的金融服务。但在某些场合,公司通过竞争性招标的方式来选择承销商,这种方式有利于降低发行费用,但不利于与承销商建立持久牢固的关系。承销商的作用除了销售股票外,事实上还为股票的信誉作担保,这是公司试图与承销商建立良好关系的根本原因。

当发行数量很大时,常由多家投资银行组成承销辛迪加(syndicate)或承销银团(banking group)来处理整个发行,其中一家投资银行作为牵头主承销商(lead underwriter)起主导作用。

在私募的情况下,发行条件通常由发行公司和投资者直接商定,从而绕过承销环节。

投资银行的中介职能减弱许多，通常是寻找可能的投资者、帮助发行公司准备各项文件、进行尽责调查和制定发行日程表等。

3. 准备招股说明书

招股说明书(prospectus)是公司公开发行股票的书面计划说明，并且是投资者准备购买的依据。招股说明书必须包括财务信息和公司经营历史的陈述、高级管理人员的状况、筹资目的和使用计划、公司内部悬而未决的问题如诉讼等。

在招股说明书的准备过程中，一般要组建专家工作团并有较明确的专业分工，发行公司的管理层在其律师的协助下负责招股说明书的非财务部分，作为承销商的投资银行负责股票承销合约部分，发行公司内部的会计师准备所有的财务数据，独立的注册会计师对财务账目的适当性提供咨询和审计。招股说明书各部分起草完成后，还须一遍遍地修改以寻求最完善的定稿。该稿称为预备说明书。它包括发行股票的主要事实，但不包括价格。然后，将预备说明书连同上市登记表(registration statement)一起交送证券管理机关审查。后者要确认这些信息是否完整与准确，并可以要求发行公司做一些修改或举行听证会。在认定没有虚假陈述和遗漏后，证券管理机关才批准注册，此时的招股说明书称为法定说明书，它应标明发行价格并送予可能的投资者。应该指出的是，证券管理机关批准新股票的发行，仅表明法定说明书内有充分公正的信息披露能使投资者对这只股票的价值作出判断，但并不保证股票发行的投资价值。

在私募的情况下，注册豁免并不意味着发行公司不必向潜在的投资者披露信息。发行公司通常会雇用一家投资银行代理起草一份类似于招股说明书的文件——招股备忘录(offering memorandum)，其与招股说明书的区别在于，招股备忘录不包括证券管理机构认为是“实质”的信息，而且不需要送证券管理机构审查。

4. 发行定价

发行定价是一级市场的关键环节。如果定价过高，会使股票的发行数量减少，进而使发行公司不能筹到所需资金，股票承销商也会遭受损失；如果定价过低，则股票承销商的工作容易，但发行公司却会蒙受损失，对于再发行的股票，价格过低还会使老股东受损。发行价格主要有平价、溢价和折价三种。平价发行就是以股票票面所标明的价格发行；溢价发行就是按超过票面金额的价格发行；折价发行就是按低于票面金额的价格发行。其中溢价发行又可分为时价发行和中间价发行，前者即按发行时的市场供求状况决定发行价格，后者则介于时价和平价之间。

首次公开发行(initial public offering，IPO)的股票通常要进行三次定价。第一次定价是在发行公司选定(牵头)投资银行的时候，发行公司会要求几家竞争承销业务的投资银行给出他们各自的发行价格估计数，在其他条件相同的情况下，发行公司倾向于选择估价较高的投资银行作为它的(主)承销商。第二次定价是在编制预备招股说明书的时候，(牵头)投资银行完成了绝大部分的尽职调查(due diligence investigation)工作后对发行公司业务和经营状况有了一个全面的了解，再与发行公司谈判协商确定一个合适的价格区域。第三次定价是在证券管理机构批准注册之后，(牵头)投资银行就开始与发行公司商讨确定发行定价，对招股说明书作最后的修正。与前两次定价相比，最后一次定价尤为重要，因为它一旦确立就具备法律约束力，承销商需按此价发售新股，故(牵头)投资银行不得不慎重行事，与发行公司进行激烈谈判并通常在公开发行的前一天确定最后的发行定价。

(二) 认购与销售

发行公司着手完成准备工作之后即可按照预定的方案发售股票。对于承销商来说，就是执行承销合同批发认购股票，然后售给投资者。具体方式通常有以下几种：

1. 包销

包销(firm underwriting)是指承销商以低于发行定价的价格把公司发行的股票全部买进，再转卖给投资者，这样承销商就承担了在销售过程中股票价格下跌的全部风险。承销商所得到的买卖差价(spread)是对承销商所提供的咨询服务以及承担包销风险的报偿，也称为承销折扣(underwriting discount)。

在包销发行时，发行公司与承销商正式签订合同，规定承销的期限和到期承销商应支付的款项，如到截止期股票销售任务尚未完成，承销商必须按合同规定如数付清合同确定的价款。若财力不足又不能商请延期，就须向银行借款支付。为了增加潜在投资者的基础以便在较短的时间内把股票销售出去，牵头承销商往往会组织销售集团(selling group)，这个集团包括承销银团成员和不属银团的金融机构，其作用相当于零售商。

在销售过程中，如果股票的市场价格跌到发行报价之下时，主承销商可能会根据承销协议在市场上按市价购买股票以支持发行价格。但如果市场价已显著低于发行价从而预定的发行额难以完成，则承销银团只好解散，各个成员尽力去处理自己承诺完成的部分，最终损失也各自承担。

2. 代销

代销(best-effort underwriting)，即“尽力销售”，指承销商许诺尽可能多地销售股票，但不保证能够完成预定销售额，任何没有出售的股票可退给发行公司。这样，承销商不承担风险。

3. 备用包销

通过认股权来发行股票并不需要投资银行的承销服务，但发行公司可与投资银行协商签订备用包销(standby underwriting)合同，该合同要求投资银行作为备用认购者买下未能售出的剩余股票，而发行公司为此支付备用费(standby fee)。但应该指出的是，在现有股东决定是否购买新股或出售他们的认股权的备用期间，备用认购者不能认购新股，以保证现有股东的优先认股权。

与承销相比，私募条件下的认购和销售则较为简单，它通常是根据认购协议(subscription arrangement)直接出售给投资者，而投资银行因安排投资者和提供咨询而得到酬金收入。

三、股票的二级市场

二级市场(secondary market)也称交易市场，是投资者之间买卖已发行股票的场所。这一市场为股票创造流动性，即使股票能够迅速脱手换取现值。在流动的过程中，投资者将自己获得的有关信息反映在交易价格中，而一旦形成公认的价格，投资者凭此价格就能了解公司的经营概况，公司则知道投资者对其股票价值即经营业绩的判断，这样一个“价格发现过程”降低了交易成本。同时，流动也意味着控制权的重新配置。当公司经营状况不佳时大股东通过卖出股票放弃其控制权。这实质上是一个“用脚投票”的机制，它使股票价格下跌以“发现”公司的有关信息并改变控制权分布状况，进而导致股东大会直接干预或外部接管，而这两者都是“用手投票”行使控制权。由此可见，二级市场的另一个重要作用是优化控制权的配置，从而保证权益合同的有效性。

二级市场通常可分为有组织的证券交易所和场外交易市场，但也出现了具有混合特性的第三市场(the third market)和第四市场(the fourth market)。

(一) 证券交易所

证券交易所(stock exchange)，简称证交所，是由证券管理部门批准的，为证券的集中交易提供固定场所和有关设施，并制定各项规则以形成公正合理的价格和有条不紊的秩序的正式组织。

1. 证券交易所的组织形式

世界各国证券交易所的组织形式大致可分为两类：

(1) 公司制证券交易所。公司制证券交易所是由银行、证券公司、投资信托机构及各类公营、民营公司等共同投资入股建立起来的公司法人。

(2) 会员制证券交易所。会员制证券交易所是以会员协会形式成立的不以营利为目的的组织，主要由证券商组成。只有会员及享有特许权的经纪人才有资格在交易所中进行证券交易。会员对证券交易所的责任仅以其缴纳的会费为限。会员制证券交易所通常是法人，属于社团法人，但也有一些会员制证券交易所(如美国证券交易所)不是法人组织，其原因主要是为避免司法部门对它内部规定的干预。我国2018年1月1日开始施行的《证券交易所管理办法》规定：证券交易所实行会员制，设会员大会、理事会、总经理和监事会。

由于公司制证券交易所具有较为明显的优势(郑振龙，1996)，目前世界上越来越多的证券交易所实行公司制。

2. 证券交易所的会员制度

为了保证证券交易有序、顺利地进行，各国的证交所都对进入证券交易所交易的会员作了资格限制。各国确定会员资格的标准各不相同，但主要包括会员申请者的背景、能力、财力，是否有从事证券业务的学识及经验，信誉状况等。此外，有些国家和地区(如日本、澳大利亚、新加坡、巴西、我国的上海和深圳等)证券交易所只吸收公司或合伙组织的会员，而大多数国家的证券交易所则同时允许公司、合伙组织和个人成为证券交易所会员。按会员所经营业务的性质和作用划分，各国证券交易所的会员又可分成不同的种类。如纽约证券交易所的会员可分为佣金经纪人、交易所经纪人、交易所自营商、零股交易商、特种会员五种；伦敦证券交易所的会员可分为经纪商和自营商两种；日本的证券交易所会员则分为正式会员和经纪会员两种。我国证券交易所的会员应当是经批准设立并具有法人地位的境内证券经营机构。

3. 证券交易所的上市制度

股票的上市(listing)是指赋予某种股票在某个证券交易所进行交易的资格。对上市公司来说，上市可增加其股票的流动性并提高公司的声望和知名度。股票上市后，公司经营者的责任也加重了。股票发行后并不一定就能上市，而要满足条件和程序后方可上市。

各国的法律虽然很少直接对股票的上市条件做出明确规定，但各证券交易所为了提高在本证券交易所交易股票的质量，都要求各种股票在本证券交易所交易之前办理申请上市手续，经审查合格后，由股票的发行公司与交易所签订上市协议，缴纳上市费后，才能在本证券交易所交易。各证券交易所的上市标准大同小异，主要包括如下内容：首先要有足够的规模；其次要满足股票持有分布的要求，私募股票通常因无法满足这个标准而不能上市；最后是发行者的经营状况良好；等等。

4. 证券交易所的交易制度

（1）交易制度优劣的判别标准。交易制度是证券市场微观结构（market microstructure）的重要组成部分，对证券市场功能的发挥起着关键的作用。交易制度的优劣可从以下六个方面来考察：流动性、透明度、稳定性、效率、成本和安全性。

流动性是指以合理的价格迅速交易的能力。它包含两个方面：即时性和价格影响小。前者指投资者的交易愿望可以立即实现，后者指交易过程对证券价格影响很小。流动性的好坏具体可用如下三个指标来衡量：市场深度（market depth）、市场广度（market breadth）和弹性（resiliency）。如果在现行交易价格上下较小的幅度内有大量的买卖委托，则市场具有深度和广度。如果市场价格因供求不平衡而改变，而市场可以迅速吸引新的买卖力量使价格回到合理水平，则称市场具有弹性。

透明度指证券交易信息的透明，包括交易前信息透明、交易后信息透明和参与交易各方的身份确认。其核心要求是信息在时空分布上的无偏性。

稳定性是指证券价格的短期波动程度。证券价格的短期波动主要源于两个效应：信息效应和交易制度效应。合理的交易制度设计应使交易制度效应最小化，尽量减少证券价格在反映信息过程中的噪音。

效率主要包括信息效率、价格决定效率和交易系统效率。信息效率指证券价格能否迅速、准确、充分反映所有可得的信息。价格决定效率指价格决定机制的效率，如做市商市场、竞价市场中价格决定的效率等（Amihud & Mendelson，1991）。

证券交易成本包括直接成本和间接成本。前者指佣金、印花税、手续费、过户费等。后者包括买卖价差、搜索成本、迟延成本和市场影响成本等。

安全性主要指交易技术系统的安全。

（2）交易制度的类型。根据价格决定的特点，证券交易制度可以分为做市商交易制度和竞价交易制度。

做市商交易制度也称报价驱动（quote-driven）制度。在典型的做市商制度下，证券交易的买卖价格均由做市商（market maker）给出，买卖双方并不直接成交，而向做市商买进或卖出证券。做市商的利润主要来自买卖差价。但在买卖过程中，由于投资者的买卖需求不均等，做市商就会有证券存货（多头或空头），从而使自己面临价格变动的风险。做市商要根据买卖双方的需求状况、自己的存货水平以及其他做市商的竞争程度来不断调整买卖报价，从而决定了价格的涨跌。

竞价交易制度也称委托驱动（order-driven）制度。在此制度下，买卖双方直接进行交易或将委托通过各自的经纪商送到交易中心，由交易中心进行撮合成交。按证券交易在时间上是否连续，竞价交易制度又分为间断性竞价交易制度和连续竞价交易制度。

间断性竞价交易制度也称集合竞价制度。在该制度下，交易中心（如证券交易所的主机）对规定时段内收到的所有交易委托并不进行一一撮合成交，而是集中起来在该时段结束时进行。因此，集合竞价制度只有一个成交价格，所有委托价在成交价之上的买进委托和委托价在成交价之下的卖出委托都按该唯一的成交价格全部成交。成交价的确定原则通常是最大成交量原则，即在所确定的成交价格上满足成交条件的委托股数最多。集合竞价制度是一种多边交易制度，其最大的优点在于信息集中功能，即把所有拥有不同信息的买卖者集中在一起共同决定价格。当市场意见分歧较大或不确定性较大时，这种交易制度的优势就较明显。因此，很多交易所在开盘、收盘和暂停交易后的重新开市都采用集合竞价制度。

连续竞价交易制度是指证券交易可在交易日的交易时间内连续进行。在连续竞价过程中，当新进入一笔买进委托时，若委托价大于等于已有的卖出委托价，则按卖出委托价成交；当新进入一笔卖出委托时，若委托价小于等于已有的买进委托价，则按买进委托价成交。若新进入的委托不能成交，则按“价格优先，时间优先”的顺序排队等待。这样循环往复，直至收市。连续竞价制度是一种双边交易制度，其优点是交易价格具有连续性。

目前世界上大多数证券交易所都是实行混合的交易制度。如纽约证券交易所实行辅之以专家（specialists）的竞价制度，伦敦证券交易所部分股票实行做市商制度，部分股票实行竞价制度。巴黎、布鲁塞尔、阿姆斯特丹证券交易所对交易活跃的股票实行连续竞价交易，对交易不活跃的股票实行集合竞价。

对于大宗交易，各个证券交易所都实行了较特殊的交易制度，其中最常见的是拍卖和标购。在拍卖中，卖者只有一个，买者有很多竞争者；在标购中，买者只有一个，卖者则有很多竞争者。例如，上海证券交易所规定：参加拍卖（标购）的应买（卖）证券商，其报价方式采用申报单方式公开表明买（卖）价及数量。参加应买的证券商所报的买入价在拍卖底价以上时，其中出最高买入价的证券商即为拍定人。拍定人有两人以上，而其申报应买的数量超过拍卖数量时，则按各拍定人申报数量的比例拍定。如应买证券商所报买价在拍卖底价以下时，均为无效。同样，凡参加应卖的证券商所报的卖价在标购底价以下时，以卖价最低者为标定人。标定人有两人以上，而所申报应卖的数量超过标购数量时，按各标定人申报买卖数量的比例标定。

相关阅读 3-1

中国的股票交易竞价制度

中国的股票在证券交易所挂牌交易，采取公开的集中竞价方式。集中竞价包括集合竞价和连续竞价两种形式。交易日为周一至周五。国家法定假日和交易所公告的休息日，交易所市场休市。每个交易日 9:15—9:25 为开盘集合竞价时间，9:30—11:30 和 13:00—15:00 为连续竞价时间，14:57—15:00 为收盘集合竞价时间。

(3) 证券交易委托的种类。证券交易委托是投资者通知经纪人进行证券买卖的指令，其主要种类有：

一是市价委托（market order），是指委托人自己不确定价格，而委托经纪人按市面上最有利的价格买卖证券。市价委托的优点是成交速度快，能够快速实现投资者的买卖意图。其缺点是当行情变化较快或市场深度不够时，执行价格可能与发出委托时的市场价格相去甚远。

二是限价委托(limit order)，是指投资者委托经纪人按他规定的价格，或比限定价格更有利的价格买卖证券。具体地说，对于限价买进委托，成交价只能低于或等于限定价格；对于限价卖出委托，成交价只能高于或等于限定价格。限价委托克服了市价委托的缺陷，为投资者提供了以较有利的价格买卖证券的机会。但限价委托常常因市场价格无法满足限定价格的要求而无法执行，使投资者坐失良机。

三是停止损失委托(stop order)，是一种限制性的市价委托，是指投资者委托经纪人在证券价格上升到或超过指定价格时按市价买进证券，或在证券价格下跌到或低于指定价格时按市价卖出证券。

四是停止损失限价委托(stop limit order)，是停止损失委托与限价委托的结合。当时价达到指定价格时，该委托就自动变成限价委托。

深交所接受限价申报和市价申报，其中市价申报又分为：①对手方最优价格申报；②本方最优价格申报；③最优五档即时成交剩余撤销申报；④即时成交剩余撤销申报；⑤全额成交或撤销申报。

上交所接受限价申报和市价申报，其中市价申报又分为：①最优五档即时成交剩余撤销申报；②最优五档即时成交剩余转限价申报。

(4) 信用交易。信用交易又称垫头交易或保证金交易，是指证券买者或卖者通过交付一定数额的保证金，得到证券经纪人的信用而进行的证券买卖。信用交易可以分为信用买进交易和信用卖出交易。关于现货市场的信用交易，各国大致都是规定一个保证金比率以及一个维持担保比率。

计算维持担保比率时是否要考虑融资的利息问题以及融券的费用问题，不同市场有不同的规定。

上交所和深交所规定融资初始保证金比例不得低于100%，融券保证金比例不得低于50%，其计算公式为：

融资初始保证金比例＝保证金/(融资买入证券数量×买入价格)×100%

融券初始保证金比例＝保证金/(融券卖出证券数量×卖出价格)×100%

维持担保比例＝(现金＋信用证券账户内证券市值＋其他担保物价值)/(融资买入金额＋融券卖出证券数量×市价＋利息及费用总和)

我国台湾规定如下：

客户担保维持率＝(融资担保品证券市值＋原融券担保品及保证金)/(原融资金额＋融券标的证券市值)×100%

① 信用买进交易。信用买进交易又称为保证金购买，是指对市场行情看涨的投资者交付一定比例的初始保证金(initial margin)，由经纪人垫付其余价款，为他买进指定证券。

保证金交易对于经纪人来说相当于在提供经纪服务的同时，又向客户提供了一笔证券抵押贷款。这种贷款的风险是很小的，因为保证金购买的客户必须把所购证券作为抵押品托管在经纪人处。而且如果未来该证券价格下跌，客户遭受损失而使保证金低于维持担保比率(maintenance margin)的水平时,经纪人就会向客户发出追缴保证金通知(margin call)。客户接到追缴保证金通知后,必须立即将保证金水平补足到初始保证金的水平。

对于客户来说,通过保证金购买可以减少自有资金不足的限制,扩大投资效果。当投资者对行情判断正确时,其盈利可大增。当然,如果投资者对市场行情判断错误,则其亏损也是相当严重的。

② 信用卖出交易。信用卖出交易又称为卖空交易,是指对市场行情看跌的投资者本身没有证券,就向经纪人缴纳一定比率的初始保证金(现金或证券)借入证券,在市场上卖出,并在未来买回该证券还给经纪人。

在实践中,经纪人可以将其他投资者的证券借给卖空者而不用通知该证券的所有者。若该证券的所有者要卖出该证券时,经纪人就向其他投资者或其他经纪人借入股票。因此,卖空的数量在理论上是无限的。但如果经纪人借不到该证券,则卖空者就要立即买回该证券还给经纪人。因此其期限也是不确定的。在卖空证券期间,该证券的所有权益均归原所有人所有。因此若出现现金分红的情形,虽然卖空者未得到现金红利,但他还得补偿原持有者该得而未得的现金红利。

为了防止过分投机,证交所通常规定只有在最新的股价出现上升时才能卖空。卖空的所得也必须全额存入卖空者在经纪人处开设的保证金账户。

当股价上升超过一定限度从而使卖空者的保证金比率低于维持保证金比率时,卖空者就会收到追缴保证金通知。此时他要立即补足保证金,否则经纪人有权用卖空者账户上的现金或卖掉该账户上的其他证券来买回卖空的证券,损失由卖空者承担。

5. 证券交易所的合并浪潮

20 世纪 90 年代中期以前,各国的交易所并购大多发生在国内,通过国内并购整合资源扩大规模。从 20 世纪末到现在,全球各主要交易所进行跨国并购的行为越来越普遍。

并购最活跃的是目前市值最大的洲际交易所(Intercontinental Exchange, ICE)。2000 年,ICE 成立,为场外能源市场提供一个透明的交易场所。同年,阿姆斯特丹、布鲁塞尔、巴黎和葡萄牙股票交易所合并,形成泛欧交易所(Euronext),以支持欧盟金融市场的发展。2001 年,ICE 收购了国际原油交易所。2002 年,Euronext 收购了伦敦国际金融期货交易所(LIFFE)。2006 年,纽交所和群岛交易所合并,创建了 NYSE Arca,形成了公开上市的、盈利性的纽交所集团。2007 年,ICE 并购了纽约期货交易所和温尼伯商品交易所。同年,纽交所集团与泛欧交易所合并,成为第一家跨大西洋的股票交易所集团(NYSE Euronext)。2008 年,NYSE Euronext 并购了美国股票交易所。2010 年,ICE 并购了气候交易所,成为全球碳排放市场的领导者。2013 年,ICE 并购了 NYSE Euronext,成为全球市值最高的交易所集团。同年 ICE 成立了 ICE Endex,成为欧洲大陆最重要的能源交易所。2014 年,ICE 收购了新加坡商品交易所,并成为荷兰清算所的大股东。2017 年,ICE 收购了美国股票交易所(National Stock Exchange)、加拿大能源交易所和清算所 NGX。2018 年,ICE 收购了芝加哥股票交易所。

全球最大的电子化交易市场纳斯达克在市场扩张方面也毫不逊色。1998 年,纳斯达克与美国第三大股票交易所——美国证券交易所合并为 Nasdaq-Amex 集团公司,这项合并使得以荧屏为基础的电子化交易市场和在中央交易厅拍卖叫价的传统股市结合了起来。2001 年，纳斯达克在日本成立了"纳斯达克日本"(该市场因运作成本过高，3 年后关闭)，并控股了一家名为 Easdaq 的泛欧高科技股票市场，积极拓展欧洲业务，试图实现全球交易的目标。2005 年，纳斯达克宣布收购全美第二大电子交易系统运营商 Instinet，此次收购进一步巩固了纳斯达克全美第一大电子交易商的地位。2007 年，纳斯达克将瑞典交易所运营商 OMX 公司纳入麾下，组成纳斯达克 OMX 集团。同年，纳斯达克 OXM 集团收购了费城证券交易所和波士顿证券交易所。2016 年，纳斯达克 OXM 集团从德意志证券交易所手中收购了国际证券交易所(ISE)。

再看亚洲交易所的并购。1999 年，新加坡股票交易所和新加坡国际金融交易所正式合并成为新加坡交易所，并于次年上市。2000 年，东京证券交易所兼并广岛和新潟两家证券交易所。2000 年，以我国香港联合交易所为主体，联合期货交易所、中央结算所有限公司等合并成立新的控股公司香港交易及结算所有限公司，并于当年在香港联交所挂牌上市。2007 年，东京证券交易所和纽约证券交易所达成合作协议，将在公司股票上市、产品和电脑系统等方面进行整合，并最终可能进行交叉持股、逐步实现合并；同年，德国证券交易所与韩国交易所签订谅解备忘录，在市场信息、员工交换和新股上市方面进行合作。2010 年，韩国购入新开业的老挝交易所 49% 股份。同年，新加坡交易所收购澳大利亚交易所。

2011 年 11 月 22 日，日本东京证券交易所和大阪证券交易所决定，通过成立控股公司"日本交易所集团"等方式实现合并。2016 年，新加坡交易所收购波罗的海交易所。

(二) 场外交易市场

场外交易是相对于证券交易所交易而言的，凡是在证券交易所之外的股票交易活动都可称作场外交易。由于这种交易起先主要是在各证券商的柜台上进行的，因而也称为柜台交易(over-the-counter，OTC)。

场外交易市场与证交所相比，没有固定的集中的场所，而是分散于各地，规模有大有小，由自营商(dealers)来组织交易。自营商与证交所的专营商作用类似，他们自己投入资金买入证券，然后随时随地将自己的存货卖给客户，维持市场流动性和连续性，因而也被称作"做市商"(market-maker)，买卖差价可以看作自营商提供以上服务的价格。但是，自营商又不像交易所的特种会员一样有义务维持市场的稳定，在价格大幅波动的情况下，这些"做市商"将会停止交易以避免更大的损失。

场外交易市场无法实行公开竞价，其价格是通过商议达成的，一般是由自营商挂出各种证券的买入和卖出两种价格。如果某种证券的交易不活跃，只需一两个自营商作为市场组织者，当交易活动增加，更多的市场组织者会加入竞争，从而降低买卖差价。

场外交易比证交所上市所受的管制少，灵活方便，因而为中小型公司和具有发展潜质的新公司提供二级市场。但是，场外市场也存在缺乏统一的组织、信息不灵等缺点，为此美国于 1939 年建立了全国证券交易商协会(National Association of Securities Dealers，NASD)的自我规范组织，受权在证券交易委员会的监督下代表和管理场外交易市场的证券交易商。1971 年该组织开始启用一套电子报价系统，称为全国证券交易商协会自动报价系统(NASDAQ)，即纳斯达克，从而改变了以前依靠"粉红单"(pink sheet)和电话公布来查询行情的做法，对美国场外交易市场的发展起了革命性作用。为了与传统的 OTC 市场划清界限，纳斯达克多年来一直声称自己不是 OTC 市场的同义语，并且不再使用大写的 NASDAQ，而改用小写的 Nasdaq 股票市场，或简称 Nasdaq。

Nasdaq 与其他 OTC 市场最大的区别就在于它跟证券交易所一样有挂牌标准。Nasdaq 股票市场还分为两个部分：全国市场与小公司市场。前者的挂牌要求较高，挂牌公司也较多(4 000 家左右)。

早在 1994 年，Nasdaq 的交易值就超过伦敦证券交易所和东京证券交易所。目前，除了交易值和市值之外，纳斯达克在上市公司数量、成交量、市场表现、流动性比率(即 1% 的股价变化所引起的交易量的变动值)、机构持股比率等方面都超过了纽约交易所。Nasdaq 市场现已成为继纽约证券交易所之后的全球第二大证券市场，被人们称作“21 世纪的证券市场”。

我国的场外市场主要分三个层次：全国中小企业股份转让系统(简称新三板)、区域性股权交易中心和券商自建柜台交易市场。

新三板于 2012 年 9 月 20 日在国家工商总局注册，2013 年 1 月 16 日正式揭牌运营，注册资本 30 亿元，是我国第一家公司制运营的证券交易场所。2013 年 12 月 13 日，国务院发布《关于全国中小企业股份转让系统有关问题的决定》(国发〔2013〕49 号)，明确全国股转系统主要为创新型、创业型、成长型中小微企业发展服务，境内符合条件的股份公司均可通过主办券商申请挂牌，公开转让股份，进行股权融资、债权融资、资产重组等。截至 2016 年 12 月 31 日，全国股转系统挂牌公司达 10 163 家，其中创新层公司 952 家、基础层公司 9 211 家；总市值约 4.06 万亿元；3 939 家挂牌公司完成 5 894 次股票发行，融资 2 749.17 亿元。证监会 2019 年 10 月 25 日宣布，将从发行优化融资制度、完善市场分层等五个方面对新三板进行全面政策改革，改革后将允许符合条件的创新层企业公开发行股票。同时设立精选层，在精选层挂牌一定期限，且符合交易所上市条件和相关规定的企业，可以直接转板上市。2020 年 3 月 6 日，证监会发布了《关于全国中小企业股份转让系统挂牌公司转板上市的指导意见》。

(三) 第三市场

第三市场是指原来在证交所上市的股票移到场外进行交易而形成的市场。换言之，第三市场交易的是既在证交所上市又在场外市场交易的股票，以区别于一般含义的柜台交易。

第三市场最早出现于 20 世纪 60 年代的美国。长期以来，美国的证交所都实行固定佣金制，而且未对大宗交易提供折扣佣金，导致买卖大宗上市股票的机构投资者(养老基金、保险公司、投资基金等)和一些个人投资者通过场外市场交易上市股票以降低交易费用。这种形式的交易随着 20 世纪 60 年代机构投资者的比重明显上升以及股票成交额不断增大获得了迅速发展，并形成专门的市场。该市场因佣金便宜、手续简单而备受投资者欢迎。

但在 1975 年 5 月 1 日，美国的证券交易委员会宣布取消固定佣金制，由交易所会员自行决定佣金，而且交易所内部积极改革，采用先进技术，提高服务质量，加快成交速度，从而使第三市场不像以前那样具有吸引力了。

(四) 第四市场

第四市场是指大机构(和富有的个人)绕开通常的经纪人,彼此之间利用电子通信网络(electronic communication networks,ECNs)直接进行的证券交易。这些网络允许会员直接将买卖委托挂在网上,并与其他投资者的委托自动配对成交。由于没有买卖价差,其交易费用非常便宜。而且有些 ECNs 允许用户进行匿名交易,从而满足了一些大机构投资者的需要。

以前的 ECNs 通常只允许大的机构投资者进入,但目前中小投资者也可以在网上、网下通过经纪人在 ECNs 上交易。可以说,ECNs 的出现已给包括纽约证交所和 Nasdaq 在内所有的证券市场造成极大的挑战。到 2000 年年底,已有 40% 的 Nasdaq 交易量是通过 ECNs 完成的。

目前 ECNs 正像雨后春笋般地发展着,较著名的有:Instinet, Island ECN,SelectNet,REDIBook,Archipeligo,Brass Utilities,Strike Technologies,POSIT,Crossing Network 等。它的发展一方面对证交所和场外交易市场产生了巨大的竞争压力,从而促使这些市场降低佣金、改进服务;另一方面也对证券市场的管理提出了挑战。

四、股价指数

为了判断市场股价变动的总趋势及其幅度,必须借助股价平均数或指数。在计算股价指数时要注意以下四点:①样本股票必须具有典型性、普遍性。为此,选择样本股票应综合考虑其行业分布、市场影响力、规模等因素。②计算方法要科学,计算口径要统一。③基期的选择要有较好的均衡性和代表性。④指数要有连续性,要排除非价格因素对指数的影响。

(一) 股票价格平均数的计算

股票价格平均数(averages)反映一定时点上市场股票价格的绝对水平,可分为简单算术股价平均数、修正的股价平均数和加权股价平均数三类。

1. 简单算术股价平均数

简单算术股价平均数是将样本股票每日收盘价之和除以样本数得出的,即:

$$\text{简单算术股价平均数} = \frac{1}{n}(P_1 + P_2 + P_3 + \cdots + P_n) = \frac{1}{n}\sum_{i=1}^{n} P_i$$

式中:n 为样本的数量;

P_i 为第 i 只股票的价格。

世界上第一个股票价格平均数——道琼斯股票价格平均数在 1928 年 10 月 1 日前就是使用简单算术平均法计算的。

简单算术平均数虽然计算较简便,但它有两个缺点:①它未考虑各样本股票的权重,从而未能区分重要性不同的样本股票对股价平均数的不同影响;②当样本股票发生拆细、派发红股、增资等情况时,股价平均数就会失去连续性,使前后期的比较发生困难。

2. 修正的股价平均数

修正的股价平均数有两种:

(1) 除数修正法,又称道氏修正法。这是美国道琼斯公司为克服简单算术平均法的不足，在1928年创建的一种计算股价平均数的方法。该法的核心是求出一个除数，以修正因股票拆细、增资、发放红股等因素造成的股价平均数的变化，以保持股价平均数的连续性和可比性。具体做法是以新股价除以旧股价平均数，求出新除数，再以计算期的股价总额除以新除数，从而得出修正的股价平均数，即：

新除数＝变动后的新股价总和/旧股价平均数

修正的股价平均数＝报告期股价总和/新除数

例如，拥有30只样本股票的道琼斯工业股票价格平均数经过多年的修正，到2001年8月17日，其除数值只有0.144 521 24。这样，30只股票同时上涨1美元，就会使指数值上升207.58点。

(2) 股价修正法，就是将发生股票拆细等变动后的股价还原为变动前的股价，使股价平均数不会因此变动。例如，假设第 j 种股票进行拆细，拆细前股价为 P_j，拆细后每股新增的股数为 R，股价为 P_j'，则修正的股价平均数的公式为：

$$\text{修正的股价平均数}=\frac{1}{n}[P_1+P_2+\cdots+(1+R)\times P_j'+\cdots+P_n]$$

由于 $(1+R)P_j'=P_j$，因此该股价平均数不会受股票分割等的影响。美国《纽约时报》编制的500种股价平均数就是采用股价修正法来计算的。

3. 加权股价平均数

加权股价平均数就是根据各种样本股票的相对重要性进行加权平均计算的股价平均数，其权数 Q 可以是成交股数、股票总市值、股票总股本等，其计算公式为：

$$\text{加权股价平均数}=\frac{\sum_{i=1}^{n}P_iQ_i}{\sum_{i=1}^{n}Q_i}$$

（二）股价指数的计算

股价指数(indexes)是反映不同时点上股价变动情况的相对指标。通常是将报告期的股票价格与选定的基期价格相比，并将两者的比值乘以基期的指数值，即为报告期的股价指数。股价指数的计算方法主要有两种：简单算术股价指数和加权股价指数。

1. 简单算术股价指数

计算简单算术股价指数的方法有两种：相对法和综合法。

(1) 相对法，又称平均法，就是先计算各样本股价指数，再加总求总的算术平均数。其计算公式为：

$$\text{股价指数}=\frac{1}{n}\sum_{i=1}^{n}\frac{P_1^i}{P_0^i}$$

式中：P_0^i 表示第 i 种股票的基期价格；

P_1^i 表示第 i 种股票的报告期价格；

n 为样本数。

英国的《经济学家》普通股价格指数就是采用这种计算方法计算出来的。

(2) 综合法。综合法是先将样本股票的基期和报告期价格分别加总，然后相比求出股价指数，即：

$$股价指数=\frac{\sum_{i=1}^{n}P_1^i}{\sum_{i=1}^{n}P_0^i}$$

2. 加权股价指数

加权股价指数是根据各期样本股票的相对重要性予以加权，其权重可以是成交股数、总股本等。按时间划分，权数可以是基期权数，也可以是报告期权数。以基期成交股数（或总股本）为权数的指数称为拉斯拜尔指数。其计算公式为：

$$加权股价指数=\frac{\sum P_1Q_0}{\sum P_0Q_0}$$

以报告期成交股数（或总股本）为权数的指数称为派许指数。其计算公式为：

$$加权股价指数=\frac{\sum P_1Q_1}{\sum P_0Q_1}$$

式中：P_0 和 P_1 分别表示基期和报告期的股价；

Q_0 和 Q_1 分别表示基期和报告期的成交股数（或总股本）。

拉斯拜尔指数偏重基期成交股数（或总股本），而派许指数则偏重报告期的成交股数（或总股本）。目前世界上大多数股价指数都是派许指数，只有德国法兰克福证券交易所的股价指数为拉斯拜尔指数。

（三）中国主要的股价指数

1. 上海证券交易所价格指数

（1）指数系列。截至 2020 年 3 月 10 日，上海证券交易所价格指数（简称上证指数）系列用包括 13 类 308 个指数，详细情况见表 3－1。股票指数提供收盘指数计算，部分股票指数提供实时指数计算。除了价格指数外，部分指数还提供全收益指数、净收益指数。全收益指数、净收益指数是价格指数的辅指数，与价格指数的区别在于全收益指数、净收益指数的计算中考虑了样本股税前、税后现金红利的再投资收益。

表 3－1　上证指数系列（截至日期：2020 年 3 月 10 日）

指数名称	基准日期	基准点数	成分股数量	成分股总股本数（亿股）
规模指数				
上证指数	1990/12/19	100	1 547	40 869.04
A 股指数	1990/12/19	100	1 498	40 706.33
B 股指数	1992/2/21	100	49	162.72
上证 380	2003/12/31	1 000	380	5 941.46
上证 180	2002/6/28	3 299.06	180	24 345.26
上证 50	2003/12/31	1 000	50	16 643.96
新综指	2005/12/30	1 000	1 497	40 350.22

续表

指数名称	基准日期	基准点数	成分股数量	成分股总股本数(亿股)
中型综指	2007/12/28	1 000	491	2 086.97
超大盘	2003/12/31	1 000	20	10 761.22
上证中盘	2003/12/31	1 000	130	7 701.31
上证小盘	2003/12/31	1 000	320	7 193.48
上证中小	2003/12/31	1 000	450	14 894.78
上证全指	2003/12/31	1 000	500	31 538.74
上证流通	2009/12/31	1 000	1 497	40 350.22
上证 100	2003/12/31	1 000	100	1 363.82
上证 150	2003/12/31	1 000	150	609.83
市值百强	2003/12/31	1 000	100	20 866.54
行业指数				
工业指数	1993/4/30	1 358.78	1 025	16 859.37
商业指数	1993/4/30	1 358.78	149	2 805.82
地产指数	1993/4/30	1 358.78	25	927.57
公用指数	1993/4/30	1 358.78	126	4 765.72
综合指数	1993/4/30	1 358.78	222	15 510.56
180 金融	2002/6/28	1 000	53	13 347.69
上证能源	2003/12/31	1 000	30	3 926.99
上证材料	2003/12/31	1 000	50	2 915.66
上证工业	2003/12/31	1 000	50	3 960.33
上证可选	2003/12/31	1 000	50	1 275.13
上证消费	2003/12/31	1 000	30	493.25
上证医药	2003/12/31	1 000	38	499.78
上证金融	2003/12/31	1 000	30	12 406.34
上证信息	2003/12/31	1 000	43	518.02
上证电信	2003/12/31	1 000	23	723.45
上证公用	2003/12/31	1 000	29	1 829.85
380 能源	2003/12/31	1 000	15	436.09
380 材料	2003/12/31	1 000	57	1 096.87
380 工业	2003/12/31	1 000	105	1 830.3

续表

指数名称	基准日期	基准点数	成分股数量	成分股总股本数(亿股)
380 可选	2003/12/31	1 000	60	555.41
380 消费	2003/12/31	1 000	23	186.57
380 医药	2003/12/31	1 000	36	315.35
380 金融	2003/12/31	1 000	23	559.84
380 信息	2003/12/31	1 000	31	257.84
380 电信	2003/12/31	1 000	10	74.75
380 公用	2003/12/31	1 000	20	628.44
上证证券	2012/12/31	1 000	27	—
180 能源	2003/12/31	1 000	6	—
180 材料	2003/12/31	1 000	19	—
180 工业	2003/12/31	1 000	32	—
180 可选	2003/12/31	1 000	16	—
180 消费	2003/12/31	1 000	14	—
180 医药	2003/12/31	1 000	11	—
180 金地	2003/12/31	1 000	62	—
180 信息	2003/12/31	1 000	8	—
180 电信	2003/12/31	1 000	5	—
180 公用	2003/12/31	1 000	7	—
风格指数				
180 成长	2002/6/28	1 000	60	3 515.18
180 价值	2002/6/28	1 000	60	17 855.22
180R 成长	2002/6/28	1 000	136	8 345.77
180R 价值	2002/6/28	1 000	136	22 685.81
全指成长	2003/12/31	1 000	150	5 068.2
全指价值	2003/12/31	1 000	150	21 185.51
全 R 成长	2003/12/31	1 000	395	12 720.23
全 R 价值	2003/12/31	1 000	395	28 837.54
380 成长	2003/12/31	1 000	120	1 468.57
380 价值	2003/12/31	1 000	120	3 298.27
380R 成长	2003/12/31	1 000	293	3 321.02

续表

指数名称	基准日期	基准点数	成分股数量	成分股总股本数(亿股)
380R 价值	2003/12/31	1 000	293	5 150.72
主题指数				
红利指数	2004/12/31	1 000	50	12 580.99
治理指数	2007/6/29	1 000	277	19 844.56
180 治理	2007/6/29	1 000	100	16 529.36
180 基建	2002/6/28	1 000	21	2 965.17
180 资源	2002/6/28	1 000	14	3 529.06
180 运输	2002/6/28	1 000	8	771.94
上证央企	2008/12/31	1 000	50	16 741.42
责任指数	2009/6/30	1 000	100	5 921.66
上证民企	2009/6/30	1 000	50	1 886.88
上证海外	2006/12/29	1 000	56	16 347.43
上证地企	2009/6/30	1 000	50	3 840.64
上证国企	2009/6/30	1 000	100	20 582.06
上证沪企	2005/12/31	1 000	50	2 832.84
上证周期	2003/12/31	1 000	50	16 493.1
非周期	2003/12/31	1 000	100	5 459.74
上证龙头	2003/12/31	1 000	74	13 931.66
上证商品	2003/12/31	1 000	50	4 735.72
上证新兴	2003/12/31	1 000	50	2 549.64
上证资源	2003/12/31	1 000	50	4 643.65
消费 80	2003/12/31	1 000	80	1 710.93
资源 50	2003/12/31	1 000	50	4 697.73
上证上游	2003/12/31	1 000	50	4 635.15
上证中游	2003/12/31	1 000	175	6 364.34
上证下游	2003/12/31	1 000	173	4 641.59
高端装备	2004/12/31	1 000	59	1 626.13
沪投资品	2003/12/31	1 000	50	2 561.02
沪消费品	2003/12/31	1 000	50	702.9
持续产业	2011/6/30	1 000	40	1 497.42

续表

指数名称	基准日期	基准点数	成分股数量	成分股总股本数(亿股)
医药主题	2003/12/31	1 000	50	563.48
农业主题	2011/6/30	1 000	40	546.56
消费50	2004/12/31	1 000	50	1 359
上证高新	2011/6/30	1 000	50	483.73
上证银行	2007/12/31	1 000	25	11 291.9
优势资源	2003/12/31	1 000	41	3 285.69
优势制造	2003/12/31	1 000	49	1 526.3
优势消费	2003/12/31	1 000	50	698.57
消费领先	2004/12/31	1 000	100	12 404.94
180红利	2004/12/31	1 000	30	12 357.22
380红利	2004/12/31	1 000	30	780.82
上国红利	2009/6/30	1 000	30	11 911.08
上央红利	2008/12/31	1 000	30	12 530.11
上民红利	2009/6/30	1 000	30	675.74
上证环保	2011/12/30	1 000	39	1 441.53
沪股通	2003/12/31	1 000	581	32 083.56
沪新丝路	2012/12/31	1 000	56	6 864.46
沪中国造	2012/6/29	1 000	148	3 303.92
沪互联+	2012/6/29	1 000	62	1 817.9
新兴成指	2010/12/31	1 000	100	901.57
上证汽车	2004/12/31	1 000	50	—
上证基建	2004/12/31	1 000	44	—
沪信安全	2010/12/31	1 000	29	—
沪互联网	2012/6/29	1 000	88	—
沪互金融	2012/6/29	1 000	18	—
沪现代农	2010/12/31	1 000	27	—
上证混改	2013/12/31	1 000	50	—
中小企改	2013/12/31	1 000	59	—
180碳效	2013/6/28	1 000	176	—
上海改革	2011/12/31	1 000	75	—

续表

指数名称	基准日期	基准点数	成分股数量	成分股总股本数(亿股)
上证长三角	2012/12/31	1 000	100	—
沪物联网	2012/6/29	1 000	28	—
沪自贸区	2013/12/31	1 000	80	—
上证海洋	2009/12/31	1 000	48	—
沪轻资产	2004/12/31	1 000	100	—
上证电子	2004/12/31	1 000	50	—
沪供给侧	2013/12/31	1 000	99	—
上高股息	2004/12/31	1 000	50	—
沪智能造	2012/6/29	1 000	32	—
上证创新	2012/12/31	1 000	100	—
380 创新	2012/12/31	1 000	50	—
沪环渤海	2003/12/31	1 000	48	—
沪长三角	2003/12/31	1 000	49	—
沪珠三角	2003/12/31	1 000	48	—
沪中部	2003/12/31	1 000	40	—
沪西部	2003/12/31	1 000	39	—
沪东北	2003/12/31	1 000	32	—
沪信息业	2005/12/30	1 000	50	—
上证文化	2012/6/29	1 000	50	—
上红回报	2005/12/30	1 000	50	—
上红潜力	2005/12/30	1 000	50	—
沪能源红	2005/12/30	1 000	4	—
沪材料红	2005/12/30	1 000	20	—
沪工业红	2005/12/30	1 000	20	—
沪可选红	2005/12/30	1 000	20	—
沪消费红	2005/12/30	1 000	10	—
沪医药红	2005/12/30	1 000	10	—
沪金融红	2005/12/30	1 000	20	—
沪信息红	2005/12/30	1 000	10	—
沪电信红	2005/12/30	1 000	4	—

续表

指数名称	基准日期	基准点数	成分股数量	成分股总股本数(亿股)
沪公用红	2005/12/30	1 000	10	—
沪绿色城	2012/6/29	1 000	50	—
沪城交通	2012/6/29	1 000	50	—
沪城消费	2012/6/29	1 000	50	—
沪城基建	2012/6/29	1 000	50	—
沪智交通	2012/6/29	1 000	18	—
上证军工	2004/12/31	1 000	16	—
上证城镇	2012/6/29	1 000	242	—
沪智慧城	2012/6/29	1 000	49	—
上证 TMT	2011/6/30	1 000	50	—
上证养老	2005/12/30	1 000	40	—
上证健康	2013/12/31	1 000	50	—
上国改革	2014/3/31	1 000	50	—
上证移动	2012/6/29	1 000	50	—
上证休闲	2013/12/31	1 000	50	—
沪大农业	2013/12/31	1 000	50	—
沪智家居	2012/6/29	1 000	50	—
港股通	2014/11/14	3 000	320	—
策略指数				
50 等权	2003/12/31	1 000	50	16 643.96
180 等权	2002/6/28	3 299.06	180	24 345.26
50 基本	2003/12/31	1 000	50	16 643.96
180 基本	2002/6/28	3 299.06	180	24 345.26
能源等权	2003/12/31	1 000	30	3 926.99
材料等权	2003/12/31	1 000	50	2 915.66
工业等权	2003/12/31	1 000	50	3 960.33
可选等权	2003/12/31	1 000	50	1 275.13
消费等权	2003/12/31	1 000	30	493.25
医药等权	2003/12/31	1 000	38	499.78
金融等权	2003/12/31	1 000	30	12 406.34

续表

指数名称	基准日期	基准点数	成分股数量	成分股总股本数(亿股)
信息等权	2003/12/31	1 000	43	518.02
电信等权	2003/12/31	1 000	23	723.45
公用等权	2003/12/31	1 000	30	1 840.92
180 分层	2002/6/28	3 299.06	180	24 345.26
上证 F200	2004/12/31	1 000	200	26 704.63
上证 F300	2004/12/31	1 000	300	5 717.73
上证 F500	2004/12/31	1 000	500	32 422.36
380 等权	2003/12/31	1 000	380	5 941.46
180 动态	2002/6/28	3 299.06	90	5 840.58
180 稳定	2002/6/28	3 299.06	90	18 504.68
380 基本	2003/12/31	1 000	380	5 941.46
180 波动	2002/6/28	3 299.06	100	20 931.72
380 波动	2003/12/31	1 000	100	2 773.65
180 高贝	2002/6/28	3 299.06	60	3 839.17
180 低贝	2002/6/28	3 299.06	60	16 870.28
380 高贝	2003/12/31	1 000	100	1 027.67
380 低贝	2003/12/31	1 000	100	2 122.15
380 动态	2003/12/31	1 000	190	2 267.81
380 稳定	2003/12/31	1 000	190	3 673.65
沪红利配置	2013/12/31	1 000	—	—
50 两倍	2009/6/30	2 500	50	16 643.96
50 反向	2009/6/30	2 500	50	16 643.96
50 反两	2009/6/30	2 500	50	16 643.96
上证增持	2011/12/31	1 000	50	—
上证定增	2011/12/31	1 000	50	—
180SNLV	2004/12/31	1 000	100	—
380SNLV	2004/12/31	1 000	150	—
上红低波	2005/12/30	1 000	50	—
上证 RP	2005/12/31	1 000	—	—
上红价值	2005/12/30	1 000	50	—

续表

指数名称	基准日期	基准点数	成分股数量	成分股总股本数(亿股)
180 两倍	2009/6/30	7 000	180	24 345.26
180 反向	2009/6/30	7 000	180	24 345.26
180 反两	2009/6/30	7 000	180	24 345.26
50 波控 1	2003/12/31	1 000	—	—
50 波控 2	2003/12/31	1 000	—	—
180 波控 1	2002/12/31	2 549.6	—	—
180 波控 2	2002/12/31	2 549.6	—	—
180 动量	2004/12/31	1 000	60	—
380 动量	2004/12/31	1 000	120	—
50 美元对冲	2010/12/31	1 977.366	50	16 643.96
180 美元对冲	2010/12/31	6 517.595	180	24 345.26
380 美元对冲	2010/12/31	4 256.267	380	5 941.46
上红波控 1	2005/12/30	1 000	—	—
上红波控 2	2005/12/30	1 000	—	—
沪港 AH 溢价	2005/1/1	100	—	—
180ERC	2004/12/31	1 000	173	—
380ERC	2004/12/31	1 000	370	—
债券指数				
国债指数	2002/12/31	100	148	132 554
企债指数	2002/12/31	100	4 318	—
沪公司债	2007/12/31	100	2 291	32 641.84
沪企债 30	2008/12/31	100	30	1 761
5 年信用	2007/12/31	100	650	10 414.1
信用 100	2007/12/31	100	100	3 348.9
5 年国债	2007/12/31	100	—	—
上证投资级转债及可交换债	2008/12/31	100	86	—
上证 5 年期地债	2013/12/31	100	479	—
上证 3 年期地债	2013/12/31	100	1 697	—
上证 1－5 年地债	2013/12/31	100	2 312	—
沪转债 L	2008/12/31	100	92	—

续表

指数名称	基准日期	基准点数	成分股数量	成分股总股本数(亿股)
2年国债	2008/12/31	100	7	—
上证民企公司债	2011/12/31	100	455	—
上证10年地债	2013/12/31	100	842	—
上证超长国债	2008/12/31	100	48	—
沪质中高债3-5	2008/12/31	100	643	—
上证绿色债	2016/12/30	100	110	—
上证绿色公司债	2016/12/30	100	51	—
上证可交换债	2015/12/31	100	16	—
上证转债及可交换债	2002/12/31	100	114	—
沪信用债AAA	2011/12/31	100	2 410	—
沪信用债AA+	2008/12/31	100	858	—
沪信用债AA	2008/12/31	100	858	—
沪信用债0-1	2011/12/31	100	563	—
沪信用债1-3	2008/12/31	100	1 934	—
沪信用债3-5	2011/12/31	100	1 434	—
沪信用债5-7	2007/12/31	100	557	—
沪信用债7-10	2011/12/31	100	150	—
沪信用债1-5	2011/12/31	100	3 368	—
沪信用债中高等级	2007/12/31	100	3 268	—
沪信用债0-1中高等级	2011/12/31	100	405	—
沪信用债1-3中高等级	2007/12/31	100	1 520	—
沪信用债3-5中高等级	2007/12/31	100	1 139	—
沪信用债5-7中高等级	2007/12/31	100	427	—
沪信用债7-10中高等级	2011/12/31	100	131	—
沪信用债1-5中高等级	2007/12/31	100	2 659	—

续表

指数名称	基准日期	基准点数	成分股数量	成分股总股本数(亿股)
沪信用债 0 - 1AAA	2011/12/31	100	233	—
沪信用债 1 - 3AAA	2011/12/31	100	1 080	—
沪信用债 3 - 5AAA	2011/12/31	100	869	—
沪信用债 5 - 7AAA	2011/12/31	100	304	—
沪信用债 7 - 10AAA	2011/12/31	100	113	—
沪信用债 1 - 5AAA	2011/12/31	100	1 949	—
沪信用债 0 - 1AA+	2011/12/31	100	172	—
沪信用债 1 - 3AA+	2009/12/31	100	440	—
沪信用债 3 - 5AA+	2008/12/31	100	270	—
沪信用债 5 - 7AA+	2008/12/31	100	123	—
沪信用债 7 - 10AA+	2009/12/31	100	18	—
沪信用债 1 - 5AA+	2008/12/31	100	710	—
沪信用债 0 - 1AA	2012/12/31	100	158	—
沪信用债 1 - 3AA	2009/12/31	100	414	—
沪信用债 3 - 5AA	2008/12/31	100	295	—
沪信用债 5 - 7AA	2008/12/31	100	130	—
沪信用债 7 - 10AA	2009/12/31	100	19	—
沪信用债 1 - 5AA	2008/12/31	100	709	—
上证绿色债 AAA	2016/12/30	100	89	—
上证高等级绿色债	2016/12/30	100	104	—
上证绿色企债	2016/12/30	100	59	—
沪质城投	2008/12/31	100	675	—
10 年国债	2008/12/31	100	12	—
HGSZ AAA	2008/12/31	100	1 660	—
HGSZ AA+	2009/12/31	100	409	—
HGSZ AA	2009/12/31	100	180	—
HGSZ 1 - 3	2009/12/31	100	1 313	—
HGSZ 3 - 5	2008/12/31	100	760	—
HGSZ 5 - 7	2009/12/31	100	103	—
HGSZ 7 - 10	2008/12/31	100	65	—

续表

指数名称	基准日期	基准点数	成分股数量	成分股总股本数(亿股)
沪跨市中期中高债	2008/12/31	100	394	—
沪城投债	2008/12/31	100	1 724	—
基金指数				
基金指数	2000/5/8	1 000	211	—
商品指数				
衍生品指数				
其他指数				
定制指数				
沪财中小	2004/12/31	1 000	200	2 121.1
G60 综指	2016/5/24	1 000	166	—
G60 成指	2016/5/24	1 000	37	—
50AH 优选	2004/12/31	1 000	50	—
上证 180 优选	2004/12/31	1 000	180	—
上证周期债	2007/12/31	100	448	—
海外指数				
股息点指数				
180 股息点	2002/6/28	—	180	24 345.26
50 股息点	2003/12/31	—	50	16 643.96

资料来源:上海证券交易所网站。

(2) 采样范围。纳入指数计算范围的股票称为指数股。纳入指数计算范围的前提条件是该股票在上海证券交易所挂牌上市。上证 180 指数的样本股是在所有 A 股股票中抽取最具市场代表性的 180 种样本股票;综合指数类的指数股是全部股票(A 股和 B 股);分类指数类是相应行业类别的全部股票(A 股和 B 股)。

(3) 选样原则。选样原则包括选样标准和调整方法两方面的原则。上证 180 指数的选样标准是遵循规模(总市值、流通市值)、流动性(成交金额、换手率)、行业代表性三项指标,即选取规模较大、流动性较好且具有行业代表性的股票作为样本。上证成分指数依据样本稳定性和动态跟踪相结合的原则,每半年调整一次成分股,每次调整比例一般不超过 10%。特殊情况时也可能对样本进行临时调整。

(4) 计算方法。上证指数系列均以"点"为单位。

上证指数的基日、基期与基期指数详见表 3-1。

上证指数系列均采用派许加权综合价格指数的基本公式计算,即以样本股报告期的股本数作为权数进行加权计算。而指数则以样本股的调整股本数为权数。

$$报告期指数=\frac{报告期成分股的调整市值}{除数}\times 基期值$$

其中，调整市值 = ∑(市价×调整股本数)，调整股本数采用分级靠档的方法对成分股股本进行调整。根据国际惯例和专家委员会意见，上证 180 指数的分级靠档方法如表 3-2 所示。例如，某股票流通股比例(流通股本/总股本)为 7%，低于 15%，则采用流通股本为权数；某股票流通比例为 35%，落在区间(30,40]内，对应的加权比例为 40%，则将总股本的 40%作为权数。

表 3-2　上证成分指数的分级靠档方法

自由流通比例(%)	≤15	(15,20]	(20,30]	(30,40]	(40,50]	(50,60]	(60,70]	(70,80]	>80
加权比例(%)	上调至最接近的整数值	20	30	40	50	60	70	80	100

当样本股名单发生变化或样本股的股本结构发生变化或样本股的市值出现非交易因素的变动时，股票指数根据样本股维护规则，采用"除数修正法"修正原除数。修正公式为：

修正前的调整市值/原除数=修正后的调整市值/新除数

其中：修正后的调整市值=修正前的调整市值+新增(减)调整市值。

由此公式得出新除数，并据此计算以后的指数。

在计算上证 B 股指数时，指数股中的 B 股价格采用美元计算；在计算其他指数时，价格按实时汇率折算成人民币。

指数实时计算的具体做法是，在每一交易日集合竞价结束后，用集合竞价产生的股票开市价(无成交者取昨收市价)计算开市指数，以后每 5 秒重新发布一次指数，直至收盘。

2. 深圳证券交易所股价指数

(1) 指数种类。截至 2020 年 3 月 10 日，深圳证券交易所股价指数共有 174 种，见表 3-3。

表 3-3　深圳指数列表(截至日期:2020 年 3 月 10 日)

指数代码	指数名称	基日	基日指数	起始计算日
399001	深证成份指数	1994/7/20	1 000	1995/1/23
399002	深证成指 R	1994/7/20	1 000	1995/1/23
399003	成份 B 股指数	1994/7/20	1 000	1995/1/23
399004	深证 100 指数	2002/12/31	1 000	2003/1/2
399005	中小板指数 P	2005/6/7	1 000	2006/1/24
399006	创业板指数 P	2010/5/31	1 000	2010/6/1
399007	深证 300 价格	2004/12/31	1 000	2009/11/4
399008	中小板 300P	2010/3/19	1 000	2010/3/22

续表

指数代码	指数名称	基日	基日指数	起始计算日
399009	深证 200 指数	2004/12/31	1 000	2011/9/1
399010	深证 700 指数	2004/12/31	1 000	2011/9/1
399011	深证 1000 指数	2004/12/31	1 000	2011/9/1
399012	创业板 300	2012/6/29	1 000	2013/1/7
399013	深市精选指数	2004/12/31	1 000	2014/5/30
399015	中小创新指数	2011/12/30	1 000	2015/3/24
399016	深证创新指数	2012/12/31	1 000	2016/12/1
399017	中小板创新	2012/12/31	1 000	2016/12/1
399018	创业板创新	2012/12/31	1 000	2016/12/1
399088	深证创新 100	2012/12/31	1 000	2020/2/18
399100	深证新指数	2005/12/30	1 107	2006/2/16
399101	中小板综指	2005/6/7	1 000	2005/12/1
399102	创业板综指	2010/5/31	1 000	2010/8/20
399103	乐富基金指数	2004/12/31	1 000	2011/12/2
399106	深证综合指数	1991/4/3	100	1991/4/4
399107	深证 A 股指数	1991/4/3	100	1992/10/4
399108	深证 B 股指数	1992/2/28	100	1992/10/6
399231	农林牧渔指数	1991/4/3	100	2013/3/4
399232	采矿业指数	1991/4/3	100	2013/3/4
399233	制造业指数	1991/4/3	100	2013/3/4
399234	水电煤气指数	1991/4/3	100	2013/3/4
399235	建筑业指数	1991/4/3	100	2013/3/4
399236	批发零售指数	1991/4/3	100	2013/3/4
399237	运输仓储指数	1991/4/3	100	2013/3/4
399238	住宿餐饮指数	1991/4/3	100	2013/3/4
399239	信息技术指数	1991/4/3	100	2013/3/4
399240	金融业指数	1991/4/3	100	2013/3/4
399241	房地产业指数	1991/4/3	100	2013/3/4
399242	商务服务指数	1991/4/3	100	2013/3/4
399243	科研服务指数	1991/4/3	100	2013/3/4

续表

指数代码	指数名称	基日	基日指数	起始计算日
399244	公共环保指数	1991/4/3	100	2013/3/4
399248	文化传播指数	1991/4/3	100	2013/3/4
399249	综合类指数	1991/4/3	100	2013/3/4
399282	深证大数据 50	2012/12/31	1 000	2020/2/18
399283	深证机器人 50	2012/12/31	1 000	2020/2/18
399284	深证 AI50	2012/12/31	1 000	2020/2/18
399285	深证物联网 50	2012/12/31	1 000	2020/2/18
399286	深证区块链 50	2012/12/31	1 000	2019/12/24
399290	深转交债指数	2017/12/29	100	2019/6/6
399292	深证民企发展	2014/6/30	1 000	2019/3/5
399293	创业板大盘	2012/12/31	1 000	2019/4/18
399294	中小创业质量	2012/12/31	1 000	2019/6/6
399295	创业低波蓝筹	2012/12/31	1 000	2019/1/23
399296	创业动量成长	2012/12/31	1 000	2019/1/23
399297	深证新浪 100	2013/12/31	1 000	2017/12/22
399298	深证中高信用	2008/12/31	100	2014/9/25
399299	深证中低信用	2008/12/31	100	2014/9/25
399300	沪深 300 指数	2004/12/31	1 000	2005/4/8
399301	深证信用债	2008/12/31	100	2013/4/15
399302	深证公司债	2008/12/31	100	2013/4/15
399306	深证 ETF 指数	2010/12/31	1 000	2011/12/2
399307	深证转债指数	2011/12/31	100	2014/8/27
399323	深证红利指数	2002/12/31	1 000	2006/1/24
399324	深证红利 P	2002/12/31	1 000	2006/1/24
399326	深证成长 40P	2002/12/31	1 000	2006/1/24
399328	深证治理 P	2002/12/31	1 000	2006/1/24
399330	深证 100 指数 P	2002/12/31	1 000	2006/1/24
399333	中小板指数 R	2005/6/7	1 000	2006/12/27
399335	深证央企 P	2004/12/31	1 000	2009/8/3
399337	深证民营 P	2004/12/31	1 000	2009/8/3

续表

指数代码	指数名称	基日	基日指数	起始计算日
399339	深证科技 P	2004/12/31	1 000	2009/8/3
399341	深证责任 P	2009/6/30	1 000	2009/8/3
399344	深证 300 指数	2004/12/31	1 000	2009/11/4
399346	深证 300 成长 P	2004/12/31	1 000	2009/11/4
399348	深证 300 价值 P	2004/12/31	1 000	2009/11/4
399481	国证企债指数	2002/12/31	100	2003/2/17
399602	中小 300 成长 P	2010/3/19	957	2010/5/24
399604	中小 300 价值 P	2010/3/19	862	2010/5/24
399606	创业板指数 R	2010/5/31	1 000	2010/6/1
399608	深证科技 100P	2007/6/29	1 000	2010/10/18
399610	深证 TMT 50P	2004/12/31	1 000	2010/11/8
399611	中小创业 100R	2007/6/29	1 000	2014/6/24
399612	中小创业 100P	2007/6/29	1 000	2011/2/28
399613	深证能源指数	2004/12/31	1 000	2011/6/15
399614	深证材料指数	2004/12/31	1 000	2011/6/15
399615	深证工业指数	2004/12/31	1 000	2011/6/15
399616	深证可选消费	2004/12/31	1 000	2011/6/15
399617	深证主要消费	2004/12/31	1 000	2011/6/15
399618	深证医药卫生	2004/12/31	1 000	2011/6/15
399619	深证金融地产	2004/12/31	1 000	2011/6/15
399620	深证信息技术	2004/12/31	1 000	2011/6/15
399621	深证电信指数	2004/12/31	1 000	2011/6/15
399622	深证公用事业	2004/12/31	1 000	2011/6/15
399623	中小基础指数	2005/12/30	1 000	2011/7/25
399624	中创 400 指数	2010/6/30	1 267	2011/8/15
399625	中创 500 指数	2010/6/30	1 240	2011/8/15
399626	中创 500 成长	2010/6/30	1 187	2011/8/15
399627	中创 500 价值	2010/6/30	1 236	2011/8/15
399628	深证 700 成长	2010/6/30	1 000	2011/9/1
399629	深证 700 价值	2010/6/30	1 000	2011/9/1

续表

指数代码	指数名称	基日	基日指数	起始计算日
399630	深证 1000 成长	2010/6/30	1 000	2011/9/1
399631	深证 1000 价值	2010/6/30	1 000	2011/9/1
399632	深证 100 等权	2002/12/31	1 000	2011/10/28
399633	深证 300 等权	2004/12/31	1 000	2011/10/28
399634	中小板等权	2006/12/29	1 000	2011/10/28
399635	创业板等权	2010/9/30	1 000	2011/10/28
399636	深证装备指数	2004/12/31	1 000	2011/11/15
399637	深证地产指数	2004/12/31	1 000	2011/11/15
399638	深证环保指数	2004/12/31	1 000	2011/11/15
399639	深证大宗商品	2004/12/31	1 000	2011/11/15
399640	创业基础指数	2010/12/31	1 000	2012/1/16
399641	深证新兴产业	2010/6/30	1 000	2012/2/1
399642	中小新兴产业	2010/6/30	1 000	2012/2/1
399643	创业新兴产业	2010/6/30	1 000	2012/2/1
399644	深证投资时钟	2006/12/29	1 000	2012/3/26
399645	深证 100 低波	2004/12/31	1 000	2012/6/12
399646	深证消费 50	2004/12/31	1 000	2012/8/6
399647	深证医药 50	2004/12/31	1 000	2012/8/6
399648	深证 GDP100	2005/6/30	1 000	2012/8/8
399649	中小红利指数	2009/6/30	1 000	2012/8/20
399650	中小治理指数	2009/6/30	1 000	2012/8/20
399651	中小责任指数	2009/6/30	1 000	2012/8/20
399652	中创高新指数	2011/6/30	1 000	2012/9/17
399653	深证龙头指数	2010/6/30	1 000	2012/9/25
399654	深证文化指数	2009/6/30	1 000	2012/11/9
399655	深证绩效指数	2002/12/31	1 000	2012/11/19
399656	深证 100 绩效	2002/12/31	1 000	2012/11/19
399657	深证 300 绩效	2004/12/31	1 000	2012/11/19
399658	中小板指绩效	2006/12/29	1 000	2012/11/19
399659	深证成分等权	2002/12/31	1 000	2012/11/23

续表

指数代码	指数名称	基日	基日指数	起始计算日
399660	中创 100 等权	2007/6/29	1 000	2012/11/23
399661	深证 300 低波	2006/12/29	1 000	2012/12/20
399662	深证 300 高贝	2006/12/29	1 000	2012/12/20
399663	中小 300 低波	2011/6/30	1 000	2012/12/20
399664	中小 300 高贝	2011/6/30	1 000	2012/12/20
399665	中创 500 低波	2011/6/30	1 000	2012/12/20
399666	中创 500 高贝	2011/6/30	1 000	2012/12/20
399667	创业 300 成长	2012/6/29	1 000	2013/1/7
399668	创业 300 价值	2012/6/29	1 000	2013/1/7
399669	深证农业指数	2004/12/31	1 000	2013/6/24
399670	深证周期 50	2004/12/31	1 000	2013/10/28
399671	深证防御 50	2004/12/31	1 000	2013/10/28
399672	深红利 50 指数	2008/12/31	1 000	2014/4/10
399673	创业板 50 指数	2010/5/31	1 000	2014/6/18
399674	深 A 医药卫生	2010/6/30	1 000	2015/6/8
399675	深 A 软件互联	2010/6/30	1 000	2015/6/8
399676	深 A 医药等权	2010/6/30	1 000	2015/6/8
399677	深 A 互联等权	2010/6/30	1 000	2015/6/8
399678	深证次新股指	2010/12/31	1 000	2015/6/18
399679	深证 200 收益	2004/12/31	1 000	2015/6/18
399680	深成能源指数	2010/6/30	1 000	2015/8/31
399681	深成材料指数	2010/6/30	1 000	2015/8/31
399682	深成工业指数	2010/6/30	1 000	2015/8/31
399683	深成可选消费	2010/6/30	1 000	2015/8/31
399684	深成主要消费	2010/6/30	1 000	2015/8/31
399685	深成医药卫生	2010/6/30	1 000	2015/8/31
399686	深成金融地产	2010/6/30	1 000	2015/8/31
399687	深成信息技术	2010/6/30	1 000	2015/8/31
399688	深成电信业务	2010/6/30	1 000	2015/8/31
399689	深成公用事业	2010/6/30	1 000	2015/8/31

续表

指数代码	指数名称	基日	基日指数	起始计算日
399690	深证中小专利	2012/3/30	1 000	2016/5/23
399691	深证创业专利	2012/3/30	1 000	2016/5/23
399692	创业 300 低波	2013/6/28	1 000	2016/12/20
399693	深证安防产业	2012/6/29	1 000	2016/6/20
399694	创业 300 高贝	2013/6/28	1 000	2016/12/20
399695	深证节能环保	2010/6/30	1 000	2017/4/28
399696	深证创业投资	2010/6/30	1 000	2016/10/21
399697	中关村 60 指数	2008/12/31	1 000	2017/1/10
399698	深证优势成长	2008/12/31	1 000	2017/6/15
399699	金融科技指数	2017/5/26	3 000	2017/6/9
399701	深证 F60	2002/12/31	1 000	2010/5/10
399702	深证 F120	2002/12/31	1 000	2010/5/10
399703	深证 F200	2002/12/31	1 000	2010/5/10
399704	深证上游产业	2002/12/31	1 000	2011/10/17
399705	深证中游产业	2002/12/31	1 000	2011/10/17
399706	深证下游产业	2002/12/31	1 000	2011/10/17

资料来源：深圳证券交易所网站。

（2）基日与基日指数。见表 3-3。

（3）计算范围。纳入指数计算范围的股票称为指数股。综合指数类的指数股是深圳证券交易所上市的全部股票。全部股票均用于计算深证综合指数，其中的 A 股用于计算深证 A 股指数，B 股用于计算深证 B 股指数。成分股指数类的指数股（即成分股）是从上市公司中挑选出来的 40 家成分股。成分股中所有 A 股和 B 股全部用于计算深证成分指数，其中的 A 股用于计算成分 A 股指数，B 股用于计算成分 B 股指数。成分股按其行业归类，其 A 股用于计算行业分类指数。

（4）成分股选取原则。纳入成分股指数类计算范围的成分股的一般选取原则是：首先，有一定的上市交易日期。为了考察上市股票的市场表现和代表性，需要股票有一定的上市交易日期。其次，有一定的上市规模。以每家公司一段时期内的平均流通市值和平均总市值作为衡量标准。最后，交易活跃。以每家公司一段时期内的总成交金额作为衡量标准。

根据以上标准定出初步名单后，再结合下列各项因素评选出 40 家上市公司（同时包括 A 股和 B 股）作为成分股，计算深证成分指数：一是公司股份在一段时间内的平均市盈率；二是公司的行业代表性及所属行业的发展前景；三是公司近年的财务状况、盈利记录、增长展望及管理素质等；四是公司的地区代表性等。

(5) 计算方法。综合指数类和成分股指数类均为派许加权价格指数，即以指数股的计算日股份数作为权数，采用连锁公式加权计算。两类指数的权数分别为：

综合指数类：股份数＝全部上市公司的总股份数。

成分股指数类：股份数＝成分股的可流通股本数。

指数股中的B股用外汇平均汇率将港币换算为人民币，用于计算深证综合指数和深证成分指数。深证B股指数和成分B股指数仍采用港币计算。

每一交易日集合竞价结束后，用集合竞价产生的股票开市价（无成交者取昨收盘价）计算开市指数，然后用连锁方法计算即时指数，直至收市。指数通过卫星通信网络实时向国内外发布。

第二节 债券市场

债券市场是资本市场的另一基本形态，其发行和交易的债务工具与权益工具有着本质的区别，因而债券市场的特点也与股票市场有所不同。

一、债券的概念与种类

（一）债券的概念

债券是投资者向政府、公司或金融机构提供资金的债权债务合同，该合同载明发行者在指定日期支付利息并在到期日偿还本金的承诺，其要素包括期限、面值与利息、税前支付利息、求偿等级（seniority）、限制性条款、抵押与担保及选择权（如赎回与转换条款）。这些要素使得债券具有与股票不同的特征：

(1) 股票一般是永久性的，因而是无须偿还的；而债券是有期限的，到期日必须偿还本金，且每半年或一年支付一次利息，因而对于公司来说若发行过多的债券就可能资不抵债而破产，而公司发行越多的股票，其破产的可能性就越小。

(2) 股东从公司税后利润中分享股利，而且股票本身增值或贬值的可能性较大；债券持有者则从公司税前利润中得到固定利息收入，而且债券面值本身增值或贬值的可能性不大。

(3) 在求偿等级上，股东的排列次序在债权人之后。当公司由于经营不善等原因破产时，债权人有优先取得公司财产的权利，其次是优先股股东，最后才是普通股股东。但通常，破产意味着债权人要蒙受损失，因为剩余资产一般不足以清偿所有债务，这时债权人实际上成了剩余索取者。尽管如此，债权人无权追究股东个人资产。同时，债券按索取权的排列次序也区分为不同等级，高级（senior）债券是指具有优先索取权的债券，而低级或次级（subordinated）债券是指索取权排名于一般债权人之后的债券，一旦公司破产清算时，先偿还高级债券，然后才偿还次级债券。

(4) 限制性条款涉及控制权问题。如第一节所说，一方面股东可以通过投票来行使剩余控制权，而债权人一般没有投票权，但他可能要求对大的投资决策有一定的发言权，这主要表现在债务合同常常包括限制经理及股东职责的条款，如在公司进行重大的资产调整时要征求大债权人的意见；另一方面在公司破产的情况下，剩余控制权将由股东转移到债权人手中，债权人有权决定是清算公司还是重组公司。

(5) 权益资本是一种风险资本，不涉及抵押担保问题，而债务资本可要求以某一或某些特定资产作为保证偿还的抵押，以提供超出发行人通常信用地位之外的担保，这实际上降低了债务人无法按期还本付息的风险，即违约风险(default risk)或称信用风险(credit risk)。

(6) 在选择权方面，股票主要表现为可转换优先股和可赎回优先股，而债券则更为普遍。一方面多数公司在公开发行债券时都附有赎回(redemption 或 call)条款，在某一预定条件下，由公司决定是否按预定价格(一般比债券面值高)提前从债券持有者手中购回债券。另一方面，许多债券附有可转换性(convertible)，这些可转换债券在到期日或到期日之前的某一期限内可以按预先确定的比例(称为转换比率)或预先确定的价格(称为转换价格)转换成股票。

(二) 债券的种类

债券的种类繁多，按发行主体不同可分为政府债券、公司债券和金融债券三大类，而各类债券根据其要素组合不同又可细分为不同的种类。

1. 政府债券

政府债券是指中央政府、政府机构和地方政府发行的债券。它以政府的信誉作保证，因而通常无须抵押品，其风险在各种投资工具中是最小的。

(1) 中央政府债券。中央政府债券是中央政府财政部发行的以国家财政收入为保证的债券，也称为国家公债。其特点首先表现为一般不存在违约风险，故又称为“金边债券”；其次是可享受税收优惠，其利息收入可豁免所得税。在美国，国债按期限可分为 1 年以内的短期国库券(treasury bills)、从 1 年到 10 年的中期国债(treasury notes)和 10 年到 30 年的长期国债(treasury bonds)。前者属货币市场工具，是一种贴现证券(discount securities)；后两者属资本市场工具，是一种息票证券(coupon securities)，通常是每六个月付一次息，到期偿还本金。此外，按是否与物价挂钩，国债可分为固定利率公债和保值公债。前者在发行时就确定名义利率，投资者得到的真实利率取决于投资期的通货膨胀率；后者的本金则随通货膨胀指数作调整，利息是根据调整后的本金支付的，因而不受通货膨胀影响，可以保护债券的价值。

(2) 政府机构债券。在美国、日本等不少国家，除了财政部外，一些政府机构也可发行债券。这些债券的收支偿付均不列入政府预算，而是由发行单位自行负责。有权发行债券的政府机构有两种：一种是政府部门机构和直属企事业单位，如美国联邦住宅和城市发展部下属的政府全国抵押协会(GNMA)；另一种是虽然由政府主办却属于私营的机构，如联邦全国抵押贷款协会(FNMA)和联邦住宅抵押贷款公司(FHLMC)。这些政府有关机构或资助企业具有某些社会功能，它们通过发行债券增加信贷资金以及降低融资成本，其债券最终由中央政府作后盾，因而信誉也很高。

(3) 地方政府债券。在多数国家，地方政府都可以发行债券，这些债券也是由政府担保，其信用风险仅次于国债及政府机构债券，同时也具有税收豁免特征。若按偿还的资金来源可分为普通债券(general obligation bonds)和收益债券(revenue bonds)两大类。普通债券是以发行人的无限征税能力为保证来筹集资金用于提供基本的政府服务，如教育、治安、防火、抗灾等，其偿还列入地方政府的财政预算。收益债券则是为了给某一特定的营利建设项目(如公用电力事业、自来水设施、收费公路等)筹资而发行的，其偿付依靠这些项目建成后的营运收入。

2. 公司债券

公司债券是公司为筹措营运资本而发行的债券。这类债券要求不管公司业绩如何都应优先偿还其固定收益，否则将在相应破产法的裁决下寻求解决，因而其风险小于股票，但比政府债券高。公司债券的种类很多，按不同的标准可分为不同的种类：

(1) 按抵押担保状况分为信用债券、抵押债券、担保信托债券和设备信托证。

信用债券(debenture bonds)是完全凭公司信誉，不提供任何抵押品而发行的债券。其持有者的求偿权排名在有抵押债权人对抵押物的求偿权之后，对未抵押的公司资产有一般求偿权，即和其他债权人排名相同。发行这种债券的公司必须有较好的声誉，一般只有大公司才能发行而且期限较短，利率较高。

抵押债券(mortgage bonds)是以土地、房屋等不动产为抵押品而发行的一种公司债，也称固定抵押公司债。如果公司不能按期还本付息，债权人有权处理抵押品以资抵偿。在以同一不动产为抵押品多次发行债券时，应按发行顺序分为第一抵押债券和第二抵押债券，前者对抵押品有第一置留权，首先得到清偿；后者只有第二置留权，只能待前者清偿后，用抵押品的剩余款偿还本息。

担保信托债券(collateral trust bonds)是以公司特有的各种动产或有价证券为抵押品而发行的公司债券，也称流动抵押公司债。用作抵押品的证券必须交由受托人保管，但公司仍保留股票表决及接受股息的权利。

设备信托证(equipment trust certificates)是指公司为了筹资购买设备并以该设备为抵押品而发行的公司债券。发行公司购买设备后，即将设备所有权转交给受托人，再由受托人以出租人的身份将设备租赁给发行公司，发行公司则以承租人的身份分期支付租金，由受托人代为保管及还本付息，到债券本息全部还清后，该设备的所有权才转交给发行公司。这种债券常用于铁路、航空或其他运输部门。

(2) 按利率可分为固定利率债券、浮动利率债券、指数债券和零息债券。

固定利率债券是指事先确定利率，每半年或一年付息一次或一次还本付息的公司债券。这种公司债券最为常见。

浮动利率债券是在某一基础利率(例如同期限的政府债券收益率、优惠利率、Libor等)之上增加一个固定的溢价，如100个基点即1%，以防止未来市场利率变动可能造成的价值损失。对某些中小型公司或状况不太稳定的大公司来说，发行固定利率债券发生困难或成本过高时，可考虑选择浮动利率债券。

指数债券(indexed bonds)是通过将利率与通货膨胀率挂钩来保证债权人不至于因物价上涨而遭受损失的公司债券，挂钩办法通常为：债券利率=固定利率+通胀率+固定利率×通胀率。有时，用来计算利息的指数并不与通胀率相联系，而与某一特定的商品价格(油价、金价等)挂钩，这种债券又称为商品相关债券(commodity-linked bonds)。

零息债券(zero-coupon bonds)即以低于面值的贴现方式发行，到期按面值兑现，不再另付利息的债券。它与短期国库券相似，可以省去利息再投资的麻烦，但该债券价格对利率变动极为敏感。

相关阅读 3-2

财政部办公厅关于2020年记账式附息(二期)国债发行工作有关事宜的通知

财办库〔2020〕26号

2018—2020年记账式国债承销团成员，中央国债登记结算有限责任公司、中国证券登记结算有限责任公司、中国外汇交易中心、上海证券交易所、深圳证券交易所：

为筹集财政资金，支持国民经济和社会事业发展，财政部决定发行2020年记账式附息(二期)国债(以下称本期国债)。现就本期国债发行工作有关事宜通知如下：

一、发行条件

(一)品种和数量。本期国债为2年期固定利率附息债，竞争性招标面值总额210亿元，不进行甲类成员追加投标。

(二)日期安排。2020年2月12日招标，2月13日开始计息，招标结束至2月13日进行分销，2月17日起上市交易。

(三)兑付安排。本期国债利息按年支付，每年2月13日(节假日顺延)支付利息，2022年2月13日偿还本金并支付最后一次利息。

(四)竞争性招标时间。2020年2月12日上午10:35至11:35。

(五)发行手续费。承销面值的0.05%。

二、竞争性招标

(一)招标方式。采用修正的多重价格(即混合式)招标方式，标的为利率。

(二)标位限定。投标剔除、中标剔除和每一承销团成员投标标位差分别为50个、15个和25个标位。

三、发行款缴纳

中标承销团成员于2020年2月13日前(含2月13日)，将发行款缴入财政部指定账户。缴款日期以财政部指定账户收到款项为准。

收款人名称：中华人民共和国财政部

开户银行：国家金库总库

账　　号：270-20102-1

汇入行行号：011100099992

四、其他

除上述有关规定外，本期国债招标工作按《2020年记账式国债招标发行规则》执行。

财政部办公厅

2020年2月5日

(3) 按内含选择权可分成可赎回债券、偿还基金债券、可转换债券和带认股权证的债券。

可赎回债券(redemption bonds)是指公司债券附加早赎和以新偿旧条款(call and refund provisions),允许发行公司选择于到期日之前购回全部或部分债券。当市场利率降至债券利率之下时,赎回债券或代之以新发行的低利率债券对债券持有人不利,因而通常规定在债券发行后至少5年内不允许赎回。

偿还基金债券(sinking fund bonds)是要求发行公司每年从盈利中提存一定比例存入信托基金,定期偿还本金,即从债券持有人手中购回一定量的债券。这种债券与可赎回债券相反,其选择权在债券持有人一方。

可转换债券(convertible bonds)是指公司债券附加可转换条款,赋予债券持有人按预先确定的比例(转换比率)转换为该公司普通股的选择权。大部分可转换债券都是没有抵押的低等级债券,并且是由风险较大的小型公司发行的。这类公司筹措债务资本的能力较低,使用可转换债券的方式一方面将增强对投资者的吸引力,另一方面可转换债券可被发行公司提前赎回。

带认股权证的债券是指把认股权证作为公司债券合同的一部分附带发行。与可转换债券一样,认股权证允许债券持有人购买发行人的普通股,但对于公司来说,认股权证是不能赎回的。

3. 金融债券

金融债券是银行等金融机构为筹集信贷资金而发行的债券。在西方国家,由于金融机构大多属于股份公司组织,故金融债券可纳入公司债券的范围。

发行金融债券,表面看来同银行吸收存款一样,但由于债券有明确的期限规定,不能提前兑现,所以筹集的资金要比存款稳定得多。更重要的是,金融机构可以根据经营管理的需要,主动选择适当时机发行必要数量的债券以吸引低利率资金,故金融债券的发行通常被看作银行资产负债管理的重要手段,而且,由于银行的资信度比一般公司要高,金融债券的信用风险也较公司债券低。

二、债券的一级市场

债券的发行与股票类似,不同之处主要在发行合同书和债券评级两个方面。同时,由于债券是有期限的,因而其一级市场多了一个偿还环节。

(一) 发行合同书

发行合同书(indenture)也称信托契据(trust deed),是说明债券持有人和债券发行人双方权益的法律文件,由受托管理人(trustee,通常是银行)代表债券持有人利益监督合同书中各条款的履行。

债券发行合同书一般很长,其中各种限制性条款占很大篇幅。对于有限责任公司来说,一旦资不抵债而发生违约时,债权人的利益会受损害,这些限制性条款就是用来保护债权人利益的,一般可分成否定性条款(negative covenants)和肯定性条款(positive covenants)。

1. 否定性条款

否定性条款是指不允许或限制股东做某些事情的规定。最一般的限款性条款是有关债券清偿的条款，如规定只要公司不能按期支付利息或偿还基金，债券持有人就有权要求公司立即偿还全部债务。

典型的限制性条款对追加债务、分红派息、营运资金水平与财务比率、使用固定资产抵押、变卖或购置固定资产、租赁、工资以及投资方向等都可能做出不同程度的限制。这些限制实际上是对公司设置某些最高限。

有些债券还包括所谓"交叉违约"(cross default)条款。该条款规定，对于有多笔债务的公司，只要对其中一笔违约，则认为公司对全部债务违约。

2. 肯定性条款

肯定性条款是指公司应该履行某些责任的规定，如要求营运资金、权益资本达到一定水平以上。这些肯定性条款可以理解为对公司设置某些最低限。

无论是肯定性条款还是否定性条款，发行人都必须严格遵守，否则可能导致违约。但在违约的情况下，债权人并不总是急于追回全部债务，一般情况下会设法由债券受托管理人找出变通办法，要求发行人改善经营管理，迫使发行人破产清算一般是债权人的最后手段，因为破产清算对于债权人通常并不是最有利的。

（二）债券评级

债券违约风险的大小与投资者的利益密切相关，也直接影响着发行者的筹资能力和成本。为了较客观地估计不同债券的违约风险，通常需要由中介机构对债券进行评级。但评级是否具有权威性则取决于评级机构。目前最著名的三大评级机构是标准普尔公司(Standard & Poor's)、穆迪投资者服务公司(Moody's)和惠誉国际信用评级公司(Fitch)。

（三）债券的偿还

债券的偿还一般可分为定期偿还和任意偿还两种方式。

1. 定期偿还

定期偿还是在经过一定宽限期后，每过半年或1年偿还一定金额的本金，到期时还清余额。这一般适用于发行数量巨大、偿还期限长的债券，但国债和金融债券一般不使用该方法。

定期偿还具体有两种方法：一是以抽签方式确定并按票面价格偿还；二是从二级市场上以市场价格购回债券。为增加债券信用和吸引力，有的公司还建立偿还基金用于债券的定期偿还。

2. 任意偿还

任意偿还是债券发行一段时间(称为保护期)以后，发行人可以任意偿还债券的一部分或全部，具体可根据早赎或以新偿旧条款操作，也可在二级市场上买回予以注销。

投资银行往往是具体偿还方式的设计者和操作者，在债券偿还过程中，投资银行有时也为发行者代理本金返还。

三、债券的二级市场

债券的二级市场与股票类似，也可分为证券交易所、场外交易市场以及第三市场和第四市场几个层次。证券交易所是债券二级市场的重要组成部分，在证券交易所申请上市的债券主要是公司债券，但国债一般不用申请即可上市，享有上市豁免权。然而，上市债券与非上市债券相比，在债券总量中所占比重很小，大多数债券的交易是在场外市场进行的，场外交易市场是债券二级市场的主要形态。

关于债券二级市场的交易机制，与股票并无差别，只是由于债券的风险小于股票，其交易价格的波动幅度也较小。其他方面不再赘述。

第三节 投资基金市场

投资基金是资本市场的一个新的形态，它本质上是股票、债券及其他证券投资的机构化，不仅有利于克服个人分散投资的种种不足，而且成为个人投资者分散投资风险的最佳选择，从而极大地推动了资本市场的发展。

一、投资基金的概念和种类

（一）投资基金的概念

投资基金是通过发行基金券（基金股份或收益凭证）将投资者分散的资金集中起来，由专业管理人员分散投资于股票、债券或其他金融资产，并将投资收益分配给基金持有者的一种投资制度。

投资基金在不同的国家和地区有不同的称谓，美国称“共同基金”或“互助基金”，也称“投资公司”；英国和中国香港称“单位信托基金”；日本、韩国和我国台湾称“证券投资信托基金”。虽然称谓有所不同，但特点却无本质区别，可以归纳为如下几个方面：

1. 规模经营——低成本

投资基金将小额资金汇集起来，其经营具有规模优势，可以降低交易成本，对于筹资方来说，也可有效降低其发行费用。

2. 分散投资——低风险

投资基金可以将资金分散投到多种证券或资产上，通过有效组合最大限度地降低非系统风险。

3. 专家管理——更多的投资机会

投资基金是由具有专业化知识的人员进行管理，特别是有精通投资业务的投资银行参与，从而能够更好地利用各种金融工具，抓住各个市场的投资机会，创造更好的收益。

4. 服务专业化——方便

投资基金从发行、收益分配、交易、赎回都有专门的机构负责，特别是可以将收益自动转化为再投资，使整个投资过程轻松、简便。

（二）投资基金的种类

投资基金的种类，根据不同的标准，有不同的分类：

1. 根据组织形式，可分为公司型基金和契约型基金

（1）公司型基金（corporate type fund）。公司型基金是依据公司法成立的、以营利为目的的股份有限公司形式的基金。其特点是基金本身是股份制的投资公司，基金公司

通过发行股票筹集资金，投资者通过购买基金公司股票而成为股东，享有基金收益的索取权。

公司型基金又可细分为开放型(open-end)和封闭型(close-end)两种。开放型基金是指基金可以无限地向投资者追加发行股份，并且随时准备赎回发行在外的基金股份，因此其股份总数是不固定的，这种基金就是一般所称的投资基金或共同基金。而封闭型基金是基金股份总数固定，且规定封闭期限，在封闭期限内投资者不得向基金管理公司提出赎回，而只能寻求在二级市场上挂牌转让，其中以柜台交易为多。

(2) 契约型基金(contractual type fund)。契约型基金是依据一定的信托契约组织起来的基金，其中作为委托人的基金管理公司通过发行受益凭证筹集资金，并将其交由受托人(基金保管公司)保管，本身则负责基金的投资营运，而投资者则是受益人，凭基金受益凭证索取投资收益。契约型基金也有开放型和封闭型之分，其分类与公司型相同。我国目前的基金均为契约型基金。

2. 根据投资目标，可分为收入型基金、成长型基金和平衡型基金

(1) 收入型基金(income funds)。收入型基金是以获取最大的当期收入为目标的投资基金，其特点是损失本金的风险小，但长期成长的潜力也相应较小，适合较保守的投资者。收入型基金又可分为固定收入型(fixed-income)和权益收入型(equity-income)两种。前者主要投资于债券和优先股股票；后者则主要投资于普通股。

(2) 成长型基金(growth funds)。成长型基金是以追求资本的长期增值为目标的投资基金，其特点是风险较大，可以获取的收益也较大，适合能承受高风险的投资者。成长型基金又可分为三种：一是积极成长型。这类基金通常投资于有高成长潜力的股票或其他证券。二是新兴成长型。这类基金通常投资于新行业中有成长潜力的小公司或有高成长潜力行业(如高科技)中的小公司。三是成长收入型。这类基金兼顾收入，通常投资于成长潜力大、红利也较丰厚的股票。

(3) 平衡型基金(balanced funds)。平衡型基金是以净资产的稳定、可观的收入及适度的成长为目标的投资基金，其特点是具有双重投资目标，谋求收入和成长的平衡，故风险适中，成长潜力也不是很大。

3. 根据地域不同，可分为国内基金、国家基金、区域基金和国际基金

(1) 国内基金。国内基金是只把资金投资于国内有价证券，且投资者多为本国公民的一种投资基金。

(2) 国家基金。国家基金是指在境外发行基金份额筹集资金，然后投资于某一特定国家或地区资本市场的投资基金。这种基金大都规定了还款期限，并有一个发行总额限制，属于封闭型基金。

(3) 区域基金。区域基金是把资金分散投资于某一地区各个不同国家资本市场的投资基金。这种基金的风险较国内基金和国家基金小。

(4) 国际基金。国际基金，也称全球基金，它不限定国家和地区，将资金分散投资于全世界各主要资本市场上，从而能最大限度地分散风险。

4. 按投资对象可分为下列八种

(1) 股票基金，即基金的投资对象是股票。这是基金最原始、最基本的品种之一。

(2) 债券基金，即投资于债券的基金。这是基金市场上规模仅次于股票基金的另一重要品种。

(3) 货币市场基金，即投资于存款证、短期票据等货币市场工具的基金，属于货币市场范畴(参见第二章)。

(4) 专门基金，是从股票基金发展而来的投资于单一行业股票的基金，也称次级股票基金。

(5) 衍生基金和杠杆基金，即投资于衍生金融工具，包括期货、期权、互换等并利用其杠杆比率进行交易的基金。

(6) 对冲基金与套利基金。对冲基金(hedge funds)，又称套期保值基金，是在金融市场上进行套期保值交易，利用现货市场和衍生市场对冲的基金。这种基金能最大限度地避免和降低风险，因而也称避险基金。套利基金(arbitrage fund)是在不同金融市场上利用其价格差异低买高卖进行套利的基金，也属低风险稳回报基金。

(7) 雨伞基金(umbrella funds)。严格说来，雨伞基金并不是一种基金，只是在一组基金(称为“母基金”)之下再组成若干个“子基金”，以方便和吸引投资者在其中自由选择和低成本转换，来稳定投资队伍。

(8) 基金中的基金(funds of funds)。基金中的基金是以本身或其他基金单位为投资对象的基金，其选择面比雨伞基金更广，风险也进一步分散。

二、投资基金的设立和募集

(一) 投资基金的设立

设立基金首先需要发起人。发起人可以是一个机构，也可以由多个机构共同组成。一般来说，基金发起人必须同时具备下列条件：至少有一家金融机构；实收资本在基金规模一半以上；均为公司法人；有两年以上的赢利记录；首次认购基金份额不低于20%，同时保证基金存续期内持有基金份额不低于10%。

发起人要确定基金的性质并制定相关的要件，如属于契约型基金，则包括信托契约；如属于公司型基金，则包括基金章程和所有重大的协议书。这些文件规定基金管理人、保管人和投资者之间的权利义务关系，会计师、律师、承销商的有关情况以及基金的投资政策、收益分配、变更、终止和清算等重大事项。发起人准备好各项文件后，报送主管机关，申请设立基金。

在很多情况下，基金是由基金管理公司或下设基金管理部的投资银行作为发起人，他们在基金设立后往往成为基金的管理人。如果发起人不能直接管理该基金，则需要专门设立基金管理公司或聘请专业的基金经理公司作为基金管理人。几乎所有的大型投资银行都设有基金部或基金管理分公司，它们经常以经理公司的身份出现在基金市场上。设立基金的另一重要当事人是保管人，即基金保管公司，一般由投资银行、商业银行或保险公司等金融机构充当。担任保管公司也是投资银行基金管理的重要业务之一。

(二) 投资基金的募集

基金的设立申请一旦获主管机关批准，发起人即可发布基金招募说明书，着手发行基金股份或受益凭证。该股票或凭证由基金管理公司和基金保管公司共同签署并经签证后发行，发行方式可分公募和私募两种，类似于股票的发行。

三、投资基金的运作与投资

（一）投资基金的运作

按照国际惯例，基金在发行结束一段时间内，通常为 3 至 4 个月，就应安排基金证券的交易事宜。对于封闭型基金股份或受益凭证，其交易与股票、债券类似，可以通过自营商或经纪人在基金二级市场上随行就市，自由转让。对于开放型基金，其交易表现为投资者向基金管理公司认购股票或受益凭证，或向基金管理公司赎回股票或受益凭证，赎回或认购价格一般按当日每股股票或每份受益凭证基金的净资产价值来计算，大部分基金是每天报价一次，计价方式主要采用“未知价”方式，即基金管理公司在当天收市后才计价以充分反映基金净资产和股份或受益凭证总数的变化。

（二）投资基金的投资

投资基金的一个重要特征是分散投资，通过有效的组合来降低风险。因此，基金的投资就是投资组合的实现，不同种类的投资基金根据各自的投资对象和目标确定和构建不同的证券组合，其基本原理和操作方法将在第十二章中介绍。

第四节　另类投资[①]

另类投资在过去 30 年中开始兴起，并成为全球金融系统和经济的一个重要组成部分。广义的另类投资指现金、股票和债券等传统金融资产类别之外的其他所有资产。狭义的另类投资是具有特定基金结构，并只对拥有大量财富的个人投资者或机构投资者开放的一种资产形式。另类投资涵盖一系列资产类型，如房地产私募基金（private equity real estate）、基础建设私募基金（private equity infrastructure funds）、二级基金（secondary funds）和私人债务基金（private debt funds）等。在历史上，对冲基金（hedge funds）、私募股权收购（private equity buyouts）和风险投资（venture capital）三种投资形式在其行业发展中扮演了最为重要的角色，并且在另类投资资产中占绝大部分比例。最近几年，以比特币（Bitcoin）为代表的数字密码货币市场也在不断地发展当中。

一、另类资产的特点和历史

另类资产为投资者提供了长期限、高风险或低流动性产品投资。这些投资属性有别于诸如上市公司股票或者政府（公司）债券等主流典型产品。另类资产常常包含以上一个或者多个属性，同时具有高收益、与传统资产低相关度、通货膨胀对冲能力和规模收益（吸纳大规模投资）等优势。

另类投资的历史可以追溯到英国工业革命。具有大量财富的私人投资者在工业革命以前就开始利用资本投资，然而直至 20 世纪中叶，另类投资才在美国初见端倪。另类投资行业从拥有几十亿美元资产的数个公司逐渐扩大至全球拥有 7 万亿美元资产的上千家

---

① 本节资料来源：World Economic Forum（2015）和 Preqin（2014）。

公司(截至2014年)。

在另类资产的历史中,由另类资产资助的技术进步和来自于学者的创新性思想在技术革新方面扮演了重要的角色。计算能力的急剧增长改变了金融市场,使之有可能记录、跟踪、移动、存储和分析先前难以控制和不可想象的数据量。此外,学术创新,诸如曾获得诺贝尔奖的布莱克-舒尔斯(Black - Scholes)期权定价公式,使投资者能够快速地、轻松地对复杂的金融产品进行定价,例如衍生品和结构化证券。这促进了另类资产市场的快速增长,并提高了市场的流动性。对冲基金从这些变化中获得了巨大的收益,因为它们的商业模式通常需要依赖大型流动性好的市场以及相关数据或复杂的金融工具的获取、分析和估值。

二、另类投资的种类

另类投资行业包括多种资产类别,但特别值得详细介绍的四种另类资产分别为:对冲基金、私募股权收购、风险投资和数字密码货币。

(一) 对冲基金

传统意义上的对冲基金(又称避险基金或套利基金)是指金融期货、金融期权等金融衍生工具与金融组织结合后,以营利为目的的金融基金。现在更普遍的一种认识是对冲基金实际是基于最新的投资理论和极其复杂的金融市场操作技巧,充分利用各种金融衍生产品的杠杆效用,承担高风险、追求高收益的投资模式。

截至2014年,对冲基金管理超过3万亿美元资产(占所有另类投资资产总额的40%)。地域分布集中,大部分资本在美国(70%)和欧洲(21%)管理,其中,纽约地区(50%)和伦敦(18%)的基金经理管理全球三分之二的资本。对冲基金在全球和所有经济部门进行投资,基金数超过8 000个。截至2018年,对冲基金管理的资产规模为3.24万亿美元。

在给定的风险水平下,无论经济环境如何,为了取得优异的表现,对冲基金通常收购证券中的少数股权。与风险投资和私募股权收购不同,对冲基金采用多种策略(如多空策略、事件驱动交易策略、相对价值策略、全球宏观策略和商品交易策略)来获得目标回报。根据所采用的战略,他们投资于资本结构的不同层级(股本,不同等级的债务水平)或通过购买(或卖出)一系列证券(股票、债券、贷款、结构性产品、衍生产品和商品等)以满足他们的投资目标。对冲基金通常使用来自投资者和借入基金的股票组合来获得证券,所使用的债务金额变化很大。

投资者购买对冲基金的原因有很多。根据Preqin 2014年的一项调查,投资于对冲基金的机构投资者的首要目标是为了获得与股本不相关的资金回报。由于投资策略不同以及基金与传统股票的相关性存在差异,对冲基金能够实现这一目标的程度各不相同。其次,投资者认为对冲基金与股票市场相关性的降低,能够使其投资组合多样化,并降低其波动性。最后,对冲基金在任何市场中的风险调整和绝对回报能力深受投资者青睐。

(二) 私募股权收购

私募股权收购是指通过私募形式对私有企业,即非上市企业进行的权益性投资,在交易实施过程中附带考虑了将来的退出机制,即通过上市、并购或管理层回购等方式,出售持股获利。

自20世纪80年代以来,私募股权收购债券是另类投资的一个重要组成部分。作为另类投资中的第二大细分市场,私募股权收购融资管理1.4万亿美元(截至2014年)。投资范围在全球数十个国家,其中美国(50%)和欧洲(26%)的公司获得最多的资本份额。他们投资各种行业和公司,从小型企业到价值数十亿美元的财富500强公司。

私募股权收购交易包括私募收购所有权以及在最终阶段出售企业股权。他们通常获得整个公司或控股权,尽管一些公司专门从事少数股权投资。收购公司之后,企业往往寻求升级管理和治理、改善运营,并将业务发展3～6年。然后,它将寻求将该公司出售给另一家公司、其他另类投资基金,或者在交易所上市。

私募股权收购吸引投资者的原因多种多样。首先,他们期望相对较高的回报率。在Preqin做的一项调查中,约37%的受访者认为私募股权基金收益率高于上市公司股票收益率,两者差值高达4.1%,另外49%的受访者认为私募股权基金收益率较上市公司股票收益率高出2.1%～4.0%。从历史上看,1986年到2002年间,全球私募股权收购回报率平均为18.8%,2003年到2012年间为11.9%。其次,私募股权基金往往投资于流动性差的长期资产,这有益于捕捉每项资产的回报率。再次,私募股权收益提供了一个通货膨胀套期保值的工具,因为他们所投资的公司的收入与通货膨胀率相关。最后,历史上私募股权收购因与其他资产类别相关度低而深受投资者重视,但这种多样化优势随着它的增长显著减弱。

(三) 风险投资

风险投资又称为创业投资,主要是指向初创企业提供资金支持并取得该公司股份的一种融资方式。

风险投资的历史可以追溯到1946年。截至2014年,风险投资管理着超过4 000亿美元的管理资产,在地域上集中于少数国家,仅美国就吸引了近70%的全球风险投资。在行业分布上,风险投资集中在依靠新技术开发的行业及其下游行业,包括信息技术、生物技术、互联网相关媒体和消费者,以及在所有年度投资中占有很大份额的能源公司。大多数公司专注于公司的一两个生命周期阶段,其中大多数集中在种子和早期业务开展和扩张阶段。在资产分布方面,全球有近1 500个风险投资公司,前25个公司管理着全球25%的风险投资资产。

风险投资常投资于私人创业公司,特别是那些正在开发新方案、新产品和流程,并具有迅速成长潜力的公司。鉴于初创公司的失败率较高,风险投资的商业模式是希望少数投资提供异常高的回报(大于10倍的投资资本),以抵消其他一些或全部股权投资损失。大多数投资金额从种子阶段的不到100万美元到后期阶段的1 000万美元。风险投资根据所投资的公司的生命阶段确定投资期限,预期投资期限一般在3～7年,然后将其出售给公司或在交易所上市。

风险投资同样具有相当的吸引力。相对于传统股票而言,投资者认为风险投资的标的资产更容易获得超额回报。人们对其具有高回报的期望是可以理解的,因为投资于未经验证的产品、商业模式或管理团队(或所有三个)的年轻公司往往伴有高风险。这种投资不仅是高风险的,同时也是流动性差的和长期的。从历史上看,整个资产类别能够实现这些预期收益，并在互联网热潮期间实现高达 100%的平均回报率。然而，在互联网崩溃后，2000—2010 年间回报率在 0%，到 2010 年左右反弹至 15%～30%。

（四）密码货币（cryptocurrency）

1. 密码货币

密码货币（cryptocurrency），也译为加密货币，是一种使用密码学原理来确保交易安全及控制交易单位创造的交易介质。加密货币基于使用分布式账本的区块链（blockchain）技术去中心化的共识机制，与依赖中心化监管体系的银行金融系统相对。根据朗斯基（Jan Lansky）所述，密码货币是满足六个条件的系统：①该系统无需中心机构，其状态通过分布式的共识机制得以维持。② 该系统能对加密货币及其所有权进行记录。③该系统定义能否产生新的加密货币。如果可以，则系统需定义新币的来源，并定义如何确定这些新币的所有者。④只能通过密码学的方式来证明加密货币的所有权。⑤该系统允许通过交易来改变加密货币的所有权。交易仅可从能证明加密货币当前所有权的实体发布。⑥如果同一时间产生了两个改变相同加密货币所有权的指令，该系统最多只能执行其中一个。

比特币（Bitcoin）是第一种以加密货币类型存在的数字货币，而比特币以外的同类型货币，又称为山寨币、竞争币（Altcoin），可经由独立创建、硬分叉、透过数字货币首次公开募资（initial coin offering）发行的代币等方式创建。新的密码货币可能在任何时间被任何人创建出来，具备更多的功能、更完善的隐私保护、更快的区块生成时间、支持智能合约、不同的算法与共识机制等。

由于比特币本身并没有权威的发行机构和国家政权来维持其权威性、唯一性，比特币与其模仿者之间只能平等地相处，即使其是最早、最知名、人们最熟悉的虚拟货币，具有最大的用户网络社区以及很强的网络效应，大部分时间也是市值最高的密码货币，但是并不具有绝对排他的地位。截至 2019 年 7 月，市场上已有超过 2 600 种加密货币流通，较具代表性的有比特币、以太坊（Ethereum）等。随着密码货币的不断发展，越来越多国家的中央银行开始研究法定的数字货币，如中国、瑞典、英国和新加坡等。

2. 密码货币交易所

密码货币交易所提供服务，允许客户将密码货币与其他资产进行交易，如传统的法定货币或其他密码货币。密码货币交易所可以是做市商，将买卖价差作为服务的交易佣金；或者作为纯粹收取佣金的配对平台。

密码货币交易所可以是实体业务或者线上业务。实体交易所接受传统的支付方式以交换密码货币，线上交易所则接受电子支付方式以交换密码货币。通常密码货币交易所于西方国家以外的地区营运以避免监管与被起诉，但它们会持有多个国家的银行账户以处理不同国家的货种，包括西方国家。交易所可能接受信用卡付款、电汇或其他形式的支付以交换密码货币。至 2018 年，许多国家对加密货币交易所的监管仍未明朗。

2018 年年初，彭博新闻社根据 CoinMarketCap 收集的数据，按照交易量及收入估算对全球最大的密码货币交易所作出了报告。依照统计，排名前三的密码货币交易所为币安、火币与 OKEx。根据 CoinMarketCap 的数据，尽管密码货币的市值 2018 年只有大约 2 260 亿美元，但考虑到投机型交易者和长期资产配置者的行为，其市场表现出了高度的活跃度。据 Satis 估计，2018 年密码货币的交易额达到 7.3 万亿美元，超过美国企业债券规模。全球密码货币交易所在 2017 年的交易费用也达到了 21 亿美元。Satis 的报告预计，到 2028 年，密码货币的交易额将飙升至 17.8 万亿美元。

安全性和高额交易费用是目前密码货币交易过程中最主要的问题。根据网络安全公司 CiferTrace 2018 年 10 月发布的一份报告显示，2018 年 1 月至 8 月期间交易所被黑客入侵所窃取的密码货币高达 9.27 亿美金，是 2017 年的 2.5 倍。2019 年 3 月 30 日，韩国密码货币交易所 Bithumb 遭到黑客入侵，超过 1 900 万美元的资产被盗。

本章小结

1. 资本市场通常由股票市场、债券市场、投资基金市场和另类投资四个子市场构成。

2. 股票是投资者向公司提供资金的权益合同，是公司的所有权凭证，按剩余索取权和剩余控制权的不同有不同种类的股票，最基本的分类是普通股和优先股。

3. 债券是投资者向政府、公司或金融机构提供资金的债权债务合同，它具有与股票不同的特征，其种类可分为政府债券、公司债券和金融债券三大类。

4. 股票市场和债券市场的组织结构可分为一级市场和二级市场。一级市场是发行新的股票和债券的市场；二级市场是买卖已发行股票和债券的市场。

5. 股票的一级市场通常由咨询与管理、认购与销售两个阶段构成；相比之下，债券的一级市场多了一个偿还环节，并在限制性条款和债券评级两个方面具有其特点。

6. 二级市场通常可分为证券交易所和场外交易市场，以及具有混合特征的第三市场和第四市场等层次。

7. 投资基金是资本市场的一个新的形态，它本质上是股票、债券及其他证券投资的机构化，即通过发行基金股份（或受收益凭证）将投资者分散的资金集中起来，由专业管理人员分散投资于股票、债券或其他金融资产，并将投资收益分配给基金持有者的一种投资制度。

8. 另类投资可分为广义的另类投资和狭义的另类投资。广义的另类投资指现金、股票和债券等传统金融资产类别之外的其他所有投资。狭义的另类投资是具有特定基金结构，并只对拥有大量财富的个人投资者或机构投资者开放的一种资产形式。

重要概念

普通股　剩余索取权　剩余控制权　优先认股权　优先股　累积优先股　非累积优先股　可转换优先股　可赎回优先股　公募　私募　包销　承销　证券交易所　场外交易市场　第三市场　第四市场　做市商交易制度　专家经纪人　竞价交易制度　报价驱动制度　委托驱动制度　连续竞价　集合竞价　市价委托　限价委托　停止损失委托　停止损失限价委托　证券市场微观结构　市场深度　市场广度　弹性　信用交易　保证金购买　卖空　股价指数　股价平均数　派许指数　拉斯拜尔指数　债券　可转换债券　可赎回债券　零息债券　投资基金　开放型基金　封闭型基金　公司型基金　契约型基金

对冲基金　私募股权收购　风险投资

进一步阅读

[1] Bodie Z. Kane A, Marcus A J. Investments[M]. 北京：机械工业出版社，2012.

[2] Fabozzi F J, Modigliani F. Capital markets: institutions and instruments[M]. New York: Prentice Hall, 2003.

[3] 陈蓉，郑振龙. 固定收益证券[M]. 北京：北京大学出版社，2011.

参考文献

[1] Amihud Y, Mendelson H. Liquidity, asset prices and financial policy[J]. Financial Analysis Journal: 47: 56 - 66.

[2] 郑振龙. 各国股票市场比较研究 [M]. 北京：中国发展出版社，1996.

[3] 孙清岩. 股票价格指数编制：理论、方法与创新[M]. 大连：东北财经大学出版社，2010.

[4] World Economic Forum. Alternative investments 2020: An introduction to alternative investments[W]. 2015.

[5] Preqin. Investing in hedge funds: All about returns? [W]. 2014.

即测即评

习　题

1. X 股票目前的市价为每股 20 元，卖空 1 000 股该股票。请问：

(1) 最大可能损失是多少？

(2) 如果同时向经纪人发出了停止损失买入委托，指定价格为 22 元，那么最大可能损失又是多少？

2. 表 3 - 4 是纽约证交所某(做市)专家的限价委托簿。

表 3 - 4　纽约证交所某专家限价委托簿

限价买入委托		限价卖出委托	
价格(美元)	股数	价格(美元)	股数
39.75	1 000	40.25	200
39.50	1 200	41.50	300

续表

限价买入委托		限价卖出委托	
价格(美元)	股数	价格(美元)	股数
39.25	800	44.75	400
39.00	300	48.25	200
38.50	700		

该股票最新的成交价为 40 美元。

(1) 如果此时有一市价委托,要求买入 200 股,请问按什么价格成交?

(2) 下一个市价买进委托将按什么价格成交?

(3) 如果你是专家,你会增加还是减少该股票的存货?

3. 假设 A 公司股票目前的市价为每股 20 元。用 15 000 元自有资金加上从经纪人处借入的 5 000 元保证金贷款买了 1 000 股 A 股票。贷款年利率为 6%。

(1) 如果 A 股票价格立即变为 22 元、20 元、18 元,在经纪人账户上的净值会变动多少百分比?

(2) 如果维持担保比率为 125%,A 股票价格跌到多少才会收到追缴保证金通知?

(3) 如果在购买时只用了 10 000 元自有资金,那么第(2)题的答案会有何变化?

(4) 假设该公司未支付现金红利。一年以后,若 A 股票价格变为 22 元、20 元、18 元,投资收益率是多少?投资收益率与该股票股价变动的百分比有何关系?

4. 假设 B 公司股票目前市价为每股 20 元,你在你的经纪人保证金账户中存入 15 000 元并卖空 1 000 股该股票。保证金账户上的资金不生息。

(1) 如果该股票不付现金红利,则当一年后该股票价格变为 22 元、20 元和 18 元时,投资收益率是多少?

(2) 如果维持担保比率为 125%,当该股票价格升到什么价位时会收到追缴保证金通知?

(3) 若该公司在一年内每股支付了 0.5 元现金红利,(1)和(2)题的答案会有什么变化?

5. 表 3-5 是某时刻上海证券交易所“厦门建发”(股票代码:600153)的委托情况。

表 3-5 “厦门建发”委托情况表

限价买入委托		限价卖出委托	
价格(元)	股数	价格(元)	股数
13.21	6 600	13.22	200
13.20	3 900	13.23	3 200
13.19	1 800	13.24	2 400

(1) 此时输入一笔限价卖出委托,要求按 13.18 元的价格卖出 1 000 股。请问能否成交?成交价多少?

(2) 此时输入一笔限价买进委托,要求按 13.24 元买进 10 000 股。请问能成交多少股？成交价多少？未成交部分怎么办？

6. 3 月 1 日，按每股 16 元的价格卖空 1 000 股 Z 股票。4 月 1 日，该公司支付每股 1 元的现金红利。5 月 1 日，按每股 12 元的价格买回该股票平掉空仓。在两次交易中，交易费用都是每股 0.3 元。那么，在平仓后赚了多少钱？

7. 3 个月贴现式国库券价格为 97.64 元，6 个月贴现式国库券价格为 95.39 元，两者的面值都是 100 元。请问哪个的年收益率较高？

8. A、B、C 三只股票的信息见表 3－6。其中 P_t 代表 t 时刻的股价，Q_t 代表 t 时刻的股数。在最后一个期间（$t=1$ 至 $t=2$），C 股票 1 股分割成 2 股。

表 3－6 股票信息表

股票	P_0	Q_0	P_1	Q_1	P_2	Q_2
A	18	1 000	19	1 000	19	1 000
B	10	2 000	9	2 000	9	2 000
C	20	2 000	22	2 000	11	4 000

（1）请计算第 1 期（$t=0$ 至 $t=1$）按道氏修正法计算的简单算术股价平均数的变动率。

（2）在 $t=2$ 时，道氏修正法的除数等于多少？

（3）请计算第 2 期（$t=1$ 至 $t=2$）之间按道氏修正法计算的简单算术股价平均数的变动率。

9. 用上题的数据计算以下几种指数第 2 期的收益率：

（1）拉斯拜尔指数变动率。

（2）派许指数变动率。

10. 下列哪种证券的价格应较高？

（1）息票率为 5%的 10 期国债与息票率为 6%的 10 期国债。

（2）贴现收益率为 3.1%的 3 个月国库券与贴现收益率为 3.2%的 3 个月国库券。

11. 开放型基金发现很有必要将总投资的一定百分比（一般约为 5%）投入流动性极强的货币市场资产上。而封闭型基金却无须保持这样的一个现金等价物头寸。是什么原因导致两者策略上的不同？

12. 考虑一家共同基金，年初时有资产 2 亿元，在外流通股份 1 000 万份。该基金投资于一股票资产组合，年末的红利收入为 200 万元，股票价格上涨了 8%，但由于未出售证券，没有资本利得分配。基金征收管理费 1%，从年末的组合资产中扣除。年初和年末的资产净值分别为多少？基金投资者的收益率是多少？

上海证券交易所→上海证券交易所融资融券相关规则

第四章 外汇市场

外汇市场是金融市场的重要组成部分，由于它的存在，资金在国际的调拨划转才得以进行，国际的债权债务才得以清偿，国际资本才得以流动，跨越国界的资金借贷融通才得以实现。因此，本章主要介绍外汇市场的基本原理和相关理论。

学完本章后，你应该能够：

★ 了解外汇与汇率的概念范畴

★ 掌握外汇市场的含义、分类、组成部分及其功能

★ 熟悉外汇市场的多种交易方式

★ 了解汇率决定理论以及影响汇率的各种因素

第一节 外汇市场概述

一、外汇与汇率

（一）外汇

世界上的每个国家都有自己独立的货币和货币制度，各国货币相互之间不能流通使用，因此，国际债权债务的清偿，必然要产生国际的货币兑换，由此产生外汇和汇率的概念。

外汇(foreign exchange)这一概念有动态和静态两种表述形式，而静态的外汇又有广义和狭义之分。

动态的外汇是指一国货币兑换或折算为另一国货币的运动过程。最初的外汇概念就是指它的动态含义。现在人们提到外汇时，更多的是指它的静态含义。

广义的静态外汇是指一切用外币表示的资产。这种含义的外汇概念通常用于国家的外汇管理法令之中。如《中华人民共和国外汇管理条例》中的定义：

外汇是指下列以外币表示的可以用作国际清偿的支付手段和资产：①外币现钞，包括纸币、铸币；②外币支付凭证或者支付工具，包括票据、银行存款凭证、银行卡等；③外币有价证券，包括债券、股票等；④特别提款权；⑤其他外汇资产。

狭义的静态外汇概念是指以外币表示的可用于进行国际结算的支付手段。按照这一概念，只有存放在国外银行的外币资金，以及将对银行存款的索取权具体化了的外币票据才构成外汇。具体来看，外汇主要包括以外币表示的银行汇票、支票、银行存款等。人们通常所说的外汇就是指这一狭义的概念。

由此看来，外汇有三个特点：①外币性，即外汇必须是以外币表示的国外资产；②可偿性，即外汇必须是在国外能得到清偿的债权；③可兑换性，即外汇必须能自由兑换成其他货币表示的支付手段。

按照不同的标准，可以把外汇分成不同的种类：①根据是否可以自由兑换，外汇可分成自由外汇和记账外汇。②根据外汇的来源和用途，外汇可分为贸易外汇和非贸易外汇。贸易外汇是指来源于或用于进出口贸易的外汇。非贸易外汇指一切非来源于或用于进出口贸易的外汇。③根据外汇管理的对象，外汇可分为居民外汇和非居民外汇。

（二）汇率

所谓汇率(foreign exchange rate)就是两种不同货币之间的折算比价，也就是以一国货币表示的另一国货币的价格，也称汇价、外汇牌价或外汇行市。

汇率的表达方式有两种：直接标价法(direct quotation)和间接标价法(indirect quotation)。直接标价法是以一定单位的外国货币为标准来折算应付若干单位的本国货币的汇率标价法，又称应付标价法(giving quotation)。间接标价法是以一定单位的本国货币为标准来折算应收若干单位的外国货币的标价法，又称应收标价法(receiving quotation)。可以看出，在直接标价法下，汇率的数值越大，意味着一定单位的外国货币可以兑换越多的本国货币，也就是本国货币的币值越低；在间接标价法下，这一关系则相反。

相关阅读 4-1

人民币对美元汇率

图 4-1 是 2005 年 1 月 4 日至 2020 年 4 月 30 日的人民币对美元汇率中间价变动图。从图中可以看出，人民币经历了先升值后贬值的过程。

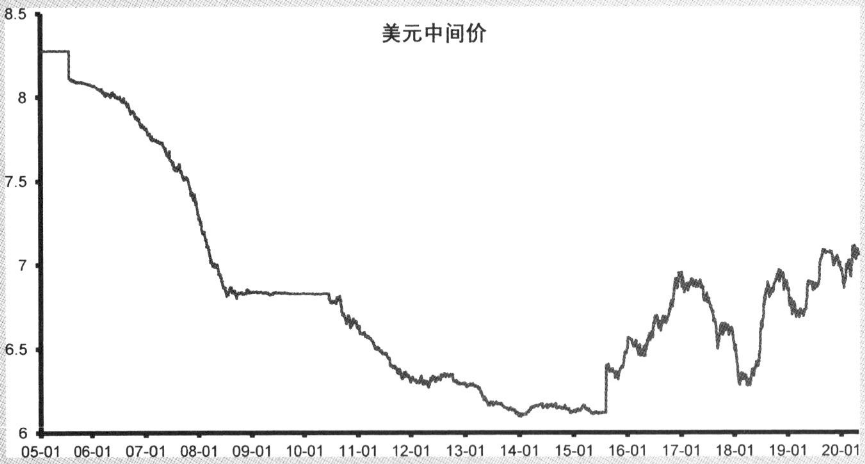

图 4-1　2005 年 1 月 4 日至 2020 年 4 月 30 日人民币对美元汇率中间价变动

数据来源：Wind。

按照不同的标准，汇率可有基本汇率和套算汇率，固定汇率和浮动汇率，即期汇率(spot exchange rate)和远期汇率(forward exchange rate)，单一汇率与复汇率，买入汇率、卖出汇率和中间汇率，官方汇率与市场汇率，电汇汇率、信汇汇率和票汇汇率等不同分类。

二、外汇市场的含义

所谓外汇市场，是指由各国中央银行、外汇银行、外汇经纪人和客户组成的买卖外汇的交易系统。外汇市场不像商品市场和其他的金融市场那样，一定要设有具体的交易场所，它主要是指外汇供求双方在特定的地区内，通过现代化的通信设备及计算机网络系统来从事外汇买卖的交易活动。

按照外汇交易参与者不同，外汇市场可以具体分为狭义的外汇市场和广义的外汇市场。狭义的外汇市场又叫外汇批发市场，特指银行同业之间的外汇交易市场，包括外汇银行之间、外汇银行与中央银行之间以及各国中央银行之间的外汇交易。广义的外汇市场，除了上述狭义外汇市场之外，还包括银行同一般客户之间的外汇交易。

按照外汇市场经营范围不同，外汇市场有国内外汇市场和国际外汇市场之分。国内外汇市场一般适用于发展中国家，该种市场主要进行的是外币与本币之间的交易，其参加者主要限于本国居民，并且所进行的外汇交易要受制于国内金融制度。而国际外汇市场是指各国居民都可以自由参加多种货币的自由买卖，交易不受所在国金融制度的限制。这种外汇市场是一个基本上完全自由的市场，是一种发达的外汇市场。

按外汇交易的方式来划分，外汇市场有有形市场和无形市场之分。有形市场是指从事交易的当事人在固定的交易场所和规定的营业时间里进行外汇买卖。这种形式的外汇市场主要存在于欧洲大陆的法国巴黎、德国的法兰克福、比利时的布鲁塞尔等地区。由于其交易方式和交易目的都很有限，主要用于调整即期的外汇头寸，决定对顾客交易的公定汇率，因此，不是外汇市场的主要形式。无形市场是指一个由电话、电报、电传和计算机终端等现代化通信网络所形成的一个抽象的市场。这种外汇市场没有固定的外汇交易场所，也没有固定的开、收盘时间。抽象的外汇市场形式普遍流行于英国、美国、瑞士、远东等国家和地区。所以人们一般都将典型的外汇市场理解为一种抽象市场。

三、当代外汇市场的特点

20 世纪 70 年代以来，随着国际货币制度的改革以及现代科学技术的发展，当代国际外汇市场更加迅猛地发展，新的交易工具和交易方式不断涌现，呈现出以下几个典型的特征：

（一）宏观经济变量对外汇市场的影响作用日趋显著

尽管外汇市场的参与者大都是出于微观经济目的来进行外汇买卖的，但这个市场的交易总量及本国货币相对于外国货币的价格（即汇率）对一国的国民收入、就业量、物价指数和利率水平等宏观经济变量却有着重大作用；与此同时，外汇交易及本国货币汇率也受上述种种宏观经济变量的影响。当然，国民经济的所有部门都会彼此影响，各种类型的市场之间都存在着有机联系，但这种相互作用的现象在外汇市场上显得尤为突出、尤为重要，特别是对一个开放型的小国经济（如瑞士、新加坡等）来说情况更是如此。外汇市场不仅对本国经济的宏观变量极为敏感，还容易受别国经济盛衰的影响。更准确地说，外汇市场受国内外宏观经济变量的相对水平的影响。例如，本国国民收入的增加会增加对外币的需求，而世界上其他国家的国民收入增加则会扩大外币的供给（即对本币的需求增加），假如两者的变动是同比例的，那么外汇市场上的价格（即汇率）将维持不变；否则，有关货币的汇率将出现升降。至于通货膨胀和利率等经济变量，情况也是如此，即影响汇率的只是国内外的相对水平。

（二）全球外汇市场已在时空上联成一个国际性外汇大市场

首先，自20世纪70年代起，亚太地区外汇市场逐渐得到发展，由于时差的关系，使世界各地的外汇市场的营业时间得以衔接，如每天由东京、香港等亚太地区的外汇市场首先开市，在即将收盘时，伦敦等欧洲的外汇市场开市了；交易后不久，纽约等美洲外汇市场也开市了；在纽约外汇市场收盘后不久，东京、我国香港等外汇市场又开市了。从而使外汇市场交易24小时连续不断地进行。其次，现代化通信设备和计算机的大量运用，使各个外汇市场相互间的联系更加紧密。外汇交易者不仅可以远隔重洋进行交易，而且可每天24小时全天候进行交易。全球外汇市场就这样相互衔接、重叠交合，在时间和空间上联成一个统一的整体。

（三）外汇市场动荡不安

自1973年布雷顿森林体系瓦解，西方国家普遍开始实行浮动汇率制后，外汇市场的动荡不安就成为一种经常现象。尤其是进入20世纪80年代以来，由于世界经济发展不平衡加剧以及国际资本流动进一步趋向自由化，世界外汇市场上各国货币汇率更加涨落不定，动荡剧烈。如1980年4月初，1美元可兑换257日元，到1989年年初1美元仅能兑换130日元，9年间美元汇率贬低49.4%。毫无疑问，外汇市场如此动荡不稳，必然会给各国的对外经济贸易活动带来极大的风险。

（四）政府对外汇市场的联合干预日趋加强

20世纪80年代以来，由于全球外汇市场的一体化发展，一国外汇市场汇率的变化往往波及全球，这样仅靠一国中央银行干预外汇市场显得势单力薄。因此，在目前浮动汇率制下，中央银行干预外汇市场的一个重要特征是多国联合干预。如1988年为力守1美元兑120日元的防线，西方各国中央银行联合干预外汇市场，仅在1988年1月4日这一天之内，美国、日本、联邦德国、法国、英国、意大利、加拿大以及瑞士、奥地利等国的中央银行就购进20亿到30亿美元，其结果使这些国家的外汇储备增加，也使美元汇率得以回升。20世纪90年代以来，由于国际金融局势动荡不安，尤其1993年至1995年发生了新的美元危机，1997年又发生了波及世界金融市场的东南亚金融危机，各国政府对外汇市场的联合干预得到了进一步加强。

（五）金融创新层出不穷

自1973年国际货币体系进入浮动汇率制后，汇率频繁波动，外汇风险增大，各种防范汇率风险的金融创新不断应运而生，如货币互换及其与利率互换相结合的混合互换、货币期货交易、货币期权交易等，并且这些外汇交易与资本市场交易日益结合，使金融创新更加深入，从而使外汇市场交易更加丰富多彩。

相关阅读4-2

人民币的国际化

2015年11月30日，国际货币基金组织宣布将人民币纳入SDR货币篮子，新货币篮子的人民币权重为10.92%，并于2016年10月1日正式生效。这是中国经济融入全球金融体系的一个重要里程碑，对世界和中国是双赢的结果。人民币在SDR货币篮子中的比重仅次于美元和欧元，位列第三位。

四、外汇市场的作用

外汇市场主要有如下几方面的作用：

（一）实现购买力的国际转移

国际经济交往的结果需要债务人（如进口商）向债权人（如出口商）进行支付，这种购买力的国际转移是通过外汇市场实现的。例如，一个日本出口商将一批丰田汽车卖给墨西哥进口商，这项交易的作价（invoice）货币可能有三种选择，即日元、比索或第三国货币（如美元）。一旦双方商定以何种货币成交后，交易的一方或双方就需要转移购买力。若以日元成交，则墨西哥进口商就得将购买力从比索转换成日元以便用于进口货款的支付；若交易货币是比索，则由日本出口商将购买力向其本国货币（日元）转移；若交易是以第三国货币（如美元）来计价结算时，则墨西哥进口商需要将比索兑换成美元，而日本出口商在收到美元货款后最终还得将其兑换成日元。外汇市场所提供的就是使这种购买力转移的交易得以顺利进行的经济调节机制，它的存在，使得各种潜在的外汇出售者和外汇购买者的愿望能联系起来，使各类国际商业往来的经济合作以及各国在政治、军事、文化、体育、科技等各个领域里的交流成为可能。当市场的价格调节（即汇率变动）使得外汇供给量正好等于外汇需求量时，所有潜在的出售和购买愿望都得到了满足，外汇市场处于均衡状态。

（二）为国际经济交易提供资金融通

外汇市场作为国际金融市场的一个重要组成部分，在买卖外汇的同时也向国际经济交易者提供了资金融通的便利，从而使国际借贷和国际投资活动能够顺利进行。例如，日本某跨国公司想在意大利设立一家子公司，它可先在外汇市场用日元兑换一定数额的欧元，然后用其在意大利购买土地、兴建厂房、添置设备并雇佣当地的工人。又如，美国财政部发行的国库券和长短期政府债券中的相当部分是由外国官方机构和私人企业购买并持有的。而这种证券投资当然是以不同货币之间可自由兑换为前提的。

此外，由于外汇市场的存在，使人们能够在一个国家借款筹资，而向另一个国家提供贷款或进行投资，从而使得各种形式的套利活动得以进行，各国的利率水平也因此出现趋同现象。但其前提条件是：资金的跨国界运动不受任何限制。而现实情况并非如此。不过，自 20 世纪 50 年代起，几乎不受任何金融管制的离岸金融市场的形成和发展，促进了资金跨国界的自由运动，使外汇市场的上述联结作用得以进一步发挥。

（三）提供外汇保值和投机的场所

在以外币计价成交的国际经济交易中，交易双方都面临着外汇风险。然而人们对风险的态度并不相同，有的人宁可花费一定的成本来转移风险，有的人则愿意承担风险以期实现预期的利润。由此产生外汇保值和投机两种截然相反的行为。外汇保值指交易者卖出或买进金额相当于已有的一笔外币资产或负债的外汇，使原有的这笔外币资产或负债避免汇率变动的影响，从而达到保值的目的。而外汇投机则是通过某项外汇交易故意使自己原本已经关闭的外汇头寸转变成敞开的多头寸或空头寸，或者是让由于某种实际经济交易所产生的外汇头寸继续敞开而不采取任何抛补措施，以期在日后的汇率变动中得到外汇收益。由此可见，外汇套期保值与外汇投机的做法正好相反，前者是利用外汇交易弥补（或转移）其业务上的风险，关闭原先暴露的外汇头寸，而后者则是通过外汇交易故意敞开头寸以期实现风险溢酬。因此,外汇市场的存在既为套期保值者提供了规避外汇风险的场所,又为投机者提供了承担风险、获取利润的机会。

第二节 外汇市场的构成

外汇市场由主体和客体构成,客体即外汇市场的交易对象,主要是各种可自由交换的外国货币、外币有价证券及支付凭证等。外汇市场的主体,即外汇市场的参与者,主要包括外汇银行、顾客、中央银行及其他官方机构、外汇交易商及外汇经纪商。

一、外汇市场的参与者

(一) 外汇银行

外汇银行(foreign exchange bank)又叫外汇指定银行,是指经过本国中央银行批准,可以经营外汇业务的商业银行或其他金融机构。外汇银行可分为三种类型:专营或兼营外汇业务的本国商业银行;在本国的外国商业银行分行及本国与外国的合资银行;其他经营外汇买卖业务的本国金融机构,如信托投资公司、财务公司等。

外汇银行是外汇市场上最重要的参与者。在美国,十几家设在纽约以及几十家设在别的主要城市的大型商业银行,实际上充当着做市商的角色。由于它们经常在外汇市场上大规模地进行各种货币的买卖,使得外汇市场得以形成并顺利运转。

相关阅读 4-3

中国外汇市场的做市商

在中国,银行间外汇市场的做市商,是指经国家外汇管理局核准,在中国银行间外汇市场进行人民币与外币交易时,承担向市场会员持续提供买、卖价格义务的银行间外汇市场会员。由于它们经常在外汇市场上大规模地进行各种货币的买卖,使得外汇市场得以形成并顺利运转。随着人民币汇率形成机制改革的纵深推进,中国银行间外汇市场得到快速发展。中国人民银行的数据显示,截至 2019 年 5 月 8 日,中国银行间外汇市场已拥有 34 家做市商,其中包括中国银行、中信银行等实力雄厚的中资银行。

外汇银行在两个层次上从事外汇业务活动。第一个层次是零售业务,银行应客户的要求进行外汇买卖,并收兑不同国家的货币现钞。第二个层次是批发业务,这是银行为了平衡外汇头寸,防止外汇风险而在银行同业市场上进行的轧差买卖。外汇银行在为客户提供外汇买卖的过程中,难免会在营业日内出现各种外汇头寸的多头(long position)或空头(short position),统称敞开头寸(open position),即一些币种的出售额少于购入额;而另一些币种的出售额多于购入额。为了避免因各种币种之间汇率变动而产生的汇率风险,银行就需要借助同业交易及时进行外汇头寸的调拨,轧平各种头寸,即将多头抛出,将空头补进。但是银行在同业市场上进行外汇买卖并不一定都是为了消除头寸进而免除汇率风险。在有些情况下,某些外汇银行会以"风险爱好者"的姿态出现,在该市场积极制造头寸。这实际上是一种以谋取风险溢价为目的的外汇投机活动。但无论如何,同业外汇交易占外汇交易总额的95%以上，而且外汇银行同业的外汇买卖差价一般要低于银行与客户之间的买卖差价。

（二）外汇经纪商

外汇经纪商(foreign exchange broker)是指介于外汇银行之间、外汇银行和其他外汇市场参加者之间，为买卖双方接洽外汇交易而赚取佣金的中间商。如同外汇银行一样，外汇经纪商也必须经过所在国中央银行的核准方可参与市场交易。外汇经纪商在外汇市场上的作用主要在于提高外汇交易的效率，这主要体现在成交的速度与价格上。由于外汇经纪商本身集中体现了外汇市场上外汇买卖双方的信息，所以，经纪商在接受客户的委托后，一般总能在较短的时间内替委托人找到相应的交易对象，而且能在多家交易对象的报价中找到最好的成交价格，从而提高外汇交易的效率。

（三）顾客

在外汇市场中，凡是与外汇银行有外汇交易关系的公司或个人，都是外汇银行的客户，他们是外汇市场上的主要供求者，其在外汇市场上的作用和地位，仅次于外汇银行。这类市场参与者有的为实施某项经济交易而买卖外汇，如经营进出口业务的国际贸易商、到外国去投资的跨国公司、发行国际债券或筹借外币贷款的国内企业等；有的为调整资产结构或利用国际金融市场的不均衡状况而进行外汇交易，如买卖外国证券的投资者，在不同国家货币市场上赚取利差、汇差收益的套利者和套期保值者，对市场汇率打赌以赚取风险利润的外汇投机者等。除此之外，还有其他零星的外汇供求者，如国际旅游者、出国留学生、汇出或收入侨汇者、提供或接受外币捐赠的机构和个人等。在上述各种外汇供求者中，最重要的是跨国公司，因为跨国公司的全球经营战略涉及许多种货币的收入和支出，所以它进入外汇市场非常频繁。

（四）中央银行及其他官方机构

外汇市场上另一个重要的参与者是各国的中央银行。这是因为各国的中央银行都持有相当数量的外汇余额作为国际储备的重要构成部分，并承担着维持本国货币金融稳定的职责，所以中央银行经常通过购入或抛出某种国际性货币的方式来对外汇市场进行干预，以便能把本国货币的汇率稳定在一个希望的水平上或幅度内，从而实现本国货币金融政策的意图。

中央银行干预外汇市场的范围与频率在很大程度上取决于该国政府实行什么样的汇率制度。假如一国货币与别国货币(或SDR或一篮子货币)挂钩，实行固定汇率制，那么，该国中央银行的干预程度显然要比实行浮动汇率制的国家大得多。一般情况下，中央银行在外汇市场上的交易数量并不很大，但其影响却非常广泛。这是因为外汇市场的参与者都密切地关注着中央银行的一举一动，以便能及时获取政府宏观经济决策的有关信息，所以，中央银行即使在外汇市场上的一个微小动作，有时也会对一国汇率产生重大影响。而且有时候，甚至会有几个国家的中央银行联手进行外汇干预，其效果就更为显著。除了中央银行以外，其他政府机构为了不同的经济目的，有时也进入外汇市场进行交易，如财政部、商业部等。但中央银行是外汇市场上最经常、最重要的官方参与者。

以上是从横向上对外汇市场的参与者进行分类。如果从纵向上观察，上述参与者可分为四个层次：第一层次(也是最低层)是进出口商，他们是外汇的最终使用者和供应者。

第二层次是外汇银行，它们在外汇供应者和使用者之间起着媒介作用。第三层次是外汇经纪商，外汇银行通过它们平衡银行内部外汇的流入与流出。第四层次（也是最高层次）是中央银行，它在一国总的外汇供求失衡时，运用国家外汇储备，起着最后贷款者的作用。外汇市场参与者纵向观察图如图 4－2 所示。

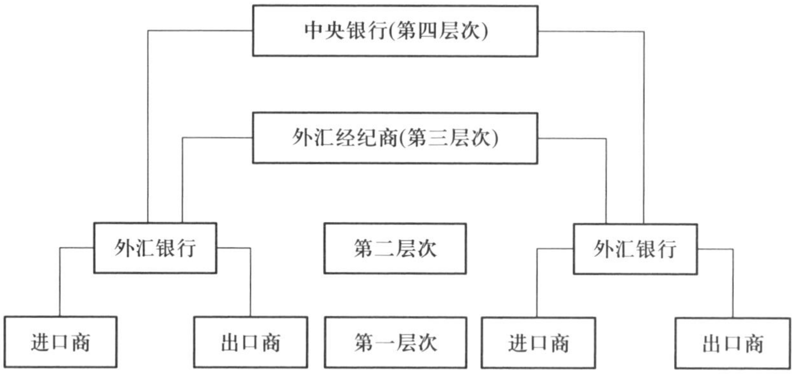

图 4－2　外汇市场参与者的构成

二、外汇市场交易的三个层次

根据上述对外汇市场参与者的分类，外汇市场的交易可以分为三个层次的交易，即银行与顾客之间、银行同业之间、银行与中央银行之间的交易。在这些交易中，外汇经纪商往往起着中介作用。

（一）银行与顾客之间的外汇交易

顾客出于各种各样的动机，需要向外汇银行买卖外汇。银行在与顾客的外汇交易中，一方面从顾客手中买入外汇，另一方面又将外汇卖给顾客，实际上是在外汇的最终供给者和最终使用者之间起中介作用，赚取外汇的买卖差价。

（二）银行同业之间的外汇交易

银行在每个营业日，根据顾客的需要与其进行外汇交易的结果，难免产生各种外汇头寸的多头或空头，统称敞开头寸。多头表示银行该种外汇的购入额大于出售额，空头则表示银行该种外汇的出售额多于购入额。当银行各种外汇头寸处于不平衡时，银行便承担了外汇风险。若银行要回避外汇风险，就需通过银行同业间的交易，轧平外汇头寸，即将多头抛出，空头补进，使其所承诺的某种货币的出售数量与所承诺的同种货币的购进数量相平衡。此外，银行还出于投机、套利、套期保值等目的从事同业的外汇交易。因此，银行同业之间的外汇交易构成了绝大部分的外汇交易，占外汇市场交易总额的 90％以上。

银行同业市场是外汇市场供求流量的汇集点，因此它决定着外汇汇率的高低。在外汇市场上，有些实力雄厚的大银行处于做市商的地位，由于其雄厚的实力和巨额的经营，其报价对市场汇价的形成有很大的影响。

（三）银行与中央银行之间的外汇交易

中央银行为了使外汇市场上自发形成的供求关系所决定的汇率能相对地稳定在某一

期望的水平上，可通过其与外汇银行之间的交易对外汇市场进行干预。

如果某种外币兑换本币的汇率低于期望值，中央银行就会向外汇银行购入该种外币，增加市场对该外币需求量，促使银行调高其汇率；反之，如果中央银行认为该外币的汇率偏高，就向银行出售该种外汇的储备，促使其汇率下降。

相关阅读 4-4

中国的外汇市场发展

1994 年 1 月 1 日起，我国外汇管理体制进行重大改革：汇率并轨，实行以市场供求为基础的、单一的、有管理的浮动汇率制度；取消外汇留成和上缴，实行银行结售汇制度；建立全国统一、规范的银行间外汇市场。同年 4 月 4 日，银行间外汇市场（即中国外汇交易系统）正式启动运营。银行间市场主要为外汇指定银行平补结售汇头寸余缺及其清算提供服务，外汇指定银行为交易主体，外汇管理部门对银行结售汇周转头寸实行上下限额管理，对于超过或不足限额的部分，银行可通过银行间市场售出或补充。其后，市场不断发展和完善。1994 年 4 月 5 日增设港币交易。1995 年 3 月 1 日开办日元交易。2002 年 4 月 1 日又增加欧元交易。在增加交易品种的同时，交易时间进一步延长。从 2003 年 2 月 8 日开始，外汇市场交易时间从过去的 9:20—11:00 延长到 9:30—15:30。2003 年 10 月 1 日起，允许交易主体当日进行双向交易。2005 年 5 月 18 日开办了 8 种外币对交易。2005 年 8 月 15 日推出远期外汇交易。2006 年 1 月 4 日引入了询价交易。从此形成了银行间市场可全天候进行满足结售汇业务的双向外汇资金买卖、进行头寸平补和资金调度的市场运行现状，使其在支持人民币汇率稳定，传导央行货币政策、服务金融机构和监管部门等方面发挥了重要作用。截至 2015 年 10 月 29 日，银行间外汇市场有人民币外汇即期会员 503 家、远期会员 113 家、掉期会员 112 家、货币掉期会员 91 家、期权会员 55 家。2004—2014 年，银行间市场交易量年均增长 45%。自 2016 年 1 月 4 日起，银行间外汇市场交易系统每日运行时间延长至北京时间 23:30。至 2020 年 3 月，银行间外汇市场可交易的货币包括发达经济体和新兴市场经济体的货币共 27 种。

第三节 外汇市场的交易方式

外汇市场上的各种交易可按不同的标准作不同的种类划分。若按合同的交割期限或交易的形式特征来区分，可分为即期外汇交易和远期外汇交易两大类；若按交易的目的或交易的性质来区分，那么除了因国际结算、信贷融通和跨国投资等所引起的一般商业性外汇交易以外，外汇买卖还可分成套利交易、掉期交易、互换交易、套期保值交易、投机交易以及中央银行的外汇干预交易等。此外，随着国际金融业的竞争发展与金融工具的创新，外汇市场上还出现了许多新的交易方式，如外汇期货、期权交易。本节主要介绍即期、远期、掉期、套汇、套利等传统外汇市场上常见的外汇交易。期货、期权、互换等交易将在以后章节详细讨论。

一、外汇交易步骤

外汇交易一般分为五大步骤：询价(asking)、报价(quotation)、成交(done)、证实(confirmation)、结算(settlement)。

通过以下询价报价交易过程的实例来分析外汇交易步骤。

询价方甲：Spot USD JPY please?（请问即期美元兑日元你报什么价格？）

报价方乙：MP。（稍等片刻。）

70/80。（买价 70 点/卖价 80 点。）

询价方甲：Buy USD 2。（买进 200 万美元。）

报价方乙：Ok,done,I sell USD 2 Million and buy JPY At 110.80,value 19/10/2004。（好的，成交。我卖给你 200 万美元买进日元，汇率是 110.80，起息日是 2004 年 10 月 19 日。）

JPY please to AAA BK Tokyo。A/C No. 13579。（我们的日元请付至东京 AAA 银行，账号是 13579。）

询价方甲：USD To GGT BK A/C 7896432 CHIPS① UID 07352，Thanks very much for deal BIFN。（我们的美元请付至纽约 GGT 银行，账号是 7896432，CHIPS UID 07352，多谢你的交易，再见朋友。）

外汇询价报价交易完成之后，随后就是交易计算过程。银行间的收付款即各种货币的结算是利用 SWIFT 电信系统，通过交易双方的代理行或分行进行的，无论是即期交易还是远期交易的结算，最终都是以有关交易货币的银行存款的增减或划拨为标志的。

二、即期外汇交易

（一）基本原理

即期外汇交易(spot foreign exchange transaction)，又称现汇买卖，是交易双方以当时外汇市场的价格成交，并在成交后的两个营业日内办理有关货币收付交割的外汇交易。例如，2020 年 5 月 1 日(星期五)纽约花旗银行和日本东京银行通过电话达成一项外汇买卖业务，花旗银行愿意按 1 美元兑 106.90 日元的汇率卖出 100 万美元，买入 10 690 万日元；而东京银行也愿意按同样的汇率卖出 10 690 万日元，买入 100 万美元。5 月 4 日(星期一)，花旗银行和东京银行分别按照对方的要求，将卖出的货币汇入对方指定的账户内，从而完成这笔交易。即期外汇交易是外汇市场上最常见、最普遍的买卖形式。

（二）即期汇率的标价方法与计算

即期交易的汇率是即期汇率，或称现汇汇率，通常采用以美元为中心的报价方法，即以某个货币对美元的买进或卖出的形式进行报价。除了欧元和原英联邦国家的货币(如英镑、澳大利亚元和新西兰元等)采用间接报价法(即以 1 单位该货币等值美元标价)以

---

① CHIPS 付款系统是美国银行同业清算中心(Clearing House Interbank Payment)的缩写。

外，其他交易货币均采用直接报价法（即以1单位美元等值该币标价），并同时报出买入价和卖出价。买入价是指报价行愿意以此价买入标的货币的汇价，卖出价是报价行愿意以此价卖出标的货币的汇价，买入价与卖出价之间的价格差称为价差。

按照即期外汇市场的报价惯例，通常用5位数字来表示买卖价。如纽约市场2008年1月16日的汇价为：

USD1＝HKD7.794 4～7.795 1
（买入价）　（卖出价）

USD1＝JPY137.31～137.41
（买入价）　（卖出价）

报价的最小单位（市场称基本点）是标价货币的最小价值单位的1%。如美元兑港元价格中的1个基点为0.000 1港元。因此如果美元兑港元从7.794 4～7.795 1上升到7.804 4～7.805 1，则称该汇率上升了100个基本点或简称为100个点。

通常各银行的交易员在报价时只取最末两位数，因为前面几位数只有在外汇市场发生剧烈动荡时才会变化，一般情况下，频繁变动的只是最末两位数，如汇率为138.75～138.85时，就报75/85。

银行和客户之间的零售交易大多按银行报出的汇价买卖外汇，少数按客户要求作限价交易。所谓限价交易是指客户要求银行按指定汇价买卖一定数量的外汇。当市场汇价变化到符合客户要求时进行交易，否则银行不能进行交易。

在国际外汇市场上，各种货币的汇率普遍以美元标价，即与美元直接挂钩，非美元货币之间的买卖必须通过美元汇率进行套算。通过套算得出的汇率叫交叉汇率。交叉汇率的套算遵循以下几条规则：

（1）如果两种货币的即期汇率都以美元作为单位货币，那么计算这两种货币比价的方法是**交叉相除**。

【例4-1】假定目前外汇市场上的汇率是：

USD1＝HKD7.794 4～7.795 1

USD1＝JPY127.10～127.20

这时单位港元兑换日元的汇价为：

$$\text{HKD1}=\text{JPY}\,\frac{127.10}{7.795\,1}\sim\frac{127.20}{7.794\,4}=\text{JPY}16.305\,1\sim16.319\,4$$

即银行买入1港元，支付给客户16.305 1日元，银行卖出1港元，向客户收取16.319 4日元。换句话说，客户卖出1港元，可得16.305 1日元，要买入1港元需支付16.319 4日元。之所以这样计算，是因为如前所述，两种货币都以美元为中心报价，这样要计算港元对日元的汇价，首先必须将港元换成美元，然后再以美元换取日元。7.795 1为银行的美元卖出价，也就是说要从银行取得1美元须支付7.795 1港元，即HKD1＝USD1/7.795 1。买到美元后，再以美元买日元。而银行美元对日元的买入价为127.10，即客户卖1美元给银行可得到日元127.10，即USD1＝JPY127.10，因此，HKD1＝JPY1/7.795 1×127.10＝JPY16.305 1。同理可求出卖日元买港元的汇价。

(2) 如果两个即期汇率都以美元作为计价货币，那么，汇率的套算也是**交叉相除**。

【例 4-2】假如目前市场汇率是：

GBP1＝USD1.612 5～1.613 5

AUD1＝USD0.712 0～0.713 0

则单位英镑换取澳元的汇价为：

$$\text{GBP1} = \text{AUD}\frac{1.612\,5}{0.713\,0} \sim \frac{1.613\,5}{0.712\,0} = \text{AUD2.261 6} \sim 2.266\,2$$

即客户若要以澳元买入英镑，须按 GBP1＝AUD2.266 2 的汇价向银行买入英镑。若要卖英镑买澳元，则须按 GBP1＝AUD2.261 6 的汇价向银行卖出英镑。其道理如上所述，要计算客户卖澳元买英镑的汇率，首先必须卖澳元换美元，然后再以美元买英镑。因此可反过来考虑：客户要买入 1 英镑需按照银行的英镑卖出价 GBP1＝USD1.163 5，支付 1.613 5 美元，而要获得 1.613 5 美元，需按银行的澳元买入价 AUD1＝USD0.712 0，支付 $\frac{1.613\,5}{0.712\,0}$ 澳元，即 2.266 2 澳元。因此，客户卖澳元买英镑的汇价为 GBP1＝AUD2.266 2（即银行英镑对澳元的卖出价）。同理可算出客户买澳元卖英镑（即银行英镑对澳元的买入价）的价格为：GBP1＝AUD $\frac{1.612\,5}{0.713\,0}$＝AUD2.261 6。

(3) 如果一种货币的即期汇率以美元作为计价货币，另一种货币的即期汇率以美元为单位货币，那么，此两种货币间的汇率套算应为同边相乘。

【例 4-3】假设市场汇率如下：

USD1＝HKD7.794 4～7.795 1

GBP1＝USD1.751 0～1.752 0

则英镑对港元的汇价为 GBP1＝HKD1.751 0×7.794 4～1.752 0×7.795 1＝HKD13.648 0～13.657 0。道理同上述计算过程相同，即客户按银行英镑对美元的买入价 GBP1＝USD1.751 0 卖出 1 英镑得 1.751 0 美元，然后再按银行美元对港元的买入价 USD1＝HKD7.794 4，卖出 1.751 0 美元，得 1.751 0×7.794 4＝13.648 0 港元，因此客户卖英镑买港元的汇价（即银行英镑对港元的买入价）为 GBP1＝HKD13.648 0，同理可算出银行英镑对港元的卖出价。

（三）即期外汇交易的方式

即期外汇交易可分为电汇、信汇和票汇三种方式。

1. 电汇

电汇是指汇款人用本国货币向外汇银行购买外汇时，该行用电报或电传通知国外分行或代理行立即付出外汇。

电汇方式下，银行在国内收进本国货币，在国外付出外汇的时间相隔不过一两天。由于银行不能利用顾客的汇款，而国际电报费又较贵，所以电汇汇率最高。

2. 信汇

信汇是指汇款人用本国货币向外汇银行购买外汇时，由银行开具付款委托书，用航邮方式通知国外分行或代理行办理付出外汇业务。

信汇方式下，由于信汇委托书的传递时间较长，银行有机会利用这部分资金来谋利，因此，其汇率要比电汇汇率低。

3. 票汇

票汇是指外汇银行开立由国外分行或代理行付款的汇票交给购买外汇的客户，由其自带或寄给国外收款人办理结算的方式。同信汇一样，票汇也需花费邮寄时间或旅行时间，银行同样可占用客户的资金，因此其汇率也较电汇汇率低。

随着计算机的广泛应用和国际通信的电子化，邮期也大为缩短，几种汇款方式之间的差别正在逐渐消除。目前，电汇汇率已成为外汇市场的基本汇率，其他汇率都以电汇汇率作为计算标准。

三、远期外汇交易

（一）基本原理

远期外汇交易（foreign exchange forward transaction）又称期汇交易，是指买卖外汇双方先签订合同，规定买卖外汇的数量、汇率和未来交割外汇的时间，到了规定的交割日期买卖双方再按合同规定办理货币收付的外汇交易。在签订合同时，除缴纳一定比例的保证金外，不发生任何资金的转移。

远期交易的期限有 1 个月、3 个月、6 个月和 1 年等几种，其中以 3 个月最为普遍。远期交易很少超过 1 年，因为期限越长，交易的不确定性越大。

人们进行期汇交易的具体目的是多方面的，但不外乎是为了套期保值和进行投机。具体包括以下几种情况：

（1）进出口商和外币资金借贷者为避免商业或金融交易遭受汇率变动的风险而进行期汇买卖。在国际贸易中，自买卖合同签订到货款清算之间有相当一段时间，在这段时间内，进出口商可能因计价货币的汇率变动而遭受损失，为避免汇率风险，进出口商可预先向银行买入或卖出远期外汇，到支付或收进货款时，就可按原先约定的汇率来办理交割。同样，拥有外币的债权人和债务人可能在到期收回或偿还资金时因外汇汇率变动而遭受损失，因此，他们也可在贷出或借入资金时，就相应卖出或买入相同期限、相当金额的期汇，以防范外汇风险。

（2）外汇银行为平衡其远期外汇头寸而进行期汇买卖。进出口商等顾客为避免外汇风险而进行期汇交易，实质上就是把汇率变动的风险转嫁给外汇银行。外汇银行为满足客户要求而进行期汇交易时，难免会出现同一货币同一种交割期限或不同交割期限的超买或超卖，这样，银行就处于汇率变动的风险之中。为此，银行就要设法把它的外汇头寸予以平衡，即将不同期限、不同货币头寸的余缺进行抛售或补进，由此求得期汇头寸的平衡。

（3）外汇投机者为谋取投机利润而进行期汇买卖。在浮动汇率制下，汇率的频繁剧烈波动，会给外汇投机者进行外汇投机创造有利的条件。所谓外汇投机是指根据对汇率变动的预期，有意保持某种外汇的多头或空头，希望从汇率变动中赚取利润的行为。其特点是：①投机活动并非基于对外汇有实际需求，而是想通过汇率涨落赚取差额利润。②投机者与套期保值者不同，他们是通过有意识地持有外汇多头或空头来承担外汇风险，以期从汇率变动中获利。外汇投机既可以在现汇市场上进行也可以在期汇市场上进行。二者的区别在于，在现汇市场上进行投机时，由于现汇交易要求立即进行交割，投机者手中必须持有足够的现金或外汇。而期汇交易只需缴纳少量保证金，无须付现汇，到期轧抵，计算盈亏，因此，不必持有巨额资金就可进行交易。所以，期汇投机较容易，成交额也较大，但风险也较高。

外汇投机有两种形式：①先卖后买，即卖空（sell short）或称空头（bear）。当投机者预期某种外币的汇率将下跌时，就在外汇市场上以较高的价格预先卖出该种货币的期汇，若到时该种外币的汇率果真下跌，投机者就可按下跌后的汇率低价补进现汇，交割远期合约，赚取差价利润。②先买后卖，即买空（buy long）或称多头（bull）。当投机者预期某种外币的汇率将上升时，就在外汇市场上预先以低价买进该种货币的期汇，若到期时，该种货币的汇率果真上升，投机者就按上升后的汇率卖出该种货币的现汇来交割远期，从中赚取投机利润。

（二）远期汇率的标价方法与计算

远期交易的汇率也称作远期汇率（forward rate），其标价方法有两种：一种是直接标出远期汇率的实际价格；另一种是报出远期汇率与即期汇率的差价，即远期差价（forward margin），也称远期汇水。升水（premium）是远期汇率高于即期汇率时的差额，贴水（discount）是远期汇率低于即期汇率时的差额。就两种货币而言，一种货币的升水必然是另一种货币的贴水。

在不同的汇率标价方式下，远期汇率的计算方法不同。

直接标价法下，远期汇率＝即期汇率＋升水，或远期汇率＝即期汇率－贴水。

间接标价法下，远期汇率＝即期汇率－升水，或远期汇率＝即期汇率＋贴水。

不过，如果标价中将买卖价格全部列出，并且远期汇水也有两个数值时，那么，前面这些情况也可以不去考虑，只要掌握下述规则即可求出正确的远期外汇买卖价格。

（1）若远期汇水**前大后小**时，表示单位货币的远期汇率贴水，计算远期汇率时应用即期汇率减去远期汇水。

【例4－4】市场即期汇率为USD1＝HKD7.794 4～7.795 1，1个月远期汇水为49/44，则1个月的远期汇率为：

HKD7.794 4～7.795 1
－0.004 9～0.004 4
―――――――――――――
1个月远期汇率 USD1＝HKD7.789 5～7.790 7

（2）若远期汇水**前小后大**时，表示单位货币的远期汇率升水，计算远期汇率时应把即期汇率加上远期汇水。

【例4－5】市场即期汇率为GBP1＝USD1.604 0～1.605 0，3个月远期汇水为64/80，则3个月的远期汇率为：

USD1.604 0～1.605 0
＋0.006 4～0.008 0
―――――――――――――
3个月远期汇率 GBP1＝USD1.610 4～1.613 0

（三）远期外汇交易方式

远期外汇交易主要有如下两种方式。

1. 固定交割日的远期交易

固定交割日的远期交易（fixed maturity date forward transaction），即交易双方事先约定在未来某个确定的日期办理货币收付的远期外汇交易。这是在实际中较常用的远期外汇交易方式，但它缺乏灵活性和机动性。因为在现实中外汇买卖者（如进出口商）往往事先并不知道外汇收入和支出的准确时间，因此，他们往往希望与银行约定在未来的一段期限中的某一天办理货币收付，这时，就需采用择期交易方式，即选择交割日的交易。

2. 选择交割日的远期交易

选择交割日的远期交易（optional maturity date forward transaction），指主动请求交易的一方可在成交日的第三天起至约定的期限内的任何一个营业日，要求交易的另一方按照双方事先约定的远期汇率办理货币收付的远期外汇交易。

确定择期交割日的方法有两种：①事先把交割期限固定在两个具体日期之间。如某一出口商在2020年5月25日成交一笔出口交易，预期3个月内收到货款。这样，该出口商马上在外汇市场上卖出一笔3个月的远期外汇，并约定择期日期为5月29日至8月28日。这样该出口商便可在这段时间内的任何一天，随时将收到的外汇卖给银行。②事先把交割期限固定在不同月份之间。如上例中，出口商可视其需要，将交割期限规定为第一个月、第二个月、第三个月，或三个月中的任意两个月，或择期3个月。

由于择期交易在交割日上对顾客较为有利，因此，银行在择期交易中使用的是对顾客较不利的汇率，也就是说，银行将选择从择期开始到结束期间最不利于顾客的汇率作为择期远期交易的汇率。

【例4-6】假设某家美国银行的报价如下：

即期：GBP1＝USD1.550 0～1.555 0；

1月期：GBP1＝USD1.560 0～1.565 0；

2月期：GBP1＝USD1.570 0～1.575 0；

3月期：GBP1＝USD1.580 0～1.585 0。

如果择期从第一个月开始，到第三个月结束，对向该行出售外汇的顾客来说适用的汇率是GBP1＝USD1.550 0，对于从该行购买外汇的顾客来说适用的汇率为GBP1＝USD1.585 0。如果择期在第二个月和第三个月，则对出售外汇的顾客和购买外汇的顾客适用的汇率分别为GBP1＝USD1.560 0和GBP1＝USD1.585 0。由此可见，对于购买者来说，适用的汇率在两种情况下都一样，而对出售外汇者来说，适用的汇率则有所差别。

四、掉期交易

掉期交易（swap），又称时间套汇（time arbitrage），是指同时买进和卖出相同金额的某种外汇但买与卖的交割期限不同的一种外汇交易，进行掉期交易的目的也在于避免汇率变动的风险。掉期交易可分为以下三种形式：

（一）即期对远期

即期对远期（spot against forward），即在买进或卖出一笔现汇的同时，卖出或买进相同金额该种货币的期汇。期汇的交割期限大都为 1 星期、1 个月、2 个月、3 个月、6 个月。这是掉期交易中最常见的一种形式。

（二）明日对次日

明日对次日（tomorrow-next or rollover），即在买进或卖出一笔现汇的同时，卖出或买进同种货币的另一笔即期交易，但两笔即期交易交割日不同，一笔是在成交后的第二个营业日（明日）交割，另一笔反向交易是在成交后第三个营业日（次日）交割。这种掉期交易主要用于银行同业的隔夜资金拆借。

（三）远期对远期

远期对远期（forward to forward），指同时买进并卖出两笔相同金额、同种货币、不同交割期限的远期外汇。这种掉期形式多为转口贸易中的中间商所使用。

相关阅读 4-5

中国人民币外汇远期和掉期业务

截至 2020 年 3 月 12 日，在中国银行间外汇市场，人民币外汇远期业务包括发达经济体和新兴市场经济体的货币共 24 种，期限包括 1 周、1 个月、3 个月、6 个月、9 个月和 1 年。掉期业务包括人民币外汇掉期和人民币外汇货币掉期。人民币外汇掉期交易指交易双方约定在一前一后两个不同的起息日进行方向相反的两次本外币交换。在第一次货币交换中，一方按照约定的汇率用人民币交换外汇；在第二次货币交换中，该方再按照另一约定的汇率用相同币种的外汇交换人民币。

五、套汇交易

套汇交易（arbitrage transaction）是套利交易在外汇市场上的表现形式之一，是指套汇者利用不同地点、不同货币在汇率上的差异进行贱买贵卖，从中套取差价利润的一种外汇交易。由于空间的分割，不同的外汇市场对影响汇率诸因素的反应速度和反应程度不完全一样，因而在不同的外汇市场上，同种货币的汇率有时可能出现较大差异，这就为异地套汇提供了条件。套汇交易又可分为直接套汇和间接套汇。

（一）直接套汇

利用两个外汇市场之间某种货币汇率的差异进行的套汇，称为直接套汇，也叫两点套汇或两地套汇。例如，在伦敦市场上，汇率为 GBP1＝USD1. 948 0，同时，纽约外汇市场上汇率为 GBP1＝USD1. 950 0，可见，英镑在纽约市场上的汇率高于伦敦市场上的汇率，套汇者就可在伦敦市场上用 194. 8 万美元买入 100 万英镑，同时在纽约市场上卖出 100 万英镑，收入 195 万美元，从而获得 2 000 美元的收益。

（二）间接套汇

间接套汇又称三点套汇或三角套汇，是指套汇者利用三个不同外汇市场中三种不同货币之间交叉汇率的差异，在同一时点在这三个外汇市场上贱买贵卖，从中赚取汇率差额的一种套汇交易。

若不考虑交易费用，外汇交易是零和博弈，即一方亏损，必然伴随着对方的盈利，那么必然存在盈利的机会，只要正确选择交易顺序，就可获得套汇收益。若考虑交易费用，当汇率的差异较小时，套汇收益也相应较小，若套汇收益不足以抵消交易费用时，则两种交易顺序都会给套汇者带来亏损。因此，要进行三个市场三种货币套汇交易，先要判断有无获利机会，再确定交易顺序。

【例 4-7】假设在同一时间内，纽约、巴黎、伦敦三个外汇市场的汇率如下：

在纽约市场上：USD1＝HKD7.944 0～7.945 1

在巴黎市场上：GBP1＝HKD10.986 3～10.987 3

在伦敦市场上：GBP1＝USD1.432 5/1.433 5

根据这三个外汇市场的外汇行市，套汇者首先在纽约市场上以1美元对7.944 0港元的行市卖出10万美元，买进794 400港元；同时又在巴黎市场上以1英镑对10.987 3港元的行市卖出794 400港元，买进72 302(794 400÷10.987 3)英镑；同时又在伦敦市场上以1英镑对1.432 5美元的行市卖出72 302英镑，买进103 572(72 302×1.432 5)美元。结果，在纽约市场上以10万美元进行套汇，最后收回103 572美元，汇率差额利润为3 572美元(未扣除套汇费用)。

为了把握三地之间的套汇机会，可依据下述原则进行判断：将三地外汇市场的汇率均以直接标价法(或间接标价法)表示，然后相乘，如果乘积等于1或接近等于1，说明没有套汇机会，如果乘积不等于1且与1的偏差较大，说明有套汇机会(在用同一标价法表示汇率时，被标值的货币单位皆为1)。

目前，由于电信技术高度发达，不同外汇市场上的汇率差异日益缩小，因此，套汇交易的机会已大大减少。

六、套利交易

套利交易(interest arbitrage transaction)又称为利息套利，是指套利者利用不同国家或地区短期利率的差异，将资金从利率低的国家或地区转移到利率较高的国家或地区，从中获取利息差额收益的一种外汇交易。这类交易的理论基础是汇率决定理论中的利率平价说，在下一节中会介绍该学说。

套利与套汇一样，是外汇市场上重要的交易活动。由于目前各国外汇市场联系十分密切，一有套利机会，大银行或大公司便会迅速投入大量资金，最终促使各国货币利差与货币远期贴水率趋于一致，使套利无利可图。套利活动使各国货币利率和汇率形成了一种有机的联系，两者互相影响、制约，推动国际金融市场一体化。

套利交易按套利者套利时是否做反方向交易轧平头寸，可分为非抵补套利和抵补套利两种形式。

(一) 非抵补套利

非抵补套利(uncovered interest arbitrage)是把资金从低利率货币转向高利率货币，从而谋取利差收益，但不同时进行反方向交易轧平头寸。

【例 4-8】设美国金融市场短期利率的年息为7%，而在英国则为5%。又设外汇市场的即期汇率为GBP1＝USD1.561 0，资本金额为100万英镑，投资时间为6个月。

(1) 汇率不变时的套利分析：①在英国投资的本利和为100×(1＋5%×6/12)＝

102.5 万英镑。②在美国货币市场投资,资本金为 100×1.561 0=156.10 万美元,期满后的本利和为 156.10×(1+7%×6/12)=161.56 万美元,若到期汇率不变,可折合英镑值为 161.56÷1.561 0=103.5 万英镑。③套利收益为 103.5−102.5=1 万英镑。④套利收益折年率为(1/100)×(12 个月每年/6 个月)=2%,即多赚了 2%的利息收益。

(2) 汇率变化时的套利分析:①设 6 个月后,英镑升值 2.5%,即 GBP1=USD1.561 0×(1+2.5%)=USD1.600 0。②则在美国投资的本利和折合英镑仅为 161.56÷1.600 0=100.975 万英镑。③套利收益为 100.975−102.5=−1.525 万英镑,即比在英国投资还亏损或少赚 1.525 万英镑。

上述分析表明,高利率货币的贬值对非抵补套利影响极大,投资者在此种情况下要承受较大的风险。

(二) 抵补套利

抵补套利(covered interest arbitrage)是指把资金调往高利率货币的同时,在外汇市场上卖出远期高利率货币,即在进行套利的同时做掉期交易,以避免汇率风险。实际上就是套期保值。一般的套利交易多为抵补套利。

在上例中,如果做抵补套利,投资者在买进美元调往纽约的同时,马上在远期市场上卖出为期 6 个月的远期美元(包括预计的利息收入)。这样无论汇率如何变化,投资者在 6 个月后的英镑收入都有保障。

另外,判断是否存在套利机会,也可比较利差和汇差造成的损益。一方面,汇差会带来汇兑损失,即在一定程度上削减套利收益,这个损失的比率就约等于基准货币的升贴水率的绝对值。升贴水率定义式为$\frac{(F-S)}{S}$,F 是基准货币的远期汇率,S 是基准货币的即期汇率。另一方面,由于投资于高利率国家的货币,利差会带来利差收益。利差率定义式为$\frac{n}{12}\times(i_a-i_b)$,其中 i_a 是基准货币的利率,i_b 是另一国货币的利率,n 为投资期限(月)。当利差收益(利差率)大于汇兑损失(升贴水率)时,表明存在抵补套利机会;否则,不存在抵补套利机会。

因为抵补套利还要涉及一些交易成本,如税收差异、手续费、佣金等,所以不等到利差和远期升贴水率完全一致,抵补套利就会停止。

第四节 汇率决定理论与影响因素

从上述外汇市场的各类交易中可以看出,汇率是影响各类交易者交易行为的重要因素。保值者为了防范汇率变动的风险而从事外汇交易,投机者根据自己对汇率变动的预测进行外汇交易,并从中谋利。因此,了解和把握决定汇率及其变动的因素就显得十分重要。

一、汇率决定理论

汇率的决定基础是两国货币各自所具有的或所代表的价值之比。在不同的货币制度下，汇率的决定基础有所不同。在金本位制度下，两国货币的价值量之比表现为含金量之比，称作铸币平价，它构成金本位制度下汇率的决定基础。在纸币流通条件下，纸币是价值的符号，因此，两国纸币所代表的实际价值量之比决定了两国纸币间的汇率。在实际经济生活中，由于各国劳动生产率的差异，国际经济往来的日益密切和金融市场的一体化，信息传递技术的现代化等因素，使纸币本位制下的货币汇率决定受到多种因素影响。

长期以来，各国经济学家致力于研究和探讨汇率决定基础，产生了各种各样的汇率理论。下面对其中几种较具影响的汇率理论做一简要的介绍和评价。

（一）购买力平价说

购买力平价理论(theory of purchasing power parity，PPP)是西方国家汇率理论中最具有影响力的一个理论，是瑞典经济学家卡斯尔(Cassel，1922)在总结前人研究的基础上，于 1922 年系统提出的。该理论的基本思想是：本国人之所以需要外国货币或外国人需要本国货币，是因为这两种货币在各发行国均具有对商品的购买力。以本国货币交换外国货币，其实质就是以本国的购买力去交换外国的购买力。因此，两国货币购买力之比就是决定汇率的基础，而汇率的变化也是由两国购买力之比的变化而引起的。购买力平价又表现为两种形式，即绝对购买力平价和相对购买力平价。

1. 购买力平价的形式

(1) 绝对购买力平价。这是指一定时点上两国货币的均衡汇率是两国物价水平之比。设 R_0 为该时点的均衡汇率，则 $R_0=P_a/P_b$。式中 P_a 和 P_b 分别为 A 国和 B 国的一般物价水平。绝对购买力平价说是以一价定律为基础的，即它假设：在自由贸易条件下，同一种商品在世界各地以同一种货币表示的价格是一样的，只不过按汇率折合成不同货币的价格形式。若在某些国家出现商品价格的不一致，则会出现国际的商品套购活动，直到现实汇率调整到与绝对购买力平价相等，两国商品以同一种货币表示的价格一样为止。将上式改变为 $P_a=R_0\cdot P_b$，即为一价定律的表达式。

(2) 相对购买力平价。相对购买力平价学说将汇率在一段时期内的变动归因于两个国家在这段时期中的物价或货币购买力的变动。这就是说，在一定时期内，汇率的变化与同一时期内两国物价水平的相对变动成比例。用公式表示为：

$$R_1=\frac{(P_{a1}-P_{a0})/P_{a0}}{(P_{b1}-P_{b0})/P_{b0}}\times R_0$$

其中，R_1 和 R_0 分别代表计算期和基期的均衡汇率，P_{a1} 和 P_{a0} 分别代表 A 国计算期和基期的物价水平，P_{b1} 和 P_{b0} 分别代表 B 国计算期和基期的物价水平。

相对购买力平价学说与绝对购买力平价学说相比更富有意义，因为它从理论上避开了一价定律的严格假设。如果相对购买力平价学说是正确的，绝对购买力平价学说却不一定正确；但如果绝对购买力平价学说是正确的，则相对购买力平价学说也一定正确。

2. 对购买力平价说的评价

购买力平价说提出后，在西方学术界引起很大争论，毁誉不一。但这一学说在外汇理论上占有重要的位置，却是不可否认的。

购买力平价理论揭示了汇率变动的长期原因。因为，从根本上说，一国货币的对外价值是货币对内价值的体现。一国物价上涨、纸币对内贬值，在短期内可能不会引起纸币对外贬值,但在长期内必然会引起纸币对外贬值。在西方各国实行浮动汇率的今天,这一汇率理论自然在一定程度上符合汇率运动的现实,尤其是在物价剧烈波动、通货膨胀严重的时期具有相当的意义,因此有很强的生命力。

然而,作为一个主要的西方汇率理论,购买力平价说也存在不少缺陷。

第一,从理论基础上来看,购买力平价是以货币数量论为前提的,认为两国纸币的汇率取决于纸币的购买力,纸币的购买力取决于货币的数量,而不是取决于它所代表的价值。这实际上是一种本末倒置。事实上,纸币所代表的价值并不取决于纸币的购买力。相反,纸币的购买力却取决于纸币所代表的价值。

第二,购买力平价理论把汇率的变动完全归结于购买力的变化,不但忽视了其他因素,如国民收入、国际资本流动、生产成本、市场结构、贸易条件、技术水平以及政治经济局势等对汇率变动的影响,而且忽视了汇率变动对购买力的反作用。实际上,货币购买力是影响汇率变化的因素,但绝不是唯一的因素。

第三,购买力平价理论是建立在种种假设之上的。其中最重要的一个,就是前面已提及的一价定律,即处于不同国家市场上的同类、同质商品的价格通过国际贸易会趋向相等。但事实上,这一前提条件很难实现。首先,一价定律的基础是所有商品都是国际贸易商品,这样国际市场上的套购活动才会使国际贸易商品的价格趋于一致。但事实上,对世界绝大多数国家来讲,非贸易商品在国民生产总值中所占比重大于贸易商品所占比重,而非贸易商品的价格虽然通过国际贸易商品的价格而相互有一定的联系,但其价格形成的基础仍在各国国内市场,而不是在国际市场。因此,包含国际贸易商品和非国际贸易商品价格在内的一般物价水平便不可能保持一致。这不仅产生了物价指数选择的问题,而且使购买力平价理论的运用陷入两难境地。如果所用的指数包括非贸易商品,则使购买力平价关系难以实现和维持"一价定律"的市场机制,完全的价格趋同就不可能了。倘若只用贸易商品的物价指数来决定汇率,又不能完全代表一国的物价水平,所谓的购买力平价也就无从谈起。其次,一价定律的存在是以自由贸易和无贸易成本为前提的。但在现实的国际贸易中,却存在着种种人为的障碍(如关税壁垒、进口配额、许可证制和外汇管制等),再加上贸易本身所涉及的运输成本和其他交易费用,贸易商品的价格也不可能完全趋同。

第四,购买力平价理论在计算具体汇率时,存在许多具体的问题:一是物价指数的选择。如上所述,选择不同的物价指数,将导致不同的购买力平价。是采用消费品物价指数还是采用批发价格指数,或是采用其他指数,难以确定。不同国家的不同经济学家对此存有异议。二是商品的分类。运用购买力平价来计算汇率,要求不同国家在商品的分类上达到一致性和可操作性,否则,就缺乏可比性。而商品分类的依据包括进口、出口、贸易、非贸易等。不同国家由于价格体系、经济体制、统计口径上的差异以及人们知识、信息和主观解释上的差异,使商品分类的一致性要求难以实现。三是基期年的选择。在计算相对购买力平价时,基期年的选择至关重要。因为相对购买力平价学说实际上隐含了基期年汇率 R_0 是均衡汇率的假设。因此,准确选择一个汇率达到或基本达到均衡的基期年,是保证以后一系列计算结果正确的必要前提。但由于研究人员可能因主观判断的失误、观察能力和技术的不足、数据的不完整以及各取所需之故,难以实现对基期年的正确选择。

（二）利率平价说

汇率与利率之间存在着极为密切的关系，这种密切关系是通过国际的套利性资金流动而产生的。凯恩斯和爱因齐格正是通过分析抛补套利所引起的外汇交易提出利率平价说，来说明远期汇率的决定与变动。与购买力平价说相比，利率平价说是一种短期的分析，这两者之间的关系可以用图 4 - 3 说明。

中长期：货币数量 ——→ 购买力(商品价格) ——→ 汇率

短期：货币(资金)供求数量 ——→ 利率(资产价格) ——→ 汇率

图 4 - 3 购买力平价说和利率平价说的关系

1. 利率平价说的主要内容

利率平价说的基本观点是：外汇市场上远期汇率与即期汇率之间的差价是由两国利率差异决定的。在两国利率存在差异的情况下，资金将从低利率国流向高利率国谋取利润。但套利者在比较金融资产的收益率时，不仅要考虑两种资产所提供的收益率，而且要考虑两种资产因汇率变动而产生的收益变动。为避免外汇风险，套利者往往将套利与掉期保值业务结合起来，进行抵补套利，即在将低利率货币转换成高利率货币进行跨国投资的同时，购进一笔相应数额的远期低利率货币，以确保其今后的收入。其结果是，即期外汇市场上低利率货币的供给和高利率货币的需求同时增加，而远期外汇市场上，低利率货币的需求和高利率货币的供给同时增加，使低利率货币的现汇汇率下浮，期汇汇率上浮；而高利率货币的现汇汇率上浮，期汇汇率下浮。换言之，低利率货币出现远期升水，高利率货币则出现远期贴水。随着抛补套利的不断进行，远期差价不断加大，直到两种货币利率之间的差距与汇率的远期升水率或贴水率相等时，抛补套利活动才会停止。准确的利率平价公式将在第七章给出。

2. 对利率平价说的评价

利率平价理论研究的对象是因利率差异而引起的资本流动与汇率决定之间的关系，它从一个侧面阐述了短期汇率变动的原因——资本在国际的流动。因此，利率平价理论于 20 世纪 20 年代首次提出后，就得到不少西方经济学家重视。首先，利率平价说从资金流动的角度指出了汇率和利率之间的密切关系，有助于正确认识现实外汇市场上汇率的形成机制。其次，利率平价说不是一个独立的汇率决定理论，它只描述了汇率与利率之间的相互作用关系，并不是谁决定谁的问题，实际上它们都受到更为基本的因素的作用而发生变化，利率平价只是在这一过程中表现出来的利率与汇率之间的关系。因此，经常把利率平价作为一种基本关系式而运用在其他汇率决定理论的分析中。最后，利率平价说具有特别的实践价值。由于利率的变动非常迅速，同时利率又可对汇率产生立竿见影的影响，利率与汇率间存在的这一关系就为中央银行对外汇市场进行灵活的调节提供了有效的途径。例如，当市场上存在着本币将贬值的预期时，就可以相应提高本国利率以抵消这一贬值预期对外汇市场的压力，维持汇率的稳定。

但这一理论也存在一些缺陷，主要表现为：①理论上的最大不足之处是未能说明汇率决定的基础，而只是解释了在某些特定条件下汇率变动的原因。②利率平价实现的先决条件是资金能不受限制地在国际自由流动。但事实上，许多国家还实行外汇管制和对资本流动的限制，因而利率平价事实上难以实现。③利率平价成立的另一个条件是：在达到利率平价之前，套利活动不断进行。但实际上，在跨国投资中存在着一些额外风险和费用，如政治风险、各种交易费用、税收差异和流动性差异等，都会影响到套利收益，使国际间的抛补套利活动在达到利率平价之前就会停止。因此，在现实世界中，利率平价往往难以成立。④在实际应用中，很多人往往错误地混淆了期汇汇率与预期未来汇率的关系，夸大了利率平价对汇率预期的作用，忽略了市场对外汇风险溢酬的反应。关于这一内容，具体可参见 Sarno 等人在 2012 年的论述。

（三）国际收支说

国际收支说是从国际收支角度分析汇率决定的一种理论。与其他汇率决定理论相比，以国际收支解释汇率决定的思想源远流长。早在 1861 年英国经济学家葛逊就对此进行了系统的阐述，并提出了国际借贷说。实行浮动汇率制后，一些学者进一步运用凯恩斯主义的国际收支均衡分析法来分析汇率的决定，提出了国际收支说。1981 年，美国学者阿盖（Argy）系统地总结了这一理论。因此，国际收支说实际上就是国际借贷说的现代形式。所以在介绍国际收支说之前，必须首先了解国际借贷说的主要观点。

1. 国际借贷说的主要内容

该理论认为汇率决定于外汇供求，而外汇供求又是由国际借贷所引起的。商品的进出口、债券的买卖、利润、捐赠和旅游的收支以及资本交易等都会引起国际借贷关系。国际借贷分为固定借贷和流动借贷两种。前者指借贷关系已形成，但未进入实际支付阶段的借贷；后者指已进入支付阶段的借贷。只有流动借贷才会影响外汇供求。当一国的流动债权（即外汇收入）大于流动债务（即外汇支出）时，外汇的供给大于需求，因而外汇汇率下降。反之，则外汇汇率上升。当一国的流动借贷平衡时，外汇收支相等，汇率便处于均衡状态。这一学说用外汇的供求解释汇率，有其重要的意义，但它主要是说明短期汇率的变动，而对于汇率决定的基础并未详加论证，对于影响汇率的其他重要因素，也没有提出充分的解释。

2. 国际收支说的原理

当国际收支处于均衡状态时，其经常项目收支差额应等于（自主性）资本流出入的差额。如果用 CA 表示经常账户收支差额，KA 表示资本账户差额，则国际收支的均衡条件可表示为：

$$CA+KA=0$$

经常账户收支为商品劳务的进出口差额，而出口（X）和进口（M）分别是由外国国民收入 Y^*、相对价格 P/SP^* 和本国国民收入 Y、相对价格 P/SP^* 所决定的。即：

$$X=X(Y^*,P,P^*,S)$$

$$M=M(Y,P,P^*,S)$$

而资本账户收支则主要取决于国内外的利率差异（$r-r^*$），以及人们对未来汇率变化的预期，即 $(S_e-S)/S$，其中 S_e 为未来现汇汇率的预期值，即：

$$KA=KA(r,r^*,(S_e-S)/S)$$

当一国国际收支处于均衡状态时，$CA(Y,Y^*,P,P^*,S)=-KA(r,r^*,(S_e-S)/$

S),由此所决定的汇率水平就是均衡汇率。因此,均衡汇率可表示为:

$$S=S(Y,Y^{*},P,P^{*},r,r^{*},S_{e})$$

由上式可知,影响均衡汇率变动的因素有国内外国民收入、国内外价格水平、国内外利息率以及人们对未来汇率的预期。①当其他条件不变时(下同),本国国民收入增加,将导致进口增加,由此出现对外汇的超额需求,使外汇汇率上升。反之,若外国国民收入增加,则会使本国出口增加,使外汇汇率下跌。②若本国物价水平相对于外国物价水平下跌,则会引起出口增加,进口减少,从而导致外汇汇率下跌;反之,本国物价的相对上升则使外汇汇率上升。③若本国利息率相对于外国利息率提高,则会增加国外资金的流入,减少本国资金的流出,从而导致外汇汇率下跌。④如果人们预期未来外汇汇率的走势看涨,就会在外汇市场上抛本币,购外币,从而也会导致外汇汇率上扬。反之,则使外汇汇率下跌。

此外,凯恩斯主义者还进一步分析,一国的宏观经济政策会对其收入水平、物价水平和利率水平产生影响,从而影响到均衡汇率。如扩张性的财政政策一方面会通过总需求的扩大而导致收入和物价上升,使经常账户收支产生逆差而形成本国货币贬值的压力;另一方面,扩张性的财政政策可能导致利息率上升,从而刺激国外资金流入,减少国内资金流出,使资本账户收支出现顺差而形成对本币升值的压力,因此其净效果要视具体情况而定。而扩张性的货币政策也会刺激投资需求和消费需求,扩大进口需求;同时还会降低利率,引起国际短期资本大量流出,抑制短期资本流入,从而造成外汇市场上的超额需求,使外汇汇率上升。

3. 对国际收支说的评价

国际收支说是从国际收支供求的角度解释汇率的决定,将影响国际收支的各种重要因素纳入汇率的均衡分析,这对于短期外汇市场的分析具有一定的意义。第一,该学说指出了汇率与国际收支之间存在的密切关系,对全面分析短期内汇率的变动和决定很有好处;第二,该学说也不是一个完整的汇率决定理论,汇率终归是在外汇市场供求平衡时才处于稳定状态的,任何汇率理论都要以这一关系为分析前提。所以,国际收支说可以作为更深入的分析中可以利用的一种工具。

但该理论同样也存在着许多不足之处:①该理论是以外汇市场的稳定性为假设前提的。②该理论的分析基础是凯恩斯主义宏观经济理论、弹性论、利率平价说,因此与这些理论存在着同样的缺陷,故其结论往往与现实相背离。

(四) 资产市场说

随着国际商品资本流动的高度发展,国内外商品市场、货币市场和证券市场之间的相互联系和相互作用日益加强,使得传统的汇率决定理论难以解释现实中变幻莫测的汇率剧烈变动。在此背景下,20 世纪 70 年代中期后不少经济学家提出了资产市场说这一新的汇率决定理论。该理论对传统汇率理论的最大突破在于它将商品市场、货币市场和证券市场结合起来进行汇率决定分析,尤其重视金融资产市场均衡对汇率变动的影响。其基本原理是将外汇看成一种资产,汇率是两国资产的相对价格,汇率变动是由于对外国资产的需求与供给之间的变动引起的,均衡汇率就是指两国资产市场供求存量保持均衡时的两国货币之间的相对价格。资产市场说在一定程度上与现代汇率变动的特征相符,因此该理论一经问世,便受到西方学术界和实际部门的青睐,成为当今汇率理论的主流。

资产市场说隐含着三个重要前提。一是一国的资产市场包括本国货币市场、本币资产(主要是本国债券)市场和外币资产市场(包括外国债券和货币存款市场),并且这三种市场均相当发达,对利率和汇率的变动十分敏感。二是三个市场紧密联系,资金可在三个市场自由流动。三是货币自由兑换。

依据对本外币资产可替代性的不同假设,资产市场说可分为货币分析法(monetary approach)与资产组合分析法(portfolio approach)。货币分析法假定本外币资产可完全替代,而资产组合分析法则反之。在货币分析法内部,又依对价格弹性的假定不同,分为弹性价格货币分析法(flexible-price monetary approach)与黏性价格货币分析法(sticky-price monetary approach)。

以上只是简要介绍了几种传统的汇率决定理论。随着资产定价理论的广泛应用,许多学者试图从新的角度来论述汇率和宏观经济、资本市场的关系,郑振龙和邓弋威(2011)就相关领域文献进行了综述。浮动汇率制下汇率理论的新发展主要体现在将现代经济学的最新发展应用到汇率决定理论中。如将不完全信息、有效市场理论、博弈论、行为金融学以及市场微观结构理论等引入到汇率决定理论中。

二、影响汇率变动的因素

上面介绍了几种主要的汇率决定理论,它们从不同的角度对均衡汇率的决定和汇率的变动进行了研究。但事实上,外汇市场上的实际汇率是由现实的外汇供求状况所决定的。而影响外汇供求的因素错综复杂,既包括经济因素,又包括政治因素和心理因素,并且各种因素之间又相互联系、相互制约。而且,同一个因素在不同的国家、不同的时间内所起的作用也不同。这里仅选择几个较为重要的经济因素来说明它们对汇率变动的影响。

(一) 国民经济发展状况

国民经济发展状况是影响一国国际收支,乃至该国货币汇率的重要因素。国民经济发展状况主要从劳动生产率、经济增长率和经济结构三个方面对汇率产生影响。

1. 劳动生产率

劳动生产率差异会对汇率的变动产生重要的影响。如果一国劳动生产率的增长率在较长时期内持续地高于别国,则使该国单位货币所包含的价值相对增加,从而使本国货币的对外价值相应上升。不过,劳动生产率对汇率的影响是缓慢而长期的,不易马上被察觉出来。

2. 经济增长率

国内外经济增长率的差异对汇率变动的影响是错综复杂的。首先,一方面,一国经济增长率较高,意味着收入上升,由此会造成进口支出增加,从而导致经常项目逆差。另一方面,一国经济增长率高,往往也意味着生产率提高很快,由此通过生产成本的降低改善本国产品的竞争地位而有利于增加出口,抑制进口。而且如果一国经济是以出口导向的,经济增长是为了生产更多的出口货物,则经济增长率的提高,可以使出口的增长弥补进口的增加。综合起来看,高经济增长率一般在短期内会引起更多的进口,从而造成本国货币汇率下降的压力,但从长期来看,却有力地支持本国货币的强劲势头。其次,一国经济增长率较高,意味着该国投资利润率也较高,由此吸引国外资金流入本国,进行直接投资,从而增加本国国际收支资本项目的收入,导致该国货币需求旺盛,汇率上升。

3. 经济结构

经济结构主要指产业结构和产品结构,它对汇率的影响主要是通过影响国际收支的经常项目实现的。如果一国的经济结构比较合理,能够适应世界市场的需求,并且能随着市场需求的变化而调整,那么,该国的贸易收支乃至经常项目收支就能够保持持续的平衡或维持顺差,该国货币在国际外汇市场上就会保持较强的地位。反之,如果一国的经济结构不合理,不能适应世界市场的需求,或不能随着世界市场需求的变化而调整,那么,该国的贸易收支和经常项目收支就难以保持平衡,该国货币在外汇市场上就会趋于疲软。

综上所述,国民经济发展状况对国际收支的影响具有长期性和持久性,因此,它对汇率的影响也是长期的。所以,要分析一国汇率的长期变化,首先必须分析该国的国民经济发展状况。

(二) 相对通货膨胀率

国内外通货膨胀率的差异是决定汇率长期趋势的主导因素。在纸币流通制度下,一国货币的对内价值是决定其对外价值(即汇率)的基础,而货币的对内价值是由国内物价水平来反映的。通货膨胀就意味着该国货币代表的价值量下降,货币对内贬值;而货币对内贬值又不可避免地引起货币的对外贬值,即表现为该国货币对另一国货币汇率的下跌。由于各国普遍存在着通货膨胀问题,因此,必须通过比较国内外通货膨胀率的差异来考察其对汇率的影响。一般而言,如果一国的通货膨胀率超过另一个国家,则该国货币对另一国货币的汇率就要下跌;反之,则上涨。不过,通货膨胀对汇率的影响往往是通过国际收支这个中间环节间接实现的。首先,当一国通货膨胀率较高时,该国商品的价格必然上升,从而削弱本国商品在国际市场上的竞争能力,引起出口减少,同时提高外国商品在本国市场上的竞争能力,造成进口增加,从而导致经常项目的逆差。其次,通货膨胀会影响一国的实际利率。由于实际利率等于名义利率减通货膨胀率,当名义利率不变,通货膨胀率上升时,将导致实际利率下降。而实际利率降低又会引起资本外逃,可能导致资本项目的逆差,进而导致该国货币汇率下跌。

(三) 相对利率

利率作为资金的"价格",一国利率的变动必然会影响到该国的资金输出入,进而影响到该国货币的汇率。如果一国的利率水平相对较高,就会刺激国外资金流入增加,本国资金流出减少,由此改善资本账户收支,提高本国货币的汇价;反之,如果一国的利率水平相对较低,便会恶化资本账户收支,并降低本国货币的汇价。

但在考察利率对汇率的影响作用时,应注意几个问题:一是要比较两国利率的差异;二是要考察扣除通货膨胀因素后的实际利率。如果本国利率上升,但其幅度不如外国利率的上升幅度,或不如国内通货膨胀率的上升幅度,就不可能导致本国货币汇率上升。而且,利率差异对汇率的影响一般都是短期的,随着时间的延长,其作用会逐渐减弱,也就是说,利率对长期汇率的影响作用十分有限。此外,应注意的是,利率对汇率的影响也不是绝对的,这就要求我们在分析利率与汇率的关系时,要同时考虑其他因素,如远期汇率走势。只有当利率投机的收益足以抵补远期汇率的不利变化时,国际短期资本才会流入。

（四）宏观经济政策

宏观经济政策主要是指一国为了实现充分就业、物价稳定、国际收支平衡和经济增长的目标而实施的财政政策和货币政策。就经济政策的执行而言，它可分为紧缩性的经济政策和扩张性的经济政策，它们对国际收支乃至汇率的作用结果正好相反。财政政策主要通过调整税率、政府支出两种方式来执行。货币政策主要通过调整再贴现率、存款准备率和货币供应量的方式来执行。扩张性的财政政策和货币政策都会刺激投资需求和消费需求，促进经济发展，从而增加进口需求，使该国的贸易收支发生不利的变化，由此导致该国货币汇率下跌。而且扩张性的货币政策还会降低利率，从而引起国际短期资本大量流出，抑制短期资本流入，从而可能引起资本项目的逆差，增加汇率下跌的压力。扩张性的财政政策可能导致巨额的财政赤字，从而导致通货膨胀加剧以及国际收支恶化，使汇率下跌。但如果政府为了弥补财政赤字，提高利率来发放国债或对付通货膨胀，汇率反而可能上升。同理，当采取紧缩性的财政政策和货币政策时，就可能导致汇率上升。

一般来说，宏观经济政策对一国经济的影响要在一段时间后才能见效，但它的调整却可能对市场预期产生巨大的影响，从而迅速引起货币供求和汇率的变化。目前，这种对经济政策效果的预期对短期汇率波动的影响作用越来越大。

（五）国际储备

一国政府持有较多的国际储备，表明政府干预外汇市场、稳定汇率的能力较强，因此，储备增加能加强外汇市场对本国货币的信心，从而有助于本国货币汇率上升。反之，储备下降则会引起本国货币汇率下跌。

除了上述经济因素外，还有许多非经济因素的作用，如政治、军事以及心理等因素。其中心理因素又与政治、经济、军事等因素有极大的相关性，并可能对汇率产生重大影响。由于国际金融市场上存在着巨额的短期资金，它们对世界各国的政治、经济、军事等因素都具有高度敏感性，一旦出现风吹草动，就四处流窜，给外汇市场带来巨大的冲击，由此成为各国货币汇率频繁起伏的重要原因。可以说，预期因素是短期内影响汇率变动的最主要因素。只要市场上预期某国货币汇率不久会下跌，那么，市场上立即就可能出现抛售该国货币的行动，从而导致该国货币汇率下跌。

相关阅读 4-6

20 世纪 90 年代后汇率决定理论的发展方向

20 世纪 90 年代以来，传统的汇率决定模型中被作为假设前提，或被认为是不重要的细节而忽略的方面逐渐进入了研究的视野，形成了一些新的发展方向。其中，一些经济学家开始关注原有汇率理论未曾考虑的宏观经济关系的微观基础，从而形成了具有微观基础的汇率宏观经济分析方法（斯文森和温伯根（Svensson & Wijnbergen，1989））；与此同时，基于对理性预期的批判，从外汇市场微观结构研究出发的汇率决定的微观结构理论（莱昂斯（Lyons，2001））和从市场参与者异质性导致汇率混沌运动思想出发的汇率决定的混沌分析方法（格劳和德瓦赫特（Grauwe & Dewachter，1992，1993）），也登上了理论发展的历史舞台。这三个方向一起，共同演绎了 1990 年后汇率决定理论的最新突破和发展。

本章小结

1. 外汇市场是指由各外汇市场参与者组成的买卖外汇的交易系统。按照外汇交易参与者不同,外汇市场有狭义和广义之分。从形式上看,外汇市场有具体和抽象之分,但通常人们都将典型的外汇市场理解为一种抽象市场。

2. 当代外汇市场已成为全球一体化的市场,宏观经济变量对外汇市场的影响作用日趋显著,汇率波动日趋剧烈,各种防范汇率风险的金融创新不断应运而生,各国中央银行的联合干预已成为外汇市场的重要特征。

3. 外汇市场的主要作用是:实现购买力的国际转移,为国际经济交易提供资金融通,为外汇保值和投机提供交易场所。

4. 外汇市场的参与者主要包括外汇银行、外汇经纪商、顾客、中央银行及其他官方机构。相应地,外汇市场的交易可分为三个层次,即银行与顾客之间、银行同业之间、银行与中央银行之间的交易,外汇经纪商则在其中起中介作用。

5. 传统的外汇市场交易主要包括即期外汇交易、远期外汇交易、掉期交易、套汇交易和套利交易。

6. 汇率是两国货币的交换比例,其决定基础是两国货币各自所具有的或所代表的价值量之比。在不同货币制度下,汇率的决定基础有所不同。金本位制度下,汇率的决定基础是铸币平价;纸币流通制度下,汇率的决定基础是两国纸币所代表的实际价值量之比。

7. 汇率决定理论种类繁多,本章介绍了其中较具影响力的购买力平价说、利率平价说、国际收支说和资产市场说。它们分别从货币因素、宏观基本面因素等不同角度对均衡汇率的决定和汇率的变动进行了研究。本章引导大家认识了这些学说的实证研究状况和研究方向,并对汇率理论的最新趋势作了介绍。

8. 外汇市场上实际汇率的形成是由现实中外汇供求关系所决定的,而影响外汇供求的因素错综复杂,主要有经济的、政治的和心理的因素。其中经济因素主要包括国民经济发展状况、相对通货膨胀率、相对利率、宏观经济政策以及国际储备等。

重要概念

外汇　汇率　直接标价法　间接标价法　敞开头寸　基本点　即期汇率　买入价　卖出价　交叉汇率　远期汇率　远期差价　远期汇水　升水　贴水　远期交易　套期保值　外汇投机　择期交易　直接套汇　间接套汇　掉期交易　铸币平价　一价定律　绝对购买力平价　相对购买力平价　国际借贷说　国际收支说　资产市场说

进一步阅读

[1] Obstfeld M, Rogoff K. Exchange rate dynamics redux [J]. Journal of Political Economy 1995(103):604 - 660.

[2] Lyons R. The microstructure approach to exchange rate [M]. Cambridge: MIT Press,2001.

[3] Cope land L. Exchange rates and international Finance. 5th Edition. [M]. NY:Prentice Hall,2008.

参考文献

[1] Cassel G. Money and foreign exchange after 1914 [M]. London:Constable,1922.

[2] Grauwe De P,Dewachter H. A chaotic monetary of the exchange rate [M]. Kredit and Kapital 1992(25):26 - 54.

[3] Grauwe De P,Dewachter H. Chaos in the dornbusch model:the role of fundamentalists and chartists [J]. Open Economics Review,1994(3):351 - 379.

[4] Lyons R. The microstructure approach to exchange Rate [M]. Cambridge: MIT Press,2001.

[5] Sarno L,Schneider P,Wagner C. Properties of foreign exchange risk premiums[J]. Journal of Financial Economics,2012,105(2):279 - 310.

[6] Svensson L E O,S van Wijnbergen. Excess capacity,monopolistic competition,and international transmission of monetary disturbances [J]. Economic Journal,1989,99:784 - 805.

[7] 郑振龙,邓弋威. 外汇风险溢酬理论述评[J]. 厦门大学学报(哲社版),2011(1):9 - 15.

即测即评

习 题

1. 判断题

(1) 外汇就是以外国货币表示的支付手段。(　　)

(2) 买入价和卖出价是同一笔外汇交易中,买卖双方所使用的价格。(　　)

(3) 在直接标价法和间接标价法下,升水与贴水的含义截然相反。(　　)

(4) 远期外汇的买卖价之差总是大于即期外汇的买卖价之差。(　　)

(5) 甲币对乙币升值 10%,则乙币对甲币贬值 10%。(　　)

(6) 外汇银行只要存在“敞开头寸”,就一定要通过外汇交易将其轧平。(　　)

(7) 只要两国间存在着利率差异,国际投资者就可从套利交易中获利。(　　)

(8) 根据利率平价说,利率相对较高国家的货币未来升水的可能性较大。(　　)

(9) 购买力平价理论认为,一国的物价变动是外汇汇率涨落的结果。(　　)

(10) 弹性货币分析法的结论与国际收支说的结论是一致的。( )

2. 选择题

(1) 下列不适于掉期交易的说法是( )。

A. 一对交易构成,通常一方是即期,另一方是远期

B. 能够代替两种市场交易

C. 消除了对方的信用风险

D. 可以用来充分利用套利机会

(2) 在伦敦外汇市场上,即期汇率 GBP1=HKD10.986 3～10.987 3,6 个月的 HKD 差价为 90～100,那么,斯密公司买进 6 个月的远期 HKD10 000,折合英镑( )。

A. 10 000÷(10.986 3+0.009 0)　　B. 10 000÷(10.986 3+0.010 0)

C. 10 000÷(10.986 3−0.009 0)　　D. 10 000÷(10.986 3−0.010 0)

(3) 利率对汇率变动的影响是( )。

A. 国内利率上升,则本国汇率上升

B. 国内利率下降,则本国汇率下降

C. 须比较国内外的利率和通货膨胀率后确定

(4) 对于资产市场分析法,下列说法不正确的是( )。

A. 决定汇率的是流量因素而不是存量因素

B. 以动态分析法分析长期均衡汇率

C. 预期因素对当期汇率有重要的影响

(5) 纸币流通条件下,可能使一国货币汇率上升的因素是( )。

A. 政府宣布减少税收　　B. 物价下降

C. 放宽对进口的限制　　D. 银行利率下降

3. 下列银行报出了 GBP/USD 和 USD/HKD 的汇率,你想卖出英镑,买进港元。

银行	GBP/USD	USD/HKD
A	1.685 3/63	7.795 8/68
B	1.685 5/65	7.795 9/69
C	1.685 2/64	7.796 0/70
D	1.685 6/66	7.795 7/67
E	1.685 4/68	7.795 6/66

问:(1) 你将向哪家银行卖出英镑,买进美元?

(2) 你将向哪家银行卖出美元,买进港元?

(3) 用对你最有利的汇率计算 GBP/HKD 的交叉汇率是多少。

4. 下面列举的是银行报出的 GBP/USD 的即期与远期汇率:

	银行 A	银行 B	银行 C
即期	1.683 0/40	1.683 1/39	1.683 2/42
3 个月	39/36	42/38	39/36

问:你将从哪家银行按最佳汇率买进远期英镑?

5. 出口收汇的远期外汇操作。1998 年 10 月中旬外汇市场行情如下：

即期汇率	GBP1＝USD 1.677 0/80
2 个月汇水	125/122

一个美国出口商签订向英国出口价值 10 万英镑的仪器的协定，预计 2 个月后才会收到英镑，到时需将英镑兑换成美元核算盈亏。假若美出口商预测 2 个月后英镑将贬值，2 个月后的即期汇率水平将变为 GBP1＝USD 1.660 0/10。如不考虑交易费用，此例中：

(1) 如果美国出口商现在不采取避免汇率变动风险的保值措施，则 2 个月后将收到的英镑折算为美元时相对 10 月中旬兑换美元将会损失多少？

(2) 美国出口商如何利用远期外汇市场进行套期保值？

6. 远期对远期的掉期交易。英国某银行在 6 个月后应向外支付 500 万美元，同时在 1 年后又将收到另一笔 500 万美元的收入。假设目前外汇市场行情为：

即期汇率	GBP1＝USD 1.677 0/80
1 个月的汇水	20/10
2 个月的汇水	30/20
3 个月的汇水	40/30
6 个月的汇水	40/30
12 个月的汇水	30/20

可见，英镑兑美元是贴水，其原因在于英国的利率高于美国。但是若预测英、美两国的利率在 6 个月后将发生变化，届时英国利率可能反过来低于美国，因此英镑兑美元会升水。此时，外汇市场的行情变为：

即期汇率	GBP1＝USD 1.670 0/10
6 个月汇水	100/200

那么，如何进行掉期交易以获利呢？（提示：先做“6 个月对 12 个月”的远期对远期掉期交易；当第 6 个月到期时，市场汇率发生变动后，再进行一次“即期对 6 个月”的即期对远期的掉期交易）

7. 某年 8 月 15 日我国某公司按汇率 GBP1＝USD 1.670 0 向英国某商人报出销售核桃仁的美元和英镑价格，任其选择，该商人决定按美元计价成交，与我国某公司签订了数量为 1 000 吨的合同，价值 750 万美元。但到了同年 11 月 20 日，美元与英镑的汇率却变为 GBP1＝USD 1.665 0，于是该商人提出应该按 8 月 15 日所报英镑价计算，并以增加 3% 的货价作为交换条件。你认为能否同意该商人的要求？为什么？

8. 设纽约市场上年利率为 8%，伦敦市场上年利率为 6%，即期汇率为 GBP1＝USD 1.602 5～1.603 5，3 个月汇水为 30～50 点。若一位投资者拥有 10 万英镑，应投放在哪个市场上较有利？如何确保其投资收益？请说明投资、避险的操作过程及获利情况。说明该方法的理论依据是什么，并简述该理论。

中国政府网→2020 年人民币国际化报告

第五章 债券价值分析

在第五章和第六章中，将分别运用股息(或利息)贴现法对债券和普通股的价值进行分析。事实上，价值分析的方法可以分为收入资本化法(capitalization of income method of valuation)、市场法(market approach)和资产基准法(asset-based approach)等。收入资本化法简称收入法(income approach)，又称现金流贴现法(discounted cash flow method, DCF)，包括股息(或利息)贴现法和自由现金流贴现法。其中，股息(或利息)贴现法是最基础的价值分析方法。

学完本章后，你应该能够：

★ 掌握股息(或利息)贴现法在债券价值分析中的运用

★ 掌握债券定价的五个基本原理

★ 了解债券属性与债券价值分析

★ 了解久期、凸度及其在利率风险管理中的运用

第一节　收入资本化法在债券价值分析中的运用

收入资本化法认为任何资产的内在价值(intrinsic value)均取决于该资产预期的未来现金流的现值。根据资产的内在价值与市场价格是否一致，可以判断该资产是否被低估或高估，从而帮助投资者进行正确的投资决策。所以，决定债券的内在价值成为债券价值分析的核心。本书第三章对债券的种类进行了详细的分类，下面对不同的债券种类分别使用收入资本化法进行价值分析。

一、贴现债券

贴现债券(pure discount bond)，又称零息债券(zero-coupon bond)，是一种以低于面值的贴现方式发行，不支付利息，到期按债券面值偿还的债券。债券发行价格与面值之间的差额就是投资者的利息收入。由于面值是投资者未来唯一的现金流，所以贴现债券的内在价值由以下公式决定：

$$V=\frac{A}{(1+y)^T} \tag{5.1}$$

式中：V 表示内在价值；

A 表示面值；

y 表示该债券的预期收益率；

T 表示债券剩余期限。

【例 5-1】假定某种贴现债券的面值为 100 万元，期限为 20 年，该债券的预期收益率为 10%，那么它的内在价值应该是：$V=100/(1+0.1)^{20}=14.8644$（万元）。换言之，该贴现债券的内在价值仅为其面值的 15%左右。

二、直接债券

直接债券(level-coupon bond)，又称定息债券或固定利息债券，按照票面金额计算利息，票面上可附有作为定期支付利息凭证的息票，也可不附息票。投资者不仅可以在债券期满时收回本金（面值），而且可定期获得固定的利息收入。所以，投资者未来的现金流包括了两部分，本金与利息。直接债券的内在价值公式如下：

$$V=\frac{c}{1+y}+\frac{c}{(1+y)^2}+\frac{c}{(1+y)^3}+\cdots+\frac{c}{(1+y)^T}+\frac{A}{(1+y)^T} \qquad (5.2)$$

式中：c 表示债券每期支付的利息；

其他变量的含义与式(5.1)相同。

【例 5-2】假设现在是 2007 年 11 月，目前市场上中国政府债券的预期收益率为 10%（半年计一次复利）。中国政府于 1996 年 11 月发行了一种面值为 1 000 元，年利率为 13%的 15 年期国债。债券利息每半年支付一次，即分别在每年的 5 月和 11 月支付，每次支付利息 65 元(130/2 元)。那么，该债券未来的现金流可用表 5-1 表示。

表 5-1 债券的未来现金流

时间	2008 年 5 月	2008 年 11 月	2009 年 5 月	2009 年 11 月	2010 年 5 月	2010 年 11 月	2011 年 5 月	2011 年 11 月
现金流（元）	65	65	65	65	65	65	65	65+1 000

那么该债券的内在价值为 1 097.095 元，具体计算过程如下：

$$V=\frac{65}{1+0.05}+\frac{65}{(1+0.05)^2}+\cdots+\frac{65}{(1+0.05)^8}+\frac{1\,000}{(1+0.05)^8}$$
$$=1\,097.095(\text{元})$$

三、统一公债

统一公债(consols)是一种没有到期日的特殊的定息债券。最典型的统一公债是英格兰银行在 18 世纪发行的英国统一公债(English Consols)，英格兰银行保证对该公债的投资者永久地支付固定的利息。直至如今，在伦敦的证券市场上仍然可以买卖这种公债。历史上美国政府为巴拿马运河融资也曾发行过类似的统一公债。但是，由于在该种债券发行时含有赎回条款，所以美国的统一公债已经退出了流通。因为优先股的股东可以无限期地获得固定的股息，所以，在优先股的股东无限期地获取固定股息的条件得到满足时，优先股实际上也是一种统一公债。统一公债的内在价值的计算公式如下：

$$V=\frac{c}{1+y}+\frac{c}{(1+y)^2}+\frac{c}{(1+y)^3}+\cdots=\frac{c}{y} \tag{5.3}$$

【例 5－3】例如，某种统一公债每年的固定利息是 50 元，假定该债券的预期收益率为 10％，那么，该债券的内在价值为 500 元，即：

$$V=\frac{50}{0.1}=500(\text{元})$$

在上述三种债券中，直接债券是一种最普遍的债券形式。下面就以直接债券为例，说明如何根据债券的内在价值与市场价格的差异，判断债券价格属于低估还是高估。

第一种方法，比较两类到期收益率的差异。式(5.1)、式(5.2)、式(5.3)中的 y 是该债券的预期收益率，即根据债券的风险大小确定的到期收益率(appropriate yield-to-maturity)，也是投资者要求的收益率；另外一类到期收益率，是债券本身承诺的到期收益率(promised yield-to-maturity)，即隐含在当前市场上债券价格中的到期收益率，用 k 表示。

假定债券的价格为 P，每期支付的利息为 c，到期偿还本金(面值) A，那么，债券价格与债券本身承诺的到期收益率之间存在下列关系式：

$$P=\frac{c}{1+k}+\frac{c}{(1+k)^2}+\cdots+\frac{c}{(1+k)^T}+\frac{A}{(1+k)^T} \tag{5.4}$$

如果 $y>k$，则该债券的价格被高估；如果 $y<k$，则该债券的价格被低估；当 $y=k$ 时，债券的价格等于债券价值，市场也处于均衡状态。在本章第二节和第三节中，若未特别说明，则该债券的预期收益率 y 与债券承诺的到期收益率 k 是相等的，债券价格与债券价值也是相等的。

【例 5－4】某种债券的价格为 900 元，每年支付利息 60 元，三年后到期偿还本金 1 000 元，那么根据式(5.4)，可以算出该债券承诺的到期收益率 k 为 10.02％。如果该债券的预期收益率为 9％。那么，这种债券的价格是被低估的。具体计算过程如下：

$$900=\frac{60}{1+k}+\frac{60}{(1+k)^2}+\frac{60+1\,000}{(1+k)^3}$$

解此方程即可得出 $k=10.02\%$。

第二种方法，比较债券的内在价值与债券价格的差异。把债券的内在价值(V)与债券价格(P)两者的差额，定义为债券投资者的净现值(NPV)。当净现值大于零时，意味着内在价值大于债券价格，即市场利率低于债券承诺的到期收益率，该债券被低估；反之，当净现值小于零时，该债券被高估。

$$NPV=V-P \tag{5.5}$$

【例 5－5】沿用例 5－4 中的数据，可以发现该债券的净现值为 24.06 元，所以该债券的价格被低估了，具体计算如下：

$$\begin{aligned}NPV&=\left[\frac{60}{1+0.09}+\frac{60}{(1+0.09)^2}+\frac{60}{(1+0.09)^3}+\frac{1\,000}{(1+0.09)^3}\right]-900\\&=24.06(\text{元})\end{aligned}$$

当净现值大于零时，对于投资者是一个买入信号。相反，如果该债券的预期收益率 y 不是 9％，而是 11％，那么，该债券的净现值将小于零(－22.19 元)，表明它被高估了，对于投资者构成了一个卖出信号。只有当债券的预期收益率近似等于债券承诺的到期收益率时，债券的价格才处于一个比较合理的水平。

第二节　债券定价原理

1962 年马尔基尔(Malkiel,1962)最早系统地提出了债券定价的 5 个原理。至今，这 5 个原理仍然被视为债券定价理论的经典。

原理一：债券的价格与债券的收益率成反比例关系。换句话说，当债券价格上升时，债券的收益率下降；反之，当债券价格下降时，债券的收益率上升。[①]

【例 5－6】某 5 年期的债券，面值为 1 000 元，每年支付利息 80 元，即息票率为 8%。如果现在的市场价格等于面值，意味着它的收益率等于息票率 8%。如果市场价格上升到 1 100 元，它的收益率下降为 5.76%，低于息票率；反之，当市场价格下降到 900 元时，它的收益率上升到 10.98%，高于息票率。具体计算如下：

$$1\ 000=\frac{80}{1+0.08}+\cdots+\frac{80}{(1+0.08)^5}+\frac{1\ 000}{(1+0.08)^5}$$

$$1\ 100=\frac{80}{1+0.057\ 6}+\cdots+\frac{80}{(1+0.057\ 6)^5}+\frac{1\ 000}{(1+0.057\ 6)^5}$$

$$900=\frac{80}{1+0.109\ 8}+\cdots+\frac{80}{(1+0.109\ 8)^5}+\frac{1\ 000}{(1+0.109\ 8)^5}$$

原理二：当市场预期收益率变动时，债券的到期时间与债券价格的波动幅度之间成正比关系。换言之，到期时间越长，价格波动幅度越大；反之，到期时间越短，价格波动幅度越小。

原理三：随着债券到期时间的临近，债券价格的波动幅度减少，并且是以递增的速度减少；反之，到期时间越长，债券价格波动幅度增加，并且是以递减的速度增加。

原理二和原理三不仅适用于不同债券之间的价格波动的比较(见例 5－7)，而且可以解释同一债券的到期时间长短与其价格波动之间的关系(见例 5－8)。

【例 5－7】假定存在 4 种期限分别是 1 年、10 年、20 年和 30 年的债券，它们的息票率都是 5%，面值均为 100 元，其他的属性也完全一样。如果起初这些债券的预期收益率都等于 5%，根据内在价值的计算公式可知这 4 种债券的内在价值都是 100 元。如果相应的预期收益率上升或下降，这 4 种债券的内在价值的变化如表 5－2 所示。

表 5－2　内在价值(价格)与期限之间的关系

预期收益率	期限			
	1 年	10 年	20 年	30 年
3%	102	117	130	139

① 可以通过对式(5.2)求导，证明原理一。$\frac{\mathrm{d}V}{\mathrm{d}y}=-\left(\sum_{t=1}^{T}\frac{tc}{(1+y)^{t+1}}+\frac{AT}{(1+y)^{T+1}}\right)\leqslant 0$。类似地，可以对原理二至原理四进行数学证明。

续表

预期收益率	期限			
	1年	10年	20年	30年
4%	101	108	114	117
5%	100	100	100	100
6%	99	93	88	86
7%	98	86	79	75

表5-2反映了当预期收益率由现在的5%上升到7%，四种期限的债券的内在价值分别下降2元、14元、21元和25元；反之，当预期收益率由现在的5%下降到3%，四种期限的债券的内在价值分别上升2元、17元、30元和39元。同时，当预期收益率由现在的5%上升到7%时，1年期和10年期的债券的内在价值下降幅度相差12元，10年期和20年期的债券的内在价值下降幅度相差7元，20年期和30年期的债券的内在价值下降幅度相差4元。可见，由单位期限变动引起的边际价格变动率递减。

【例5-8】某5年期的债券，面值为1 000元，每年支付利息60元，即息票率为6%。如果它的发行价格低于面值，为883.31元，意味着收益率为9%，高于息票率；如果一年后，该债券的收益率维持在9%的水平不变，它的市场价格将为902.81元。这种变动说明了在维持收益率不变的条件下，随着债券期限的临近，债券价格的波动幅度从116.69(1 000−883.31)元减少到97.19(1 000−902.81)元，两者的差额为19.5元，占面值的1.95%。具体计算如下：

$$883.31=\frac{60}{1+0.09}+\cdots+\frac{60}{(1+0.09)^5}+\frac{1\ 000}{(1+0.09)^5}$$

$$902.81=\frac{60}{1+0.09}+\cdots+\frac{60}{(1+0.09)^4}+\frac{1\ 000}{(1+0.09)^4}$$

假定两年后，该债券的收益率仍然为9%，则它的市场价格将为924.06元，该债券的价格波动幅度为75.94(1 000−924.06)元。与之前的97.19元相比，两者的差额为21.25元，占面值的2.125%。所以，第一年与第二年市场价格波动幅度减少的速度(1.95%)小于第二年与第三年市场价格波动幅度减少的速度(2.125%)。第二年后的市场价格计算公式为：

$$924.06=\frac{60}{1+0.09}+\cdots+\frac{60}{(1+0.09)^3}+\frac{1\ 000}{(1+0.09)^3}$$

表5-3反映了债券价格随到期时间的变动情形。由表中可以看出，债券价格的波动幅度与到期时间成正比。并且随着到期时间的临近，债券价格的波动以递增的速度减少。

表5-3 同种债券价格随到期时间的变动

到期期限	5年	4年	3年	2年	1年	0年
债券价格	883.31	902.81	924.06	947.23	972.48	1 000
价格波动幅度	116.69	97.19	75.94	52.77	27.52	0

续表

价格波动率①	11.67%	9.72%	7.59%	5.28%	2.75%	0
波动率变化值	—	1.95%	2.13%	2.32%	2.53%	2.75%

原理四:对于期限既定的债券,由收益率下降导致的债券价格上升的幅度大于同等幅度的收益率上升导致的债券价格下降的幅度。换言之,对于同等幅度的收益率变动,收益率下降给投资者带来的利润大于收益率上升给投资者带来的损失。

【例 5-9】某 5 年期的债券 A,面值为 1 000 元,息票率为 7%。假定发行价格等于面值,那么它的收益率等于息票率 7%。如果收益率变动幅度定为 1 个百分点,当收益率上升到 8%时,该债券的价格将下降到 960.07 元,价格波动幅度为 39.93(1 000−960.07)元;反之,当收益率下降 1 个百分点,降到 6%时,该债券的价格将上升到 1 042.12 元,价格波动幅度为 42.12(1 042.12−1 000)元。很明显,同样 1 个百分点的收益率变动,收益率下降导致的债券价格上升幅度(42.12 元)大于收益率上升导致的债券价格下降幅度(39.93 元)。具体计算如下:

$$1\ 000=\frac{70}{1+0.07}+\cdots+\frac{70}{(1+0.07)^5}+\frac{1\ 000}{(1+0.07)^5}$$

$$960.07=\frac{70}{1+0.08}+\cdots+\frac{70}{(1+0.08)^5}+\frac{1\ 000}{(1+0.08)^5}$$

$$1\ 042.12=\frac{70}{1+0.06}+\cdots+\frac{70}{(1+0.06)^5}+\frac{1\ 000}{(1+0.06)^5}$$

原理五:对于给定的收益率变动幅度,债券的息票率与债券价格的波动幅度成反比关系。换言之,息票率越高,债券价格的波动幅度越小。②

【例 5-10】与例 5-9 中的债券 A 相比,某 5 年期的债券 B,面值为 1 000 元,息票率为 9%,比债券 A 的息票率高 2 个百分点。如果债券 B 与债券 A 的收益率都是 7%,那么债券 A 的市场价格等于面值,而债券 B 的市场价格为 1 082 元,高于面值。如果两种债券的收益率都上升到 8%,它们的价格无疑都将下降,债券 A 和债券 B 的价格分别下降到 960.07 元和 1 039.93 元。债券 A 的价格下降幅度为 3.993%,债券 B 的价格下降幅度为 3.889%。很明显,债券 B 的价格波动幅度小于债券 A。具体计算如下:

债券 A:

$$1\ 000=\frac{70}{1+0.07}+\cdots+\frac{70}{(1+0.07)^5}+\frac{1\ 000}{(1+0.07)^5}$$

$$960.07=\frac{70}{1+0.08}+\cdots+\frac{70}{(1+0.08)^5}+\frac{1\ 000}{(1+0.08)^5}$$

---

① 价格波动率 $=\left|\frac{P_t-1\ 000}{1\ 000}\right|\times 100\%$,其中 $t=5,\cdots,0$;为到期时间。

② 原理五不适用于一年期的债券和以统一公债为代表的无限期债券。

债券 B：

$$1\ 082=\frac{90}{1+0.07}+\cdots+\frac{90}{(1+0.07)^5}+\frac{1\ 000}{(1+0.07)^5}$$

$$1\ 039.93=\frac{90}{1+0.08}+\cdots+\frac{90}{(1+0.08)^5}+\frac{1\ 000}{(1+0.08)^5}$$

第三节　债券价值属性

根据上一节的债券定价原理可知，债券的价值与以下 8 方面的属性密切相关。这些属性分别是：(1)到期时间(期限)(time to maturity)；(2)债券的息票率(coupon rate)；(3)债券的可赎回条款(call provision)；(4)税收待遇(tax treatment)；(5)市场的流通性(liquidity)；(6)违约风险(default risk)；(7)可转换性(convertibility)；(8)可延期性(extendability)。其中任何一种属性的变化，都会改变债券的到期收益率水平，从而影响债券的价格。下面将采用比较静态分析的方法，即在假定其他属性不变的条件下，分析某一种属性的变化对债券价格的影响。

一、到期时间

在债券定价原理部分已经介绍了债券到期时间的长短与其价格波动之间的关系，下面将重点分析债券的市场价格时间轨迹。

当债券息票率等于预期收益率时，投资者资金的时间价值通过利息收入得到补偿；当息票率低于预期收益率时，利息支付不足以补偿资金的时间价值，投资者还需从债券价格的升值中获得资本收益；当息票率高于预期收益率时，利息支付超过了资金的时间价值，投资者将从债券价格的贬值中遭受资本损失，抵消了较高的利息收入，投资者仍然获得相当于预期收益率的收益率。

表 5－4 列出了偿还期限还剩 20 年、息票率为 9%、内在到期收益率为 12%、每半年付息一次的债券的价格变化情况。表 5－5 列出了偿还期限还剩 20 年、息票率为 9%、内在到期收益率为 7%、每半年付息一次的债券的价格变化情况。从表中可以看出，无论是溢价发行的债券还是折价发行的债券，若债券的内在到期收益率不变，则随着债券到期日的临近，债券的市场价格将逐渐趋向于债券的票面金额。图 5－1 直观地反映了折(溢)价债券的价格变动轨迹。

表 5－4　20 年期、息票率为 9%、内在到期收益率为 12%的债券的价格变化

剩余到期年数	以 6%贴现的 45 元息票支付的现值(元)	以 6%贴现的票面价值的现值(元)	债券价格(元)
20	677.08	97.22	774.30
18	657.94	122.74	780.68
16	633.78	154.96	788.74
14	603.28	195.63	798.91
12	564.77	256.98	811.75

续表

剩余到期年数	以6%贴现的45元息票支付的现值(元)	以6%贴现的票面价值的现值(元)	债券价格(元)
10	516.15	311.80	827.95
8	454.77	393.65	848.42
6	377.27	496.97	874.24
4	279.44	627.41	906.85
2	155.93	792.09	948.02
1	82.50	890.00	972.52
0	0.00	1 000.00	1 000.00

资料来源:Frank J Fabozzi. CFA,Fixed income mathematics. IRWIN Professional Publishing,1993.

表5-5 20年期、息票率为9%、内在到期收益率为7%的债券的价格变化

剩余到期年数	以3.5%贴现的45元息票支付的现值(元)	以3.5%贴现的票面价值的现值(元)	债券价格(元)
20	960.98	252.57	1 213.55
18	913.07	289.83	1 202.90
16	855.10	332.59	1 190.69
14	795.02	381.66	1 176.67
12	722.63	437.96	1 160.59
10	639.56	502.57	1 142.13
8	544.24	576.71	1 120.95
6	434.85	611.78	1 096.63
4	309.33	759.41	1 068.74
2	165.29	871.44	1 036.73
1	85.49	933.51	1 019.00
0	0.00	1 000.00	1 000.00

资料来源:Frank J Fabozzi. CFA,Fixed income mathematics. IRWIN Professional Publishing,1993.

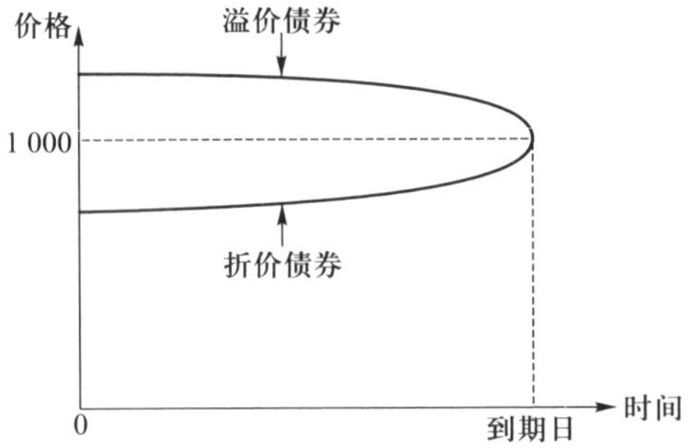

图5-1 折(溢)价债券的价格变动

零息债券的价格变动有其特殊性。在到期日，债券价格等于面值，到期日之前，由于资金的时间价值，债券价格低于面值，并且随着到期日的临近而趋近于面值。如果利率恒定，则价格以等于利率值的速度上升。

【例 5-11】某 30 年期的零息债券，面值 1 000 元，预期收益率等于 10%，当前价格为 1 000/$(1+10\%)^{30}$=57.31(元)。一年后，价格为 1 000/$(1+10\%)^{29}$=63.04(元)，比上一年增长了 10%。图 5-2 反映了这种债券价格的变动轨迹。

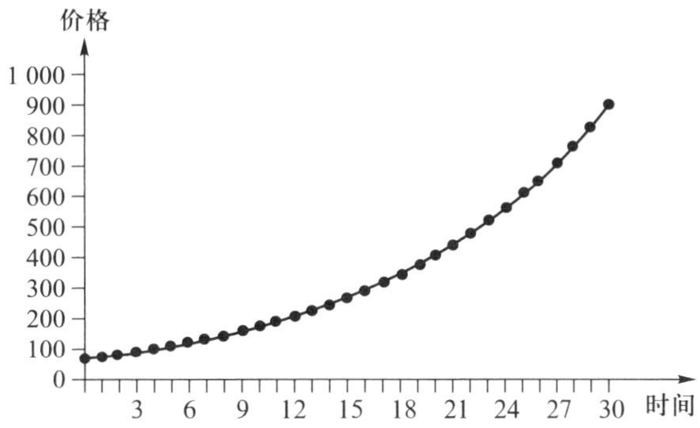

图 5-2　零息债券的价格变动

二、息票率

债券的到期时间决定了债券的投资者取得未来现金流的时间，而息票率决定了未来现金流的大小。在其他属性不变的条件下，债券的息票率越低，债券价格随预期收益率波动的幅度越大。

【例 5-12】存在 5 种债券，期限均为 20 年，面值为 100 元。唯一的区别在于息票率，它们的息票率分别为 4%、5%、6%、7%和 8%。假设这些债券的预期收益率都等于 7%，那么，可以利用式 5.2 分别计算出各自的初始的内在价值。如果预期收益率发生了变化(上升到 8%和下降到 5%)，相应地可以计算出这 5 种债券的新的内在价值。具体结果见表 5-6。

表 5-6　内在价值(价格)变化与息票率之间的关系

息票率	预期收益率			内在价值变化率(7%到 8%)	内在价值变化率(7%到 5%)
	7%	8%	5%		
4%	68	60	87	−11.3%	+28.7%
5%	78	70	100	−10.5%	+27.1%
6%	89	80	112	−10.0%	+25.8%
7%	100	90	125	−9.8%	+25.1%
8%	110	100	137	−9.5%	+24.4%

资料来源：黄亚钧. 现代投资银行的业务和经营. 立信会计出版社，1996:119.

从表 5-6 中可以发现面对同样的预期收益率变动，无论预期收益率上升还是下降，5 种债券中息票率最低的债券(4%)的内在价值波动幅度最大，而随着息票率的提高，5 种债券的内在价值的变化幅度逐渐降低。所以，债券的息票率越低，债券价格的波动幅度越大。

三、可赎回条款

许多债券在发行时含有可赎回条款，即在一定时间内发行人有权赎回债券。这是有利于发行人的条款，当预期收益率下降并低于债券的息票率时，债券的发行人能够以更低的成本筹到资金。这种放弃高息债券、以低息债券重新融资的行为称为再融资(refunding)。发行人行使赎回权时，以赎回价格(call price)将债券从投资者手中收回。初始赎回价格通常设定为债券面值加上年利息，并且随着到期时间的减少而下降，逐渐趋近于面值。尽管债券的赎回价格高于面值，但是，赎回价格的存在制约了债券市场价格的上升空间，并且增加了投资者的交易成本，所以，降低了投资者的投资收益率。为此，可赎回债券往往规定了赎回保护期，即在保护期内，发行人不得行使赎回权。这种债券称为有限制的可赎回债券(deferred callable bonds)。常见的赎回保护期是发行后的 5 至 10 年。

可赎回条款的存在，降低了该类债券的内在价值，并且降低了投资者的实际收益率。一般而言，息票率越高，发行人行使赎回权的概率越大，即投资债券的实际收益率与债券承诺的收益率之间的差额越大。为弥补被赎回的风险，这种债券发行时通常有较高的息票率和较高的承诺到期收益率。

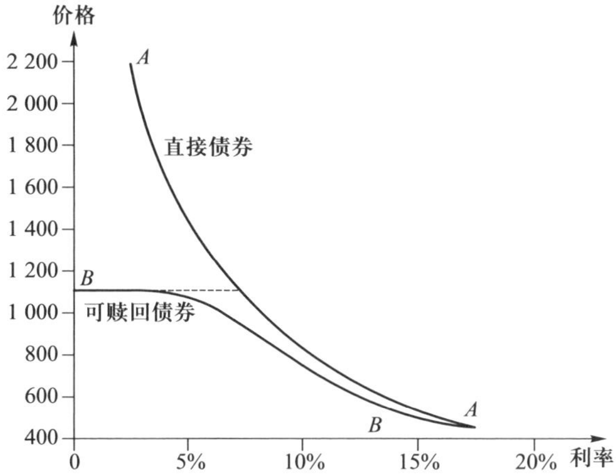

图 5-3 可赎回条款对债券价格的影响

下面具体分析可赎回条款对债券收益率的影响。例如，30 年期的债券以面值 1 000 元发行，息票率为 8%。在图 5-3 中，如果债券不可赎回，其价格随市场利率的变动如曲线 *AA* 所示。如果是可赎回债券，赎回价格是 1 100 元，其价格变动如曲线 *BB* 所示。随着市场利率下降，债券未来支付的现金流的现值增加，当这一现值大于赎回价格时，发行者就会赎回债券，给投资者造成损失。在图中，当利率较高时，被赎回的可能性极小，*AA* 与 *BB* 相交；利率下降时，*AA* 与 *BB* 逐渐分离，它们之间的差异反映了公司实行可赎回权的价值。当利率很低时，债券被赎回，债券价格变成赎回价格 1 100 元。

在这种情况下，投资者更关注的是债券的赎回收益率(yield to call, *YTC*)而非到期收益率(yield to maturity,YTM)。下面举例说明两者的差异。

【例5-13】30年期的可赎回债券,面值为1 000元,发行价为1 150元,息票率8%(以半年计息),赎回保护期为10年,赎回价格1 100元。则赎回收益率(YTC)可通过下式来求:

$$1\ 150=\frac{40}{1+\frac{YTC}{2}}+\cdots+\frac{40}{\left(1+\frac{YTC}{2}\right)^{20}}+\frac{1\ 100}{\left(1+\frac{YTC}{2}\right)^{20}}$$

求得:$YTC=6.64\%$。

而到期收益率(YTM)可通过下式来求:

$$1\ 150=\frac{40}{1+\frac{YTM}{2}}+\cdots+\frac{40}{\left(1+\frac{YTM}{2}\right)^{60}}+\frac{1\ 000}{\left(1+\frac{YTM}{2}\right)^{60}}$$

求得:$YTM=6.82\%$。

其中,赎回收益率也称为首次赎回收益率(yield to first call),它假设公司一旦有权利就执行可赎回条款。但债券的溢价折价发行也会影响公司的赎回决策。如果债券折价较多,价格远低于赎回价格,即使市场利率下降也不会高于赎回价格,公司就不会赎回债券,也即折价债券提供了隐性赎回保护;反之,溢价债券由于发行价较高,极易被赎回。所以,对溢价债券投资者主要关注赎回收益率,而对折价债券主要关注到期收益率。

四、税收待遇

在不同的国家之间,由于法律不同,不仅不同种类的债券可能享受不同的税收待遇,而且同种债券在不同的国家也可能享受不同的税收待遇。债券能否享受税收待遇的关键,在于债券的利息收入是否需要纳税。例如,美国法律规定,地方政府债券的利息收入可以免缴联邦收入所得税,所以地方政府债券的名义到期收益率往往比类似的但没有免税待遇的债券要低20%至40%。再如,我国税法规定:个人取得的利息所得,除国债和国家发行的金融债券利息外,应当缴纳20%的个人所得税[①];个人转让有价证券获得资本利得的,除国债和股票外,也应缴纳20%的个人所得税。由于利息收入纳税与否直接影响着投资的实际收益率,所以,税收待遇成为影响债券的市场价格和收益率的一个重要因素。

【例5-14】05华润债(债券代码058006)发行日和起息日均为2005年5月27日,期限10年,按面值100元发行,每年5月27日付息一次,票面利率5.05%,到期还本付息,假设2007年5月28日的价格为106元。考虑税收因素时该债券的到期收益率为:

$$106=\frac{5.05\times(1-0.2)}{1+y}+\frac{5.05\times(1-0.2)}{(1+y)^{2}}+\cdots+\frac{100+5.05\times(1-0.2)}{(1+y)^{8}}$$

求出$y=3.18\%$。而不考虑税收时的到期收益率为4.15%。

① 自2007年8月15日起储蓄存款利息税由20%调减为5%。2008年10月9日起取消利息税。

五、流通性

债券的流通性，或者流动性，是指债券投资者将手中的债券变现的能力。如果变现的速度很快，并且没有遭受变现所可能带来的损失，那么这种债券的流通性就比较高；反之，如果变现速度很慢，或者为了迅速变现必须为此承担额外的损失，那么，这种债券的流动性就比较低。例如，尽管梵·高的作品在世界上享有很高的声誉，但是如果某收藏家计划在一个小时内出售其收藏的梵·高作品，那么他的成交价格一定大大低于该作品应有的价值。相比之下，债券的流动性远远高于上述收藏品。

通常用债券的买卖差价的大小反映债券的流动性大小。买卖差价较小的债券流动性比较高；反之，流动性较低。这是因为绝大多数债券的交易发生在债券的经纪人市场。对于经纪人来说，买卖流动性高的债券的风险低于流动性低的债券，所以，前者的买卖差价小于后者。所以，在其他条件不变的情况下，债券的流动性与债券的名义到期收益率之间呈反比例关系，即流动性高的债券的到期收益率比较低；反之亦然。相应地，债券的流动性与债券的内在价值呈正比例关系。

六、违约风险

债券的违约风险是指债券发行人未履行契约规定支付的债券本金和利息，给债券投资者带来损失的可能性。债券评级是反映债券违约风险的重要指标。美国是目前世界上债券市场最发达的国家，所拥有的债券评级机构也最多。其中，最著名的两家是标准普尔公司和穆迪投资者服务公司。尽管这两家公司的债券评级分类有所不同，但是基本上都将债券分成两类：投资级或投机级。投资级的债券被评定为最高的四个级别，例如：标准普尔公司和穆迪投资者服务公司分别将 AAA、AA、A、BBB 和 Aaa、Aa、A、Baa 四个级别的债券定义为投资级债券，将 BB 级以下（包括 BB 级）和 Ba 级以下（包括 Ba 级）的债券定义为投机级。有时人们将投机级的债券称为垃圾债券（junk bonds），将由发行时的投资级转变为投机级的债券形象地称为堕落天使（fallen angels）。在政府债券与公司债券之间，包括 AAA 级在内的公司债券的违约风险高于政府债券；在政府债券内部，中央政府债券的违约风险低于地方政府的债券；在公司债券内部，AAA 级的债券的违约风险最小，并随着评级的降低，违约风险不断上升。

相关阅读 5-1

标准普尔公司的债券评级标准

标准普尔公司对公司或地方政府债券的评级是对某一债务人关于某一特定债务的信用水平的即期评估，该评估可能考察担保人、发行人或承租人等债务人。

该债务评级不是对购买、出售或持有某一证券的建议，这是因为其不对证券市场价格和对某特定投资者的适合程度做出评论。

该评级建立于发行人提供的即期信息，或者标准普尔公司从它认为可靠的途径获取的即时信息的基础之上。标准普尔公司并没有为每次评级进行审计工作，并且有时可能依赖于未经审计过的财务信息。此种信息的改变、不可获得或者其他原因可能会导致评级被改变、暂停和撤回。

该评级在不同程度上基于以下考虑：

第一，违约的可能性，即债务人根据债务条款按时支付利息和偿还本金的能力和意愿。

第二，债务条款的性质。

第三，当发生破产、重组或者其他在破产法下或在其他影响债权人权利的法律下的调整行为时，该债务提供的保护条款和该债务的相对地位。

AAA：AAA是标准普尔公司评定的债务的最高级别，说明发行人支付利息和偿还本金的能力极强。

AA：说明支付利息和偿还本金的能力很强，与最高级别相比稍逊一点儿。

A：尽管A说明环境变更和经济条件变更比上述两种级别更易引起负面影响，但其支付利息和偿还本金的能力依然相当强。

BBB：被定义为BBB级的债务被认为有足够的能力支付利息和偿还本金。尽管在通常情况下其能得到足够的保护，但与前几级相比，变化的环境更可能削弱该级债务的还本付息能力。

定级为BB、B、CCC、CC和C的债务被认为还本付息有明显的投机特征。BB表示最低程度的投资性，而C则表示最高程度的投机性。尽管这种债务很可能质量尚可，并且有某些保护性条款，但是其不确定性和可能受不利条件影响的程度更为严重。

CI：CI是为没有利息收入的收入债务(income bonds)准备的。

D：被定义为D级的债务现在已经处于违约状态。

资料来源：Standard & Poor's Bond Guide，November 1993，pp. 10.

债券评级机构以分析发行者财务指标的水平及趋势为基础，对其债券质量做出分类评定。依据的主要财务比率有：

（1）固定成本倍数(coverage ratios)，即公司收益与固定成本之比。如已获利息倍数(times-interest-earned ratio)是息税前收益(EBIT)与利息费用的比率；而扩大的利息倍数(fixed-charge coverage ratio)则把租赁费用和偿债基金(sinking fund)支出与利息费用加总作为分母形成一个新的比率。这些比率较低，或者比率下降，反映公司可能面临资金流动的困难。

（2）杠杆比率(leverage ratios)，即资产负债比率(debt-to-equity ratio)。资产负债率过高，意味着公司负债过多，可能有偿债困难。

（3）流动性比率(liquidity ratios)。常见的有流动比率(current ratio)和速动比率(quick ratio)，前者是流动资产与流动负债之比，后者是速动资产与流动负债之比。速动资产是扣除了存货后的流动资产。这些比率反映公司用可调动资金偿还到期债务的能力。

（4）盈利性比率(profitability ratios)。常见的是资产收益率(return on assets，ROA)，即息税前收益与总资产之比，可反映公司的整体盈利能力。

（5）现金比率(cash flow-to-debt ratio)，即公司现金与负债之比。

分析这些比率要以产业的整体水平为背景。对各比率的侧重不同，分析结果也会不同。但总体上，从经验数据看，比率越高，债券评级也越高。

关于这些指标是否能有效预测公司违约风险，有一个著名的试验，即奥尔特曼(Altman，1968)的分离分析(discriminant analysis)。在分离分析中，根据各公司财务特征来打分。如果分值超过某个确定的值(cutoff value)，就认为公司是可信的；否则，公司就有破产的风险。

假定收集了一组样本公司的财务数据，如股权资本回报率(return on equity，ROE)和固定成本倍数(coverage ratio)，并对其破产状况做出观测记录。在图5－4中，X代表最终破产的公司，O代表保持了偿付能力的公司。结果表明O公司的两个比率都相对更高。

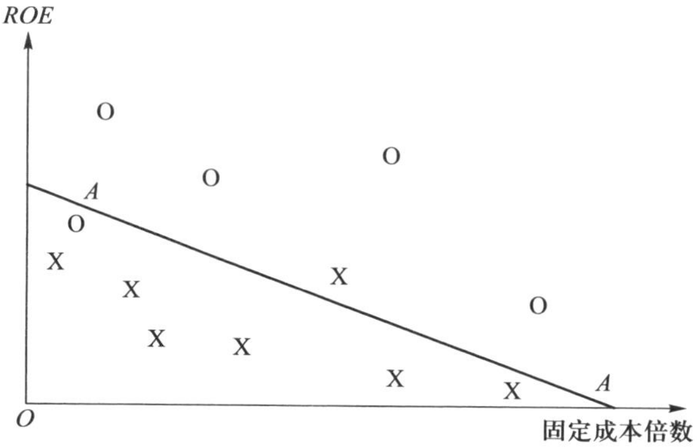

图5－4　对债券违约风险的分离分析

分离分析要决定一条直线方程，即图中的直线 AA，以最好地分离X公司和O公司。假设直线方程为 $0.75=0.9\times ROE+0.4\times$ 固定成本倍数，据此，每个公司可计算出一个值 $Z=0.9\times ROE+0.4\times$ 固定成本倍数。若 $Z>0.75$，公司位置落在直线上方，可认为没有风险；反之，公司被认为有财务困难。

奥尔特曼(Altman，1968)最终确定的直线方程是：

$$Z=3.3\times \text{息税前收益}/\text{总资产}+99.9\times \text{销售额}/\text{总资产}+0.6\times \text{股票市场价值}/\text{债务账面价值}+1.4\times \text{保留盈余}/\text{总资产}+1.2\times \text{营运资本}/\text{总资产}$$

由各种工具可测定违约风险，那么，债券的违约风险与债券的收益率之间存在着什么关系呢？既然债券存在着违约风险，投资者必然要求获得相应的风险补偿，即较高的投资收益率。所以，违约风险越高，投资收益率也应该越高。在美国债券市场上，联邦政府债券的违约风险最低，地方政府债券的违约风险次低，D级的公司债券违约风险最高。相应地，上述债券的收益率从低向高排列。但是，由于地方政府债券的利息收入可以免缴联邦政府收入所得税，所以，美国地方政府债券的投资收益率低于联邦政府债券的收益率，而联邦政府债券的投资收益率又低于D级的公司债券的收益率。在公司债券中，投资级债券的投资收益率低于投机级债券的收益率。

但由于违约风险的存在，债券承诺的到期收益率不一定能够实现，只是一种可能的最大收益率。故投资者更关注的是期望的到期收益率(expected yield to maturity)。

【例 5-15】公司 20 年前发行的债券，面值为 1 000 元，息票率为 9%(以半年计息)，还有 10 年到期，目前市价为 750 元。公司陷入了财务困境，投资者预期公司可保证利息支付，但到期公司将被迫破产，投资者只能得到面值的 70%。则承诺的到期收益率为 13.7%，计算方法如下：

$$750=\frac{45}{1+\frac{k}{2}}+\cdots+\frac{45}{\left(1+\frac{k}{2}\right)^{20}}+\frac{1\ 000}{\left(1+\frac{k}{2}\right)^{20}}$$

期望的到期收益率为 11.6%，计算方法如下：

$$750=\frac{45}{1+\frac{y}{2}}+\cdots+\frac{45}{\left(1+\frac{y}{2}\right)^{20}}+\frac{700}{\left(1+\frac{y}{2}\right)^{20}}$$

如果公司保持了清偿力，有风险债券就会获得比无风险债券更高的实际收益率；如果公司破产，则前者获得的收益率可能会低于后者。

七、可转换性

可转换债券的持有者可用债券来交换一定数量的普通股股票。每单位债券可换得的股票股数称为转换率(conversion ratio)，可换得的股票当前价值称为市场转换价值(market conversion value)，债券价格与市场转换价值的差额称为转换损益(conversion premium)。例如，债券价格为 1 000 元，转换率为 40，当前股价为每股 20 元，此时，转换损失为 1 000－40×20＝200 元，投资者不会实行转换权。如果股价升至每股 30 元，则转换收益为 40×30－1 000＝200 元。可见，投资者可以从公司股票的升值中受益。

所以，可转换债券息票率和承诺的到期收益率通常较低。但是，如果从转换中获利，则持有者的实际收益率会大于承诺的收益率。

八、可延期性

可延期债券是一种较新的债券形式。与可赎回债券相比，它给予持有者而不是发行者一种终止或继续拥有债券的权利。如果市场利率低于息票率，投资者将继续拥有债券；反之，如果市场利率上升，超过了息票率，投资者将放弃这种债券，收回资金，投资于其他收益率更高的资产。这一规定有利于投资者，所以可延期债券的息票率和承诺的到期收益率较低。

表 5-7 是对本节内容的总结，综合了上述 8 方面的债券属性与债券价值分析之间的关系。

表 5-7　债券属性与债券收益率

债券属性	与债券收益率的关系
1. 期限	当预期收益率(市场利率)调整时，期限越长，债券的价格波动幅度越大；但是，当期限延长时，债券价格的波动幅度以递减的速度增加

续表

债券属性	与债券收益率的关系
2. 息票率	当预期收益率(市场利率)调整时,息票率越低,债券的价格波动幅度越大
3. 可赎回条款	当债券被赎回时,投资收益率降低。所以,作为补偿,易被赎回的债券的名义收益率比较高,不易被赎回的债券的名义收益率比较低
4. 税收待遇	享受税收优惠待遇的债券的收益率比较低,无税收优惠待遇的债券的收益率比较高
5. 流通性	流动性高的债券的收益率比较低,流动性低的债券的收益率比较高
6. 违约风险	违约风险高的债券的收益率比较高,违约风险低的债券的收益率比较低
7. 可转换性	可转换债券的收益率比较低,不可转换债券的收益率比较高
8. 可延期性	可延期债券的收益率比较低,不可延期的债券收益率比较高

第四节 久期、凸度与免疫

本节讨论与债券定价原理有关的两个债券特性:久期(duration)和凸度(convexity),以及它们在债券免疫策略中的运用。

一、久期

债券的久期的概念最早是由马考勒(F. R. Macaulay,1938)1938 年提出的,所以又称马考勒久期(简记为 D)。马考勒使用加权平均数的形式计算债券的平均到期时间。

(一) 马考勒久期的计算公式

马考勒久期的计算公式如下:

$$D=\frac{\sum_{t=1}^{T}\frac{c_t}{(1+y)^t}\times t}{P}=\sum_{t=1}^{T}\left[\frac{c_t/(1+y)^t}{P}\times t\right]=\sum_{t=1}^{T}\left[\frac{PV(c_t)}{P}\times t\right] \tag{5.6}$$

①

式中:D 表示马考勒久期;

P 表示债券当前的市场价格;

c_t 表示债券未来第 t 次支付的现金流(利息或本金);

T 表示债券在存续期内支付现金流的次数;

t 表示第 t 次现金流支付的时间;

y 表示债券的到期收益率;

$PV(c_t)$表示债券第 t 期现金流用债券到期收益率贴现的现值。

需要指出的是在债券发行时以及发行后,都可以计算马考勒久期。从式(5.6)可以看出,马考勒久期实质上是一个时间的加权平均,其单位是年,权重是各期现金流的现值占

① 其中,$\sum_{t=1}^{T}\frac{c_t/(1+y)^t}{P}=\frac{1}{P}\cdot\sum_{t=1}^{T}\frac{c_t}{(1+y)^t}=\frac{1}{P}\cdot P=1$。

债券价格的比重。所以久期的大小取决于三个因素:各期现金流、到期收益率及其到期时间。

【例5-16】某债券当前的市场价格为950.25元,到期收益率为10%,息票率为8%,面值1 000元,3年后到期,每年付一次利息,到期一次性偿还本金。利用式(5.6),计算各参数值如表5-8所示,可知:

表5-8 马考勒久期计算举例

未来现金流支付时间(t)	未来现金流(c,元)	现值系数 $\frac{1}{(1+y)^t}$	未来现金流的现值($c_t/(1+y)^t$,元)	现值乘以支付时间($c_t/(1+y)^t\times t$,元)
1	80	0.909 1	72.73	72.73
2	80	0.826 4	66.12	132.23
3	1 080	0.751 3	811.40	2 434.21
加总			950.25	2 639.17

资料来源:Sharpe W F, Alexander G J, Bailey J V. Investment. 6th ed Prentice-Hall International, Inc, 1999: 424, Table 15.1.

$$D=\frac{72.73\times1+66.12\times2+811.40\times3}{950.25}=\frac{2\ 639.17}{950.25}=2.78(\text{年})$$

债券组合的马考勒久期可以通过组合中所含债券的久期的加权平均来计算,权重是各债券在组合中的比重,用公式表示如下:

$$D_p=\sum_{i=1}^{k}W_iD_i \tag{5.7}$$

式中:D_p 表示债券组合的马考勒久期;

W_i 表示债券 i 的市场价值占该债券组合市场价值的比重;

D_i 表示债券 i 的马考勒久期;

k 表示债券组合中债券的个数。

(二)马考勒久期定理

关于马考勒久期(D)与债券的期限(T)之间的关系,存在以下6个定理①。

定理一:只有贴现债券的马考勒久期等于它们的到期时间。

由于该种债券以贴现方式发行,期间不支付利息,到期一次性偿还本金。所以,它的市场价格应该等于到期偿还的本金的现值,即:

$$D=\frac{c_T/(1+y)^T}{P}\times T=\frac{PV(c_T)}{P}\times T=1\times T=T \tag{5.8}$$

式中:c_T 表示第 T 期偿还的本金;

$PV(c_T)$表示相应的现值。

---

① 参考弗朗西斯(Francis, 2009)。

定理二:直接债券的马考勒久期小于或等于它们的到期时间。

只有仅剩最后一期就要期满的直接债券的马考勒久期等于它们的到期时间,并等于1,即:

$$\begin{aligned} D &= \frac{\sum_{t=1}^{T} c_t/(1+y)^t \times t}{P} \\ &= \frac{c_1/(1+y)}{P} \times 1 + \frac{c_2/(1+y)^2}{P} \times 2 + \cdots + \frac{c_T/(1+y)^T}{P} \times T \\ &\leqslant \frac{c_1/(1+y)}{P} \times T + \frac{c_2/(1+y)^2}{P} \times T + \cdots + \frac{c_T/(1+y)^T}{P} \times T = T \end{aligned} \tag{5.9}$$

定理三:统一公债的马考勒久期等于$\left(1+\frac{1}{y}\right)$,其中 y 是计算现值采用的贴现率,即:

$$D = 1 + \frac{1}{y} \tag{5.10}$$

定理四:在到期时间相同的条件下,息票率越高,久期越短。

息票率越高,早期支付的现金流的权重越大,加权平均的到期时间自然就越短。

定理五:在息票率不变的条件下,到期时间越长,久期一般也越长。

对于平价和溢价的债券而言,到期时间越长,久期也越长,这是显而易见的。但是令人感到意外的是,处于严重折价状态的债券,到期时间越长,久期可能反而越短。

定理六:在其他条件不变的情况下,债券的到期收益率越低,久期越长。

这是因为到期收益率越低,远期支付的现金流价值相对越大,其在债券总价值中占的权重也越大。

(三) 久期与资产价格的关系

但随着债券市场特别是债券衍生品市场的发展,人们更关注的是固收类产品对利率变化的一阶敏感性而不是平均到期时间。因此新的久期概念应运而生。新的久期(duration,以下也用D表示)是资产价值变动的百分比对利率变动的一阶敏感性,用公式表示为:

$$D = -\frac{\frac{\mathrm{d}P}{P}}{\mathrm{d}y} \tag{5.11}$$

由于利率与资产价值在大部分情况下总是反向变动,式(5.11)中的负号意味着久期一般为正。由于一阶导数捕捉了价值敏感性变动中的主要部分,因此久期刻画了资产价值利率风险的主要部分。久期越大,资产的利率风险越大;反之则越小。如果资产价值是利率的非线性函数,显然其久期并非常数,而是会动态变化的。

将式(5.11)乘以资产价值P可得:

$$D \times P = -\frac{\mathrm{d}P}{\mathrm{d}y} \tag{5.12}$$

式(5.12)被称为货币久期(dollar duration,以下用$D表示),即利率变动引起的价值变动绝对金额。类似地,对于非线性产品而言,货币久期也是时变的。对衍生产品而言,货币久期尤为重要。因为很多衍生产品刚签约时的合约价值为零,无法计算合约的久期,只能计算合约的货币久期。对于期货合约来说,由于期货合约价值的变动源于期货价格的变动,因此如果不考虑合约规模的影响,期货合约的货币久期就等于期货价格的货币久期。

马考勒久期其实是式(5.11)的一个特例。如果假设一年支付一次利息,不含权债券的定价公式可以写为[①]:

$$P=\sum_{i=1}^{n}\frac{C_i}{(1+y)^{(t_i-t)}} \tag{5.13}$$

式中:C_i 为债券第 i 次支付的现金流;

n 为现金流支付的总次数;

y 为年化到期收益率;

t_i-t 则表示当前时刻 t 到第 i 次现金流发生时刻 t_i 的剩余期限,单位为年。

对式(5.13)运用式(5.11)可得:

$$\begin{aligned}D&=-\frac{\mathrm{d}P}{\mathrm{d}y}\frac{1}{P}=\frac{1}{1+y}\times\text{马考勒久期}\\&=\frac{1}{1+y}\left[(t_1-t)\cdot\frac{\frac{C_1}{1+y}}{P}+(t_2-t)\cdot\frac{\frac{C_2}{(1+y)^2}}{P}+(t_3-t)\cdot\frac{\frac{C_3}{(1+y)^3}}{P}+\cdots+\right.\\&\qquad\left.(t_n-t)\cdot\frac{\frac{C_n}{(1+y)^n}}{P}\right]\end{aligned} \tag{5.14}$$

式(5.14)就是传统的修正久期,中括号中的部分则是马考勒久期。

有意思的是,如果我们用连续复利形式来表达债券的定价公式,那就不存在马考勒久期和修正久期的区别了。对于传统的不含权债券来说,债券定价公式也可以写为:

$$P=\sum_{i=1}^{m}C_ie^{-y(t_i-t)} \tag{5.15}$$

式中:C_i 为第 i 期现金流;

y 为连续复利年到期收益率;

t_i 为第 i 期现金流的支付日期;

t 为当前时刻。

对式(5.15)进行求导可得:

$$D=-\frac{\mathrm{d}P}{\mathrm{d}y}\frac{1}{P}=\frac{\sum_{i=1}^{m}c_i\times e^{-y\times(t_i-1)}\times(t_i-t)}{P} \tag{5.16}$$

从式(5.16)可以看出,在使用连续复利到期收益率时,普通债券的久期就是现金流的加权平均期限,无须再调整。

① 一年计息超过一次的公式较为复杂,此处为清晰说明原理起见,仅以一年计息一次为例。

值得注意的是，关于久期的概念存在很多误解。一些常见的误解包括：马考勒久期就是久期，久期一定是时间的加权，久期的单位一定是年。但仔细推敲可以看出，首先，式(5.14)中的修正久期才真正考察了债券价值的利率风险，马考勒久期只是久期计算公式中的一部分，并非真正的久期①；其次，式(5.14)所得到的马考勒久期这种时间加权的特性以及相应带来的以年为单位的特征，只是特定定价公式求导后得到的结果，现代固定收益证券市场的迅速发展使得越来越多的利率敏感性资产定价模型不同于式(5.13)，其求导后的结果也必然不同，因此久期与期限加权之间并没有必然联系，其单位也并不必然为年。式(5.11)才是最具一般性、最能反映久期性质的定义与公式。

除了久期和货币久期，在实际中，在直接求导较为困难时，人们还常常用下述中心差分形式近似计算比较复杂的利率敏感性资产的久期：

$$D \approx \frac{P_{-} - P_{+}}{2(P)(\Delta y)} \tag{5.17}$$

式中：P_{-} 和 P_{+} 分别代表利率下跌和上升时所达到的资产价格。

式(5.17)也被称为有效久期(effective duration)。由于使用的是变动达到的价格 P_{-} 和 P_{+}，有效久期考虑的不仅仅是一阶导，也包含了可能的非线性的影响。

基点价格值(basis point value，BPV，也称为 DV01)则是另一个常用的利率风险指标，其估计的是利率变化一个基点(0.01%)所导致的资产价值变化绝对金额，也常用中心差分进行计息，即：

$$BPV \approx \frac{P_{-0.01\%} - P_{+0.01\%}}{2} \tag{5.18}$$

为了进一步讨论久期的利率敏感性和加权平均期限之间的区别，我们可以沿用图 5-3 中可赎回债券的例子。可以看出，当利率水平很低，比如介于 1%至 4%时，利率变化对可赎回债券的价格没有影响。所以如果我们使用利率敏感性公式(5.11)，其久期等于 0。而债券的加权平均期限是不为 0 的。所以对固定收益产品，特别是含权的利率衍生产品，式(5.11)是计算久期的正确方法和公式。

二、凸度

债券的凸度(convexity)是指债券价格变动率与收益率变动关系曲线的曲度。可以把债券的凸度(C)类似地定义为债券价格对收益率二阶导数除以价格②，即：

$$C = \frac{1}{P}\frac{\partial^2 P}{\partial y^2} \tag{5.19}$$

---

① 当然，如果使用连续复利定价公式要求久期，就不存在马考勒久期和修正久期的区别了。

② 事实上修正久期和凸度是价格 P 关于收益率 y 的 Taylor 展开级数 $\frac{dp}{dy}$、$\frac{d^2p}{dy^2}$ 与 $\frac{1}{P}$ 的乘积：

$$P = P(y) = P(y - \Delta y) + \frac{dp}{dy}\Delta y + \frac{1}{2}\frac{d^2p}{dy^2}\Delta y^2 + O(\Delta y)$$

当 $\Delta y \to 0$ 时，就有 $dP = P(y) - P(y - dy) \approx \frac{dp}{dy}dy + \frac{1}{2}\frac{d^2p}{dy^2}dy^2$，方程两边同乘以 $\frac{1}{P}$，其离散形式就是式(5.21)。

在现实生活中，债券价格变动率和收益率变动之间的关系并不是线性关系，而是非线性关系。如果只用久期来估计收益率变动与价格变动率之间的关系，那么从式(5.11)可以看出，收益率上升或下跌一个固定的幅度时，价格下跌或上升的幅度是一样的。显然这与事实不符。

在图5-5中，A直线表示用久期近似计算的收益率变动与价格变动率的关系，B、C曲线分别表示不同凸度的收益率变动幅度与价格变动率之间的真实关系，其中C的凸度大于B。从图5-5可以看出，当收益率下降时，价格的实际上升率高于用久期计算出来的近似值，而且凸度越大，实际上升率越高；当收益率上升时，价格的实际下跌比率却小于用久期计算出来的近似值，且凸度越大，价格的实际下跌比率越小。这说明：①当收益率变动幅度较大时，用久期近似计算的价格变动率就不准确，需要考虑凸度调整；②在其他条件相同时，人们应该偏好凸度大的债券。

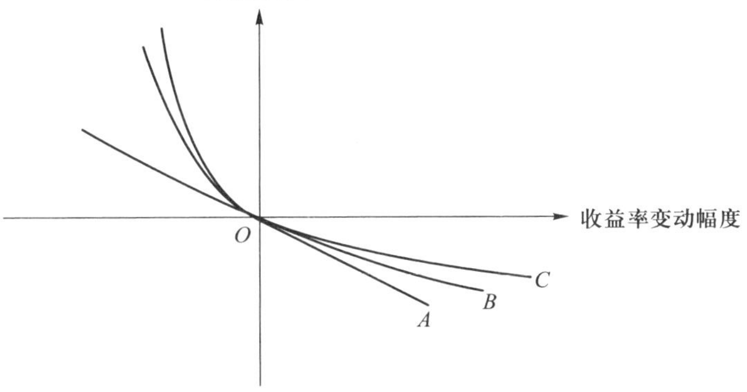

图5-5　价格敏感度与凸度的关系

考虑了凸度问题后，收益率变动幅度与价格变动率之间的关系可以重新写为：

$$\frac{\mathrm{d}P}{P}=-D\mathrm{d}y+\frac{1}{2}C(\mathrm{d}y)^2 \tag{5.20}$$

当收益率变动幅度不太大时，收益率变动幅度与价格变动率之间的关系就可以近似表示为：

$$\frac{\Delta P}{P}=-D\Delta y+\frac{1}{2}C(\Delta y)^2 \tag{5.21}$$

从实际使用效果看，式(5.21)所得出的近似估计与实际值的差别是可以忽略不计的。

三、免疫

（一）久期免疫

免疫(immunization)技术是投资者或金融机构用来保护他们的全部金融资产免受利率波动影响的策略。经过免疫处理之后，在事先设定的投资期限内，债券投资组合的收益率可以不受利率变动的影响。它首先由雷丁顿(Readington，1952)提出。

债券的投资者面临着两种相互抵消的利率风险：价格风险和再投资风险。利率提高会导致资本损失，但同时，再投资收入会增加。如果资产组合的久期选择得当，这两种影响可以恰好相互抵消。当这一资产组合的久期恰好与投资者的持有期相等时，到期时投资组合的累积价值将不受利率波动的影响，即持有期与资产组合久期相等时，价格风险与再投资风险将完全抵消。

免疫资产可以用这样的简单方法来构造：先计算实现承诺的现金流出的久期，再投资于一组具有相同久期的债券资产组合。

（二）久期免疫的进化

久期是对债券价格变化的一阶近似，因此，一般来说，久期会低估利率变动带来的预期收益或损失。而凸度是二阶估计，考虑凸度可以提高利用久期得到的结果。当利率期限结构发生微小的变化时，久期法则是正确的。凸度虽然没有久期重要，但是在利率期限结构的变化足够大时，凸度具有重要的影响。在利率变化很大时，凸度可以修正通过久期得到关于债券价格变化的估计。

本章小结

1. 收入资本化法是判断债券价格高估或低估的一种常用方法。收入资本化法的核心是对债券投资的未来收益进行贴现，即求债券的内在价值。

2. 当债券内在价值高于债券市场价格时，该债券的价格被低估；反之，债券的价格被高估。

3. 判断债券价格高估或低估的另一种方法是比较债券承诺的到期收益率与根据债券风险确定的到期收益率。如果前者低于后者，该债券价格被高估；反之，债券价格被低估。

4. 债券的属性是债券价值分析中非常重要的一些因素，包括债券的到期时间、债券的息票率、债券的可赎回条款、债券的税收待遇、债券的流通性、债券的违约风险、债券的可转换性以及债券的可延期性。

5. 当预期收益率（市场利率）调整时，债券的期限越长，息票率越低，债券价格的波动幅度越大；可赎回的债券和无税收优惠待遇的债券的收益率较高；可转换和可延期的债券的收益率较低；债券收益率与债券的违约风险成正比，与债券的流动性成反比。

6. 溢价或者折价发行的债券具有不同的息票率，但由于债券价格的动态变化，最终给投资者提供了相同的收益率。市场利率不变时，零息债券的价格以等于利率值的速度上升，并趋向于面值。

7. 执行可赎回条款，将使债券实际收益率低于承诺收益率，所以对于易被赎回的溢价债券，投资者更为关注债券的赎回收益率。

8. 债券质量评级以公司的一组财务指标为基础。对存在违约风险的债券，投资者更为关注期望的到期收益率。

9. 债券属性与债券价格之间的关系可以归纳为债券定价的 5 个原理。

10. 债券久期反映了债券的价格与收益率之间的反比关系。但是，债券的久期认为债券价格与收益率之间的反比关系是线性的。

11. 当出现较大的利率变动时，运用久期计算的债券价格与实际价格相差较大，原因是凸度的存在，经过凸度调整后，价格误差变小。

12. 免疫的本质在于：无论利率如何变动，资产与负债的久期匹配可以确保资产组合有偿还负债的能力。免疫资产可以用这样的简单方法来构造：先计算实现承诺的现金流出的久期，然后投资于一组具有相同久期的债券资产组合。

重要概念

收入资本化法　贴现债券　直接债券　统一公债　息票率　可赎回条款　可赎回收益率　流通性　违约风险　信用评级　可转换性　可延期性　债券定价原理　马考勒久期　修正的久期　久期　凸度　免疫

进一步阅读

[1] Fabozzi F J. Bond markets, analysis and strategies[M]. 4th ed. New York: Prentice Hall, 2000.

[2] Sundaresan S M. Fixed income markets and their derivatives[M]. 3rd ed. Acadimic Press, 2009.

[3] 陈蓉，郑振龙. 固定收益证券[M]. 北京大学出版社，2011.

参考文献

[1] Altman E I. Financial ratios, discriminant analysis and prediction of corporate bankruptcy[J]. Journal of Finance, 1968(9): 589 - 609.

[2] Fabozzi F J. Fixed Income Mathematics[M]. Chicago: IRWIN Professional Publishing, 1993.

[3] Francis J C. Investments: analysis and management[M]. 11th ed. New York: John Wiley & Sons Ltd, 2009.

[4] Macaulay F R. Some theoretic problems suggested by the movement of interest rates, bond yields and stock prices in the United States since 1856[R]. National Bureau of Economic Research, Columbia, New York.

[5] Malkiel B G. Expectations, bond prices, and the term structure of interest rates[J]. Quarterly Journal of Economics, 1962(76): 197 - 218.

[6] Readington F M. Review of the principles of life-office valuations[J]. Journal of the Institute of Actuaries, 1952(18): 286 - 340.

[7] Sharpe W F, Alexander G J, Bailey J V. Investment[M]. 6th ed. New York: Prentice Hall International, Inc, 1999.

[8] 黄亚钧. 现代投资银行的业务和经营[M]. 上海：立信会计出版社，1996.

即测即评

习 题

1. 假定投资者有1年的投资期限,想在三种债券间进行选择。三种债券有相同的违约风险,都是10年到期。第一种是零息债券,到期支付1 000元;第二种债券息票率为8%,每年支付80元;第三种债券息票率为10%,每年支付100元。

(1) 如果三种债券都有8%的到期收益率,它们的价格各应是多少?

(2) 如果投资者预期在下年年初时到期收益率为8%,那时的价格各为多少?对每种债券,投资者的税前持有期收益率是多少?如果税收等级为:普通收入税率30%,资本收益税率20%,则每种债券的税后收益率为多少?

2. 一种债券的息票率为8%,到期收益率为6%。如果1年后该债券的到期收益率保持不变,则其价格将升高、降低还是不变?

3. 一种30年期的债券,息票率为8%,半年付息一次,5年后可按1 100元提前赎回。此债券现在按到期收益率7%售出。

(1) 赎回收益率是多少?

(2) 若赎回价格为1 050元,赎回收益率是多少?

(3) 若赎回保护期是2年,赎回收益率是多少?

4. 一公司发行两种20年期的债券,面值为1 000元,都可按1 050元的价格提前赎回。第一种债券的息票率为4%,售价580元。第二种债券以平价售出,息票率8.75%。

(1) 平价债券的到期收益率是多少?为什么会高于折价债券?

(2) 如果预期利率在此后两年大幅下跌,投资者会选择哪种债券?

5. 一可转换债券年利率5.25%,债券市价775元,转换率20.83,可转换的普通股市价28.00元,年红利为1.2元。计算债券的转换损益。

6.(1) 试说明发行债券时,附加的可赎回条款对债券收益率产生的影响。

(2) 试说明发行债券时,附加的可赎回条款对债券的预期收益产生的影响。

(3) 试说明一个资产组合中包含可赎回债券的利弊。

7. 一种新发行的债券每年支付一次利息,息票率为5%,期限20年,到期收益率8%。

(1) 如果一年后该债券的到期收益率变为7%,请问这一年的持有期收益率等于多少?

(2) 假设你在2年后卖掉该债券,在第2年年底时的到期收益率为7%,息票按3%的利率存入银行,请问在这两年中你实现的税前年持有期收益率(一年计一次复利)是多少?

8. 利用债券价格公式证明：$\frac{\mathrm{d}p}{\mathrm{d}y}=-\frac{1}{1+y}\times P\times D$，其中 P 为债券价格，y 为债券的到期收益率，D 为债券的久期，其公式为：

$$D-\left[\sum_{i=1}^{T}\frac{i\times c}{(1+y)^{i}}+\frac{T\times F}{(1+y)^{T}}\right]/P$$

其中 c 代表债券的每期息票额，T 为期限，F 为本金。

9. 一种 3 年期债券的息票率为 6%，每年支付一次利息，到期收益率为 6%，请计算该债券的久期。如果到期收益率为 10%，那么久期等于多少？利用久期计算的债券价格与实际债券价格相差多少？

10. 某一 10 年期不可赎回债券，息票率为 6%，每半年支付一次利息，按面值 100 元出售。在债券存续期间到期收益率保持不变。求该债券此后当前和此后 9 年年初的久期。

11. 一种 9 年债券的到期收益率为 10%，久期为 7.194 年。如果市场到期收益率变动了 50 个基点，其价格会变动多大比例？

12. 比较下列两个债券的久期：债券 A 的息票率为 6%，期限 10 年，按面值出售；债券 B 的息票率为 6%，期限 10 年，低于面值出售。

13. 设某固定利率债券本金为 100 元，剩余期限为 3 年，息票率为 6%，每年付息一次，到期收益率为 5%(连续复利)。请计算：

（1） 该债券的凸性；

（2） 其他条件不变，请分别计算剩余期限分别为 1 年与 10 年时，该债券的凸性；

（3） 其他条件不变，请分别计算息票率变为 1%与 10%时，该债券的凸性；

（4） 其他条件不变，请分别计算到期收益率变为 1%与 10%时，该债券的凸性。

国际货币基金组织(IMF)→中国债券市场的未来

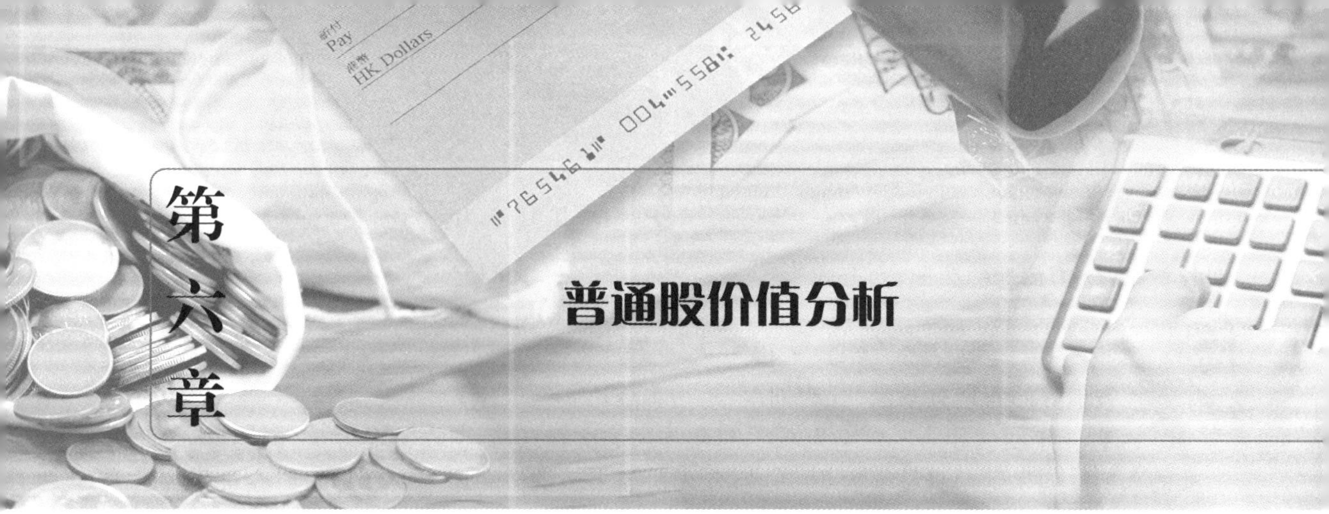

第六章 普通股价值分析

第五章运用收入资本化法进行了债券的价值分析。相应地，该方法同样适用于普通股的价值分析。由于投资股票可以获得的未来的现金流采取股息和红利的形式，所以，股票价值分析中的收入资本化法主要是股息贴现模型(dividend discount model)。此外，本章还将介绍普通股价值分析中的市盈率模型(price/earnings ratio model)和自由现金流分析法(free cash flow approach)。这些都是定性分析的工具。股票市场分析人士常用这些模型来发掘价值背离的股票，而从事基础分析的人士通常用它们评估上市公司的市场价值。

学完本章后，你应该能够：

★ 掌握不同类型的股息贴现模型

★ 掌握不同类型的市盈率模型

★ 了解负债情况下的自由现金流分析法

★ 了解通货膨胀对股票价值评估的影响

第一节　股息贴现模型

一、股息贴现模型概述

(一) 收入资本化法的一般形式

收入资本化法认为任何资产的内在价值取决于持有资产可能带来的未来现金流收入的现值。由于未来的现金流取决于投资者的预测，其支付是在未来实现的，所以需要利用贴现率将未来的现金流调整为它们的现值。在选用贴现率时，不仅要考虑货币的时间价值，而且应该反映未来现金流的风险大小。用数学公式表示为(假定对于所有未来的预期现金流选用相同的贴现率)：

$$V=\frac{C_1}{1+y}+\frac{C_2}{(1+y)^2}+\frac{C_3}{(1+y)^3}+\cdots=\sum_{t=1}^{\infty}\frac{C_t}{(1+y)^t} \tag{6.1}$$

式中：V 表示资产的内在价值；

C_t 表示第 t 期的预期现金流；

y 表示贴现率。

(二) 股息贴现模型

收入资本化法运用于普通股价值分析中的模型,又称股息贴现模型①。其函数表达式如下:

$$V=\frac{D_1}{1+y}+\frac{D_2}{(1+y)^2}+\frac{D_3}{(1+y)^3}+\cdots=\sum_{t=1}^{\infty}\frac{D_t}{(1+y)^t} \tag{6.2}$$

式中:V 表示普通股的内在价值;

D_t 表示普通股第 t 期预计支付的股息和红利;

y 表示贴现率,又称资本化率(capitalization rate)。

股息贴现模型假定股票的价值等于它的内在价值,而股息是投资股票唯一的现金流。事实上,绝大多数投资者并非在投资之后永久性地持有所投资的股票,即在买进股票一段时间之后可能抛出该股票。所以,根据收入资本化法,卖出股票的现金流收入也应该纳入股票内在价值的计算。那么,股息贴现模型如何解释这种情况呢?

假定某投资者在第三期期末卖出所持有的股票,根据收入资本化定价方法,该股票的内在价值应该等于:

$$V=\frac{D_1}{1+y}+\frac{D_2}{(1+y)^2}+\frac{D_3}{(1+y)^3}+\frac{V_3}{(1+y)^3} \tag{6.3}$$

式中:V_3 表示在第三期期末出售该股票时的价格。

根据股息贴现模型,该股票在第三期期末的价格应该等于当时该股票的内在价值,即:

$$V_3=\frac{D_4}{1+y}+\frac{D_5}{(1+y)^2}+\frac{D_6}{(1+y)^3}+\cdots=\sum_{t=1}^{\infty}\frac{D_{t+3}}{(1+y)^t} \tag{6.4}$$

将式(6.4)代入式(6.3),得到:

$$V=\frac{D_1}{1+y}+\frac{D_2}{(1+y)^2}+\frac{D_3}{(1+y)^3}+\frac{D_4/(1+y)^1+D_5/(1+y)^2+\cdots}{(1+y)^3} \tag{6.5}$$

由于$\frac{D_{t+3}/(1+y)^t}{(1+y)^3}=\frac{D_{t+3}}{(1+y)^{t+3}}$,所以式(6.5)可以简化为:

$$\begin{aligned}V&=\frac{D_1}{1+y}+\frac{D_2}{(1+y)^2}+\frac{D_3}{(1+y)^3}+\frac{D_4}{(1+y)^{3+1}}+\frac{D_5}{(1+y)^{3+2}}+\cdots\\&=\sum_{t=1}^{\infty}\frac{D_t}{(1+y)^t}\end{aligned} \tag{6.6}$$

所以,式(6.3)与式(6.2)是完全一致的,证明股息贴现模型选用未来的预期股息代表投资股票唯一的现金流,并没有忽视买卖股票的资本利得对股票内在价值的影响。如果

① 最早的股息贴现模型是 1938 年由威廉姆斯和戈登(Williams & Gordon,1938)提出的。

能够准确地预测股票未来每期的股息，就可以利用式(6.2)计算股票的内在价值。在对股票未来每期股息进行预测时，关键在于预测每期股息的增长率。用 g_t 表示第 t 期的股息增长率，其数学表达式为：

$$g_t=\frac{D_t-D_{t-1}}{D_{t-1}} \tag{6.7}$$

根据对股息增长率的不同假定，股息贴现模型可以分为零增长模型、不变增长模型、三阶段增长模型、H 模型和多元增长模型等形式。

(三) 用股息贴现模型指导证券投资

所有的证券理论和证券价值分析，都是为投资者投资服务的。换言之，股息贴现模型可以帮助投资者判断某股票的价格属于低估还是高估。与第五章第一节的方法一样，判断股票价格高估抑或低估的方法也包括两种。

第一种方法，计算股票投资的净现值。如果净现值大于零，说明该股票被低估；反之，该股票被高估。用数学公式表示：

$$NPV=V-P=\left[\sum_{t=1}^{\infty}\frac{D_t}{(1+y)^t}\right]-P \tag{6.8}$$

式中：NPV 表示净现值；

P 表示股票的市场价格。

当 NPV 大于零时，可以逢低买入；当 NPV 小于零时，可以逢高卖出。

第二种方法，比较贴现率与内部收益率的差异。如果贴现率小于内部收益率，证明该股票的净现值大于零，即该股票被低估；反之，当贴现率大于内部收益率时，该股票的净现值小于零，说明该股票被高估。内部收益率(internal rate of return，IRR)是当净现值等于零时的一个特殊的贴现率[①]，即：

$$NPV=V-P=\left[\sum_{t=1}^{\infty}\frac{D_t}{(1+IRR)^t}\right]-P=0 \tag{6.9}$$

二、股息贴现模型之一：零增长模型

零增长模型(zero-growth model)是股息贴现模型的一种特殊形式，它假定股息是固定不变的。换言之，股息的增长率等于零。零增长模型不仅可以用于普通股的价值分析，而且适用于统一公债和优先股的价值分析。股息不变的数学表达式为：

$$D_0=D_1=D_2=\cdots=D_\infty$$

或者

$$g_t=0$$

将股息不变的条件代入式(6.2)，得到：

$$V=\sum_{t=1}^{\infty}\frac{D_t}{(1+y)^t}=D_0\sum_{t=1}^{\infty}\frac{1}{(1+y)^t}$$

当 y 大于零时，$1/(1+y)$ 小于 1，可以将上式简化为：

---

① 有时，可能存在几个使得净现值等于零的贴现率，即内部收益率的数目大于 1。

$$V=\frac{D_0}{y} \tag{6.10}$$

【例 6-1】假定投资者预期某公司每期支付的股息将永久性地固定为 1.15 元/每股，并且贴现率定为 13.4%，那么，该公司股票的内在价值等于 8.58 元，计算过程如下：

$$V=\frac{1.15}{1+0.134}+\frac{1.15}{(1+0.134)^2}+\frac{1.15}{(1+0.134)^3}+\cdots=\frac{1.15}{0.134}=8.58(\text{元})$$

如果该公司股票当前的市场价格等于 10.58 元，说明它的净现值等于负 2 元。由于其净现值小于零，所以该公司的股票被高估了 2 元。如果投资者认为其持有的该公司股票处于被高估的价位，他们可能抛售该公司的股票。相应地，也可以使用内部收益率进行判断。将式(6.10)代入式(6.9)，可以得到：

$$NPV=V-P=\frac{D_0}{y}-P=0$$

或者

$$IRR=\frac{D_0}{P}$$

所以，该公司股票的内部收益率等于 10.9%(1.15/10.58)。由于它小于贴现率 13.4%，所以该公司的股票价格是被高估的。

三、股息贴现模型之二：不变增长模型

不变增长模型(constant-growth model)是股息贴现模型的第二种特殊形式。不变增长模型又称戈登模型(Gordon，1962)。戈登模型有三个假定条件：

(1) 股息的支付在时间上是永久性的，即式(6.2)中的 t 趋向于无穷大($t\to\infty$)。

(2) 股息的增长速度是一个常数，即式(6.7)中的 g_t 等于常数($g_t=g$)。

(3) 模型中的贴现率大于股息增长率，即式(6.2)中的 y 大于 g($y>g$)[①]。

根据上述三个假定条件，可以将式(6.2)改写为：

$$\begin{aligned}V&=\frac{D_1}{1+y}+\frac{D_2}{(1+y)^2}+\frac{D_3}{(1+y)^3}+\cdots=\sum_{t=1}^{\infty}\frac{D_t}{(1+y)^t}\\&=\frac{D_0(1+g)}{1+y}+\frac{D_0(1+g)^2}{(1+y)^2}+\cdots+\frac{D_0(1+g)^\infty}{(1+y)^\infty}\\&=D_0\left[\frac{1+g}{1+y}+\left(\frac{1+g}{1+y}\right)^2+\cdots+\left(\frac{1+g}{1+y}\right)^\infty\right]\\&=D_0\left[\frac{(1+g)/(1+y)-[(1+g)/(1+y)]^\infty}{1-[(1+g)/(1+y)]}\right]\\&=\frac{D_0(1+g)}{y-g}=\frac{D_1}{y-g}\end{aligned} \tag{6.11}$$

① 当贴现率小于常数的股息增长率时，式(6.2)决定的股票的内在价值将趋向无穷大。但是，事实上，任何股票的内在价值以及其价格都不会无限制地增长。

式(6.11)是不变增长模型的函数表达形式，其中的 D_0、D_1 分别是初期和第一期支付的股息。当式(6.11)中的股息增长率等于零时，不变增长模型就变成了零增长模型。所以，零增长模型是不变增长模型的一种特殊形式。

【例 6-2】某公司股票初期的股息为 1.8 元/股。经预测该公司股票未来的股息增长率将永久性地保持在 5%的水平。假定贴现率为 11%，那么，该公司股票的内在价值应该等于 31.50 元。计算过程如下：

$$V=\frac{1.8\times(1+0.05)}{0.11-0.05}=\frac{1.89}{0.11-0.05}=31.50(\text{元})$$

如果该公司股票当前的市场价格等于 40 元，则该股票的净现值等于负的 8.50 元，说明该股票处于被高估的价位，投资者可以考虑抛出所持有的该公司股票。

利用内部收益率的方法同样可以进行判断，并得出完全一致的结论。首先将式(6.11)代入式(6.9)，得到：$NPV=V-P=\frac{D_0(1+g)}{y-g}-P=0$，推出内部收益率 $IRR=\frac{D_1}{P}+g$。将有关数据代入，可以算出当该公司股票价格等于 40 元时的内部收益率为 9.73%。因为该内部收益率小于贴现率(11%)，所以该公司股票价格是被高估的。

四、股息贴现模型之三：三阶段增长模型及 H 模型

(一) 三阶段增长模型

三阶段增长模型(three-stage-growth model)是股息贴现模型的第三种特殊形式，最早是由莫洛多斯基(N. Molodovsky，1965)提出，现在仍然被许多投资银行广泛使用。三阶段增长模型将股息的增长分成了三个不同的阶段：在第一个阶段(期限为 A)，股息的增长率为一个常数(g_a)；第二个阶段(期限为 $A+1$ 到 $B-1$)是股息增长的转折期，股息增长率以线性的方式从 g_a 变化为 g_n，g_n 是第三阶段的股息增长率。如果，$g_a>g_n$，则在转折期内表现为递减的股息增长率；反之，表现为递增的股息增长率。第三阶段(期限为 B 之后，一直到永远)，股息的增长率也是一个常数(g_n)，该增长率是公司长期的正常的增长率。股息增长的三个阶段可以用图 6-1 表示。①

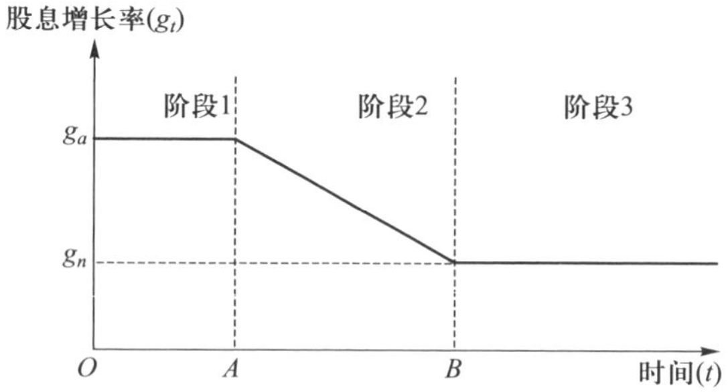

图 6-1　三阶段股息增长模型

① 本书仅介绍在第二阶段股息增长率递减的三阶段增长模型。

在图 6－1 中，在转折期内任何时点上的股息增长率 g_t 可以用式(6.12)表示。例如，当 t 等于 A 时，股息增长率等于第一阶段的常数增长率；当 t 等于 B 时，股息增长率等于第三阶段的常数增长率。

$$g_t=g_a-(g_a-g_n)\frac{t-A}{B-A} \tag{6.12}$$

在满足三阶段增长模型的假定条件下，如果已知 g_a、g_n、A、B 和初期的股息水平 D_0，就可以根据式(6.12)计算出所有各期的股息；然后根据贴现率计算股票的内在价值。三阶段增长模型的计算公式为：

$$V=D_0\sum_{t=1}^{A}\left(\frac{1+g_a}{1+y}\right)^t+\sum_{t=A+1}^{B-1}\left[\frac{D_{t-1}(1+g_t)}{(1+y)^t}\right]+\frac{D_{B-1}(1+g_n)}{(1+y)^{B-1}(y-g_n)} \tag{6.13}$$

式(6.13)中的三项分别对应于股息的三个增长阶段。

【例 6－3】假定某股票初期支付的股息为 1 元/股，在今后两年的股息增长率为 6%，股息增长率从第 3 年开始递减，从第 6 年开始每年保持 3%的增长速度。另外，贴现率为 8%。所以，$A=2$，$B=6$，$g_a=6\%$，$g_n=3\%$，$y=8\%$，$D_0=1$。代入式(6.12)，得到：

$$g_3=0.06-(0.06-0.03)\times\frac{3-2}{6-2}=5.25\%$$

$$g_4=0.06-(0.06-0.03)\times\frac{4-2}{6-2}=4.5\%$$

$$g_5=0.06-(0.06-0.03)\times\frac{5-2}{6-2}=3.75\%$$

将上述数据整理，列入表 6－1。

表 6－1　某股票三阶段的股息增长率

	年份	股息增长率(%)	股息(元/股)
第 1 阶段	1	6	1.06
	2	6	1.124
第 2 阶段	3	5.25	1.183
	4	4.5	1.236
	5	3.75	1.282
第 3 阶段	6	3	1.320

将表 6－1 中的数据代入式(6.13)，可以算出该股票的内在价值等于 22.64 元，即：

$$V=1\times\sum_{t=1}^{2}\left(\frac{1+0.06}{1+0.08}\right)^t+\sum_{t=3}^{5}\left[\frac{D_{t-1}(1+g_t)}{(1+0.08)^t}\right]+\frac{D_5(1+0.03)}{(1+0.08)^5\times(0.08-0.03)}$$

$$=22.64(元)$$

如果该公司股票当前的市场价格等于 20 元，则根据净现值的判断原则，可以证明该股票的价格被低估了。与零增长模型和不变增长模型不同，在三阶段增长模型中，很难运用内部收益率的指标判断股票的低估抑或高估。这是因为，根据式(6.13)，在已知当前市场价格的条件下，无法直接解出内部收益率。此外，式(6.13)中的第二部分，即转折期内的现金流贴现计算也比较复杂。为此，福勒和夏(Fuller and Hsia，1984)在三阶段增长模型的基础上，提出了 H 模型，大大简化了现金流贴现的计算过程。

(二) H 模型

福勒和夏的 H 模型假定：股息的初始增长率为 g_a，然后以线性的方式递减或递增；从 $2H$ 期后，股息增长率成为一个常数 g_n，即长期的正常的股息增长率；在股息递减或递增的过程中，在 H 点上的股息增长率恰好等于初始增长率 g_a 和常数增长率 g_n 的平均数。当 g_a 大于 g_n 时，在 $2H$ 点之前的股息增长率为递减，见图 6-2。

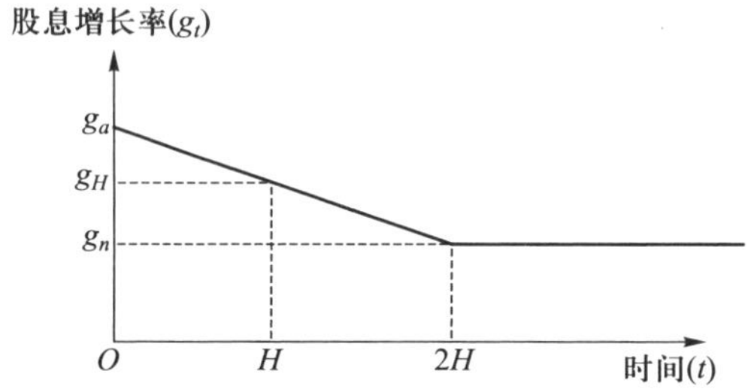

图 6-2 H 模型

在图 6-2 中，当 $t=H$ 时，$g_H=\frac{1}{2}(g_a+g_n)$。在满足上述假定条件的情况下，福勒和夏证明了 H 模型的股票内在价值的计算公式为：

$$V=\frac{D_0}{y-g_n}[1+g_n+H(g_a-g_n)] \tag{6.14}$$

图 6-3 形象地反映了 H 模型与三阶段增长模型的关系。

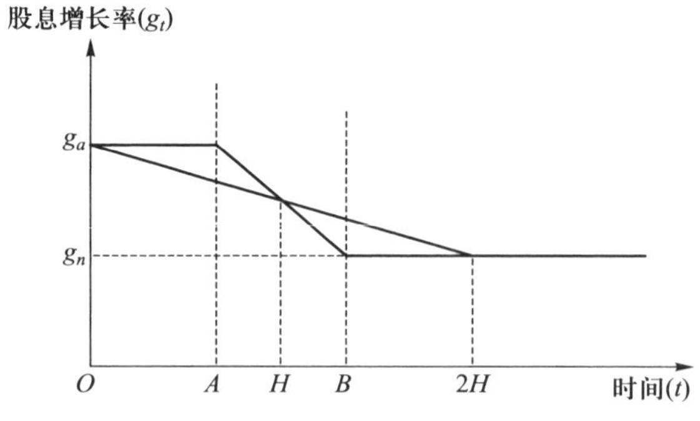

图 6-3 H 模型与三阶段增长模型的关系

与三阶段增长模型的公式(6.13)相比，H 模型的公式(6.14)有以下几个特点：

(1) 在考虑了股息增长率变动的情况下，大大简化了计算过程。

(2) 在已知股票当前市场价格 P 的条件下，可以直接计算内部收益率，即：

$$NPV=V-P=\frac{D_0}{y-g_n}[1+g_n+H(g_a-g_n)]-P=0$$

可以推出：

$$IRR=\frac{D_0}{P}[1+g_n+H(g_a-g_n)]+g_n \tag{6.15}$$

(3) 在假定 H 位于三阶段增长模型转折期的中点(换言之，H 位于股息增长率从 g_a 变化到 g_n 的时间的中点)的情况下，H 模型与三阶段增长模型的结论非常接近。

【例 6－4】沿用三阶段增长模型的例子，已知：

$$D_0=1(\text{元}),g_a=6\%,A=2,B=6,g_n=3\%,y=8\%$$

假定 $H=\frac{1}{2}(2+6)=4$，那么，代入式(6.14)，可以得出该股票的内在价值等于 23.00 元，即：

$$V=\frac{1}{0.08-0.03}\times[1.03+4\times(0.06-0.03)]=23.00(\text{元})$$

与三阶段增长模型的计算结果相比，H 模型的误差率为：

$$\mu=\frac{23.00-22.63}{22.63}\times100\%=1.64\%$$

这说明 H 模型的估算结果是可信的。

(4) 当 g_a 等于 g_n 时，式(6.14)等于式(6.11)，所以，不变股息增长模型也是 H 模型的一个特例。

(5) 如果将式(6.14)改写为

$$V=\frac{D_0(1+g_n)}{y-g_n}+\frac{D_0H(g_a-g_n)}{y-g_n} \tag{6.16}$$

可以发现，股票的内在价值由两部分组成：式(6.16)的第一项是根据长期的正常的股息增长率 g_n 决定的现金流贴现价值；第二项是由超常收益率 g_a 决定的现金流贴现价值，并且这部分价值与 H 成正比例关系。

(三) 案例

下面将利用 H 模型进行股票价格的低估抑或高估的判断。假定某公司 A 股票在 2007 年 12 月的市场价格为 59 元。经预测该公司股票在 2007 年后的 4 年间将保持 11% 的股息增长速度，从第 5 年开始股息增长率递减。但是，从第 16 年起该公司股票的股息增长率将维持在 5%的正常水平。2007 年的股息为 4.26 元/股。可以将上述数据用数学形式表示为：

$$A=4,B=16,g_a=11\%,g_n=5\%,D_0=4.26\text{ 元},H=10$$

假如证券市场线[1]的表达式为：$y=10\%+5\%\beta$，该公司股票的 β 值等于 0.85。那么，投资该公司股票的期望的收益率（贴现率）等于 14.25%（$10\%+5\%\times0.85$）。

将以上数据代入式（6.14），可以求出该股票的内在价值等于 75.99 元，大于该公司股票的市场价格。换言之，该公司股票的净现值大于零。所以，该公司股票价格被低估了。具体计算过程如下：

$$V=\frac{D_0}{y-g_n}[(1+g_n)+H(g_a-g_n)]$$
$$=\frac{4.26}{0.1425-0.05}\times[(1+0.05)+10\times(0.11-0.05)]=75.99(\text{元})$$

同样道理，可以利用式（6.15）求出该公司股票的内部收益率等于 16.91%。因为内部收益率高于贴现率，所以，该公司的股票价格是被低估的。具体计算过程如下：

$$IRR=\frac{D_0}{P}[(1+g_n)+H(g_a-g_n)]+g_n$$
$$=\frac{4.26}{59}\times[1.05+10\times(0.11-0.05)]+0.05=16.91\%$$

五、股息贴现模型之四：多元增长模型

前面介绍的几个模型都是股息贴现模型的特殊形式。下面将介绍股息贴现模型最一般的形式——多元增长模型（multiple-growth model）。

不变增长模型假定股息增长率是恒久不变的，但事实上，大多数公司要经历其本身的生命周期。在不同的发展阶段，公司的成长速度不断变化。相应地，股息增长率也随之改变。在发展初期，由于再投资的盈利机会较多，公司的派息比率一般比较低，但股息的增长率相对较高。随后，公司进入成熟期。随着竞争对手的加入、市场需求的饱和，再投资的盈利机会越来越少。在此期间，公司会提高派息比率。相应地，股息也会增加。但由于公司扩张机会减少，股息增长的速度会放慢。多元增长模型正是基于生命周期学说而引入的。

多元增长模型假定在某一时点 T 之后股息增长率为一常数 g，但是在这之前股息增长率是可变的。多元增长模型的内在价值计算公式为：

$$V=\sum_{t=1}^{T}\frac{D_t}{(1+y)^t}+\frac{D_{T+1}}{(y-g)(1+y)^T} \tag{6.17}$$

下面用一个案例说明多元增长模型。

某投资银行 2007 年 9 月对 ABC 公司 2007 年之后的股息增长情况进行了预测，预测结果见表 6-2。已知 2006 年的股息为 1.44 元/股，即 $D_0=1.44$ 元。假定证券市场线的函数表达式为：$y=9.2\%+7.8\%\beta$，该公司股票的 β 等于 1.24，则投资于该公司股票的期望的收益率等于 18.9%。那么，该模型的贴现率也等于 18.9%。

---

① 详见本书第十三章第一节。

表 6－2　ABC 公司的预测表

	年份	股息增长率	每股股息	股息现值		年份	股息增长率	每股股息	股息现值
初期	2007	21.5	1.75	1.472	转折期	2031	13.5	55.03	0.729
	2008	5.7	1.85	1.309		2032	13.3	62.35	0.695
	2009	18.9	2.20	1.310		2033	13.0	70.48	0.661
	2010	25.0	2.75	1.377		2034	12.7	79.46	0.627
	2011	12.7	3.10	1.306		2035	12.4	89.34	0.593
	2012	22.6	3.80	1.346		2036	12.1	100.13	0.559
	2013	21.1	4.60	1.371		2037	11.7	111.88	0.525
	2014	21.7	5.60	1.404		2038	11.4	124.62	0.492
	2015	19.6	6.70	1.413		2039	11.0	138.38	0.460
	2016	19.1	7.98	1.416		2040	10.7	153.18	0.428
平稳期	2017	13.5	9.06	1.351		2041	10.4	169.06	0.398
	2018	13.5	10.28	1.290		2042	10.1	186.07	0.368
	2019	13.5	11.67	1.232		2043	9.8	204.26	0.340
	2020	13.5	13.24	1.176		2044	9.5	223.69	0.313
	2021	13.5	15.03	1.123		2045	9.3	244.46	0.288
转折期	2022	13.6	17.07	1.073		2046	9.1	266.68	0.264
	2023	13.8	19.43	1.027	稳定期	2047	9.0	290.68	0.242
	2024	13.9	22.13	0.984		2057	9.0	688.15	0.102
	2025	14.0	25.23	0.944		2067	9.0	1 629.11	0.043
	2026	14.1	28.78	0.906		2077	9.0	3 856.70	0.018
	2027	14.1	32.82	0.869		2087	9.0	9 130.20	0.008
	2028	14.0	37.41	0.833		2097	9.0	21 614.50	0.003
	2029	13.9	42.61	0.798		2107	9.0	51 169.40	0.001
	2030	13.7	48.46	0.764					

在表 6－2 中，将 2007 年后的股息增长情况分成了四个阶段：第一阶段（初期），股息增长率极不稳定，在初期的 10 年中，股息增长率在 5.7%至 25%之间波动；第二阶段（平稳期），股息增长率在 2017 年至 2021 年的 5 年间均维持在 13.5%的水平；第三阶段（转折期），在 25 年的转折期内，股息增长率从 2022 年的 13.6%增长至 14.1%后逐年下降到 2046 年的 9.1%；第四阶段（稳定期），从 2047 年起每年的股息增长率固定为 9%。根据 2006 年的股息（D_0）以及预测的 2007 年之后各年的股息增长率（表 6－2 中的第三栏），可以预测出 2007 年之后各年的股息从 2007 年的每股 1.75 元上升到 2107 年的每股 51 169.40 元（见表 6－2 中的第四栏）；根据 18.9%的贴现率，可以求出 2007 年后每年股息的现值（见表 6－2 中的第五栏）。将 2007 年后每年股息的现值加总，得到 ABC 公司股票的内在价值等于 38.75 元。

从 2047 年后，ABC 公司股息增长率将维持在 9%的水平，所以，2047 年后的现金流贴现可以使用不变增长模型。该公司股票的内在价值同样可以使用式(6.17)进行计算。

$$V=\sum_{t=1}^{10}\frac{D_t}{(1+y)^t}+\sum_{t=11}^{15}\frac{D_t}{(1+y)^t}+\sum_{t=16}^{40}\frac{D_t}{(1+y)^t}+\sum_{t=41}^{\infty}\frac{D_t}{(1+y)^t}$$
$$=\sum_{t=1}^{10}\frac{D_t}{(1+y)^t}+\sum_{t=11}^{15}\frac{D_t}{(1+y)^t}+\sum_{t=16}^{40}\frac{D_t}{(1+y)^t}+\frac{D_{41}}{(1+y)^{40}(y-g)}$$
$$=13.723+6.173+15.94+2.914=38.75$$

第二节　市盈率模型

与股息贴现模型相比，市盈率模型的历史更为悠久。在运用当中，市盈率模型具有以下几方面的优点：①由于市盈率是股票价格与每股收益的比率，即单位收益的价格，所以，市盈率模型可以直接应用于不同收益水平的股票价格之间的比较；②对于那些在某段时间内没有支付股息的股票，市盈率模型同样适用，而股息贴现模型却不能使用[①]；③虽然市盈率模型同样需要对有关变量进行预测，但是所涉及的变量预测比股息贴现模型要简单。相应地，市盈率模型也存在一些缺点：①市盈率模型的理论基础较为薄弱，而股息贴现模型的逻辑性较为严密；②在进行股票之间的比较时，市盈率模型只能决定不同股票市盈率的相对大小，却不能决定股票绝对的市盈率水平。尽管如此，由于操作较为简便，市盈率模型仍然是一种被广泛使用的股票价值分析方法。市盈率模型同样可以分成不变增长模型、零增长模型和多元增长模型等类型。

一、市盈率模型之一：不变增长模型

借用式(6.11)$V=\frac{D_1}{y-g}$。其中，D_1、y、g 分别代表第一期支付的股息、贴现率和股息增长率（常数），V 代表股票的内在价值。尽管股票的市场价格 P 可能高于或低于其内在价值，但是，当市场达到均衡时，股票价格应该等于其内在价值。所以，可以把式(6.11)改写为：

$$P=V=\frac{D_1}{y-g} \tag{6.18}$$

每期的股息等于当期的每股收益（E）乘以派息比率（b），即 $D=E\times b$，代入式(6.18)，得到：

$$P=\frac{D_1}{y-g}=\frac{E_1\times b}{y-g}$$

取消有关变量的下标，将上式移项后，可以推出不变增长的市盈率模型的一般表达式：

$$\frac{P}{E_1}=\frac{b}{y-g} \tag{6.19}$$

从式(6.19)中可以发现，市盈率（P/E）取决于三个变量：派息比率（payout ratio）b、贴

---

① 只要股票每股收益大于零，就可以使用市盈率模型。

现率 y 和股息增长率 g。市盈率与股票的派息比率成正比，与股息增长率正相关，与贴现率负相关。派息比率、贴现率和股息增长率只是第一个层次的市盈率决定因素。下面将分别讨论股息增长率和贴现率的决定因素，即第二层次的市盈率决定因素。

（一）股息增长率的决定因素分析

为简单起见，做以下三个假定：①派息比率固定不变，恒等于 b；②股东权益收益率(return on equity，ROE)固定不变，即 ROE 等于一个常数；③没有外部融资。

根据股息增长率的定义，$g=\frac{D_1-D_0}{D_0}$，而股息、每股收益与派息比率之间的关系表现为 $D_1=bE_1$，$D_0=bE_0$，所以：

$$g=\frac{D_1-D_0}{D_0}=\frac{b(E_1-E_0)}{b(E_0)}=\frac{E_1-E_0}{E_0} \tag{6.20}$$

根据股东权益收益率的定义，$ROE_1=\frac{E_1}{BV_0}$，$ROE_0=\frac{E_0}{BV_{-1}}$，代入式(6.20)，得到：

$$g=\frac{E_1-E_0}{E_0}=\frac{ROE(BV_0-BV_{-1})}{ROE(BV_{-1})}=\frac{BV_0-BV_{-1}}{BV_{-1}} \tag{6.21}$$

其中：BV_0 表示第 0 期的股票账面价值；

BV_{-1} 表示滞后一期的股票账面价值。

由于没有外部融资，所以账面价值的变动(BV_0-BV_{-1})应该等于每股收益扣除支付股息后的余额，即 $E_0-D_0=E_0(1-b)$，代入式(6.20)，得到：

$$g=\frac{BV_0-BV_{-1}}{BV_{-1}}=\frac{E_0(1-b)}{BV_{-1}}=ROE(1-b) \tag{6.22}$$

式(6.22)说明股息增长率 g 与股东权益收益率 ROE 成正比，与派息比率 b 成反比。那么，股东权益收益率 ROE 又由哪些因素决定呢？ROE 可以有两种计算方式：

$$ROE=\frac{E}{BV}$$

和

$$ROE=\frac{EAT}{EQ}$$

其中，前者是以每股的(税后)收益除以每股的股东权益账面价值，后者是以公司总的税后收益(earnings after tax，EAT)除以公司总的股东权益账面价值(equity，EQ)。所以，这两种计算方式的结论应该是一样的。把股东权益收益率 ROE 的第二种公式略作调整，可以得到以下变化形式：

$$ROE=\frac{EAT}{EQ}=\frac{EAT}{A}\times\frac{A}{EQ}$$

式中：A 表示公司的总资产。

根据定义，上式等号右侧的第一项(EAT/A)等于公司总的税后收益与公司的总资产的比率，即资产净利率(return on assets，ROA)；第二项(A/EQ)是公司的总资产与公司总的股东权益账面价值的比率，即杠杆比率或权益比率(leverage ratio，L)。所以，股东权益收益率取决于资产净利率和权益比率两者的乘积，用数学形式表达：

$$ROE=\frac{EAT}{A}\times\frac{A}{EQ}=ROA\times L \tag{6.23}$$

式(6.23)又被称为杜邦公式(DuPont Formula)。同样道理,可以将资产净利率 ROA 进一步分解为销售净利率(after-tax profit margin, PM)与总资产周转率(asset turnover ratio, ATO)的乘积,即:

$$ROA=\frac{EAT}{A}=\frac{EAT}{S}\times\frac{S}{A}=PM\times ATO \tag{6.24}$$

式中:S 代表公司的销售额。

现在,将式(6.24)代入式(6.23),将式(6.23)代入式(6.22),得到了经分解后的股息增长率的决定公式(6.25)。该式反映了股息增长率与公司的税后净利润率、总资产周转率和权益比率成正比,与派息比率成反比。

$$g=ROE(1-b)=ROA\times L(1-b)=PM\times ATO\times L\times(1-b) \tag{6.25}$$

(二) 贴现率的决定因素分析

根据资本资产定价模型,证券市场线的函数表达式为:

$$y_i=r_f+(r_m-r_f)\beta_i$$

式中:y_i 是投资第 i 种证券的期望收益率,即贴现率;

r_f 和 r_m 分别是无风险资产的收益率和市场组合的期望收益率;

β_i 是第 i 种证券的贝塔系数,反映了该种证券的系统性风险的大小。

所以,贴现率取决于无风险资产的收益率、市场组合的期望收益率和证券的贝塔系数三个变量,并且与无风险资产的收益率、市场组合的期望收益率以及证券自身的贝塔系数都成正比。那么,贝塔系数又是由什么因素决定的呢?哈马达(Hamada,1972)从理论上证明了贝塔系数是证券所属公司的杠杆比率或权益比率的增函数,并在之后汤普森(Thompson,1976)等人的实证检验中得到了验证。哈马达认为,在其他条件不变的情况下,公司的负债率与其贝塔系数成正比;而公司增发股票,将降低其杠杆比率,从而降低其贝塔系数。把杠杆比率之外影响贝塔系数的其他因素用变量 δ 表示,可以将证券市场线的表达式改写为:$y_i=r_f+(r_m-r_f)\beta_i$,其中,$\beta_i=f(L,\delta)$。关于资本资产定价模型的详细讨论请详见本书第十三章。

(三) 市盈率模型的一般形式

在具体分析了影响股息增长率和贴现率的因素之后,以表 6-3 汇总市盈率决定的各种因素。其中,括号内的正号或负号表示相应的变量与市盈率是正相关或负相关。在表 6-3 中的第一层,市盈率的大小取决于派息比率、贴现率和股息增长率;在第二层,市盈率取决于派息比率、无风险资产收益率、市场组合收益率、贝塔系数和股东权益收益率五个变量;在第三层,市盈率取决于派息比率、无风险资产收益率、市场组合收益率、杠杆比率、影响贝塔系数的其他因素和资产净利率六个变量;在第四层,市盈率取决于派息比率、无风险资产收益率、市场组合收益率、杠杆比率、影响贝塔系数的其他因素、销售净利率和总资产周转率七个变量。在影响市盈率的上述变量中,除了派息比率和杠杆比率之外,其他变量对市盈率的影响都是单向的,即无风险资产收益率、市场组合收益率、贝塔系数、贴现率以及影响贝塔系数的其他因素与市盈率都是负相关的;而股息增长率、股东权益收益率、资产净利率、销售净利率以及总资产周转率与市盈率之间都是正相关的。下面分别分析杠杆比率、派息比率与市盈率的关系。

表 6-3　市盈率的决定因素[①]

<table>
<tr><td>$P/E=f$</td><td>派息比率
(+)b</td><td colspan="4">贴现率
(−)y</td><td colspan="4">股息增长率
(+)g</td></tr>
<tr><td></td><td></td><td>无风险资产收益率
(−)r_f</td><td>市场组合收益率
(−)r_m</td><td colspan="2">贝塔系数
(−)β</td><td colspan="3">股东权益收益率
(+)ROE</td><td>派息比率
(−)b</td></tr>
<tr><td></td><td></td><td></td><td></td><td>杠杆比率
(−)L</td><td>其他因素
(−)δ</td><td colspan="2">资产净利率
(+)ROA</td><td>杠杆比率
(+)L</td><td></td></tr>
<tr><td></td><td></td><td></td><td></td><td></td><td></td><td>销售净利率
(+)
PM</td><td>总资产周转率
(+)
ATO</td><td></td><td></td></tr>
</table>

首先，派息比率与市盈率之间的关系是不确定的。将式(6.25)代入式(6.19)，得到：

$$\frac{P}{E}=\frac{b}{y-g}=\frac{b}{y-ROE(1-b)}=\frac{1}{ROE+\dfrac{y-ROE}{b}} \tag{6.26}$$

如果 $y>ROE$，则市盈率与派息率正相关；如果 $y<ROE$，则市盈率与派息率负相关；如果 $y=ROE$，则市盈率与派息率不相关。

可见，派息率对市盈率的影响是不确定的。对此可以进一步分析：在公司发展初期，股东权益收益率较高，一般超过股票投资的期望回报率，此时派息率越高，股票的市盈率越低，公司会保持较低的派息率；当公司进入成熟期以后，股东权益收益率会降低并低于股票投资的期望回报率，此时提高派息率会使市盈率升高，公司倾向于提高派息率。

其次，杠杆比率与市盈率之间的关系也是不确定的。在式(6.26)第二个等式的分母中，减数和被减数都受杠杆比率的影响。在被减数(贴现率)中，当杠杆比率上升时，股票的贝塔系数上升，所以，贴现率也将上升，从而导致市盈率下降；在减数中，杠杆比率与股东权益收益率成正比，所以，当杠杆比率上升时，减数加大，从而导致市盈率上升。

(四) 案例

市盈率模型能够比较不同收益水平的不同股票的价格，但是市盈率模型只能确定证券市盈率的相对大小，却不能给出证券市盈率的绝对水平。这是因为市盈率模型是建立在大量的假设条件基础上的，而许多假设条件缺乏应有的依据。下面来看一个利用市盈率决定因素判断市盈率相对大小的例子。

表 6-4 分别列出了 1970 年至 1979 年美国的 IBM 和 HSM 公司的派息比率、股息增

① 参见福勒和法雷尔(Fuller & Farrell，1987)。

长率、股东权益收益率和市盈率的数据。

表 6-4 IBM 与 HSM 的市盈率比较

年份	IBM				Hart,Schaffner & Marx(HSM)			
	b	g(%)	ROE(%)	P/E	b	g(%)	ROE(%)	P/E
1970	0.539	33.3	19.2	33.0	0.615	0.0	8.2	18.2
1971	0.553	8.3	18.1	34.4	0.672	0.0	7.3	23.6
1972	0.489	3.8	19.2	35.5	0.497	0.0	9.6	17.3
1973	0.415	3.7	20.8	28.5	0.467	7.5	10.4	10.1
1974	0.446	24.1	20.8	16.5	0.647	2.3	7.3	7.4
1975	0.488	17.3	19.6	15.3	0.619	−25.0	5.0	8.3
1976	0.501	22.7	20.9	16.6	0.391	5.0	8.2	7.2
1977	0.546	25.0	21.7	14.5	0.400	14.3	8.7	7.0
1978	0.541	15.2	24.9	12.7	0.383	11.1	9.6	5.9
1979	0.667	19.4	22.3	13.9	0.359	10.0	10.6	4.9
平均数	**0.518**	**17.3**	**20.8**	**22.1**	**0.505**	**2.5**	**8.5**	**11.0**

资料来源：Fuller R J, Farrell Jr. Modern investments and security analysis. McGraw-Hill Book Company, 1987: 363, Table 13-2

表中的最后一行是 1970 年至 1979 年上述四个变量的平均数。首先，比较两个公司的派息比率。IBM 公司的派息比率较高，而 IBM 的市盈率却远远高于 HSM。而前文的分析告诉我们，派息比率与市盈率之间的关系是不确定的。所以，IBM 的派息比率高于 HSM，未必能够推出 IBM 的市盈率高于 HSM。其次，比较两者的股息增长率。IBM 的股息增长率为 17.3%大大高过 HSM 的 2.5%，而股息增长率与市盈率之间正相关，所以，IBM 的市盈率应该高于 HSM。最后，比较两个公司的股东权益收益率。很明显，IBM 公司的股东权益收益率 20.8%也远远高于 HSM 的 8.5%。由于股东权益收益率与市盈率之间呈正相关关系，所以，IBM 公司的市盈率应该高于 HSM。而表 6-4 中的市盈率数据确实与上述的推论相吻合，反映了市盈率决定因素分析的可靠性。但是，据此只能判断 IBM 的市盈率高于 HSM，却不能决定 IBM 和 HSM 公司市盈率的具体水平。

与股息贴现模型类似，市盈率模型也可以用于判断股票价格的高估抑或低估。根据市盈率模型决定的某公司股票的市盈率只是一个正常的市盈率。如果股票实际的市盈率高于其正常的市盈率，说明该股票被高估了；反之，当实际的市盈率低于正常的市盈率，说明股票被低估了。例如，某股息不变增长的股票的市场价格为 40 元，初期支付的股息 D_0 等于 1.8 元/股，贴现率为 10.7%。根据预测，该股票的股息将保持每年 5%的固定增长率 g，并保持固定的派息比率 66.67%。那么，可以算出该股票的正常的市盈率和实际的市盈率分别等于 11.7 和 14.8。实际的市盈率高于正常的市盈率，所以，该股票的价格被高估了。

$$\text{正常市盈率}=\frac{b}{y-g}=\frac{66.67\%}{10.7\%-5\%}=11.7$$

$$\text{实际市盈率}=\frac{40.0}{\frac{1.8}{66.67\%}}=14.8$$

二、市盈率模型之二:零增长和多元增长模型

前面我们以不变增长模型为例分析了市盈率模型中决定市盈率的因素,下面将简单介绍零增长和多元增长的市盈率模型及其应用。

(一) 零增长市盈率模型

该模型假定股息增长率 g 恒等于零,换言之,每期的股息都是一样的。那么在什么情况下股息增长率会恒等于零呢?从前面的分析中可知股息等于每股收益 E 与派息比率 b 的乘积。如果每股的收益 E 等于常数,那么只有在派息比率等于 100%时,每期的股息才会等于一个常数,即在没有保留收益的条件下,每股的收益全部以股息的方式支付给股东。如果在每股收益等于常数的情况下,派息比率小于 100%,那么,每股收益中的一部分将保留在公司内部,从而可能被用于提高未来的每股收益以及每股的股息。沿用式(6.22),$g=ROE(1-b)$,股息增长率 g 与派息比率 b 成反比。当派息比率 b 等于 1 时,股息增长率 g 等于零;当派息比率 b 小于 1 时,股息增长率 g 大于零。所以,零增长模型假定每股收益恒等于一个常数且派息比率等于 1,即 $E_0=E_1=E_2=\cdots=E_\infty$,$b=1$,所以,可以推出 $D_0=D_1=D_2=\cdots=D_\infty$,或者 $g_0=g_1=g_2=\cdots=g_\infty=0$。

将上述假定条件代入式(6.26),得到零增长市盈率模型的函数表达式(6.27)。

$$\frac{P}{E}=\frac{b}{y-g}=\frac{1}{y-0}=\frac{1}{y} \tag{6.27}$$

与不变增长市盈率模型相比,零增长市盈率模型中决定市盈率的因素仅贴现率一项,并且市盈率与贴现率成反比关系。比较式(6.26)与式(6.27),可以发现零增长模型是股息增长率等于零时的不变增长模型的一种特例。

【例 6-5】某股息零增长的股票的市场价格为 65 元/股,每股股息恒等于 8 元,贴现率为 10%。假定其派息比率等于 1,那么,该股票的正常的市盈率应该等于 10。但是,其实际的市盈率等于 8.1。由于实际的市盈率低于正常的市盈率,所以,该股票价格被低估了。具体计算过程如下:

$$\text{实际的市盈率}=\frac{65}{8}=8.1$$

$$\text{正常的市盈率}=\frac{1}{0.10}=10$$

(二) 多元增长市盈率模型

与多元增长的股息贴现模型一样,多元增长的市盈率模型假定在某一时点 T 之后每股收益增长率和派息比率分别为常数 g 和 b,但是在这之前每股收益增长率和派息比率都是可变的。沿用式(6.17),$V=\sum_{t=1}^{T}\frac{D_t}{(1+y)^t}+\frac{D_{T+1}}{(y-g)(1+y)^T}$。

其中等式右边的第一项是 T 时点之前的现金流贴现价值，第二项是 T 时点之后的现金流贴现价值。根据股息、派息比率和每股收益三者之间的关系，可以知道：

$$E_t=E_0(1+g_1)(1+g_2)(1+g_3)\cdots(1+g_t)=E_0\prod_{i=1}^{t}(1+g_i) \tag{6.28}$$

$$D_t=b_tE_t=b_tE_0(1+g_1)(1+g_2)(1+g_3)\cdots(1+g_t)=b_tE_0\prod_{i=1}^{t}(1+g_i) \tag{6.29}$$

式中：E_t 是第 t 期的每股收益；

D_t 是第 t 期的每股股息；

b_t 是第 t 期的派息比率；

g_t 是第 t 期的每股收益增长率。

将式(6.29)代入式(6.17)，可以得到多元增长的市盈率模型的函数表达式：

$$P=\frac{E_0b_1(1+g_1)}{1+y}+\frac{E_0b_2(1+g_1)(1+g_2)}{(1+y)^2}+\cdots+\frac{E_0b_T(1+g_1)(1+g_2)\cdots(1+g_T)}{(1+y)^T}+\frac{E_0b(1+g_1)(1+g_2)\cdots(1+g_T)(1+g)}{(y-g)(1+y)^T}$$

$$=E_0\sum_{j=1}^{T}\frac{b_j\prod_{i=1}^{j}(1+g_i)}{(1+y)^j}+E_0\frac{b(1+g)\prod_{i=1}^{T}(1+g_i)}{(y-g)(1+y)^T}$$

$$\frac{P}{E_0}=\sum_{j=1}^{T}\frac{b_j\prod_{i=1}^{j}(1+g_i)}{(1+y)^j}+\frac{b(1+g)\prod_{i=1}^{T}(1+g_i)}{(y-g)(1+y)^T}$$

从而

$$\frac{P}{E}=\sum_{j=1}^{T}\frac{b_j\prod_{i=1}^{j}(1+g_i)}{(1+y)^j}+\frac{b(1+g)\prod_{i=1}^{T}(1+g_i)}{(y-g)(1+y)^T} \tag{6.30}$$

式(6.30)表明，多元增长市盈率模型中的市盈率决定因素包括了贴现率、派息比率和每股收益增长率。其中，派息比率含有 T 个变量($b_1,b_2,\cdots,b_T$)和一个常数(b)。同样，每股收益增长率也含有 T 个变量($g_1,g_2,\cdots,g_T$)和一个常数(g)。根据上式可以算出多元增长的股票的正常的市盈率。

【例 6-6】某公司股票当前的市场价格等于 55 元，初期的每股收益和股息分别等于 3 元和 0.75 元。第一年和第二年的有关数据见表 6-5。

表 6-5 某公司第一年和第二年的股息、每股收益和每股收益增长率

$D_1=2$	$E_1=5$	$g_1=0.67$	$b_1=0.40$
$D_2=3$	$E_2=6$	$g_2=0.20$	$b_2=0.50$

另外，从第二年年末开始每年的每股收益增长率等于 10%，并且派息比率恒等于

0.50，贴现率为15%。那么，该股票的正常市盈率和实际市盈率分别等于18.01和18.33。由于两者比较接近，所以，该股票的价格处于比较合理的水平。具体计算过程如下：

$$
\begin{aligned}
\text{正常的市盈率} &= \frac{0.40\times(1+0.67)}{1+0.15}+\frac{0.5\times(1+0.67)\times(1+0.20)}{(1+0.15)^2}+\\
&\quad \frac{0.5\times(1+0.67)\times(1+0.20)\times(1+0.10)}{(0.15-0.10)(1+0.15)^2}\\
&=0.58+0.76+16.67\\
&=18.01
\end{aligned}
$$

$$\text{实际的市盈率}=\frac{55}{3}=18.33$$

（三）市盈率与股息贴现模型的结合运用

事实上，在利用股息贴现模型评估股票价值时，可以结合市盈率分析。一些分析人员利用市盈率来预测股票盈利，从而在投资初始就能估计股票的未来价格。

【例6-7】2012年，某分析人员预计A公司2017年的市盈率为20.0，每股盈利为5.50元。那么，可预测其2017年的股价为110元。假定这一价格为2017年的股票卖出价，资本化率为14.4%，今后四年的股息分别为0.54元、0.64元、0.74元和0.85元。根据股息贴现模型，A公司目前的股票内在价值为：

$$V_{2012}=\frac{0.54}{1.144}+\frac{0.64}{1.144^2}+\frac{0.74}{1.144^3}+\frac{0.85+110}{1.144^4}=66.17(\text{元})$$

第三节　负债情况下的自由现金流分析法

一、外部融资与MM理论

无论是股息贴现模型还是市盈率模型，都遵循一个同样的前提假设，即内部保留盈余是公司唯一的融资渠道。那么，引入外部融资时情况会发生什么变化呢？

对于这个问题，莫迪利亚尼和米勒（Modiliani & Miller，1958，1961）的MM理论作了比较经典的分析。MM理论认为，如果考虑到公司的未来投资，那么该未来投资的融资方式不会影响普通股的内在价值。因此，公司的股利政策和资本结构都不会影响其股票的价值。因为，MM理论认为，股票的内在价值取决于股东所能得到的净现金流的现值和公司未来再投资资金的净现值。前者产生于公司现有的资产。在考虑后者时，公司的股利政策和融资政策都仅仅影响股东取得投资回报的形式（即股息或者资本利得），而不会影响投资回报的现值。

二、自由现金流分析法

与股息贴现模型、市盈率模型不同，自由现金流分析法先对公司的总体价值进行评估，再扣除各项非股票要求权（non-equity claims），得到总的股票价值。具体而言，公司的总体评估价值，等于完全股票融资条件下公司净现金流的现值，加上因公司使用债务融资而带来的税收节省的净现值。

假定公司今年的税前经营性现金流为 PF，预计年增长率为 g。公司每年把税前经营性现金流的一部分(设此比例为 K)用于再投资。税率为 T。今年的折旧为 M，年增长率为 g。资本化率为 r，公司当前债务余额为 B。

那么，公司今年的应税所得 $Y=PF-M$，从而税后盈余 $N=(PF-M)(1-T)$，税后经营性现金流 $AF=N+M=PF(1-T)+MT$，追加投资额 $RI=PF\times K$，自由现金流 $FF=AF-RI=PF(1-T-K)+MT$。

进而，该公司的总体价值 $$Q=\frac{FF}{y-g}=\frac{PF(1-T-K)+MT}{y-g} \tag{6.31}$$

公司的股权价值为 $$V=Q-B=\frac{PF(1-T-K)+MT}{y-g}-B \tag{6.32}$$

当公司高层管理人员进行本公司的资本预算或者寻求并购对象时，通常使用上述方法来评估相关公司的股权价值。

需要指出的是，自由现金流分析法中的资本化率与股息贴现模型、市盈率模型中的资本化率略有差异。前者适用于评估存在负债情况下的权益(leveraged equity)，后两者适用于评估没有负债时的权益(unleveraged equity)。由于杠杆率会影响股票的贝塔系数，所以两个资本化率并非完全相同。

三、案例

以自由现金流分析法评估 M 公司股票的内在价值为例。

假定在过去的一年中，M 公司的税前经营性现金流为 1 000 000 元，预期以后每年增长 6%。公司每年将税前经营性现金流的 15%进行再投资。去年折旧为 100 000 元，预期增长率为 6%。所得税率为 30%，资本化率为 10%。公司目前债务为 2 000 000 元，现有普通股 1 000 000 股。

为简单起见，忽略债务利息以及由此带来的税收节省。具体分析见表 6－6。

表 6－6　M 公司的自由现金流分析　　单位：元

项目	金额
税前经营性现金流	1 060 000
折旧	106 000
应税所得	954 000
应交税金(税率 30%)	286 200
税后盈余	667 800
税后经营性现金流(税后盈余＋折旧)	773 800
追加投资(税前经营性现金流×15%)	159 000
自由现金流(税后经营性现金流－追加投资)	614 800

此外，还可以直接运用公式(6.31)进行计算：

$$FF = AF - RI = PF(1-T-K) + MT$$
$$= 1\ 060\ 000 \times (1-30\% - 15\%) + 106\ 000 \times 30\% = 614\ 800(\text{元})$$

据表 6－6 可以求得 M 公司今后总自由现金流的现值：

$$Q = FF/(y-g) = 614\ 800/(10\% - 6\%) = 15\ 370\ 000(\text{元})$$

这就是 M 公司的总体价值，扣除债务 2 000 000 元，得到 M 公司股票的总价值为 13 370 000 元，每股价值为 13.37 元。

第四节　通货膨胀对股票价值评估的影响

在前面几节的分析中，都是假设“通胀中性”(inflation-neutral)的，即假定所有的变量都是实际变量，从而依这些变量所得的股票价值不受通货膨胀的影响。下面的分析将引入通货膨胀因素。

一、通货膨胀与股息贴现模型

通货膨胀对股票价值评估的影响，主要表现在对所涉及的一系列变量的影响上。引入通货膨胀因素之后，大部分变量都需要区分其实际值与名义值。通货膨胀因素会使实际变量表现为名义值。表 6－7 给出了名义值与实际值的关系。

表 6－7　名义值与实际值

变量	实际变量	名义变量
股息增长率	g^*	$g=(1+g^*)(1+i)-1$
资本化率	y^*	$y=(1+y^*)(1+i)-1$
股东权益收益率	ROE^*	$ROE=(1+ROE^*)(1+i)-1$
预期第 1 期股息	D_1^*	$D=(1+i)D_1^*$
派息比率	b^*	$b=1-\frac{[1+(1-b^*)ROE^*](1+i)-1}{(1+ROE^*)(1+i)-1}=1-\frac{g}{ROE}$

以不变增长的股息贴现模型为例，在通货膨胀率(i)等于零时，$V^*=\frac{D_1^*}{y^*-g^*}$，引入通货膨胀因素之后，$V=\frac{D_1}{y-g}=\frac{D_1^*(1+i)}{[(1+y^*)(1+i)-1]-[(1+g^*)(1+i)-1]}=\frac{D_1^*}{y^*-g^*}=V^*$。

也就是说，股票的内在价值不受通货膨胀的影响。

需要指出的是，一般而言，账面盈利与实际盈利并不存在一一对应关系，即 $E_1 \neq (1+i)E_1^*$。这是因为在计算公司盈利时，一些成本项目(如存货)受通货膨胀影响后的账面值与实际值会有差异。下文以一个简单的例子来加以说明。

【例 6－8】假设 N 公司在年初购入存货，年末售出产品。假设去年没有通货膨胀。存货成本为 10 000 000 元，经营性成本(年末支付)为 1 000 000 元，销售收入为 12 000 000 元。如果忽略税收的影响，那么去年该公司盈利 1 000 000 元，即 $E_1^*=1\ 000\ 000$ 元。

假设今年的通货膨胀率为 6%。预期今年的销售收入为 12 720 000 元，经营性成本为

1 060 000 元，存货成本账面值仍为 10 000 000 元。今年的预期账面盈利为 1 660 000 元，即 $E_1=1\ 660\ 000$ 元。显然，$E_1\neq(1+i)E_1^*$。

二、通货膨胀与市盈率

紧接上例，假设 N 公司共有 1 000 000 股普通股，去年的派息比率为 100%。据表 6－7 可求得今年的派息比率为 63.9%，进一步可以求得表 6－8 的数据。

表 6－8 通货膨胀对市盈率的影响

项目	通货膨胀率为 0 时	通货膨胀率为 6%时	项目	通货膨胀率为 0 时	通货膨胀率为 6%时
股息	1 000 000	1 060 000	派息比率	100%	63.9%
账面盈利	1 000 000	1 660 000	股票价值	10	10
每股盈利	1.00	1.66	市盈率	10	6.0
股东权益收益率	10%	16.6%			

表 6－8 表明，当通货膨胀率由 0 上升到 6%时，市盈率从 10 跌到了 6。这是因为通货膨胀使得账面盈利虚增，夸大了实际盈利。

在现实经济生活中，情况也同样如此。当通货膨胀率上升时，市盈率将会大幅下跌。因为在通货膨胀期间，即使公司的实际盈利不变，它们的账面盈利也会表现出大幅增长。

三、相关观点

多年以来，许多经济学家认为在股票市场应坚持“通货膨胀中性论”。他们认为，不管是否预期到了通货膨胀率的变化，都不影响普通股的实际投资回报率。当然，这仅仅是理论上的分析。

后续的经验研究表明，普通股的实际投资回报率与通货膨胀率呈负相关性。以下是四种不同的解释。

法玛（Fama，1983）认为，突发性的经济冲击（如石油危机）会导致通货膨胀率上升，而同时实际盈利及股息会下降。因此，股票投资的实际回报率与通货膨胀负相关。

马尔基尔（Malkiel，1996）认为，通货膨胀率越高，股票投资的风险越大。因为通货膨胀率上升以后，经济的未来不确定性加大，从而投资的风险上升，投资者对投资回报率的要求也相应提高。此外，资本化率会随着通货膨胀率上升，这意味着股票价值将下降。

马丁（Martin，1980）认为，当通货膨胀率上升时，当前的税收制度会使公司的税后盈利降低，从而实际股息会减少，进而使股票价值被低估。

弗兰科和科恩（Franco & Cohn，1979）认为，股票投资者大多具有“货币幻觉”。但通货膨胀率上升时，投资者会把名义利率的升高看成是实际利率的升高，从而低估股票价值。

然而，对于以上经验事实，近年来有些研究也提出了质疑，如 Oxman（2012）认为，通货膨胀和股票收益的关系纯粹取决于研究人员所使用的通货膨胀测度以及理论模型设定。Acker 和 Duck（2012）也指出“货币顶”有可能引起通胀率和股票收益之间正相关。因此，关于通货膨胀和股票收益的关系仍是一个极具争议且尚待研究的议题。

本章小结

1. 收入资本化法同样适用于普通股的价值分析，具体表现为股息贴现模型。

2. 普通股价值分析的方法有股息贴现模型、市盈率模型和自由现金流分析法。

3. 股息贴现模型认为，股票的内在价值等于投资股票可获得的未来股息的现值。

4. 对于股息贴现模型，如果股票的市场价格低于（或高于）其内在价值，说明该股票价格被低估（或高估）；如果股票的贴现率低于（或高于）其内部收益率，说明该股票价格被低估（或高估）。

5. 对于市盈率模型，如果股票的实际市盈率低于（或高于）其正常市盈率，说明该股票价格被低估（或高估）。

6. 股息贴现模型与市盈率模型可以结合使用。

7. 自由现金流分析法从公司的总体价值入手，扣除各种非股票要求权，即得股票总价值。

8. MM 理论认为，公司的融资方式不影响股票的内在价值。

9. 理论上，通货膨胀不影响股票的内在价值。

10. 通货膨胀会降低股票的市盈率。

11. 经验研究表明，实际的股票投资回报率与通货膨胀率负相关。

重要概念

股息贴现模型　内部收益率　零增长模型　不变增长模型　三阶段增长模型　H 模型　多元增长模型　市盈率模型　杜邦公式　杠杆比率　派息比率　MM 理论　自由现金流分析法　通胀中性

进一步阅读

[1] Beaver W, Morese D. What determines price-earning ratios? [J]. Financial Analysts Journal, 1978, 34(4).

[2] Copeland T E, Koller T, Murrin J. Valuation: measuring and managing the value of Companies[M]: 3rd ed. New York: John Wiley & Sons, 2000.

[3] Fairfield P M. P/E, P/B and the present value of future dividends[J]. Financial Analysts Journal, 1994, 50(4).

[4] Farrell J L. The dividend discount model: a primer[J]. Financial Analysts Journal, 1985, 41(6).

[5] Fisher P. Common Stocks and uncommon profits and other writings[M]: 3rd ed. New Jersey: John Wiley & Sons, 2003.

[6] Scott D. Dand Scott's Guide to investing in common stocks[M] MA: Houghton

Mifflin Company,2005.

参考文献

[1] Acker D,Duck N. Doinvestors Suffer from money illusion? A Direct test of the Modigliani-Cohn HyDothesis[J]. Review of Finance. 2012(16):1-32.

[2] Fama E F. Stock returns,real activity,inflation,and money[J]. American Economic Review,1983(73):471-472.

[3] Franco M,Cohn R. Inflation,rational valuation,and the market[J]. Financial Analysts Journal,1979(35):3-23.

[4] Fuller R J,Hsia C C. A simplified model for estimating stock prices of growth firms [J]. Financial Analysts Journal,1984,May-June.

[5] Fuller R J,Farrell J L Jr. Modern investments and security analysis[M]. New York:McGraw-Hill Company,1987.

[6] Gordon M J. The investment,financing and valuation of the corporation[M]. Irwin:Homewood,1962.

[7] Hamada R. The effect of the firm's capital structure on the systematic risk of common stocks[J]. Journal of Finance,1972(27):435-452.

[8] Malkiel B. A random walk down street[M]. 6th ed. New York:W. W. Norton,1996.

[9] Martin F. Inflation and the stock market[J]. American Economic Review,1980,70:39-847.

[10] Miller M,Modigliani F. The cost of capital,corporation finance,and the theory of investment[J]. American Economic Review,1958(48):261-297.

[11] Miller M,Modigliani F. Dividend policy,growth and the valuation of shares[J]. Journal of Business,1961(34):411-433.

[12] Molodovsky N. Common stock valuation:principles,tables and applications[J]. Financial Analysts Journal,1965,March-April.

[13] Oxman J. Price inflation and stock returns[J]. Economic Letters,2012,116(3):385-388.

[14] Thompson D J. Sources of systematic risk in the common stocks[J]. Journal of Business,1976(49):173-188.

[15] Williams J B,Gordon M J. The theory of investment value[M]. Mass:Harvard,Cambridge,1938.

即测即评

习　题

1. 假如你将持有一支普通股 1 年，你期望获得 1.50 元/股的股息并能在期末以 26 元/股的价格卖出。如果你的预期收益率是 15%，那么在期初你愿意支付的最高价是多少？

2. 预期 F 公司的股息增长率是 5%。

(1) 预期今年年底的股息是 8 元/股，资本化率为 10%，请根据股息贴现模型求该公司股票的内在价值。

(2) 预期每股盈利 12 元，求股东权益收益率。

(3) 市场为公司的成长而支付的成本为多少？

3. 无风险资产收益率为 10%，市场组合收益率为 15%，某股票的贝塔系数为 1.5，预期来年的股息为 2.50 元/股，股息增长率为 5%，求该股票的内在价值。

4. 已知股票 A 和股票 B 的相关信息，如表 6－9 所示。

表 6－9　股票 A 和股票 B 的相关信息

项目	股票 A	股票 B	项目	股票 A	股票 B
股东权益收益率	14%	12%	当前股票价格	27.00	25.00
预期每股盈利	2.00	1.65	资本化率	10%	10%
预期每股股息	1.00	1.00			

请计算：(1) 两只股票的派息比率。

(2) 它们的股息增长率。

(3) 它们的内在价值。

综合考虑上述条件，你将投资于哪只股票？

5. 已知无风险资产收益率为 8%，市场组合收益率为 15%，某股票的贝塔系数为 1.2，派息比率为 40%，最近每股盈利 10 元，每年付一次的股息刚刚支付。预期该股票的股东权益收益率为 20%。

(1) 求该股票的内在价值。

(2) 假如当前的股价为 100 元/股，预期一年内股价与其价值相符，求持有该股票 1 年的回报率。

6. MM 公司去年的税前经营性现金流为 200 万元，预期年增长率为 5%。公司每年将税前经营性现金流的 20%用于再投资。税率为 34%。去年的折旧为 20 万元，预期每年增长 5%。资本化率为 12%。公司目前的债务为 200 万元。求公司的股票价值。

7. 预期 C 公司今年的实际股息是 1 元/股，实际股息增长率为 4%。股票的当前价格是 20 元/股。

（1）假定股票的内在价值等于其价格，求该股票的实际资本化率。

（2）预期通货膨胀率为 6%，求名义资本化率、名义股息以及名义股息增长率。

8. 请简述一下 MM 理论。

中国证券监督管理委员会→统计数据

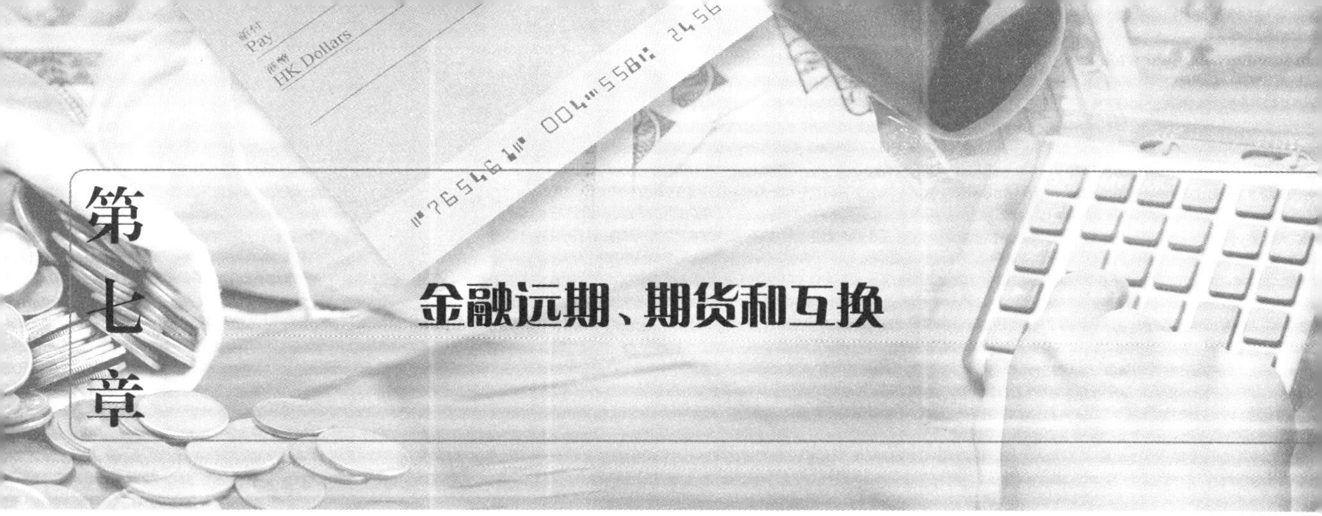

第七章 金融远期、期货和互换

从本章开始，将介绍一些主要的衍生金融工具。衍生金融工具(derivative instruments)又称衍生证券、衍生产品，是指其价值依赖于基本(underlying)标的资产价格的金融工具，如远期、期货、期权、互换等。衍生金融工具的历史虽然很短，却因其在融资、投资、套期保值和套利行为中的巨大作用而获得了飞速的发展。本章将介绍金融远期、期货和互换，第八章介绍期权和权证，第九章则介绍抵押和证券化资产。

学完本章后，你应该能够：

- ★ 了解金融远期、期货和互换的概念及特点
- ★ 掌握远期合约和期货合约的定价
- ★ 了解期货价格和远期价格、期货价格和现货价格之间的关系
- ★ 掌握利率互换和货币互换的设计和安排

第一节 金融远期和期货概述

一、金融远期合约概述

(一) 金融远期合约的定义和特点

金融远期合约(forward contracts)是指双方约定在未来的某一确定时间，按确定的价格买卖一定数量的金融资产的协定。在合约中规定在将来买入标的物的一方称为多方(long position)，而在未来卖出标的物的一方称为空方(short position)。合约中规定的未来买卖标的物的价格称为交割价格(delivery price)。

远期合约是适应规避现货交易风险的需要而产生的。我们知道，现货交易最大的缺点就在于无法规避价格风险。例如，一个农场主的命运完全掌握在他的农作物收割时农作物现货市场价格手中。如果在播种时就能确定农作物收割时卖出的价格，农场主就可安心致力于农作物的生产了。因此，远期合约应运而生。

远期合约是非标准化合约，它不在交易所交易，而是在金融机构之间或金融机构与客户之间通过谈判后签署。已有的远期合约也可以在场外市场交易。

在签署远期合约之前，双方可以就交割地点、交割时间、交割价格、合约规模、标的物的品质等细节进行谈判，以便尽量满足双方的需要。因此，远期合约与本书后面将要介绍的期货合约相比，灵活性较大。这是远期合约的主要优点。

但远期合约也有明显的缺点：首先，由于远期合约没有固定的、集中的交易场所，不利于信息交流和传递，不利于形成统一的市场价格，市场效率较低。其次，由于每份远期合约千差万别，这就给远期合约的流通造成较大不便，因此远期合约的流动性较差。最后，远期合约的履约没有保证，当价格变动对一方有利时，对方有可能无力或无诚意履行合约，因此远期合约的违约风险较高。

（二）金融远期合约的种类

金融远期合约包括远期利率协议、远期外汇合约和远期股票合约等。

1. 远期利率协议

远期利率协议（forward rate agreements，FRA）是买卖双方同意从未来某一商定的时期开始在某一特定时期内按协议利率借贷一笔数额确定、以具体货币表示的名义本金的协议。远期利率协议的买方是名义借款人，其订立远期利率协议的目的主要是为了规避利率上升的风险；远期利率协议的卖方则是名义贷款人，其订立远期利率协议的目的主要是规避利率下降的风险。之所以称为“名义”，是因为借贷双方不必交换本金，只是在结算日根据协议利率和参考利率之间的差额以及名义本金额，由交易一方付给另一方结算金。

（1）重要术语和交易流程。为了规范远期利率协议，英国银行家协会（British Banker's Association）于1985年颁布了远期利率标准化文件（简称FRABBA），作为市场实务的指导原则。目前世界上大多数远期利率协议都是根据FRABBA签订的。该标准化文件使每一笔FRA交易仅需一个电传确认即可成交，大大提高了交易速度和质量。

FRABBA对远期利率协议的重要术语作了规定：

合同金额（contract amount）——借贷的名义本金额。

合同货币（contract currency）——合同金额的货币币种。

交易日（dealing date）——远期利率协议成交的日期。

结算日（settlement date）——名义借贷开始的日期，也是交易一方向另一方交付结算金的日期。

确定日（fixing date）——确定参照利率的日期。

到期日（maturity date）——名义借贷到期的日期。

合同期（contract period）——结算日至到期日之间的天数。

合同利率（contract rate）——在协议中双方商定的借贷利率。

参照利率（reference rate）——在确定日用以确定结算金的在协议中指定的某种市场利率。

结算金（settlement sum）——在结算日，根据合同利率和参照利率的差额计算出来的，由交易一方付给另一方的金额。

为了进一步了解这些概念之间的相互关系，下面以一个实例来说明FRA的交易流程。假定今天是2019年10月4日星期五，双方同意成交一份1×4、名义金额100万元、合同利率4.75%的远期利率协议。其中“1×4”是指起算日和结算日之间为1个月，起算日至名义贷款最终到期日之间的时间为4个月。交易日与起算日一般时隔两个交易日。在本例中，起算日是2019年10月8日星期二，而结算日则是2019年11月8日星期五，到期时间为2020年2月7日星期五，合同期为2019年11月8日至2020年2月7日，即92

天。在结算日之前的两个交易日(即 2019 年 11 月 6 日星期三)为确定日,确定参照利率。参照利率通常为确定日的上海银行间同业拆放利率。假定参照利率为 5.50%。这样,在结算日,由于参照利率高于合同利率,名义贷款方就要支付结算金给名义借款方(具体计算方法将在下文介绍)。上述流程可用图 7-1 表示。

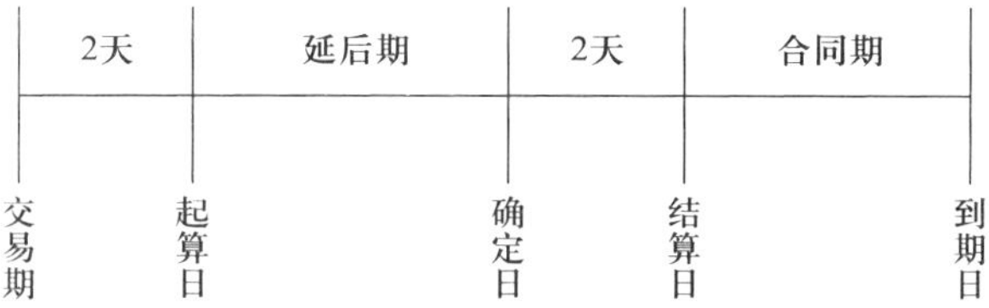

图 7-1 远期利率协议流程图

(2) 结算金的计算。在远期利率协议下,如果参照利率超过合同利率,那么卖方就要支付给买方一笔结算金,以补偿买方在实际借款中因利率上升而造成的损失。一般来说,实际借款利息是在贷款到期时支付的,而结算金则是在结算日支付的,因此,结算金并不等于因利率上升而给买方造成的额外利息支出,而等于额外利息支出在结算日的贴现值,具体计算公式如下:

$$\text{结算金}=\frac{(r_{\mathrm{r}}-r_{\mathrm{k}})\times A\times\dfrac{D}{B}}{1+r_{\mathrm{r}}\times\dfrac{D}{B}} \tag{7.1}$$

式中:r_{r} 表示参照利率;

r_{k} 表示合同利率;

A 表示合同金额;

D 表示合同期天数;

B 表示天数计算惯例(如美元为 360 天,英镑为 365 天,中国为 365 天)。

在式(7.1)中,分子表示由于合同利率与参照利率之间的差异所造成的额外利息支出,而分母是对分子进行贴现,以反映结算金的支付是在合同期开始之日而非结束之时。

把上例的数字代入式(7.1),就可算出卖方应向买方支付的结算金为:

$$\text{结算金}=\frac{(0.055-0.047\,5)\times100\times\dfrac{92}{365}}{1+0.055\times\dfrac{92}{365}}=1\,864.56(\text{元})$$

(3) 远期利率(forward interest rate)。上例中的合同利率实际上是远期利率。所谓远期利率是指现在时刻的将来一定期限的利率。如上例中的 1×4,即表示 1 个月之后开始的期限 3 个月的远期利率。

那么,远期利率是怎么决定的呢?远期利率是由一系列即期利率决定的。一般来说,如果现在时刻为 t,T 时刻到期的即期利率为 r,T^{*} 时刻($T^{*}>T$)到期的即期利率为 r^{*},则 t 时刻的 T 到 T^{*} 期间的远期利率 $\hat{r}$ 可以通过下式求得:

$$(1+r)^{T-t}\,(1+\hat{r})^{T^{*}-T}=(1+r^{*})^{T^{*}-t} \tag{7.2}$$

应注意的是，式(7.2)仅适用于每年计一次复利的情形。

【例 7-1】如果一年期的即期利率为 10%，两年期的即期利率为 10.5%，那么其隐含的一年到两年的远期利率就约等于 11%。这是因为：

$$(1+10\%)(1+11\%)\approx(1+10.5\%)^2$$

(4) 连续复利。为了更精确地算出即期利率和远期利率之间的关系，必须引入连续复利的概念。连续复利在衍生证券定价中有相当广泛的应用。

假设数额 A 以利率 R 投资了 n 年。如果利息按每一年计一次复利，则上述投资的终值为：

$$A(1+R)^n$$

如果每年计 m 次复利，则终值为：

$$A\left(1+\frac{R}{m}\right)^{mn} \tag{7.3}$$

当 m 趋于无穷大时，就称为连续复利(continuous compounding)，此时的终值为：

$$\lim_{m\to\infty} A\left(1+\frac{R}{m}\right)^{mn}=A\mathrm{e}^{Rn} \tag{7.4}$$

表 7-1 显示了提高复利频率所带来的效果。从表 7-1 可以看出，连续复利(精确到小数点后两位)与每天计复利得到的效果一样。因此，从实用目的来看，通常可以认为连续复利与每天计复利等价。

表 7-1 复利频率与终值

(提高计复利的频率对 100 元在一年年末终值的影响，利率为每年 10%)

复利频率	终值(单位：元，取两位小数)
每一年($m=1$)	110.00
每半年($m=2$)	110.25
每季度($m=4$)	110.38
每月($m=12$)	110.47
每周($m=52$)	110.51
每天($m=365$)	110.52
连续复利	110.52

假设 R_c 是连续复利的利率，R_m 是与之等价的每年计 m 次复利的利率，从式(7.3)和式(7.4)有：

$$\mathrm{e}^{R_c n}=\left(1+\frac{R_m}{m}\right)^{mn}$$

或

$$\mathrm{e}^{R_c}=\left(1+\frac{R_m}{m}\right)^{m}$$

这意味着：

$$R_c = m\ln\left(1+\frac{R_m}{m}\right) \tag{7.5}$$

$$R_m = m\left(e^{\frac{R_c}{m}}-1\right) \tag{7.6}$$

通过式(7.5)和式(7.6),可以实现每年计 m 次复利的利率与连续复利之间的转换。

特别地,当 $m=1$ 时:

$$R_c = \ln(1+R_m)$$

$$R_m = e^{R_c}-1$$

当即期利率和远期利率所用的利率均为连续复利时,即期利率和远期利率的关系可表示为:

$$\hat{r} = \frac{r^*(T^*-t)-r(T-t)}{T^*-T} \tag{7.7}$$

这是因为:

$$e^{r(T-t)} \times e^{\hat{r}(T^*-T)} = e^{r^*(T^*-t)}$$

所以:

$$r(T-t)+\hat{r}(T^*-T) = r^*(T^*-t)$$

例如,当一年期和两年期的连续复利年利率分别为 10% 和 10.5% 时,一年到二年的连续复利远期年利率就等于 11%,这是因为:

$$e^{0.10} \times e^{0.11} = e^{0.105\times 2}$$

(5) 远期利率协议的功能。远期利率协议最重要的功能在于通过固定将来实际交付的利率而避免利率变动风险。签订 FRA 后,不管市场利率如何波动,协议双方将来收付资金的成本或收益总是固定在合同利率水平上。

另外,由于远期利率协议交易的本金不用交付,利率是按差额结算的,所以资金流动量较小,这就给银行提供了一种管理利率风险而无须改变其资产负债结构的有效工具。

与金融期货、金融期权等场内交易的衍生工具相比,远期利率协议具有简便、灵活、不需支付保证金等优点。同时,由于远期利率协议是场外交易,故存在信用风险和流动性风险,但这种风险又是有限的,因为它最后实际支付的只是利差而非本金。

相关阅读 7-1

中国远期利率协议市场的发展

在中国,远期利率协议的正式交易始于 2007 年。2007 年 9 月 29 日,中国人民银行发布了《远期利率协议业务管理规定》,对中国远期利率业务做出了规范性的规定。《远期利率协议业务管理规定》宣布从 2007 年 11 月 1 日正式开始远期利率协议业务的开展。之后,汇丰和中信银行签订了本金为 2 亿元的 3MX6M 的远期利率协议,汇丰和摩根大通签订了本金为 2 亿元的 1MX4M 的远期利率协议。这两个协议的参考利率都是上海银行间同业拆放利率(Shibor)。

但 2011 年以来,远期利率协议在中国的发展缓慢,交易量急剧下降,甚至于 2014 年到 2015 年上半年之间都没有交易发生。2016 年,银行间市场人民币远期利率协议成交仅为 1 亿元。

2. 远期外汇合约

远期外汇合约(forward exchange contracts)是指双方约定在将来某一时间按约定的远期汇率买卖一定金额的某种外汇的合约。交易双方在签订合同时,就确定好将来进行交割的远期汇率,到时不论汇价如何变化,都应按此汇率交割。在交割时,名义本金并未交割,而只交割合同中规定的远期汇率与当时的即期汇率之间的差额。

远期汇率(forward exchange rate)是指两种货币在未来某一日期交割的买卖价格。远期汇率的报价方法通常有两种:一种是报出直接远期汇率(outright forward rate);另一种是报出远期差价(forward margin,又称掉期点数 swap points)。远期差价是指远期汇率与即期汇率的差额。若远期汇率大于即期汇率,那么这一差额就称为升水(premium),反之则称为贴水(discount);若远期汇率与即期汇率相等,那么就称为平价(at par)。

目前外汇市场上大多用第二种报价法。通过即期汇率加减升贴水,就可算出远期汇率。例如即期汇率为 USD1=HKD7.852 0/25,一个月远期差价为 50/55,则将即期汇率按照一定规则加减升贴水即可获得远期汇率。加减的规则是"前小后大往上加,前大后小往下减"。"前小后大"和"前大后小"是指差价的排队方式。由于上述美元兑港元的差价排列方式为前小后大,故往上加得到远期汇率为 USD1=HKD7.857 0/80。

相关阅读 7-2

中国银行间外汇市场的人民币远期外汇

截至 2020 年 3 月 13 日,中国银行家外汇市场的人民币远期外汇交易币种包括:美元(USD)、欧元(EUR)、日元(JPY)、港币(HKD)、英镑(GBP)、澳元(AUD)、新西兰元(NZD)、新加坡元(SGD)、瑞士法郎(CHF)、加元(CAD)、马来西亚林吉特(MYR)、俄罗斯卢布(RUB)、南非南特(ZAR)、韩元(KRW)、阿联酋迪拉姆 (AED)、沙特里亚尔(SAR)、匈牙利福林(HUF)、波兰兹罗提(PLN)、丹麦克朗(DKK)、瑞典克朗(SEK)、挪威克朗(NOK)、土耳其里拉(TRY)、墨西哥比索(MXN)以及泰铢(THB)。表 7-2 则统计了 2020 年 2 月中国银行间外汇市场的人民币远期的交易情况。

表 7-2 人民币外汇远期月报 2020-02

期限品种	全部货币		美元	
	成交金额(百万元)	成交笔数	成交金额(百万元)	成交笔数
1D	7 551.53	42	7 344.53	41
1W	1 284.43	10	1 276.16	9
1M	10 058.30	31	8 654.98	18
3M	2 322.18	34	2 322.18	34
6M	1 524.75	23	1 486.18	22

续表

期限品种	全部货币		美元	
	成交金额(百万元)	成交笔数	成交金额(百万元)	成交笔数
9M	358.74	6	358.74	6
1Y	3 205.53	26	3 190.73	24
其他	26 744.47	326	26 690.23	322
合计	53 049.94	498	51 323.74	476

数据来源:中国货币网。

3. 远期股票合约

远期股票合约(equity forwards)是指在将来某一特定日期按特定价格交付一定数量单个股票或一篮子股票的协议。

由于远期股票合约在世界上出现不久,仅在小范围内有交易记录,本书不作详述。

二、金融期货合约概述

20 世纪 70 年代初,西方国家出现了严重的通货膨胀,固定汇率制也被浮动汇率制所取代,国内外经济环境和体制安排的转变使经济活动的风险增大。这种情况反映到金融市场上就是利率、汇率和证券价格的急剧波动,原有的远期交易由于流动性差、信息不对称、违约风险高等缺陷而无法满足人们急剧增长的需要,金融期货交易应运而生。

(一) 金融期货合约的定义和特点

金融期货合约(futures contracts)是指协议双方同意在约定的将来某个日期按约定的条件(包括价格、交割地点、交割方式)买入或卖出一定标准数量的某种金融资产的标准化协议。合约中规定的价格就是期货价格(futures price)。

相关阅读 7-3

国内期货交易所和期货交易品种介绍

我国现有四家期货交易所,其中郑州商品交易所、大连商品交易所、上海期货交易所三家期货交易所以商品期货交易为主,2006 年 9 月 8 日挂牌成立的中国金融期货交易所(CFFEX)交易金融期货,上市的第一个品种是沪深 300 股指期货。

郑州商品交易所交易的主要品种有:强麦、硬麦、棉花、白糖、PTA 等。

大连商品交易所交易的主要品种有:黄大豆 1 号、黄大豆 2 号、豆粕、玉米、豆油、菜籽油等。

上海期货交易所交易的主要品种有:铝、铜、锌、黄金、天然橡胶、燃料油等。

中国金融期货交易所在 2010 年 4 月推出沪深 300 股指期货。后来又陆续推出上证 50 股指期货和中证 500 股指期货,以及 2 年期、5 年期和 10 年期国债期货。

金融期货交易具有如下特点:

第一，期货合约交易均在交易所进行，交易双方不直接接触，而是各自与交易所的清算部或专设的清算公司结算。清算公司充当所有期货买者的卖者和所有卖者的买者，因此，交易双方无须担心对方违约。

第二，期货合约的买者或卖者可在交割日之前采取对冲交易以结束其期货头寸（即平仓），而无须进行最后的实物交割。由于通过平仓结束期货头寸比起实物交割既省事又灵活，因此目前大多数期货交易都是通过平仓来结清头寸的。据统计，最终进行实物交割的期货合约不到2%。

尽管如此，也不应忽视交割的重要性。正是因为具有最后交割的可能性，期货价格和标的物的现货价格之间才具有内在的联系。随着期货交割月份的逼近，期货价格收敛于标的资产的现货价格。当到达交割期限时，期货的价格等于或非常接近于现货的价格，不然的话，就存在无风险套利机会。两者之间的关系如图7-2所示。

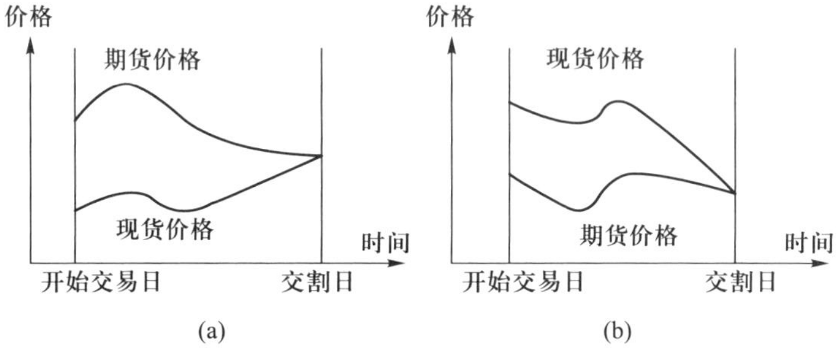

图7-2 随交割期限的临近，期货价格与现货价格之间的关系

第三，期货合约的合约规模、交割日期、交割地点等都是标准化的，即在合约上有明确的规定，无须双方再商定。当然，这并不是说所有期货合约的交割月份、交割地点等都是一样的，同种金融工具的期货合约可以有不同的交割月份，但它是由交易所事先确定，并在合约中事先载明的，而不是由交易双方商定后载入合约的。

有时，交易所允许期货合约的空方（即卖方）在可供选择的标的物（主要适用于利率期货和商品期货）和交割地点（主要适用于商品期货）之间选择，交易所将根据空方的选择按事先规定的公式对其收取的价款进行调整。

有些金融期货，如标的物为股价指数的期货，在交割时是以现金结算的，这是因为直接交割标的物非常不方便或者是不可能的。

交易所还根据客户的需要规定各金融工具期货合约的交割月份，并指定在交割月份中可以进行交割的确切时间。对于许多期货合约来说，交割日期可以是整个交割月，具体在哪一天交割，则由空方选择。

第四，期货交易结算是每天进行的，而不是到期一次性进行的，买卖双方在交易之前都必须在经纪公司开立专门的保证金账户。经纪公司通常要求交易者在交易之前必须存入一定数量的保证金，这个保证金叫初始保证金（initial margin）。在每天交易结束时，保证金账户都要根据期货价格的涨跌而进行调整，以反映交易者的浮动盈亏，这就是所谓的盯市（marking to market）。浮动盈亏是根据结算价格（settlement price）计算的。结算价格的确定由交易所规定，它有可能是当天的加权平均价，也可能是收盘价，还可能是最后几秒钟的平均价。当天结算价格高于昨天的结算价格（或当天的开仓价）时，高出部分就是多头的浮动盈利和空头的浮动亏损。这些浮动盈利和亏损就在当天晚上分别加入多头的保证金账户和从空头的保证金账户中扣除。当保证金账户的余额超过初始保证金水平时，交易者可随时提取现金或用于开新仓；而当保证金账户的余额低于交易所规定的维持保证金（maintenance margin）水平时，经纪公司就会通知交易者限期把保证金水平补足到初始保证金水平，否则就会被强制平仓。维持保证金水平通常是初始保证金水平的75%。

（二）金融期货的种类

按标的物不同，金融期货可分为利率期货、股价指数期货和外汇期货。

利率期货是指标的资产价格依赖于利率水平的期货合约，如长期国债期货、短期国债期货和欧洲美元期货。

股价指数期货的标的物是股价指数。由于股价指数是一种极特殊的商品，没有具体的实物形式，双方在交易时只能把股价指数的点数换算成货币单位进行结算，没有实物的交割。这是股价指数期货与其他标的物期货的最大区别。

外汇期货的标的物是外汇，如美元、欧元、英镑、日元、澳元、加元等。

相关阅读 7-4

《中国金融期货交易所沪深300股指期货合约》

合约标的	沪深300指数
合约乘数	每点300元
报价单位	指数点
最小变动价位	0.2点
合约月份	当月、下月及随后两个季月
交易时间	9:30—11:30,13:00—15:00
每日价格最大波动限制	上一个交易日结算价的±10%
最低交易保证金	合约价值的8%
最后交易日	合约到期月份的第三个周五（遇法定假日顺延）
交割日期	同最后交易日
交割方式	现金交割
交易代码	IF
上市交易所	中国金融期货交易所

资料来源：中国金融期货交易所。

在2015年7月至9月间，为了应对中国股市的剧烈下跌，中国金融期货交易所多次更改股指期货的交易规则。具体如下：

日期	细节
2015年7月8日	自2015年7月8日(星期三)结算时起,中证500股指期货各合约的卖出持仓交易保证金,由目前合约价值的10%提高到20%(套期保值持仓除外);自2015年7月9日(星期四)结算时起,中证500股指期货各合约的卖出持仓交易保证金进一步提高到合约价值的30%(套期保值持仓除外)
2015年7月31日	自2015年8月3日起,手续费包括交易手续费和申报费两部分,交易手续费标准调整为成交金额的0.23‱;申报费根据客户沪深300、上证50和中证500股指期货各合约的申报数量收取,每笔申报费为1元。会员应当根据客户申报量向客户收取。申报是指买入、卖出及撤销委托
2015年8月25日	自2015年8月26日(星期三)起,沪深300、上证50、中证500股指期货各合约平今仓交易手续费标准调整为成交金额的1.15‱
2015年8月25日	(一) 自2015年8月26日(星期三)结算时起,沪深300和上证50股指期货各合约的非套期保值持仓的交易保证金,由目前合约价值的10%提高到12%,中证500股指期货各合约的非套期保值持仓的买入持仓交易保证金,由目前合约价值的10%提高到12%; (二) 自2015年8月27日(星期四)结算时起,沪深300和上证50股指期货各合约的非套期保值持仓的交易保证金进一步提高到合约价值的15%,中证500股指期货各合约的非套期保值持仓的买入持仓交易保证金进一步提高到15%; (三) 自2015年8月28日(星期五)结算时起,沪深300和上证50股指期货各合约的非套期保值持仓的交易保证金再进一步提高到合约价值的20%,中证500股指期货各合约的非套期保值持仓的买入持仓交易保证金再进一步提高到20%; (四) 自8月26日起,将客户在单个股指期货产品、单日开仓交易量超过600手的认定为"日内开仓交易量较大"的异常交易行为,进一步加强异常交易行为管理
2015年8月28日	自2015年8月31日(星期一)结算时起,沪深300和上证50股指期货各合约的非套期保值持仓的交易保证金,由目前合约价值的20%提高到30%,中证500股指期货各合约的非套期保值持仓的买入持仓交易保证金,由目前合约价值的20%提高到30%
2015年8月31日	自2015年8月31日起,对沪深300、上证50、中证500股指期货客户在单个产品、单日开仓交易量超过100手的,认定为"日内开仓交易量较大"的异常交易行为

续表

日期	细节
2015 年 9 月 2 日	自 2015 年 9 月 7 日(星期一)起,沪深 300、上证 50、中证 500 股指期货各合约平今仓交易手续费标准调整为成交金额的 23‱。自 2015 年 9 月 7 日(星期一)结算时起,沪深 300、上证 50、中证 500 股指期货各合约的非套期保值持仓的交易保证金标准,由目前合约价值的 30%提高到 40%;沪深 300、上证 50、中证 500 股指期货各合约的套期保值持仓的交易保证金标准,由目前合约价值的 10%提高到 20%。 调整股指期货日内开仓限制标准。中金所决定,自 2015 年 9 月 7 日起,沪深 300、上证 50、中证 500 股指期货客户在单个产品、单日开仓交易量超过 10 手的构成"日内开仓交易量较大"的异常交易行为。日内开仓交易量是指客户单日在单个产品所有合约上的买开仓数量与卖开仓数量之和。套期保值交易的开仓数量不受此限

资料来源:中国金融期货交易所。

(三)期货合约和远期合约的比较

期货合约和远期合约虽然都是在交易时约定在将来某一时间按约定的条件买卖一定数量的某种标的物的合约,但它们存在诸多区别,归纳如表 7-3。

表 7-3　期货合约与远期合约的区别

区别	远期合约	期货合约
标准化程度不同	遵循"契约自由"原则,具有很大的灵活性;但流动性较差,二级市场不发达	标准化合约,流动性强
交易场所不同	没有固定的场所,是一个效率较低的无组织分散市场	在交易所内交易,一般不允许场外交易。期货市场是一个有组织的、有秩序的、统一的市场
违约风险不同	合约的履行仅以签约双方的信誉为担保,违约风险很高	合约的履行由交易所或清算公司提供担保,违约风险几乎为零
价格确定方式不同	交易双方直接谈判并私下确定,存在信息不对称,定价效率很低	在交易所内通过公开竞价确定,信息较为充分、对称,定价效率较高
履约方式不同	绝大多数只能通过到期实物交割来履行	绝大多数都是通过平仓来了结
合约双方关系不同	必须对对方的信誉和实力等方面作充分的了解	可以对对方完全不了解
结算方式不同	到期才进行交割清算,期间均不进行结算	每天结算,浮动盈利或浮动亏损通过保证金账户体现

（四）期货市场的功能

期货市场具有如下功能：

1. 转移价格风险的功能

在日常金融活动中，市场主体常面临利率、汇率和证券价格风险（通称价格风险）。有了期货交易后，他们就可利用期货多头或空头把价格风险转移出去，从而实现避险目的。这是期货市场最主要的功能，也是期货市场产生的最根本原因。

应该注意的是，对单个主体而言，利用期货交易可以达到消除价格风险的目的，但对整个社会而言，期货交易通常并不能消除价格风险，期货交易发挥的只是价格风险的再分配即价格风险的转移作用。

不过，在有些条件下，期货交易也具有增加或减少整个社会价格风险总量的作用。具体而言，套期保值者之间的期货交易可以使两者的价格风险相互抵消，投机者之间的期货交易则是给社会平添期货价格的风险，而套期保值者与投机者之间的期货交易才是价格风险的转移。由此可见，适量的投机可以充当套期保值者的媒介，加快价格风险转移速度，而过度的投机则会给社会增加许多不必要的风险。

2. 价格发现功能

比起现货市场而言，期货市场拥有交易成本低、流动性强、市场集中、信息及时透明等诸多优势，因此，期货市场的定价效率通常高于现货市场。这样，期货市场就可以利用接下来将介绍的期货、现货价格关系影响甚至决定现货价格，从而发挥价格发现功能。有关期货市场的价格发现功能的更多深入讨论，请参见陈蓉、郑振龙（2007）。

第二节　远期和期货的定价

一、远期价格和远期价值

一般把使得远期合约价值为零的交割价格称为远期价格（forward price）。这个远期价格显然是理论价格，它与远期合约在实际交易中形成的实际价格（即双方签约时所确定的交割价格）并不一定相等。但是，一旦理论价格与实际价格不相等，就会出现套利（arbitrage）机会。若交割价格高于远期价格，套利者就可以通过买入标的资产现货、卖出远期并等待交割来获取无风险利润，从而促使现货价格上升、交割价格下降，直至套利机会消失；若交割价格低于远期价格，套利者就可以通过卖空标的资产现货、买入远期来获取无风险利润，从而促使现货价格下降，交割价格上升，直至套利机会消失。而此时，远期理论价格等于实际价格。本书中所说的对金融工具的定价，实际上都是指确定其理论价格。

这里要特别指出的是远期价格与远期价值的区别。一般来说，价格总是围绕着价值波动的，而远期价格跟远期价值却相差很远。例如，当远期价格等于交割价格时，远期价值为零。这是为什么呢？其原因在于远期价格指的是远期合约中标的物的远期价格，它是与标的物的现货价格紧密相连的，而远期价值则是指远期合约本身的价值，它是由远期实际价格与远期理论价格的差距决定的。在合约签署时，若交割价格等于远期理论价格，则此时合约价值为零。但随着时间推移，远期理论价格有可能改变，而原有合约的交割价格则不可能改变，因此，原有合约的价值就可能不再为零。

二、期货价格与远期价格的关系

考克斯、英格索尔和罗斯(Cox, Ingersoll & Ross, 1981)证明，当无风险利率恒定，且对所有到期日都不变时，交割日相同的远期价格和期货价格应相等。

但是，当利率变化无法预测时，远期价格和期货价格就不相等。至于两者谁高则取决于标的资产价格与利率的相关性。

当标的资产价格与利率呈正相关时，期货价格高于远期价格。这是因为当标的资产价格上升时，期货价格通常也会随之升高，期货合约的多头将因每日结算制而立即获利，并可按高于平均利率的水平将所获利润进行再投资。而当标的资产价格下跌时，期货合约的多头将因每日结算制而立即亏损，而他可按低于平均利率的利率从市场上融资以补充保证金。相比之下，远期合约的多头将不会因利率的变动而受到上述影响。因此，在此情况下，期货多头比远期多头更具吸引力，期货价格自然就大于远期价格。

相反，当标的资产价格与利率呈负相关性时，远期价格就会高于期货价格。

远期价格和期货价格的差异幅度还取决于合约有效期的长短。当有效期只有几个月时，两者的差距通常很小。此外，税收、交易费用、保证金的处理方式、违约风险、流动性等方面的因素或差异都会导致远期价格和期货价格的差异。

在现实生活中，由于远期和期货价格与利率的相关性很低，以致期货价格和远期价格的差别可以忽略不计。在估计外汇期货价格和远期价格之间的合理差价时，康奈尔和莱茵格勒姆(Cornell & Reinganum, 1981)发现盯市所带来的收益太小了，以至于远期价格和期货价格几乎没有区别。因此，在大多数情况下，仍可以合理地假定远期价格与期货价格相等，并都用 F 来表示。在以下的分析中，对远期合约的定价同样适用于期货合约。

三、基本假设与基本符号

（一）基本假设

为简便起见，本节的分析建立在如下假设前提下：

(1) 没有交易费用和税收。

(2) 市场参与者能以相同的无风险利率借入和贷出资金。

(3) 远期合约没有违约风险。

(4) 允许现货卖空行为。

(5) 当套利机会出现时，市场参与者将参与套利活动，从而使套利机会消失，计算出的理论价格就是在没有套利机会下的均衡价格。

(6) 期货合约的保证金账户支付同样的无风险利率。这意味着任何人均可不花成本地取得远期和期货的多头和空头地位。

（二）基本符号

本节将要用到的符号主要有：

T：远期和期货合约的到期时间，单位为年。

t：现在的时间，单位为年。变量 T 和 t 是从合约生效之前的某个日期开始计算的，$T-t$ 代表远期和期货合约中以年为单位表示的剩下的时间。

S：标的资产在时间 t 时的价格。

S_T：标的资产在时间 T 时的价格（在 t 时刻这个值是个未知变量）。

K：远期合约中的交割价格。

f：远期合约多头在 t 时刻的价值。

F：t 时刻的远期合约和期货合约中标的资产的远期理论价格和期货理论价格。在本书中如无特别注明，分别简称为远期价格和期货价格。

r：T 时刻到期的以连续复利计算的 t 时刻的无风险利率（年利率）。在本章中，如无特别说明，利率均为连续复利。

四、无收益资产远期合约的定价

无收益资产是指在到期日前不产生现金流的资产，如贴现债券。

（一）无套利定价法

本节所用的定价方法为无套利定价法。其基本思路为：构建两种投资组合，让其终值相等，则其现值一定相等；否则的话，就可以进行套利，即卖出现值较高的投资组合，买入现值较低的投资组合，并持有到期末，套利者就可赚取无风险收益。众多套利者这样做的结果，将使较高现值的投资组合价格下降，而较低现值的投资组合价格上升，直至套利机会消失，此时两种组合的现值相等。这样，就可根据两种组合现值相等的关系求出远期价格。

例如，为了给无收益资产的远期合约定价，可以构建如下两种组合：

组合 A：一份远期合约多头加上一笔数额为 $Ke^{-r(T-t)}$ 的现金。该合约规定多头在到期日 T 按照交割价格 K 购买 1 单位标的资产。

组合 B：一单位标的资产。

在组合 A 中，$Ke^{-r(T-t)}$ 的现金以无风险利率投资，投资期为（$T-t$）。到 T 时刻，其金额将达到 K。这是因为：$Ke^{-r(T-t)}e^{r(T-t)}=K$。

在远期合约到期时，这笔现金刚好可用来交割，换来一单位标的资产。这样，在 T 时刻，两种组合都等于一单位标的资产。由此可以断定，这两种组合在 t 时刻的价值相等，即：

$$f+Ke^{-r(T-t)}=S$$

$$f=S-Ke^{-r(T-t)} \tag{7.8}$$

公式(7.8)表明，无收益资产远期合约多头的价值等于标的资产现货价格与交割价格现值的差额。或者说，一单位无收益资产远期合约多头可由一单位标的资产多头和 $Ke^{-r(T-t)}$ 单位无风险负债组成。

（二）现货—远期平价定理

由于远期价格（F）就是使合约价值（f）为零的交割价格（K），即当 $f=0$ 时，$K=F$。据此可以令式(7.8)中 $f=0$，则

$$F=Se^{r(T-t)} \tag{7.9}$$

这就是无收益资产的现货—远期平价定理(spot - forward parity theorem)，或称现货

期货平价定理(spot-futures parity theorem)。式(7.9)表明，对于无收益资产而言，远期价格等于其标的资产现货价格的终值。

相关阅读 7-5

公式 $F=Se^{r(T-t)}$ 的证明

我们可以用反证法证明等式不成立时的情形是不均衡的。

若 $F>Se^{r(T-t)}$，即交割价格大于现货价格的终值。在这种情况下，套利者可以按无风险利率 r 借入 S 现金，期限为 $T-t$。然后用 S 购买一单位标的资产，同时卖出一份该资产的远期合约，交割价格为 F。在 T 时刻，该套利者就可将一单位标的资产用于交割换来 F 现金，并归还借款本息 $Se^{r(T-t)}$，这就实现了 $F-Se^{r(T-t)}$ 的无风险利润。

若 $F<Se^{r(T-t)}$，即交割价值小于现货价格的终值，套利者就可进行反向操作，即卖空标的资产，将所得收入以无风险利率进行投资，期限为 $T-t$，同时买进一份该标的资产的远期合约，交割价为 F。在 T 时刻，套利者收到投资本息 $Se^{r(T-t)}$，并以 F 现金购买一单位标的资产，用于归还卖空时借入的标的资产，从而实现 $Se^{r(T-t)}-F$ 的利润。

【例 7-2】设一份标的证券为一年期贴现债券、剩余期限为 6 个月的远期合约多头，其交割价格为 960 元，6 个月期的无风险年利率(连续复利)为 6%，该债券的现价为 940 元。则根据式(7.8)，可以算出该远期合约多头的价值为：

$$f=940-960e^{-0.5\times0.06}=8.48(\text{元})$$

利用式(7.9)，可以算出无收益证券的远期合约中合理的交割价格。

【例 7-3】假设一年期的贴现债券价格为 960 元，3 个月期无风险年利率为 5%，则 3 个月期的该债券远期合约的交割价格应为：

$$F=960e^{0.05\times0.25}=972(\text{元})$$

(三) 远期价格的期限结构

远期价格的期限结构描述的是不同期限远期价格之间的关系。设 F 为在 T 时刻交割的远期价格，F^* 为在 T^* 时刻交割的远期价格，r 为 T 时刻到期的无风险利率，r^* 为 T^* 时刻到期的无风险利率，$\hat{r}$ 为 T 到 T^* 时刻的无风险远期利率。对于无收益资产而言，从式(7.9)可知：

$$F=Se^{r(T-t)}$$

$$F^*=Se^{r^*(T^*-t)}$$

两式相除消掉 S 后：

$$F^*=Fe^{r^*(T^*-t)-r(T-t)}$$

根据式(7.7)，即 $\hat{r}=\dfrac{r^*(T^*-t)-r(T-t)}{T^*-T}$，可以得到不同期限远期价格之间的关系：

$$F^*=Fe^{\hat{r}(T^*-T)} \tag{7.10}$$

读者可以运用相同的方法，推导出支付已知现金收益资产和支付已知收益率资产的不同期限远期价格之间的关系。

五、支付已知现金收益资产远期合约的定价

支付已知现金收益的资产是指在到期前会产生完全可预测的现金流的资产，如附息债券和支付已知现金红利的股票。黄金、白银等贵金属本身不产生收益，但需要花费一定的存储成本，存储成本可看成是负收益。令已知现金收益的金额为 I'，其现值为 I，对黄金、白银来说，I 为负值。

为了给支付已知现金收益资产的远期定价，可以构建如下两个组合：

组合 A：一份远期合约多头加上一笔数额为 $Ke^{-r(T-t)}$ 的现金。

组合 B：一单位标的证券加上利率为无风险利率、期限为从现在到现金收益派发日、本金为 I' 的负债。

从之前的分析可知，组合 A 在 T 时刻的价值等于一单位标的证券。在组合 B 中，由于标的证券的收益刚好可以用来偿还负债的本息，因此在 T 时刻，该组合的价值也等于一单位标的证券。因此，在 t 时刻，这两个组合的价值应相等，即：

$$f+Ke^{-r(T-t)}=S-I$$

$$f=S-I-Ke^{-r(T-t)} \qquad (7.11)$$

式(7.11)表明，支付已知现金收益资产的远期合约多头价值等于标的证券现货价格扣除现金收益现值后的余额与交割价格现值之差。或者说，一单位支付已知现金收益资产的远期合约多头可由一单位标的资产和 $I+Ke^{-r(T-t)}$ 单位无风险负债构成。

根据 F 的定义，可从式(7.11)中求得：

$$F=(S-I)e^{r(T-t)} \qquad (7.12)$$

这就是支付已知现金收益资产的现货—远期平价公式。式(7.12)表明，支付已知现金收益资产的远期价格等于标的证券现货价格与已知现金收益现值差额的终值。

【例 7－4】假设 6 个月期和 12 个月期的无风险年利率分别为 9% 和 10%，而一种 10 年期债券现货价格为 990 元，该债券 1 年期远期合约的交割价格为 1 001 元，该债券在 6 个月和 12 个月后都将收到 60 元的利息，且第二次付息日在远期合约交割日之前。求该合约的价值。

根据已知条件，可以先算出该债券已知现金收益的现值：

$$I=60e^{-0.09\times0.5}+60e^{-0.10\times1}=111.65(\text{元})$$

根据式(7.11)，可算出该远期合约多头的价值为：

$$f=990-111.65-1\,001e^{-0.1\times1}=-27.39(\text{元})$$

相应地，该合约空头的价值为 27.39 元。

【例 7－5】假设黄金的现价为每盎司 450 美元，其存储成本为每年每盎司 2 美元，在年底支付，无风险年利率为 7%。则 1 年期黄金远期价格为：

$$F=(450-I)e^{0.07\times1}$$

其中，$I=-2e^{-0.07\times1}=-1.865$，故：

$$F=(450+1.865)\times e^{0.07}=484.6(\text{美元/盎司})$$

六、支付已知收益率资产远期合约的定价

支付已知收益率的资产是指在到期前将产生与该资产现货价格成一定比率的收益的资产。外汇是这类资产的典型，其收益率就是该外汇发行国的无风险利率。股价指数也可近似地看作是支付已知收益率的资产。因为虽然各种股票的红利收益率是可变的，但作为反映市场整体水平的股价指数，其红利收益率是较易预测的。远期利率协议和远期外汇综合协议也可看作是支付已知收益率资产的远期合约。

为了给出支付已知收益率资产的远期定价，可以构建如下两个组合：

组合 A：一份远期合约多头加上一笔数额为 $Ke^{-r(T-t)}$ 的现金。

组合 B：$e^{-q(T-t)}$ 单位证券并且所有收入都再投资于该证券，其中 q 为该资产按连续复利计算的已知收益率。

从之前的分析可知，组合 A 在 T 时刻的价值等于一单位标的证券。组合 B 拥有的证券数量则随着获得红利的增加而增加，在时刻 T，正好拥有一单位标的证券。因此在 t 时刻两者的价值也应相等，即：

$$f+Ke^{-r(T-t)}=Se^{-q(T-t)}$$

$$f=Se^{-q(T-t)}-Ke^{-r(T-t)} \tag{7.13}$$

式(7.13)表明，支付已知红利收益率资产的远期合约多头价值等于 $e^{-q(T-t)}$ 单位证券的现值与交割价现值之差。或者说，一单位支付已知红利收益率资产的远期合约多头可由 $e^{-q(T-t)}$ 单位标的资产和 $Ke^{-r(T-t)}$ 单位无风险负债构成。

根据远期价格的定义，可根据式(7.13)算出支付已知收益率资产的远期价格：

$$F=Se^{(r-q)(T-t)} \tag{7.14}$$

这就是支付已知红利收益率资产的现货—远期平价公式。式(7.14)表明，支付已知收益率资产的远期价格等于按无风险利率与已知收益率之差计算的标的资产现货价格在 T 时刻的终值。

【例 7-6】假设沪深 300 指数现在的点数为 1 000 点，该指数所含股票的红利收益率预计为每年 5%(连续复利)，连续复利的无风险利率为 10%，3 个月期沪深 300 指数期货的市价为 1 080 点。求该期货的合约价值和期货的理论价格。

根据式(7.13)，可得：

$$f=1\ 000e^{-0.05\times 0.25}-1\ 080e^{-0.1\times 0.25}=-65.75$$

由于沪深 300 指数期货合约规模为指数乘以 300，因此一份该合约价值为 $-65.75\times 300=-19\ 725$(元)。

根据式(7.14)，可求出沪深 300 指数期货的理论价格：

$$F=1\ 000e^{(0.1-0.05)\times 0.25}=1\ 012.58$$

七、期货价格与现货价格的关系

期货价格和现货价格之间的相互关系可以从两个角度去考察。一是期货价格和现在的现货价格的关系；一是期货价格与预期的未来现货价格的关系。

（一）期货价格和现在的现货价格的关系

从前面的定价分析中可以看到，决定期货价格的最重要的因素是现货价格。现货价格对期货价格的涨跌起着重要的制约作用，正是这种制约关系决定了期货是不能炒作的。但是，如果现货市场不够大，从而使现货价格形不成对期货价格的有效制约的话，期货市场就迟早会因恶性炒作而出问题。20 世纪 90 年代中国国债期货实验失败的重要原因之一就是没有足够庞大的国债现货市场来制约国债期货的炒作。

相关阅读 7－6

中国的国债期货交易

国债期货是一种金融期货，在我国期货市场发展史上具有重要的地位和作用，可谓是中国金融期货的先驱。我国的国债期货交易试点开始于 1992 年，结束于 1995 年 5 月，历时两年半。

1992 年 12 月，上海证券交易所（简称上交所）最先开放了国债期货交易。上交所共推出 12 个品种的国债期货合约，只对机构投资者开放。但在国债期货交易开放的近一年里，交易并不活跃。从 1992 年 12 月 28 日至 1993 年 10 月，国债期货成交金额只有 5 000 万元。

1993 年 10 月 25 日，上交所对国债期货合约进行了修订，并向个人投资者开放国债期货交易。1993 年 12 月，原北京商品交易所推出国债期货交易，成为我国第一家开展国债期货交易的商品期货交易所。随后，原广东联合期货交易所和武汉证券交易中心等地方证交中心也推出了国债期货交易。

1994 年第二季度开始，国债期货交易逐渐趋于活跃，交易金额逐月递增。1994 年结束时，上交所的全年国债期货交易总额达到 1.9 万亿元。1995 年以后，国债期货交易更加火爆，经常出现日交易量达到 400 亿元的市况，而同期市场上流通的国债现券不到 1 050 亿元。由于可供交割的国债现券数量远小于国债期货的交易规模，因此，市场上的投机气氛越来越浓厚，风险也越来越大。

1995 年 2 月，国债期货市场上发生了著名的“327”违规操作事件，对市场造成了沉重的打击。1995 年 2 月 25 日，为规范整顿国债期货市场，中国证监会和财政部联合颁发了《国债期货交易管理暂行办法》；2 月 25 日，中国证监会又向各个国债期货交易场所发出了《关于加强国债期货风险控制的紧急通知》，不仅提高了交易保证金比例，还将交易场所从原来的十几个收缩到沪、深、汉、京四大市场。

一系列的清理整顿措施并未有效抑制市场投机气氛，透支、超仓、内幕交易、恶意操纵等现象仍然十分严重，国债期货价格仍继续狂涨，1995 年 5 月再次发生恶性违规事件——“319”事件。

1995 年 5 月 17 日下午，中国证监会发出通知，决定暂停国债期货交易。各交易场所从 5 月 18 日起组织会员协议平仓；5 月 31 日，全国 14 个国债期货交易场所全部平仓完毕，我国首次国债期货交易试点以失败而告终。

在时隔 18 年之后，中国国债期货于 2013 年 9 月 6 日重新正式在中国金融期货交易所上市交易。截至2020年2月，在中国金融期货交易所交易的国债期货品种有2年、5年和10年期国债期货合约。

资料来源：王玮，陈力峰.债券投资法律实务[M].北京：中信出版社，2003年。

期货价格和现货价格的关系可以用基差(basis)来描述。所谓基差，是指现货价格与期货价格之差，即：

$$基差=现货价格-期货价格 \tag{7.15}$$

基差可能为正值也可能为负值。但在期货合约到期日，基差应为零。这种现象称为期货价格收敛于标的资产的现货价格，如图7-2所示。

根据前面的定价公式，当标的证券没有收益，或者已知现金收益较小或已知收益率小于无风险利率时，期货价格应高于现货价格，如图7-2(a)所示；当标的证券的已知现金收益较大，或者已知收益率大于无风险利率时，期货价格应低于现货价格，如图7-2(b)所示。

但在期货价格收敛于现货市场的过程中，并不是一帆风顺的，也就是说，基差会随着期货价格和现货价格变动幅度的差距而变化。当现货价格的增长大于期货价格的增长时，基差也随之增加，称为基差增大。当期货价格的增长大于现货价格增长时，称为基差减小。

期货价格收敛于标的资产现货价格是由套利行为决定的。假定交割期间期货价格高于标的资产的现货价格，套利者就可以通过买入标的资产、卖出期货合约并进行交割来获利，从而促使现货价格上升，期货价格下跌。相反，如果交割期间现货价格高于期货价格，那么打算买入标的资产的人就会发现，买入期货合约等待空头交割比直接买入现货更合算，从而促使期货价格上升。

(二) 期货价格和预期的未来现货价格的关系

下面以无收益资产为例来说明期货价格与预期的未来现货价格之间的关系。根据预期收益率的概念，有：

$$E(S_T)=Se^{y(T-t)} \tag{7.16}$$

式中：$E(S_T)$表示现在市场上预期的该资产在T时刻的市价；

y表示该资产的连续复利预期收益率；

t为现在时刻。

而

$$F=Se^{r(T-t)} \tag{7.17}$$

比较式(7.16)和式(7.17)可知，y和r的大小就决定了F和$E(S_T)$孰大孰小。而y值的大小取决于标的资产的系统性风险。根据资本资产定价原理，若标的资产的系统性风险为0，则$y=r$，$F=E(S_T)$；若标的资产的系统性风险大于零，则$y>r$，$F<E(S_T)$；若标的资产的系统性风险小于零，则$y<r$，$F>E(S_T)$。在现实生活中，大多数标的资产的系统性风险都大于零，因此在大多数情况下，F都小于$E(S_T)$。

对于有收益资产也可以得出同样的结论，请读者自己证明。

第三节 金融互换

一、金融互换概述

金融互换(financial swaps)是约定两个或两个以上当事人按照商定条件,在约定的时间内交换一系列现金流的合约。

(一) 互换与掉期的区别

互换和掉期在英文中都叫 swap,因此很多人误把它们混为一谈。实际上,两者有很大区别。

1. 在合约与交易上的区别

掉期是外汇市场上的一种交易方法,是指对不同期限但金额相等的同种外汇作两笔反方向的交易,它并没有实质的合约,更不是一种衍生工具。而互换则有实质的合约,是一种重要的衍生工具。

2. 在有无专门市场上的区别

掉期在外汇市场上进行,它本身没有专门的市场。互换则在专门的互换市场上交易。

(二) 平行贷款、背对背贷款与金融互换

金融互换是20世纪80年代在平行贷款和背对背贷款基础上发展起来的,因此三者既有联系,又有区别。

1. 平行贷款

平行贷款(parallel loan)是20世纪70年代在英国首先出现的为逃避外汇管制而创新的一种业务,是指在不同国家的两个母公司分别在国内向对方公司在本国境内的子公司提供金额相当的本币贷款,并承诺在指定到期日,各自归还所借货币,其流程图如图7-3所示。

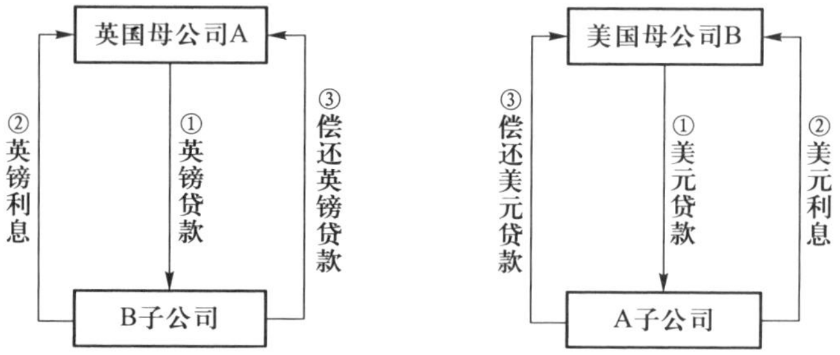

图7-3 平行贷款流程图

平行贷款既可满足双方子公司的融资需要,又可逃避外汇管制,因此深受欢迎。但平行贷款存在信用风险问题,这是因为平行贷款包含两个独立的贷款协议,它们分别具有法律效力,其权利义务不相联系,当一方出现违约时,另一方仍不能解除履约义务。

2. 背对背贷款

背对背贷款(back to back loan)是为了解决平行贷款中的信用风险问题而产生的。它

是指两个国家的母公司相互直接贷款,贷款币种不同但币值相等,贷款到期日相同,各自支付利息,到期各自偿还原借款货币。其流程如图 7-4 所示。

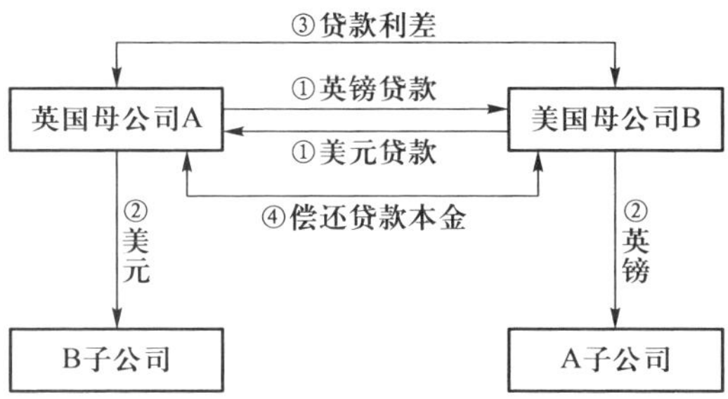

图 7-4 背对背贷款流程图

背对背贷款尽管有两笔贷款,但只签订一个贷款协议,协议中明确若一方违约,另一方有权抵消应尽的义务。这就大大降低了信用风险,向货币互换大大迈进了一步。但是,背对背贷款涉及跨国借贷,这就存在外汇管制问题。因此,背对背贷款只在 1979 年英国取消外汇管制后才作为一种金融创新工具而出现。

但背对背贷款还不是真正的互换,因为它是一种贷款行为,在法律上会产生新的资产和负债(双方互为对方的债权人和债务人),从而影响资产负债结构。为了解决这个问题,互换于 1981 年 8 月应运而生。由于互换是负债或资产的交换,其现金流的流出和流入是互为条件的,是一种表外业务,并不改变资产负债结构,因此深受欢迎,并得到了飞速的发展。

从上述两个流程图可以看出,若把利息支出和偿还贷款本金用一系列远期合约来规定,则平行贷款和背对背贷款相当于现货交易和一系列远期交易的组合,这点对于理解互换是很重要的。

(三) 比较优势理论与互换原理

比较优势(comparative advantage)理论是英国著名经济学家大卫·李嘉图(David Ricardo)提出的。他认为,在两国都能生产两种产品,且一国在这两种产品的生产上均处于有利地位,而另一国均处于不利地位的条件下,如果前者专门生产优势较大的产品,后者专门生产劣势较小(即具有比较优势)的产品,那么通过专业化分工和国际贸易,双方仍能从中获益。

李嘉图的比较优势理论不仅适用于国际贸易,而且适用于所有的经济活动。只要存在比较优势,双方就可通过适当的分工和交换使双方共同获利。人类进步史,实际上就是利用比较优势进行分工和交换的历史。

互换是比较优势理论在金融领域最生动的运用。根据比较优势理论,只要满足以下两种条件,就可进行互换:①双方对对方的资产或负债均有需求;②双方在两种资产或负债上存在比较优势。

(四) 金融互换的功能

金融互换的功能主要有:

第一,通过金融互换可在全球各市场之间进行套利,从而一方面降低筹资者的融资成本或提高投资者的资产收益,另一方面促进全球金融市场一体化。

第二,利用金融互换,可以管理资产负债组合中的利率风险和汇率风险。

第三,金融互换为表外业务,可以逃避外汇管制、利率管制及税收限制。

二、金融互换的种类

金融互换虽然历史较短,但品种创新却日新月异。除了传统的利率互换和货币互换外,一大批新的金融互换品种不断涌现。

(一)利率互换

利率互换(interest rate swaps)是指双方同意在未来的一定期限内根据同种货币的同样的名义本金交换现金流,其中一方的现金流根据浮动利率计算,而另一方的现金流根据固定利率计算。互换的期限通常在 2 年以上,有时甚至在 15 年以上。利率互换只交换利息差额,因此信用风险很小。

双方进行利率互换的主要原因是双方在固定利率和浮动利率市场上具有比较优势。假定 A、B 公司都想借入 5 年期的 1 000 万元的借款,A 想借入与 6 个月期相关的浮动利率借款,B 想借入固定利率借款。但两家公司信用等级不同,故市场向它们提供的利率也不同,如表 7-4 所示。

表 7-4 市场提供给 A、B 两公司的借款利率①

	固定利率	浮动利率
A 公司	10.00%	6 个月期 Shibor+0.30%
B 公司	11.20%	6 个月期 Shibor+1.00%

从表 7-4 可以看出,A 的借款利率均比 B 低,即 A 在两个市场都具有绝对优势。但在固定利率市场上,A 比 B 的绝对优势为 1.2%,而在浮动利率市场上,A 比 B 的绝对优势为 0.7%。这就是说,A 在固定利率市场上有比较优势,而 B 在浮动利率市场上有比较优势。这样,双方就可利用各自的比较优势为对方借款,然后互换,从而达到共同降低筹资成本的目的。即 A 以 10.00%的固定利率借入 1 000 万元,而 B 以 Shibor+1.00%的浮动利率借入 1 000 万元。由于本金相同,故双方不必交换本金,而只交换利息的现金流。即 A 向 B 支付浮动利息,B 向 A 支付固定利息。

通过发挥各自的比较优势并互换,双方总的筹资成本降低了 0.5%(11.20%+6 个月期 Shibor+0.30%-10.00%-6 个月期 Shibor-1.00%),这就是互换利益。互换利益是双方合作的结果,理应由双方分享。具体分享比例由双方谈判决定。假定双方各分享一半,则双方都将使筹资成本降低 0.25%,即双方最终实际筹资成本分别为:A 支付 Shibor+0.05%浮动利率,B 支付 10.95%的固定利率。

这样,双方就可根据借款成本与实际筹资成本的差异计算各自向对方支付的现金流,即 A 向 B 支付按 Shibor 计算的利息,B 向 A 支付按 9.95%计算的利息。

在上述互换中,每隔 6 个月为利息支付日,因此互换协议的条款应规定每 6 个月一方向

① 此表中的利率均为一年计一次复利的年利率。

另一方支付固定利率与浮动利率的差额。假定某一支付日的 Shibor 为 11.00%，则 A 应付给 B5.25 万元(即 1 000 万×0.5×(11.00%－9.95%))。利率互换的流程如图 7－5 所示。

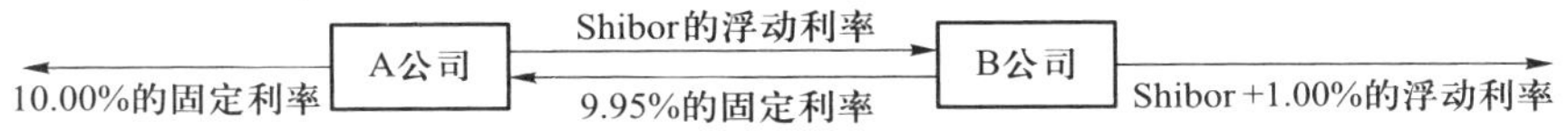

图 7－5　利率互换流程图

由于利率互换只交换利息差额，因此信用风险很小。

(二) 货币互换

货币互换(currency swaps)是将一种货币的本金和固定利息与另一货币的等价本金和固定利息进行交换。货币互换的主要原因是双方在各自国家中的金融市场上具有比较优势。货币互换涉及本金互换，因此当汇率变动很大时，双方就将面临一定的信用风险。当然这种风险仍比单纯的贷款风险小得多。

假定英镑和美元汇率为 1 英镑＝1.500 0 美元。A 想借入 5 年期的 1 000 万英镑借款，B 想借入 5 年期的 1 500 万美元借款。但由于 A 的信用等级高于 B，两国金融市场对 A、B 两公司的熟悉状况不同，因此，市场向它们提供的固定利率也不同。如表 7－5 所示。

表 7－5　市场向 A、B 公司提供的借款利率[①]

	美元	英镑
A 公司	8.0%	11.6%
B 公司	10.0%	12.0%

从表 7－5 可以看出，A 的借款利率均比 B 低，即 A 在两个市场都具有绝对优势，但绝对优势大小不同。A 在美元市场上的绝对优势为 2%，在英镑市场上只有 0.4%。这就是说，A 在美元市场上有比较优势，而 B 在英镑市场上有比较优势。这样，双方就可利用各自的比较优势借款，然后通过互换得到自己想要的资金，并通过分享互换收益(1.6%)降低筹资成本。

于是，A 以 8% 的利率借入五年期的 1 500 万美元借款，B 以 12.0%的利率借入五年期的 1 000 万英镑借款。然后，双方先进行本金的交换，即 A 向 B 支付 1 500 万美元，B 向 A 支付 1 000 万英镑。

假定 A、B 公司商定双方平分互换收益，则 A、B 公司都将使筹资成本降低 0.8%，即双方最终实际筹资成本分别为：A 支付 10.8% 的英镑利率，而 B 支付 9.2% 的美元利率。

这样，双方就可根据借款成本与实际筹资成本的差异计算各自向对方支付的现金流，进行利息互换，即 A 向 B 支付 10.8% 的英镑借款的利息计 108 万英镑，B 向 A 支付 8.0% 的美元借款的利息计 120 万美元。经过互换后，A 的最终实际筹资成本降为 10.8% 英镑借款利息，而 B 的最终实际筹资成本变为 8.0% 美元借款利息加 1.2% 英镑借款利息。若汇率水平不变的话，B 最终实际筹资成本相当于 9.2% 美元借款利息。若担心未来汇率水平变动，B 可以通过购买美元远期或期货来规避汇率风险。

---

① 此表中的利率均为一年计一次复利的年利率。

在贷款期满后，双方要再次进行借款本金的互换，即A向B支付1 000万英镑，B向A支付1 500万美元。到此，货币互换结束。若不考虑本金问题，上述货币互换的流程图如图7-6所示。

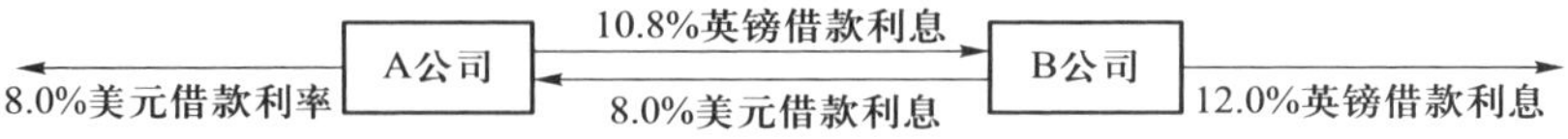

图7-6 货币互换流程图

（三）其他互换

从最普遍的意义来说，互换实际上是现金流的交换。由于计算或确定现金流的方法有很多，因此互换的种类就很多。除了上述最常见的利率互换和货币互换外，其他主要的互换品种有：

1. 交叉货币利率互换

交叉货币利率互换（cross-currency interest rate swaps）是利率互换和货币互换的结合，它是以一种货币的固定利率交换另一种货币的浮动汇率。

2. 增长型互换、减少型互换和滑道型互换

在标准的互换中，名义本金是不变的，而在这三种互换中，名义本金是可变的。其中增长型互换（accreting swaps）的名义本金在开始时较小，尔后随着时间的推移逐渐增大。减少型互换（amortizing swaps）则正好相反，其名义本金随时间的推移逐渐变小。近年来，互换市场又出现了一种特殊的减少型互换，即指数化本金互换（indexed principal swaps），其名义本金的减少幅度取决于利率水平，利率越低，名义本金减少幅度越大。滑道型互换（roller-coaster swaps）的名义本金则在互换期内时而增大，时而减小。

3. 基点互换

在普通的利率互换中，互换一方是固定利率，另一方是浮动利率。而在基点互换（basis swaps）中，双方都是浮动利率，只是两种浮动利率的参照利率不同，如一方为Libor，则另一方为基准利率。

4. 可延长互换和可赎回互换

在标准的互换中，期限是固定的。而可延长互换（extendable swaps）的一方有权在一定限度内延长互换期限。可赎回互换（puttable swaps）的一方则有权提前终止互换。

5. 零息互换

零息互换（zero-coupon swaps）是指固定利息的多次支付流量被一次性的支付所取代。该一次性支付既可以在互换期初也可以在互换期末。

6. 后期确定互换

在普通的涉及浮动利率的互换中，每次浮动利率都是在该计息期开始之前确定的。后期确定互换（back-set swaps）的浮动利率则是在每次计息期结束之后确定的。

7. 差额互换

差额互换（differential swaps）是对两种货币的浮动利率的现金流量进行交换，只是两种利息现金流量均按同种货币的相同名义本金计算。如互换一方按6月期美元的Libor对1 000万美元的名义本金支付利息，另一方按6月期英镑的Libor减去1.90%的浮动利

率对 1 000 万美元的名义本金支付以美元表示的利息。

8. 远期互换

远期互换(forward swaps)是指互换生效日是在未来某一确定时间开始的互换。

9. 互换期权

互换期权(swaption)从本质上属于期权而不是互换,该期权的标的物为互换。例如,利率互换期权本质上是把固定利率交换为浮动利率,或把浮动利率交换为固定利率的权利。但许多机构在统计时都把互换期权列入互换的范围。

10. 股票互换

股票互换(equity swaps)是以股票指数产生的红利和资本利得与固定利率或浮动利率交换。投资组合管理者可以用股票互换把债券投资转换成股票投资;反之亦然。

相关阅读 7-7

中国的人民币利率互换市场

中国的人民币利率互换市场在过去 10 多年中经历了快速的增长。2006 年 1 月 24 日,中国人民银行发布通知,正式试点人民币利率互换业务。2008 年 2 月 18 日,中国人民银行宣布正式开展人民币利率互换业务。2010 年,人民币利率互换交易总量约 1.5 万亿元,首次突破万亿元大关。2014 年 1 月 29 日,中国人民银行规定,2014 年 7 月 1 日起金融机构之间新达成的符合条件的人民币利率互换交易均应提交上海清算所进行清算。2016 年,银行间人民币利率互换交易总量 9.9 万亿元。2017 年,人民币互换交易总量超过 14 万亿元。

目前中国利率互换市场主要有基于 9 种浮动利率的交易品种,其中 7 天回购定盘利率(FR007)、3 个月上海银行间同业拆借利率(SHIBOR 3M)是交易最活跃的两个品种。下表列出了 2020 年 2 月份中国银行间市场人民币利率互换的交易统计。

表 7-6 利率互换月报 2020—02

参考利率	期限	固定利率	名义本金(亿元)	成交笔数
FR007	3 月	2.349 3	151.20	108
	6 月	2.346 9	214.00	152
	9 月	2.374 0	384.15	202
	1 年	2.377 2	3 061.90	2 542
	2 年	2.416 1	331.90	395
	3 年	2.502 8	195.80	265
	4 年	2.588 6	213.50	231
	5 年	2.673 4	3 376.70	8 782
	7 年	2.763 7	30.00	20
	10 年	3.106 5	22.70	23

续表

参考利率	期限	固定利率	名义本金(亿元)	成交笔数
Shibor_3M	6月	2.676 5	7.10	14
	9月	2.629 7	73.16	49
	1年	2.648 6	973.50	687
	2年	2.766 9	24.50	39
	3年	2.850 0	2.50	5
	4年	2.975 6	6.60	12
	5年	3.047 6	376.10	1 031
	7年	3.297 5	0.20	1
	10年	3.440 6	0.80	4
LPR1Y	6月	4.100 0	1.50	2
	9月	4.001 9	29.00	15
	1年	3.991 4	87.00	63
	2年	3.997 7	17.50	8
	3年	3.999 2	18.00	10
Shibor_O/N	1月	1.683 6	16.50	10
	6月	2.000 0	1.00	2
	9月	2.000 0	0.50	1
	2年	2.200 0	1.00	2
FDR007	2年	2.250 0	0.50	1
LPR5Y	5年	4.505 0	0.40	2

数据来源:中国货币网

本章小结

1. 金融远期合约是指双方约定在未来的某一确定时间,按确定的价格买卖一定数量的金融资产的合约。金融远期合约主要有远期利率协议、远期外汇合约和远期股票合约三种。

2. 金融期货合约是指协议双方同意在约定的将来某个日期按约定的条件(包括价格、交割地点、交割方式)买入或卖出一定标准数量的金融资产的标准化协议。合约双方都交纳保证金,并每天结算盈亏。合约双方均可单方通过平仓结束合约。金融期货主要分利率期货、外汇期货和股价指数期货三种。

3. 远期利率是指将来时刻的一定期限的利率,它可通过一系列即期利率求出。

4. 连续复利利率与每年计 m 次复利的利率可以互相换算。

5. 无收益资产远期合约的价值为：$f=S-Ke^{-r(T-t)}$，远期价格为：$F=Se^{r(T-t)}$；支付已知现金收益资产的远期合约价值为：$f=S-I-Ke^{-r(T-t)}$；远期价格为：$F=(S-I)e^{r(T-t)}$；支付已知收益率资产的远期合约价值为：$f=Se^{-q(T-t)}-Ke^{-r(T-t)}$，远期价格为：$F=Se^{(r-q)(T-t)}$。

6. 当无风险利率恒定，且对所有到期日都不变时，具有相同交割日的远期价格和期货价格应相等。当标的资产价格与利率呈正相关时，期货价格应高于远期价格；当标的资产价格与利率呈负相关时，期货价格应低于远期价格。但在大多数情况下，均假定远期价格与期货价格相等。

7. 随着交割月份的逼近，期货价格收敛于标的资产的现货价格。

8. 对于系统性风险大于零的资产而言，期货价格应小于预期未来的现货价格。

9. 互换是约定两个或两个以上当事人按照商定的条件，在约定的时间内交换一系列现金流的合约。互换是利用比较优势理论进行的，主要有利率互换和货币互换两种基本类型，并可派生出众多品种。互换具有降低筹资成本，提高资产收益，管理利率风险和汇率风险，逃避外汇管制、利率管制和税收限制等功能。

重要概念

金融远期合约　远期利率协议　远期外汇协议　金融期货合约　保证金　期货价格　利率期货　股指期货　外汇期货　远期价格　远期价值无套利定价法　基差　互换　掉期　平行贷款　背对背贷款　比较优势　利率互换　货币互换

进一步阅读

[1] French K R. Detecting spot price forecasts in future prices[J]. The Journal of Business, 1986(59): 39 - 54.

[2] Jarrow R A, Oldfield G S. Forward contracts and futures contracts[J]. Journal of Financial Economics, 1981(9): 373 - 382.

[3] Kolb R. Futures, options, and swaps[M]. 3rd ed. Oxford: Blackwell, 2000.

[4] Litzenberger R H. Swaps: plain and fanciful[J]. Journal of Finance, 1992(47): 831 - 850.

[5] Marshall J F, Kapner K R. Understanding swaps[M]. New York: Wiley, 1993.

[6] 陈蓉，郑振龙. 结构突变、推定预期与风险溢酬：美元/人民币远期汇率定价偏差的信息含量[J]. 世界经济，2009(6): 64 - 76.

参考文献

[1] Cornell B, Reinganum M R. Forward and futures prices: evidence from the foreign exchange markets[J]. Journal of Finance, 1981(36): 1035 - 1045.

[2] Cox J C, Ingersoll J E, Ross S A. The relationship between forward prices and future

prices[J]. Journal of Financial Economics, 1981(9): 321 - 346.

[3] 陈蓉，郑振龙. 期货价格能预测未来的现货价格吗？[J]. 国际金融研究，2007(9): 70 - 74.

[4] 王玮，陈力峰. 债券投资法律实务[M]. 北京：中信出版社，2003.

即测即评

习题

1. 一交易商买入两份橙汁期货，每份含 15 000 千克，目前的期货价格为每千克 1.60 元，初始保证金为每份 6 000 元，维持保证金为每份 4 500 元。请问在什么情况下该交易商将收到追缴保证金通知？在什么情况下，他可以从保证金账户中提走 2 000 元？

2. 一个航空公司的高级主管说："我们没有理由使用石油期货，因为将来油价上升和下降的机会是均等的。"请对此说法加以评论。

3. 每季度计一次复利的年利率为 14%，请计算与之等价的每年计一次复利的年利率和连续复利年利率。

4. 某笔存款的连续复利年利率为 12%，但实际上利息是每季度支付一次。请问 1 万元存款每季度能得到多少利息？

5. 假设连续复利的零息票利率如下：

期限(年)	年利率(%)
1	12.0
2	13.0
3	13.7
4	14.2
5	14.5

请计算第 2、3、4、5 年的连续复利远期利率。

6. 假设一种无红利支付的股票目前的市价为 20 元，无风险连续复利年利率为 10%，求该股票 3 个月期远期价格。

7. 试证明支付已知现金收益资产的现货—远期平价公式 $F=(S-I)e^{r(T-t)}$。

8. 某股票预计在 2 个月和 5 个月后每股分别派发 1 元股息，该股票目前市价等于 30 元，所有期限的无风险连续复利年利率均为 6%，某投资者刚取得该股票 6 个月期的远期合约空头。请问：①该远期价格等于多少？若交割价格等于远期价格，则远期合约的初始价值等于多少？②3 个月后，该股票价格涨到 35 元，无风险连续复利年利率仍为 6%，此时远期价格和该合约空头价值等于多少？

9. 假设目前白银价格为每盎司 80 元，储存成本为每盎司每年 2 元，每 3 个月月初预付一次，所有期限的无风险连续复利率均为 5%，求 9 个月后交割的白银期货的价格。

10. 假设恒生指数目前为 10 000 点，香港无风险连续复利年利率为 10%，恒生指数股息收益率为每年 3%，求该指数 4 个月期的期货价格。

11. 有些公司并不能确切知道支付外币的确切日期，这样它就希望与银行签订一种在一段时期中都可交割的远期合同。公司希望拥有选择确切的交割日期的权力以匹配它的现金流。如果把你自己放在银行经理的位置上，你会如何对客户想要的这个产品进行定价？

12. 有些学者认为，远期汇率是对未来汇率的无偏预测。请问在什么情况下这种观点是正确的？

13. 一家银行为其客户提供了两种贷款选择：一是按年利率 11%（一年计一次复利）贷出现金；二是按年利率 2%（一年计一次复利）贷出黄金。黄金贷款用黄金计算，并需用黄金归还本息。假设市场无风险连续复利年利率为 9.25%，储存成本为每年 0.5%（连续复利）。请问哪种贷款利率较低？

14. 瑞士和美国两个月连续复利率分别为 2% 和 7%，瑞士法郎的现货汇率为 0.650 0 美元，2 个月期的瑞士法郎期货价格为 0.660 0 美元。请问有无套利机会？

15. 股价指数期货价格大于还是小于指数预期未来的点数？请解释原因。

16. 公司 A 和 B 欲借款 200 万元，期限 5 年，它们面临的利率如下：

	固定利率	浮动利率
公司 A	12.0%	Shibor+0.1%
公司 B	13.4%	Shibor+0.6%

A 公司希望借入浮动利率借款，B 公司希望借入固定利率借款。请为银行设计一个互换协议，使银行可以每年赚 0.1%，同时对 A、B 双方同样有吸引力。

17. 公司 A 希望按固定利率借入美元，公司 B 希望按固定利率借入日元。按目前的汇率计算，两公司借款金额相等。两公司面临的借款利率如下：

	日元	美元
公司 A	5.0%	9.6%
公司 B	6.5%	10.0%

请为银行设计一个互换协议，使银行可以每年赚 0.5%，同时对 A、B 双方同样有吸引力，汇率风险由银行承担。

18. A、B 两家公司面临如下利率：

	A	B
美元（浮动利率）	Libor+0.5%	Libor+1.0%
加元（固定利率）	5.0%	6.5%

假设A要美元浮动利率借款，B要加元固定利率借款。一银行计划安排A、B公司之间的互换，并要得到0.5%的收益。请设计一个对A、B同样有吸引力的互换方案。

中国金融期货交易所→产品

第八章 期权和权证

本章将讨论两种金融产品：期权和权证。它们是金融产品中最引人入胜、最有趣，也是最复杂的金融产品。期权是人类在金融领域最伟大的发明之一，被称为“期权革命”。“期权革命”不仅对金融领域产生了重大影响，对其他领域也产生着深远影响。

学完本章后，你应该能够：

★ 了解期权的基本特性、主要类型及盈亏分布

★ 掌握看涨、看跌期权的平价关系

★ 了解布莱克-舒尔斯期权定价公式

★ 了解权证与股票期权的异同点

★ 了解可转换债券

第一节 期 权

一、期权市场概述

1973 年，芝加哥期权交易所首次把期权引入有组织的交易所交易，此后期权以其独特的魅力获得了迅猛的发展。

（一）金融期权合约的定义与种类

金融期权（option），是指它的持有者有权在规定期限内按双方约定的价格（简称协议价格，striking price；或执行价格，exercise price）购买或出售一定数量某种金融资产（称为标的金融资产，underlying financial assets）的合约。

按期权买者的权利划分，期权可分为看涨期权（call option）和看跌期权（put option）。凡是赋予期权买者购买标的资产权利的合约就是看涨期权；而赋予期权买者出售标的资产权利的合约就是看跌期权。

按期权买者执行期权的时限划分，期权可分为欧式期权和美式期权。欧式期权的买者只能在期权到期日执行期权（即行使买进或卖出标的资产的权利）。而美式期权允许买者在期权到期前的任何时间执行期权。

按照期权合约的标的资产划分，金融期权合约可分为现货期权和期货期权，而现货期权一般包含利率期权、货币期权（或称外汇期权）、股价指数期权和股票期权，而期货期权一般包含利率期货期权、货币期货期权和股价指数期货期权三种，因此金融期权可细分如

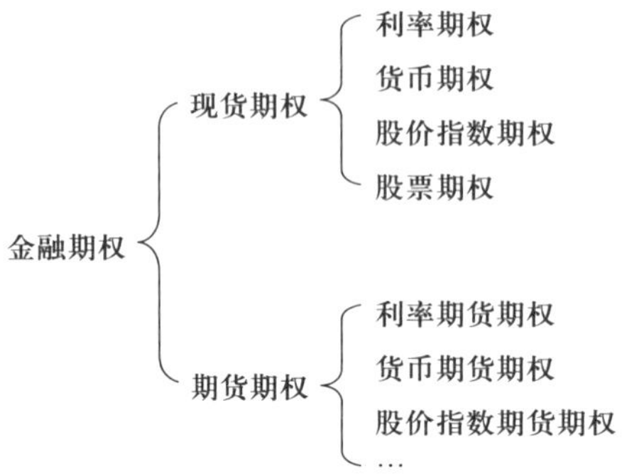

图 8-1 金融期权按资产性质的细分

图 8-1 所示。值得指出的是，随着金融衍生品市场的不断发展，越来越多的产品成为期权的标的资产。

期权合约与远期合约不同，后者要求多头方必须买入，空头方必须卖出。而对于期权的买者来说，期权合约赋予他的只有权利，没有任何义务。他可以在规定期限以内的任何时间（美式期权）或期满日（欧式期权）行使其购买或出售标的资产的权利，也可以不行使这个权利。对期权的出售者来说，他只有履行合约的义务，而没有任何权利。当期权买者按合约规定行使其买进或卖出标的资产的权利时，期权卖者必须依约相应地卖出或买进该标的资产。作为给期权卖者承担义务的报酬，期权买者要支付给期权卖者一定的费用，称为期权费（premium）或期权价格（option price）。期权费视期权种类、期限、标的资产价格的易变程度不同而不同。

当标的资产在期权有效期内产生现金收益（如现金红利、利息等）时，目前通行的做法是不对协议价格进行相应调整。只有当股票期权的标的股票在期权有效期内发生股票分割、送红股、配股时，才根据除权公式对协议价格和买卖数量进行相应调整。为叙述方便，本书将在期权有效期内没有现金收益的标的资产称为无收益资产，将有现金收益的称为有收益资产。在本书中，若未特别说明，所指期权均为无收益资产的期权。

（二）金融期权的交易

与期货交易不同的是，期权交易不仅有正规的交易所，还有一个规模庞大的场外交易市场。交易所交易的是标准化的期权合约，场外交易的则是非标准化的期权合约。

对于场内交易的期权来说，其合约有效期一般不超过 9 个月，以 3 个月和 6 个月最为常见。与期货交易一样，由于有效期（交割月份）不同，同一种标的资产可以有好几个期权品种。此外，同一标的资产还可以规定不同的协议价格而使期权有更多的品种，同一标的资产、相同期限、相同协议价格的期权还分为看涨期权和看跌期权两大类，因此，期权品种远比期货品种多得多。

为了保证期权交易高效、有序，交易所对期权合约的规模、期权价格的最小变动单位、期权价格的每日最高波动幅度、最后交易日、交割方式、标的资产的品质等做出明确规定。同时，期权清算公司也作为期权所有买者的卖者和所有卖者的买者，保证每份期权都没有违约风险。

（三）期权交易与期货交易的区别

1. 权利和义务

期货合约的双方都被赋予相应的权利和义务，除非用相反的合约抵消，这种权利和义务在到期日必须行使，也只能在到期日行使，期货的空方甚至还拥有在交割月选择在哪一天交割的权利。而期权合约只赋予买方权利，卖方则无任何权利，他只有在对方履约时进行对应买卖标的物的义务。特别是美式期权的买者可在约定期限内的任何时间执行权利,也可以不行使这种权利;期权的卖者则须准备随时履行相应的义务。

2. 标准化

期货合约都是标准化的,因为它都是在交易所中交易的,而期权合约则不一定。在美国,场外交易的现货期权是非标准化的,但在交易所交易的现货期权和所有的期货期权则是标准化的。

3. 盈亏风险

期货交易双方所承担的盈亏风险都是无限的。而期权交易卖方的亏损风险可能是无限的(看涨期权),也可能是有限的(看跌期权),盈利风险是有限的(以期权费为限);期权交易买方的亏损风险是有限的(以期权费为限),盈利风险可能是无限的(看涨期权),也可能是有限的(看跌期权)。

4. 保证金

期货交易的买卖双方都须交纳保证金。期权的买者则无须交纳保证金,因为他的亏损不会超过他已支付的期权费,而在交易所交易的期权卖者也要交纳保证金,这跟期货交易一样。场外交易的期权卖者是否需要交纳保证金则取决于当事人的意愿。

5. 买卖匹配

期货合约的买方到期必须买入标的资产,而期权合约的买方在到期日或到期前则有买入(看涨期权)或卖出(看跌期权)标的资产的权利。期货合约的卖方到期必须卖出标的资产,而期权合约的卖方在到期日或到期前则有根据买方意愿相应卖出(看涨期权)或买入(看跌期权)标的资产的义务。

6. 套期保值

运用期货进行的套期保值,在把不利风险转移出去的同时,也把有利风险转移出去。而运用期权进行的套期保值,只把不利风险转移出去而把有利风险留给自己。

二、期权合约的盈亏分布①

盈亏分布状况对于制定期权交易策略是很重要的。

(一) 看涨期权的盈亏分布

假设 2007 年 4 月 11 日微软股票价格为 28.11 美元。甲认为微软股票价格将上升,因此以 0.75 美元的期权费向乙购买一份 2007 年 7 月到期、协议价格为 30 美元的微软股票看涨期权,一份标准的期权交易里包含了 100 份相同的期权。那么,甲、乙双方的盈亏分布可分为以下几种情况:

(1) 如果在期权到期时,微软股票等于或低于 30 美元,则看涨期权就无价值。买方的最大亏损为 75 美元(即 0.75×100)。

(2) 如果在期权到期时,微软股票升至 30.75 美元,买方通过执行期权可赚取 75 美元,扣掉期权费后,他刚好盈亏平衡。

(3) 如果在期权到期前,微软股票升到 30.75 美元以上,买方就可实现净盈余。股票价格越高,买方的净盈余就越多。比如股票价格升到 40 美元,那么买方通过执行期

① 在本书中分析的盈亏分布均指欧式期权。

权——也就是用30美元的价格购买市价高达40美元的股票，可赚取1 000美元((40－30)×100)，扣掉期权费用75美元(0.75×100)，净盈利925美元。

看涨期权买者的盈亏分布如图8－2(a)所示。由于期权合约是零和游戏(zero sum games)，买者的盈亏和卖者的盈亏刚好相反，据此可以画出看涨期权卖者的盈亏分布，如图8－2(b)所示。从图中可以看出，看涨期权买者的亏损风险是有限的，其最大亏损限度是期权价格，而其盈利可能是无限的。相反，看涨期权卖者的亏损可能是无限的，而盈利是有限的，其最大盈利限度是期权价格。期权买者以较小的期权价格为代价换来了较大盈利的可能性，而期权卖者则为了赚取期权费而冒着大量亏损的风险。

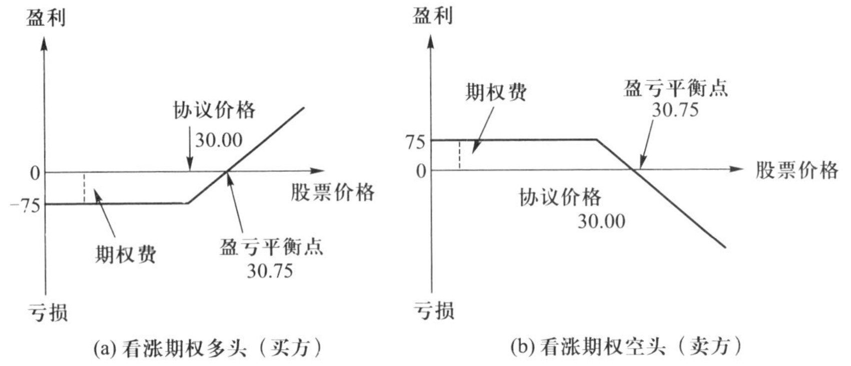

图8－2 看涨期权盈亏分布图

从图8－2中可以看出，如果不考虑时间因素，期权的价值(即盈亏)取决于标的资产市价与协议价格的差距。对于看涨期权来说，为了表达标的资产市价(S)与协议价格(X)的关系，把$S>X$时的看涨期权称为实值期权(in the money)，把$S=X$的看涨期权称为平价期权(at the money)，把$S<X$的看涨期权称为虚值期权(out of the money)。

相关阅读8－1

中国金融期权市场

2015年2月9日，我国首个场内期权产品——上证50ETF期权正式上市。2015年，50ETF期权日均合约成交面值为26.99亿元，期现成交比平均为3%，成交持仓比平均为0.42，与成熟期权市场相比，绝对市场规模和相较于现货的相对市场规模均尚小，市场处于起步阶段，市场覆盖面和功能发挥仍然有限，具有较大的发展空间。

表8－1是上证50ETF期权的基本条款。

表8－1 上证50ETF期权的基本条款

合约标的	上证50交易型开放式指数证券投资基金(50ETF)
合约类型	认购期权和认沽期权
合约单位	10 000份
合约到期月份	当月、下月及随后两个季月
行权价格	9个(1个平值合约、4个虚值合约、4个实值合约)

续表

行权价格间距	3元或以下为0.05元，3元至5元(含)为0.1元，5元至10元(含)为0.25元，10元至20元(含)为0.5元，20元至50元(含)为1元，50元至100元(含)为2.5元，100元以上为5元
行权方式	到期日行权(欧式)
交割方式	实物交割(业务规则另有规定的除外)
到期日	到期月份的第四个星期三(遇法定节假日顺延)
行权日	同合约到期日，行权指令提交时间为9:15-9:25,9:30-11:30,13:00-15:30
交收日	行权日次一交易日
交易时间	上午9:15-9:25,9:30-11:30(9:15-9:25为开盘集合竞价时间) 下午13:00-15:00(14:57-15:00为收盘集合竞价时间)
委托类型	普通限价委托、市价剩余转限价委托、市价剩余撤销委托、全额即时限价委托、全额即时市价委托以及业务规则规定的其他委托类型
买卖类型	买入开仓、买入平仓、卖出开仓、卖出平仓、备兑开仓、备兑平仓以及业务规则规定的其他买卖类型
最小报价单位	0.000 1元
申报单位	1张或其整数倍
涨跌幅限制	认购期权最大涨幅＝max{合约标的前收盘价×0.5%，min[(2×合约标的前收盘价－行权价格)，合约标的前收盘价]×10%} 认购期权最大跌幅＝合约标的前收盘价×10% 认沽期权最大涨幅＝max{行权价格×0.5%，min[(2×行权价格－合约标的前收盘价)，合约标的前收盘价]×10%} 认沽期权最大跌幅＝合约标的前收盘价×10%
熔断机制	连续竞价期间，期权合约盘中交易价格较最近参考价格涨跌幅度达到或者超过50%且价格涨跌绝对值达到或者超过10个最小报价单位时，期权合约进入3分钟的集合竞价交易阶段
开仓保证金最低标准	认购期权义务仓开仓保证金＝[合约前结算价＋max(12%×合约标的前收盘价－认购期权虚值，7%×合约标的前收盘价)]×合约单位 认沽期权义务仓开仓保证金＝min[合约前结算价＋max(12%×合约标的前收盘价－认沽期权虚值，7%×行权价格)，行权价格]×合约单位
维持保证金最低标准	认购期权义务仓维持保证金＝[合约结算价＋max(12%×合约标的收盘价－认购期权虚值，7%×合约标的收盘价)]×合约单位 认沽期权义务仓维持保证金＝min[合约结算价＋max(12%×合标的收盘价－认沽期权虚值，7%×行权价格)，行权价格]×合约单位

资料来源：上海证券交易所股票期权市场发展报告(2015)；上交所网站。

经中国证监会批准，中国金融期货交易所于2019年12月23日开展沪深300股指期权上市交易，上海证券交易所和深圳证券交易所于同日开展沪深300ETF期权上市交易。

（二）看跌期权的盈亏分布

用同样的办法可以推导出看跌期权的盈亏分布图，如图 8－3 所示。当标的资产的市价跌至盈亏平衡点（等于协议价格减期权价格）以下时看跌期权买者就可获利，其最大盈利限度是协议价格减去期权价格后再乘以每份期权合约所包括的标的资产的数量，此时标的资产的市价为零。如果标的资产市价高于 Z 点，看跌期权买者就会亏损，其最大亏损是期权费总额。看跌期权卖者的盈亏状况则与买者刚好相反，即看跌期权卖者的盈利是有限的期权费，亏损也是有限的，其最大限度为协议价格减期权价格后再乘以每份期权合约所包括的标的资产的数量。

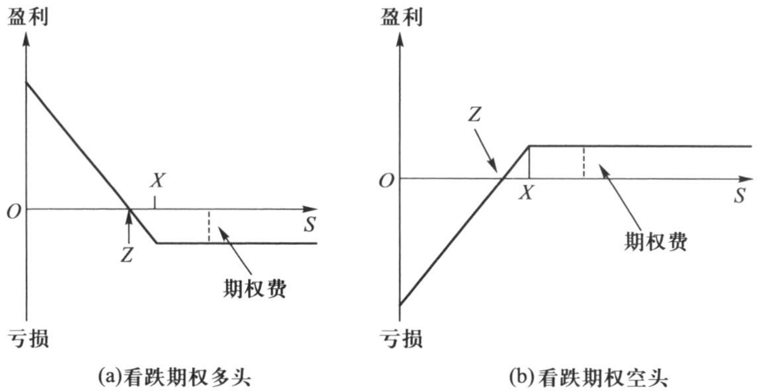

图 8－3　看跌期权盈亏分布图

继续用前面的例子，假设 2007 年 4 月 11 日微软股票价格为 28.11 美元。甲认为微软股票价格将下跌，因此以 2.47 美元的期权费向乙购买一份 2007 年 7 月到期、协议价格为 30 美元的微软股票看跌期权，一份标准的期权交易里包含了 100 份相同的期权。那么，甲、乙双方的盈亏分布可分为以下几种情况：

（1）如果在期权到期时，微软股票价格等于或高于 30 美元，则看跌期权就无价值。买方的最大亏损为期权费 247 美元（2.47×100）。

（2）如果在期权到期时，微软股票跌至 27.53 美元，买方通过执行期权可赚取 247 美元，扣掉期权费后，他刚好盈亏平衡。

（3）如果在期权到期前，微软股票跌到 27.53 美元以下，买方就可实现净盈余。股票价格越低，买方的净盈余就越多。比如股票价格下跌到 20 美元，那么买方通过执行期权——也就是用 30 美元的价格卖出市价只有 20 美元的股票，可赚取 1 000 美元（(30－20)×100），扣掉期权费用 247 美元（2.47×100），净盈利 753 美元。

同样，把 $X>S$ 时的看跌期权称为实值期权，把 $X=S$ 时的看跌期权称为平价期权，把 $X<S$ 时的看跌期权称为虚值期权。

三、奇异期权

奇异期权（exotic options）是金融机构为满足客户的特殊需要而开发的期权，通常在场外交易。奇异期权种类繁多，目前较常见的有以下几种。

（一）打包期权

打包(package)期权是由标准欧式期权与远期合约、现金和(或)标的资产构成的组合。打包期权的一个例子是范围远期合约(range forward contracts)。

范围远期合约多头由一份远期多头与一份看跌期权多头和一份看涨期权空头构成，其盈亏分布如图8-4所示。如果选择适当的协议价格使看涨期权价值等于看跌期权价值，由于远期合约的价值等于零，因此整个范围远期合约的初始价值也就为零。范围远期合约的功能是将标的资产的价格风险控制在一定范围内。

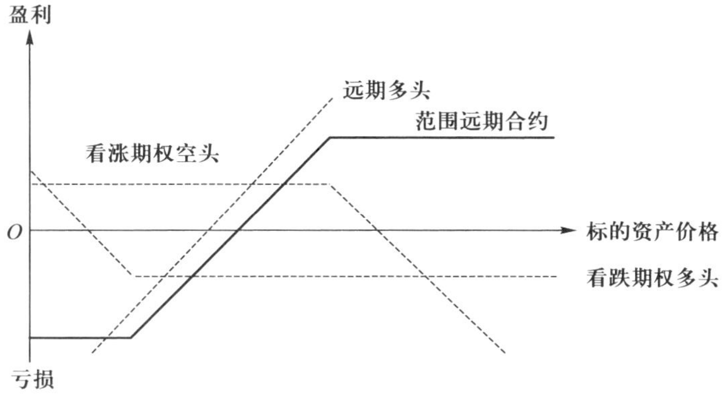

图8-4　范围远期合约的组成

（二）非标准美式期权

标准美式期权在有效期内的任何时间均可行使期权，而非标准美式期权的行使期限只限于有效期内的特定日期。实际上，大多数认股权证都是非标准美式期权。有的认股权证甚至规定协议价格随执行日期的推迟而增长。

（三）远期期权

远期期权是指期权费在现在支付，而有效期在未来某时刻开始的期权。

（四）复合期权

复合期权就是期权的期权，它有四种基本类型，即看涨期权的看涨期权、看涨期权的看跌期权、看跌期权的看涨期权和看跌期权的看跌期权。

（五）任选期权

任选期权（“as you like it” option，又称 chooser option）是指在一定期限内可由多头选择该期权为看涨期权还是看跌期权的期权。

（六）障碍期权

障碍期权(barrier option)是指其收益依赖于标的资产价格在一段特定时期内是否达到了一个特定水平的期权。常见的障碍期权有两种：一是封顶期权(caps)；二是失效期权(knockout option)。

封顶看涨期权规定当标的资产价格高过协议价格一定幅度时，该期权就被自动执行。而封顶看跌期权则规定当标的资产价格低于协议价格一定幅度时，该期权就被自动执行。

失效期权则规定，当标的资产价格达到一个特定障碍时，该期权作废。失效看涨期权的障碍一般低于协议价格，而失效看跌期权的障碍一般高于协议价格。

（七）两值期权

两值期权（binary option）是具有不连续收益的期权。当到期日标的资产价格低于协议价格时，该期权作废；而当到期日标的资产价格高于协议价格时，期权持有者将得到一个固定的金额。

（八）回溯期权

回溯期权（lookback option）的收益依赖于期权有效期内标的资产的最高或最低价格。回溯看涨期权的持有者可按期权有效期内的最低价格购买标的资产。回溯看跌期权的持有者则可按期权有效期内的最高价格出售标的资产。

（九）亚式期权

亚式期权（asian option）的收益依赖于标的资产有效期内至少某一段时间的平均价格。

亚式期权有两个基本类型：一是平均价格期权（average price option），它先按预定平均时期计算出标的资产的平均价格，再根据该平均价格与协议价格的差距计算出期权多空双方的盈亏；二是平均协议价格期权（average strike option），它是把按预定平均时期计算出的标的资产的平均价格作为平均协议价格，然后根据期权到期时标的资产的现货价格与平均协议价格之间的差距计算期权多空双方的盈亏。

（十）资产交换期权

资产交换期权（options to exchange one asset for another）是指期权买者有权在一定期限内按一定比率把一种资产换成另一种资产。

相关阅读 8-2

中国期权市场的发展

我国期权市场的发展始于2011年。2011年4月，银行间市场推出人民币外汇期权业务，标志着我国期权市场的开始。图8-5画出了我国期权的主要发展历史。

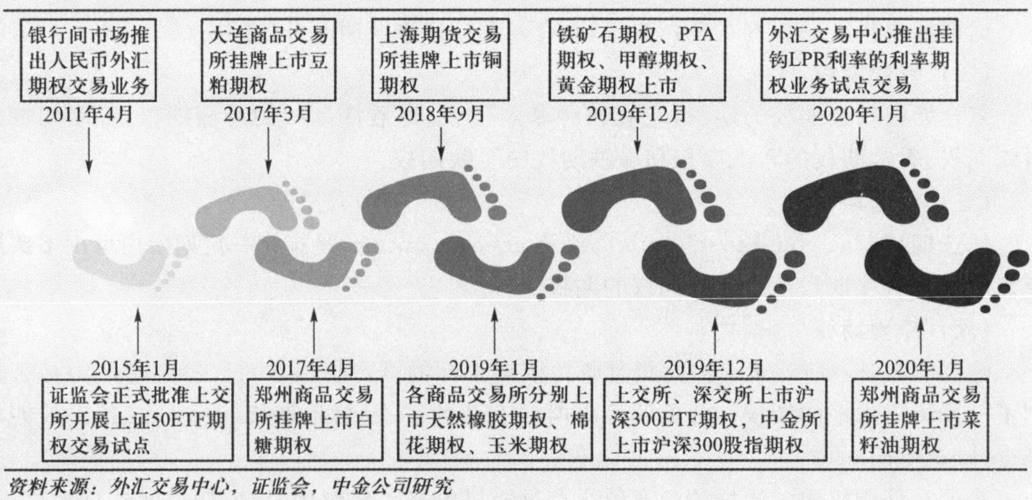

图8-5

可以看出，我们目前的期权市场涵盖了外汇、大宗商品和股票市场。就大宗商品期权而言，表 8－2 列出了我国商品期权的上市时间和 2019 年末的持仓量。

表 8－2

上市日期	期权品种	挂牌地点	所属领域	2019 年年末持仓量（手）
2017－03－31	豆粕期权	大连商品交易所	农产品	435 531
2017－04－19	白糖期权	郑州商品交易所	农产品	181 368
2018－09－21	铜期权	上海期货交易所	有色金属	32 263
2019－01－28	天然橡胶期权	上海期货交易所	能源化工	19 882
2019－01－28	棉花期权	郑州商品交易所	农产品	214 174
2019－01－28	玉米期权	大连商品交易所	农产品	410 482
2019－12－09	铁矿石期权	大连商品交易所	黑色金属	91 523
2019－12－16	PTA 期权	郑州商品交易所	能源化工	86 944
2019－12－16	甲醇期权	郑州商品交易所	能源化工	67 274
2019－12－20	黄金期权	上海期货交易所	贵金属	10 029
2020－01－16	菜籽粕期权	郑州商品交易所	农产品	

资料来源：各交易所官网，中金公司研究。

我国的股票指数期权始于 2015 年 1 月，并在过去的几年里获得了迅猛增长。图 8－6 给出了上证 50ETF 指数期权 2015 年到 2019 年的增长情况。

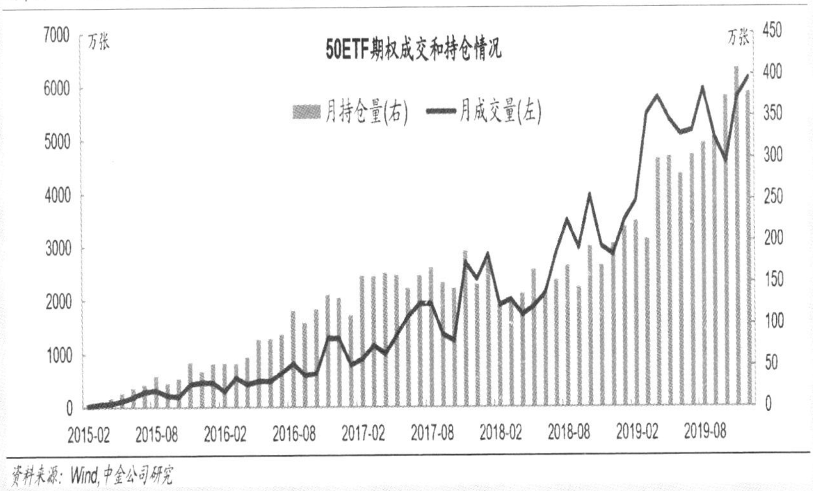

资料来源：Wind，中金公司研究

图 8－6

截至2020年3月，我国开展交易的股票市场期权包括中金所沪深300指数期权、上交所300ETF指数期权、深交所300EFT指数期权和上证50EFT指数期权。

四、看涨-看跌期权平价关系(put-call parity)

（一）无收益欧式看涨-看跌期权平价关系

考虑两个组合：组合A和组合B。

组合A：一份欧式看涨期权加上面值为期权执行价格 X 的零息票债券（现在价值为 $Xe^{-r(T-t)}$）。

组合B：一份有效期和协议价格与组合A中的看涨期权相同的欧式看跌期权加上一单位标的资产。

在期权到期时，组合A的回报为 $X+\max(S_T-X,0)=\max(S_T,X)$；组合B的回报为 $\max(X-S_T,0)+S_T=\max(X,S_T)$。两个组合的价值均为 $\max(S_T,X)$。由于欧式期权不能提前执行，因此根据无套利原理，两组合在时刻 t 必须具有相等的价值，即：

$$c+Xe^{-r(T-t)}=p+S \tag{8.1}$$

式中：c 表示欧式看涨期权的价格；

p 表示欧式看跌期权的价格；

S 表示标的资产的价格。

这就是无收益资产欧式看涨期权与看跌期权之间的平价关系（put-call parity theorem）。它表明欧式看涨期权的价值可根据相同协议价格和到期日的欧式看跌期权的价值推导出来；反之亦然。

【例8-1】微软股价为28.1美元，看涨期权价格（有效期6个月，$X=35$）为1美元，看跌期权价格（有效期6个月，$X=35$）为6美元，无风险利率为年利率5%，我们可以检验一下是否违背期权平价关系：

$$c+Xe^{-r(T-t)}=1+35\times e^{-5\%\times 0.5}=35.1$$

$$p+S=6+28.1=34.1$$

两个组合的价值不相等，这违背了平价关系，说明市场定价有误，存在套利机会。投资者可以购买“便宜”的组合（股票加看跌期权），同时卖出“贵”的组合（看涨期权加债券）。于是，买进股票和看跌期权，卖出看涨期权，借款 $35\times e^{-5\%\times 0.5}$ 即34.1美元，就可获得1美元的套利利润。

（二）有收益资产期权

在标的资产有收益的情况下，只要把前面的组合A中的零息债券改为 $D+Xe^{-r(T-t)}$（D 为在期权有效期内所有红利的现值），就可推导有收益资产欧式看涨期权和看跌期权的平价关系：

$$c+D+Xe^{-r(T-t)}=p+S \tag{8.2}$$

(三) 美式看涨期权和看跌期权之间的关系

1. 无收益资产美式期权

无收益资产美式看涨期权和看跌期权的平价关系为:

$$S-X<C-P<S-Xe^{-r(T-t)} \tag{8.3}$$

式中:C 表示美式看涨期权的价格;

P 表示美式看跌期权的价格。

由于美式期权可能提前执行,因此得不到美式看涨期权和看跌期权的精确平价关系,但经过证明可以得出结论:无收益美式期权必须符合不等式(8.3)。

2. 有收益资产美式期权

同样,和欧式期权一样,在公式中加入红利 D,就可得到有收益资产美式期权必须遵守的不等式:

$$S-D-X<C-P<S-D-Xe^{-r(T-t)} \tag{8.4}$$

五、布莱克-舒尔斯(Black-Scholes)期权定价公式

(一) 期权价格的特征

期权的价格(或价值)包括两个部分:一是内在价值(intrinsic value),是指在不考虑标的资产价格波动的情况下,期权条款赋予期权多头的最高价值①;二是时间价值(time value),是指在期权剩余期限内,标的资产价格的波动为期权多头带来收益的可能性所隐含的价值(波动带来的价值)。时间价值会受内在价值的影响,但内在价值不受时间价值的影响。因此,我们可以使用两分法,把期权价格分解成内在价值和时间价值两部分。

1. 期权的内在价值

根据上述定义和期权的本质特征,我们可以计算出各类期权的内在价值。

(1) 欧式看涨期权的内在价值。

如果不考虑时间价值,欧式看涨期权合约与远期合约②多头的唯一区别就是前者只有权利没有义务。从第七章可知,对于交割价格为 K 的远期合约的多头来说,如果合理的远期价格为 F,则这份远期协议的价值 f 为$(F-K)e^{-r(T-t)}$。对于期权合约来说,当远期价值为正时,期权多头拥有同样的远期价值;远期价值为负时,期权多头可以选择弃权,其拥有的价值最小为零。因此,欧式看涨期权的内在价值的计算公式为:

$$\max(f,0)=\max((F-K)e^{-r(T-t)},0) \tag{8.5}$$

在完美市场中,利用远期价格和现货价格的关系,可见式(7.9)、式(7.12)和式

① 在理论界与实务界存在不同的内在价值定义。本书定义的内在价值及平值点与现有的定义都不同,此定义拥有众多优点,可以克服现有定义的诸多缺陷,具体分析请参见本章附录。

② 如无特别说明,远期和欧式期权的标的资产、期限相同,期权的行权价格等于远期的交割价格。下同。

(7.14)，欧式看涨期权内在价值也可表示为：

无红利资产：

$$\max(S - K e^{-r(T-t)}, 0) \tag{8.6}$$

已知现金红利资产：

$$\max(S - I - K e^{-r(T-t)}, 0) \tag{8.7}$$

已知红利率资产：

$$\max(S e^{-q(T-t)} - K e^{-r(T-t)}, 0) \tag{8.8}$$

式中：I 表示红利的现值；

q 表示标的资产的连续红利率。

(2) 欧式看跌期权的内在价值。

如果不考虑时间价值，欧式看跌期权合约与远期合约空头的唯一区别就是前者只有权利没有义务。同样道理，欧式看跌期权内在价值的计算公式为：

$$\max(-f(t,T), 0) = \max((K - F) e^{-r(T-t)}, 0) \tag{8.9}$$

在完美市场中，利用远期价格和现货价格的关系，欧式看跌期权内在价值也可表示为：

无红利资产：

$$\max(K e^{-r(T-t)} - S, 0) \tag{8.10}$$

已知现金红利资产：

$$\max(K e^{-r(T-t)} - S + I, 0) \tag{8.11}$$

已知红利率资产：

$$\max(K e^{-r(T-t)} - S e^{-q(T-t)}, 0) \tag{8.12}$$

(3) 中国期权的内在价值。上证 50ETF 和沪深 300ETF 每年都有分红，因此属于有红利资产，但上证 50ETF 期权和沪深 300ETF 期权都有红利保护机制，而 ETF 远期合约没有红利保护机制，因此其内在价值必须调整为：

看涨期权的内在价值：

$$\max((F - K) e^{-r(T-t)} + I, 0) \tag{8.13}$$

看跌期权的内在价值：

$$\max((K - F) e^{-r(T-t)} - I, 0) \tag{8.14}$$

另外由于在中国市场上，做空现货存在很大的限制，做空现货的成本也很高，远期(期货)和现货之间的套利活动无法自由开展，式(7.9)就不适用，因此期权的内在价值就不能用式(8.6)和式(8.10)来表达。

而沪深 300 股指在遇到成分股分红时，指数不做调整，因此可以视为有红利资产。另外，沪深 300 股指期权和沪深 300 股指期货均没有红利保护机制，因此其内在价值适用式(8.5)和式(8.9)。但同样由于现货的做空限制，其内在价值就不能用式(8.8)和式(8.12)来表达。

(4) 无红利资产美式看涨期权的内在价值。美式期权多头由于可以随时行权，而且多头会选择在最有利的时点行权。因此，美式看涨期权可以看作以所有可能行权日为到期日的一系列欧式期权中价格最高者。该美式看涨期权的内在价值也就是这些欧式期权中的最高内在价值。

我们用 $F(t,\tau)$ 来表示到期日为 τ 的远期价格。在完美市场中，由于 $(F(t,\tau)-K)\mathrm{e}^{-r(\tau-t)}$ 是行权日 (τ) 的递增函数，$\tau=T$ 时无红利资产美式看涨期权内在价值是最大的，因此无红利资产美式看涨期权的内在价值与欧式期权是一样的，也可以表示为式(8.5)和式(8.6)。

(5) 无红利资产美式看跌期权的内在价值。美式看跌期权可以看作以所有可能行权日为到期日的一系列欧式期权中价格最高者。该美式看跌期权的内在价值也就是这些欧式期权中的最高内在价值。

同理，在完美市场中，由于 $(K-F(t,\tau))\mathrm{e}^{-r(t,\tau)}$ 是行权日的递减函数，可以发现在当前时刻 t 无红利资产美式看跌期权内在价值是最大的，而 $F(t,t)=S$，因此无红利资产美式看跌期权的内在价值为：

$$\max(K-S,0) \tag{8.15}$$

用 T 时刻到期的远期价格来表示，则根据式(7.9)，式(8.15)也可以写成：

$$\max(K-F(t,T)\mathrm{e}^{-r(t,T)},0)$$

(6) 有红利资产[①]美式看涨期权的内在价值。以只派发一次红利为例，我们可以将期权剩余期限以股权登记日 (τ) 为界分为两段。在这两段时间中，标的资产都可视为无红利资产。按照前面的分析，两段时间内最大的内在价值都是期末的，我们只要比较两个期末到期的欧式看涨期权的内在价值就可以了。因此在完美市场中，有红利资产美式看涨期权的内在价值为：

$$\max((F(t,\tau)-K)\mathrm{e}^{-r(\tau-t)},(F(t,T)-K)\mathrm{e}^{-r(T-t)},0) \tag{8.16}$$

或者写成：

$$\max(S-K\mathrm{e}^{-r(\tau-t)},S-I-K\mathrm{e}^{-r(T-t)},0) \tag{8.17}$$

(7) 有红利资产美式看跌期权的内在价值。以只派发一次红利为例，我们可以将期权剩余期限以除权日 (τ) 为界分为两段。在这两段时间中，标的资产都可视为无红利资产。按照前面的分析，在完美市场中，其内在价值为：

$$\max(K-S,(K-F(t,\tau))\mathrm{e}^{-r(\tau-t)},0) \tag{8.18}$$

或者写成：

$$\max(K-S,K\mathrm{e}^{-r(\tau-t)}-(S-I),0) \tag{8.19}$$

表 8-3 归纳了完美市场中期权内在价值的计算公式。

---

① 对于支付已知红利率资产的美式看涨和看跌期权，我们也可以用类似方法求出其内在价值。但结果较复杂，这里就不具体列出。

表 8-3 完美市场中期权的内在价值

分类			用远期价格[1]表示	用现货价格表示
看涨期权	欧式	无红利	$\max((F-K)\mathrm{e}^{-r(T-t)},0)$	$\max(S-K\mathrm{e}^{-r(T-t)},0)$
		有红利		$\max(S-I-K\mathrm{e}^{-r(T-t)},0)$
		红利率		$\max(S\mathrm{e}^{-q(T-t)}-K\mathrm{e}^{-r(T-t)},0)$
	美式	无红利	$\max((F-K)\mathrm{e}^{-r(T-t)},0)$	$\max(S-K\mathrm{e}^{-r(T-t)},0)$
		有红利	$\max((F(t,\tau)-K)\mathrm{e}^{-r(\tau-t)},$ $(F(t,T)-K)\mathrm{e}^{-r(T-t)},0)$	$\max(S-K\mathrm{e}^{-r(\tau-t)},S-I-K\mathrm{e}^{-r(T-t)},0)$
看跌期权	欧式	无红利	$\max((K-F)\mathrm{e}^{-r(T-t)},0)$	$\max(K\mathrm{e}^{-r(T-t)}-S,0)$
		有红利		$\max(K\mathrm{e}^{-r(T-t)}-S+I,0)$
		红利率		$\max(K\mathrm{e}^{-r(T-t)}-S\mathrm{e}^{-q(T-t)},0)$
	美式	无红利	$\max(K-F\mathrm{e}^{-r(t,T)},0)$	$\max(K-S,0)$
		有红利	$\max(K-F\mathrm{e}^{-r(t,T)},$ $(K-F(t,\tau))\mathrm{e}^{-r(\tau-t)},0)$	$\max(K-S,K\mathrm{e}^{-r(\tau-t)}-(S-I),0)$

注:无红利是指期权存续期内标的资产无红利,有红利指期权存续期内标的资产有已知的现金红利,红利率指期权存续期内标的资产有已知的红利率。下同。

2. 期权的时间价值

前已述及,期权的时间价值是指在期权剩余期限内标的资产价格的波动为期权多头带来收益的可能性所隐含的价值(波动带来的价值)。显然,期权的时间价值是基于期权多头权利义务不对称这一特性,在期权到期前,标的资产价格的变化可能给期权多头带来的收益的一种反映。

很容易证明,按本书对期权内在价值的定义,期权的时间价值一定大于等于0。这是因为期权的价值等于内在价值加上时间价值,如果期权的时间价值小于0,那么期权的价值就会小于期权的内在价值,这样我们就可以做多期权同时做空远期来获取无风险利润。[2]

其他条件相同的情况下,一般来说,距离期权到期时间越长,期权的时间价值越大,对美式期权来说尤其如此。这也是称其为"期权的时间价值"的原因。

其他条件相同的情况下,标的资产价格的变化越大,期权的时间价值就越大。一般用标的资产价格的波动率来描述价格的变化,其确切定义将在第十一章给出。因此有时也将期权的时间价值称为期权的波动价值。

---

① 在实践中,如果有活跃的远期市场,那么远期价格就可以从市场直接得到。如果没有活跃的远期市场,那么可以用期货价格来替代。远期价格和期货价格的关系我们在第七章已讨论过。值得注意的是,远期和期货的期限必须与期权一致。但在我国,ETF期权的到期日为第4个周三,而上证50股指期货和沪深300股指期货的到期日是第3个周五,因此在使用时要对到期日进行调整。

② 详细证明请读者通过课后习题来尝试。

另一个重要的关系是期权内在价值与时间价值之间的相关性。图 8－7 近似描述了期权的时间价值和在值程度的关系。如果按本书的平值点和在值程度定义，那么平值期权（在值程度为 0）的时间价值最大，实值期权与虚值期权的时间价值则随着实值和虚值程度的提高而逐渐递减。

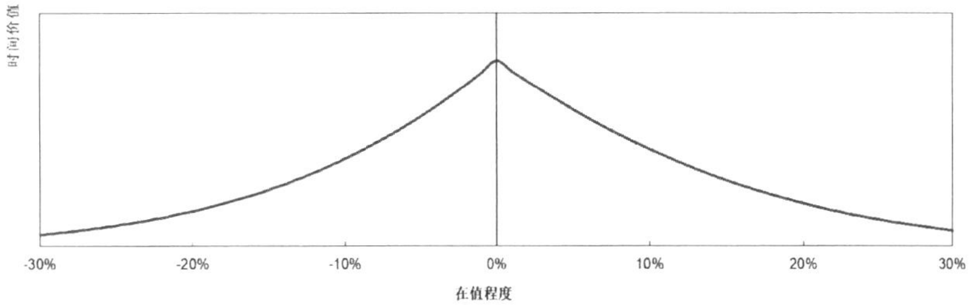

图 8－7　期权时间价值与在值程度的关系

（二）期权价格的影响因素

期权价格的影响因素主要有五个，它们通过影响期权的内在价值和时间价值来影响期权的价格。

1. 标的资产的市场价格与期权的协议价格

由于看涨期权在执行时，其收益等于标的资产当时的市价与协议价格之差。因此，标的资产的价格越高、协议价格越低，看涨期权的价格就越高。

对于看跌期权而言，由于执行时其收益等于协议价格与标的资产市价的差额，因此，标的资产的价格越低、协议价格越高，看跌期权的价格就越高。

2. 期权的有效期

对于美式期权而言，由于它可以在有效期内任何时间执行，有效期越长，多头获利机会就越大，而且有效期长的期权包含了有效期短的期权的所有执行机会，因此有效期越长，期权价格越高。

对于欧式期权而言，由于它只能在期末执行，有效期长的期权就不一定包含有效期短的期权的所有执行机会。这就使欧式期权的有效期与期权价格之间的关系显得较为复杂。例如，同一股票的两份欧式看涨期权，一个有效期 1 个月，另一个 2 个月，假定在 6 周后标的股票将有大量红利支付，由于支付红利会使股价下降，在这种情况下，有效期短的期权价格甚至会大于有效期长的期权。

但在一般情况下（即剔除标的资产支付大量收益这一特殊情况），由于有效期越长，标的资产的风险就越大，空头亏损的风险也越大，因此，即使是欧式期权，有效期越长，其期权价格也越高，即期权的边际时间价值（marginal time value）为正值。

应注意到，随着时间的延长，期权时间价值的增幅是递减的。这就是期权的边际时间价值递减规律。换句话说，对于到期日确定的期权来说，在其他条件不变时，随着时间的流逝，其时间价值的减小是递增的。这意味着，当时间流逝同样长度，期限长的期权的时间价值减小幅度将小于期限短的期权时间价值的减小幅度。

3. 标的资产价格的波动率

简单地说，标的资产价格的波动率是用来衡量标的资产未来价格变动不确定性的指标。由于期权多头的最大亏损额仅限于期权价格，而最大盈利额则取决于执行期权时标的资产市场价格与协议价格的差额，因此，波动率越大，对期权多头越有利，期权价格也应越高。

4. 无风险利率

利率上升时，由于高利率水平降低了执行价格的现值，在其他条件不变的情况下，看涨期权价值增加，看跌期权价值下降。

5. 红利支付

由于标的资产分红付息等将减少标的资产的价格，而协议价格并未进行相应调整，因此，在期权有效期内标的资产产生收益将使看涨期权价格下降，而使看跌期权价格上升。

（三）期权定价公式

1973 年，布莱克和舒尔斯成功地获得了欧式看涨期权和看跌期权的精确公式（B-S 期权定价公式）。一个不付红利的欧式看涨期权的定价公式为

$$c=SN(d_1)-Xe^{-r(T-t)}N(d_2) \tag{8.20}$$

其中：

$$d_1=\frac{\ln(S/X)+(r+\sigma^2/2)(T-t)}{\sigma\sqrt{T-t}}$$

$$d_2=\frac{\ln(S/X)+(r-\sigma^2/2)(T-t)}{\sigma\sqrt{T-t}}=d_1-\sigma\sqrt{T-t}$$

$N(x)$为标准正态分布变量的累积概率分布函数（即这个变量小于 x 的概率），根据标准正态分布函数特性，有 $N(-x)=1-N(x)$；σ 为波动率。

例如，已知如下条件：股票价格 $S=100$，无风险利率 $r=10\%$，执行价格 $X=95$，期权期限 $T=0.25$（三个月），波动率 $\sigma=50\%$。

首先计算 $d_1=\dfrac{\ln(S/X)+(r+\sigma^2/2)(T-t)}{\sigma\sqrt{T-t}}=0.43$，$d_2=d_1-\sigma\sqrt{T-t}=0.18$。

通过查找正态分布表，查得：

$$N(0.43)=0.6664 \qquad N(0.18)=0.5714$$

于是套用式（8.20），计算得到该看涨期权价值为 13.7 元。

由于欧式看涨期权和看跌期权之间存在平价关系，因此把式（8.20）代入式（8.1）可以得到期限和执行价格相同的无收益资产欧式看跌期权的定价公式：

$$p=Xe^{-r(T-t)}N(-d_2)-SN(-d_1) \tag{8.21}$$

第二节　权　　证

一、权证的定义

权证(warrants)是发行人与持有者之间的一种契约,其发行人可以是上市公司,也可以是上市公司股东或投资银行等第三者。权证允许持有人在约定的时间(行权时间),可以用约定的价格(行权价格)向发行人购买或卖出一定数量的标的资产。

根据认股权证的权利不同,认股权证可以分为认购权证和认沽权证。

认购权证赋予权证持有者在一定期限内按照一定的价格向发行人购买一定数量的标的资产的权利。而认沽权证则赋予权证持有者在一定期限内按照一定的价格向发行人出售一定数量的标的资产的权利。

权证按照发行者不同一般分为股本权证与备兑权证(香港交易所称之为“衍生权证”)。

如果权证由上市公司自己发行,就叫作股本权证。它授予持有人一项权利——在到期日或之前按执行价向上市公司买卖该公司股票。如果该权利是买股票,此类权证就被称为认购权证(call warrant);如果该权利是卖股票,此类权证就被称为认沽权证(put warrant)。它的两个主要特点是:第一,期限通常较长,可能长达数年;第二,股本权证持有人执行权利时,由于上市公司不能持有自己的股票,因此,必须通过新发行股票或注销公司股票的方式进行,因此,会导致公司股本扩张(认购权证)或收缩(认沽权证)。上市公司发行股本权证的主要情形有二:一是赋予本公司员工或者经理人一定数量的认股权作为激励机制,这类激励权证通常不可转让且交易期限较长;二是公司在发行新股或是其他公司证券如债券时,将权证免费附送给证券购买方,用以增加公司证券的吸引力。尤其是认沽权证,由于赋予持有者按特定价格出售公司股票的权利,具有很强的向市场传达公司经营层信心、保证股价一定会高于执行价格的信息的作用。

如果权证由独立的第三方(通常是投资银行)发行,则称为备兑权证。实际上备兑权证的标的资产除了可以是个股股票外,还可以是股价指数、一揽子股票或其他标的物(如利率、汇率和商品等)。

股本权证与备兑权证的差别主要在于:

(1) 发行目的不同。股本权证的发行通常被作为公司员工激励机制的一部分,或是作为促进融资和传达公司信心的手段;而备兑权证则是由投资银行或其他第三方根据市场需求或特殊目的(如中国股权分置改革时大股东作为支付对价的手段)而发行的。

(2) 发行人不同。股本权证的发行人为上市公司,而备兑权证的发行人为独立的第三方,一般为投资银行。

(3) 对总股本的影响不同。股本权证行权后,公司总股本的增减等于行使股本权证时所买卖的股票数量，从而对股票价格有摊薄或提升的作用；备兑权证到期行权时由其发行者，即独立于公司的第三方来进行股票或现金的交割，行权时所需的股票完全从市场上购入，上市公司的总股本并不会增减。

虽然最早的权证是从股本权证开始的，但在如今的全球权证市场中，占主导地位的却是备兑权证，股本权证的市场地位呈衰落的趋势。以我国香港和台湾市场为例，在香港证券交易所交易的几乎全部是备兑权证（在香港被称为衍生权证），而在台湾证交所交易的权证全部都是备兑权证。截至 2017 年 8 月 31 日，香港市场共有备兑权证 5 018 只。

二、权证与股票期权的区别

股本权证与股票期权的区别主要在于：

（1）有无发行环节。股本权证在进入交易市场之前，必须由发行股票的公司向市场发行；而期权无须经过发行环节，只要买卖双方同意，就可直接成交。

（2）数量是否有限。股本权证由于先发行后交易，在发行后，其流通数量是相对固定的；而期权没有发行环节，只要有人愿买愿卖，就可以成交，因此，其数量在理论上是无限的。

（3）是否影响总股本。股本权证行权后，公司总股本的增减等于行使股本权证时所买卖的股票数量，从而对股票价格有摊薄或提升的作用；股票期权行权时所需的股票完全从市场上购入，上市公司的总股本并不会增减，期权行权对上市公司无任何影响。备兑权证比股本权证更贴近于股票期权，因为备兑权证的行权也不会影响公司的总股本。因此，两者的区别仅在于有无发行环节和数量是否有限。

相关阅读 8-3

权证的发展

认股权证由于具有风险低、结构简单、便于运作的特点，逐渐成为新兴市场金融创新中的首选品种。截至 2000 年底，国际证券交易所联合会（FIBV）的 55 个会员交易所中，已经有 42 个交易所推出了权证。在德国、澳大利亚、Euronext 等交易所买卖的权证数目已达到数百个，我国台湾地区权证产品也非常发达，而香港自 2003 年以来已成为全球最大、最活跃的权证市场。

三、权证的基本要素

权证的基本要素大致包括以下几个方面。

（一）发行人

股本权证的发行人为标的上市公司；备兑权证的发行人为标的公司以外的第三方，一般为券商。

（二）到期日

到期日是权证持有人可行使认购（或出售）权利的最后日期。该期限过后，权证持有人便不能行使相关权利，权证的价值也变为零。

（三）执行方式

在美式执行方式下，持有人在到期日以前的任何时间内均可行使认购权（或出售权）；而在欧式执行方式下，持有人只有在到期日当天才可行使认购权（或出售权）。

（四）认股价（执行价）

认股价是发行人在发行权证时所定下的价格，持证人在行使权利时以此价格向发行人认购（或出售）标的股票。

（五）交割方式

交割方式包括实物交割和现金交割两种形式。其中，实物交割指投资者行使认股权利时从发行人处购入（或出售）标的证券；现金交割指投资者在行使权利时，由发行人向投资者支付市价高于（或低于）执行价的差额。

（六）认购比率

认购比率是每张权证可认购（或出售）正股的股数，如认购比率为0.1，就表示每10张权证可认购（或出售）1股标的股票。

（七）杠杆比率

对认购权证而言，杠杆比率（leverage ratio）是正股市价与购入1股正股所需权证的市价之比，即：

杠杆比率＝正股股价/（权证价格÷认购比率）

杠杆比率可用来衡量“以小搏大”的放大倍数。杠杆比率越高，投资者盈利率也越高，当然，其可能承担的亏损风险也越大。

相关阅读8-4

我国权证的发展

1992年6月，沪市推出了我国第一个权证——大飞乐配股权证，此后相继有十几种权证在沪深证券交易所上市交易。但是到了1996年年底，管理层出于“抑制过度投机”的目的，取消了所有的权证交易。

2005年6月14日，上海交易所制定《上海证券交易所权证业务管理暂行办法》，我国证券市场重新开始权证业务。2005年8月22日，宝钢认购权证（简称为“宝钢JTB1”，权证交易代码为580000）在上海证券交易所上市流通，这标志着权证交易再一次登陆中国资本市场。截至2006年12月31日，共有34支权证在市场上进行交易，其具体分类如表8-4所示。

表8-4　市场上交易的权证分类

分类	股本/备兑权证		认购/认沽权证		行权方式		
	备兑权证	股本权证	认购权证	认沽权证	欧式	美式	百慕大式*
数量	27	7	17	17	4	0	30

* 百慕大权证通常在权证上市日和到期日之间多设定一个行权日，取名“百慕大”是因为百慕大位于美洲与欧洲之间的北大西洋上。后来，百慕大权证的含义扩展为权证可以在事先指定的存续期内的若干交易日行权。

2011年8月11日，伴随着中国最后一只权证——长虹权证的到期，由于没有新权证发行，权证再次退出中国历史舞台。

相关阅读8-5

中国权证的一个例子——首创JTB1

表8-5 首创JTB1

权证简称	首创JTB1	发起人	北京首都创业集团有限公司
行权方式	百慕大式	权证类型	认购权证
存续起始日期	2006-04-24	存续截止日期	2007-04-23
存续期限(天)	365	结算方式	证券给付
初始行权价	4.55	初始行权比例	1
发行方式	派送	最新行权价	4.40
行权价及比例调整公式	A. 当公司股票除权时，认购权证的行权价格、行权比例将按以下公式调整：新行权价格＝原行权价格×(公司股票除权日参考价/除权前一交易日公司股票收盘价)新行权比例＝原行权比例×(除权前一交易日公司股票收盘价/公司股票除权日参考价)　B. 当公司股票除息时，认购权证的行权比例保持不变，行权价格按下列公式调整：新行权价格＝原行权价格×(公司股票除息日参考价/除息前一交易日公司股票收盘价)。		

第三节　可转换债券

一、可转换债券的定义和特点

(一) 可转换债券的定义

可转换债券(convertible bonds)是以公司债券为载体、允许持有人在规定时间内按规定价格转换为发债公司或其他公司股票的金融工具。可转换债券是一种混合型的金融产品，可以被视为普通公司债券与股本认购权证的组合体。从证券权利角度分析，可转换债券赋予持有人一种特殊的选择权，即可以按照事先约定在一定时间内将其转换为公司股票的选择权利。这样，可转换债券就将传统的股票与债券的融资功能结合起来，在转换之前属于企业发行的债务，权利行使之后则成为发行企业的股权资本。

(二) 可转换债券的特点

可转换债券兼有债权和股权的特点。与一般债券和股票相比，可转换债券有一系列重要的特点，主要表现在：

1. 可转换性

可转换债券集债权和认购权证(或转换期权)的特点于一身。从债权特点看，可转换债券和其他债券一样，是一种重要的债权凭证。从认股权看，可转换债券的持有者拥有按约定的条件，将债权转为股权的权利，在转换之后，债券持有者转变为公司股东。

2. 利率较低

由于可转换债券附有转化为股份的权利，转换权能使债权人获得潜在收益，所以，投资者愿意接受比一般债券略低的利率。

3. 多选择性

可转换债券兼有债券和股票的双重特点，使投资者有了更多的选择机会。从发达国家的经验看，可转换债券既能够保证投资者获得稳定的利息收入，当公司业绩成长、股票价格上涨时，又可使投资者按约定的条件将债券转换成股票，分享公司成长的收益，因此，这种债券对投资者有着较高的吸引力。

4. 收益的不确定性

尽管可转换债券具有较好的投资价值，但并不意味着其收益就相当稳定。可转换债券的收益受到诸多因素的影响，如发行公司的股价、转换条款、利率水平和转换期限等。如在转换期限内股价下跌，使按照转换率计算的购股价高于股票市价，则投资者难以将债券转换为股票，这时债券持有者只能获得公司按债券规定的还本付息收益，导致投资收益率降低。即使在转换成功后，如果公司经营状况不佳，投资者的股利收益也将面临损失。

5. 期限较长

可转换债券是一种长期融资工具，其期限一般都很长。从发达国家的情况看，其期限一般在 10 年以上，有时甚至在 20 年以上。

二、可转换债券的基本要素

可转换债券的基本要素是指构成可转换债券基本特征的必要因素，它们表明可转换债券与不可转换债券（或普通债券）的区别。

（一）标的股票

可转换债券对股票的转换性，实际上是一种股本权证，它的标的物就是可以转换成的股票。

（二）转换价格

可转换债券发行之时，明确了以怎样的价格转换为普通股，这一规定的价格就是可转换债券的转换价格，即将可转换债券转换为普通股的每股普通股价格。

（三）转换比率

转换比率是每张可转换债券能够转换的普通股的股数。可转换债券的面值、转换价格、转换比率存在以下关系：

$$转换比率=债券面值/转换价格$$

（四）票面利率

可转换债券利率一般低于普通债券利率。这主要是因为可转换债券价值除了利息部分外，还包含了认购权证部分，而认购权证部分的价值一般来说足以弥补利率差价，这也是吸引投资者的主要原因。

(五) 转换期

转换期是指可转换债券持有者行使转换权的有效期限。

(六) 赎回条款

赎回条款是指可转换债券的发行企业可以在债券到期日之前提前赎回债券的规定。该条款一般规定,如果公司股票的价格在若干个交易日内满足赎回条件,公司有权按照赎回价格赎回公司剩余的可转换债券。由于公司的赎回价格一般要远远小于转换价值,所以这个条款最主要的作用就是实现强制性转股(forced conversion),缩短可转换债券的期限。

赎回条款是上市公司所拥有的一项期权。影响赎回权价值大小的因素包括赎回权的期限、赎回条款、股票价格波动率等。

(七) 回售条款

回售条款是当发行公司的股票价格在一段时间内连续低于转股价格并达到某一幅度时,债券持有者有权按事先约定的价格将所持债券卖给发行公司的规定。

回售条款是投资者所拥有的一项期权。对投资者而言,是否要回售,取决于可转债价值和回售价格的大小。如果可转债价值大于回售价格,则投资者仍然会持有债券;如果可转债价值小于回售价格,则投资者就会选择回售。

影响回售权价值大小的因素有回售期限、回售价格、回售条件、股票价格波动率等。

(八) 转换调整条款和保护条款

转换调整条款也称为向下修正条款,是在发行可转换债券后,如果公司股票价格满足转股价格调整条件时,公司董事会有权在一定幅度内调整转股价格。有的还规定超过一定幅度需要股东大会通过。

相关阅读 8-6

中国可转债的例子——西钢转债

表 8-6 西 钢 转 债

债券简称	西钢转债	债券代码	100117
上市日期	2003-08-26	债券面额	100 元
发行总额	49 000 万元	债券期限	5 年
起息日	2003-08-11	到期日	2008-08-10

(一) 利率说明

可转换公司债券按票面金额从发行首日起开始计算利息,第一年利率为 1.2%,第二年利率为 1.5%,第三年利率为 1.8%,第四年利率为 2.1%,第五年利率为 2.6%。可转债发行满 5 年可转债持有人如不转股,公司按年利率 2.6%计算的五年利息扣除已支付利息后的余额支付补偿利息,即按"可转债持有人持有的可转债票面总金额×2.6%×5-可转债持有人持有的到期可转债五年内已支付利息"标准,补偿支付可转债持有人到期未转股可转债的利息。

（二）初始转股价说明

初始转股价为 5.34 元/股，以募集说明书刊登日前 30 个交易日本公司 A 股收盘价的算术平均值 5.34 元为基准，上浮 0.1%。

（三）转股价格调整说明

当可转换公司债券发行后，公司面向 A 股股东进行了送红股、增发新股和配股、股份合并或分拆、股份回购、派息等情况使股份或股东权益发生变化时，将按上述调整条件出现的先后顺序，依次进行转股价格的累计调整。调整办法如下：设初始转股价为 P_0，每股送红股数为 N，每股配股或增发新股数为 K，配股价或增发新股价为 A，每股派息为 D，则调整转股价 PI 为：送股 $PI=P_0\div(1+\mathrm{N})$，增发新股或配股 $PI=(P_0+AK)\div(1+K)$，派息 $PI=P_0-D$。按上述调整条件出现的先后顺序，依次进行转股价格累积调整。调整值保留小数点后两位，最后一位实行四舍五入。

（四）付息说明

第一次付息日期为 2004 年 8 月 11 日，2005 年至 2008 年每年的同一日即 8 月 11 日为付息日。本公司在每个付息日后 5 个交易日内完成当年付息工作。年利息计算公式为：$I=b\times i$。其中，I 为支付的利息额，b 为可转换公司债券持有人持有的可转换公司债券票面总金额，i 为年利率。可转债发行满 5 年可转债持有人如不转股，公司按年利率 2.6%计算的五年利息扣除已支付利息后的余额支付补偿利息，即按"可转债持有人持有的可转债票面总金额×2.6%×5—可转债持有人持有的到期可转债五年内已支付利息"标准，补偿支付可转债持有人到期未转股可转债的利息。

（五）赎回条款

①可转债发行后 6 个月内（2003 年 8 月 11 日至 2004 年 2 月 10 日），发行人不可赎回可转债；可转债发行 6 个月后，发行人可开始行使赎回权，且每年只能行使一次。②若发行人每年首次满足①中赎回条件时不实施赎回，当年不能再行使赎回权。③在发行 6 个月后的转股期间（2004 年 2 月 11 日至 2008 年 8 月 10 日），如果本公司 A 股股票收盘价连续 20 个交易日高于当期转股价，并达到当期转股价的 150%，则不论赎回前是否已向可转债持有人支付利息，发行人一律有权以面值加上在赎回日（在赎回公告中通知）当日的应计利息的价格赎回全部或部分未转换股份的可转债。

（六）回售条款

在可转换公司债券到期日前半年内，如果西宁特钢 A 股股票收盘价格连续 20 个交易日低于当期转股价格达 80%，经可转换公司债券持有人申请，可转换公司债券持有人有权将持有的可转换公司债券全部或部分以面值 108%（含当年期利息）的价格回售予本公司。投资者在回售条件首次满足后可以进行回售，且只能回售一次。附加回售条件和回售价格：可转债存续期内，如本次募集资金投资项目的实施情况与公司在本募集说明书中的承诺相比发生变化，根据中国证监会的相关规定可被视作改变募集资金用途或被中国证监会认定为改变募集资金用途的，可转债持有人有权在附加回售申报期内以面值 102%（含当期利息）的价格向本公司回售可转债。可转债持有人在附加回售申报期内未进行附加回售申报的，视为对该次附加回售权的无条件放弃。

（七）特别向下修正条款

①修正权限与修正幅度：当公司 A 股股票连续 5 个交易日收盘价的算术平均值低于当期转股价，并达到当期转股价的 95%，公司董事会有权将当期转股价格进行向下修正，作为新的转股价。修正后的转股价应不低于决定修正转股价的董事会前 5 个交易日公司 A 股股票价格的平均值，修正的次数不受限制。董事会有权修正转股价的底线为公司 2001 年 12 月 31 日的每股净资产值 2.41 元和修正时每股净资产值的较高者，如果修正的幅度超过底线，应当由股东大会另行表决通过。②修正程序：应按本条第①款向下修正转股价时，本公司将刊登股东大会决议公告，公告修正幅度和股权登记日，并在公告中指定从某一交易日开始至股权登记日暂停可转债转股，从股权登记日的下一个交易日开始恢复转股并执行修正后的转股价。

三、可转换债券价值的分析[①]

可转换债券具备了股票和债券两者的属性，结合了股票的长期增长潜力和债券所具有的安全和收益固定的优势。此外，可转换债券与股票相比还有优先偿还的要求权。可转换债券是一种极其复杂的信用衍生产品，除了一般的债权之外，还包含很多期权。这些期权主要有：

（1）投资者按照一定价格在一定期限内将债券转换成公司股票的期权（转股权）。

（2）投资者在一定条件下将债券按照一定价格回售给公司的期权（回售权）。

（3）公司在一定条件下调整转股价格的期权（转股价格调低权）。

（4）公司在一定条件下赎回可转换债券的期权（赎回权）。

其中转股权和回售权属于投资者的多头期权，而转股价格调低权和赎回权则属于发行公司的多头期权。投资者和发行公司在行使各自的期权时存在复杂的博弈过程，而且这些期权的行使都有一定的条件，这就决定了可转换债券定价的复杂性。

通过上面的分析，可以判断当股价较低时，可转换债券表现的是债券的性质；当股价较高时，可转换债券就表现出其股票性质。可转换债券的价值与标的股票价格的关系如图 8-8 所示。

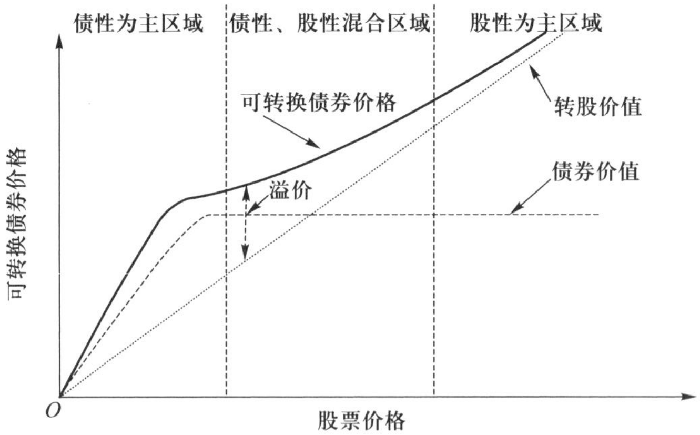

图 8-8 可转换债券的价值与标的股票价格的关系

① 具体的定价可参考郑振龙和林海(2004)。

四、分离交易可转换债券

分离交易可转换债券是债券和股票的混合融资品种，它与普通可转换债券的本质区别在于债券与权证可分离交易。它把原来传统的转债分离为一个纯企业债和若干数量的看涨期权，拥有期权的投资者可以按一个约定的固定价格在未来一段时间内买入股票。分离交易可转换债券和普通可转换债券的主要区别有：

第一，分离交易可转换债券不设重设和赎回条款，有利于发挥发行公司通过业绩增长来促成转股的正面作用，避免了普通可转换债券发行人往往不是通过提高公司经营业绩，而是以不断向下修正转股价或强制赎回方式促成转股而带给投资人的损害。

第二，普通可转换债券中的认购权证一般是与债券同步到期的，分离交易可转换债券则并非如此。

相关阅读 8－7

中国分离交易可转换债券的一个例子

中化国际（控股）股份有限公司于 2006 年 11 月 28 日发布公告："公司董事会审议通过关于确定本次分离交易可转换债券优先配售比例等未决条款的议案，本次发行的分离交易可转换债券为人民币 120 000 万元，即 1 200 万张债券，同时每张债券的认购人可以获得公司派发的 15 份认股权证，即认股权证数量为 18 000 万份。本次分离交易可转换债券按面值发行，每张面值人民币 100 元，共发行 1 200 万张债券，债券所附认股权证按比例向债券的认购人派发。股权登记日为 2006 年 11 月 30 日，该日收市后登记在册的公司股份数乘以 0.7 元（即每股配售 0.7 元面值的债券），再按 1 000 元 1 手转换为手数。本次发行的分离交易可转换债券利率询价区间为 1.80%～2.40%。本次发行所附每张认股权证的认购价格为 6.58 元，本次发行所附认股权证行权比例为 1∶1，即每一份认股权证代表 1 股公司发行的 A 股股票的认购权利。"

本章小结

1. 期权是指赋予其买者在规定期限内按双方约定的价格买或卖一定数量某种金融资产的权利的合约。期权分看涨期权和看跌期权两大类，这两大类期权又有美式期权和欧式期权之分。

2. 期权买者只有权利没有义务，卖者只有义务没有权利。

3. 期权价格的影响因素有：标的资产的市价、期权的协议价格、期权的有效期、标的资产价格的波动率、无风险利率、标的资产的收益。

4. 无收益资产欧式看涨期权和看跌期权的平价关系为：

$$c+Xe^{-r(T-t)}=p+S$$

有收益资产欧式期权平价关系为：

$$c+D+Xe^{-r(T-t)}=p+S$$

5. 期权价值等于期权的内在价值加上时间价值。

6. 根据布莱克-舒尔斯期权定价公式,一个不付红利的欧式看涨期权的定价公式为:

$$c = SN(d_1) - Xe^{-r(T-t)}N(d_2)$$

其中:

$$d_1 = \frac{\ln(S/X) + (r + \sigma^2/2)(T-t)}{\sigma\sqrt{T-t}}$$

$$d_2 = \frac{\ln(S/X) + (r - \sigma^2/2)(T-t)}{\sigma\sqrt{T-t}} = d_1 - \sigma\sqrt{T-t}$$

$N(x)$为标准正态分布变量的累积概率分布函数。

7. 权证是发行人与持有者之间的一种契约,允许持有人在约定的时间(行权时间),可以用约定的价格(行权价格)购买或卖出标的资产。

8. 可转换债券是以公司债券为载体,允许持有人在规定时间内按规定价格转换为发债公司或其他公司股票的金融工具。可转换债券是一种混合型的金融产品,可以被视为普通公司债券与认购权证的组合体。

9. 分离交易可转换债券是债券和股票的混合融资品种,它与普通可转换债券的本质区别在于债券与权证可分离交易。

重要概念

金融期权　看涨期权　看跌期权　欧式期权　美式期权　看涨期权与看跌期权平价　内在价值　时间价值　B-S期权定价公式　权证　可转换债券

进一步阅读

[1] Black F, Scholes M. The pricing of options and corporate liabilities[J]. Journal of Political Economy, 1973(81): 637-659.

[2] Hull J. Options, futures and other derivatives, 8th Edition[M]. Boston: Prentice Hall, 2012.

[3] Rendleman R J Jr, Bartter B J. Two-state option pricing[J]. The Journal of Finance, 1979(34): 1093-1110.

[4] 陈蓉,郑振龙. 固定收益证券[M]. 北京:北京大学出版社,2011.

参考文献

[1] 郑振龙,陈蓉. 金融工程[M]. 3版. 北京:高等教育出版社,2012.

[2] 郑振龙,林海. 中国可转换债券定价研究[J]. 厦门大学学报(哲学社会科学版),2004(2): 93-100.

[3] Black F, Scholes M. The pricing of options and corporate liabilities[J]. Journal of Po-

litical Economy,1973(81):637－659.

即测即评

习　题

1. 某投资者买进一份看涨期权，同时卖出一份相同标的资产、相同期限、相同协议价格的看跌期权，请描述该投资者的状况。

2. 某一协议价格为 25 元、有效期 6 个月的欧式看涨期权价格为 2 元，标的股票价格为 24 元，该股票预计在 2 个月和 5 个月后各支付 0.50 元股息，所有期限的无风险连续复利年利率均为 8%。请问：该股票的协议价格为 25 元、有效期 6 个月的欧式看跌期权价格等于多少？

3. 假设你是一家负债率很高的公司的唯一股东。该公司的所有债务在 1 年后到期。如果到时公司的价值高于债务，你将偿还债务。否则的话，你将宣布破产并让债权人接管公司。

（1） 请将你的股权表示为公司价值的期权。

（2） 请将债权人的债权表示为公司价值的期权。

（3） 你有什么办法来提高股权的价值？

4. 假设某种不支付红利的股票的市价为 50 元，无风险利率为 10%，该股票的年波动率为 30%。求该股票的协议价格为 50 元、期限为 3 个月的欧式看跌期权价格。

5. 五粮 YGP1 认沽权证的执行价为 7.89 元，离到期日还有 350 天，五粮液股票的市价现为 10 元。假设无风险利率为 3%，波动率为 55.8%，用布莱克-舒尔斯期权定价公式求出五粮 YGP1 认沽权证的理论价格。

6. 假设一个公司现有股票数量为 10 万股，每股价格为 40 元。该公司打算执行一个股权激励计划，送给公司的高管人员 3 万份认购权证，每份权证有权在 3 年之后按照 45 元的价格购买 1 股公司股票。市场的无风险利率为 3%，该公司股票价格的波动率为 30%，该公司不付红利。请计算该股权激励计划执行对股票价格的影响。

7. 考虑具有相同的标的资产、期限、协议价格的美式期权和欧式期权，请解释为何美式期权的价值一定高于欧式期权。

上海证券交易所股票期权市场发展报告(2019)。

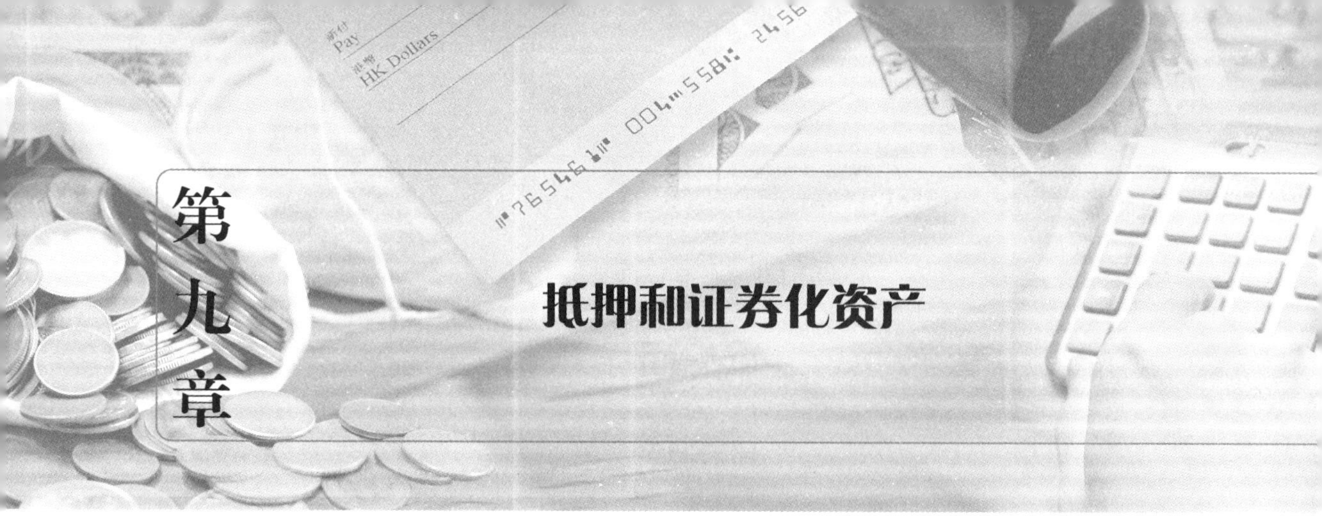

第九章 抵押和证券化资产

在分析抵押和证券化资产的时候，人们关心的是诸如此类的问题：何谓抵押和证券化资产？它有哪些具体的类型？可能面临哪些风险？随着资产证券化市场迅速发展，有关资产证券化的问题在金融市场中的重要性日益提高。

学完本章后，你应该能够：

- ★ 了解资产证券化的一般程序
- ★ 了解抵押支持证券的主要类型
- ★ 了解资产支持证券的主要类型
- ★ 了解中国资产证券化的主要情况

第一节　资产证券化

资产证券化(asset securitization)起源于20世纪60年代末美国的住宅抵押贷款市场。1968年，美国政府国民抵押协会首次公开发行“过手证券”，从此开启了全球资产证券化的先河。此后资产证券化，尤其是房产抵押证券化发展迅速。在亚洲，资产证券化发端于20世纪90年代，目前日本、韩国和中国香港等地资产证券化发展迅速。

一、资产证券化的定义和特征

资产证券化是将那些缺乏流动性，但能够产生可预见现金收入的资产(如住房贷款、学生贷款、信用卡应收款等)出售给特定发行人，通过创设一种以该资产产生的现金流为支持的金融工具或权利凭证，进而将这些不流动的资产转换成可以在金融市场上出售和流通的证券的一种融资过程或融资方法。

在资产证券化中，可预见的现金流是进行证券化的先决条件，而不管这种现金流由哪种资产产生。产生可预见现金流的资产可以是实物资产(如高速公路的收费)，也可以是非实物资产(如住房抵押贷款、汽车消费贷款、信用卡等)。所以，资产证券化实际上是以资产所产生的现金流为支持的。这是资产证券化的本质特征。换句话说，资产证券化所“证券化”的不是资产本身，而是资产所产生的现金流。所以，美国华尔街的投资银行家们有句名言：“如果有稳定的现金流，那就将它证券化。”

资产证券化也是利用资本市场对资产收益和风险进行重新分配的过程。比如，对发放住房抵押贷款的银行来说，资产的收益是抵押贷款的本息，但是这种现金流要在较长的时间内才能实现，而用于发放贷款的资金大都来自于期限相对较短的存款。因此，银行面临着资产的流动性风险、利率变动风险和信用风险等。如果经济环境恶化，会使银行因流动性不足而破产倒闭。解决这种问题的一个有效办法就是资产证券化，通过将相应的收益让渡给参与证券化的其他投资者的方法把风险也转让出去，实现收益和风险的重新分配。所以，资产证券化是对既存资源的重新配置，使参与证券化的各方都从中受益，是一种"帕累托改进"。

也正因此，资产证券化被广泛应用于银行资金流动性的管理。它可以帮助银行增加融资渠道并减小银行受融资成本冲击的影响（Loutskina，2011）。另一方面，资产证券化的结果还取决于资产收益重组的结构，如果重组结构比较合理，所有层级的信用风险都可能得到改善；如果重组结构不合理，原有的信用结构反而可能会被破坏，并导致更大的损失（Raynes & Rutledge，2003）。

相关阅读 9-1

资产证券化在全球的发展

美国是资产证券化的发端国家，也是全球最大的资产证券化市场。以政府国民抵押协会（GNMA）、联邦国民抵押协会（FNMA）、联邦住房贷款抵押公司（FHLMC）等为代表的具有政府背景的机构是推动美国资产证券化快速发展的重要力量，在美国政府有关法律和税收优惠的保障下，在市场竞争和产品创新的原动力的推进下，美国的资产证券化发展最为迅速。截至 2005 年第三季度，美国住房按揭资产证券化（MBS）余额已达 5.9 万亿美元，非按揭资产证券化（ABS）余额已达 2.0 万亿美元，两项总和 7.9 万亿美元，占美国债务市场 25.3 万亿美元的 31%。资产证券化是美国资本市场最重要的融资工具，对美国经济和金融市场产生了巨大影响。

欧洲是美国以外世界上第二大资产证券化市场。由于金融体制和法律体系与美国不同，欧洲传统的证券化类型是表内证券化，真正意义上的资产证券化直到 20 世纪 80 年代才在欧洲出现。目前欧洲资产证券化的步伐正在大大加快，欧洲资产证券化发行总量增长很快，从 1996 年的 327 亿欧元增长到 2004 年的 2 435 亿欧元。2005 年前三季度共发行 1 962 亿欧元，其中居民住房抵押贷款 RMBS（residential mortgage-backed securities）所占的比重最高，总量为 940 亿欧元，占发行量的近一半；第二大部分为商用住房抵押贷款 CMBS（commercial mortgage-backed securities），总量为 304 亿欧元，占 15.4%；债务抵押债券 CDOs（collateralized debt obligations）总量为 223 亿欧元，占 11.3%；包括消费、商业、不动产和其他贷款的贷款证券占 5.1%；混合型抵押证券、汽车贷款、信用卡应收款分别为 42 亿欧元、41 亿欧元和 20 亿欧元；其他类由几项大的交易构成，如 80 亿欧元的德国邮政养老金证券等。资产证券化在欧洲已进入了快速发展阶段。

近年来，资产证券化在亚洲日本、韩国等国家也得到了快速发展。亚洲的资产证券化在 1997 年亚洲金融危机爆发前，经历了一个较长的探索和尝试过程。亚洲金融危机促进了资产证券化融资的发展，有关国家和地区也在法律、税收、监管等方面为资产证券化创造有利条件，对利用资产证券化提高资本市场效率发挥了积极作用。国际投资银行的积极介入推动了亚洲资产证券化的发展。截至2004年年末,整个亚洲市场资产证券化产品发行量从1998年的70亿美元上升到680亿美元。

全球资产证券化市场受到金融危机的影响在2008年之后几年有所萎缩,2012年以后逐步恢复。截至2016年第3季度,全球的证券化规模为9.6万亿美元,其中美国所占份额为86%。截至2017年底,美国资产证券化市场存量规模是GDP的49%,而整个欧盟为GDP的6%。

二、资产证券化的参与者

一般而言,资产证券化的参与者包括:原始债务人、原始债权人(发起人)、特别目的机构(发行人)、投资者、专门服务人、信托机构、担保机构、信用评级机构和证券承销商等中介机构。

(一) 原始债务人

原始债务人(obligators)是指在与原始债权人签订的债权债务合同中承担债务的一方。在抵押贷款中,原始债务人是指抵押贷款合同中承担还本付息义务的借款方。

(二) 原始债权人

原始债权人(originators)是指在与原始债务人签订的债权债务合同中享有债权的一方,如抵押贷款的发放银行。在资产证券化过程中,原始债权人把需要证券化的资产出售给特别目的机构,从而实现资产的风险与收益的重组。原始债权人又被称为资产证券化的发起人。

(三) 特别目的机构

特别目的机构(special purpose vehicle,SPV)是指从发起人那里购买可证券化的资产,并发行以此为支持的证券的特殊实体。由于SPV的业务范围被严格限定了,所以它是一般不会破产的高级信用等级实体。SPV不仅业务范围特别,而且在资产证券化中的地位也很特别。它是资产证券化过程的核心,各个参与者都围绕着它来展开工作。

(四) 投资者

投资者是指在资本市场上购买特别目的机构发行的抵押支持证券或资产支持证券的机构或个人。

(五) 专门服务人

专门服务人(servicer)是指负责按期收取证券化资产所产生的现金流,并将其转移给SPV或SPV指定的信托机构的实体。由于发起人对证券化资产比较熟悉,所以专门服务人一般由发起人兼任。

(六) 信托机构

信托机构(trustee)是指由SPV指定的负责对专门服务人收取的现金流进行管理,并向证券投资者按时支付的机构。

(七) 担保机构

担保机构(guarantors)是指为SPV发行证券提供担保的机构。其目的是对抵押支持证券或资产支持证券进行信用增级。担保机构可以是政府型的担保机构，也可以是私人担保公司。

（八）信用评级机构

信用评级机构（rating agency）是指通过对资产证券化各个环节进行评估而给出抵押支持证券或资产支持证券的信用等级的机构。其作用是对证券进行信用增级，降低发行成本。

（九）证券承销商

证券承销商（underwriters）是指为SPV所发行的证券进行承销的实体，其目的是确保证券销售成功。

三、资产证券化的一般程序

一般而言，资产证券化的基本运作程序是：发起人将需要证券化的资产出售给一家特别目的机构（SPV），由SPV主动购买可证券化的资产，然后将这些资产汇集成资产池，再以该资产池产生的现金流为支撑在金融市场上发行有价证券融资，最后用资产池产生的现金流来清偿所发行的有价证券。这一过程中，SPV以证券销售收入向资产权益人偿付资产出售价款，以资产产生的现金流向投资者偿付所持证券的权益。具体讲，这一操作程序包括以下几个步骤，如图9-1所示。

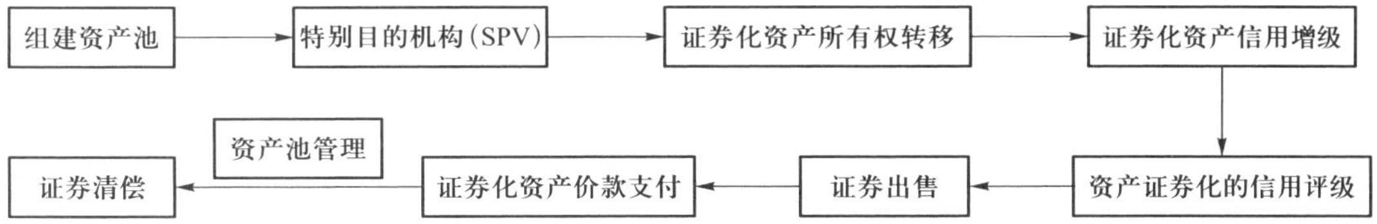

图9-1　资产证券化的一般程序

（一）组建资产池

发起人（sponsor）确定证券化资产后，组建资产池。尽管证券化是以资产所产生的现金流为基础，但并不是所有能产生现金流的资产都可以证券化。一般来说，应该选择未来现金流稳定、可靠、风险较小的资产作为证券化资产，并具备以下特征：①能产生可预见的现金流；②违约和损失的历史统计记录较低；③现金流分期支付；④资产债务人分布广泛；⑤抵押品的流动性较强；⑥证券化资产具有同质性，以便进行汇集和分类。

（二）设立特别目的机构（SPV）

SPV在资产证券化中扮演着重要角色，它的主要功能是隔离风险，实现发起人需要证券化的资产与其他资产之间的“风险隔离”。这样当发起人由于公司财务状况不佳而清偿资产时，证券持有人对证券化资产就可以享有专享权而不需与公司其他债权人分享公司财产。

（三）资产权属让渡

证券化资产完成从发起人到SPV的转移后，即实现了资产的权属让渡。这样发起人的债权人将不得追索该资产，SPV的债权人也不得追索发起人的其他资产，实现了风险隔离。

（四）信用增级(credit enhancement)

SPV取得证券化资产后，为吸引投资者并降低融资成本，必须提高拟发行资产支持证券的信用等级，使投资人的利益能得到有效的保护。

（五）资产证券化的信用评级

引进信用评级机构对未来资产能够产生的现金流以及对经过信用增级后的拟发行证券进行评级。评级结果就为投资者提供了投资选择的依据。

（六）发售证券

在经过信用评级后，SPV作为发行人通过各类金融机构如银行或证券承销商等，向投资者销售证券。

（七）SPV向发起人支付购买证券化资产的价款

SPV利用出售证券收集的款项向发起人支付购买资产的价款，即将证券发行收入按照事先约定的价格向发起人支付购买证券化资产的价款。

（八）管理资产池

证券发行完毕后就到金融市场上申请挂牌上市，但SPV还需要对资产池进行管理和处置，对资产所产生的现金流进行回收和分配。管理人可以是证券化的发起人，也可以是专门聘请的有经验的资产管理机构。在信贷资产证券化运作中，管理人主要负责收取债务人按期偿还的本息并对其履行债务实施监督；在房地产证券化运作中，管理人主要负责通过出租或出售房地产等方式获取收益。

（九）清偿证券

按照证券发行时的约定，待资产支持证券到期后，由资产池产生的收入在还本付息、支付各项服务费之后，若有剩余，按协议规定在发起人和SPV之间进行分配，整个资产证券化过程即告结束。

四、资产证券化的分类

（一）抵押支持证券和资产支持证券

按照抵押物不同，资产的证券化可分为抵押支持证券(mortgage-backed securities, MBS)和资产支持证券(asset-backed securities, ABS)。抵押支持证券中的抵押物是住房贷款；资产支持证券中的抵押物是非住房贷款，如企业的应收账款、信用卡贷款、汽车贷款等。

（二）过手证券和转付证券

根据证券偿付结构不同，资产的证券化可以分为过手证券(pass-through)与转付证券(pay-through)。过手证券是最早出现的抵押支持证券形式，这种证券代表的是投资者对基础资产组合的所有权，不作为发行人的债务出现在其资产负债表中，来自资产的现金流收入简单地“过手”给投资者以偿付证券的本息，投资者承担基础资产产生的风险。与过手证券结构不同，在转付证券结构下，资产池产生的现金流并不直接过手给投资者，而是先对其进行剥离和重组，再向投资者偿付。如果说过手证券在性质上属于股权投资类工具，那么转付证券就属于债权投资工具。抵押担保负债(collateralized mortgage obligations, CMO)就是一种流行的转付证券，按偿付次序进行分档，划出优次结构，利用一种资产可以创造出不同风险和流动性的证券。

第二节　抵押支持证券

一、抵押支持证券的定义和分类

抵押支持证券是以各种抵押债权(如各种住房抵押贷款等)或者抵押池的现金流作为支持的证券的统称。根据对利息、计划偿还本金、提前偿付本金(prepayment)的处理方法不同,抵押支持证券可以分成三类:抵押过手证券(mortgage pass-through securities)、抵押担保债券(collateralized mortgage obligations,CMO)和可剥离抵押支持证券(stripped mortgage-backed securities)。其中,抵押担保债券和可剥离抵押支持证券是由抵押过手证券衍生出来的。

(一) 抵押过手证券

抵押过手证券是抵押支持证券中最简单的一种形式。抵押过手证券是将一个或一个以上抵押贷款集合起来建立一个抵押池并出售该抵押池的参与凭证(participation certificates)形成的。抵押过手证券的现金流取决于标的抵押贷款的现金流,这些现金流包括每月规定的还款额(其中包括了利息和计划归还本金)和提前偿付本金。每月由抵押池产生的这些现金流扣除一定费用后再按比例"过手"给证券持有人。由于抵押贷款人始终具有提前偿付的动机,因此,抵押过手证券存在提前偿付风险。抵押过手证券的构建流程及现金流模式见图9-2。

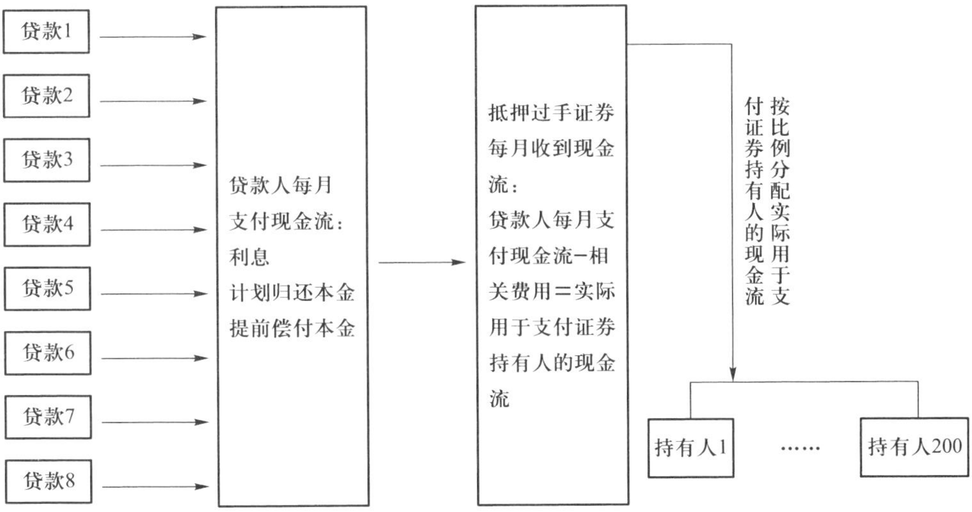

图9-2　抵押过手证券的构建流程及现金流模式

【例9-1】假设构建一个资产池,该池中包含8份住房抵押贷款,每份贷款的本金是50万元,这样整个资产池的本金额度就是400万元。以这个资产池发行200份抵押过手证券,因此支持每份抵押过手证券的本金就是2万元,证券持有人每期将按0.5%的比例收取该抵押池的现金流。

(二) 抵押担保债券

投资于抵押过手证券存在提前偿付风险。不同的投资者对风险的偏好程度不同,为了满足不同投资者的风险偏好,抵押贷款产生的现金流可以被重新分配从而使提前偿付风险也得到重新分配,形成了一系列不同期限、不同息票率、不同风险程度的投资序列(tranches),抵押担保债券(CMO)应运而生。

CMO是以抵押过手证券或抵押贷款本身的现金流为基础发行的一种衍生债券,又称为多级抵押支持债券。资产池中总的提前偿付风险并没有因为CMO的出现而减少,CMO提供的只是风险的重新分配,在部分投资者的风险暴露程度降低的同时,部分投资者的风险暴露程度却提高了。

相关阅读 9-2

第一只CMO的诞生

1983年,美国住房抵押贷款利率的急剧下降和房地产抵押贷款的激增,使得金融产品设计者们不得不想方设法吸引MBS投资群体。第一只CMO就在这样的背景下诞生了。这只CMO的特点是从资产池中收到的本金先用来支付给具有优先等级的投资序列,当优先级序列的本金全部偿付完了,再将收到的本金用于偿付次级投资序列,并以此类推,直到所有的投资等级的本金都得到偿付。这样的CMO结构称为接序还本结构CMO(sequential-pay CMOs)。

【例9-2】假设存在一个接序还本结构CMO,代号为FM-01。该CMO的抵押物是一个面值500万元的抵押过手证券,针对这只500万元面值的过手证券设立了四个序列,这四个序列所代表的面值总和为500万元。为了简化,假定四个序列的息票率都为5%,并且等于抵押池中贷款的息票率。四个序列的结构如表9-1所示。

在FM-01中,每期产生的利息都会按规定的方式发放给四个序列的投资者。本金的支付则是按A、B、C、D序列依次进行的。从抵押池中收到的本金先用于偿还序列A的本金,此时序列B、C、D是没有本金收入的。直到序列A的250万元本金被全部偿还,序列B的投资者才开始收到抵押池中产生的本金。以此类推,序列D的投资者在前面三个序列的本金都得到偿付以后才开始收取本金。

表9-1 某CMO的四个序列结构

债券序列	面值(万元)	息票率(%)
A	250	5
B	125	5
C	100	5
D	25	5
面值总计	500	

在上面的例子中,所有不同级别的序列每期都会收到利息支付,然而在许多接序还本

结构 CMOs 中，存在至少一个序列在其他序列本金偿付完毕之前不接收利息支付，这样的序列被称作本金增值序列(accrual tranche)或 Z 序列(Z tranche)，代表对这种序列现金流求偿权的证券就相应地称为本金增值债券(accrual bond)或 Z 债券(Z bond)。那些每期本应支付给 Z 债券持有者的利息先用来偿还其他具有优先等级序列的本金，对于 Z 债券，这些未支付的利息会加入其本金中，等其他债券的本金支付结束以后，再以 Z 债券的原始本金和累积的利息作为新的本金来计算 Z 债券每期应支付的利息[①]和计划偿还本金。将 Z 债券每期的利息也作为本金来偿还那些优先等级序列，加快了优先序列本金的偿还速度。

Z 债券的出现让持有优先等级债券投资人的不确定性进一步降低了，然而市场参与者们对确定性收益的需求总是永无止境的。尽管他们的投资风险由于较低优先等级债券的存在已经降低了，但每期能够收回的本金和持有序列的存续期却还是不确定的，这使得许多投资者对于 CMO 产品持观望态度。为了吸引更多的投资者，1987 年计划摊还证券(planned amortization class tranche，PAC)出现了。这一证券的显著特征之一是，如果提前还款率(prepayment rate)在一定的幅度之内，那么 PAC 序列持有者每期收到的现金流就是确定的，具体金额经由一系列对提前还款率的假定和计算得到。PAC 在接序还本 CMO 重新分配提前偿付风险的基础上更进一步，使 PAC 序列持有人每期收到的现金流更加确定，证券的到期时间也容易预测。

PAC 序列的现金流之所以具有更大的可预测性，是因为对于 PAC 序列的本金支付有一个事先确定的时间表，抵押池产生的现金流参照当期的提前还款率，应先用于满足 PAC 本金支付时间表要求的还款额，然后再发放给其他 CMO 序列的持有人。当然，这种确定性是以非 PAC 序列(支持债券，support bonds)持有人不确定性的升高为代价的。因为所有的本金都先用于支付还款时间表中确定的数额给 PAC 持有人，所以如果当期收到的本金总量较少，支持债券持有人很有可能无法收到当期归还的本金；如果当期提前偿付的本金数额较大，PAC 持有人还是收取事先规定的本金数额，其余的本金由支持债券持有人接收。因此支持债券的持有人承受着 CMO 中的提前偿付风险。

(三) 可剥离抵押支持证券

可剥离抵押支持证券是 1986 年由美国联邦国民抵押协会设计发行的一种衍生抵押产品。可剥离抵押支持证券重新分配了抵押池中产生的现金流，将现金流具体区分为利息和本金，利息全部支付给一类证券持有人，本金则全部支付给另一类证券持有人。可剥离抵押支持证券可以分为以下三类：

第一，合成息票过手证券(synthetic-coupon pass-through)。合成息票过手证券对息票和本金根据不同等级采取不同的分配方式。

第二，纯利息/纯本金证券(interest-only/principle-only securities)。1987 年，可剥离抵押支持证券正式发行，这类证券从资产池中收到的所有利息都分配给纯利息证券持有人，收到的全部本金都分配给纯本金证券持有人。

---

① 由于“每期应支付的利息＝当期期初的本金×(年抵押贷款利率/12)”，因此期初本金对于当期利息的多少具有一定影响。

第三，剥离式抵押担保债券(CMO strips)。剥离式抵押担保债券是CMO结构中的一个纯利息序列或者纯本金序列。

可剥离抵押支持证券可以用于对抗利率风险和提前偿付风险。纯本金部分能对抗利率降低带来的风险，这是因为利率降低时，提前还款率提高了，这时纯本金证券的持有者就能提前收回本金，较快实现收益。然而利率上升时纯本金证券的价值降低了，这是因为收回本金的时间延长，利率的上升又导致贴现因子升高，使得未来现金流的现值降低，从而导致纯本金证券的价值降低了。

假定有一个由过手证券支持的抵押池，支持纯本金证券的名义本金规模为200万元，期限为20年。按照纯本金证券的息票率计算，在该证券存续期内，纯本金证券持有人能够收到的全部现金总额为280万元。考虑一个极端的情况，当市场利率迅速降低致使抵押池中资产的200万元本金全部提前收回，则纯本金证券持有人就可以在极短的时间内收到280万元，马上实现40%的收益①。因此纯本金证券很好地对抗了利率降低的风险。

纯利息部分对于利率的反应则不尽相同。利率上升时，提前还款率降低了，未偿还本金的增多使每期能收到的利息数额增加了，这对于投资者似乎是一个好消息。然而，利率上升导致贴现因子上升则会部分抵消每期利息收入增多给投资人带来的喜悦。当利率降低时，提前还款的增加导致利息收入减少，然而贴现率的降低弥补了投资人的部分损失。但让投资人失望的是，由于利率降低导致的利息减少和贴现因子降低的净结果仍然是纯利息部分价值降低。

二、提前偿付风险

MBS的标的物是抵押贷款，和抵押贷款密切相关的风险是提前偿付风险(prepayment risk)。提前还款这种不确定时间、不确定还款数额的行为使抵押贷款现金流出现了较大的不确定性，从而引起了MBS现金流的波动，给证券持有人带来风险。

对于抵押贷款者来说，每期的现金支出由三个部分构成，分别是利息、规定偿还的本金和提前偿还本金。通常情况下，许多国家对贷款者提前偿还本金不做惩罚，因此，当市场情况或者贷款人自身状况发生变化时，他们会提前偿还贷款本金。MBS分配给投资人的现金流由抵押池现金流支撑，贷款人的提前还款会使MBS投资者每期收到的现金流产生波动，从而导致风险。那么，什么情形会促使贷款人提前还款呢？第一，贷款人卖掉抵押品后取得现金偿还了全部贷款；第二，当前的市场利率降低，使得贷款人能够以低利率进行再融资来还款；第三，贷款人因无法按期支付贷款而导致抵押品被拍卖，得到的收入被用来偿还贷款；第四，有保险的抵押品由于火灾和其他灾害而损坏，保险公司对抵押品的赔偿也导致了提前还款的发生。

进行MBS定价时考虑的提前偿付风险主要和利率变动引起的提前偿付相关，也就是上面的促使贷款人提前还款原因分析的第二点。总的来说，对于MBS投资者和产品设计者来说，要警惕提前偿付风险，因为提前偿付风险通常会转化成：

---

① (280－200)÷200＝40%。

第一，现金流的不确定性。MBS每期的现金流主要由三个部分构成：利息、计划偿还本金、提前偿付本金等。提前偿付是在利息和计划偿还的本金支付之后，贷款者额外支付的不定时间、金额的本金，双重的不确定性使得对于MBS的定价变得复杂。

第二，再投资风险(reinvestment risk)。如果贷款人是由于市场利率下降，再融资成本降低而进行提前还款，那么带给投资者的不单单是现金流的波动，还有再投资风险。选择进行再投资的证券持有人只能将更多的现金投入更低的市场利率中，收益将大幅降低。

相关阅读 9-3

美国次级房贷危机

美国抵押贷款市场的“次级”(subprime)及“优惠级”(prime)是以借款人的信用条件作为划分界限的。根据信用等级的高低，放贷机构对借款人区别对待，从而形成了两个层次的市场。信用低的人申请不到优惠贷款，只能在次级市场寻求贷款。两个层次的市场服务对象均为贷款购房者，但次级市场的贷款利率通常比优惠级抵押贷款高2%～3%。

20世纪90年代中期，资产证券化的兴起给次级抵押贷款市场的发展提供了良机。按揭贷款证券化增加了资产的流动性，次级房贷市场开始迅速繁荣起来。在早期的飞速发展中，由于对风险认识不足，次级抵押贷款定价普遍偏低。但1997年亚洲金融危机爆发，这一市场存在的诸多问题开始受到关注。虽然这场危机使次级房贷市场一度萎缩，市场发生大规模整合，许多小公司相继倒闭或被收购，但同时也使得投资者风险意识增强，采取提高首付金额、提前偿付罚金等措施限制风险。

危机过后，由于房价上涨以及利率持续下降至40年来的最低点，投资房地产的成本降低。在房价不断走高时，即使借款人现金流并不足以偿还贷款，他们也可以通过房产增值获得再贷款来填补缺口。因此，20世纪90年代末，次级抵押贷款又开始了新一轮增长，成就了抵押贷款银行家和经纪人的一夜暴富。随之出现美联储加息压力、房产市场萎缩、借款者违约增加、资金提供者退出等状况，使次级贷款放款机构由巨额盈利陷入严重危机，并对全球金融市场造成了严重的影响。美国“次贷危机”从2006年春季开始逐步显现，2007年8月开始席卷美国、欧盟和日本等世界主要金融市场。其主要的一些事件包括：

(1) 2007年3月13日，美国第二大次级抵押贷款机构美国新世纪金融公司(New Century Financial)宣布濒临破产，美股大跌，道指跌2%、标普跌2.04%、纳指跌2.15%。

(2) 2007年8月8日，美国第五大投行贝尔斯登宣布旗下两支基金倒闭。

(3) 2007年8月11日，世界各地央行48小时内注资超3 262亿美元救市，美联储一天三次向银行注资380亿美元以稳定股市。

(4) 2007年11月28日，美国楼市指标全面恶化；美国全国房地产经纪人协会声称10月房屋销售连续第八个月下滑，年率为497万户，房屋库存增加1.9%至445万户；第三季标普/希勒全美房价指数季率下跌1.7%，为该指数21年历史上的最大单季跌幅。

(5) 2008年2月12日，美国六大抵押贷款银行为防范止赎发生，宣布“救生索”计划；巴菲特愿意为800亿美元美国市政债券提供再保险。

(6) 2008年9月15日，美国第四大投资银行雷曼兄弟公司陷入严重财务危机并宣布申请破产保护，更加严重的金融危机来临。欧洲央行当天宣布向商业银行系统共注资300亿欧元，期限为一天，平均利率为4.39%，高于欧洲央行主导利率4.25%的水平。

(7) 2009年3月2日，美国国际集团(AIG)宣布的历史性季度亏损，成了压在美国股市身上的最后一根稻草。2008年第四季度AIG亏损617亿美元，创下美国公司史上亏损之最。

美国次债危机形成示意图和放大路线图如图9-3和图9-4所示。

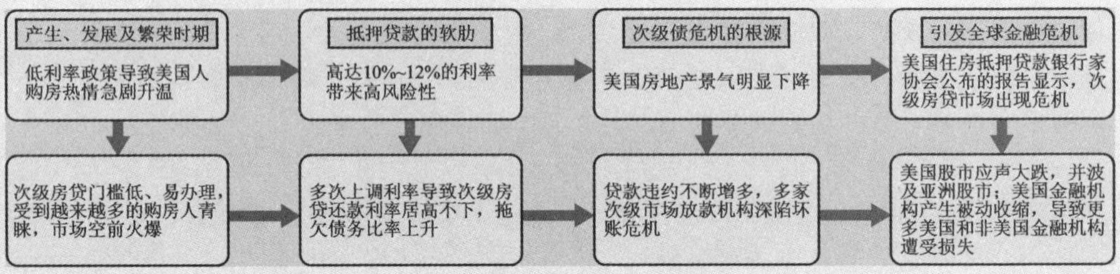

图9-3 美国次债危机形成示意图

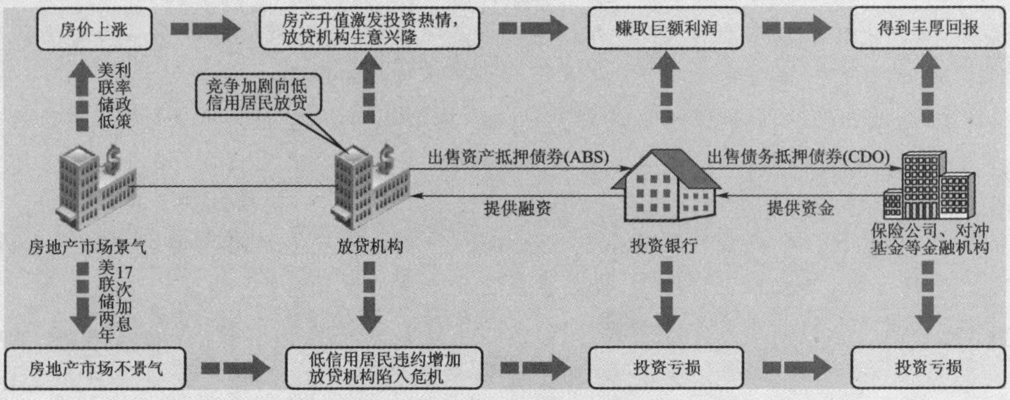

图9-4 美国次债危机放大路线图

第三节 资产支持证券

上一节介绍了以住房作为抵押的抵押支持证券，本节将介绍那些以非房产资产作为抵押的资产支持证券。

一、资产支持证券的定义

资产支持证券(ABS)的抵押物是一揽子金融资产的现金流。一般来说，ABS的抵押物可以分为两类：消费者金融资产和商业金融资产。汽车贷款、学生贷款和信用卡应还款项等都属于消费者金融资产；商业金融资产则包括计算机租赁、商业应收款等。

对于一般的企业债，所有债权人对公司的全部资产享有求偿权，而ABS的持有人则只对某些特定资产享有求偿权，而不是公司的所有资产。这样的制度安排使得ABS的持有人在公司发生违约时有更加明确的求偿对象，而不用与公司的其他债权人共同瓜分公司的全部财产，实现了风险隔离。明确的求偿对象使投资者的利益受到更可靠的保护。

资产支持证券在发行时通常会对资产进行信用评级，这些信用等级的高低直接与被抵押资产发生违约后现金流的分配相关。每个ABS依据其信用评级不同划分了多个级别，比如优先级（senior class），对应的是AAA级别的信用评级；中间级别（mezzanine class），对应的是A级别的信用评级；次级（subordinated class），对应的是BBB级别的信用评级。当然，每个ABS所包含的层级数不是固定的，少则两个，多则数个。根据评级从高到低排列，不同等级的资产支持证券具有的获得抵押资产现金流的优先权也由高到低。

二、资产支持证券的分类

和MBS一样，ABS的现金流模式也依赖于其抵押物的现金流模式，因此可以将ABS按现金流的特性分为规则现金流（regular cash flows）结构和无规则现金流（irregular cash flows）结构。

（一）规则现金流结构

规则现金流结构表现为标的抵押物的还本付息具有摊销时间表（amortization schedule），这类证券的抵押资产主要是抵押贷款，如汽车贷款、民政股本贷款（home equity loans）、农业机械贷款（agricultural machinery loans）等。抵押池中资产为抵押贷款的ABS通常被构造为过手证券形式和多级证券（multi-class securities）形式。过手证券又称为委托人信托（grantor trust），多级证券又称为所有者信托（owner trust）。

1. 委托人信托

委托人信托是市场上最早的ABS形态，其现金流（包括利息、计划归还本金和提前偿付本金）按照一定的分配方式同时分配给证券持有人，平均期限取决于抵押资产的提前还款情况。提前还款情况发生得越频繁，证券的平均期限就越短。委托人信托的典型代表是汽车贷款支持证券（auto loan-backed securities）。

汽车贷款支持证券的发行者主要有：汽车生产商下设的金融机构、商业银行和专门发放汽车贷款的金融机构等。汽车贷款支持证券的现金流包括每期规定的还款额（利息和应还本金）和提前偿还的本金。和抵押支持证券一样，提前偿还本金是汽车贷款支持证券的风险之一。顾客提前还款的原因可以归结为以下几点：

（1）全额还款能够享有某些优惠和产品折价。

（2）车辆转手。车辆转手频数的高低与经济周期密切相关，经济萧条时车主的资金需求增加，因此车辆转手率提高了。

（3）车辆毁损或丢失。

（4）市场利率下降时提前还款以减少未来的利息支付，同时以较低的市场利率再融资还款的成本也较低。与抵押支持证券不同，由于市场利率降低而导致的提前还款不是提前还款增多的主要原因，因为汽车生产厂商为了吸引顾客购车，通常会提供给顾客低于市场利率的贷款利率。

2. 所有者信托

目前市场上用得最多的还是多级证券形式的 ABS，即所有者信托。过手证券的一个不足就是所有过手证券的投资者都承受着提前偿付风险，而多级证券从某种程度上克服了这一不足。多级证券将每期收到的现金流按照证券等级进行重新分配。证券等级包括短期货币市场级别（money-market class）、一年期级别（1-year class）、二年期级别（2-year class）和三年期级别（3-year class）。所有者信托按照投资级别不同，将每期收到的现金先支付利息给所有级别证券的持有人，之后按照期限由短到长依次支付本金。当货币市场级别的本息全部偿还以后，开始偿还一年期级别的本金。以此类推，直到所有本金支付完毕。这样的结构设计类似于接序还本结构 CMO。

（二）无规则现金流结构

无规则现金流结构中没有摊销时间表，这类证券的抵押池为那些循环贷款（revolving loans），比如信用卡应还款和贸易应收款等。之所以称这类贷款为循环贷款是因为在循环期（revolving period）内，从这些贷款中收到的本金并没有分配给证券持有人，而是由信托人管理并再投资于与收到的本金额度相当的其他循环贷款，从而将抵押池的规模维持在一个比较稳定的水平。典型的无规则现金流结构的 ABS 是信用卡应还款支持证券（credit card receivable-backed securities）。

信用卡应还款支持证券，顾名思义，其抵押物就是信用卡应还款的现金流。信用卡持有人通常具有一定的信用额度（credit limit），在这个额度内他们能够随意透支现金以满足日常生活需要。持有人有权利一次性全部或者部分偿还透支款项，然后再进行透支消费，只要他们的总透支额度不超过他们的信用额度。由于信用卡持有人可以随意选择还款时间，信用额度也可以循环使用，因此信用卡应还款支持证券并不存在实际的到期时间，本金数量也是实时变动的。信用卡应还款的利息定期支付给证券持有人，而信用卡持有人支付的本金在循环期内由托管人（trustee）保管并再投资于其他的应收款中，循环期的时间由 18 个月到 10 年不等。循环期结束以后，这些本金将不再进行再投资，而是支付给证券持有人。

第四节　中国的资产证券化市场

中国的资产证券化市场分为在银行间债券市场交易的市场和在沪深证券交易所交易的市场。2015 年 1 月 4 日，银监会下发文件批准 27 家商业银行获得开办信贷资产证券化产品的业务资格，标志着信贷资产证券化业务备案制的实质性启动。2015 年 4 月，根据中国人民银行的相关公告，已经取得监管部门相关业务资格，发行过信贷资产支持证券（以下简称信贷 ABS）且能够按照规定披露信息的受托机构和发起机构，可以向中国人民银行申请注册，并在注册有效期内自主分期发行信贷 ABS。备案制和注册制的实施推动我国资产证券化市场发展步入常态化。

一、银行间资产证券化市场

在银行间市场发行、流通的资产证券化产品，是商业银行（或资产管理公司）以所持有的信贷资产作为基础资产，委托信托公司发行的。2003 年年初，中国信达资产管理公司与德意志银行签署了资产证券化和分包一揽子协议合作项目，涉及债权金额 25.52 亿元，被称为我国第一个资产证券化项目。2003 年 6 月，中国华融资产管理公司在国内成功推出账面价值约 132 亿元的资产处置信托项目。

国家开发银行 2005 年发起了第一期开元信贷支持证券。其具体的条款包括[①]：

（1）发起机构及贷款服务机构、安排人：国家开发银行。

（2）发行人、受托人：中诚信托投资有限责任公司。

（3）资金保管机构：中国银行股份有限公司。

（4）规模、利率、期限：发行总规模为 41.922 58 亿元，其中：

优先 A 档：29.240 89 亿元，票面利率为 2.29%，加权平均期限为 0.67 年。

优先 B 档：10.025 448 亿元，利率为浮动利率，招标确定的利差为 0.45%（以一年期定期存款利率为基准，票面利率为 2.70%），加权平均期限为 1.15 年。

次级档：2.656 242 亿元，无票面利率，加权平均期限为 1.53 年。

每个自然季度末的次月第 13 个自然日为付息日。

预期到期日：

优先 A 档：2006 年 12 月 31 日。

优先 B 档：2007 年 6 月 30 日。

次级档证券：2007 年 6 月 30 日。

（5）结构：国家开发银行作为发起机构以部分信贷资产（29 名借款人向发起机构借用的 51 笔贷款）作为信托财产委托给受托人，以中诚信托投资有限责任公司为受托人，设立一个专项信托。受托人向投资人发行本期证券，并以信托财产所产生的现金为限支付本期证券的本息及其他收益。受托人所发行的证券分为三档，分别为优先 A 档、优先 B 档以及次级档证券。

（6）信用增级：采用内部增级的方法，通过设定三个类别的优先/次级档证券的结构来实现信用增级效果。次级档证券占发行总金额的 6%。次级档证券的本息受偿顺序次于优先 A 档和优先 B 档，优先 B 档证券的本息受偿顺序次于优先 A 档。若原债务人发生违约，则首先由次级档证券承担损失，当违约金额大于次级档证券本金余额时，优先 B 档投资者将按比例承担，以此类推。

中诚信国际信用评级有限责任公司给予优先 A 档 AAA 级评级，优先 B 档 A 级评级。

图 9－5 列出了该证券发行的基本交易结构，各方之间的法律关系框架及现金流转过程。

---

① 资料来源：《2005 年第一期开元信贷资产支持证券发行说明书》。

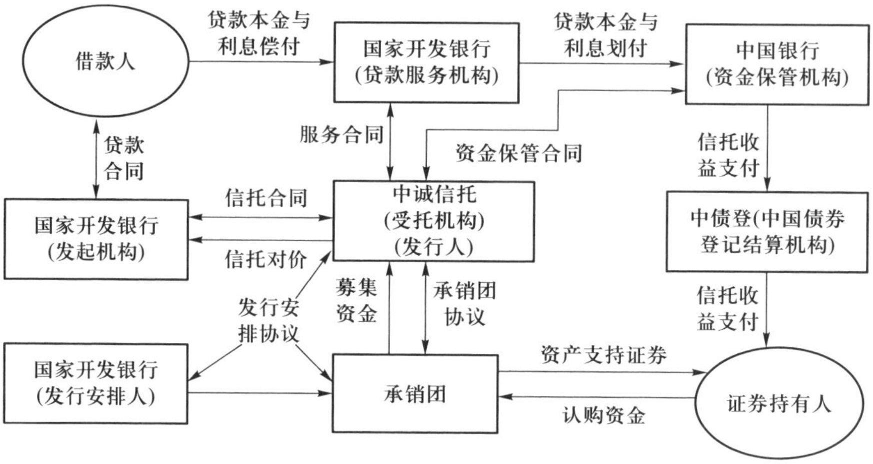

图 9-5 2005 年第一期开元信贷资产支持证券交易结构图

二、交易所资产证券化市场

在沪深证券交易所交易的资产证券化产品，是创新试点类券商依据 2004 年 2 月 1 日起施行的《证券公司客户资产管理业务试行办法》发行的。2005 年，中金公司设立了我国首个专项资产管理计划——中国联通网络租赁费租赁收益专项资产管理计划，募集了 93.6 亿元资金。此后发行的专项资产管理计划还有：莞深高速公路收费收益权专项资产管理计划(广发证券)、浦东建设 BT 项目资产支持收益专项资产管理计划(国泰君安)等 8 项，发行总额达 264 亿元。

沪深证券交易所资产证券化市场的典型例子是华能澜沧江水电收益专项资产管理计划。该计划的具体内容包括：

(1) 原始权益人：云南华能澜沧江水电有限公司。

(2) 发行人(计划管理人)：招商证券股份有限公司。

(3) 担保人：中国农业银行。

(4) 托管人：中国农业银行。

(5) 期限、利率、规模：总规模 20 亿元。

优先级：

澜沧江 01：3 年期，利率 3.57%，6.6 亿元。

澜沧江 02：4 年期，利率 3.77%，6.6 亿元。

澜沧江 03：5 年期，7 日回购加权利率＋180BP，6.6 亿元。

次级：

0.2 亿元，不设利率，其收益为除优先级受益凭证收益外的全部剩余收益。

(6) 结构：发行人招商证券以华能澜沧江漫湾发电厂 5 年 7 个特定期间(共计 38 个月)水电销售收入中合计金额为 24 亿元的现金收益为基础资产，发行 2 000 万份受益凭证，每份面值 100 元。其中 1 980 万份为优先级，向合格投资者发行；20 万份为次级，由华能澜沧江公司认购并持有至到期。基础资产所获收益扣除相关费用后，分配给受益凭证持有者。

其交易结构如图 9－6 所示。

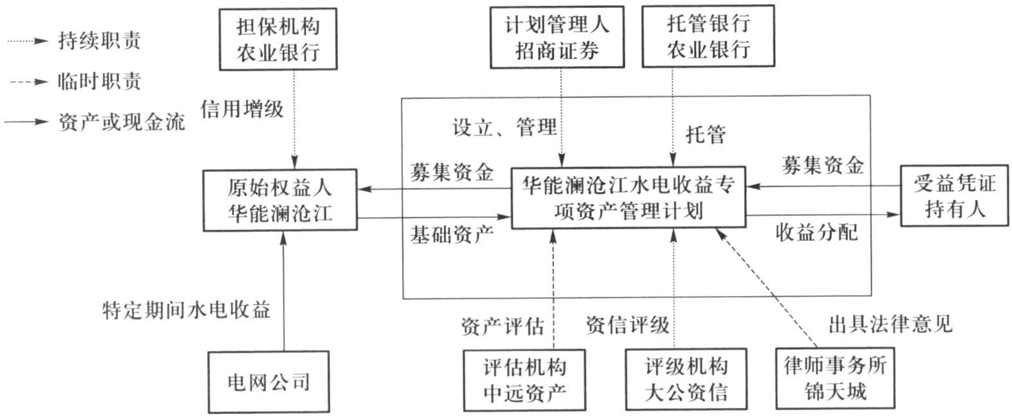

图 9－6　华能澜沧江水电收益专项资产管理计划交易结构图

（7）信用增级：①内部信用增级：将受益凭证划分为优先级和次级。优先级受益凭证优先于次级受益凭证分配，存续期间在应支付的优先级受益凭证面值总额及预期收益未全部分配前，不得分配次级受益凭证。而次级受益凭证由华能澜沧江公司认购，并不得以转让、质押等方式进行处置，也不得要求管理人赎回其持有的次级受益凭证。②外部信用增级：中国农业银行将根据《担保合同》为专项计划提供全额不可撤销的连带责任担保。

经大公国际资信评估公司评级，该专项计划优先级受益凭证信用级别达到 AAA 级。

（8）受益凭证份数：受益凭证总共为 20 000 000 份，其中优先级受益凭证 19 800 000 份，次级受益凭证 200 000 份。

（9）受益凭证面值、参与价格：受益凭证面值均为 100 元，每份受益凭证参与价格亦为 100 元。

（10）专项计划推广对象：专项计划的推广对象为中华人民共和国境内具备适当的金融投资经验和风险承受能力，具有完全民事行为能力的合格投资者（法律、法规和有关规定禁止参与者除外）。

（11）推广机构和推广方式：专项计划的推广机构为招商证券股份有限公司；推广方式以直销为主。

（12）推广时间：2006 年 4 月 27 日至 2006 年 5 月 11 日。

（13）受益凭证登记及转让：受益凭证在中国证券登记结算有限公司深圳分公司登记托管。

专项计划存续期内，受益凭证持有人可在深圳证券交易所大宗交易平台进行转让，招商证券提供双边报价服务。

（14）受益凭证的相关约定：①专项计划存续期内，优先级受益凭证持有人不得要求管理人赎回其取得或受让的优先级受益凭证。②专项计划存续期内，云南华能澜沧江水电有限公司必须持有次级受益凭证，且不得以转让、质押等方式进行处置，也不得要求管理人赎回其持有的次级受益凭证。

三、中国资产证券化市场的发展[①]

自2014年起，我国资产证券化市场呈现爆发式增长。据中央登记结算公司发布的《2015年资产证券化发展报告》，我国2014年和2015年共发行各类资产证券化产品超过9 000亿元，是前9年发行总量的6倍多，市场规模较2013年底增长了13倍，其中2015年共发行资产证券化产品6 032.4亿元，同比增长84%。

据东方金诚与中央结算公司联合发布的《2019年资产证券化发展报告》，2019年中国资产证券化市场延续快速发展势头，全年发行各类产品23 400亿元，存量规模突破40 000亿元。2019年全年共发行资产证券化产品23 439.41亿元，同比增长17%；年末市场存量为41 961.19亿元，同比增长36%。其中，信贷ABS发行9 634.59亿元，同比增长3%，占发行总量的41%；存量为2 0127.63亿元，同比增长32%，占市场总量的48%。企业资产支持专项计划（企业ABS）发行10 917.46亿元，同比增长15%，占发行总量的47%；存量为17 801.48亿元，同比增长28%，占市场总量的42%。资产支持票据（ABN）发行2 887.36亿元，同比增长129%，占发行总量的12%；存量为4 032.08亿元，同比增长118%，占市场总量的10%。图9-7和图9-8分别给出了2019年我国信贷ABS和企业ABS的发行结构。

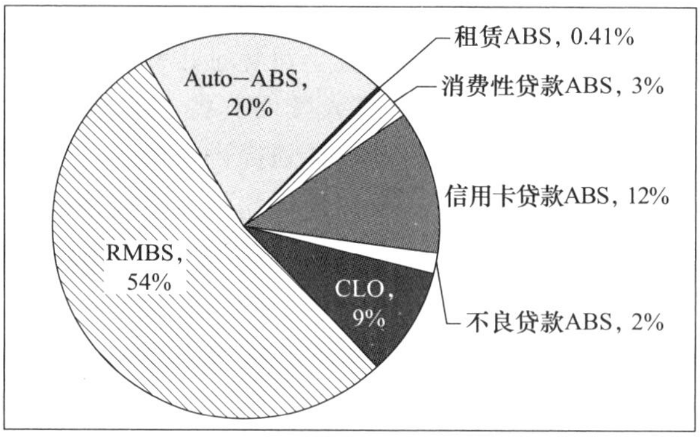

图9-7　2019年我国信贷ABS发行结构

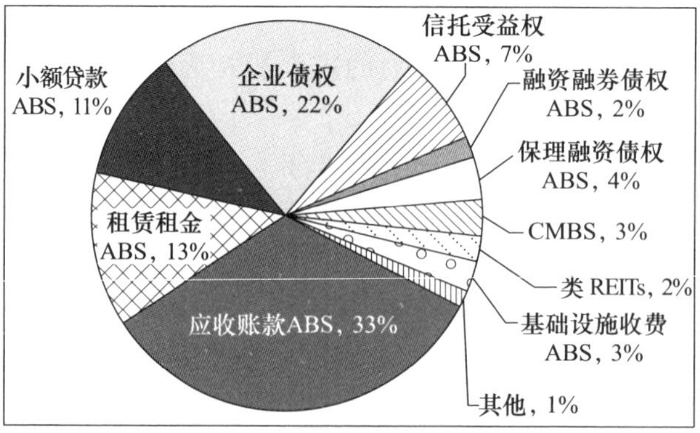

图9-8　2019年我国企业ABS发行结构

① 资料来源：李波．2019年资产证券化发展报告．债券，2020(1).

我们目前资产证券化市场发展的两大特点包括：①个人住房抵押贷款支持证券（RMBS）发行保持快速增长势头。2019年全年发行规模占信贷ABS发行规模的一半以上。这符合国际成熟资产证券化市场的发展规律，也有助于释放银行信贷空间，节约银行资本，稳定住房贷款利率。②产品类型进一步丰富。在银行间市场，兴银2019年第四期信贷资产支持证券成为首单挂钩贷款市场报价利率（LPR）的浮动利率信贷ABS产品，并以“ABS＋LPR-Swap（掉期）”组合投资模式对冲产品存续期间的利率波动风险，锁定投资者的期间收益。绵阳市投资控股（集团）有限公司2019年度第一期定向资产支持票据成为首单国企学费收益权ABN。在交易所市场，首单可扩募类REITs“菜鸟中联—中信证券—中国智能骨干网仓储资产支持专项计划”、首单PPP储架式ABS“国金—川投航信停车场PPP项目1～10号资产支持专项计划”、首单专利许可知识产权ABS“兴业圆融—广州开发区专利许可资产支持专项计划”、首单国有土地租金收益权ABS“海垦控股集团土地承包金资产支持专项计划”等产品成功发行。

我国资产证券化市场在连续六年快速增长后，在制度建设、业务操作、产品创新、风险防范、系统优化等领域正面临更大的机遇和挑战，市场将逐步从快速爆发期步入纵深发展期。建议通过继续完善法律体系、加强信息披露、发展重点产品、加快信息系统建设等，推动资产证券化市场高质量、规范化、标准化发展。

第一，完善法律体系，优化制度设计。具体包括：①完善顶层法律框架。增强资产证券化的资产独立性，实现真正的破产隔离。②明确税收中性政策。完善资产证券化税收政策，解决重复征税问题。③促进市场联通。

第二，借鉴国际经验，大力发展信贷ABS。具体包括：①调动商业银行的积极性。②提高流动性水平。③促进信贷类ABS统一登记。④推动资产证券化与信贷资产流转业务互补发展。

第三，加强信息披露，提升信息披露标准化水平。具体包括：①提高信息披露透明度。②推动信息披露格式标准化。③健全大类基础资产信息披露规则。

第四，发展重点产品，服务实体经济。具体包括：①推动RMBS市场标准化。②推动知识产权证券化。③支持民营企业发行应收账款ABS。

第五，加快信息系统建设，保障市场安全高效运行。具体包括：①实现业务全流程的自动化、标准化。②推动信息共享和数据互联。③运用金融科技提升业务管理水平。

本章小结

1. 资产证券化是将那些缺乏流动性，但能够产生可预见现金收入的资产（如住房贷款、学生贷款、信用卡应收款等）出售给特定发行人，通过创设一种以该资产产生的现金流为支持的金融工具或权利凭证，进而将这些不流动的资产转换成可以在金融市场上出售和流通的证券的一种融资过程或融资方法。

2. 抵押支持证券是以各种抵押债权（如各种住房抵押贷款等）或者抵押池的现金流作为支持的证券的统称。一般地，抵押支持证券可以分成三类：抵押过手证券、抵押担保债券和可剥离抵押支持证券。

3. 抵押过手证券是将一个或一个以上抵押贷款集合起来建立一个抵押池并出售该抵押池的参与凭证而形成的。

4. 抵押担保债券是以抵押过手证券或抵押贷款本身的现金流为基础发行的一种衍生债券,又称为多级抵押支持债券。这样的结构设计将抵押贷款产生的现金流重新分配,形成了一系列不同期限、不同息票率、不同风险程度的投资序列,从而满足了不同投资者的风险偏好。

5. 可剥离抵押支持证券重新分配了抵押池中产生的现金流,将现金流具体区分为利息和本金,利息全部支付给纯利息证券持有人,本金则全部支付给纯本金证券持有人。

6. 将一揽子金融资产的现金流作为抵押物构造出的证券称为资产支持证券。根据证券现金流的确定性程度,可以将资产支持证券分为规则现金流结构和无规则现金流结构。规则现金流结构表现为标的抵押物的还本付息具有摊销时间表;无规则现金流结构的资产支持证券中没有摊销时间表,这类证券的抵押池为一些循环贷款。

重要概念

资产证券化　抵押支持证券　资产支持证券　抵押过手证券　抵押担保债券　可剥离抵押支持证券　规则现金流结构　无规则现金流结构

进一步阅读

[1] Blackburn R. The Subprime Mortgage Crisis[J]. New Left Review,2008,March-April(50).

[2] Childs P D,Ott S H,Riddiough T J. The pricing of multiclass commercial mortgage-backed securities[J]. The Journal of Financial and Quantitative Analysis,1996(31):581 - 603.

[3] McConnell J J,Singh M. Rational prepayments and the valuation of collateralized mortgage obligations[J]. The Journal of Finance,1994(49):891 - 921.

[4] Schwartz E S,Torous W N. Prepayment and the valuation of mortgage-backed securities[J]. The Journal of Finance,1989(44):375 - 392.

[5] Stanton R. Rational prepayment and the valuation of mortgage-backed securities[J]. The Review of Financial Studies,1995(8):677 - 708.

参考文献

[1] Loutskina E. The role of securitization in bank liquidity and funding management[J]. Journal of Financial Economics,2011(100):663 - 684.

[2] Raynes S,Rutledge A. The analysis of structured securities[M]. Oxford University Press,2003.

即测即评

习 题

1. 为什么当市场利率降低时，MBS投资者面临的风险增加？

2. 如果一个资产池中有100份贷款，且每份都为200万元，以这个资产池发行了1 000份抵押过手债券，那么每份债券的本金是多少？

3. CMO如何分配资产池中总的风险？

4. 在例9－2中，如果资产池里的本金有一部分收不回来，那么哪个序列的投资者损失最大？为什么？

5. 在例9－2中，如果利率下降，哪个序列的投资者面临的再投资风险最大？为什么？

6. 当利率上升时，纯本金证券持有人的收益是上升了还是下降了？为什么？

7. 在阅读材料9－3中提到的美国次级贷款危机中倒掉的雷曼兄弟公司曾经在我国香港市场上发行过一种名为“迷你债券”的金融产品，这种产品是不是真的像它的产品名称一样是一种债券？试通过对网络等其他资源的使用画出这种迷你债券的产品收益结构图。

美国次级贷款危机

资产证券化专题研究

第十章 利 率

在金融学中，经济学家使用的利率概念通常是各种利率的统称，它通常是用各种金融工具的到期收益率来衡量的。在本章中，除了探讨各种金融工具的到期收益率的计算，进而弄清利率的本质及其变动规律以外，还将研究利率水平变动与债券价格的关系、名义利率与真实利率的关系以及利率的期限结构等。弄清这些问题，可以使我们更好地理解利率在金融市场上所扮演的角色。可以毫不夸张地说，利率问题是金融市场最基础、最核心的问题之一，几乎所有的金融现象都与利率有着或多或少的联系。

学完本章后，你应该能够：

★ 了解利率的含义和主要类型

★ 了解利率水平的决定理论

★ 了解收益率曲线及其变动

★ 了解利率期限结构的含义及其假说

第一节 利 率 概 述

一、利率的含义

（一）金融工具分类

在物价水平不变的前提下，不同的名义利率反映投资者所获得的实际收益率水平的差异。为了计算各种不同金融工具的利率水平，必须先对金融工具进行简单的分类。在日常生活中，我们经常可以接触到各种各样的金融工具，如商业票据、银行承兑票据、可转让银行存单、国库券、股票、抵押贷款、企业债券等，它们大致可以分成以下四种类型。

1. 简易贷款

工商信贷通常采用这种方式。这种金融工具的做法是：贷款人在一定期限内，按照事先商定的利率水平，向借款人提供一笔资金（或称本金）；至贷款到期日，借款人除了向贷款人偿还本金以外，还必须额外支付一定数额的利息。例如，某个企业以10%的年利率从银行贷款100元，期限1年。那么，1年贷款期满以后，该企业必须偿还100元本金，并支付10元利息。

2. 年金

年金（annuity）是指在一段固定时期内有规律地收入（或支付）固定金额的现金流。它是最常见的金融工具之一，养老金、租赁费、抵押贷款等通常都采用这种方式。如果第一次收(付)刚好在一期(如1年)之后，这种年金就称为普通年金(ordinary annuity)。例如，某个人以这种方式借入银行贷款1 000元，期限为25年，年利率为12%。那么，在未来25年内，该借款人每年年末都必须支付给银行126元，直到期满为止。

3. 附息债券

中长期国库券和公司债券通常采用这种形式。这种金融工具的做法是：附息债券的发行人在到期日之前每年向债券持有人定期支付固定数额的利息，至债券期满日再按债券面值偿还。在这种方式下，债券持有者将息票剪下来出示给债券发行人，后者确认后将利息支付给债券持有者。例如，一张面值为1 000元的附息债券，期限为10年，息票率为10%。债券发行人每年应向持有人支付100元的利息，在到期日再按面值1 000元本金并加最后一年的利息100元偿付。

4. 贴现债券

美国短期国库券、储蓄债券以及所谓的零息债券通常采用这种形式。这种金融工具的做法是：债券发行人以低于债券面值的价格(折扣价格)出售债券，在到期日按照债券面值偿付给债券持有人。贴现债券与附息债券不同，它不支付任何利息，仅仅在期满时按照债券面值偿付。例如，一张贴现债券面值1 000元，期限1年，债券购买者以900元的价格购入该债券，一年后，债券持有人可以要求债券发行人按照面值偿付1 000元。

这四种类型的金融工具现金流产生的时间不同。简易贷款和贴现债券只在到期日才有现金流；而年金和附息债券在到期日之前就有连续定期的现金流，直至到期为止。因此，在使用这些金融工具进行投资时就有一个选择的问题。到底哪一种金融工具可以为投资人提供更多的收入呢？要解决这个问题，必须运用现值的概念，计算不同类型金融工具的利率。

(二) 现值、终值与货币的时间价值

既然各种金融工具现金流产生的时间不同，选择不同类型的金融工具会给投资人带来不同的收入。显而易见，债券的期限长短、支付方式会影响债券的收益率水平。当投资者选择购买某一种金融工具时，通常是以放弃购买其他金融工具的机会为代价的，即要付出机会成本。因此，金融工具的选择或机会成本、收益水平的比较必然涉及货币的时间价值。

货币是有时间价值的。与货币的时间价值相联系的是现值(present value)与终值(future value)概念。终值的概念建立在这样一个事实基础上：现在投入一元钱，投资者将来收到的本利和在数量上要多于现在的一元钱。相反，现值则以这样一个众所周知的事实为依据：从现在算起，人们将来可以收到的一元钱在价值上要低于现在的一元钱。为什么会出现这个现象呢？假如某个投资人现在手头拥有一元钱，那么，在正常情况下，该投资人不会让其资金闲置，而是千方百计通过各种投资方式使其不断增值，或者存入银行，或者购买有价证券，或者购买不动产和其他有价值的艺术收藏品等。这样，一年后他拥有的财富通常将会多于一元钱。那么，现在的一元钱相当于未来可以收到的几元钱呢？这个问题即是指现在这一元钱未来的终值是多少。反过来，对于将来能够获得的一笔收入，从现在的角度来看，其价值是应该打折扣的。到底将来可以获得的一元钱相当于现在的几角钱呢？这个问题就是指未来这一元钱收入的现值是多少。现值与终值概念是计算各种金融工具利率水平的基础。

1. 简易贷款的现值和终值

在简易贷款情形中，用支付的利息额除以贷款额是衡量借款成本的标准，这个计量标准即简单利率。例如，某个企业从银行贷款100元，期限1年。贷款期满以后，该企业偿还100元本金并支付10元利息。那么，这笔贷款的利率(r)可以计算如下：

$$r=\frac{10}{100}=10\%$$

从贷款人的观点来看，如果某个人发放100元的贷款，第一年年末他可以收回110元，或者说这100元一年期贷款的终值是110元：

$$100\times(1+10\%)=110(\text{元})$$

如果该贷款人将收回的110元仍然贷放出去，第二年年末他可以收回121元：

$$110\times(1+10\%)=121(\text{元})$$

这相当于发放一笔面额为100元、利率为10%、期限为2年的贷款，在贷款到期日时可以收回的本金和利息数额。或者说这100元2年期贷款的终值是121元：

$$\begin{aligned}&100\times(1+10\%)\times(1+10\%)\\=&100\times(1+10\%)^2\\=&121(\text{元})\end{aligned}$$

同样，如果该贷款人将第二年年末收回的121元再次贷放出去，第三年年末他可以收回133.10元：

$$121\times(1+10\%)=133.10(\text{元})$$

这相当于发放一笔面额为100元、利率为10%、期限为3年的贷款，在贷款到期日时可以收回的本金和利息数额。或者说这100元3年期贷款的终值是133.10元：

$$\begin{aligned}&100\times(1+10\%)\times(1+10\%)\times(1+10\%)\\=&100\times(1+10\%)^3\\=&133.10(\text{元})\end{aligned}$$

把上述计算过程推广到一般情形，如果一笔简易贷款的利率为r，期限为n年，本金P_0元。那么，第n年年末贷款人可以收回的本金和利息数额即相当于P_0元n年期贷款的终值(FV)：

$$FV=P_0\times(1+r)^n \tag{10.1}$$

将上述计算过程反过来，情形如何呢？由于在利率水平为10%时，现在的100元钱一年后将会变成110元，据此可以说一年后的110元在价值上只相当于现在的100元，即一年后可以收到的110元钱的现值是100元，或者可以说为了一年后能得到110元，现在任何理性的投资人的本金支付都不会超过100元。同样，也可以说从现在开始，两年后的121元或者三年后的133.10元在价值上只相当于今天的100元。这种计算将来一笔货币收入相当于今天的多少数额的过程可以称为对未来现金流的贴现(discounting)。其计算过程如下：

$$100=\frac{110}{1+10\%}$$

$$100=\frac{121}{(1+10\%)^2}$$

$$100=\frac{133.10}{(1+10\%)^3}$$

推而广之，所谓现值是从现在算起数年后能够收到的某笔收入的贴现价值。如果 r 代表利率水平，PV 代表现值，FV 代表终值，n 代表年限，那么现值的计算公式如下：

$$PV=\frac{FV}{(1+r)^n} \tag{10.2}$$

上述公式隐含了这样一个事实：从现在算起，第 n 年年末可以获得的一元钱收入肯定不如今天的一元钱更有价值。因为利率大于 0，分母必然大于 1，其经济意义在于：投资人现在拥有的一元钱如果投资会有利息收入。

相关阅读 10-1

负 利 率

在传统的经济金融理论中利率都是正数，以反映货币的时间价值。但最近几年，发达国家的利率水平不断地降低，甚至有些国家出现了负利率。2008 年，美国次贷危机爆发，恐慌情绪推动所有的资产价格急剧下跌，国债成为最后的避风港，在投资者的疯狂追捧之下，美国国债有史以来第一次出现了负收益。随着欧洲主权债务危机的蔓延，欧盟国家各项资产的价格都出现非理性下跌，德国国债成为投资者的避险选择，其收益率不断降低。2012 年，在德国的一次拍卖活动中，成交了一笔 2014 年 6 月到期的国债，到期收益率为－0.06%。截至 2016 年 9 月份，全世界所有发达国家的基准利率都在 2%以下。实行零利率的国家有：欧洲和日本。实行负利率的国家有瑞典和瑞士。如果以银行间拆放利率（LIBOR）作为标准来衡量一个经济体的利率，那么陷入负利率的国家更多。截至 2019 年 8 月 30 日，以欧日债券为主的全球负利率债券规模已跃升至 16.2 万亿美元，债券收益负利率的国家多达 13 个，并且形成逐步蔓延的趋势。2019 年 8 月 5 日，丹麦第三大银行——日德兰银行推出了世界上首例负利率按揭贷款，贷款利率为－0.5%。2020 年 3 月 16 日，美联储紧急降息 100 个基点至 0%之后，2020 年 4 月 23 日到期的美国国债收益率一度跌至－0.01%。美国也由此进入了负利率时代。利率逐步降低甚至出现负数的趋势，正好是与发达国家经济增长减缓、实体经济投资收益下降相一致的。负利率对传统的经济金融理论提出了挑战。这是一个非常值得研究的课题。

2. 年金的现值和终值

普通年金的现值计算公式为：

$$PV=A\left[\frac{1}{r}-\frac{1}{r(1+r)^n}\right] \tag{10.3}$$

式中：A 表示普通年金；

r 表示利率；

n 表示年金持续的时期数。

【例 10－1】某甲赢了一项博彩大奖，在以后的 20 年中每年将得到 5 万元的奖金，一年以后开始领取。若市场的年利率为 8%，请问这个奖的现值是多少？

根据式(10.3)可以算出：

$$\begin{aligned}\text{该奖项的现值}&=50\,000\times\left(\frac{1}{0.08}-\frac{1}{0.08\times1.08^{20}}\right)\\&=50\,000\times9.818\,1\\&=490\,905(\text{元})\end{aligned}$$

当 n 趋于无穷大时，普通年金就变成普通永续年金(perpetuity)，其现值公式为：

$$PV=\frac{A}{r}\qquad(10.4)$$

实际上，n 期普通年金就等于普通永续年金减去从 $n+1$ 期开始支付的永续年金。因此 n 期普通年金的现值就等于普通永续年金的现值(A/r)减去从 $n+1$ 期开始支付的永续年金的现值$\left(\frac{A}{r(1+r)^n}\right)$。式(10.3)就是由此而来。

普通年金的终值计算公式为：

$$FV=A\cdot\frac{(1+r)^n-1}{r}\qquad(10.5)$$

在上面的例子中，该博彩大奖在 20 年后的终值为：

$$50\,000\times\frac{1.08^{20}-1}{0.08}=2\,288\,098(\text{元})$$

3. 附息债券的现值和终值

附息债券实际上是年金和简易贷款的结合。因此根据简易贷款和年金的现值和终值计算公式就可以算出附息债券的现值和终值。

【例 10－2】某基金经理购买了 2 000 万元面值的 15 年期债券，其息票率为 10%，从 1 年后开始每年支付一次。如果他将每年的利息按 8% 的年利率再投资，那么 15 年后他将拥有多少终值？

实际上，这笔投资的终值等于 15 年期金额为 200 万元的年金的终值加上 2 000 万元的本金。前者可以根据式(10.5)计算为：

$$2\,000\,000\times\frac{1.08^{15}-1}{0.08}=54\,304\,250(\text{元})$$

因此该笔投资的终值为 74 304 250 元。

4. 贴现债券的现值和终值

贴现债券现值与终值的计算原理实际上与简易贷款是一样的，这里就不再重复。

有了现值与终值这两个概念，在利率水平既定的情况下，通过把未来可以收到的、所有来自于某种金融工具的现金流的现值相加，即可计算出一种金融工具今天的价值，据此可以对两种现金流产生时间截然不同的金融工具的价值进行比较，从而做出理性的投资选择。

（三）利率的基本含义——到期收益率

在各种计算利率的常见方法中，到期收益率（yield to maturity）是最重要的一种。所谓到期收益率，是指来自于某种金融工具的现金流的现值总和与其今天的价值相等时的利率水平，它可以从下式中求出：

$$P_0 = \frac{CF_1}{1+y} + \frac{CF_2}{(1+y)^2} + \frac{CF_3}{(1+y)^3} + \cdots + \frac{CF_n}{(1+y)^n} = \sum_{t=1}^{n} \frac{CF_t}{(1+y)^t} \tag{10.6}$$

式中：P_0 表示金融工具的当前市价；

CF_t 表示在第 t 期的现金流；

n 表示时期数；

y 表示到期收益率。

如果 P_0、CF_t 和 n 的值已知，就可以通过试错法或用财务计算器来求 y。

由于到期收益率的概念中隐含着严格的经济含义，因此，经济学家往往把到期收益率看成衡量利率水平的最精确指标。下面将分别计算四种不同金融工具的到期收益率。

1. 简易贷款的到期收益率

对于简易贷款而言，使用现值概念，其到期收益率的计算是非常简单的。

【例 10-3】一笔金额为 100 元的一年期贷款，一年后的偿付额为 100 元本金外加 10 元利息。显而易见，这笔贷款今天的价值为 100 元，其终值 110 元的现值计算如下：

$$PV = \frac{100+10}{1+y}$$

根据到期收益率的概念，让贷款未来偿付额的现值等于其今天的价值：

$$100 = \frac{100+10}{1+y}$$

$$y = \frac{100+10}{100} - 1 = 10\%$$

从上面的计算过程可以看出，对于简易贷款而言，利率水平等于到期收益率。因此，y 有双重含义，既表示简单利率，也表示到期收益率。如果以 L 表示贷款额，I 表示利息支付额，n 表示贷款期限，y 表示到期收益率，那么：

$$L = \frac{L+I}{(1+y)^n} \tag{10.7}$$

2. 年金的到期收益率

以固定利率的抵押贷款为例，在到期日贷款被完全清偿以前，借款人每期必须向银行支付相同金额，直至到期日贷款被完全偿付为止。因此，贷款偿付额的现值相当于所有支付金额的现值之和。

【例 10-4】一笔面额为 1 000 元的抵押贷款，期限为 25 年，要求每年支付 126 元。则这笔贷款的到期收益率可以通过下列式子计算：

$$PV = \frac{126}{1+y} + \frac{126}{(1+y)^2} + \frac{126}{(1+y)^3} + \cdots + \frac{126}{(1+y)^{25}} = 1\,000$$

借助于利息查算表或袖珍计算器，可以知道这笔贷款的到期收益率为12%。

把上述计算过程推广到一般情形，对于年金，如果 P_0 表示年金的当前市价，C 表示每期的现金流，n 表示期间数，y 表示到期收益率，那么可以得到下列计算公式：

$$P_0=\frac{C}{1+y}+\frac{C}{(1+y)^2}+\frac{C}{(1+y)^3}+\cdots+\frac{C}{(1+y)^n} \tag{10.8}$$

3. 附息债券的到期收益率

附息债券到期收益率的计算方法与年金大致相同：使来自于一笔附息债券的所有现金流的现值总和等于该笔附息债券今天的价值。由于附息债券也涉及了不止一次支付额，因此，附息债券的现值相当于所有息票利息的现值总和再加上最终支付的债券面值的现值。

【例10-5】一张息票率为10%、面额为1 000元的10年期附息债券，每年支付息票利息100元，最后再按照债券面值偿付1 000元。其现值的计算可以分为附息支付的现值与最终支付的现值两部分，并让其与附息债券今天的价值相等，从而计算出该附息债券的到期收益率。

$$P_0=\frac{100}{1+y}+\frac{100}{(1+y)^2}+\frac{100}{(1+y)^3}+\cdots+\frac{100}{(1+y)^{10}}+\frac{1\ 000}{(1+y)^{10}}=1\ 000$$

借助于袖珍计算器或利息查算表，可以知道这笔附息债券的到期收益率为10%。把上述计算过程推广到一般情形，对于任何一笔附息债券，如果 P_0 表示债券的价格，C 表示每期支付的息票利息，F 表示债券的面值，n 表示债券的期限，y 表示附息债券的到期收益率。那么可以得到附息债券到期收益率的计算公式：

$$P_0=\frac{C}{1+y}+\frac{C}{(1+y)^2}+\frac{C}{(1+y)^3}+\cdots+\frac{C}{(1+y)^n}+\frac{F}{(1+y)^n} \tag{10.9}$$

在上述公式中，附息债券的价格、每期支付的息票利息、债券的期限与面值都是已知的，把有关数据代入其中，即可得出到期收益率的数值。由于这种计算比较烦琐，人们常常通过袖珍计算器或利息查算表得出有关数据。

根据上述计算公式，如果一笔附息债券的 C、F、n 是事先已知的，那么，显而易见债券价格 P_0 与到期收益率 y 之间存在一定的关系。例如，对于一张面额为1 000元、息票率为10%、期限为10年的附息债券，当债券价格为800元、900元、1 000元、1 100元、1 200元时，附息债券的到期收益率分别为13.81%、11.75%、10.00%、8.48%和7.13%。

在这个例子里有以下三点值得注意：

(1) 当附息债券的购买价格与面值相等时，到期收益率等于息票率。考虑以下两个不同的投资决策：①将1 000元人民币存入银行，利率为10%。存款人每年提取100元利息，到第10年年底，提取1 000元本金。②以1 000元的价格购买上述面额为1 000元、息票率为10%、期限为10年的附息债券，其到期收益率也为10%。该债券的持有人每年都可以得到100元的息票利息，到第10年年底，债券发行人按照债券面值偿付1 000元本金。显而易见，这两个投资决策对投资人来讲是无差异的。这意味着购买该附息债券的到期收益率必定等于银行的存款利率，也等于债券的息票率。

(2) 当附息债券的价格低于面值时，到期收益率大于息票率；而当附息债券的价格高于面值时，到期收益率则低于息票率。

(3) 附息债券的价格与到期收益率负相关。如果债券价格上升，则到期收益率下降；反之，如果债券价格下降，则到期收益率上升。这是显而易见的事实：如果到期收益率上升，债券价格计算公式中所有的分母都会增大，从而来自于债券的附息支付额与最终支付额的现值之和必然减少，债券价格就因此下降；反之，如果到期收益率下降，债券价格计算公式中所有的分母都会变小，从而来自于债券的附息支付额与最终支付额的现值之和必然增加，债券价格就因此上升。另一种解释的方法是：较高的利率水平意味着债券未来的附息支付和最终支付在折成现值时价值较少，因此债券价格必定较低。

4. 贴现债券的到期收益率

对于贴现债券而言，到期收益率的计算与简易贷款大致相同。

【例 10-6】一张面额为 1 000 元的一年期国库券，其发行价格为 900 元，一年后按照 1 000 元的现值偿付。那么，让这张债券的面值的现值等于其今天的价值，即可计算出该债券的到期收益率：

$$900=\frac{1\ 000}{1+y}$$

$$y=\frac{1\ 000-900}{900}=11.1\%$$

把上述计算过程推广到一般情形，对于任何一年期贴现债券来讲，如果 F 表示债券面值，P_0 表示债券的购买价格。那么，债券到期收益率的计算公式如下：

$$y=\frac{F-P_0}{P_0} \tag{10.10}$$

从这个公式也可以看出，贴现债券的到期收益率与债券价格负相关。在上例中，如果债券价格从 900 元上升到 950 元，到期收益率从 11.1%下降到 5.3%；反之，如果债券价格从 900 元下降到 850 元，到期收益率从 11.1%上升到 17.6%。

5. 到期收益率的缺陷

到期收益率概念有一个重要假定，就是所有现金流可以按计算出来的到期收益率进行再投资。因此，到期收益率只是承诺的收益率(promised yield)，它只有在以下两个条件都得到满足的情况下才会实现：①投资未提前结束；②投资期内的所有现金流都按到期收益率进行再投资。

如果投资提前结束，则会产生不可预见的资本利得或损失(capital gain or loss)，从而影响实际收益率。如果利率随时间而改变，现金流就无法按到期收益率进行再投资，这就是再投资风险(reinvestment risk)。显然，期限越长、中间的现金流越多，再投资风险就越大。

(四) 利率折算惯例

谈到利率，首先要注意利率的时间长度，如年利率、月利率和日利率等。年利率通常用百分比(%)表示，月利率用千分比(‰)表示，日利率用万分比(‱)表示。其次，要注意计复利的频率，如 1 年计 1 次复利、1 年计 2 次复利、1 年计 m 次复利和连续复利等。因此，利率的完整表达应该是 1 年计 1 次复利的年利率、1 年计 4 次复利的年利率等。由于这样表达很麻烦，所以若无特殊说明，利率均指在单位时间中计一次复利，如年利率就是指1年计1次复利的年利率。而计算复利次数超过1次的均要特别说明，如连续复利年利率。知道了计算复利的频率和利率的时间长度后，就可准确地计算利息。如某种存款年利率为12%，1年计4次复利，则100元的存款在2年内可以得到的利息就是$100\times(1+12\%/4)^{4\times2}-100=26.68$元。

在到期收益率的分析中，如果现金流出现的周期是1年，那么到期收益率就是年收益率；如果现金流出现的周期为半年，那么到期收益率就是半年收益率。为了便于比较，要把不同周期的利率折算为年利率[①]。折算的办法有两种：一是比例法；二是复利法。

1. 比例法

比例法就是简单地按不同周期长度的比例把一种周期的利率折算为另一种周期的利率。例如，半年期利率乘以2就等于年比例利率(annual percentage rate)。同样，年利率除以2就等于半年比例利率。在进行到期收益率比较时，人们习惯上通常使用比例法。为了便于区别，人们把按比例法惯例计算出来的到期收益率称为债券等价收益率(bond-equivalent yield)。

比例法的优点是计算方便、直观；缺点是不够精确。

2. 复利法

为了更精确地对不同周期的利率进行比较，可以用复利法把一种周期的利率折算为另一种周期的利率。例如，可以把半年利率按下式折算为年利率，这种利率称为实际年利率(effective annual rate)：

$$实际年利率=(1+半年利率)^2-1 \tag{10.11}$$

例如，某债券每半年支付一次利息，其按式(10.9)算出来的到期收益率为4%，则该债券的实际年收益率为：

$$1.04^2-1=8.16\%$$

同样，也可以将实际年利率折算为半年利率：

$$半年利率=(1+实际年利率)^{\frac{1}{2}}-1 \tag{10.12}$$

例如，若每半年支付一次利息的债券的实际年收益率为10%，则其半年收益率为：

$$1.1^{\frac{1}{2}}-1=4.88\%$$

二、名义利率与真实利率

现在放松物价水平不变的前提，如果考虑通货膨胀对投资收益的影响，那么名义利率就不能反映投资者所获得的实际收益率水平的差异，这时需要用到真实利率(real interest rate)。

所谓真实利率通常有两层含义：根据物价水平的实际变化进行调整的利率称为事后真实利率；根据物价水平的预期变化进行调整的利率称为事前真实利率。由于事前真实利率对经济决策更为重要，因此，经济学家使用的真实利率概念通常是指事前真实利率。

---

① 准确地说是一年计一次复利的年利率。

类似地，名义收益率与实际收益率之间的区别在于：没有扣除通货膨胀因素的收益率是名义收益率；从名义收益率中扣除了通货膨胀因素以后的收益率即实际收益率。实际收益率表明投资人持有债券可以购买到的额外的商品和劳务。如果 r 代表名义利率，r'代表真实利率，π_e 代表预期通货膨胀率，那么真实利率、名义利率与预期通货膨胀率之间的关系可以由下述费雪方程式给出：

$$r=r'+\pi_e \quad \Rightarrow \quad r'=r-\pi_e \tag{10.13}$$

其推导过程如下：

$$1\times(1+r)=1\times(1+r')(1+\pi_e) \qquad \text{(假定本金为 1 元)}$$
$$1+r=1+r'+\pi_e+r'\cdot\pi_e$$
$$r=r'+\pi_e+r'\cdot\pi_e$$
$$r\approx r'+\pi_e \qquad \text{(因为 } r'\cdot\pi_e\to 0\text{)}$$

为了弄清真实利率的真正含义，看看下面两种不同的情形：①假定某投资者购买了一份利率为 5%、面值为 100 元的一年期债券，他预计价格水平在一年内将保持不变（即 $\pi_e=0$），结果一年以后他收回本利和 100×(1+5%)元。在这种情况下，以实际的商品和劳务来衡量，他赚取的收益率为 5%，即真实利率 $r'=5\%-0=5\%$。②假定利率水平上升到 10%，该投资者购买一笔利率为 10%、面值为 100 元的债券，他预计一年内通货膨胀率为 20%（即 $\pi_e=20\%$），结果一年以后他收回本利和 100×(1+10%)元。为了能够购买到同样数量的商品和劳务，现在他必须支付 100×(1+20%)元。

在第②种情形中，该投资者年末所能购买到的商品和劳务比第①种情形减少了 10%。因此，在表面上名义利率水平上升的前提下，投资者赚取的实际收益率却小于零，即真实利率 $r'=10\%-20\%=-10\%$。从债券购买者的立场而言，以实际的商品和劳务来衡量，他实际赚取的利率为−10%。在这种情形下，投资者肯定不愿意购买债券。相反，从债券发行人的立场来看，以实际的商品和劳务来衡量，年末需要偿还的本利和在价值上减少了 10%。因此在真实利率较低的情形下，人们通过发行债券或者借款进行融资的动因往往更强。由于真实利率反映了投资的实际收益或者融资的实际成本，可以更准确地衡量人们借款和贷款的动因，因此区分名义利率与真实利率是非常重要的。

三、即期利率与远期利率

所谓即期利率，是指当前时点上无息债券的到期收益率。顾名思义，即期利率可以看作与一个即期合约有关的利率水平。这种合约一旦签订，资金立即从债权人转移到借款人手里，由借款人在将来某个特定时点按照合约中标明的利率水平连本带利全部还清，这一利率水平就是即期利率。

如果投资者以 P_1 的价格购买期限为 n 年的无息债券，在债券到期后可以从发行人那里获得的一次性现金支付为 M_n，那么 n 年期即期利率 r_n 的计算公式如下：

$$P_1=\frac{M_n}{(1+r_n)^n} \tag{10.14}$$

对于期限较长的附息债券，即期利率的确定方式有所不同。如果某投资者以 P_2 的价格购买期限为 2 年、面值为 F 的附息债券，每年的利息支付为 C。在这种情况下，通常用一年期无息债券来计算一年期即期利率 r_1，那么两年期即期利率 r_2 的计算公式如下：

$$P_2=\frac{C}{1+r_1}+\frac{C+F}{(1+r_2)^2} \tag{10.15}$$

所谓远期利率，是指未来两个时点之间的利率水平。顾名思义，远期利率可以看作是与一个远期合约有关的利率水平。这种合约一旦签订，规定资金在将来某个时点从债权人转移到借款人手里，由借款人在到期后按照合约规定的利率水平偿付。因此，远期利率是从将来某个时点开始的一定期限的利率，也就是将来的即期利率。一个远期利率在现在签订的合约中规定，但与未来一段时期有关，也就是说，远期合约的利率条件现在已经确定，但实际交割将在以后进行。

第二节　利率水平的决定

由于各种各样的原因，在金融市场上，利率水平总是在不断变动的。由于宏观经济状况的客观要求，一国货币当局也常常通过货币政策工具对利率水平进行调整。到底是哪些因素决定了这些变动或调整？或者说投资者可以根据哪些因素来预期利率水平的变动？通过分析利率水平的影响因素，投资者可以预先调整自己的资产组合，使既定的收益率目标得以顺利实现。本节使用供求分析方法和资产组合理论来考察单个名义利率决定的两种理论模型：可贷资金模型和流动性偏好模型。

一、可贷资金模型

（一）债券市场及其均衡

可贷资金模型根据债券市场的供求分析利率水平的决定。我们知道，按照一般的供求分析方法，在其他经济变量保持不变的前提下，当债券价格上升时，债券需求量减少而债券供给量增加；当债券价格下降时，债券需求量增加而债券供给量减少。

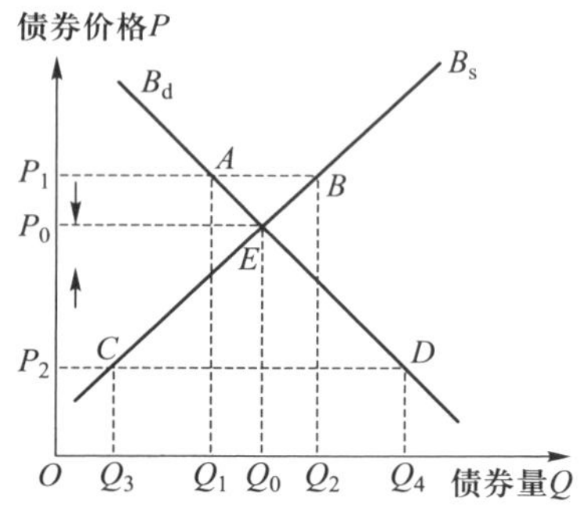

图 10－1　债券价格与债券市场均衡

在图 10－1 中，债券需求曲线 B_d 向下倾斜，表明在其他变量不变的前提下，债券需求量随着债券价格的上升而减少；债券供给曲线 B_s 向上倾斜，表明在其他变量不变的前提下，债券供给量随着债券价格的上升而增加；债券市场在需求曲线和供给曲线的交点实现均衡，E 点为均衡点，P_0 为均衡价格，Q_0 为均衡债券数量。如果债券价格定得偏高，即 $P_1>P_0$，此时 A 点的债券需求量为 OQ_1，而 B 点的债券供给量为 OQ_2，在这一价格水平上，$OQ_2>OQ_1$，即存在债券的超额供给，人们希望抛售的债券数量多于人们愿意购买的债券数量，因此债券价格将会下跌；反之，如果债券价格定得偏低，即 $P_2<P_0$，此时 C 点的债券供给量为 OQ_3，而 D 点的债券需求量为 OQ_4，在这一价格水平上，$OQ_4>OQ_3$，即存在债券的超额需求，人们愿意购买的债券数量多于人们希望抛售的债券数量，因此债券价格将会上升。无论在哪种情形下，随着债券价格从 P_1（或 P_2）趋向 P_0，债券的超额供给（或超额需求）将会逐步减少，直至债券价

格回到均衡水平 P_0，债券供给量与债券需求量相等，债券市场实现均衡。

由于债券价格与按照到期收益率衡量的利率水平负相关，因此，可以建立债券需求量和债券供给量与利率水平之间的关系，进而描述出债券市场的供求曲线及其均衡。在图 10－2 中，债券需求曲线 B_d 向上倾斜，表明在其他变量不变的前提下，债券需求量随着利率水平的上升而增加；债券供给曲线 B_s 向下倾斜，表明在其他变量不变的前提下，债券供给量随着利率水平的上升而减少；债券市场在需求曲线和供给曲线的交点实现均衡，E 点为均衡点，r_0 为均衡利率，Q_0 为均衡债券数量。如果利率低于均衡利率，即 $r_1<r_0$（等价于 $P_1>P_0$），此时 A 点的债券需求量为 OQ_1，而 B 点的债券供给量为 OQ_2，在这一利率水平上，$OQ_2>OQ_1$，即存在债券的超额供给，人们希望抛售的债券数量多于人们愿意购买的债券数量，因此债券价格将会下跌而利率则会上升；反之，如果利率高于均衡利率，即 $r_2>r_0$（等价于 $P_2<P_0$），此时 C 点的债券供给量为 OQ_3，而 D 点的债券需求量为 OQ_4，在这一价格水平上，$OQ_4>OQ_3$，即存在债券的超额需求，人们愿意购买的债券数量多于人们希望抛售的债券数量，因此债券价格将会上升而利率则会下降。无论在哪种情形下，随着利率水平从 r_1（或 r_2）趋向 r_0，债券的超额供给（或超额需求）将会逐步减少，直至利率回到均衡水平 r_0，债券供给量与债券需求量相等，债券市场实现均衡。

尽管图 10－2 描述了均衡利率的决定，但却与传统的供求分析不相吻合。为了解决这一问题，可贷资金模型试图对供求曲线和横轴进行重新定义。债券的发行人之所以发行债券，是需要从债券的购买者那里获得贷款，即债券供给等价于可贷资金需求（L_d），从而债券供给曲线描述了利率水平与可贷资金需求量之间的关系；同理，债券的购买者之所以购买债券，是愿意提供闲置的可贷资金，即债券需求等价于可贷资金供给（L_s），从而债券需求曲线描述了利率水平与可贷资金供给量之间的关系。如果以横轴表示可贷资金量，纵轴表示利率水平，那么，图 10－3 使用可贷资金这一术语描述了债券市场的均衡。这也是上述分析被称为可贷资金模型的原因之所在。值得注意的是，无论是用债券供求还是可贷资金进行分析，结果都是一样的。

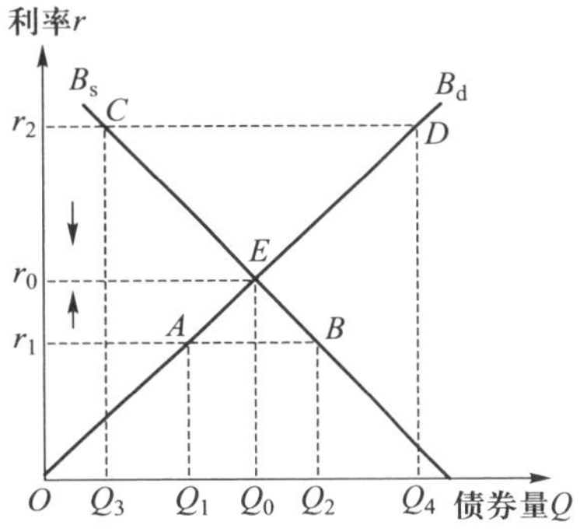

图 10－2　利率与债券市场均衡

（二）供求曲线的位移及其影响因素

对于上述债券价格（或利率）变动导致的需求量（或供给量）的变动，称为沿需求曲线（或供给曲线）的移动；与此同时，在每个给定的债券价格（或利率水平）上，对于其他外生因素的变化导致的需求量（或供给量）的变动，称为需求曲线（或供给曲线）本身的移动。了解供求曲线位移的影响因素对于均衡利率决定的分析是至关重要的。

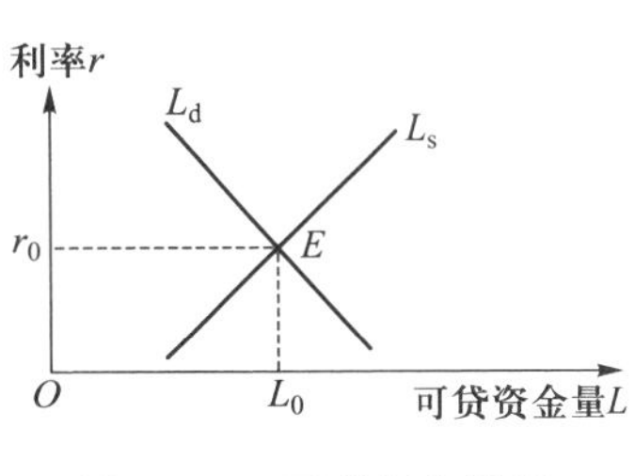

图 10－3　可贷资金模型、利率与债券市场均衡

1. 债券需求曲线的位移及其影响因素

根据资产组合理论，影响资产需求的因素主要有财富量、风险、流动性和预期收益率。在每个给定的债券价格(或利率水平)上，上述每个因素的变化都会导致债券需求量的变化，从而使需求曲线发生位移。如果用符号↑表示上升或增加，用符号↓表示下降或减少，用符号→表示因果关系，意味着“导致”，那么，上述因素对债券需求曲线的位移的影响如下：

(1) 财富量(W)。经济扩张→国民收入 Y↑→W↑→B_d↑→债券需求曲线向右移动；经济衰退→Y↓→W↓→B_d↓→债券需求曲线向左移动。

(2) 风险(R)。债券价格易变性↑→R_b↑→B_d↓→债券需求曲线向左移动；债券价格易变性↓→R_b↓→B_d↑→债券需求曲线向右移动。同理，替代资产(如股票)价格 S 易变性↑→R_s↑→S_d↓→B_d↑→债券需求曲线向右移动；替代资产价格易变性↓→R_s↓→S_d↑→B_d↓→债券需求曲线向左移动。

(3) 流动性(L)。债券市场流动性 L_b↑→B_d↑→债券需求曲线向右移动；L_b↓→B_d↓→债券需求曲线向左移动。同理，替代资产流动性 L_s↑→S_d↑→B_d↓→债券需求曲线向左移动；L_s↓→S_d↓→B_d↑→债券需求曲线向右移动。

(4) 预期收益率(R_e)。对于长期债券而言，预期收益率与利率之间存在很大不同。由于利率水平与债券价格负相关，因此，利率水平的变化会导致资本利得(损失)和收益率的变化。如果预期未来利率上升，即 r_e↑→R_{eb}↓→B_d↓→债券需求曲线向左移动；如果预期未来利率下降，即 r_e↓→R_{eb}↑→B_d↑→债券需求曲线向右移动。同理，替代资产(如股票)预期收益率 R_{es}↑→S_d↑→B_d↓→债券需求曲线向左移动；R_{es}↓→S_d↓→B_d↑→债券需求曲线向右移动。此外，预期通货膨胀率 π_e↑→R_{eb}↓→B_d↓→债券需求曲线向左移动；π_e↓→R_{eb}↑→B_d↑→债券需求曲线向右移动。

2. 债券供给曲线的位移及其影响因素

在每个给定的债券价格(或利率水平)上，预期有利可图的投资机会、预期通货膨胀率以及政府活动的规模等因素的变化会使债券供给量发生变化，进而导致债券供给曲线的位移。

(1) 预期有利可图的投资机会。经济扩张→投资机会↑→L_d↑→B_s↑→债券供给曲线向右移动；经济衰退→投资机会↓→L_d↓→B_s↓→债券供给曲线向左移动。

(2) 预期通货膨胀率(π_e)。π_e↑→实际利率 r'(因为 $r'=r-\pi_e$)↓→L_d↑→B_s↑→债券供给曲线向右移动；π_e↓→r'↑→L_d↓→B_s↓→债券供给曲线向左移动。

(3) 政府活动的规模(G_a)。G_a↑→财政赤字 D↑→赤字融资 F↑→B_s↑→债券供给曲线向右移动；G_a↓→D↓→F↓→B_s↓→债券供给曲线向左移动。

(三) 均衡利率的决定

将上述影响供求曲线位移的因素结合起来，可以分析均衡利率的决定。

1. 预期通货膨胀率的变动

假定债券需求曲线 B_{d1} 与债券供给曲线 B_{s1} 最初相交于 E 点，均衡利率水平为 r_0。在图 10－4 中，如果预期通货膨胀率上升，那么从债券需求曲线的位移来看，π_e↑→R_{eb}↓→B_d↓→债券需求曲线从 B_{d1} 向左移动到 B_{d2}；就债券供给曲线的位移而言，π_e↑→r'↓→

L_d↑→B_s↑→债券供给曲线从 B_{s1} 向右移动到 B_{s2}。B_{d2} 与 B_{s2} 相交于新的均衡点 F，利率水平从 r_0 上升至 r_1。均衡债券数量是增加还是减少则取决于供给曲线和需求曲线位移幅度的相对大小。因此，可以得到费雪效应(Fisher effect)的基本结论：π_e↑→r↑，即名义利率会随着预期通货膨胀率的上升而上升。

2. 经济的周期性波动

假定债券需求曲线 B_{d1} 与债券供给曲线 B_{s1} 最初相交于 E 点，均衡利率水平为 r_0。假定经济周期处于扩张阶段，在图 10－5 中，从债券需求曲线的位移来看，经济扩张→Y↑→W↑→B_d↑→债券需求曲线从 B_{d1} 向右移动到 B_{d2}；就债券供给曲线的位移而言，经济扩张→投资机会↑→L_d↑→B_s↑，而且经济扩张→G_a↑→财政赤字 D↑→赤字融资 F↑→B_s↑，从而使债券供给曲线从 B_{s1} 向右移动到 B_{s2}。B_{d2} 与 B_{s2} 相交于新的均衡点 F，利率水平从 r_0 上升至 r_1，均衡债券数量从 Q_0 增加到 Q_1。尽管利率水平是上升还是下降取决于供给曲线和需求曲线位移幅度的相对大小，然而实证研究的结果却表明利率是顺周期变动的，即在经济扩张阶段上升而在经济衰退时期下降。

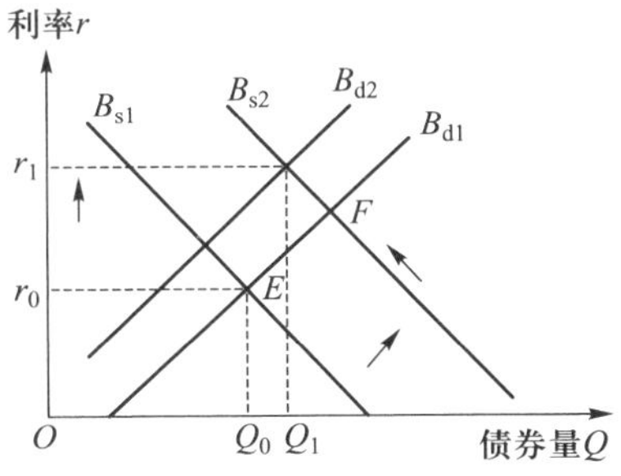

图 10－4 预期通货膨胀率与均衡利率的决定

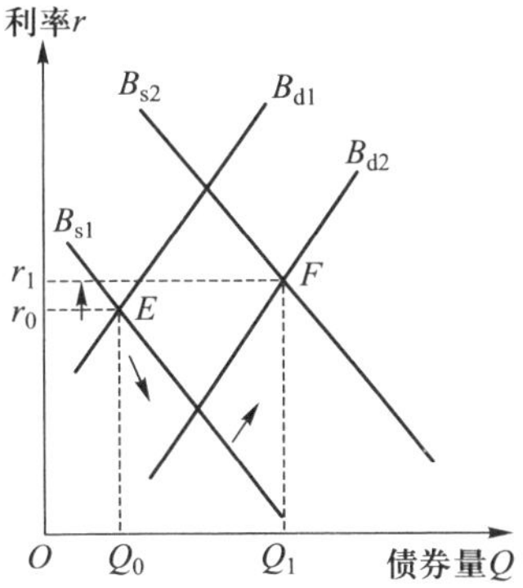

图 10－5 经济周期与均衡利率的决定

二、流动性偏好模型

(一) 货币市场及其均衡

凯恩斯的流动性偏好模型由货币市场的均衡分析利率水平决定。该模型使用的货币定义为 M_1(即现金加活期存款)，并假定货币的收益率为零，货币的唯一替代资产债券的预期收益率用利率水平 r 来衡量，即 $R_{eb}=r$。在其他条件不变的前提下，根据资产组合理论，资产需求量与预期收益率正相关，于是有 r↑→R_{eb}↑→B_d↑→货币需求 M_d↓；反之，r↓→R_{eb}↓→B_d↓→M_d↑。

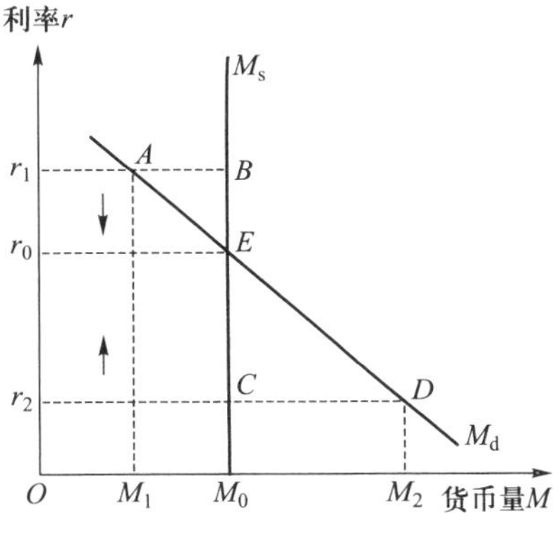

图 10－6 货币市场供求及其均衡

在图 10－6 中，横轴代表货币量，纵轴代表利率水平。为了使分析简化，假定货币供给完全由中央银行控制，那么货币供给曲线是一条与横轴垂直的直线。货币需求曲线向右下倾斜，表明货币需求量随着利率水平的上升而减少。货币市场在货币需求曲线 M_d 和货币供给曲线 M_s 的交点实现均衡，E 点为均衡点，r_0 为均衡利率，M_0 为均衡货币量。与债券市场一样，货币市场同样也有趋于均衡的趋势。如果利率高于均衡利率，即$r_1>r_0$，此时 A 点的货币需求量为 OM_1，而 B 点的货币供给量为 OM_0，在这一利率水平上，$OM_0>OM_1$，即存在货币的超额供给，人们希望将持有的多余货币数量购买债券，因此债券价格将会上升而利率水平下降；反之，如果利率低于均衡利率，即$r_2<r_0$，此时 C 点的货币供给量为 OM_0，而 D 点的货币需求量为 OM_2，在这一价格水平上，$OM_2>OM_0$，即存在货币的超额需求，人们希望抛售部分债券以满足货币需求，因此债券价格将会下跌而利率水平则会上升。无论在哪种情形下，随着利率水平从 r_1（或 r_2）趋向 r_0，货币的超额供给（或超额需求）将会逐步减少，直至利率回到均衡水平 r_0，货币供给量与货币需求量相等，货币市场实现均衡。

在流动性偏好模型中，凯恩斯假定作为财富贮藏手段的资产包括货币和债券两种类型。一方面，经济中的财富总量必定等于债券总量和货币总量之和，即 $W=B_s+M_s$；另一方面，投资者购买资产的数量必须受财富总量的约束，因此，在资源不闲置的前提下，人们的债券需求量和货币需求量必定等于财富总量，即 $W=B_d+M_d$。将上述二式联立并进行整理，可以得到下列结果：

$$B_s+M_s=B_d+M_d\Rightarrow$$
$$B_s-B_d=M_d-M_s \tag{10.16}$$

式(10.16)表明，如果货币市场处于均衡状态（即 $M_d=M_s$），那么债券市场也处于均衡状态（即 $B_s=B_d$）。因此，可贷资金模型与流动性偏好模型在分析均衡利率的决定方面应该有异曲同工之妙。实际上，在大多数情况下，两种理论模型得出的预测结果大体相同。

（二）货币供求曲线的位移及其影响因素

1. 货币需求曲线的位移及其影响因素

在流动性偏好模型中，导致货币需求曲线发生位移的主要有两个因素。

(1) 收入水平。在其他条件都相同的前提下，经济扩张→Y↑→W↑→M_d↑→货币需求曲线向右移动；经济衰退→Y↓→W↓→M_d↓→货币需求曲线向左移动。

(2) 价格水平。在其他条件都相同的前提下，价格水平 P↑→如果名义货币量 M 不变，实际货币余额 M/P↓→如果 M/P 不变，则要求 M↑→M_d↑→货币需求曲线向右移动；反之，P↓→如果 M 不变，M/P↑→如果 M/P 不变，则要求 M↓→M_d↓→货币需求曲线向左移动。

2. 货币供给曲线的位移及其影响因素

根据前述的简化假定，如果货币供给完全由中央银行控制，那么，中央银行的货币政策是导致货币供给曲线发生位移的基本因素。在其他条件都相同的前提下，扩张性货币政策→M_s↑→货币供给曲线向右移动；紧缩性货币政策→M_s↓→货币供给曲线向左移动。

（三）均衡利率的决定

将上述影响供求曲线位移的因素结合起来，可以分析均衡利率的决定。

1. 收入水平的变动

假定货币需求曲线 M_{d1} 与货币供给曲线 M_s 最初相交于 E 点，均衡利率水平为 r_0。假定经济周期处于扩张阶段，在图 10-7 中，经济扩张→Y↑→W↑→M_d↑→货币需求曲线从 M_{d1} 向右移动到 M_{d2}。如果货币供给保持不变，M_{d2} 与 M_s 相交于新的均衡点 F，利率水平从 r_0 上升至 r_1，均衡货币量为 M_0 保持不变。因此，在经济扩张时期，在其他经济变量保持不变的前提下，利率水平随着收入的增加而上升。

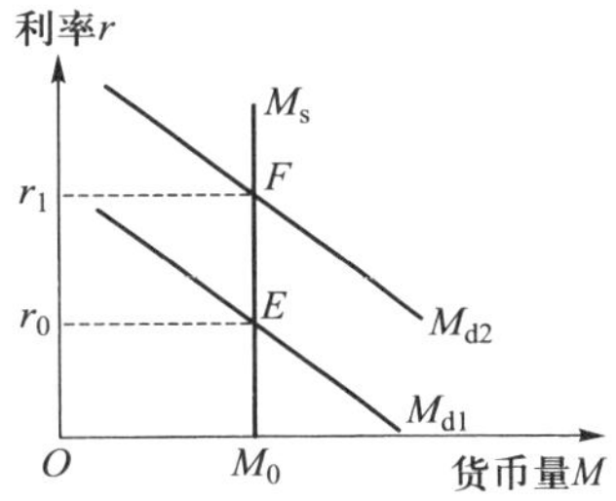

图 10-7 收入水平变动与均衡利率

2. 价格水平的变动

假定货币需求曲线 M_{d1} 与货币供给曲线 M_s 最初相交于 E 点，均衡利率水平为 r_0。在图 10-8 中，价格水平 P↑→如果名义货币量 M 不变，实际货币余额 M/P↓→如果 M/P 不变，则要求 M↑→M_d↑→货币需求曲线从 M_{d1} 向右移动到 M_{d2}。如果货币供给保持不变，M_{d2} 与 M_s 相交于新的均衡点 F，利率水平从 r_0 上升至 r_1，均衡货币量为 M_0 保持不变。因此，如果其他经济变量保持不变，利率水平随着价格水平的上升而上升。

3. 货币供给的变动

假定货币需求曲线 M_d 与货币供给曲线 M_{s1} 最初相交于 E 点，均衡利率水平为 r_1。如果中央银行实施扩张性的货币政策，那么在图 10-9 中，货币供给的增加使货币供给曲线从 M_{s1} 向右移动到 M_{s2}。M_d 与 M_{s2} 相交于新的均衡点 F，利率水平从 r_1 下降至 r_0，均衡货币量从 M_1 增加到 M_2。因此，如果其他经济变量保持不变，货币供给增加会使利率水平下降，这一作用称为货币供给增加的流动性效应。与此相反，如果放松了“其他条件不变”的假定，那么货币供给增加导致的收入效应、价格水平效应和通货膨胀预期效应会使利率水平上升。从而利率水平最终到底是上升还是下降取决于上述四种效应的大小以及发挥作用时滞的长短。

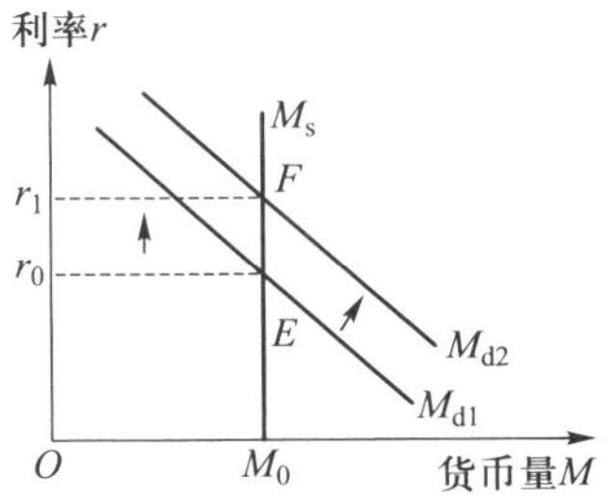

图 10-8 价格水平变动与均衡利率

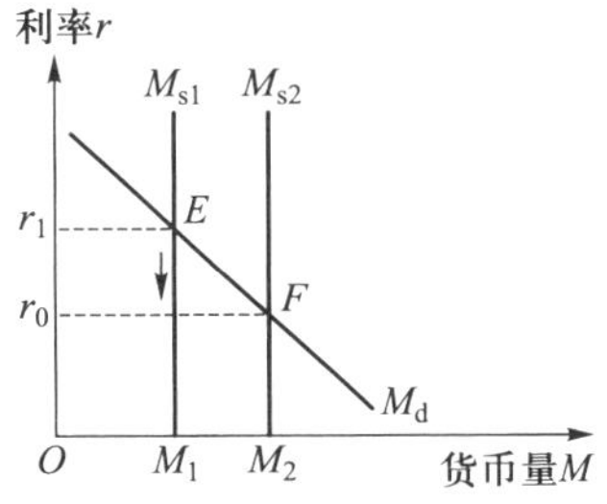

图 10-9 货币供给增加与均衡利率

第三节 收益率曲线

收益率曲线（yield curve）描述了不同期限债券的收益率之间的关系。一般而言，在风险、流动性、税收特征等方面相同的债券，由于债券的期限不同，利率也会有所不同。根据这些债券的收益率绘成的曲线即收益率曲线。在金融期货交易中，交易者往往根据收益率曲线的形状来预测利率变动的方向。收益率曲线在分析基差变动、确定置存成本时具有非常重要的作用。收益率曲线的形状主要有向上倾斜、平缓或向下倾斜三种情况。当收益率曲线向上倾斜时,长期利率高于短期利率;当收益率曲线平缓时,长期利率等于短期利率;当收益率曲线向下倾斜时,短期利率高于长期利率。一般来讲,收益率曲线大多是向上倾斜的,偶尔也会呈水平状或向下倾斜。

投资者通常利用观测到的国债市场(treasury market)的债券价格数据来构建收益率曲线,从而进行产品定价。选择国债数据来建立收益率曲线主要有三个原因:第一,投资者本身很关注国债收益率水平。对国债收益率进行分析对于固定收益证券的定价至关重要,同时相对其他固定收益证券投资,国债收益可以看作无风险的,因此国债收益率也成为那些非国债产品所要求的最低收益率水平或者说是投资于非国债产品的机会成本。第二,因为国债可以视为无风险证券,用一组国债来建立收益率曲线使构建出的曲线不用考虑不同期限债券之间由于信用风险不同而需要对收益率数据进行调整,以体现它们的信用风险溢酬(credit risk premium)。第三,国债市场规模庞大,从而避免了流动性不足、交投不活跃市场上的产品所要求的流动性风险溢酬(liquidity risk premium)。

相关阅读 10-2

图 10-10 是 2020 年 3 月 13 日中债国债到期收益率曲线。

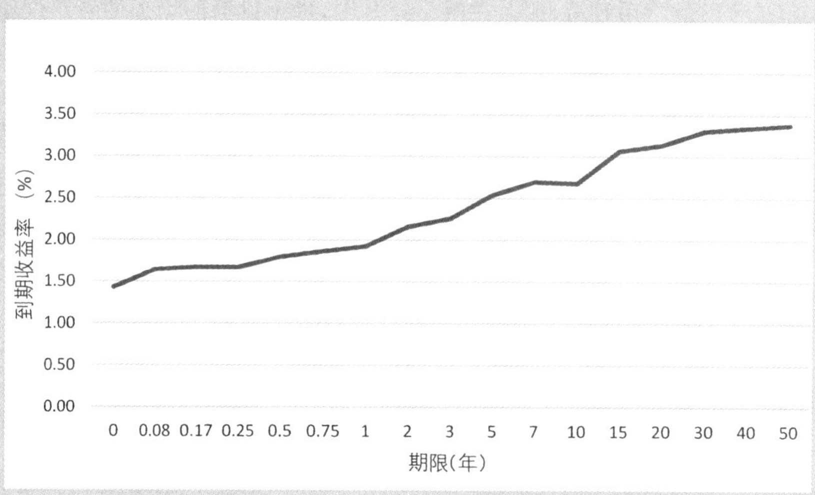

图 10-10 2020 年 3 月 13 日中债国债到期收益率曲线

资料来源:中国债券信息网。

一、收益率曲线的基本形状

通过观察多个国家不同时期的收益率曲线,研究者发现收益率曲线可能呈现不同的形状。图 10-11 表示的是收益率曲线的基本形状,图中的横坐标都代表到期时间,纵坐标都代表收益率。收益率曲线的一般形状有:(a)正常或斜率为正(normal or positively sloped);(b)水平(flat);(c)倒挂或斜率为负(inverted or negatively sloped);(d)驼峰形(humped)。斜率为正的收益率曲线表明，期限越长，债券的收益率越高；很容易知道，斜率为负的收益率曲线中期限越长，收益率越低。市场上观察到斜率为负的曲线的情况比较少，如2000年5月，美国市场2年期国债的收益率就超过了30年期国债收益率达到65个基点(basis point)[①]，从而出现了斜率为负的曲线。这种斜率为负的收益率曲线情况在2019年的美国国债市场上多次发生。研究表明，倒挂的收益率曲线往往预示着经济衰退即将发生。

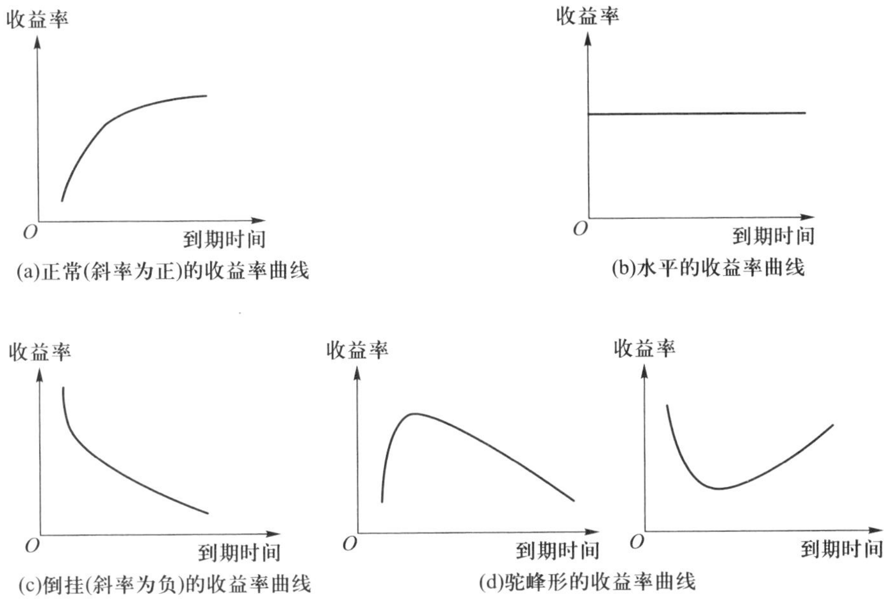

图 10－11　收益率曲线的形状

二、收益率曲线的变化

如果收益率曲线发生了变化，那么每个期限对应的收益率都发生了相应的变动。如果收益率曲线发生了平行移动(parallel shift)，那么原来收益率曲线上每个期限对应的收益率都发生了相同数量、相同方向的变动，如图10－12(a)所示。与平行移动对应的是非平行移动(nonparallel shift)，表明收益率曲线上的点的变动方向、变动大小不尽相同。非平行移动中又分为两种情况：转动(twist)和曲率(curvature)变化。收益率曲线发生转动时有两种情况：顺时针转动——使其斜率变小(图10－12(b))；逆时针转动——使其斜率变大(图10－12(c))。如果是收益率曲线的曲率发生了变化，则也可以说是收益率曲线发生了蝴蝶式转换(butterfly shifts)。之所以会将曲率变化比喻成蝴蝶式转换，是因为该术语的发明者将收益率曲线上的时期分成了短期、中期和长期。短期和长期部分的收益率曲线就像蝴蝶的翅膀，而中期则是蝴蝶的躯干。如果是正的蝴蝶式转换(positive butterfly，图10－12(d))，那么当曲线整体上升时，短期和长期利率的上升幅度要大于中期

---

① 1个基点等于0.01个百分点。

利率的上升幅度；曲线整体下降时，短期和长期利率的下降幅度低于中期利率的下降幅度。因此正的蝴蝶式转换会使收益率曲线变得较平缓。负的蝴蝶式转换(图 10－12(e))的效应留给读者去思考。

尽管上面列举的这几种基本变化都是确实存在的，但这些变化通常不会单独出现，而会相伴出现，比如你会观察到收益率曲线整体下降的同时，斜率反而上升的情况。

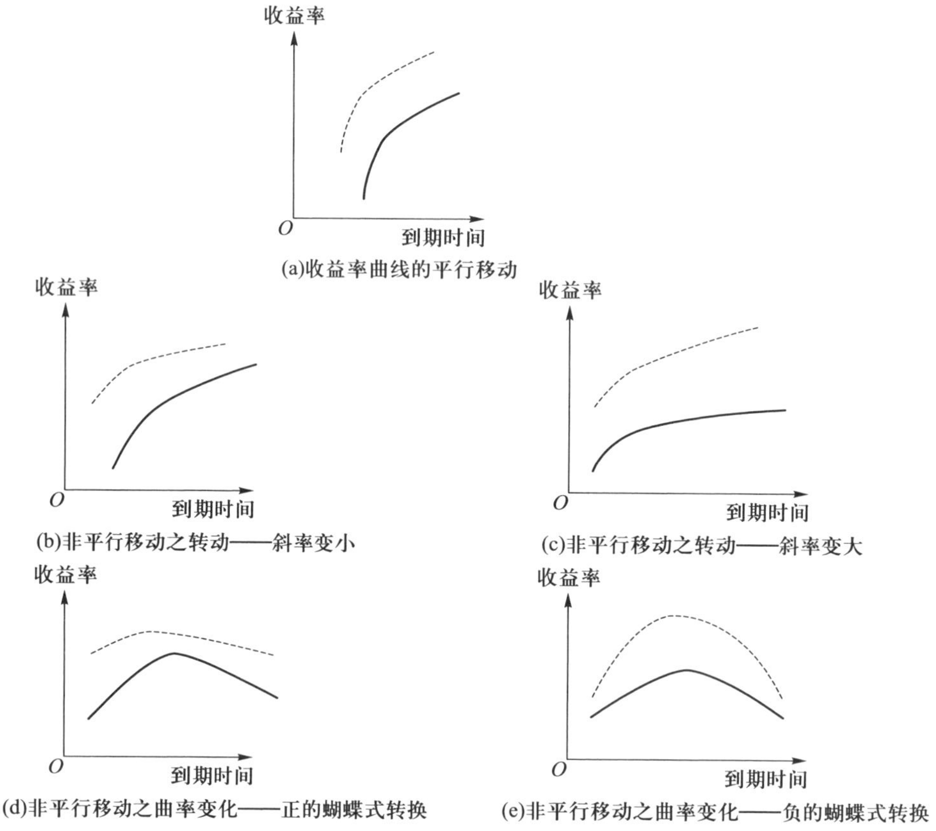

图 10－12　收益率曲线的变化

注：图中虚线表示变化后的收益率曲线

三、收益率曲线用于定价的不足之处

尽管市场参与者喜欢以国债收益率曲线来分析投资价值，但用国债收益率曲线来作为资产定价的依据是不准确的。国债收益率曲线只能作为债券定价的参考，不能直接运用于债券定价。最主要的原因是收益率曲线是由所有债券(包括息票债券和零息票债券)的到期收益率构成的曲线，其曲线上的点并不是真正的某个期限的市场利率，而只是某个期限的债券的到期收益率。如果这个债券是息票债券，则该到期收益率就不等于同期限的市场利率，也就不能用于其他期限相同、息票特征不同的债券的定价。

【例 10－7】2007 年 1 月 1 日市场上发行了两个债券：债券 1 和债券 2，面值都为 1 000 元，期限都为 3 年，半年计一次息。不同的是债券 1 的息票率为 10%，债券 2 的息票率为 3%。当天，债券 1 的价格为 1 120 元，债券 2 的价格为 985 元。两个债券的 3 年内的现金流如表 10－1 所示。

表 10－1　两个债券 3 年内的现金流量　　单位：元

日期	债券 1	债券 2	日期	债券 1	债券 2
20070701	50	15	20090101	50	15
20080101	50	15	20090701	50	15
20080701	50	15	20100101	1 050	1 015

可以求出债券 1 的到期收益率为 5.599%；债券 2 的到期收益率为 3.53%。可见，尽管两个债券具有相同的期限，但它们的到期收益率却是不相同的，因此，单单用国债收益率曲线来计算所有债券价值的方法是不准确的，有必要进一步探讨适合债券定价的收益率曲线。

上面的例子中两个债券的现金流模式不同，在定价时如果像前面的章节一样，运用单一的贴现率对两个债券进行定价是不合适的。考虑另外一个方法，针对每期的现金流，用不同的利率对其进行贴现，再加总所有的现金流现值从而得到债券价值，这样听起来是不是更合理些？债券 1 和债券 2 每半年都会有现金流发生，如果把每期发生的现金流当作一个零息票债券①，那么两个债券就可以分别看作由 6 个零息票债券组成的，分解图见表 10－2。由于每只债券对应分解出了 6 个零息票债券，假设市场是无摩擦的，那么分解出的 6 个债券价值的总和就应该和原始债券价值相等，否则市场上存在的套利力量也会使这两种组合的价值相等。这样就可以通过债券的分解来对债券进行定价了。

表 10－2　息票债券分解图　　单位：元

零息票债券到期时间	债券 1 分解出零息票债券到期本金支付	债券 2 分解出零息票债券到期本金支付
20070701	50	15
20080101	50	15
20080701	50	15
20090101	50	15
20090701	50	15
20100101	1 050	1 015

数据来源：Wind。

接下来要解决的问题就是，不同期限的零息票债券要如何定价？要确定零息票债券的价值，首先必须知道零息票债券的收益率。这可以用即期利率衡量。表示即期利率与

① 零息票债券就是到期前不支付任何现金，到期一次性还本付息的证券。

到期期限关系的图形即为即期利率曲线(spot rate curve),也称为利率期限结构(term structure of interest rate)。因此,这里要强调的一个概念就是,利率期限结构上的利率是零息票债券的收益率或者贴现率[①]。在进行固定收益证券定价时用的贴现率是零息票债券的收益率,也就是期限结构上与不同期限对应的零息票债券的即期利率。

相关阅读 10-3

图 10-13 画出了 2020 年 3 月 13 日中债国债的到期收益率曲线和利率期限结构。从图中可以看出,到期收益率和同一期限的即期利率存在差异。这种差异随着期限的延长越来越显著。

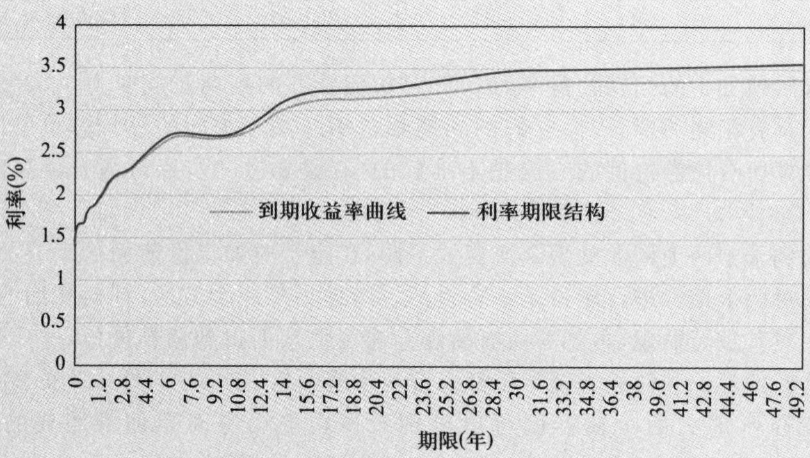

图 10-13 中债国债到期收益率曲线和利率期限结构

第四节 利率期限结构

利率期限结构是某个时点不同期限的即期利率所组成的一条曲线。在某个时点,零息票债券的到期收益率等于该时期的即期利率,因此,利率期限结构也可以表示为某个时点零息票债券的收益率曲线。利率期限结构是资产定价、金融产品设计、套期保值和风险管理、套利以及投机等的基准。

为了解释各种不同形状的利率期限结构,学者们提出了多种利率期限结构理论,又称为利率期限结构形成假说。

一、预期假说

预期假说(expectations hypothesis)的基本命题是:长期利率相当于在该期限内人们

---

① 零息票债券的一个特点就是收益率等于贴现率。假设一个一年期的零息票债券价格为 985 元。通过式 985=1 000/(1+YTM)可以求出 YTM=1.52%;收益率=(1 000−985)/985=1.52%。可见零息票债券的收益率等于贴现率。

预期的所有短期利率的平均数。因而收益率曲线反映所有金融市场参与者的综合预期。例如，人们预期在未来 8 年中短期利率平均水平为 9%，那么按照预期假说的解释，8 年期债券的利率大致也是 9%；如果预期 8 年以后短期利率会升高，这样未来 20 年中短期利率平均水平为 12%，那么 20 年期债券的利率大致也是 12%。在此例中，长期利率水平在短期利率之上，收益率曲线向上倾斜。

预期假说中隐含着这样几个前提假定：①投资者对债券的期限没有偏好，其行为取决于预期收益的变动。如果一种债券的预期收益低于另一种债券，那么，投资者将会选择购买后者。②所有市场参与者都有相同的预期。③在投资人的资产组合中，期限不同的债券是完全替代的。④金融市场是完全竞争的。⑤完全替代的债券具有相等的预期收益率。

假定某投资人面临下列两个不同的投资决策：①决策 A：在时刻 t 购买一份利率为 r_t 的一期债券，到期以后再购买另一份一期债券，第 $t+1$ 期的预期利率水平为 $r_{e(t+1)}$。②决策 B：在时刻 t 购买利率为 r_{2t} 的两期债券。

决策 A 的预期收益 $=(1+r_t)(1+r_{e(t+1)})-1$

$\approx r_t+r_{e(t+1)}$（因为 $r_t \cdot r_{e(t+1)}$ 的值较小，可以忽略不计）

决策 B 的预期收益 $=(1+r_{2t})(1+r_{2t})-1$

$\approx 2r_{2t}$（因为 r_{2t}^2 的值较小，可以忽略不计）

如果决策 A 与决策 B 的结果对投资人是无差异的，那么，决策 A 与决策 B 的预期收益必定相等。因而，可以用等式把决策 A 与决策 B 联系起来：

$$r_{2t}=\frac{r_t+r_{e(t+1)}}{2}$$

推而广之，如果债券的期限更长，那么

$$r_{nt}=\frac{r_t+r_{e(t+1)}+r_{e(t+2)}+\cdots+r_{e(t+n-1)}}{n} \tag{10.17}$$

从中可以看出，n 期债券的利率等于在 n 期债券的期限内出现的所有一期债券利率的平均数。

预期假说解释了利率期限结构随着时间不同而变化的原因：

(1) 收益率曲线向上倾斜时，短期利率预期在未来呈上升趋势。由于长期利率水平在短期利率之上，未来短期利率的平均数预计会高于现行短期利率，这种情况只有在短期利率预计上升时才会发生。很明显，在公式 $r_{nt}=\frac{r_t+r_{e(t+1)}+r_{e(t+2)}+\cdots+r_{e(t+n-1)}}{n}$ 中，由于 $r_{e(t+1)}>r_t, r_{e(t+2)}>r_t, \cdots, r_{e(t+n-1)}>r_t$，所以必定有 $r_{nt}>r_t$。例如，如果两年期债券的利率为 10%，而一年期债券的现行利率为 9%，那么，一年期债券的利率预期明年会上升到 11%。

(2) 收益率曲线向下倾斜时，短期利率预期在未来呈下降趋势。由于长期利率水平在短期利率之下，未来短期利率的平均数预计会低于现行短期利率，这种情形只有在短期利率预计下降时才会发生。明显地，在公式 $r_{nt}=\frac{r_t+r_{e(t+1)}+r_{e(t+2)}+\cdots+r_{e(t+n-1)}}{n}$ 中，由于 $r_{e(t+1)}<r_t, r_{e(t+2)}<r_t, \cdots, r_{e(t+n-1)}<r_t$，所以必

定有 $r_{nt}<r_t$。例如，如果两年期债券的利率为10%，而一年期债券的现行利率为11%，那么，一年期债券的利率预期明年会下降到9%。

(3) 当收益率曲线呈水平状态时，短期利率预期在未来保持不变。在公式 $r_{nt}=\frac{r_t+r_{e(t+1)}+r_{e(t+2)}+\cdots+r_{e(t+n-1)}}{n}$ 中，由于 $r_{e(t+1)}=r_t, r_{e(t+2)}=r_t, \cdots, r_{e(t+n-1)}=r_t$，必然有结果 $r_{nt}=r_t$，即未来短期利率的平均数等于现行短期利率，长期利率水平与短期利率水平相等。

此外，预期假说也解释了长期利率与短期利率一起变动的原因。一般而言，短期利率有这样一个特征，即短期利率水平如果今天上升，那么往往在未来会更高。因此，短期利率水平的提高会提高人们对未来短期利率的预期。由于长期利率相当于预期的短期利率的平均数，因此短期利率水平的上升也会使长期利率上升，从而导致短期利率与长期利率同方向变动。

按照预期假说的解释，在金融市场上，有固定利息收入的参与者是理性的投资人，其投资组合的内容会随着他们对市场利率变动的预测进行调整。如果预期利率水平上升，由于长期债券的价格比短期债券的价格对利率更加敏感，下降幅度更大，所以投资人会在其投资组合中，减少长期债券数量，增加短期债券的持有量，从而导致短期债券价格上升，长期债券价格下跌。反之，如果预期利率下降，投资人会在其投资组合中，增加长期债券数量，减少短期债券的持有量，从而导致短期债券价格下降，长期债券价格上升。

二、市场分割假说

市场分割假说(segmented markets hypothesis)的基本命题是：期限不同的债券市场是完全分离的或独立的，每一种债券的利率水平在各自的市场上，由对该债券的供给和需求所决定，不受其他不同期限债券预期收益变动的影响。该假说中隐含着这样几个前提假定：①投资者对不同期限的债券有不同的偏好，因此，只关心他所偏好的那种期限的债券的预期收益水平；②在期限相同的债券之间，投资者将根据预期收益水平的高低决定取舍，即投资者是理性的；③理性的投资者对其投资组合的调整有一定的局限性，许多客观因素使这种调整滞后于预期收益水平的变动；④期限不同的债券不是完全替代的。这些假定和预期假说的假定截然相反。

一般而言，持有期较短的投资人宁愿持有短期债券，而持有期较长的投资人可能倾向于持有长期债券。由于投资人对特定持有期的债券具有特殊的偏好，因而可以把债券的不同期限搭配起来，使它等于期望的持有期，从而可以获得确定的无风险收益。举例来说，收入水平较低的投资人可能宁愿持有短期债券，而收入水平较高或相对富裕的投资人选择的平均期限可能会长一些。如果某个投资人的投资行为是为了提高近期消费水平，他可能选择持有短期债券；如果其投资行为有长远打算，那么，他可能希望持有期限稍长的债券。

按照市场分离假说的解释，收益率曲线形式之所以不同，是由于对不同期限债券的供给和需求不同：①收益率曲线向上倾斜表明，对短期债券的需求相对高于对长期债券的需求，结果是短期债券具有较高的价格和较低的利率水平，长期利率高于短期利率；②收益率曲线向下倾斜表明，对长期债券的需求相对高于对短期债券的需求，结果是长期债券有较高的价格和较低的利率水平，短期利率高于长期利率；③由于平均看来，大多数人通常宁愿持有短期债券而非长期债券，因而收益率曲线通常向上倾斜。

三、流动性偏好假说

流动性偏好假说（liquidity preferred hypothesis）是对预期假说和市场分割假说的进一步发展。按照预期假说的解释，收益率曲线通常向上倾斜意味着短期利率在未来预计会上升，而实际上短期利率既有可能上升也有可能下降。这样，短期利率变动的市场预期就与其实际变动不一致。因此，预期假说不能很好地解释收益率曲线通常向上倾斜的事实。市场分离假说由于把不同期限债券的市场看成完全独立的，一种期限债券利率的变动并不影响另一种期限债券的利率。因此，该假说也不能解释不同期限债券的利率往往是共同变动的这一经验事实。流动性偏好假说是对预期假说和市场分离假说的进一步完善。

流动性偏好假说的基本命题是：长期债券的利率水平等于在整个期限内预计出现的所有短期利率的平均数，再加上由债券供给与需求决定的期限溢价（term premium）。该假说中隐含着这样几个前提假定：①期限不同的债券之间是互相替代的，一种债券的预期收益率确实会影响其他不同期限债券的利率水平。②投资者对不同期限的债券具有不同的偏好。如果某个投资者对某种期限的债券具有特殊偏好，那么，该投资者可能更愿意停留在该债券的市场上，表明他对这种债券具有偏好停留（preferred habitat）。③投资者的决策依据是债券的预期收益率，而不是他偏好的某种债券的期限。④不同期限债券的预期收益率不会相差太多。因此在大多数情况下，投资人存在喜短厌长的倾向。⑤投资人只有能获得一个正的时间溢价，才愿意转而持有长期债券。⑥偏好停留假说的基本命题是，长期利率 r_{nt} 等于在该期限内预计出现的所有短期利率的平均数 $\frac{r_t+r_{e(t+1)}+r_{e(t+2)}+\cdots+r_{e(t+n-1)}}{n}$，再加上一个正的时间溢价 K_{nt}（$K_{nt}>0$）。长短期利率之间的关系可以用下列公式来描述：

$$r_{nt}=K_{nt}+\frac{r_t+r_{e(t+1)}+r_{e(t+2)}+\cdots+r_{e(t+n-1)}}{n} \tag{10.18}$$

式中：K_{nt} 为 n 期债券在第 t 期时的时间溢价。

根据流动性偏好假说，可以得出下列几点结论：①由于投资者对持有短期债券存在较强偏好，只有加上一个正的时间溢价作为补偿时，投资人才会愿意持有长期债券。因此，时间溢价大于零。即使短期利率在未来的平均水平保持不变，长期利率仍然会高于短期利率。这就是收益率曲线通常向上倾斜的原因。②在时间溢价水平一定的前提下，短期利率的上升意味着平均看来短期利率水平将来会更高，从而长期利率也会随之上升，这解释了不同期限债券的利率总是共同变动的原因。③时间溢价水平大于零与收益率曲线有时向下倾斜的事实并不矛盾。因为在短期利率预期未来会大幅度下降的情况下，预期的短期利率的平均数即使再加上一个正的时间溢价，长期利率仍然低于现行的短期利率水平。④当短期利率水平较低时，投资者总是预期利率水平将来会上升到某个正常水平，未来预期短期利率的平均数会相对高于现行的短期利率水平，再加上一个正的时间溢价，使长期利率大大高于现行短期利率，收益率曲线往往比较陡峭地向上倾斜。相反，当短期利率水平较高时，投资者总是预期利率将来会回落到某个正常水平，未来预期短期利率的平均数会相对低于现行的短期利率水平。在这种情况下，尽管时间溢价是正的，长期利率也有可能降到短期水平以下，从而使收益率曲线向下倾斜。

此外，按照流动性偏好假说的解释，根据实际收益率曲线的斜率，可以判断出未来短期利率的市场预期。一般而言，陡峭上升的收益率曲线表明短期利率预期将来会上升；平缓上升的收益率曲线表明短期利率预期将来不会变动很多；平直的收益率曲线表明短期利率预期将来会平缓下降；向下倾斜的收益率曲线表明短期利率预期将来会急剧下降。

四、利率期限结构形成假设的实证检验

由于利率期限结构在金融资产定价中的重要地位，各国学者都试图利用现实数据对利率期限结构形成假设进行检验。卡吉尔(Cargill，1975)利用英国的资料对利率期限结构的预期假设进行了实证分析并拒绝了市场预期假设。李(Lee，1989)在代表性投资者效用最大化的基础上，利用广义矩方法对市场预期假设的非线性关系进行了分析，认为随时间变化的风险溢酬和异方差对分析第二次世界大战后的美国债券市场十分重要。卡伯特森(Culbertson，1957)对流动性溢酬等影响利率期限结构的因素进行了分析，发现市场预期假设不能解释美国第二次世界大战后的资料。坎贝尔(Campbell，1986)对利率期限结构进行了线性估计，并证明不同形式的市场预期假设在常数的风险溢酬条件下可以同时成立。坎贝尔和希勒(Campbell & Shiller，1991)则分析了长短期利率差距对将来利率变动的预测能力，并发现了一些与市场预期假设不符的现象。曼基和迈伦(Mankiw & Miron，1986)通过将历史资料划分成不同的区域对利率期限结构的市场预期假设进行了实证检验。弗鲁特(Froot，1989)根据市场调查资料对市场预期假设在估计将来利率的有效性方面进行了实证分析。实证分析结果表明市场预期假设在短期内无效，在长期具有一定的估计能力。萨诺、索顿和温(Sarno，Thornton & Wen，2007)假设收益率曲线的斜率可以反映市场对未来利率变化的预期，并对利率的预期假设进行了实证检验。

根据实证分析的结果，可以得出一些有关利率期限结构形成假说的现实性结论：

(1) 市场分割假设逐渐地被人们所遗忘，因为随着市场的发展、技术的进步、市场交易规模的扩大，市场已经逐渐形成一个统一的整体。

(2) 市场预期假设如果没有同流动性溢酬相结合，都会被市场资料所拒绝。

(3) 流动性溢酬呈现出不断变化的特征。

本章小结

1. 人们日常接触的金融工具大致可以分成四种类型：简易贷款、年金、附息债券和贴现债券。不同类型金融工具的现金流产生的时间不同。

2. 货币资金的时间价值涉及终值与现值两个概念。终值的概念建立在这样一个事实基础上：现在投入一元钱，投资者将来收到的本利和在数量上要多于现在的一元钱。而现值则以这样一个众所周知的事实为依据：从现在算起，人们将来可以收到的一元钱在价值

上要低于现在的一元钱。

3. 到期收益率是指来自于某种金融工具现金流的现值总和与其今天的价值相等时的利率水平。由于到期收益率的概念中隐含着严格的经济含义，因此经济学家往往把到期收益率看成衡量利率水平的最精确指标。但到期收益率本身实际上也有局限性。

4. 利率的折算有两种惯例：按比例法折算出来的年利率称为年比例利率，按复利法折算出来的年利率称为实际年利率。

5. 债券的价格与到期收益率负相关。如果债券价格上升，到期收益率下降；反之，如果债券价格下降，到期收益率上升。

6. 真实利率是名义利率根据通货膨胀率进行调整后的利率水平，分为事前真实利率和事后真实利率。前者的调整依据是预期的通货膨胀率，后者的调整标准是实际的通货膨胀率。真实利率反映了投资的实际收益或者融资的实际成本，可以更准确地衡量人们借款和贷款的动因。

7. 在真实利率不变的前提下，名义利率会随着预期通货膨胀率的上升而上升的关系称为费雪效应。

8. 即期利率是指某个给定时点上无息债券的到期收益率，相当于与一个即期合约有关的利率水平；远期利率是指未来两个时点之间的利率水平，相当于与一个远期合约有关的利率水平，或者相当于从现在起将来某个时点以后通行的一定期限的借款利率，即将来的即期利率。

9. 可贷资金模型根据债券市场的供求分析利率水平的决定，流动性偏好模型根据货币市场的均衡分析利率水平的决定。两种模型在分析均衡利率的决定方面有异曲同工之妙，在大多数情况下，依据两种理论模型得出的预测结果大体相同。

10. 收益率曲线描述了债券期限和不同期限债券的收益率之间的关系。收益率曲线的一般形状有：正常或斜率为正、水平、倒挂或斜率为负、驼峰形。

11. 收益率曲线的变动分为平行移动和非平行移动。

12. 为了解释利率期限结构的不同形状，人们提出了预期假说、市场分割假说和流动性偏好假说三种理论假说。

13. 预期假说的基本命题是：长期利率相当于在该期限内人们预期出现的所有短期利率的平均数。因而收益率曲线反映所有金融市场参与者的综合预期。市场分割假说的基本命题是：期限不同的债券市场是完全分离的或独立的，每一种债券的利率水平在各自的市场上，由对该债券的供给和需求所决定，不受其他不同期限债券预期收益变动的影响。流动性偏好假说的基本命题是：长期债券的利率水平等于在整个期限内预计出现的所有短期利率的平均数，再加上由债券供给与需求决定的时间溢价。

重要概念

年金　附息票债券　贴现债券　现值　终值　货币时间价值　永续年金　到期收益率　承诺的收益率　再投资风险　年比例利率　实际年利率　债券等价收益率　名义利率　真实利率　即期利率　远期利率　费雪效应　可贷资金模型　流动性偏好模型　利率期限结构　预期假说　市场分割假说

流动性偏好假说　　时间溢价

进一步阅读

[1] 林海,郑振龙.中国利率期限结构:理论及应用[M].北京:中国财政经济出版社,2004.
[2] 林海,郑振龙.利率期限结构研究述评[J].管理科学学报,2007,10(1):79-94.
[3] 陈蓉,郑振龙.固定收益证券[M].北京:北京大学出版社,2011.

参考文献

[1] Campbell J Y, Shiller R J. Yield spread and interest rate movements: a birds eye view [J]. The Review of Economic Studies, 1991(58): 495-514.
[2] Campbell J Y. A defense of traditional hypotheses about the term structure of interest rates[J]. Journal of Finance, 1986(41): 183-193.
[3] Cargill T F. The term structure of interest rates: a test of the expectations hypothesis[J]. Journal of Finance, 1975(30): 761-771.
[4] Cullbertson J M. The term structure of interest rate[J]. Quarterly Journal of Economics, 1957(71): 485-517.
[5] Froot K. A new hope for the expectations hypothesis of the term structure of interest rates[J]. Journal of Finance, 1989(44): 283-305.
[6] Mankiw N G, Miron J A. The changing behavior of the term structure of interest rates[J]. Quarterly Journal of Economics, 1986(101): 211-228.
[7] Sarno L, Thornton D L, Wen Y. What's unique about the federal funds rate? Evidence from a spectral perspective [J]. Oxford Bulletin of Economics and Statistics, 2007(69): 293-319.

即测即评

习　题

1. 下面哪种债券的实际年利率较高?

(1) 面值10万元的3个月短期国债,目前市价为97 645元。

(2) 期限半年,按面值出售、息票率为每半年5%的债券。

2. 某国债的年息票率为10%,每半年支付一次利息,目前刚好按面值销售。如果该债券的利息一年支付一次，为了使该债券仍按面值销售，其息票率应提高到多少？

3. A 公司的 5 年期债券的面值为 1 000 元，年息票率为 7%，每半年支付一次，目前市价为 960 元。请问：该债券的到期收益率等于多少？

4. 有 3 种债券的违约风险相同，都在 10 年后到期。第一种债券是零息票债券，到期支付 1 000 元。第二种债券息票率为 8%，每年支付一次 80 元的利息。第三种债券的息票率为 10%，每年支付一次 100 元的利息。假设这 3 种债券的年到期收益率都是 8%，请问：它们目前的价格应分别等于多少？

5. 20 年期的债券面值为 1 000 元，年息票率为 8%，每半年支付一次利息，其市价为 950 元。请问：该债券的债券等价收益率和实际年到期收益率分别等于多少？

6. 请完成下列有关面值为 1 000 元的零息票债券的表格（表 10－3）。

表 10－3 面值为 1 000 元的零息债券计算表

价格(元)	期限(年)	债券等价到期收益率
400	20	
500	20	
500	10	
	10	10%
	10	8%
400		8%

7. 下列关于债券的到期收益率的说法哪个是正确的？

(1) 当债券市价低于面值时低于息票率，当债券市价高于面值时高于息票率。

(2) 等于使债券现金流等于债券市价的贴现率。

(3) 等于息票率加上每年平均资本利得率。

(4) 基于如下假定：所有现金流都按息票率再投资。

8. 某债券的年比例到期收益率(APR)为 12%，但它每季度支付一次利息。请问：该债券的实际年收益率等于多少？

(1) 11.45%　　(2) 12.00%　　(3) 12.55%　　(4) 37.35%

9. 下列有关利率期限结构的说法哪个是正确的？

(1) 预期假说认为，如果预期将来短期利率高于目前的短期利率，收益率曲线就是平的。

(2) 预期假说认为，长期利率等于预期短期利率。

(3) 流动性偏好假说认为，在其他条件相同的情况下，期限越长，收益率越低。

(4) 市场分割假说认为，不同的借款人和贷款人对收益率曲线的不同区段有不同的偏好。

10. 预期假说认为，当收益率曲线斜率为正时，表示市场预期短期利率会上升。对吗？

11. 6 个月国库券即期利率为 4%，1 年期国库券即期利率为 5%，则从 6 个月到 1 年的远期利率应为下列哪一项？

(1) 3.0%　　(2) 4.5%　　(3) 5.5%　　(4) 6.0%

12. 1年期零息票债券的到期收益率为7%,2年期零息票债券的到期收益率为8%,财政部计划发行2年期的附息票债券,息票率为9%,每年支付一次。债券面值为100元。

(1) 该债券的售价将是多少?

(2) 该债券的到期收益率将是多少?

(3) 如果预期假说正确的话,市场对1年后该债券价格的预期是多少?

13. 1年期面值为100元的零息票债券目前的市价为94.34元,2年期零息票债券目前的市价为84.99元。你正考虑购买2年期、面值为100元、息票率为12%(每年支付一次利息)的债券。

(1) 2年期零息票债券和2年期附息票债券的到期收益率分别等于多少?

(2) 第2年的远期利率等于多少?

(3) 如果预期理论成立的话,第1年末2年期附息票债券的预期价格等于多少?

14. 根据无套利的原理,使用市场上同一时间在交易的国债产品和信用债产品得到的收益率曲线应该是一样的,这一说法对吗?为什么?

中国国债收益率曲线

第十一章 效率市场假说

在探讨市场效率时，我们的焦点是资产价格结构形成的精确度。我们要回答的是诸如此类的问题：当市场获知某个公司的新信息时，市场参与者会多快地根据该信息买卖该公司的证券？这些证券的价格会多快地调整以反映新的信息？关于金融市场是否有效的争论是金融学中历史最悠久、影响面最大、最激烈，也是最没有定论的争论。应该注意的是，这里所说的效率是指信息效率，而不是经济学中的分配效率或帕累托效率。

学完本章后，你应该能够：

- ★ 了解效率市场假说的定义与分类
- ★ 熟悉三种不同层次的效率市场假说之间的关系
- ★ 掌握效率市场假说的假定、随机游走、效率市场的必要条件及其特征
- ★ 了解效率市场假说的实证检验

第一节 效率市场假说的定义与分类

效率市场假说(efficient market hypothesis，EMH)至少可以追溯到法国数学家巴契利尔(Bachelier，1900)开创性的理论贡献和考尔斯(Cowles，1933)的实证研究。现代对效率市场的研究则始于萨缪尔森(Samuelson，1965)，后经法玛(Fama，1970，1991)、马基尔(Makiel，1992)等进一步发展和深化，逐步形成一个系统性、层次性的概念，并建立了一系列用于验证市场有效性的模型和方法。法玛也因为系统性地提出效率市场假说获得2013年诺贝尔经济学奖。

一、效率市场的定义

关于市场效率的定义，被采用最多的是法玛(Fama，1970)的定义："价格总是'充分'反映可获得信息的市场是'有效'的。"后来，马基尔(Makiel，1992)给出了更明确的定义："如果一个资本市场在确定证券价格时充分、正确地反映了所有的相关信息，这个资本市场就是有效的。正式地说，该市场被称为相对于某个信息集是有效的……如果将该信息披露给所有参与者时证券价格不受影响的话。更进一步说，相对于某个信息集

有效……意味着根据(该信息集)进行交易不可能赚取经济利润。”[①]

马基尔第一句话的含义与法玛相同。第二句话意味着市场效率可通过向市场参与者披露信息并衡量证券价格的反应来检验。由于经济学与自然科学的一个重要区别就在于它的不可实验性,因此,这种检验在实践中是行不通的。第三句话意味着可通过衡量根据某个信息集进行交易所能赚取的经济利润来判断市场的效率。这句话正是几乎所有有关市场效率的实证分析的基础。

事实上,效率的概念不是一个非此即彼的概念。世界上没有一个绝对有效的市场,也没有一个绝对无效的市场,它们的差别只是度的问题。问题的关键不是某个市场是否有效,而是多大程度上有效。这就需要一个相对效率的概念,如期货市场相对于现货市场的效率、美国资本市场相对于中国资本市场的效率等。绝对效率只是为衡量相对效率提供一个基准。

二、效率市场假说及其类型

效率市场假说认为,证券价格已经充分反映了所有相关的信息,资本市场相对于这个信息集是有效的,任何人根据这个信息集进行交易都无法获得经济利润。

根据罗伯茨(Roberts,1967)对上述信息集大小的分类,效率市场假说又可以进一步分为三种:

(一) 弱式效率市场假说

这是指当前证券价格已经充分反映了全部能从市场交易数据中获得的信息,这些信息包括过去的价格、成交量、未平仓合约等。因为当前市场价格已经反映了过去的交易信息,所以弱式效率市场意味着根据历史交易资料进行交易是无法获取经济利润的。这实际上等同于宣判技术分析无法击败市场。

(二) 半强式效率市场假说

这是指所有的公开信息都已经反映在证券价格中。这些公开信息包括证券价格、成交量、会计资料、竞争公司的经营情况、整个国民经济资料以及与公司价值有关的所有公开信息等。半强式效率市场意味着根据所有公开信息进行的分析,包括技术分析和基础分析都无法击败市场,即取得经济利润。因为每天都有成千上万的证券分析师在根据公开信息进行分析,发现价值被低估和高估的证券,他们一旦发现机会,就会立即进行买卖,从而使证券价格迅速回到合理水平。

(三) 强式效率市场假说

这是指所有的信息都反映在股票价格中。这些信息不仅包括公开信息,还包括各种私人信息,即内幕消息。强式效率市场意味着所有的分析都无法击败市场。因为只要有人得知了内幕消息,他就会立即行动,从而使证券价格迅速达到该内幕消息所反映的合理水平。这样,其他再获得该内幕消息的人就无法从中获利。

---

① Makiel B. Efficient market hypothesis[M]. In Newman;Milgate P,M Eatwell J,ed. The New Palgrave Dictionary of Money and Finance London:Micmillan,1992.

第二节　效率市场假说的理论基础

一、效率市场假说的假定

效率市场假说是建立在三个强度渐次减弱的假定之上的。

假定一:投资者是理性的,因而可以理性地评估证券的价值。这个假定是最强的假定。

投资者是理性的,他们认为每种证券的价值等于其未来的现金流按能反映其风险特征的贴现率贴现后的净现值,即内在价值(fundamental value)。当投资者获得有关证券内在价值的信息时,他们就会立即做出反应,买进价格低于内在价值的证券,卖出价格高于内在价值的证券,从而使证券价格迅速调整到与新的净现值相等的新水平。

投资者的理性意味着不可能赚取经过风险调整的超额收益率。因此,由完全理性的投资者构成的竞争性市场必然是效率市场。

假定二:虽然部分投资者是非理性的,但他们的交易是随机的,这些交易会相互抵消,因此不会影响价格。这是较弱的假定。

效率市场假说的支持者认为,投资者非理性并不能作为否定效率市场的证据。他们认为,即使投资者是非理性的,在很多情况下市场仍可能是理性的。例如,只要非理性的投资者是随机交易的,这些投资者数量很多,他们的交易策略是不相关的,那么他们的交易就可能互相抵消,从而不会影响市场效率。

这种论点主要依赖于非理性投资者投资策略的互不相关性。

假定三:虽然非理性投资者的交易行为具有相关性,但理性套利者的套利行为可以消除这些非理性投资者对价格的影响。这是最弱的假定。

夏普、亚历山大和贝利(Sharpe,Alexander & Bailey,1999)把套利定义为“在不同市场,按不同的价格同时买卖相同或本质上相似的证券”。例如,由于非理性的投资者连续买进某种证券,使该证券的价格高于其内在价值。这时,套利者就可以卖出甚至卖空该证券,同时买进其他“本质上相似”的证券以对冲风险。如果可以找到这种替代证券,套利者能对这两种证券进行买卖交易,那他们就可以赚取无风险利润。由于套利活动无须资本,也没有风险,套利活动将使各种证券价格迅速回到其内在价值的水平。

弗里德曼(Friedman,1953)甚至认为,在非理性的投资者与理性的套利者的博弈中,非理性的投资者将亏钱,其财富越来越少,从而将最终从市场中消失。

二、效率市场的必要条件

由三个假设条件可以看出,效率市场必须具备如下必要条件:

(1) 存在大量的证券,以便每种证券都有“本质上相似”的替代证券,这些替代证券不但在价格上不能与被替代品一样同时被高估或低估,而且在数量上要足以将被替代品的价格拉回到其内在价值的水平。

（2）允许卖空。

（3）存在以利润最大化为目标的理性套利者，他们可以根据现有信息对证券价值形成合理判断。

（4）不存在交易成本和税收。

上述四个必要条件中任一条件的缺乏，都会令市场效率大打折扣。

相关阅读 11－1

效率市场假说与证券分析业

在华尔街以及资本市场较发达的世界各地，证券分析业都是报酬最丰厚的行业之一。优厚的报酬吸引了成千上万的优秀人才加入证券分析师的行列。他们到处收集各种信息，运用各种分析工具和手段，分析各种证券的价值，寻找价格被低估和高估的证券，并自己或建议客户采取相应的买卖行动。应该说，大量证券分析师的这种竞争性行动是促使资本市场走向效率的最重要力量。

然而，当市场达到充分有效的状态时，证券分析师花费大量成本和精力收集各种信息并运用各种方法对这些信息进行分析处理都无助于他们击败市场。这样的话，就没有人再愿意去花费无谓的时间和金钱去收集和分析信息了，效率市场也就失去了它存在的基础。可是，当资本市场逐渐变得无效时，信息的价值又开始突显出来，证券分析师又开始忙于收集和分析信息，市场效率的程度又逐步提高。最终，市场效率的程度将在收集和分析信息的边际成本等于其边际收益时达到均衡。

由此可见，只要收集和分析信息的边际成本不为零，资本市场就不可能达到完美有效的地步。正是基于这一点，格罗斯曼和斯蒂格里茨（Grossman & Stiglitz，1980）才指出，在现实生活中，完美的效率市场是不存在的。

从上面分析我们还可以看出，收集和处理信息的成本越低、交易成本越低、市场参与者对同样信息所反映的证券价值的认同度越高，市场的效率程度就越高。

三、效率市场假说与随机游走

在理解效率市场时要防止两个极端。

（一）错误一：把效率市场等同于平稳的市场

在有些人的印象中，在效率市场中，证券价格等于证券价值，因此证券价格的变动应该是有秩序的、平稳的。实际上，由于没有人能准确地找出证券价值，只能根据现有的信息对其进行判断或预期，而这种预期又取决于有关公司未来的现金流、投资者的风险厌恶程度、投资机会等方面的信息。由于利好或利空信息的出现总体上说带有很大的随机性，因此股价的变动在很大程度上也是随机的。不能简单地以股价是否稳定作为判断股市是否有效的标准，而要看这种波动是由于市场操纵引起的还是由于市场因为新信息的出现而对股票价值的判断变化引起的。

相关阅读 11-2

美国股票市场对"9·11"事件的反应

以世界上效率程度最高的美国股票市场为例，受利好或利空消息的影响，一天之内涨跌超过20%，甚至超过40%的股票并不是罕见的。例如，2001年9月17日，美国股市在美国遭受恐怖主义袭击而关闭4天重新开盘后，美国航空公司因有两架被劫持客机撞上纽约世贸大楼，其股价在开盘半小时之内就暴跌了46.43%。这并不是美国股市投机性强的表现，而恰恰是其效率高的表现。

（二）错误二：把效率市场等同于随机游走

随机游走（random walk）理论的鼻祖是法国数学家巴契利尔（Bachelier，1900），后来因萨缪尔森（Samuelson，1965）的著名论文《有关适当预期的价格是随机波动的证明》而几乎成了效率市场假说的代名词。随机游走理论认为，证券价格的变动是完全不可预测的。

随机游走可以用式(11.1)表示：

$$\ln S_t - \ln S_{t-1} = \varepsilon_t \tag{11.1}$$

式中：S_t 表示时刻 t 的证券价格；ε_t 表示随机误差项，它是个鞅差分序列（martingale difference sequence，M. D. S.），即 $E(\varepsilon_t \mid I_{t-1})=0$，$I_{t-1}$ 表示时刻 $t-1$ 的信息集合。① 在式(11.1)中用证券价格(S_t)的自然对数而不是用证券价格本身可以保证不会出现证券价格为负的情况，从而可以避免有限责任问题。其中，$\ln S_t - \ln S_{t-1} = \ln \dfrac{S_t}{S_{t-1}}$ 表示以连续复利表示的证券收益率。

式(11.1)表示，证券收益率的变化过程是随机游走过程，其条件期望值总是等于零，证券价格的变动是完全不可预测的。然而，纯粹的随机游走是不符合现实的。因为证券投资首先是资金使用权在一定时间里的让渡，需要获得时间价值，这种时间价值可以用无风险利率来表示。其次，证券投资者还需要冒一定的投资风险，而证券投资者一般都是厌恶风险的，因此需要一定的风险溢价（risk premium）作为补偿。无风险利率加上风险溢价决定了证券投资的预期收益率应大于0。

因此，现实中的证券价格所遵循的变化过程应该写为：

$$\ln S_t - \ln S_{t-1} = \mu_t + \varepsilon_t, E(\varepsilon_t \mid I_{t-1}) = 0 \tag{11.2}$$

式中：μ_t 表示以连续复利表示的预期收益率或称漂移率。

式(11.2)表明，证券收益率等于预期收益率加上随机游走。过去人们常常把预期收益率当作常数，现在更多的人则认为预期收益率是可变的，它会随着投资机会、投资者的风险厌恶程度的变化而变化，这种变化有一定的规律可循。由此可见，证券收益率的变化

---

① 传统的随机游走理论通常假定 ε_t 服从独立同分布，即 $\varepsilon_t \sim$ I. I. D. $(0,\sigma^2)$。I. I. D. $(0,\sigma^2)$ 表示 ε_t 服从均值为0、方差为 σ^2 的独立同分布。但由于越来越多的实证研究证据表明，金融变量时间序列的方差是随时间可变的，而且其概率分布也并非是完美的正态分布，因此目前学术界大多把 ε_t 的限定条件从 I. I. D. 放宽到 M. D. S.。两者的关系详见本章附录。

可以分解成两部分:一部分是可以预测的;另一部分则是随机的。因此,效率市场假说并不等于说证券价格是完全不可预测的。换句话说,证券价格一定程度上的可预测性并不能作为否定效率市场假说的证据。

四、效率市场的特征

综合上述分析,可以把效率市场的特征归结为以下四点,作为判断一个市场是否有效的标准:

(一)能快速、准确地对新信息做出反应

在现实生活中,每天都有大量的信息涌入市场。这些信息五花八门,涉及政治、经济、社会、国际局势、自然环境、行业竞争格局、原材料供需状况、产品供需状况、公司内部状况等各个方面,它们都与证券价值直接或间接相关,从而影响着证券价格。

如果市场是有效的,证券价格就会在收到信息时作出迅速而准确的反应。"迅速"指的是从证券市场收到信息到证券价格作出反应之间不应有明显的迟延。"准确"指的是证券价格的反应应是无偏的,证券价格的初始反应就应精确反映该信息对证券价值的影响,不需要进行后续的纠正,不存在过度反应(overreaction)或反应迟缓。

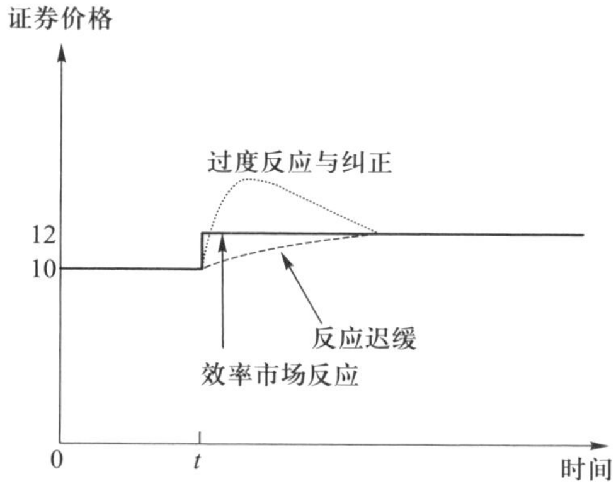

图 11-1 在效率市场和无效市场中证券价格对新信息的反应

图 11-1 反映了证券价格在收到信息时的三种反应形式。假设在所考察的期间内只有一条与证券价格有关的信息,该信息在 t 时刻到达市场。该信息是利好消息,它的出现使市场对该证券价值的最好估计由原来的 10 元增加到 12 元。

在图 11-1 中,实线代表着在效率市场中证券价格的反应路径。它表示证券价格在收到新信息的同时就从 10 元涨到 12 元,并维持在 12 元不变,因为假定没有其他新信息到达市场。

虚线代表着在无效市场中证券价格对新信息的一种反应路径——反应迟缓。其背后的情景大致如下:当新信息出现时,一些大公司率先得到这些信息,他们把该信息通知其分支机构,并开始分析该信息的含义。分支机构得到该信息后,也开始自己进行分析,并可能将该信息通知其重要的客户,该信息就这样逐步传播开来。由于刚开始时只有少数知道该信息的人进行交易,证券价格也只上升一点。随着知道该信息及其含义的人越来越多,买入该证券的人也越来越多,从而使该证券价格逐步上升到 12 元。

点线则代表着在无效市场中证券价格对新信息的另一种反应路径——过度反应。在这种情况下,对该信息的含义最乐观的人率先得到该信息,他们认为该信息意味着证券价值高于 12 元,因此就大量买进,直至把股价推高到 12 元之上。由于新价值的最优估计是 12 元,这种正确的估计最后占了上风,市场的抛压最终使证券价格又回到 12 元的合理位置。

（二）证券价格的任何系统性范式只能与随时间改变的利率和风险溢价有关

在效率市场中，证券投资的预期收益率可以随时间变化，但这种变化只能来源于无风险利率的变动或风险溢价的变动。风险溢价的变动则可能由风险大小的变动或者投资者风险厌恶程度的变化引起。

无风险利率、风险大小和风险厌恶程度都可能随着经济周期的波动而变动。一方面，当经济衰退时，真实利率水平和预期通货膨胀率通常都会下降，从而使名义无风险利率水平下降。另一方面，证券投资的风险则随着经济衰退而增加。经济衰退还使投资者的财富水平下降，降低了他们抗风险的能力，从而使他们的风险厌恶程度提高。风险和风险厌恶程度的同时提高意味着风险溢价的提高。这两种因素的共同作用使预期收益率将随着经济周期的波动而变动。由于经济周期的波动不是纯随机的，因此它有可能使证券价格出现非随机的范式，即具有一定程度的可预测性。

但是，在抽掉了利率和风险溢价变动对证券价格的影响后，在效率市场中，与其他因素（如对公司未来盈利的预期）有关的证券价格变动则必须是随机的。这是因为，如果在效率市场中，今天的证券价格已经反映了有关将来盈利和股息的所有信息，这些信息是可知的，也就是说，这些信息是已经被收到或根据收到的信息可以预测的。没有反映在证券价格中的唯一信息是没有收到且不可预测的。由于其不可预测性，这类信息是以不可预测、随机的方式进入市场的，当市场对这类信息进行迅速、准确的反应时，证券价格本身就以不可预测的、随机的方式随时间而变动。

相关阅读 11-3

证券价格为何不具有季节性或周期性的范式？

很多重要的宏观经济变量，如 GDP，都呈现季节性或周期性范式，而证券价格又对这些变量的变动做出迅速而准确的反应，那么证券价格为何不会呈现季节性或周期性的范式？答案是证券价格并不对这些变量的预期变动作出反应，因为其季节性或周期性范式已经作为预期的一部分体现在证券价格中。证券价格只对市场对这些变量的预测错误做出反应。在效率市场中，这种错误肯定是随机的，而不是系统性的错误，对这种随机性错误做出迅速、准确反应的证券价格也必然是随机的。

（三）任何交易（投资）策略都无法取得超额利润

如果市场是有效的，那么任何交易或投资策略都无法取得超额利润，其预期收益率无法超过恰当的基准（benchmark）。

检验市场效率的一种方法是检验某种特定的交易或投资策略在过去是否赚取了超额利润。例如，如果你认为股价对新信息（如公司盈利报告）的反应较慢，那么你的投资策略为总是买进每股净利润增长最多的前 10 家公司的股票。为了检验你的投资策略是否成功，你可以运用过去的数据来检验一下这种投资策略的结果。在效率市场中，你的投资策略是不可能成功的。

在检验各种投资策略时，首先得选定某个资产定价模型来确定基准收益率。如果选择资本资产定价模型（CAPM），那么，基准收益率就可等于无风险利率加上该投资的 β 系数乘以风险溢价。如果选择了套利定价模型(APT),那么,基准收益率就等于无风险利率加上该投资的要素 β 系数与要素价格的乘积之和。[①] 由此可见,在检验各种投资策略时,实际上是在对以下两种假设进行联合检验:

(1) 已选择了正确的基准来衡量超额利润。

(2) 该市场相对于投资中所用的信息是有效的。

也就是说,实际上是在检验某个资产定价模型和效率市场假说是否同时正确。如果检验的结果是不存在超额利润,那么这个市场相对于该信息集而言是有效的。如果检验的结果表明存在超额利润,则既可能是所选择的定价模型有问题,也可能这个市场的确是无效的。

在进行检验时,必须注意以下问题:

首先,必须确信你的投资策略是建立在你买卖证券时实际可获得的信息之上。在上面的例子中,你必须等到所有的公司都公布了财务报告后才知道哪 10 家公司的每股净利润增长最多。

其次,在计算超额收益时,还必须扣除发现和处理信息的成本、交易成本和相应的税收。

再次,如果投资策略在考虑了上述因素后还有超额利润的话,还得确定这种超额利润是由于运气,还是由于真的成功利用了市场定价的无效率。为此,必须检验这种超额利润在统计意义上的显著性。

最后,即使这种超额利润在统计上是显著的,还必须注意在衡量超额利润时有没有问题:所选的定价模型是否正确?是否正确地衡量了风险?所选的指数是否合适?

在充分考虑了上述因素后,如果你找到了的确可以产生超额利润的交易或投资策略,那么就找到了市场无效的证据。

近些年,大量学者在寻找可以产生超额利润的交易策略或能够预测未来股价的因子,如安(Ang,2009)、雷伯齐(Rapach,2010)以及严(Yan,2011)等人。在最近的一个研究中,冯、吉利奥和修(Feng,Giglio & Xiu,2019)统计和分析了共 135 个股份因子。

(四) 专业投资者的投资业绩与个人投资者应该是无差异的

如果市场是无效的,那么获得充分信息的投资者就可以利用市场定价的失误构造能给他带来超额利润的投资组合。相反,如果市场是有效的,那么由于市场价格已经充分反映了所有信息,因此获得充分信息的投资者与一般投资者一样,都只能获得正常的收益率。

因此,可以通过衡量专业投资者与一般投资者的投资表现来检验市场的效率。因为专业投资者是最有可能获得全部信息的,他们在证券分析、资产定价、风险管理等领域训练有素,而且每天都在进行着信息的收集和分析,并可以在本公司内部进行相互的交流。可以说他们在收集信息和分析信息方面都具有明显的优势。

同样,这里的检验也是联合检验。首先必须选择适当的基准,也就是说,必须先选定某个资产定价模型。假定选择了资本资产定价模型(CAPM),才可以将专业投资者和一

---

① 有关资产定价理论的论述详见第 13 章。

般投资者的投资表现与估计的证券市场线进行比较，从而检验市场效率。

相关阅读 11-4

成功者的偏差?

在很多人的印象中，专业投资者的投资业绩一定比一般投资者好，电视、报纸、杂志和书籍上到处是他们的"光辉业绩"。沃伦·巴菲特、彼德·林奇、"杨百万"等一个个神奇的故事令人无比向往。我们无意贬低他们的形象，但我们打个比方就可以知道这些故事根本不足于判定市场的无效。如果我们把千千万万股票投资者的投资行为看作掷硬币比赛。我们规定掷出正面表示赢，掷出反面表示输。按照概率原理，即使每枚硬币每次掷出正面与反面的概率都是50%，在如此众多的人中，我们也能找出许许多多不可思议的输赢结果，如连续20个正面或连续20个反面。于是掷出连续20个正面的人自认为自己有非凡的掷硬币水平，就出现在电视上炫耀自己令人惊讶的成功。而那些掷出20个反面的"倒霉者"则"无脸见江东父老"，人们也就不知道这些悲壮的故事了。因此在检验市场效率时，我们要做仔细的统计分析，以防止这种"成功者偏差"。

第三节 效率市场假说的实证检验

根据上节有关市场效率假说的概念解释，可以发现一个效率市场假说的共同的检验方法：检验在一定信息范围内股票收益的可预测性。检验弱式有效使用的是股票价格的历史资料；检验半强式有效使用公开信息，如公司财务资料、国民经济资料等；而检验强式有效则使用所有信息。在众多学者利用各种信息对股票收益的可预测性进行检验的基础上，坎贝尔(Campbell，2000)对此进行了总结。他发现，在股票收益的可预测性检验问题上，存在下列几种共同的现象：

(1) 长期范围内的收益比短期范围内的收益更容易预测。坎贝尔(Campbell，1999)发现，股利与价格比率对股票月收益的解释能力为2%，而对年收益的解释能力则迅速上升至18%。

(2) 可以相当准确地预测随时间变动的预期收益率和波动率。哈维(Harvey，1991)等人均发现，一些用于预测股票收益的变量也可以用来预测股票波动率的变化。

(3) 不同的预测方法对于股票、收益的预测效果也不同。雷伯齐(Rapach，Strauss & Zhou，2010)等人发现在样本外预测中，用多个单因子模型联合预测股票收益，会取得非常稳健的效果。

一、弱式效率市场假说的实证检验

弱式市场有效有两个特征：一个是鞅差分序列；另一个是技术分析的无效性。[①] 因而

① 后来，马基尔(Makiel，1992)还引入了通过对由信息引起的价格反应来衡量股票市场的弱式有效。

对股票市场弱式有效的实证检验也主要从这两方面入手。

（一）对鞅差分序列的检验

与鞅差分序列关系密切的两个概念是独立同分布和白噪声（white noise，W. N.）。三者之间的关系为：在时间序列方差存在的情况下，独立同分布⊂鞅差分序列⊂白噪声[①]。因此，独立同分布时间序列一定是鞅差分序列，而鞅差分序列不一定为独立同分布时间序列；鞅差分序列一定是白噪声，但白噪声不一定是鞅差分序列。[②] 由于鞅差分序列无法从计量上得到很好的统计分析形式[③]，因此对鞅差分序列的检验主要采用独立同分布和白噪声两种替代形式。对收益独立性的检验为游程检验[④]，对白噪声的检验为自相关检验。但在检验过程中必须注意：通过独立的游程检验可以证明鞅差分序列的存在从而证实弱式效率市场假说，但通不过独立游程检验无法证伪弱式效率市场假说；同样，无法通过白噪声检验可以证伪弱式效率市场假说，而通过白噪声检验则无法证实弱式效率市场假说。

但十分奇怪的是，无论是自相关检验，还是游程检验，都出现了许多矛盾的现象。对自相关检验而言，一些研究者分析了几个相对较短时期（包括 1 天、4 天、9 天、16 天）的股票收益的序列自相关性。测试结果表明这些时期的股票收益间的相关性不显著。这倾向于弱式效率市场假说。但近年来一些考虑不同市值（规模）的股票组成的投资组合的研究表明，小盘股组成的投资组合的自相关性要大于大盘股组成的投资组合。这又对弱式效率市场假说提出了质疑。而游程检验的研究证明了不同时期股票价格变化具有独立性。给定股票价格序列的实际游程个数总是在随机股价变化序列的游程个数期望值的范围之内。同时这种测试还用于柜台市场的股票交易中，得到的结果也证实弱式效率市场假说。但是，一些学者对纽约证券交易所个别交易的价格变化进行分析却发现存在着证券价格变化之间显著的相关关系。

（二）对技术分析无效性的检验

有人认为前面关于收益独立性的统计测试过于僵化，不能适用于证券分析家们所采用的复杂的价格模式。为了对这种观点做出响应，研究者试图通过模拟分析各种可能的技术性交易规律，并对由这些规律所产生的收益情况进行了实证检验。在弱式效率市场上，如果只依靠过去的历史价格发展出来的交易规律进行交易的话，投资者所获得的收益不会高于单纯的购买并持有而得到的收益。大部分的早期研究都表明，在考虑了交易费

---

① 许多文献混淆了这三者之间的关系而将之等同起来，是一种错误的概念理解。

② 独立同分布、鞅差分序列以及白噪声三者之间关系的推导比较复杂，故将之放在本章附录当中，有兴趣的读者可以查阅。

③ 洪（Hong，1999）利用傅立叶变换和频谱分析解决了这个问题。

④ 游程检验指给定一个价格变化序列，每一次价格变化都赋予一个符号：价格上涨时为正号（＋），价格下跌时为负号（－）。这样得到的价格变化测试结果就是一系列的正负号：＋＋＋－＋－－＋…。当两次连续的价格变化方向一致时，一个游程就产生了；两个或更多的价格连续变化意味着游程继续。当价格变化方向发生改变时——如几个正的变化之后的一个负的变化——就意味着一个游程结束和一个新游程开始。为了测试独立性，只需要把给定的价格变化序列的游程个数同随机价格变化序列的游程个数的期望值进行比较即可：在期望值范围内，则说明通过独立游程检验，给定价格变化序列是独立的；如果不在期望值范围内，则说明无法通过独立游程检验，给定价格变化序列不是独立的。

用之后，利用交易规律所获得的交易利润都将被损失掉，但近年来越来越多的实证研究却发现有些技术分析的确有用。

相关阅读 11-5

逆转效应

德邦特和泰勒(De Bondt & Thaler，1985)比较两组公司的收益情况，一组是亏损最严重的公司，一组是盈利最多的公司。他们从1933年开始算起，把前三年表现最好的公司和最差的公司分别编组，各自作为一个组合，然后比较此后5年投资于两种组合所得到的收益情况。他们发现基期的“失败”组合(投资于业绩最差的35只股票)的表现要比“优秀”组合(投资于业绩最好的35只股票)业绩好25%。这种“失败”组合出现反弹、“优秀”组合出现衰落的逆转效应说明了股票市场对消息的过度反应。亏损公司股票由于太便宜所以在今后一段时间会出现反弹，而绩优公司的股价已经被推到高位，所以今后的收益会逐渐走低。这说明了反向投资策略的可行性，即尽量投资于近期表现不佳的股票，而避免投资于表现较好的股票。

二、半强式效率市场假说的实证检验

前面讲过，半强式效率市场指的是证券价格反映所有公开信息的情况。按照法玛的组织形式，可以将半强式效率市场假说的研究分成两组：一是运用除了在弱式效率市场假说测试中的纯市场信息(如价格、交易量)以外的其他可获得的公开信息来预测未来收益率的研究；二是分析股票能多快调整至可以反映一些特定重大经济事件的研究。

(一) 运用除了在弱式效率市场假说测试中的纯市场信息(如价格、交易量)以外的其他可获得的公开信息来预测未来收益率的研究

这类研究包括对收益报告预测股票未来收益的研究、对在日历年度内是否存在可以用来预测收益的规则的研究以及对典型收益的研究。这些研究表明，股票未来收益和公司的股息收益率存在十分显著的正相关关系，市场对季节性收益的调整也是不充分的，而且存在“1月异常”“月份效应”“周末效应”“周内交易日效应”以及“交易日内效应”等收益率异常现象，同时在典型收益方面还证实了“市值规模效应”等现象[①]。德邦特和泰勒(De Bondt & Thaler，1987)，以及法玛和弗兰奇(Fama & French，1992)都发现，由低市净率(即市值与净值的比率)公司组成的投资组合比高市净率公司组成的投资组合可获得高得多的收益。这一系列研究结果都表明市场不是半强式有效的。

---

① “1月异常”指1月份存在大量的异常收益现象。“月份效应”指市场的交易量和证券价格的累计效果一般发生在前半月的现象。“周末效应”指周末收盘到周一开盘之间一般是负收益的现象。“周内交易日效应”指周一的市场平均收益为负值，而每周其他四天的平均收益则为正值的现象。“交易日内效应”指周一和其他四天价格模式的差别只发生在交易的前45分钟，而且每交易日最后一笔交易倾向于上涨的现象。“市值规模效应”指股票收益和公司规模之间的负相关关系。

相关阅读 11－6

小公司的1月效应

邦茨(Banz,1981)将在纽约股票交易所上市的股票按照规模划分为五个等级,他发现规模最小的一类公司的平均年收益率为19.8%,远远高于规模最大的一类公司。1926—1996年,纽约证券交易所中最大的10%的股票的年平均复合收益率为9.84%,而最小的10%的股票的复合收益率为13.83%。后来的研究发现小公司效应在1月份的前两个星期表现得最为明显。这个月小公司股票的收益要比大公司股票平均高出4.8%。我们知道,公司的规模和日期的更替是市场预先了解的,也就意味着,小公司股票的超额收益是基于无时效的信息获得的,这显然不支持半强式效率市场假说的观点。

(二) 分析股票能多快调整至可以反映一些特定重大经济事件的研究

这种研究主要采取事件研究的方法,即列举几个股票市场上的重要事件,观测股票价格对这些重要事件的反映,从而来验证股票市场的有效性。这些重要事件有:股份分割、首次公开招股、交易所上市、不可预期的经济和政治事件、会计变动公告等。研究结果表明,除了交易所上市之外,其余的检验结果都支持市场有效假设。这与根据上面一种方法得出的结论互相矛盾。

三、强式效率市场假说的实证检验

强式效率市场假说认为股票价格已经充分反映了所有的信息,不管这些信息是公开信息还是内幕信息。在该假设条件下,没有投资者可以通过获得内幕信息来获得超额利润。因此,对强式效率市场假说的检验主要从这方面入手,通过分析公司内幕人员、股票交易所专家、证券分析师、专业基金经理这些信息最灵通、最全面的专业人士能否获得超额利润进行实证验证。

(一) 公司内幕人员交易

内幕人员包括公司的高级职员、董事会成员和拥有公司任何股权类型的10%以上的股份持有者。对这些内幕人员交易资料的分析结果通常表明公司内幕人员能持续地获得高出平均水平的利润,但也有许多研究表明非内幕人员利用这些内幕信息却无法获得超额利润。这些分析结果为市场有效假设提供的论据是不一的。

(二) 股票交易所专家(specialists)

由于专家有独占的渠道获得有关未执行的指令的重要信息,因此,如果市场不是强式有效,则这些专家、证券商一般会从这些信息中赚取超额收益。分析资料也证实了这个结论。但最近的研究则表明:在引入了竞争性的费率和其他减少专家的收费标准的交易实践后,专家的资本收益率相对降低了许多。

(三) 证券分析师

这主要研究在证券分析师的推荐之后进行投资能否获得超额利润。研究表明,在考虑了交易成本之后,根据推荐所获信息进行投资无法获得超额利润。这些结果支持了强式效率市场假说。

（四）专业基金经理

这项研究主要分析共同基金的业绩。大量的研究结果表明，大部分基金的业绩低于直接采取购买并持有策略所产生的业绩。考虑了经纪人佣金、基金佣金费和管理成本之后，约有 2/3 的共同基金的业绩不如整个市场的业绩。这些结果也支持了强式效率市场假说。

因此，对效率市场假说的实证验证还远没有形成一致的结论。目前，在成熟资本市场国家，一般认同的观点是市场已经基本达到了弱式有效，而半强式有效、强式有效还需要进一步的验证。

本章小结

1. 在有效市场中，证券价格反映了所有的相关信息，只有新信息才会使股价发生变动。而好消息和坏消息出现的概率是均等的。没有证券的价格被高估或低估，投资者无法利用任何可以获得超额利润的范式。

2. 根据信息集的大小，效率市场假说可以分为三种形式：弱式、半强式和强式。

3. 效率市场需要如下必要条件：存在大量的证券；允许卖空；存在以利润最大化为目标的理性套利者；不存在交易成本和税收。

4. 收集和处理信息的成本越低、交易成本越低、市场参与者对同样信息所反映的证券价值的认同度越高，市场的效率程度就越高。

5. 在理解效率市场时要防止两个极端：一个极端是把效率市场等同于平稳的市场；另一个极端是把效率市场等同于随机游走。

6. 可以把效率市场的特征归结为以下四点，作为判断一个市场是否有效的标准：能快速、准确地对新信息做出反应；证券价格的任何系统性范式只能与随时间改变的利率和风险溢价有关；任何交易（投资）策略都无法取得超额利润；专业投资者的投资业绩与个人投资者应该是无差异的。

7. 在检验各种投资策略时，实际上是在对以下两种假设进行联合检验：已选择了正确的基准来衡量超额利润；该市场相对于在投资中所用的信息是有效的。如果检验的结果是不存在超额利润，那么这个市场相对于该信息集而言是有效的。如果检验的结果表明存在超额利润，则可能是所选择的定价模型有问题，也可能这个市场是无效的。

8. 对效率市场假说的实证验证还远没有形成一致的结论。目前，在成熟资本市场国家，一般认同的观点是市场已经基本达到了弱式有效，而半强式有效、强式有效还需要进行进一步的验证。

重要概念

效率市场假说　弱式效率市场假说　半强式效率市场假说　强式效率市场假说　随机游走　鞅差分序列　独立同分布　白噪声　过度反应　反应迟缓　成功者偏差　1月异常　月份效应　周末效应　周内交易日效应　交易日内效应

进一步阅读

[1] Fama E F. Efficient markets Ⅱ[J]. Journal of Finance, 1991(46): 1575 - 1617.

[2] Grossman S J, Stiglitz J E. On the impossibility of informationally efficient markets [J]. American Economic Review, 1980(71): 393 - 408.

参考文献

[1] Ang A, Hodrick R, Xing Y, Zhang X. High idiosyncratic Dolati lity and low returns: International and further U. S. evidence[J]. Journal of Financial Economics, 2009 (91): 1 - 23.

[2] Bachelier L. Theory of speculation[J]. In: Cootner P, ed. The random character of stock market prices. Cambridge: MIT press, 1900.

[3] Banz R. The relationship between return and market value of common stocks[J]. Journal of Financial Economics, 1981(9): 3 - 18.

[4] Campbell J Y. Asset prices, consumption, and the business cycle[M]. In: John Taylor, Michael Woodford. Handbook of Macroeconomics: Vol. 1, North - Holland, Amsterdam, 1999.

[5] Compbell J Y. Asset pricing at the millennium[J]. Journal of Finance, 2000 (55): 1515 - 1568.

[6] Cowles A. Can stock market forecasters forecast[J]. Econometrica, 1933(1): 309 - 324.

[7] DeBondt W F M, Thaler R. Does the stock market overact[J]. Journal of Finance, 1985(40): 793 - 805.

[8] DeBondt W F M, Thaler R. Further evidence on investor overreaction and stock market seasonality[J]. Journal of Finance, 1987(42): 557 - 581.

[9] Fama E F. Efficient capital market: a review of theory and empirical work[J]. Journal of Finance, 1970(25): 383 - 417.

[10] Fama E F. Efficient capital markets Ⅱ[J]. Journal of Finance, 1991(46): 1575 - 1617.

[11] Fama E F, French K. The cross - section of expected stock returns[J]. Journal of Finance, 1992(47): 427 - 465.

[12] Feng G, Giglio S, Xiu D. Taming the factor zoo[J]. Journal of Finance, forthcoming.

[13] Friedman M. The case for flexible exchange rates[M]. In: Essays in Positive Economics. Chicago: University of Chicago Press, 1953.

[14] Grossman S J, Stiglitz J E. On the impossibility of informationally efficient markets [J]. American Economic Review, 1980(71): 393 - 408.

[15] Harvey C R. The world price of covariance risk[J]. Journal of Finance, 1991(46): 111 - 157.

[16] Hong Y M. Hypothesis testing in time series via the empirical characteristic function: a generalized spectral density approach[J]. Journal of the American Statistical Association, 1999(84): 1201 - 1220.

[17] Makiel B. Efficient market hypothesis[J]. In: Newman P, Milgate M, Eatwell J, ed. The New Palgrave Dictionary of Money and Finance. Micmillan: London, 1992.

[18] Rapach D E, Strauss J K, Zhou G. Out of sample Equity Premium Prediction: Combination Forecasts and Linksto the Real Economy[J]. Review of Financial Study, 2010(23): 821 - 862.

[19] Roberts H. Statistical versus clinical prediction of the stock market[C]. Center for Research in Security Prices, University of Chicago, 1967.

[20] Samueslon P. Proof that properly anticipated prices fluctuate randomly [J]. Industrial Management Review, 1965(6): 41 - 49.

[21] Sharpe W, Alexander G, Bailey J V. Investments[M]. 6th ed. Englewood: Prentice Hall, 1999.

[22] Shu Yan. Jump risk, stock returns, and slope of implied volatility smile[J]. Journal of Financial Economics, 2011(99): 216 - 233.

即测即评

习 题

1. 假定某公司的高层管理人员投资于该公司股票获得了高回报。这是否违背市场的弱有效形式？是否违背市场的强有效形式？

2. 下列哪种情况与弱式效率市场假说最为矛盾？

(1) 超过 30%的共同基金表现超过市场平均水平。

(2) 内幕人士赚取大量的超额利润。

(3) 每年 1 月份股票市场都有超额收益率。

3. 你通过对股价历史资料的分析发现了如下现象，请问哪种现象与弱式效率市场相矛盾？

(1) 平均收益率显著大于 0。

(2) 任何一周的收益率与下一周的收益率的相关系数都等于 0。

(3) 在股价上升 8%后买入并在下跌 8%后卖出就可获得超额利润。

（4） 通过持有低红利收益率的股票就可以获得高于平均数的资本利得。

4. 如果效率市场假说成立的话，下列哪种说法是正确的？

（1） 可以精确预测未来事件。

（2） 价格反映了所有可获得的信息。

（3） 证券价格变动的原因无法知道。

（4） 股价不会变动。

5. 下列哪种现象可以作为反对半强式效率市场假说的证据？

（1） 共同基金平均收益并未超过市场。

（2） 在公司宣布其红利超常增加后买入（或卖出）该股票无法获得超额利润。

（3） 市盈率低的股票有超常收益率。

（4） 在任何年份都有50%左右的共同基金战胜市场。

6. 半强式效率市场假说认为，股票价格：

（1） 充分反映了所有历史价格信息。

（2） 充分反映了所有可以公开获得的信息。

（3） 充分反映了包括内幕消息在内的所有相关信息。

（4） 是可预测的。

7. 假设公司意外地宣布向其股东派发大额现金红利，如果该消息没有事先泄露，那么在有效市场中，你认为会发生什么情况？

（1） 在宣布时价格会异常变动。

（2） 在宣布前价格会异常上升。

（3） 在宣布后价格会异常下跌。

（4） 在宣布前后价格不会异常变动。

8. 下列哪种现象是反对半强式效率市场的最好证据？

（1） 在任何年份有一半左右的共同基金表现好于市场。

（2） 掌握内幕信息的人的收益率大大高于市场。

（3） 技术分析无助于判断股价走向。

（4） 低市盈率股票在长期中有正的超常收益率。

9. 下列哪种情况称为“随机游走”？

（1） 股价变动是随机的但是可预测的。

（2） 股价对新旧信息的反应都是缓慢的。

（3） 未来股价变动与过去股价变动是无关的。

（4） 过去信息在预测未来价格变动时是有用的。

10. 像微软这样的成功企业的股票在很多年中持续产生巨额收益。这是否违背效率市场假说？

11. 请判断下列各种现象或说法是否符合效率市场假说，并简单解释理由。

（1） 在一个普通年份里，将近一半的基金表现超过市场平均水平。

（2） 在某一年中战胜市场的某货币市场基金在第二年很可能又会战胜市场。

（3） 股票价格在1月份的波动率通常大于其他月份。

（4）在1月份宣布盈利增加的公司股价的表现在2月份通常超过市场平均水平。

（5）本周表现好的股票在下周就表现不好。

12.“如果所有证券都被合理定价，那么它们的预期收益率一定都相等。”这句话对否？为什么？

13.我们知道股市应对好消息产生正面反应。而像经济衰退即将结束这样的好消息可以比较精确地预计到。那么认为在经济复苏时股市就一定上涨是否正确？

14.你知道A公司的管理很差。你给该公司管理水平打的分数是30分，而市场调查发现投资者平均打20分。你应买入还是卖出该股票？

15.B公司刚宣布其年度利润增加，然而其股价不升反跌。对于这个现象，你有没有合理的解释？

16.法玛，费舍尔，詹森和罗尔（Fama，Fisher，Jensen & Roll）研究了股价对公司宣布股票分拆（stock split）的反应，发现股价通常在宣布股票分拆后上升。由于股票分拆时公司净资产并未变化，他们发现造成这种现象的主要原因是80%的公司在股票分拆后利润都有不同程度的增长。也就是说，公司管理层通常是在预计利润会增长后才进行股票分拆。请问这种现象符合哪种形式的效率市场假说？

请扫码阅读法玛诺贝尔经济学奖获奖发言。

附录　独立同分布、鞅差分序列和白噪声

为了说明独立同分布（I. I. D.）、鞅差分序列（M. D. S.）和白噪声（W. N.）三者之间的关系，我们先用一个式子将三者统一起来。这个式子为：

$$\ln S_t - \ln S_{t-1} = \mu_t + \varepsilon_t \tag{11.3}$$

式中：ε_t 是一个均值为零的协方差平稳过程。

独立同分布、鞅差分序列和白噪声三种情况就分别对应于：

（1）ε_t 是 I. I. D. $(0, \sigma^2)$；

（2）$E(\varepsilon_t | I_{t-1}) = 0$，$I_{t-1}$ 表示时刻 $t-1$ 的信息集合；

（3）$E(\varepsilon_t) = 0, E(\varepsilon_t^2) = \sigma^2, E(\varepsilon_t \varepsilon_{t-j}) = 0, j > 0$。

一、独立同分布与鞅差分序列

如果 ε_t 独立同分布，则彼此之间的信息集合是不受影响的，因此必然有 $E(\varepsilon_t | I_{t-1}) = E(\varepsilon_t) = 0$，满足鞅差分序列的条件。但反过来，鞅差分序列不一定是一个独立同分布。因为独立同分布除了 $E(\varepsilon_t) = 0$ 以及独立性要求之外，还要求 $E(\varepsilon_t^2 | I_{t-1}) = E(\varepsilon_t^2) = \sigma^2$。最典型的例子就是ARCH(1)模型。该模型具体表述为：

$$\varepsilon_t = \xi_t \sqrt{h_t}, h_t = \alpha_0 + \alpha_1 \varepsilon_{t-1}^2 \tag{11.4}$$

式中：$\alpha_0>0, 0<\alpha_1<1$，$\{\xi_t\}$是 I. I. D.(0,1)。

$$E(\varepsilon_t/I_{t-1})=E(\xi_t\sqrt{h_t}/I_{t-1})=\sqrt{h_t}E(\xi_t/I_{t-1})=0 \tag{11.5}$$

但 $\varepsilon_t^2=\xi_t^2h_t$，所以：

$$E(\varepsilon_t^2/I_{t-1})=E(\xi_t^2h_t/I_{t-1})=h_tE(\xi_t^2/I_{t-1})=h_t \tag{11.6}$$

所以 $\mathrm{var}(\varepsilon_t/I_{t-1})=h_t=\alpha_0+\alpha_1\varepsilon_{t-1}^2$，这是不断发生变化的。可见鞅差分序列不一定满足独立同分布。

二、鞅差分序列与白噪声

在时间序列方差存在的条件下，因为 $E(\varepsilon_t)=E(E(\varepsilon_t|I_{t-1}))=0$，所以：

$$E(\varepsilon_t\varepsilon_{t-j})=E(E(\varepsilon_t\varepsilon_{t-j}|I_{t-1}))=E(\varepsilon_{t-j}E(\varepsilon_t|I_{t-1}))=0 \tag{11.7}$$

而 $E(\varepsilon_t^2)=\sigma^2$，可见鞅差分序列是一个白噪声。

但白噪声不一定满足鞅差分序列，因为上面的等式都是不可倒推的。一个典型的例子就是一个非线性 MA 过程。该过程的具体表述为：

$$\varepsilon_t=\alpha\xi_{t-1}\xi_{t-2}+\xi_t \tag{11.8}$$

式中：$\{\xi_t\}$ 是 $I.I.D.(0,\sigma^2)$。

由于：

$$\begin{aligned}E(\varepsilon_t|I_{t-1})&=E((\alpha\xi_{t-1}\xi_{t-2}+\xi_t)|I_{t-1})\\&=E(\alpha\xi_{t-1}\xi_{t-2}|I_{t-1})+E(\xi_t|I_{t-1})\\&=\alpha\xi_{t-1}\xi_{t-2}\neq 0\end{aligned} \tag{11.9}$$

所以它不是一个鞅差分序列。而：

$$\begin{aligned}\mathrm{cov}(\varepsilon_t,\varepsilon_{t-j})&=E(\varepsilon_t\varepsilon_{t-j})=E[(\alpha\xi_{t-1}\xi_{t-2}+\xi_t)(\alpha\xi_{t-j-1}\xi_{t-j-2}+\xi_{t-j})]\\&=E(\alpha^2\xi_{t-1}\xi_{t-2}\xi_{t-j-1}\xi_{t-j-2}+\alpha\xi_{t-1}\xi_{t-2}\xi_{t-j}+\\&\quad\alpha\xi_{t-j-1}\xi_{t-j-2}\xi_t+\xi_t\xi_{t-j})=0\end{aligned} \tag{11.10}$$

$$E(\varepsilon_t)=E(\alpha\xi_{t-1}\xi_{t-2}+\xi_t)=\alpha E(\xi_{t-1})E(\xi_{t-2})+E(\xi_t)=0 \tag{11.11}$$

所以它是一个白噪声。

总结起来，对一个均值为零的协方差平稳过程而言，独立同分布一定是一个鞅差分序列，鞅差分序列不一定是独立同分布；鞅差分序列一定是白噪声，但白噪声不一定是鞅差分序列。因此三者之间的关系就是独立同分布⊂鞅差分序列⊂白噪声。也就是说，独立同分布的条件最苛刻，鞅差分序列次之，白噪声再次之。可用图 11-2 表示。

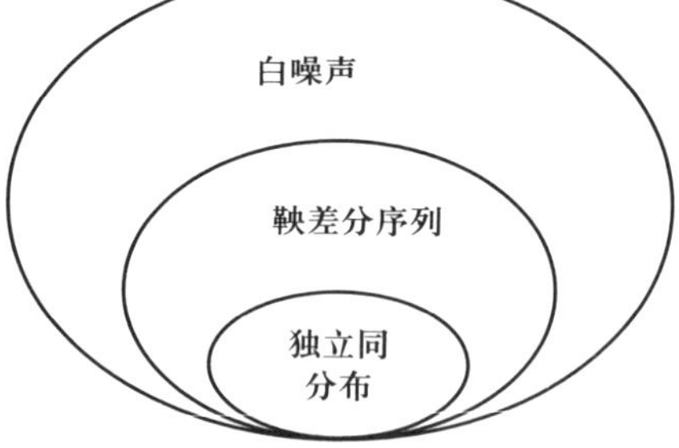

图 11-2　独立同分布、鞅差分序列、白噪声关系图

第十二章 投资组合理论

金融市场上的投资决策涉及风险与收益的权衡。投资者的目标是在众多的金融产品中选择适当的资产构建最优的投资组合。在构建组合的过程中,我们需要讨论的是:如何定义组合的收益和风险?通过什么方式可以有效地降低投资组合的风险?投资者选择的投资组合和投资者的风险偏好有何关系?如何通过市场中的资产构建最优投资组合?本章即探讨这一系列问题。

学完本章之后,你应该能够:

★ 了解投资收益和风险的度量

★ 了解分散投资如何降低投资组合的风险

★ 了解投资者的风险偏好

★ 了解投资组合有效集和最优投资组合的构建

★ 了解无风险借贷对投资组合有效集的影响

第一节　金融风险的定义和类型

一、金融风险的定义

金融市场的风险是指金融变量的各种可能值偏离其期望值的可能性及幅度。金融变量的可能值可能低于也可能高于期望值,因此风险绝不等同于亏损。风险既包含对市场主体不利的一面,也包含有利的一面。换句话说,风险大的金融资产,其最终的实际收益率并不一定比风险小的金融资产低,而往往是风险大收益也大,故有风险与收益相当之说。

二、金融风险的类型

金融风险有多种分类方法。按其来源可分为货币风险、利率风险、流动性风险、信用风险、市场风险和操作风险;按会计标准可分为会计风险和经济风险;按能否分散可分为系统性风险和非系统性风险。

(一)按风险来源分类

1. 货币风险

货币风险又称为外汇风险,是指由汇率变动所产生的风险。这种风险又可细分为交易风险和折算风险。前者指汇率变动影响日常交易的收入;后者指汇率变动影响资产负债表中资产的价值和负债的成本。

2. 利率风险

利率风险是指市场利率水平的变动引起资产价格变化所产生的风险。一般来说，利率上升会导致证券价格下降，利率下降会导致证券价格上升。在利率水平变动幅度相同的情况下，长期证券受到的影响比短期证券更大。货币风险和利率风险也统称为价格风险。

3. 流动性风险

流动性风险是指金融资产的变现风险。证券的流动性主要取决于二级市场的发达程度和期限的长短。

4. 信用风险

信用风险又称为违约风险，是指证券发行者因倒闭或其他原因无法履约而给投资者带来的风险。

5. 市场风险

市场风险是指证券市场行情变动引起实际收益率偏离预期收益率的可能性。当出现看涨行情时，多数证券的价格通常会上升；当出现看跌行情时，多数证券的价格通常会下跌。

6. 操作风险

操作风险是指日常操作和工作流程失误所产生的风险。随着证券交易对电子技术的依赖程度不断加深，操作风险也越来越复杂。

（二）按会计标准分类

1. 会计风险

会计风险是指经济实体的财务报表所反映的风险。它可以根据现金流量、资产负债表的期限结构、币种结构等信息进行客观的评估。

2. 经济风险

经济风险是指对经济实体的整体运作产生影响的风险，因此范围比会计风险更广。例如，某企业的一笔浮动利率负债由于利率上升导致成本上升，这反映在财务报表上就是会计风险；但是利率上升对该企业的影响可能远不止这些，供应商可能要求提前收回所欠货款，而顾客可能要求延期支付所欠货款，这就会使企业的现金流状况恶化，从而导致借入更多的资金、支付更高的利息。从宏观经济角度看，利率上升可能导致整个经济衰退，减少个人的消费需求和企业的投资需求；利率上升还可能导致国外的短期套利资本流入，从而导致本币升值，降低本国企业出口商品的竞争力。所有这些因素都必须考虑在经济风险之内。

（三）按能否分散分类

1. 系统性风险

系统性风险是由那些影响整个金融市场的风险因素所引起的，这些因素包括经济周期、宏观经济政策的变动等。这类风险影响所有金融变量的可能值，无法通过分散投资相互抵消或者削弱，因此又称为不可分散风险。换句话说，即使一个投资者持有一个充分分散的投资组合，也得承受这类风险。

2. 非系统性风险

非系统性风险是指与特定的公司或行业相关的风险，它与经济、政治和其他影响所有金融变量的因素无关。例如，一个新的竞争者可能开始生产同类产品，一次技术突破可能使一种现有产品消亡。非系统性风险可以通过分散投资降低；如果分散是充分有效的，这种风险还能被消除。因此，它又称为可分散风险。正由于此，在证券投资的风险中，重要的是不可避免的系统性风险。后文将进一步讨论关于系统性风险和非系统性风险的问题。

第二节　投资收益与风险的衡量

一、单个证券的收益与风险的衡量①

证券投资的收益有两个来源：股利收入（或利息收入）和资本利得（或资本损失）。例如，某段时间股票投资的收益率，等于现金股利加上股票价格的变化，再除以初始价格。证券投资的单期收益率可定义为：

$$R=\frac{D_t+(P_t-P_{t-1})}{P_{t-1}} \tag{12.1}$$

式中：R 表示收益率；

t 表示特定的时间段；

D_t 表示第 t 期的现金股利（或利息收入）；

P_t 表示第 t 期的证券价格；

P_{t-1} 表示第 $t-1$ 期的证券价格。

在式(12.1)的分子中，括号内的部分（P_t-P_{t-1}）代表该段时间的资本利得或资本损失。

【例 12－1】假设某投资者购买了价格为 100 元的股票，该股票向投资者支付每股 7 元的现金股利。一年后，该股票的价格上涨到 106 元，那么该股票的投资收益率为(7＋6)/100＝13％。

由于风险证券的收益事先无法确切知道，投资者只能估计各种可能发生的结果（事件）以及每一种结果发生的可能性（概率），因此，风险证券的收益率通常用统计学中的期望表示：

$$\overline{R}=\sum_{i=1}^{n} R_i P_i \tag{12.2}$$

式中：$\overline{R}$ 表示预期收益率；

R_i 表示第 i 种可能的收益率；

P_i 表示收益率 R_i 发生的概率；

n 表示可能性的数目。

---

① 关于投资收益与风险的衡量方法的讨论详见本章附录 A。

预期收益率描述的是以概率为权重的平均收益率。实际收益率与预期收益率的偏差越大,投资于该证券的风险也越大,因此,单个证券的风险通常用统计学中的方差或标准差表示。标准差 σ 可以表示为:

$$\sigma=\sqrt{\sum_{i=1}^{n}(R_i-\overline{R})^2P_i} \qquad (12.3)$$

对于标准差可以这样理解:当证券收益率服从正态分布时,2/3 的收益率在 $\overline{R}\pm\sigma$ 的范围内,95%的收益率在 $\overline{R}\pm2\sigma$ 的范围内。下面通过一个例子来说明预期收益率和标准差的计算。

【例 12-2】某种证券未来收益率的可能性如表 12-1 所示,则它的预期收益率为 9%,标准差为 8.38%。

表 12-1　某证券各种可能的收益率、概率、预期收益率和标准差

可能的收益率 R_i	概率 P_i	预期收益率($\overline{R}$)计算	方差(σ^2)计算
		R_iP_i	$(R_i-\overline{R})^2P_i$
−0.10	0.05	−0.005	$(-0.10-0.09)^2\times0.05$
−0.02	0.10	−0.002	$(-0.02-0.09)^2\times0.10$
0.04	0.20	0.008	$(0.04-0.09)^2\times0.20$
0.09	0.30	0.027	$(0.09-0.09)^2\times0.30$
0.14	0.20	0.028	$(0.14-0.09)^2\times0.20$
0.2	0.10	0.02	$(0.20-0.09)^2\times0.10$
0.28	0.05	0.014	$(0.28-0.09)^2\times0.05$
求和	1.00	0.090	0.007 03
标准差 $=\sigma=\sqrt{0.007\ 03}=0.083\ 8$			

二、证券组合的收益与风险的衡量

到目前为止,我们仅讨论了单个投资的风险与收益。事实上,投资者很少将所有财富都投资于一种证券,而是构建一个证券组合。下面讨论证券组合的收益与风险的衡量。

(一) 两种证券组合的收益与风险的衡量

假设投资者不是将所有资产投资于单个风险证券,而是投资于两种风险证券,那么该组合的收益与风险应如何衡量呢?假设某投资者将其资金分别投资于风险证券 A 和 B,其投资比重分别为 X_A 和 X_B,$X_A+X_B=1$,那么该组合的预期收益率 $\overline{R}_p$ 等于单个证券的预期收益率 $\overline{R}_A$ 和 $\overline{R}_B$ 以各自投资比重为权重的加权平均数,用公式表示为:

$$\overline{R}_p=X_A\overline{R}_A+X_B\overline{R}_B \qquad (12.4)$$

由于两种证券的风险存在相互抵消的可能,组合的风险就不能简单地等于单个证券的风险以各自投资比重为权重的加权平均数。我们用 σ_p^2 表示该组合收益率的方差,用公式表示为:

$$\sigma_p^2 = X_A^2\sigma_A^2 + X_B^2\sigma_B^2 + 2X_AX_B\sigma_{AB} \tag{12.5}$$

式中，σ_{AB} 为证券 A 和 B 实际收益率与预期收益率离差之积的期望，在统计学中称为协方差。协方差可以用来衡量两种证券收益之间的相关性，其计算公式为：

$$\sigma_{AB} = \sum_i (R_{Ai} - \bar{R}_A)(R_{Bi} - \bar{R}_B)P_i \tag{12.6}$$

正的协方差表明两个变量朝同一方向变动，负的协方差表明两个变量朝相反方向变动。两种证券收益率的协方差衡量的就是这两种证券一起变动的方向和幅度。

除了协方差以外，还可以用相关系数 ρ_{AB} 表示两种证券收益变动之间的相关关系。协方差和相关系数的关系为：

$$\rho_{AB} = \sigma_{AB}/\sigma_A\sigma_B \tag{12.7}$$

相关系数的一个重要特征就是其取值范围介于 −1 与 +1 之间，即 $-1 \leqslant \rho_{AB} \leqslant +1$。

因此式(12.5)又可表示为：

$$\sigma_p^2 = X_A^2\sigma_A^2 + X_B^2\sigma_B^2 + 2X_AX_B\rho_{AB}\sigma_A\sigma_B \tag{12.8}$$

相关系数取值为 −1 时，表示证券 A、B 的收益变动完全负相关；取值为 +1 时，表示证券 A、B 的收益变动完全正相关；取值为 0 时，表示证券 A、B 的收益变动完全不相关。$0 < \rho_{AB} < 1$ 时，表示证券 A、B 的收益变动正相关；$-1 < \rho_{AB} < 0$ 时，表示证券 A、B 的收益变动负相关，如图 12-1 所示。

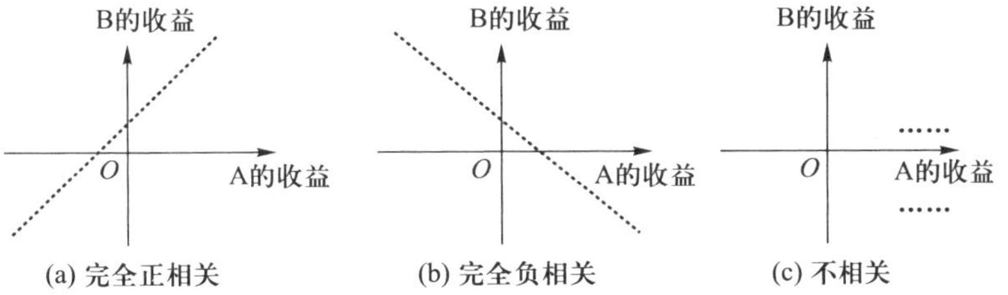

图 12-1　相关系数的三种典型情况

从式(12.5)至式(12.8)可以看出，当 $\rho = 1$ 时，$\sigma_p = X_A\sigma_A + X_B\sigma_B$。而当 $\rho < 1$ 时，$\sigma_p < X_A\sigma_A + X_B\sigma_B$。特别地，当 $\rho = -1$ 时，$\sigma_p = |X_A\sigma_A - X_B\sigma_B|$。

根据以上分析可知，两种证券组合的风险不仅取决于每种证券自身的风险(用方差或者标准差表示)，还取决于这两种证券之间的相关性(用协方差或相关系数表示)。

【例 12-3】假设市场上有 A、B 两种证券，其预期收益率分别为 8%和 13%，标准差分别为 12%和 20%。A、B 两种证券的相关系数为 0.3，某投资者决定以这两种证券构建投资组合。

那么，根据式(12.4)和式(12.5)，组合的预期收益率和方差为：

$$\bar{R}_p = X_A\bar{R}_A + X_B\bar{R}_B = 0.08X_A + 0.13X_B$$

$$\begin{aligned}\sigma_p^2 &= X_A^2 \times 12\%^2 + X_B^2 \times 20\%^2 + 2X_AX_B \times 0.3 \times 12\% \times 20\% \\ &= 0.014\,4 \times X_A^2 + 0.04 \times X_B^2 + 0.0144 \times X_AX_B\end{aligned}$$

表 12-2 给出了不同权重下组合的预期收益率和标准差。从表中的第 3 列和第 6 列可以看出，当证券 A 的权重从 0 逐步提高到 1(相应地，证券 B 的权重从 1 逐步降低到 0)时，组合的预期收益率从 13%逐步降低到 8%，而组合的标准差也从 20%逐步降低后又回升

到 12%。其中,当 $X_A=0.82$,$X_B=1-0.82=0.18$ 时,组合的标准差最低,为 11.447 3%。[①]权重的改变对组合预期收益率和标准差的影响如图 12-2 和图 12-3 所示。

表 12-2 不同相关系数下投资组合的预期收益率和标准差

X_A	X_B	预期收益率(%)	给定相关系数下投资组合的标准差(%)			
			$\rho=-1$	$\rho=0$	$\rho=0.3$	$\rho=1$
0	1	13	20	20	20	20
0.1	0.9	12.5	16.8	18.04	18.4	19.2
0.2	0.8	12	13.6	16.18	16.88	18.4
0.3	0.7	11.5	10.4	14.46	15.47	17.6
0.4	0.6	11	7.2	12.92	14.2	16.8
0.5	0.5	10.5	4	11.66	13.11	16
0.6	0.4	10	0.8	10.76	12.26	15.2
0.7	0.3	9.5	2.4	10.32	11.7	14.4
0.8	0.2	9	5.6	10.4	11.45	13.6
0.9	0.1	8.5	8.8	10.98	11.56	12.8
1	0	8	12	12	12	12
最小方差组合						
X_A			0.625	0.735 3	0.82	—
X_B			0.375	0.264 7	0.18	—
预期收益率(%)			9.875	9.323 5	8.9	—
标准差(%)			0	10.289 9	11.447 3	—

表 12-2 还给出了不同相关系数下组合的预期收益率和标准差。从表中可以看出,相关系数对组合的预期收益率是没有影响的。

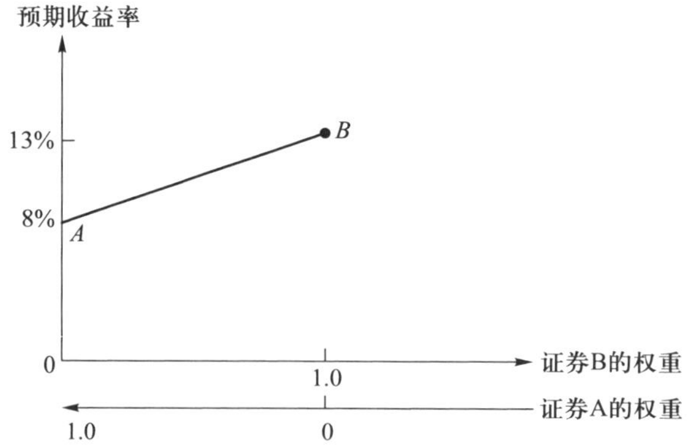

图 12-2 投资权重与组合的预期收益率

① 求组合最低标准差的步骤是:将 $X_B=1-X_A$ 代入式(12.5),然后对 X_A 求偏导,并令偏导等于 0,由此可以解得:$(X_A)_{极小}=(\sigma_B^2-\sigma_{AB})/(\sigma_A^2+\sigma_B^2-2\sigma_{AB})$。

图 12-3 给出了不同相关系数下投资权重对组合标准差的影响。从图 12-3 可以看出，除了完全相关($\rho=1$)外，最低方差组合的标准差均低于 A、B 两种证券的标准差。这充分说明了分散化的好处。

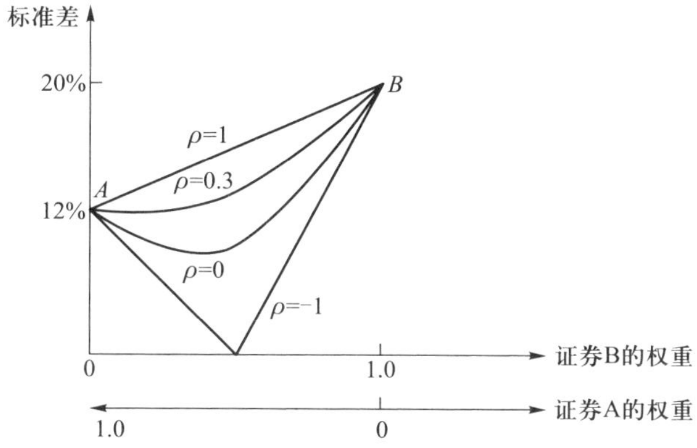

图 12-3　投资权重与组合的标准差

将图 12-2 和图 12-3 结合起来，可以得到一个更直观反映分散化效果的图形，如图 12-4 所示。从图中可以看出，当 $\rho=1$ 时，两种证券 A、B 的组合 P 的收益和风险落在直线 AB 上(具体位于哪一点取决于投资比重 X_A 和 X_B)；当 $\rho<1$ 时，组合 P 的收益和风险是一条向后弯曲的曲线，这表明在相同风险水平下收益更大，或者说在相同收益水平下风险更小，而且 ρ 越小，往后弯曲的程度越大，当$\rho=-1$ 时，其是一条后弯的折线。

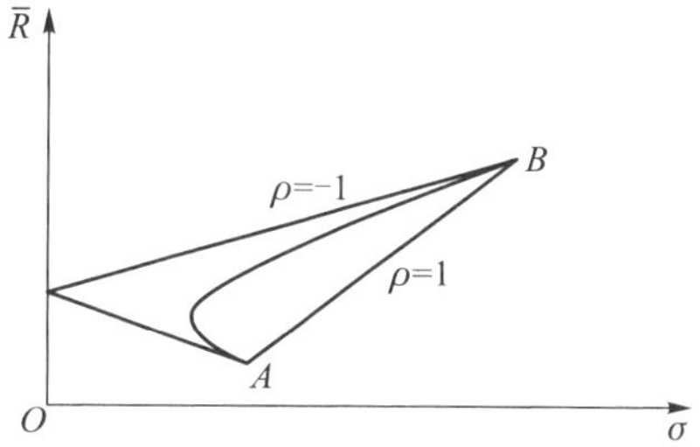

图 12-4　两种证券组合收益、风险与相关系数的关系

在现实投资中，不同证券之间的相关系数经常是一个时变的量，近些年部分学者(Driessen 等，2009；Buraschi 等，2010)开始关注相关系数的变化对于资产配置的影响。

(二) 三种证券组合的收益与风险的衡量

假设 X_1、X_2、X_3 分别为投资于证券 1、证券 2、证券 3 的比重，$X_1+X_2+X_3=1$，$\overline{R}_1$、$\overline{R}_2$、$\overline{R}_3$ 为预期收益率，σ_1^2、σ_2^2、σ_3^2 为方差，σ_{12}、σ_{13}、σ_{23} 为协方差，则三种证券组合的预期收益率 $\overline{R}_p$ 为：

$$\overline{R}_p=X_1\overline{R}_1+X_2\overline{R}_2+X_3\overline{R}_3 \qquad (12.9)$$

三种风险证券组合的风险为(用方差 σ_p^2 表示)：

$$\sigma_p^2=X_1^2\sigma_1^2+X_2^2\sigma_2^2+X_3^2\sigma_3^2+2X_1X_2\sigma_{12}+2X_1X_3\sigma_{13}+2X_2X_3\sigma_{23} \qquad (12.10)$$

(三) N 种证券组合的收益与风险的衡量

1. N 种证券组合的收益

由以上分析可知,证券组合的预期收益率为构成该组合的各种证券的预期收益率的加权平均数,权重为投资于各种证券的资金占总投资额的比重。用公式表示为:

$$\overline{R}_p = \sum_{i=1}^{n} X_i \overline{R}_i \tag{12.11}$$

式中:X_i 为投资于第 i 种证券的资金占总投资额的比重;

$\overline{R}_i$ 为第 i 种证券的预期收益率;

n 为该组合中证券的数量。

2. N 种证券组合的风险

计算证券组合的风险(用标准差 σ_p 表示)不能简单地将组合中每种证券的标准差进行加权平均,其计算公式为:

$$\sigma_p = \sqrt{\sum_{i=1}^{n} \sum_{j=1}^{n} X_i X_j \sigma_{ij}} \tag{12.12}$$

式中:n 为该组合中证券的数量;

X_i 和 X_j 分别为第 i 种证券和第 j 种证券的投资额占总投资额的比重;

σ_{ij} 为第 i 种证券和第 j 种证券可能收益率的协方差。

式(12.12)也可以用矩阵表示,双加号$\sum\sum$意味着将方阵($n \times n$)的所有元素加总。假定 n 等于 4,那么该证券组合的方差就为图 12-5 中矩阵的各元素之和,该矩阵称为方差-协方差矩阵(variance-covariance matrix)。

	第一列	第二列	第三列	第四列
第一行	$X_1X_1\sigma_{11}$	$X_1X_2\sigma_{12}$	$X_1X_3\sigma_{13}$	$X_1X_4\sigma_{14}$
第二行	$X_2X_1\sigma_{21}$	$X_2X_2\sigma_{22}$	$X_2X_3\sigma_{23}$	$X_2X_4\sigma_{24}$
第三行	$X_3X_1\sigma_{31}$	$X_3X_2\sigma_{32}$	$X_3X_3\sigma_{33}$	$X_3X_4\sigma_{34}$
第四行	$X_4X_1\sigma_{41}$	$X_4X_2\sigma_{42}$	$X_4X_3\sigma_{43}$	$X_4X_4\sigma_{44}$

图 12-5 方差-协方差矩阵

由此可知,证券组合的方差不仅取决于单个证券的方差,还取决于各种证券之间的协方差。随着组合中证券数量的增加,在决定组合方差时,协方差的作用越来越大,而方差的作用越来越小。这一点可以通过考察方差-协方差矩阵得出。在一个由两种证券构成的组合中,总方差包括两个加权方差和两个加权协方差。但对于一个大的证券组合而言,总方差主要取决于任意两种证券之间的协方差。例如,在一个由 30 种证券构成的组合中,有 30 个方差和 870 个协方差。若一个组合进一步扩大到包括所有证券,那么协方差几乎就成为组合标准差的决定性因素。

【例 12-4】假设某一只股票年预期收益率为 16%,标准差为 15%,另一只股票年预期收益率为 14%,标准差为 12%,两种股票的预计相关系数为 0.4,每种股票投资的金额各占一半,那么证券组合的预期收益率为:

$$\bar{R}_p = 0.5\times16\% + 0.5\times14\% = 15\%$$

证券组合的方差等于以下方差-协方差矩阵的所有元素加总。

	第 1 种股票	第 2 种股票
第 1 种股票	$0.5^2\times1.0\times0.15^2$	$0.5\times0.5\times0.4\times0.15\times0.12$
第 2 种股票	$0.5\times0.5\times0.4\times0.12\times0.15$	$0.5^2\times1.0\times0.12^2$

因此：

$$\sigma_p^2 = 0.5^2\times1.0\times0.15^2 + 2\times0.5\times0.5\times0.4\times0.15\times0.12 + 0.5^2\times1.0\times0.12^2$$
$$= 0.012\ 825$$

$$\sigma_p = (0.012\ 825)^{0.5} = 11.3\%$$

从上例可知，只要两种证券的相关系数小于 1，证券组合的标准差就要小于两种证券的标准差的加权平均数 $0.5\times15\% + 0.5\times12\% = 13.5\%$。实际上，不论证券组合中包括多少种证券，只要证券组合中每对证券之间的相关系数小于 1，证券组合的标准差就会小于单个证券标准差的加权平均数。这意味着只要组合中证券的变动不完全一致，多个高风险的证券也能组成一个中低风险的证券组合。

第三节　证券组合与分散风险

“不要把所有的鸡蛋放在一个篮子里。”如果将这句古老的谚语应用于投资决策中，那么这就是说不要将所有的钱投资于同一种证券，通过分散投资可以降低投资风险，这是一个非常浅显易懂的道理。那么，应该将“鸡蛋”放在多少个“篮子”里才是最好呢？将“鸡蛋”放在什么样的不同篮子里才是最好呢？

如前所述，证券组合的风险不仅取决于单个证券的风险和投资比重，还取决于这些证券收益之间的协方差或相关系数，并且协方差或相关系数起着特别重要的作用。因此，投资者建立的证券组合就不是一般的拼凑，而是要通过各证券收益波动的相关系数来分析。

当利用长时期的历史资料比较一个充分分散的证券组合和单一股票的收益和风险特征时，就会发现某些奇怪的现象。例如，在 1989 年 1 月至 1993 年 12 月，IBM 股票的月平均收益率为−0.61%，标准差为 7.65%。而同期标准普尔 500 指数的月平均收益率和标准差分别为 1.2%和 3.74%。虽然 IBM 收益率的标准差大大高于标准普尔 500 指数的标准差，但是其月平均收益率却低于标准普尔 500 指数的月平均收益率。为什么会出现风险高的股票其收益率反而低的现象呢？

原因在于每个证券的全部风险并非完全相关，在构成一个证券组合时，单一证券收益率变化的一部分可能被其他证券收益率的反向变化所减弱或者完全抵消。事实上，可以发现证券组合的标准差一般都低于组合中单一证券的标准差，因为各组成证券的总风险已经通过分散化而大量抵消。因此，就没有理由要求预期收益率与总风险相对应；与预期收益率相对应的只能是通过分散投资不能相互抵消的那一部分风险，即系统性风险。

根据证券组合预期收益率和风险的计算公式可知，不管组合中证券的数量多少，证券组合的收益率只是单个证券收益率的加权平均数，分散投资不会影响组合的收益率。但是分散投资可以降低收益率的波动，各个证券之间收益率变化的相关关系越弱，分散投资降低风险的效果就越明显。当然，在现实的证券市场上，大多数情况是各个证券收益之间存在一定的正相关关系，相关的程度有高有低。有效证券组合的任务就是找出相关关系较弱的证券组合，以保证在一定的预期收益率水平上尽可能降低风险。

从理论上讲，一个证券组合只要包含了足够多的相关关系弱的证券，就完全有可能消除所有的风险，但是在现实的证券市场上，各证券收益率的正相关程度很高，因为各证券的收益率在一定程度上受相同因素影响（如经济周期、利率的变化等），所以，分散投资可以消除证券组合的非系统性风险，但是并不能消除系统性风险。

瓦格纳和刘（Wagner and Lau，1971）根据1960年7月标准普尔公司的股票质量评级将200种在纽约证券交易所上市的股票样本分成六组，最高质量等级A^+构成第一组，以此类推。从每一组股票中随机抽取1至20只股票组成证券组合，计算每一组合从1960年7月至1970年5月10年的月平均收益率。为减少对单一样本的依赖，这一工作连续进行10次，然后对10个数值进行平均。表12-3是A^+质量等级股票组合的一部分计算结果。

表12-3 随机抽样A^+质量股票组合的风险和分散效果（1960年7月至1970年5月）

组合中股票数量	平均收益率（%/月）	标准差（%/月）	与市场的相关系数（R）	与市场的可决系数（R^2）
1	0.88	7.0	0.54	0.29
2	0.69	5.0	0.63	0.40
3	0.74	4.8	0.75	0.56
4	0.65	4.6	0.79	0.62
5	0.71	4.6	0.79	0.62
10	0.68	4.2	0.85	0.72
15	0.69	4.0	0.88	0.77
20	0.67	3.9	0.89	0.80

资料来源：Wagner W，Lau S. The effect of diversification on risks[J]. Financial Analyst Journal，1971，November-December(53).

表12-3中的可决系数R^2为相关系数的平方，其取值范围从0到1。它用来衡量证券组合的收益率变动（用方差表示）中可归因于市场收益的比例，其余风险为组合的特有风险。因此，一个证券组合的R^2越接近1，这个组合的风险分散就越充分。从表中的数据可知：

（1）一个证券组合的预期收益率与组合中股票的数量无关，证券组合的风险随着股票数量的增加而减少。当股票组合中的股票逐渐从一只扩大到10只时，证券组合的风险下降很明显。但是随着组合中股票数量的增加，风险降低的边际效果在迅速减少，特别是当持有的股票超过10只时，风险降低的效果变得微乎其微。

（2）平均而言，随机抽取的20只股票构成的股票组合的总风险降低到只包含系统性风险的水平，单个证券风险的40%被抵消，这部分风险就是非系统性风险。

（3）一个充分分散的证券组合的收益率的变化与市场收益率的变化密切相关，其波动性或不确定性基本上就是市场总体的不确定性。投资者不论持有多少股票都必须承担这一部分风险。

根据以上分析，证券组合所包含的证券数量与组合系统性和非系统性风险之间的关系，可用图12-6表示。

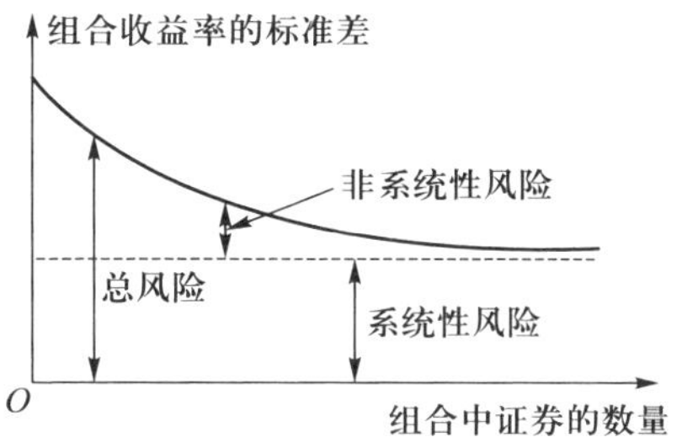

图12-6　组合中证券的数量与组合的系统性和非系统性风险之间的关系

第四节　风险偏好与无差异曲线

对于任何一项投资而言，风险与收益都是一对孪生兄弟。风险和收益在投资者的投资决策中到底充当什么角色？风险机制如何发挥作用？这是本节将要着重论述的内容。

一、不满足性和厌恶风险

1952年，马科维茨（Markowitz，1952）发表了一篇具有里程碑意义的论文，标志着现代投资组合理论的诞生。该理论对投资者对于收益和风险的态度有两个基本的假设：一个是不满足性；另一个是厌恶风险。

（一）不满足性

现代投资组合理论假设，投资者在其余条件相同的两个投资组合中进行选择时，总是选择预期回报率较高的那个组合。换句话说，在一期投资的情况下，投资者用同样的期初财富进行投资，总是偏好获得较多的期末财富。这是因为较多的期末财富可为投资者提供更多的未来消费，从而获得更多的满足。

不满足性的假设意味着，给定两个标准差相同的组合，如图12-7中的A和E，投资者将选择具有较高预期收益率的组合（A）。

（二）厌恶风险

现代投资组合理论还假设投资者是厌恶风险的（risk averse），即在其他条件相同的情况下，投资者将选择标准差较小的组合。

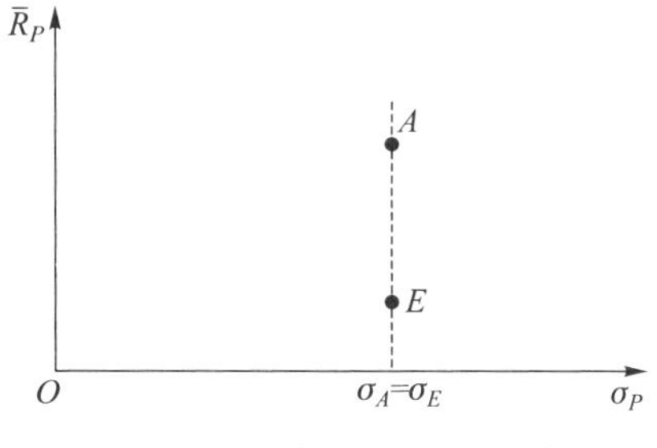

图12-7　不满足性、厌恶风险与投资组合的选择

厌恶风险的假设意味着风险带给投资者的是负效用，因此，如果没有收益来补偿，投资者是不会冒无谓的风险的。例如，掷硬币赌博，正面你赢100元，反面你输100元，由于正反面的概率各为50%，因此，这种赌博的预期收益率为0，而风险却很大。显然，厌恶风险的投资者将拒绝进行这样的赌博，因为可能的“赢”带来的愉快程度小于可能的“输”带来的不愉快程度。

除了厌恶风险的投资者，还有风险中性(risk-neutral)的投资者和爱好风险的投资者(risk lover)。前者对风险的高低漠不关心，只关心预期收益率的高低。对后者而言，风险给他带来的是正效用，因此在其他条件不变的情况下他将选择标准差大的组合。

在正常情况下，理性的投资者的确是厌恶风险的。但在某些极端的情况下，理性的投资者也可能是爱好风险的。例如，如果你身无分文，并欠别人 1 000 万元，此时若有人要与你掷硬币赌博，正面赢 1 000 万元，反面输 1 000 万元。虽然其预期收益率为 0，但你很可能会选择赌博。因为如果赌赢了，你就一身轻松了；如果赌输了，你无非多欠人 1 000 万元而已。

二、无差异曲线

投资者的目标是投资效用(utility)最大化，而投资效用取决于投资的预期收益率和风险，其中预期收益率带来正的效用，风险带来负的效用。

对于一个不满足和厌恶风险的投资者而言，预期收益率越高，投资效用越大；风险越大，投资效用越小。

然而，不同的投资者对风险的厌恶程度和对收益的偏好程度是不同的。为了更好地反映收益和风险对投资者效用的影响程度，有必要引入无差异曲线(indifference curve)的概念。

一条无差异曲线代表给投资者带来同样满足程度的预期收益率和风险的所有组合。因为风险给投资者带来的是负效用，而收益带给投资者的是正效用，所以为了使投资者的满足程度相同，高风险的投资必须具有高的预期收益率。可见，无差异曲线的斜率是正的，这是无差异曲线的第一个特征，如图 12－8 所示。

无差异曲线的第二个特征是该曲线是向下凸的。这意味着，要使投资者多冒等量的风险，给予他的补偿，即预期收益率应越来越高。无差异曲线的这一特点是由预期收益率边际效用递减规律所决定的。

无差异曲线的第三个特征是同一投资者有无限多条无差异曲线。这意味着对于任何一个风险-收益组合，投资者对其偏好程度都能与其他组合相比较。由于投资者对收益的不满足性和对风险的厌恶，在无差异曲线图中越靠左上方的无差异曲线代表的满足程度越高。投资者的目标就是尽量选择位于左上角的组合。

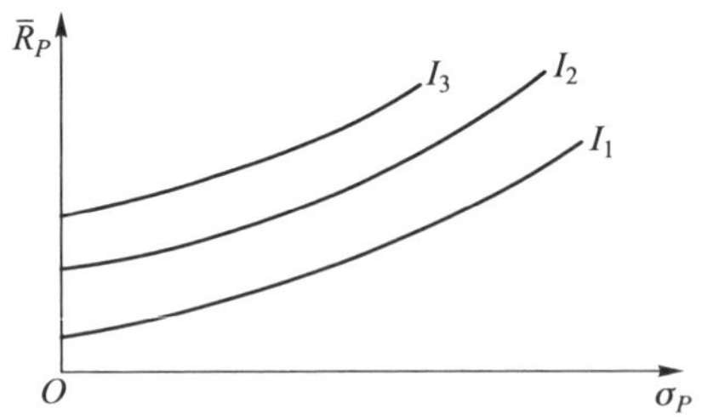

图 12－8 不满足和厌恶风险者的无差异曲线

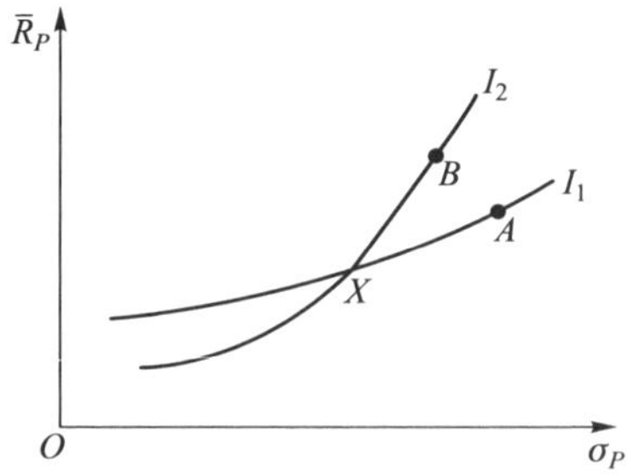

图 12－9 无差异曲线相交

无差异曲线的第四个特征是同一投资者在同一时间、同一时点的任何两条无差异曲线都不能相交。我们可以用反证法加以证明。在图 12－9 中，假设某个投资者的无差异曲线相

交于 X 点。由于 X 点和 A 点都在 I_1 上，X 和 A 给投资者带来的满足程度是相同的。同样，由于 X 点和 B 点都在 I_2 上，X 和 B 给投资者带来的满足程度也是相同的。这意味着，A 和 B 给投资者带来的满足程度一定相同。然而从图中可以看出，B 的预期收益率高于 A，而风险却小于 A。根据不满足性和厌恶风险的假设，B 的满足程度一定大于 A，这就产生了矛盾。因此上述假设不成立，即两条无差异曲线不能相交。

无差异曲线的斜率表示风险和收益之间的替代率。斜率越大，表明为了让投资者多承担相同的风险，给他提供的收益补偿也应越高，这表明该投资者越厌恶风险。同样，斜率越小，表明该投资者厌恶风险的程度越轻。图 12－10 给出了三类风险厌恶程度不同的投资者的无差异曲线。图 12－10(a)代表风险厌恶程度比较高的投资者的无差异曲线，因为提高一个单位的风险需要增加很高的预期收益率作为补偿；图 12－10(c)代表风险厌恶程度较低的投资者的无差异曲线；图 12－10(b)代表的投资者的风险厌恶程度介于前二者之间。

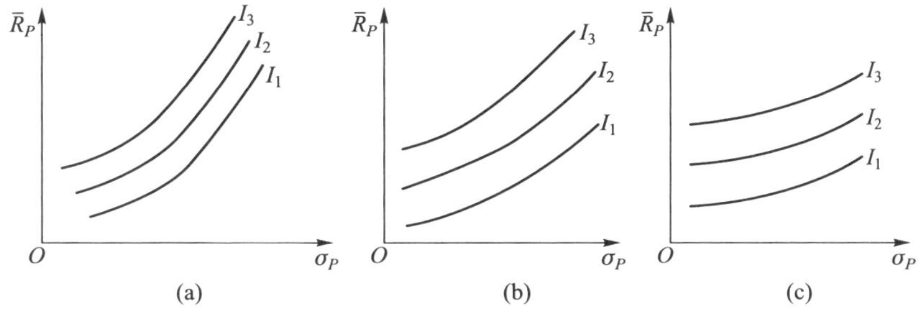

图 12－10　不同风险厌恶程度者的无差异曲线

三、投资者的投资效用函数

为了更准确地衡量风险和预期收益对投资者效用水平的影响，可以引入投资效用函数 U，表示为：

$$U=U(\bar{R},\sigma) \tag{12.13}$$

式中：$\bar{R}$ 表示预期收益率；

σ 表示标准差(风险)。

在各种各样效用函数中，目前金融理论界使用最为广泛的是以下函数：

$$U=\bar{R}-\frac{1}{2}A\sigma^2 \tag{12.14}$$

式中：A 表示投资者的风险厌恶系数，其典型值在 2～4 之间。

在一个完美的市场中，投资者对各种证券的预期收益率和风险的估计是一致的，但由于不同投资者的风险厌恶度不同，他们的投资决策也不尽相同。

【例 12－5】假定一个投资者有两种投资工具可供选择：一种是风险资产 X，其预期收益率为 18.5%，标准差为 30%；另一种是无风险资产 Y(国库券)，其无风险收益率为 5%。那么，投资者应该选择哪种投资呢？若投资于国库券，则效用水平与 A 无关，恒等于 5%。而投资于风险资产的效用水平则取决于投资者的风险厌恶系数 A。若 $A=2$(激进型投资者)，则 $U=9.5\%$，由于投资于风险资产的效用水平高于无风险资产，他将选择风险资产。

若 $A=3$(温和型投资者),则 $U=5\%$,这时他投资于风险资产和无风险资产是无差异的。若 $A=4$(保守型投资者),则 $U=0.5\%$,由于投资于风险资产的效用水平低于无风险资产,他将选择无风险资产。

在例 12-5 中,当投资者的风险厌恶系数 A 等于 3 时,X 和 Y 给投资者带来的效用水平相同,都等于无风险资产的收益率,我们把这个收益率称为 X 的确定性等价收益率(certainty equivalent rate)。不同投资者的风险厌恶系数 A 不同,因此,对他们而言,相同风险资产的确定性等价收益率也不尽相同。可见,准确度量风险厌恶系数对投资决策有着重大意义。

相关阅读 12-1

投资者风险厌恶程度的度量

为了帮助投资者衡量自己的风险厌恶系数,休比(Hube)设计了一套问卷和评分体系。问题如下:

1. 在你投资股票 60 天后,股票价格下跌 20%。假设所有基本面情况均未改变,你会怎么做?

A. 为避免更大的担忧,卖掉再试试其他的

B. 什么也不做,静等收回投资

C. 再买入,因为它曾是好的投资,现在也是便宜的投资

2. 现在换个角度考虑上面的问题。你的股票价格下跌了 20%,但它是投资组合的一部分,用于在三个不同的时间段达成投资目标。

(1) 如果目标是 5 年以后,你会怎么做?

A. 卖掉　　B. 不动　　C. 再买入

(2) 如果目标是 15 年以后,你会怎么做?

A. 卖掉　　B. 不动　　C. 再买入

(3) 如果目标是 30 年以后,你会怎么做?

A. 卖掉　　B. 不动　　C. 再买入

3. 在你买入退休基金 1 个月后,其价格上涨了 25%。同样,基本面未变。沾沾自喜之后,你会怎么做?

A. 卖掉,锁定收益

B. 持有看跌期权并期待更多的收益

C. 再买入,因为可能还会上涨

4. 你为了 15 年后退休而投资。你更愿意怎么做?

A. 投资于货币市场基金或有保证的投资契约,放弃获得大量收益的可能性,重点保证本金的安全

B. 一半投入债券基金,一半投入股票基金,希望在有些增长的同时,还有固定收入的保障

C. 投资于不断增长的共同基金,其价值在该年可能会有巨幅波动,但在 5 或 10 年后有巨额收益的潜力

5. 你刚赢得一份大奖。但是以下具体哪一个，由你自己定。

A. 2 000 美元现金

B. 50%的机会获得 5 000 美元

C. 20%的机会获得 15 000 美元

6. 有一个很好的投资机会刚出现，但你得借钱。你会接受贷款吗？

A. 绝对不会　　B. 也许　　C. 会

7. 你的公司要向员工出售股票。公司经营者计划在 3 年内让公司上市。在此之前，你无法卖出股票，也不会得到红利。但当公司上市时你的投资将增值 10 倍。你会投资多少钱买这种股票？

A. 一点也不买

B. 两个月的工资

C. 四个月的工资

风险厌恶系数打分：

按以下方法将你的答案乘以不同的系数相加，就得出你的总分。

A 答案的个数×1 分；B 答案的个数×2 分；C 答案的个数×3 分

总分：9～14 分：保守型；15～21 分：温和型；22～27 分：激进型

第五节　有效集和最优投资组合

根据马科维茨的证券组合理论，投资者必须根据自己的风险-收益偏好与各种证券及证券组合的风险、收益特性来选择最优的投资组合。然而，现实生活中证券种类繁多，这些证券还可组成无数种证券组合。如果投资者必须对所有这些组合进行评估，这将是难以想象的。

幸运的是，根据马科维茨的有效集定理，投资者无须对所有组合进行一一评估。本节将按马科维茨的方法，由浅入深地介绍确定最优投资组合的方法。

一、可行集

为了说明有效集定理，有必要引入可行集(feasible set)的概念。可行集是指由 N 种证券形成的所有组合的集合，它包括了现实生活中所有可能的组合。也就是说，所有可能的组合都位于可行集的边界上或内部。

一般来说，可行集的形状类似伞形，如图 12－11 中由 A、N、B、H 围成的区域所示。在现实生活中，由于各种证券的特性千差万别，可行集的位置也许比图 12－11 中的更左或更右，更高或更低，更宽或更窄，但它们的基本形状大多如此。

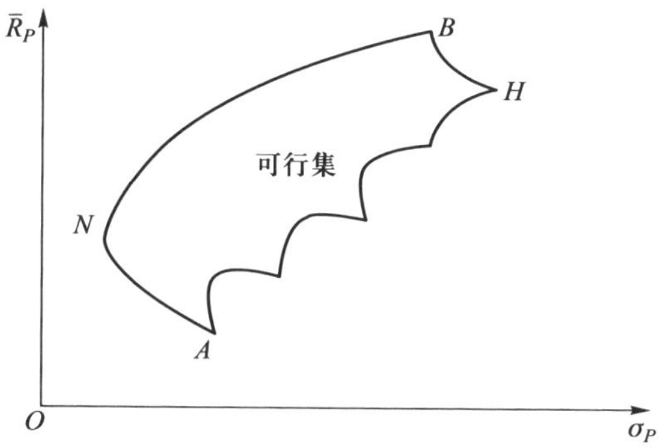

图 12-11 可行集

二、有效集

(一) 有效集的定义

一个理性的投资者都是厌恶风险而偏好收益的。对于相同的风险水平，他们会选择能提供最大预期收益率的组合；对于相同的预期收益率，他们会选择风险最小的组合。能同时满足这两个条件的投资组合的集合就是有效集(efficient set)，又称有效边界(efficient frontier)。处于有效边界上的组合称为有效组合(efficient portfolio)。

(二) 有效集的位置

可见，有效集是可行集的一个子集，位于可行集中。那么，如何确定有效集的位置呢？

先考虑第一个条件。在图 12-11 中，没有哪一个组合的风险小于组合 N，这是因为如果过 N 点画一条垂直线，则可行集都在这条线的右边。N 点所代表的组合称为最小方差组合(minimum variance portfolio)。同样，没有哪个组合的风险大于 H。由此可见，对于各种风险水平而言，能提供最大预期收益率的组合集是可行集中介于 N 和 H 之间的上方边界上的组合集。

再考虑第二个条件，在图 12-11 中，各种组合的预期收益率都介于组合 A 和组合 B 之间。由此可见，对于各种预期收益率水平而言，能提供最小风险水平的组合集是可行集中介于 A、B 之间的左边边界上的组合集，我们把这个集合称为最小方差边界(minimum variance frontier)。

由于有效集必须同时满足上述两个条件，因此 N、B 两点之间上方边界上的可行集就是有效集。所有其他可行组合都是无效的组合，投资者可以忽略它们。这样，投资者的评估范围就大大缩小了。

(三) 有效集的形状

从图 12-11 可以看出，有效集曲线具有如下特点：①有效集是一条向右上方倾斜的曲线，反映了“高收益、高风险”的原则；②有效集是一条向上凸的曲线；③有效集曲线上不可能有凹陷的地方。

三、最优投资组合的选择

确定了有效集的形状之后，投资者就可根据自己的无差异曲线选择使自己的投资效用最大化的最优投资组合了。这个组合位于无差异曲线与有效集的相切点 P，如图 12－12 所示。

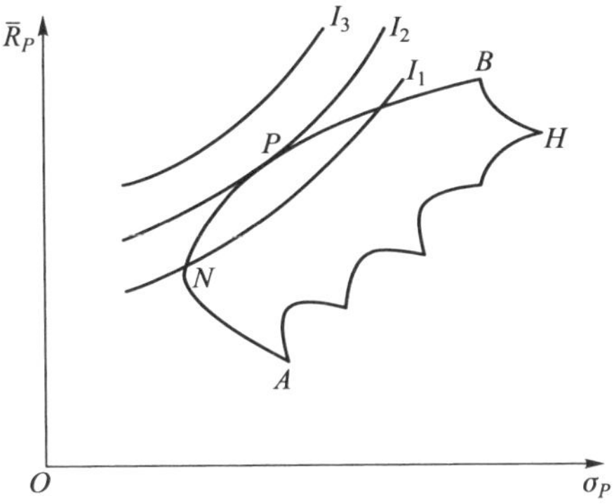

图 12－12　最优投资组合

从图 12－12 可以看出，虽然投资者更偏好 I_3 上的组合，但是可行集中找不到这样的组合，因此，这些组合是不可能实现的。至于 I_1 上的组合，虽然可以找到，但是由于 I_1 的位置位于 I_2 的右下方，即 I_1 所代表的效用低于 I_2，I_1 上的组合都不是最优组合。而 I_2 代表了可以实现的最高投资效用，因此，P 点所代表的组合就是最优投资组合。

有效集向上凸的特性和无差异曲线向下凸的特性决定了有效集和无差异曲线的相切点只有一个，也就是说，最优投资组合是唯一的。

对于投资者而言，有效集是客观存在的，是由证券市场决定的。而无差异曲线是主观的，是由自己的风险-收益偏好决定的。从先前的分析可知，风险厌恶程度越高的投资者，其无差异曲线的斜率越大，因此，其最优投资组合越接近 N 点。风险厌恶程度越低的投资者，其无差异曲线的斜率越小，因此，其最优投资组合越接近 B 点。

第六节　无风险借贷对有效集的影响

在前一节中，我们假定所有证券及证券组合都是有风险的，而没有考虑存在无风险资产的情况。同样，我们也没有考虑投资者按无风险利率借入资金投资于风险资产的情况。然而在现实生活中，这两种情况都是存在的。为此，我们要分析在允许投资者进行无风险借贷的情况下，有效集有何变化。

一、无风险贷款对有效集的影响

（一）无风险贷款或无风险资产的定义

无风险贷款相当于投资无风险资产，其收益率是确定的。在单一投资期的情况下，这意味着如果投资者在期初购买了一种无风险资产，那么他将准确地知道这笔资产的期末价值。由于无风险资产的期末价值没有任何不确定性，其标准差为零。同样，无风险资产收益率与风险资产收益率之间的协方差也等于零。

在现实生活中，什么样的资产称为无风险资产呢？首先，无风险资产应没有任何违约可能。由于所有的公司证券从原则上讲都存在违约的可能性，因此，公司证券均不是无风险资产。其次，无风险资产应没有市场风险。虽然政府债券基本上没有违约风险，但对于特定的投资者而言，并不是任何政府债券都是无风险资产。例如，对于一个投资期限为 1 年的投资者而言，剩余期限为 10 年的国债就存在风险，因为他无法确切地知道一年后这种证券的价格。事实上，任何一种到期日超过投资期限的证券都不是无风险资产。同样，任何一种到期日早于投资期限的证券也不是无风险资产，因为这种证券到期时，投资者面临再投资的问题，而投资者现在并不知道将来再投资时能获得多少再投资收益。

由此可见，严格地说，只有到期日与投资期限相等的国债才是无风险资产。但在现实生活中，为方便起见，人们常将1年期的国库券或者货币市场基金当作无风险资产。

（二）允许无风险贷款下的投资组合

1. 投资于一种无风险资产和一种风险资产的情形

为了考察无风险贷款对有效集的影响，首先要分析由一种无风险资产和一种风险资产组成的投资组合的预期收益率和风险。

假设风险资产和无风险资产在投资组合中的比重分别为 X_1 和 X_2，它们的预期收益率分别为 $\bar{R}_1$ 和 R_f，它们的标准差分别为 σ_1 和 σ_2，它们之间的协方差为 σ_{12}。根据 X_1 和 X_2 的定义，有 $X_1+X_2=1$，且 $X_1>0$，$X_2>0$[①]。根据无风险资产的定义，我们有 σ_2 和 σ_{12} 都等于0。这样，根据式(12.11)，可以算出该组合的预期收益率($\bar{R}_p$)为：

$$\bar{R}_p=\sum_{i=1}^{n}X_i\bar{R}_i=X_1\bar{R}_1+X_2R_f \tag{12.15}$$

根据式(12.12)，我们可以算出该组合的标准差(σ_p)为：

$$\sigma_p=\sqrt{\sum_{i=1}^{n}\sum_{j=1}^{n}X_iX_j\sigma_{ij}}=X_1\sigma_1 \tag{12.16}$$

由此可得：

$$X_1=\frac{\sigma_p}{\sigma_1},X_2=1-\frac{\sigma_p}{\sigma_1} \tag{12.17}$$

将式(12.17)代入式(12.15)可得：

$$\bar{R}_p=R_f+\frac{\bar{R}_1-R_f}{\sigma_1}\cdot\sigma_p \tag{12.18}$$

由于 $\bar{R}_1$、R_f 和 σ_1 已知，式(12.18)为线性函数，其中 $\frac{\bar{R}_1-R_f}{\sigma_1}$ 为单位风险报酬(reward-to-variability)，又称为夏普比率(Sharpe ratio)。由于 $X_1,X_2>0$，式(12.18)所表示的只是一个线段，如图12-13所示。在图12-13中，A 点表示无风险资产，B 点表示风险资产，由这两种资产构成的投资组合的预期收益率和风险一定落在 AB 这个线段上，因此，线段 AB 可以称为资产配置线。由于线段 AB 上的组合均是可行的，因此允许无风险贷款将大大扩大可行集的范围。

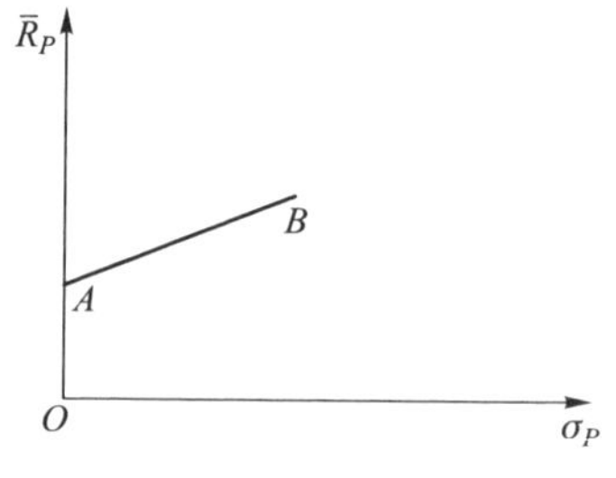

图12-13　无风险资产和风险资产的组合

2. 投资于一种无风险资产和一个证券组合的情形

如果投资者投资于由一种无风险资产和一个风险

① 无风险贷款意味着投资者在无风险资产上的头寸 X_1 是正的。在正常情况下，投资者不会卖空 X_2。

资产组合组成的投资组合，情况又会如何呢？假设风险资产组合 B 是由风险证券 C 和 D 组成的。根据先前分析可知，B 一定位于经过 C、D 两点的向上凸的弧线上，如图 12－14 所示。如果仍用 $\bar{R}_1$ 和 σ_1 代表风险资产组合的预期收益率和标准差，用 X_1 代表该组合在整个投资组合中所占比重，则式(12.15)到式(12.18)的结论同样适用于由无风险资产和风险资产组合构成投资组合的情形。在图 12－14 中，这种投资组合的预期收益率和标准差一定落在线段 AB 上。

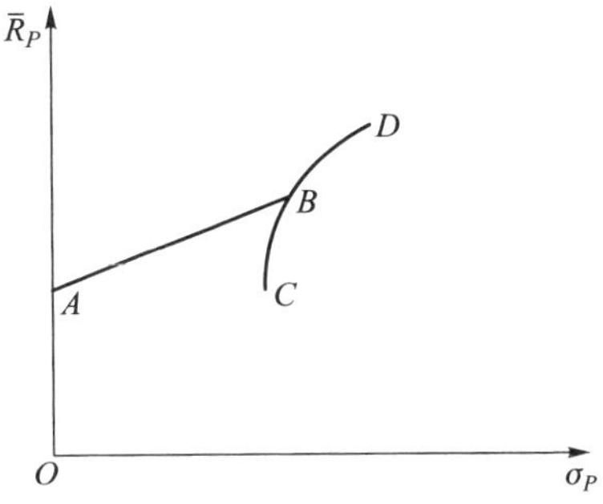

图 12－14　无风险资产和风险资产组合的组合

（三）无风险贷款对有效集的影响

引入无风险贷款后，有效集将发生重大变化。在图 12－15 中，弧线 CD 代表马科维茨有效集，A 点表示无风险资产。可以在马科维茨有效集中找到一点 T，使直线 AT 与弧线 CD 相切于 T 点。T 点所代表的组合称为切点投资组合。

T 点代表马科维茨有效集中众多有效组合中的一个，但它却是一个很特殊的组合。因为没有任何一种风险资产或风险资产组合与无风险资产构成的投资组合可以位于线段 AT 的左上方。换句话说，线段 AT 的斜率最大，因此，T 点所代表的组合被称为最优风险组合(optimal risky portfolio)。

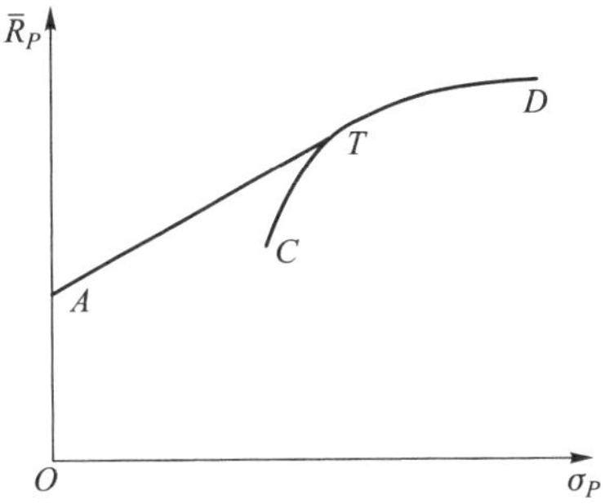

图 12－15　允许无风险贷款时的有效集

从图 12－15 可以明显看出，引入线段 AT 后，弧线 CT 将不再是有效集。因为对于 T 点左边的有效集而言，在预期收益率相等的情况下，线段 AT 上组合的风险均小于马科维茨有效集上组合的风险，而在风险相同的情况下，线段 AT 上组合的预期收益率均大于马科维茨有效集上组合的预期收益率。按照有效集的定义，T 点左边的有效集将不再是有效集。由于线段 AT 上的组合是可行的，因此，引入无风险贷款后，新的有效集由线段 AT 和弧线 TD 构成。

从图 12－15 可以看出，最优风险组合实际上是使无风险资产(A 点)与风险资产组合的连线斜率$\left(\text{即}\dfrac{\bar{R}_1-R_f}{\sigma_1}\right)$最大的风险资产组合，其中 $\bar{R}_1$ 和 σ_1 分别代表风险资产组合的预期收益率和标准差，R_f 表示无风险利率。我们的目标是 $\underset{X_C, X_D}{\text{Max}}\dfrac{\bar{R}_1-R_f}{\sigma_1}$。其中：

$$\bar{R}_1=X_C\bar{R}_C+X_D\bar{R}_D$$

$$\sigma_1^2=X_C^2\sigma_C^2+X_D^2\sigma_D^2+2X_CX_D\rho\sigma_C\sigma_D$$

约束条件为：$X_C+X_D=1$。这是标准的求极值问题。通过将目标函数对 X_C 求偏导并令偏导等于 0，就可以求出最优风险组合的权重，如下所示：

$$X_C=\frac{(\bar{R}_C-R_f)\sigma_D^2-(\bar{R}_D-R_f)\rho\sigma_C\sigma_D}{(\bar{R}_C-R_f)\sigma_D^2+(\bar{R}_D-R_f)\sigma_C^2-(\bar{R}_C-C_f+\bar{R}_D-R_f)\rho\sigma_C\sigma_D} \qquad (12.19)$$

$$X_D=1-X_C$$

【例 12－6】假设市场上有 C、D 两种证券，其预期收益率分别为 8%和 13%，标准差分别为 12%和 20%。C、D 两种证券的相关系数为 0.3。市场无风险利率为 5%。某投资者决定用这两种证券组成最优风险组合，则：

$$X_C=\frac{(0.08-0.05)\times0.2^2-(0.13-0.05)\times0.3\times0.12\times0.2}{(0.08-0.05)\times0.2^2+(0.13-0.05)\times0.12^2-(0.08-0.05+0.13-0.05)\times0.3\times0.12\times0.2}=0.4$$

$$X_D=1-0.4=0.6$$

该最优风险组合的预期收益率和标准差分别为：

$$\bar{R}_1=0.4\times0.08+0.6\times0.13=11\%$$

$$\sigma_1=(0.4^2\times0.12^2+0.6^2\times0.2^2+2\times0.4\times0.6\times0.3\times0.12\times0.2)^{\frac{1}{2}}=14.2\%$$

该最优风险组合的单位风险报酬为：

$$(11\%-5\%)\div14.2\%=0.42$$

有效边界的表达式为：

$$\bar{R}_p=5\%+0.42\sigma_p$$

（四）无风险贷款对投资组合选择的影响

对于不同的投资者而言，无风险贷款的引入对他们的投资组合选择有不同的影响。

对于风险厌恶程度较轻，从而选择位于弧线 DT 上的投资组合的投资者而言，其投资组合的选择不受影响。因为只有弧线 DT 上的组合才能获得最大的满足程度，如图 12－16(a)所示。该投资者仍将所有资金投资于风险资产，而不会对无风险资产进行投资。

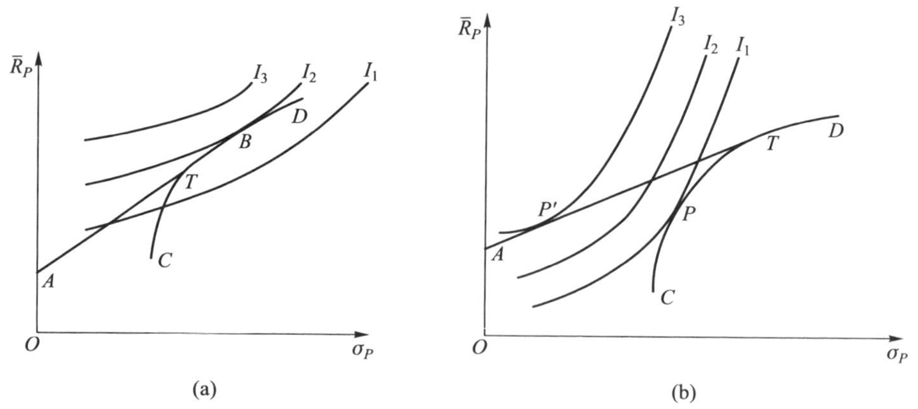

图 12－16　无风险贷款下的投资组合选择

对于较厌恶风险的投资者而言，由于代表其原先最大满足程度的无差异曲线 I_1 与线段 AT 相交，因此其不再符合效用最大化的条件。该投资者将选择其无差异曲线 I_3 与线

段 AT 的相切点 P' 所代表的投资组合，如图 12－16(b)所示。该投资者将把部分资金投资于风险资产，而把另一部分资金投资于无风险资产。

下面用一个一般的模型框架来分析此问题。假设投资者的投资效用函数(U)为：

$$U=\bar{R}_P-\frac{1}{2}A\sigma_P^2 \tag{12.20}$$

式中：A 表示风险厌恶系数；

$\bar{R}_P$ 和 σ_P^2 分别表示整个投资组合(包括无风险资产和最优风险组合)的预期收益率和标准差。

它们的计算公式分别为：

$$\bar{R}_P=(1-y)R_f+y\bar{R}_T$$

$$\sigma_P^2=y^2\sigma_T^2$$

式中：y 表示投资者分配给最优风险组合的投资比例。

$\bar{R}_T$、σ_T 表示最优风险组合的预期收益率和标准差。

投资者的目标是通过选择最优的资产配置比例 y 来使他的投资效用最大化。将 $\bar{R}_P$ 和 σ_P^2 代入投资效用函数中，可以把这个问题写成如下的数学表达式：

$$\max_y U=(1-y)R_f+y\bar{R}_T-0.5Ay^2\sigma_T^2$$

将上式对 y 求偏导并令其等于 0，就可以得到最优的资产配置比例 y^*：

$$y^*=\frac{\bar{R}_T-R_f}{A\sigma_T^2} \tag{12.21}$$

【例 12－7】继续前面的例子，投资者面对的最优风险组合的预期收益率($\bar{R}_T$)和标准差(σ_T)分别为 11%和 14.2%。市场无风险利率(R_f)为 5%。

如果该投资者的风险厌恶系数 $A=4$，则其 $y^*=(11\%-5\%)\div(4\times14.2\%^2)=0.743\ 9$。也就是说，该投资者应将 74.39%的资金投入最优风险组合，25.61%的资金投入无风险资产。这样他的整个投资组合的预期收益率为 9.46%(0.256 1×5%＋0.743 9×11%)，标准差为 10.56%(0.743 9×14.2%)。显然，这种资产配置的效果是不错的。

二、无风险借款对有效集的影响

(一) 允许无风险借款下的投资组合

在推导马科维茨有效集的过程中，假定投资者可以用于购买风险资产的金额仅限于他的期初财富。然而，在现实生活中，投资者可以借入资金并用于购买风险资产。由于借款必须支付利息，而利率是已知的，因此，在该借款本息偿还上不存在不确定性，可以称之为无风险借款。

为方便起见，假定投资者可按相同的利率进行无风险借贷。

1. 无风险借款并投资于一种风险资产的情形

为了考察无风险借款对有效集的影响，首先分析投资者进行无风险借款并投资于一种风险资产的情形。我们只需要对上一节的推导过程进行适当的扩展即可。

我们可以把无风险借款看成负的投资，则投资组合中风险资产和无风险借款的比例也可用 X_1 和 X_2 表示，$X_1+X_2=1$，$X_1>1$，$X_2<0$。这样，式(12.15)到式(12.18)也完全

适用于无风险借款的情形。由于 $X_1>1$，$X_2<0$，式(12.18)在图上表现为线段 AB 右上方的延长线上，如图 12-17 所示。这个延长线再次大大扩展了可行集的范围。

2. 无风险借款并投资于风险资产组合的情形

同样，由无风险借款和风险资产组合构成的投资组合，其预期收益率和风险的关系与由无风险借款和一种风险资产构成投资组合的情形相似。

我们仍假设风险资产组合 B 是由风险证券 C 和 D 组成的，则由风险资产组合 B 和无风险借款 A 构成的投资组合的预期收益率和标准差一定落在线段 AB 右上方的延长线上，如图 12-18 所示。

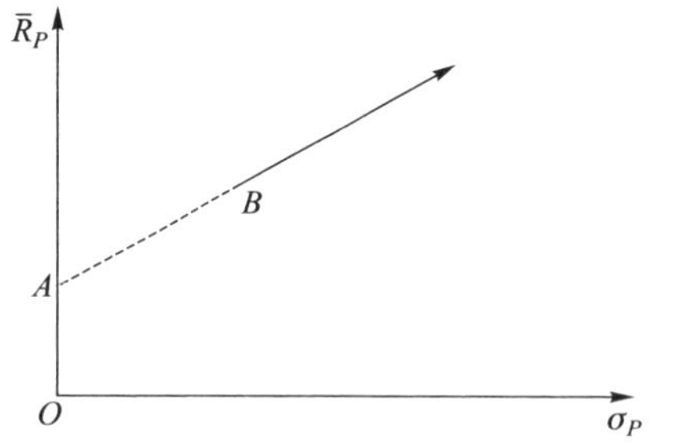

图 12-17　无风险借款和风险资产的组合

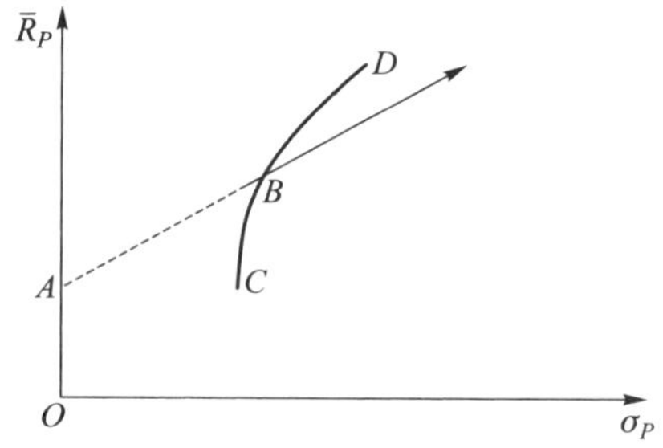

图 12-18　无风险借款和风险组合的组合

（二）无风险借款对有效集的影响

引入无风险借款后，有效集也将发生重大变化。在图 12-19 中，弧线 CD 仍代表马科维茨有效集，T 点仍表示弧线 CD 与过 A 点直线的相切点。在允许无风险借款的情形下，投资者可以通过无风险借款并投资于最优风险资产组合 T，使有效集由弧线 TD 变成线段 AT 右上方的延长线。

这样，在允许无风险借款的情况下，马科维茨有效集由弧线 CTD 变为弧线 CT 加上过 A、T 点的直线在 T 点右边的部分。

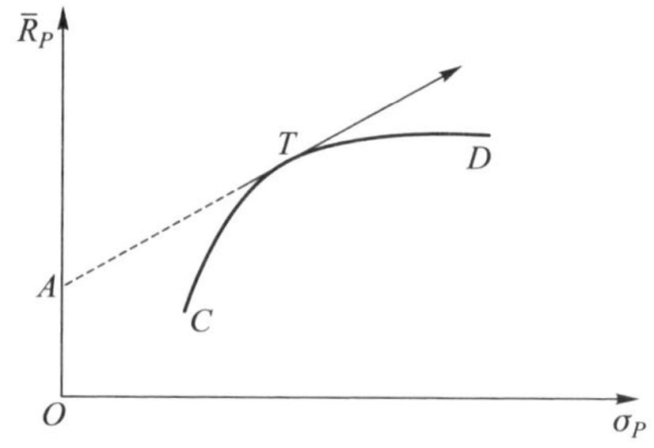

图 12-19　允许无风险借款时的有效集

（三）无风险借款对投资组合选择的影响

不同的投资者允许无风险借款对他们的投资组合选择的影响也不同。

对于风险厌恶程度较轻，从而选择位于弧线 DT 上的投资组合的投资者而言，由于代表其原先最大满足程度的无差异曲线 I_1 与直线 AT 相交，因此，其不再符合效用最大化的条件。该投资者将选择其无差异曲线 I_2 与直线 AT 的相切点 P' 所代表的投资组合。如图 12-20(a)所示。该投资者将进行无风险借款并投资于风险资产。

【例 12-8】继续前面的例子，如果投资者的风险厌恶系数 A 等于 2，则他的最优资产配置比例 $y^*=(11\%-5\%)/(2\times14.2\%^2)=1.487\ 8$。也就是说，该投资者应借入 48.78%的无风险资金，再加上自有资金全部投资于最优风险组合。这样，他的整个投资组合的预期收益率为 13.93%$(-0.487\ 8\times5\%+1.487\ 8\times11\%)$，标准差为 21.13%

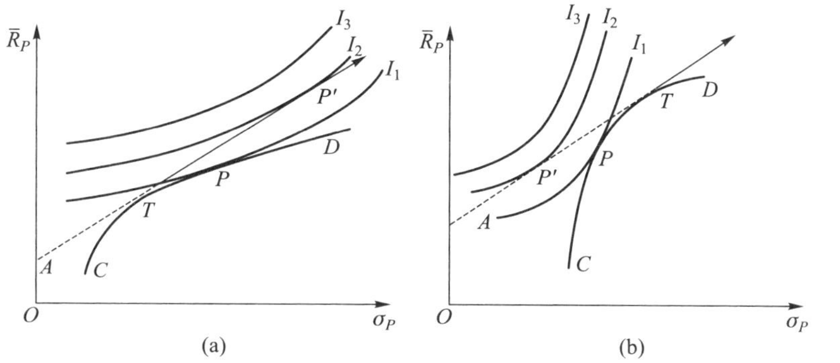

图 12－20　无风险借款下的投资组合选择

(1.487 8×14.2%)。

对于较厌恶风险，从而选择位于弧线 CT 上的投资组合的投资者而言，其投资组合的选择将不受影响。因为只有弧线 CT 上的组合才能获得最大的满足程度，如图 12－20(b)所示。该投资者只会将自有资产投资于风险资产，而不会进行无风险借款。

综上所述，在允许无风险借贷的情况下，有效集变为一条直线，该直线经过无风险资产点 A 并与马科维茨有效集相切。

本章小结

1. 金融市场的风险是指金融变量的各种可能值偏离其期望值的可能性及其幅度。金融风险的种类很多，按风险来源可分为货币风险、利率风险、流动性风险、信用风险、市场风险和操作风险；按会计标准可分为会计风险和经济风险；按能否分散可分为系统性风险和非系统性风险。

2. 系统性风险是由那些影响整个金融市场的风险因素所引起的，包括经济周期、宏观经济政策的变动等。这类风险影响所有金融变量的可能值，因此不能通过分散投资相互抵消或者削弱。非系统性风险是一种与特定公司或行业相关的风险，它与影响所有金融变量的因素无关。通过分散投资，非系统性风险能被降低甚至消除。

3. 由于风险证券的收益事先无法确切知道，投资者只能估计各种可能发生的结果(事件)及每一种结果发生的可能性(概率)，因而风险证券的收益率通常用统计学中的期望值来表示。对单个证券的风险，通常用统计学中的方差或标准差来表示。

4. 证券组合的预期收益率就是该组合中各种证券的预期收益率的加权平均数，权重为投资于各种证券的资金占总投资额的比例。证券组合的风险不仅取决于单个证券的风险，而且还取决于各种证券间收益率变化的相关性(用协方差表示)。随着组合中证券数量的增加，在决定组合的风险时，协方差的作用越来越大，而方差的作用越来越小。

5. 协方差用以衡量两个证券收益率之间的相关性。正的协方差表明两个变量朝同一方向变动，负的协方差表明两个变量朝相反方向变动。此外，两证券收益率的相关关系还可以用相关系数 ρ 表示，相关系数的一个重要特征为其取值范围介于－1 与＋1 之间。相关系数取值为－1时，表示证券收益的变动完全负相关；取值为＋1时，表示证券完全正相关；取值为0时，表示完全不相关。$0<\rho<1$时，表示正相关；$-1<\rho<0$时，表示负相关。

6. 证券组合的收益率只是单个证券收益率的加权平均数，分散投资不会影响组合的收益率，但是分散投资可以降低风险，即降低证券组合收益率变动的波动。各个证券之间收益率变化的相关关系越弱，分散投资降低风险的效果就越明显。证券组合的风险随着股票只数的增加而减少。对美国股票市场的实证检验表明，当股票组合中的股票从一只扩大到十只时，证券组合风险的下降很明显，但是随着组合中股票数量的增加，风险降低的边际效果在迅速减少，特别是当持有的股票超过10只时，风险降低的效果变得微乎其微。

7. 投资者的目标是投资效用最大化，投资效用函数取决于投资的预期收益和风险。假设投资者厌恶风险，预期收益越高，投资效用越大；风险越大，投资效用越小。据此可以得出正斜率的投资者等效用曲线和曲线族。

8. 风险组合给厌恶风险的投资者带来的效用可以用该组合的确定性等价收益率来衡量。确定性等价收益率是指如果投资者可以确定地得到这个收益率，那么它所带来的效用与风险组合是相同的。

9. 投资者首先可以通过计算各个证券的预期收益率、方差以及各证券之间的协方差得出证券投资的有效集，然后找出有效集与该投资者等效用曲线族相切的切点，该切点代表的组合就是获得最大投资效用的组合，即最优投资组合。这就是以马科维茨为代表的现代投资组合理论（modern portfolio theory）的主要内容。

10. 为方便起见，人们常将1年期的国库券或者货币市场基金当作无风险资产。

11. 单位风险报酬（或称夏普比率）是风险资产组合的重要特征，是无风险资产与风险资产组合连线的斜率。无风险资产与该风险资产组合的任何组合都位于该连线（资产配置线）上。在其他条件相同时，投资者总是喜欢单位风险报酬较高（或者说斜率较高）的资产配置线。

12. 引入无风险资产和按无风险资产收益率自由借贷后，对于规避风险的投资者来说，不论该投资者主观风险承受能力如何，投资者持有的最优证券组合总是市场组合，而不是有效边界上任何其他点所代表的证券组合，更不是可行集内其他点代表的证券组合。最优投资组合与投资者的收益风险偏好是无关的。

13. 投资者投资于最优风险组合的比例 y 与风险溢价成正比而与方差和投资者的风险厌恶系数成反比，它是由资本市场线与投资者无差异曲线的相切点决定的。

重要概念

预期收益率　风险　系统性风险与非系统性风险　会计风险与经济风险　标准差　协方差　相关系数　分散化　证券组合　最小方差组合　不满足性　厌恶风险　风险中性　爱好风险　无差异曲线　效用函数　确定性等价收益率　可行集　有效集　有效组合　最小方差组合　最小方差边界　无风险资产　无风险借款　无风险贷款　单位风险报酬　夏普比率　资产配

置线　切点处投资组合　最优风险组合　最优投资组合

进一步阅读

[1] Arrow K. The role of securities in the optimal allocation of risk-bearing[J]. Review of Economic Studies, 1964(31): 91－96.

[2] Driessen J, Pascal J Maenhout, Vilkov G. The price of correlation risk: Evidence from Equity option[J]. The Journal of Finance, 2009(64): 1377－1406.

[3] Markowitz H M. Portfolio selection[J]. Journal of Finance, 1952(7): 77－91.

[4] Markowitz H M. Porfolio selection, efficient diversification of investments[M]. New York: Wiley, 1959.

参考文献

[1] Buraschi A, Porchia P, Trojani F. Correlation risk and optincal portfolio choice[J]. The Journal of Finance(65): 393－420.

[2] Fisher L, Lorie J H. Some studies of variability of returns on investment in common stocks[J]. Journal of Business, 1970(43): 99－134.

[3] Hube K. Time for investing's four-letter word[J]. The Wall Street Journal, 1998 (23).

[4] Markowitz H M. Portfolio selection[J]. Journal of Finance, 1952(7): 77－91.

[5] Samuelson P A. The fundamental approximation theorem of portfolio analysis in terms of means, variances and higher moments[J]. Review of Economic Studies, 1970(37): 537－542.

[6] Wagner W, Lau S. The effect of diversification on risks[J]. Financial Analyst Journal, 1971, November－December: 48－53.

即测即评

习　题

1. 假设股票市场的预期收益率和标准差分别为 18％和 16％，而黄金的预期收益率和标准差分别为 8％和 22％。

（1） 如果投资者都偏好高收益、低风险，那么黄金是否有人愿意投资？如果有人愿意，请用图形说明理由。

(2) 假设黄金和股票市场的相关系数等于1，那么是否还有人愿意持有黄金？如果上述假定的数字都是现实数据，那么此时市场是否均衡？

2. 你正考虑是否投资于A公司，你估计的该公司股票收益率的概率分布如表12－4所示。

表12－4 A公司股票收益率的概率分布

状态	收益率(%)	概率
1	－10	0.10
2	0	0.25
3	10	0.40
4	20	0.20
5	30	0.05

基于你的估计，计算该股票的期望收益率和标准差。

3. 你估计的证券A和B的投资收益率与联合概率分布如表12－5所示。

表12－5 证券A和B的投资收益率和联合概率分布

证券A(%)	证券B(%)	概率
－10	15	0.15
5	10	0.20
10	5	0.30
20	0	0.35

基于你的估计，计算两种投资的协方差和相关系数。

4. 考虑两种证券A和B，其标准差分别为30%和40%，如果两种证券的相关系数如下，计算等权重组合的标准差。

(1) 0.9。

(2) 0.0。

(3) －0.9。

5. 你的投资组合由一个风险投资组合(12%的期望收益率和25%的标准差)以及一个无风险资产(7%的收益率)组成。如果你的总投资组合的标准差为20%，那么它的期望收益率为多少？

6. 某风险组合的预期收益率为20%，标准差为25%，而无风险利率为7%。请问该风险组合的单位风险报酬(夏普比率)等于多少？

7. "假设所有证券的预期收益率和标准差以及无风险借款利率和贷款利率都已知，那么所有投资者的最优风险组合都相同。”请判断此陈述是否正确，并解释原因。

8. 假设某投资者的效用函数为：$U=\bar{R}-\frac{1}{2}A\sigma^2$。国库券的收益率为6%，而某一资产组合的预期收益率和标准差分别为14%和20%。要使该投资者更偏好风险资产组合，其风险厌恶系数不能超过多少？要使该投资者更偏好国库券，其风险厌恶度不能低于多少？

9. 某风险组合年末的价值要么为50 000元，要么为150 000元，其概率都为50%，而无风险年利率为5%。

（1）如果你要求获得7%的风险溢价，那么你愿意支付多少金额购买这个风险组合？

（2）如果你要求获得10%的风险溢价，那么你愿意支付多少金额购买这个风险组合？

10. 若市场间股票的相关系数发生变化，将如何影响投资组合？该如何尽可能规避这种风险？

现代投资组合理论最新进展评述

附录A　投资收益与风险的衡量方法的讨论

一、未来收益率的衡量

为了衡量投资组合未来的收益率，除了本章介绍的期望值（mean，或者称为均值）外，还可以用中位数（median）和众数（mode）来衡量。

将未来各种可能的收益率由大到小排序，位于数列中心位置的收益率就称为中位数。显然，在各种可能的收益率中，大于和小于中位数的个数各占50%。期望值和中位数的区别是显而易见的。前者是以概率为权重的加权平均数，后者只考虑顺序。因此，如果在可能的收益率中有较多的极端值，期望值和中位数就会存在较大差异。例如，在考虑一国的国民平均收入时，由于少数人拥有极高的收入，收入的均值就会因为少数人过高的收入而被拉高，而中位数就不存在这个问题。但因为中位数没有考虑各种可能值出现的概率，所以在衡量诸如未来收益率之类的数值时，其缺点也是显而易见的。

众数是出现概率最高的结果。由于众数不是平均的结果，因此当以其代表未来收益率时，准确性较差。

因此，目前国内外学术界和理论界在预测未来收益率时，通常都使用期望值。

二、风险的衡量

在衡量风险的各种指标中，目前使用最多的是本章介绍的方差（variance）和均方差

(standard deviation，也称为标准差)。期望值为一阶矩，而方差是围绕期望值的二阶中心矩。

虽然方差是衡量风险的较理想的指标，但也不是完美的指标，仍有一些缺陷。为了说明这个问题，我们比较一下图 12－21 中两只股票收益率的概率分布。

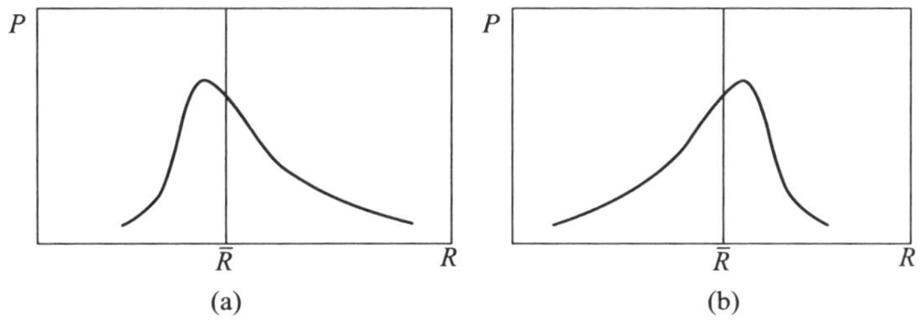

图 12－21　投资收益分布的偏斜

在图 12－21 中，图(a)和图(b)是互为镜像的，因此它们的均值和方差相等。如果只根据均值和方差来判断投资的好坏，那就可以得出结论，图(a)和图(b)是等价的。但图(a)和图(b)显然是有差别的。图(a)的特征是收益率经常低于期望值，但幅度较小；收益率高于期望值的可能性较小，但幅度可能很大。或者说它经常让人失望，但失望程度不大；它不经常让人惊喜，一旦惊喜则经常是大的惊喜。图(b)的情况恰恰相反。当谈论风险时，我们实际上担心的是坏的惊喜。从这个意义上说，当面临图(a)、图(b)所示的两种投资机会并只能选一个时，厌恶风险的理性投资者都会选图(a)的机会。

由此可见，我们在进行投资决策时，还要考虑分布的不对称性，即偏斜(skew)。偏斜(M_3)是三阶中心矩，它可用下式来衡量：

$$M_3 = \sum_{i=1}^{n} P_i \ (R_i - \bar{R})^3 \tag{12.22}$$

由于 3 次方可以保留收益率偏离期望值的符号，因此它可以让我们将好的惊喜与坏的惊喜区分开来。3 次方实际上还给大的惊喜以大的权重，从而使偏斜主要由分布中的"长尾"决定。因此，像图 12－21(a)这样右偏的分布，其偏斜是正的；而像图 12－21(b)这样左偏的分布，其偏斜是负的。

推而广之，分布的特征可以用分布的各阶矩来衡量。其中一阶矩(期望值)代表回报，二阶和高阶中心矩代表这种回报的不确定性。所有偶数阶中心矩衡量极端值的大小，它们的值越大代表不确定性越大；而奇数阶中心矩则衡量不对称性。正值代表正的偏斜，因此是投资者较喜欢的。如果我们希望将所有这些阶矩纳入投资者的效用函数，那么我们就可以使用现今最流行的等式：

$$U = \bar{R} - b_0\sigma^2 + b_1 M_3 - b_2 M_4 + b_3 M_5 - \cdots \tag{12.23}$$

式中：b_i 为正的常数，且 i 越大，b 的值越小。

m 阶中心矩(M_m)的计算公式为：

$$M_m = \sum_{i=1}^{n} P_i \ (R_i - \bar{R})^m \tag{12.24}$$

值得注意的是，"好"(奇数)阶矩的系数为正，"坏"(偶数)阶矩的系数为负。

从理论上讲，我们可以计算无穷阶中心矩。但在实际中，这显然是不现实的。那么投资者在投资决策中究竟需要多少阶的中心矩呢？萨缪尔森（Samuelson，1970）通过证明得到如下结论：在很多重要的场合，期望值和方差的重要性相当，但三阶及更高阶矩的重要性比期望值和方差小多了。换句话说，忽略比方差高阶的矩并不影响投资决策。萨缪尔森的理论支持是均值-方差分析如此流行的重要原因。

应该注意的是，萨缪尔森的证明有个很重要的前提：证券价格的变动是连续的，也就是说，证券价格不会突然跳跃，这就使投资者可以经常调整其投资组合，从而使高阶矩变得无关紧要。

但在现实生活中，特别是在像中国股市这样受政策影响较大的市场中，股价出现跳跃是常有的事。即使在美国股市，个股价格也常因收购、兼并等突发事件而出现跳跃性变动。此外，交易成本的存在也妨碍了投资者经常调整投资组合。所有这些因素都使高阶矩对投资决策产生较大的影响。但由于高阶矩较为复杂，因此，在大多数分析中，人们都只考虑均值和方差。本书的投资组合理论也是建立在均值-方差分析是可行的这一假定前提下。

三、正态分布与对数正态分布

现代投资组合理论大多假定证券收益率服从正态分布。这是因为正态分布的特征可以完全用均值和方差来描述，从而与均值-方差分析法一致。

单个证券的收益率分布显然与正态分布相去甚远。但费舍尔和洛里（Fisher & Lorie，1970）证明了，即使单个证券的收益率分布不是正态的，充分分散的投资组合的收益率也非常接近正态分布。

有限责任的性质决定了证券的价格不可能为负，而正态分布的取值范围为正负无穷大之间，显然这是互相矛盾的。为了解决这个矛盾，通常假定证券的连续复利收益率而不是比例收益率遵循正态分布。如果用 r 表示连续复利年收益率，S_0 表示当前股价，S_t 表示 t 时刻的股价，t 为以年为单位的时间长度，那么：

$$S_t = S_0 e^{rt} \tag{12.25}$$

两边取自然对数得：

$$\ln S_t = \ln S_0 + rt \tag{12.26}$$

由于 $\ln S_0$ 与 t 均为常数，因此如果 r 服从正态分布，那么 $\ln S_t$ 也服从正态分布，或者说 S_t 服从对数正态分布。这样 S 的取值范围就从 0 到正无穷大，这就不再与有限责任互相矛盾了。

附录 B　预期收益率、均方差、协方差和相关系数的经验估计

预期收益率、均方差、协方差和相关系数的估计在投资决策中有着举足轻重的作用。这里我们介绍较简单也较常用的一种经验（empirical）估计法，即根据过去的实际数据对未来进行估计。

首先，我们要选定样本期的长度。选择一个适当的样本期长度并不是一件简单的事

情。一般来说，数据越多，估计结果通常越精确。但是，相关经验研究表明，预期收益率、均方差、协方差和相关系数会随着时间的变化而变化，太早的数据对预测未来的作用可能不大。因此，一个折中的方案就是使用最近 90 至 180 天的每日收盘价[①]进行估计。另一个经常使用的原则就是选择与使用期相同长度的样本期。更为复杂的方法则是使用 GARCH 等计量经济方法。

另一个重要的问题是时间应使用日历时间还是交易时间。大量的经验研究结果显示，用交易时间较为合理。

令：$n+1$ 为我们选定的样本天数；S_i 为第 i 天的收盘价（$i=0,1,2,\cdots,n$）；$u_i=\ln\dfrac{S_i}{S_{i-1}}$，表示第 i 天的连续复利收益率[②]，$i=1,2,\cdots,n$。

则预期收益率的估计值（$\bar{u}$）就等于 u_i 的均值：

$$\bar{u}=\frac{1}{n}\sum_{i=1}^{n}u_i \tag{12.27}$$

收益率的均方差（σ）的无偏估计值为：

$$\hat{\sigma}=\sqrt{\frac{1}{n-1}\sum_{i=1}^{n}(u_i-\bar{u})^2} \tag{12.28}$$

现假设有两种证券 1 和 2，其连续复利年收益率分别为 u_{1i} 和 u_{2i}，收益率的均值分别为 $\bar{u}_1$ 和 $\bar{u}_2$，均方差分别为 σ_1 和 σ_2，则其协方差（σ_{12}）的无偏估计为：

$$\hat{\sigma}_{12}=\frac{1}{n-1}\sum_{i=1}^{n}\left[(u_{1i}-\bar{u}_1)(u_{2i}-\bar{u}_2)\right] \tag{12.29}$$

两种证券的相关系数（ρ_{12}）的估计值为：

$$\hat{\rho}_{12}=\frac{\hat{\sigma}_{12}}{\hat{\sigma}_1\hat{\sigma}_2} \tag{12.30}$$

应该注意的是，根据历史数据估计未来的预期收益率存在很大的局限，在实际应用时要特别小心。例如，根据这段时期估计的招商银行股票的连续复利预期年收益率高达 213.61%，这显然有问题。这也是目前关于股票预期收益率的大多数经验研究（也称为实证研究）存在的问题。

值得一提的是，Excel 本身就有求均值、标准差、协方差和相关系数的函数，其函数名分别为 Average、Stdev、Covar 和 Correl。Excel 中 Covar 的计算公式为：

$$\hat{\sigma}_{12}=\frac{1}{n}\sum_{i=1}^{n}\left[(u_{1i}-\bar{u}_1)(u_{2i}-\bar{u}_2)\right] \tag{12.31}$$

---

① 也可以用每周或每月的收盘价来估计。

② 如果该股票当日有分红派息、增发、拆息等行为，则应对当天的收盘价进行复权。

第十三章 资产定价理论

风险资产的定价是金融学的核心内容之一。在讨论资产定价的时候，我们关心：①资产价格和哪些因素有关；②一个合理的资产价格水平应如何确定；③在一个无套利的市场上，不同资产价格之间有何关系等一系列问题。

学完本章之后，你应该能够：

★ 了解资本资产定价模型的主要内容

★ 了解资本资产定价模型假设的进一步放松

★ 了解套利定价模型的主要内容

★ 了解资产定价模型的实证结果

第一节　资本资产定价模型

在第十二章中，我们给出了最优投资组合的确定方法：投资者首先必须估计所有证券的预期收益率和方差、这些证券之间的协方差以及无风险利率水平；随后，找出切点处投资组合(最优风险组合)，并由无风险利率与切点处投资组合共同决定一条直线，再根据无差异曲线与其切点确定最优投资组合。这种方法属于规范经济学的范畴。本节将在假定所有投资者均按上述方法投资的情况下，研究风险资产的定价问题，它属于实证经济学范畴。我们将着重介绍资本资产定价模型(capital asset pricing model，CAPM)。该模型是由夏普(Sharpe，1964)、林特勒(Lintner，1965)和莫辛(Mossin，1966)等人在现代投资组合理论的基础上提出的，在投资学中占有很重要的地位，并在投资决策和公司理财中得到了广泛运用。夏普和马科维茨因为他们在现代组合理论和资产定价中的贡献获得1990年诺贝尔经济学奖。

一、基本假定

为了推导资本资产定价模型，假定：

(1) 所有投资者的投资期限均相同。

(2) 投资者根据投资组合在单一投资期内的预期收益率和标准差来评价这些投资组合。

(3) 投资者永不满足，当面对其他条件相同的两种选择时，他们将选择具有较高预期收益率的那一种。

(4) 投资者是厌恶风险的，当面对其他条件相同的两种选择时，他们将选择具有较小标准差的那一种。

(5) 每种资产都是无限可分的。

(6) 投资者可按相同的无风险利率借入或贷出资金。

(7) 税收和交易费用均忽略不计。

(8) 对于所有投资者而言，信息都是免费的并且是立即可得的。

(9) 投资者对于各种资产的收益率、标准差、协方差等具有相同的预期。

这些假定虽然与现实世界存在很大差距，但是通过这个假想的世界，可以得出证券市场均衡关系的基本性质，并以此为基础，探讨现实世界中风险和收益之间的关系。

二、资本市场线

(一) 分离定理

在上述假定的基础上，我们可以得出如下结论：

(1) 根据相同预期的假定，我们可以推导出每个投资者的切点组合(最优风险组合)都是相同的(如图 12－20 的 T 点)，从而每个投资者的线性有效集(预算线)都是一致的。

(2) 由于投资者的风险-收益偏好不同，其无差异曲线的斜率不同，因此他们的最优投资组合也不同。

由此可以得出著名的分离定理：投资者对风险和收益的偏好状况与该投资者最优风险资产组合的构成是无关的。

分离定理可从图 13－1 中看出。I_1 代表厌恶风险程度较轻的投资者的无差异曲线，该投资者的最优投资组合位于 P_1 点，这表明他将借入的资金投资于风险资产组合；I_2 代表较厌恶风险的投资者的无差异曲线，该投资者的最优投资组合位于 P_2 点，这表明他将部分资金投资于无风险资产，将另一部分资金投资于风险资产组合。虽然 P_1 和 P_2 位置不同，但它们都是由无风险资产(A)和相同的最优风险组合(T)组成，因此他们的风险资产组合中各种风险资产的构成比例是相同的。

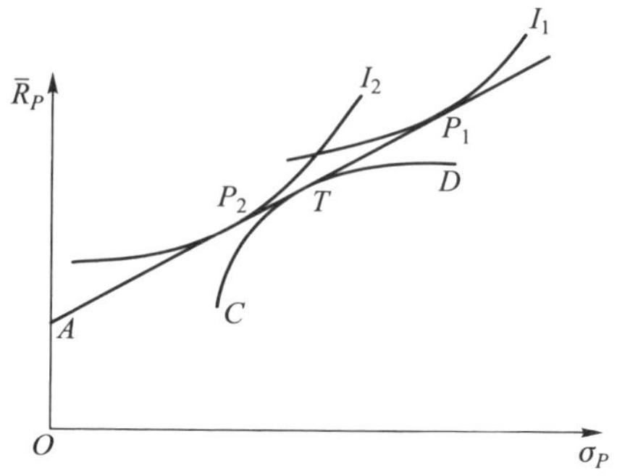

图 13－1 分离定理

(二) 市场组合

根据分离定理，还可以得到另一个重要结论：在均衡状态下，每种证券在均衡点处投资组合中都有一个非零的比例。

这是因为，根据分离定理，每个投资者都持有一定数量的切点组合(T)。如果某种证券在 T 组合中的比例为零，那么就没有人购买该证券，该证券的价格就会下降，从而使该证券的预期收益率上升，直到在最优风险组合 T 中该证券的比例非零为止。

同样，如果投资者对某种证券的需求量超过其供给量，则该证券的价格会上升，这就导致其预期收益率下降，从而降低其吸引力，它在最优风险组合中的比例也将下降，直到对其需求量等于其供给量为止。

因此,在均衡状态下,每一个投资者对每一种证券都愿意持有一定的数量,市场上各种证券的价格都处于使该证券供求相等的水平上,无风险利率的水平也正好使借入资金的总量等于贷出资金的总量。这样,在均衡时,最优风险组合中各证券的构成比例等于市场组合(market portfolio)中各证券的构成比例。所谓市场组合是指由所有证券构成的组合,在这个组合中,每一种证券的构成比例等于该证券的相对市值。一种证券的相对市值等于该证券市值除以所有证券的总市值。

习惯上,人们将切点处组合称为市场组合,并用 M 代替 T 来表示。从理论上讲,M 不仅由普通股构成,还包括优先股、债券、房地产等其他资产。但在现实生活中,人们常将 M 局限于普通股。

(三) 共同基金定理

如果投资者的投资范围仅限于资本市场,而且市场是有效的,那么市场组合就大致等于切点组合。于是单个投资者就不必费劲地进行复杂的分析和计算,只要持有指数基金和无风险资产就可以了。(当然,如果所有投资者都这么做,这个结论就不成立了。因为指数基金本身并不进行证券分析,它只是简单地根据各种股票的市值在市场总市值中的比重来分配其投资。所以,如果每个投资者都不进行证券分析,证券市场就会失去形成风险收益均衡关系的基础)如果我们把货币市场基金看作无风险资产,那么投资者所要做的事情只是根据自己的风险厌恶系数 A,将资金合理地分配于货币市场基金和指数基金,这就是共同基金定理。[①]

共同基金定理将证券选择问题分解成两个不同的问题:一个是技术问题,即由专业的基金经理人创立指数基金;二是个人问题,即根据投资者个人的风险厌恶系数将资金在指数基金与货币市场基金之间进行合理配置。

(四) 有效集

根据资本资产定价模型的假定,可以很容易地找出有效组合风险和收益之间的关系。如果我们用 M 代表市场组合,用 R_f 代表无风险利率,从 R_f 出发画一条经过 M 的直线,这条线就是在允许无风险借贷情况下的线性有效集,在此我们称之为资本市场线(capital market line,CML),如图 13-2 所示。任何不利用市场组合以及不进行无风险借贷的所有其他组合都位于资本市场线的下方。

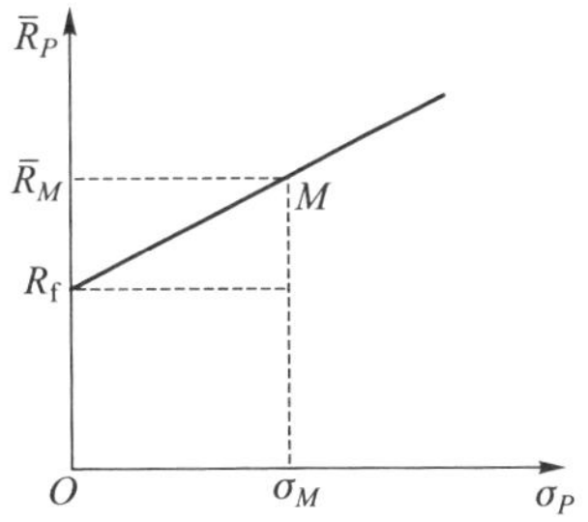

图 13-2　资本市场线

从图 13-2 可以看出,资本市场线的斜率等于市场组合预期收益率与无风险证券收益率之差($\bar{R}_M-R_f$)除以它们的风险之差(σ_M-0),即($\bar{R}_M-R_f$)$/\sigma_M$。由于资本市场线与纵轴的截距为 R_f,因此其表达式为:

① 推而广之,如果现实世界中的风险源有 n 个,并且有专门针对这些风险源的 n 个共同基金,那么投资者只要根据自己对各种风险的厌恶系数 A_i($i=1,2,\cdots,n$)将资金合理地分配于共同基金和货币市场基金($n+1$ 个基金),就可以实现最优风险配置。

$$\bar{R}_p = R_f + \frac{\bar{R}_M - R_f}{\sigma_M}\sigma_p \tag{13.1}$$

式中：$\bar{R}_p$ 和 σ_p 分别表示最优投资组合[①]的预期收益率和标准差。

从式(13.1)可以看出，证券市场的均衡可用两个关键数字来表示：一是无风险利率 R_f；二是单位风险报酬 $(\bar{R}_M - R_f)/\sigma_M$。它们分别代表时间报酬和风险报酬。因此，从本质上说，证券市场提供了时间和风险的交易场所，其价格由供求双方的力量决定。

三、证券市场线

资本市场线反映的是有效组合的预期收益率和标准差之间的关系，任何单个风险证券由于均不是有效组合而一定位于该直线的下方。因此，资本市场线并不能告诉我们单个证券的预期收益与标准差之间存在怎样的关系。为此，我们有必要做进一步分析。

根据式(12.12)可以得出市场组合标准差的计算公式为：

$$\sigma_M = \left[\sum_{i=1}^{n}\sum_{j=1}^{n} X_{iM}X_{jM}\sigma_{ij}\right]^{1/2} \tag{13.2}$$

式中：X_{iM} 和 X_{jM} 分别表示证券 i 和 j 在市场组合中的比重。

式(13.2)可以展开为：

$$\sigma_M = \left[X_{1M}\sum_{j=1}^{n} X_{jM}\sigma_{1j} + X_{2M}\sum_{j=1}^{n} X_{jM}\sigma_{2j} + X_{3M}\sum_{j=1}^{n} X_{jM}\sigma_{3j} + \cdots + X_{nM}\sum_{j=1}^{n} X_{jM}\sigma_{nj}\right]^{1/2} \tag{13.3}$$

根据协方差的性质，证券 i 与市场组合的协方差(σ_{iM})等于证券 i 与市场组合中每种证券的协方差的加权平均数：

$$\sigma_{iM} = \sum_{j=1}^{n} X_{jM}\sigma_{ij} \tag{13.4}$$

如果将协方差的这个性质运用于市场组合中的每一个风险证券，并代入式(13.3)，可以得到：

$$\sigma_M = \left[X_{1M}\sigma_{1M} + X_{2M}\sigma_{2M} + X_{3M}\sigma_{3M} + \cdots + X_{nM}\sigma_{nM}\right]^{1/2} \tag{13.5}$$

式中：σ_{1M} 表示证券 1 与市场组合的协方差；

σ_{2M} 表示证券 2 与市场组合的协方差；

以此类推。

式(13.5)表明，市场组合的标准差等于所有证券与市场组合协方差的加权平均数的平方根，其权重为各种证券在市场组合中的比例。

由此可见，在考虑风险时，重要的不是各种证券自身的整体风险，而是其与市场组合的协方差。这就是说，自身风险较高的证券，并不意味着其预期收益率也较高；同样，自身风险较低的证券，也并不意味着其预期收益率也较低。单个证券的预期收益率水平应取决于其与市场组合的协方差。

---

① 即由无风险资产和市场组合组成的任何组合。

由此可以得出如下结论：具有较大 σ_{iM} 值的证券必须按比例提供较高的预期收益率以吸引投资者。由于市场组合的预期收益率和标准差分别是各种证券的预期收益率和各种证券与市场组合的协方差(σ_{iM})的加权平均数，其权重均等于各种证券在市场组合中的比例，因此，如果某种证券的预期收益率相对于其 σ_{iM} 值太低的话，投资者只要把这种证券从其投资组合中剔除就可提高其投资组合的预期收益率，从而导致证券市场失衡。同样，如果某种证券的预期收益率相对于其 σ_{iM} 值太高的话，投资者只要增持这种证券就可提高其投资组合的预期收益率，从而也导致证券市场失衡。在均衡状态下，单个证券的风险和收益的关系可以表示为：

$$\bar{R}_i = R_f + \left(\frac{\bar{R}_M - R_f}{\sigma_M^2}\right)\sigma_{iM} \tag{13.6}$$

式(13.6)所表示的就是著名的证券市场线(security market line，SML)，它反映了单个证券与市场组合的协方差和其预期收益率之间的均衡关系。如果用纵轴表示 $\bar{R}_i$，用横轴表示 σ_{iM}，则证券市场线在图上就是一条截距为 R_f、斜率为 $\frac{\bar{R}_M - R_f}{\sigma_M^2}$ 的直线，如图 13－3(a)所示。

从式(13.6)可以发现，对于 σ_{iM} 等于 0 的风险证券而言，其预期收益率等于无风险利率，因为这个风险证券与无风险证券一样，对市场组合的风险没有任何影响。更有趣的是，当某种证券的 $\sigma_{iM}<0$ 时，该证券的预期收益率甚至低于 R_f。

令 $\beta_{iM} = \frac{\sigma_{iM}}{\sigma_M^2}$，我们可以得到：

$$\bar{R}_i = R_f + (\bar{R}_M - R_f)\beta_{iM} \tag{13.7}$$

式中：β_{iM} 称为证券 i 的 β 系数，表示证券 i 与市场组合协方差的另一种方式。

式(13.7)是证券市场线的另一种表达形式。如果用纵轴表示 $\bar{R}_i$，用横轴表示 β_{iM}，则证券市场线也可表示为截距为 R_f，斜率为($\bar{R}_M - R_f$)的直线，如图 13－3(b)所示。

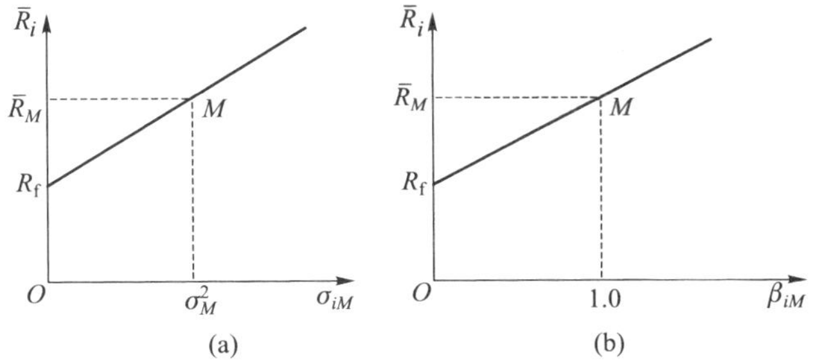

图 13－3 证券市场线

β 系数的一个重要特征是，一个证券组合的 β 值等于该组合中各种证券 β 值的加权平均数，权重为各种证券在该组合中所占比例，即：

$$\beta_{pM} = \sum_{i=1}^{n} X_i \beta_{iM} \tag{13.8}$$

式中：β_{pM} 表示组合 P 的 β 值。

由于任何组合的预期收益率和 β 值都等于该组合中各个证券预期收益率和 β 值的加权平均数，其权重也都等于各个证券在该组合中所占比例，因此，既然每一种证券都落在证券市场线上，那么由这些证券构成的组合也一定落在证券市场线上。

通过比较资本市场线和证券市场线可以看出，只有最优投资组合才落在资本市场线上，其他组合和证券则落在资本市场线的下方。而对于证券市场线而言，无论是有效组合还是非有效组合，它们都落在证券市场线上。

既然证券市场线包括了所有证券和所有组合，那么它也一定包含了市场组合和无风险资产。在市场组合那一点，β 值为 1，预期收益率为 $\bar{R}_M$，因此其坐标为 $(1,\bar{R}_M)$。在无风险资产那一点，β 值为 0，预期收益率为 R_f，因此其坐标为 $(0,R_f)$。证券市场线反映了在不同的 β 值水平下，各种证券及证券组合应该实现的预期收益率水平，从而反映了各种证券和证券组合系统性风险与预期收益率的均衡关系。由于预期收益率与证券价格成反比，因此证券市场线实际上也给出了风险资产的定价公式。

资本资产定价模型所揭示的投资收益与风险的函数关系，是通过投资者对持有证券数量的调整并引起证券价格的变化而达到的。根据每一证券的收益和风险特征，给定一证券组合，如果投资者愿意持有的某一证券的数量不等于已持有的数量，投资者就会通过买进或卖出证券进行调整，由此对这种证券价格产生上涨或下跌的压力。在实现一组新的价格水平后，投资者将重新估计对各种证券的需求，这一过程将持续到投资者对每一种证券愿意持有的数量等于已持有的数量为止，此时证券市场达到均衡。

四、β 值的估算

（一）单因素模型

β 系数的估计是 CAPM 实际运用时最为重要的环节之一。在实际运用中，人们常用单因素模型来估计 β 值。单因素模型[①]一般可以表示为：

$$R_{it}=\alpha_i+\beta_i R_{mt}+\varepsilon_{it} \tag{13.9}$$

式中：R_{it} 为证券 i 在 t 时刻的实际收益率；

R_{mt} 为市场指数在 t 时刻的实际收益率；

α_i 为截距项；

β_i 为证券 i 收益率变化对市场指数收益率变化的敏感性指标，衡量的是系统性风险；

ε_{it} 为随机误差项，该随机误差项的期望值为零。

式(13.9)常被称为市场模型。

虽然从严格意义上讲，资本资产定价模型中的 β 值与单因素模型中的 β 值是有区别的，前者相对于整个市场组合而言，而后者相对于某个市场指数而言，但是在实际操作中，由于我们不能确切知道市场组合的构成，所以一般用市场指数来代替，因此，可以用单因素模型所得出的 β 值来代替资本资产定价模型中的 β 值。而且，CAPM 中的 β 值是预期

① 也有一些人用超额收益率而不用总收益率。所谓超额收益率就是总收益率超过无风险利率的部分。

值，而我们无法知道投资者的预测值是多少，只能根据历史数据估计过去一段样本期内的 β 值，并把它当作预测值使用。其中的偏差是显而易见的，应注意这个问题。

单因素模型可以用图 13－4 中的特征线表示。特征线是由对应于市场指数收益率的证券收益率的散点图拟合而成的。根据单因素模型，β 值可以看作特征线的斜率，它表示市场指数收益率变动 1%时，证券收益率的变动幅度。

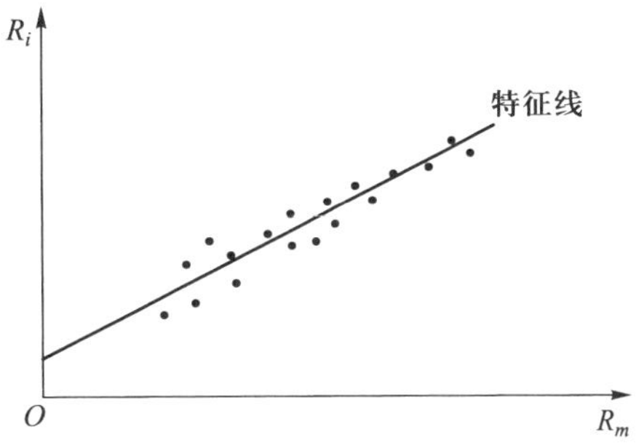

图 13－4　β 值和特征线

我们可以根据对历史数据的回归分析估计出单因素模型中的参数，从而得出 β 值。例如，我们可以计算过去 9 年间的月平均收益率，这样市场指数和某一证券的收益率就分别有 108 个观测值，然后对这些观测值进行回归分析。观测值越多，β 值的估算就越准确。

本书的教学网站中有如何利用个股和指数的月平均收益率数据估计 β 值的 Excel 表单。此处将估计结果列于表 13－1 中。

表 13－1　根据市场模型估计的 7 只股票和等权重组合的 β 值

股票代码	α	β	R^2	标准误		样本数
				α	β	
600601	0.017	1.075	0.612	0.013	0.083	108
600602	−0.005	1.300	0.775	0.011	0.068	108
600603	0.000	1.098	0.773	0.009	0.058	108
600604	−0.004	0.930	0.690	0.009	0.061	108
600651	0.021	1.020	0.603	0.012	0.080	108
600652	0.014	1.004	0.579	0.013	0.083	108
600653	0.008	1.104	0.730	0.010	0.065	108
等权重组合	0.008	0.977	0.827	0.007	0.043	108

表中的 R^2 被称为可决系数，它表示因变量（股票收益率）的方差能被自变量（上证综合指数收益率）的变动所解释的比例，用公式表示为：

$$R^2=\beta^2\sigma_M^2/\sigma^2 \tag{13.10}$$

标准误主要用于判断所估计的系数是否显著不为 0。基本的判断原则是当估计的系数小于标准误的 2 倍时，就不能拒绝其真实值为 0 的原假设。从表中的数据来看，α 估计值都不显著，而 β 估计值都显著不为 0。

（二）多因素模型

市场收益率的变动只是系统性风险的最终表现，而系统性风险本身的原因可能是多方面的（如 GDP 的增长率、利率水平、通货膨胀率等），同时各种证券对这些因素的敏感度也是不同的。因此，有些学者提出了各种各样的多因素模型。例如，陈、罗尔和罗斯

(Chen,Roll & Ross,1986)提出：

$$R_{it}=\alpha_i+\beta_{IP_i}IP_t+\beta_{EI_i}EI_t+\beta_{UI_i}UI_t+\beta_{CG_i}CG_t+\beta_{GB_i}GB_t+\varepsilon_{it} \quad (13.11)$$

式中：IP 表示工业生产增长率；

EI 表示预期通货膨胀率；

UI 表示未预期到的通货膨胀率；

CG 表示长期公司债相对于长期国债的超额收益率；

GB 表示长期国债相对于短期国库券的超额收益率；

β_{IP}、β_{EI}、β_{UI}、β_{CG}、β_{GB} 分别表示证券 i 的收益率对工业生产增长率、预期通货膨胀率、未预期到的通货膨胀率、长期公司债相对于长期国债的超额收益率和长期国债相对于短期国库券的超额收益率的敏感度。

此外，有些学者还认为，投资者在投资时，关心的不仅仅是市场收益率变动的风险，还关心其他的风险源，例如证券投资收益率与其工资收入之间的关系，因此也提出了各种各样的多因素模型，其中最为著名的是法玛和弗伦奇(Fama & French,1986)的三因素模型：

$$R_{it}=\alpha_i+\beta_{Mi}R_{Mt}+\beta_{SMBi}SMB_t+\beta_{HMLi}HML_t+\varepsilon_{it} \quad (13.12)$$

式中：SMB 表示小股票组合收益率与大股票组合收益率的差额；

HML 表示账面市值比率高的股票组合收益率与账面市值比率低的股票组合收益率的差额；

β_{SMB} 和 β_{HML} 分别表示证券 i 的收益率对 SMB 和 HML 的敏感度。

五、关于资本资产定价模型的进一步讨论

资本资产定价模型是建立在严格的假设前提下的。这些严格的假设条件在现实世界中很难满足。那么，该理论有多大的应用价值呢？可以从两个方面来回答这个问题：一是放宽不符合实际的假设前提后，看该理论本身或者经过适当修改后能否基本成立；二是通过实证检验看这一理论是否能较好地解释证券市场的价格运动规律。

(一) 不一致预期

如果投资者对未来收益的分布具有不同的预期，那么他们将持有不同的有效集和选择不同的市场组合。林特勒(Lintner,1969)的研究表明，不一致预期的存在并不会对资本资产定价模型造成致命影响，只是资本资产定价模型中的预期收益率和协方差需要使用投资者预期的一个复杂的加权平均数。尽管如此，如果投资者存在不一致预期，市场组合就不一定是有效组合，其结果是资本资产定价模型不可检验。

(二) 多要素资本资产定价模型

传统的资本资产定价模型假设投资者关心的唯一风险是证券未来价格变化的不确定性，然而投资者通常还会关心一些其他风险，这些风险将影响投资者未来的消费能力，例如，与未来的收入水平变化、未来商品和劳务价格的变化以及未来投资机会的变化等相关的风险都是投资者可能关心的风险。

为此，默顿(Merton,1973)发展了包含“市场外”风险(要素)的资本资产定价模型，称为多要素资本资产定价模型，公式如下：

$$\bar{R}_i = R_f + \beta_{i,M}(\bar{R}_M - R_f) + \beta_{i,F_1}(\bar{R}_{F_1} - R_f) + \beta_{i,F_2}(\bar{R}_{F_2} - R_f) + \cdots + \beta_{i,F_K}(\bar{R}_{F_K} - R_f) \tag{13.13}$$

式中：R_f 为无风险资产收益率；

$F_1, F_2, \cdots, F_K$ 为第一个至第 K 个要素或市场风险来源；

K 为要素或市场风险来源的数量；

β_{i,F_K} 为证券组合或证券 i 对第 K 个要素的敏感度；

$\bar{R}_{F_K}$ 为要素 K 的预期收益率。

式(13.13)表明，投资者除了因承担市场风险而要求获得补偿外，还要求因承担市场外的风险而获得相应补偿，当市场风险外的风险要素为零时，多要素资本资产定价模型就变为传统的资本资产定价模型：

$$\bar{R}_i = R_f + \beta_{iM}(\bar{R}_M - R_f) \tag{13.14}$$

就传统的资本资产定价模型而言，投资者可以通过持有市场组合而规避非系统性风险，市场组合可以看作根据相对投资额投资于所有证券的共同基金。在多要素资本资产定价模型中，投资者除了要投资于市场组合以规避市场上的非系统性风险外，还要投资于其他的基金以规避某一特定的市场外风险。虽然并不是每个投资者都关心相同的市场外风险，但是关心同一市场外风险的投资者基本上是按照相同的方法来预防风险的。

多要素资本资产定价模型承认非市场性风险的存在，市场对风险资产的定价必须反映补偿市场外风险的风险溢酬。但是，多要素资本资产定价模型的一个问题是，投资者很难确认所有的市场外风险并经验地估计每一个风险。当综合考虑这些风险因素时，多要素资本资产定价模型与后面将要讨论的套利定价模型非常相似。

传统的 CAPM 假定投资者的投资期限都是单期的，而默顿则假定投资者关心其一生的消费，并由此推导出投资者对证券的需求，因此该模型又称为跨期资本资产定价模型(ICAPM)。

（三）借款受限制的情形

CAPM 假定所有投资者都能按相同的利率进行借贷。但在现实生活中，借款常受到限制(中国的大多数投资者常面临这种局面)，或者借款利率高于贷款利率(即存款利率)，甚至在一些极端的情形下根本就不存在无风险资产。在这种情况下，预期收益率与 β 系数之间的关系又会如何呢？布莱克(Black，1972)对此作了专门研究，推导出借款受限制的各种情况(没有无风险资产、不允许无风险借款和借款利率高于贷款利率)下 CAPM 的变形。

（四）流动性问题

流动性指的是出售资产的难易程度和成本。传统的 CAPM 理论假定，证券交易是没有成本的。但在现实生活中，几乎所有证券交易都是有成本的，所以也不具有完美的流动性。投资者自然偏好流动性好、交易成本低的证券，因此，流动性差的股票收益率自然就应较高。

很多经验证据也表明流动性差会大大降低资产的价格。艾米胡和门德尔松(Amihud & Mendelson，1996)的研究发现，在 1961—1980 年这段时间里，纽约证交所流动性最差的股票收益率平均每年比流动性最好的股票高 8.5 个百分点。乔迪亚、罗尔和苏伯拉曼(Chordia, Roll & Subrahmanyam, 2000)最近的研究则发现流动性风险是系统性的,因而是难以分散的。利用公司债券市场的价格数据,林、王和吴(Lin, Wang & Wu, 2011)也得到了类似的结论。因此,资产价格中应包含流动性溢酬(liquidity premium)。

第二节 因素模型与套利定价模型

1976 年,罗斯(Ross, 1976)利用套利定价原理,提出了套利定价理论(arbitrage pricing theory, APT),从另一个角度探讨了风险资产的定价问题。与夏普等人的 CAPM 相比,APT 的假设条件减少了许多,因此,使用起来较为方便。

一、因素模型

套利定价理论认为,证券收益是与某些因素相关的。为此,在介绍套利定价理论之前,必须先了解因素模型(factor models)。我们先前已经涉及了因素模型,这里做进一步讨论。因素模型认为各种证券的收益率均受某个或某几个共同因素影响。各种证券的收益率之所以相关,主要是因为它们都会对这些共同因素起反应。因素模型的主要目的就是找出这些因素并确定证券收益率对这些因素变动的敏感度。

(一) 单因素模型

为理解方便,我们循序渐进地从单因素模型开始。单因素模型认为,证券收益率只受一种因素影响。

对于任意的证券 i,其在 t 时期的单因素模型表达式为:

$$r_{it}=a_i+b_iF_t+\varepsilon_{it} \qquad (13.15)$$

式中:r_{it} 表示证券 i 在 t 时期的收益率;

F_t 表示该因素在 t 时期的值;

b_i 表示证券 i 对该因素的敏感度;

ε_{it} 为证券 i 的收益率在 t 时期的随机扰动项,其均值为零,标准差为 $\sigma_{\varepsilon i}$;a_i 为常数,它表示要素值为 0 时证券 i 的预期收益率。

因素模型认为,随机扰动项 ε 与因素是不相关的,且两种证券的随机扰动项之间也是不相关的。

根据式(13.15),证券 i 的预期收益率($\bar{r}_i$)为:

$$\bar{r}_i=a_i+b_i\bar{F} \qquad (13.16)$$

式中:$\bar{F}$ 表示该要素的期望值。

根据式(13.15),证券 i 收益率的方差 σ_i^2 为:

$$\sigma_i^2=b_i^2\sigma_F^2+\sigma_{\varepsilon i}^2 \qquad (13.17)$$

式中:σ_F^2 表示因素 F 的方差;

$\sigma_{\varepsilon i}^2$ 表示随机变量 ε_i 的方差。

式(13.17)表明,某种证券的风险等于因素风险($b_i^2\sigma_F^2$)加上非因素风险 $\sigma_{\varepsilon i}^2$。

在单因素模型下，证券 i 和 j 的收益率的协方差 σ_{ij} 为：

$$\sigma_{ij}=b_i b_j \sigma_F^2 \tag{13.18}$$

单因素模型可以大大简化马科维茨模型中确定切点处投资组合的过程，因为它只要知道 a_i、b_i 和 $\sigma_{\varepsilon i}$ 以及 $\bar{F}$ 和 σ_F 即可。

在单因素模型中，证券组合的方差 σ_p^2 等于：

$$\sigma_p^2=b_p^2\sigma_F^2+\sigma_{\varepsilon p}^2 \tag{13.19}$$

式中：$b_p=\sum_{i=1}^{N} x_i b_i$，$\sigma_{\varepsilon p}^2=\sum_{i=1}^{N} x_i^2\sigma_{\varepsilon i}^2$。

（二）两因素模型

两因素模型认为，证券收益率取决于两个因素，其表达式为：

$$r_{it}=a_i+b_{i1}F_{1t}+b_{i2}F_{2t}+\varepsilon_{it} \tag{13.20}$$

式中：F_{1t} 和 F_{2t} 分别表示影响证券收益率的两个因素在 t 时期的值；

b_{i1} 和 b_{i2} 分别表示证券 i 对这两个因素的敏感度。

在两因素模型中，证券 i 的预期收益率为：

$$\bar{r}_i=a_i+b_{i1}\bar{F}_1+b_{i2}\bar{F}_2 \tag{13.21}$$

证券 i 收益率的方差为：

$$\sigma_i^2=b_{i1}^2\sigma_{F1}^2+b_{i2}^2\sigma_{F2}^2+2b_{i1}b_{i2}\text{cov}(F_1,F_2)+\sigma_{\varepsilon i}^2 \tag{13.22}$$

式中：$\text{cov}(F_1,F_2)$ 表示两个因素 F_1 和 F_2 之间的协方差。

证券 i 和证券 j 的协方差为：

$$\sigma_{ij}=b_{i1}b_{j1}\sigma_{F1}^2+b_{i2}b_{j2}\sigma_{F2}^2+(b_{i1}b_{j2}+b_{i2}b_{j1})\text{cov}(F_1,F_2) \tag{13.23}$$

（三）多因素模型

多因素模型认为，证券 i 的收益率取决于 k 个因素，其表达式为：

$$r_{it}=a_i+b_{i1}F_{1t}+b_{i2}F_{2t}+\cdots+b_{ik}F_{kt}+\varepsilon_{it} \tag{13.24}$$

应该注意的是，与资本资产定价模型不同，因素模型不是资产定价的均衡模型。在实际运用中，人们通常通过理论分析确定影响证券收益率的各种因素，然后，根据历史数据，运用时间序列法、跨部门法、因素分析法等实证方法估计因素模型。

二、套利组合

根据套利定价理论，在不增加风险的情况下，投资者将利用构建套利组合的机会来增加其现有投资组合的预期收益率。那么，什么是套利组合呢？

根据套利的定义，套利组合要满足以下三个条件。

条件一：套利组合要求投资者不追加资金，即套利组合属于自融资组合。如果用 x_i 表示投资者持有证券 i 的比例变化，则该条件可以表示为：

$$x_1+x_2+x_3+\cdots+x_n=0 \tag{13.25}$$

条件二：套利组合对任何因素的敏感度为零，即套利组合没有因素风险。由式(13.16)可知，证券组合对某个因素的敏感度等于该组合中各种证券对该因素敏感度的加权平均数，因此，在单因素模型下该条件可表达为：

$$b_1x_1+b_2x_2+\cdots+b_nx_n=0 \tag{13.26}$$

在两因素模型下，条件二的表达式为：

$$\begin{cases} b_{11}x_1+b_{21}x_2+b_{31}x_3+\cdots+b_{n1}x_n=0 \\ b_{12}x_1+b_{22}x_2+b_{32}x_3+\cdots+b_{n2}x_n=0 \end{cases}$$

在多因素模型下，条件二的表达式为：

$$\begin{cases} b_{11}x_1+b_{21}x_2+b_{31}x_3+\cdots+b_{n1}x_n=0 \\ b_{12}x_1+b_{22}x_2+b_{32}x_3+\cdots+b_{n2}x_n=0 \\ \cdots\cdots\cdots\cdots \\ b_{1k}x_1+b_{2k}x_2+b_{3k}x_3+\cdots+b_{nk}x_n=0 \end{cases}$$

条件三：套利组合的预期收益率应大于零，即：

$$x_1\bar{r}_1+x_2\bar{r}_2+\cdots+x_n\bar{r}_n>0 \tag{13.27}$$

【例 13-1】套利组合的构建。某投资者拥有一个三种股票组成的投资组合，3 种股票的市值均为 500 万元，投资组合的总价值为 1 500 万元。假定这三种股票均符合单因素模型，其预期收益率($\bar{r}_i$)分别为 16%、20%和 13%，其对该因素的敏感度(b_i)分别为 0.9、3.1 和 1.9。请问：该投资者能否修改其投资组合，以便在不增加风险的情况下提高预期收益率。

令 3 种股票市值比例的变化分别为 x_1、x_2 和 x_3。根据式(13.25)和式(13.26)，我们有：

$$x_1+x_2+x_3=0$$

$$0.9x_1+3.1x_2+1.9x_3=0$$

上述两个方程有三个变量，因此有多个解。作为其中的一个解，我们令 $x_1=0.1$，则可解出 $x_2=0.083$，$x_3=-0.183$。

为了检验该解能否提高预期收益率，我们将其代入式(13.27)检验。式(13.27)的左边等于：

$$0.1\times0.16+0.083\times0.2-0.183\times0.13=0.881\%$$

由于 0.881%为正数，因此我们可以通过卖出 274.5(−0.183×1 500)万元的第三种股票，买入 150(0.1×1 500)万元第一种股票和 124.5(0.083×1 500)万元第二种股票，使投资组合的预期收益率提高 0.881%。

三、套利定价模型

投资者的套利活动是通过买入收益率偏高的证券，同时卖出收益率偏低的证券而实现的，其结果是使收益率偏高的证券价格上升，其收益率相应回落；同时使收益率偏低的证券价格下降，其收益率相应回升。这一过程将一直持续到各种证券的收益率与各种证券对各因素的敏感度保持适当的关系为止。下面就来推导这种关系。

（一）单因素模型的定价公式

投资者套利活动的目标是套利组合的预期收益率最大化(因为根据套利组合的定义，套利无须投资，也没有风险)。套利组合的预期收益率 $\bar{r}_p$ 为：

$$\bar{r}_p=x_1\bar{r}_1+x_2\bar{r}_2+\cdots+x_n\bar{r}_n \tag{13.28}$$

但套利活动要受到式(13.25)和式(13.26)这两个条件的约束。根据拉格朗日定理，我们可建立如下函数：

$$L=(x_1\bar{r}_1+x_2\bar{r}_2+\cdots+x_n\bar{r}_n)-\lambda_0(x_1+x_2+\cdots+x_n)-\lambda_1(b_1x_1+b_2x_2+\cdots+b_nx_n) \tag{13.29}$$

L 取最大值的一阶条件是上式对 x_i 和 λ 的偏导等于零，即：

$$\frac{\partial L}{\partial x_1}=\bar{r}_1-\lambda_0-\lambda_1 b_1=0$$

$$\frac{\partial L}{\partial x_2}=\bar{r}_2-\lambda_0-\lambda_1 b_2=0$$

…………

$$\frac{\partial L}{\partial x_n}=\bar{r}_n-\lambda_0-\lambda_1 b_n=0$$

$$\frac{\partial L}{\partial \lambda_0}=x_1+x_2+\cdots+x_n=0$$

$$\frac{\partial L}{\partial \lambda_1}=b_1x_1+b_2x_2+\cdots+b_nx_n=0$$

由此可以得到均衡状态下 $\bar{r}_i$ 和 b_i 的关系：

$$\bar{r}_i=\lambda_0+\lambda_1 b_i \tag{13.30}$$

这就是单因素模型下的 APT 定价公式，其中 λ_0 和 λ_1 是常数。

从式(13.30)可以看出，$\bar{r}_i$ 和 b_i 必须保持线性关系，否则投资者就可以通过套利活动来提高投资组合的预期收益率。式(13.30)可以用图 13－5 来表示。

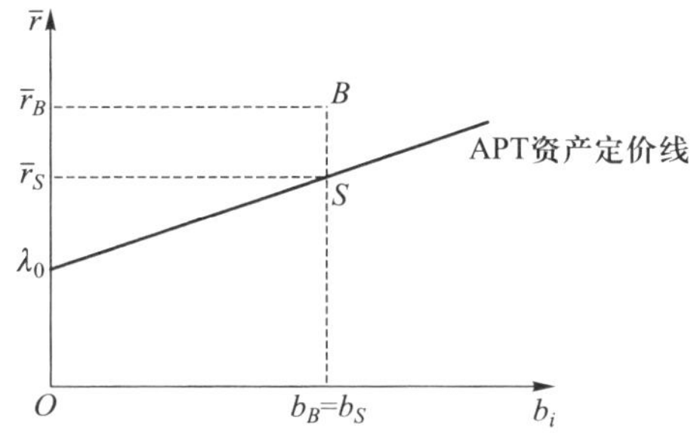

图 13－5　APT 资产定价线

从图 13－5 可以看出，任何偏离 APT 资产定价线的证券，其定价都是错误的，这会给投资者提供构建套利组合的机会。以 B 点所代表的证券为例，该点位于 APT 资产定价线的上方，这意味着其预期收益率较高，投资者就可以通过卖出 S 点所表示的证券，同时买入相同金额的 B 证券，从而形成套利组合。由于买卖证券 B 和 S 的金额相同，因此满足套利组合的条件一；由于证券 B 和 S 的因素敏感度相等，而买卖金额也相同，因此满足条件二；由于证券 B 的预期收益率大于证券 S，且两者在套利组合中的权重相等，因此满足条件三。

由于投资者买入证券 B，其价格不断上升，预期收益率也随之下降，直到回到 APT 资产定价线为止。此时，证券价格处于均衡状态。

那么，式(13.30)中的 λ_0 和 λ_1 代表什么意思呢？我们知道，无风险资产的收益率等于无风险利率，即：$\bar{r}_i = r_f$。由于式(13.30)适用于包括无风险证券在内的所有证券，而无风险证券的因素敏感度 $b_i=0$，因此，根据式(13.30)，我们有：$\bar{r}_i=\lambda_0$。由此可见，式(13.30)中的 λ_0 一定等于 r_f，因此，式(13.30)可重新表示为：

$$\bar{r}_i = r_f + \lambda_1 b_i \tag{13.31}$$

为了理解 λ_1 的含义，我们考虑一个纯因素组合(p^*)，其因素敏感度等于1，即 $b_{p^*}=1$，将其代入式(13.31)，有：

$$\bar{r}_{p^*} = r_f + \lambda_1$$

$$\lambda_1 = \bar{r}_{p^*} - r_f \tag{13.32}$$

由此可见，λ_1 代表风险价格，即单位因素敏感度组合的预期收益率超过无风险利率的部分。为表达方便，我们令 $\delta_1 = \bar{r}_{p^*}$，即 δ_1 表示单位因素敏感度组合的预期收益率，因此我们有：

$$\bar{r}_i = r_f + (\delta_1 - r_f) b_i \tag{13.33}$$

(二) 两因素模型的定价公式

用同样的方法可以得出两因素模型下的APT资产定价公式：

$$\bar{r}_i = \lambda_0 + \lambda_1 b_{i1} + \lambda_2 b_{i2} \tag{13.34}$$

由于无风险证券的收益率为 r_f，其对第一种和第二种因素的敏感度均为零，根据式(13.34)，其预期收益率一定为 λ_0。由此可知，λ_0 一定等于 r_f，即：

$$\bar{r}_i = r_f + \lambda_1 b_{i1} + \lambda_2 b_{i2} \tag{13.35}$$

为理解 λ_1 的含义，我们考虑一个充分多样化的组合，该组合对第一种因素的敏感度等于1，对第二种因素的敏感度等于0。从式(13.35)可知，该组合的预期收益率(δ_1)等于$r_f+\lambda_1$，因此，$\lambda_1=\delta_1-r_f$。这样，式(13.35)就变为：

$$\bar{r}_i = r_f + (\delta_1 - r_f) b_{i1} + \lambda_2 b_{i2} \tag{13.36}$$

为理解 λ_2 的含义，我们考虑另一个充分多样化的组合，该组合对第一种因素的敏感度等于0，对第二种因素的敏感度等于1。从式(13.35)可知，该组合的预期收益率(δ_2)等于 $r_f+\lambda_2$，因此，$\lambda_2=\delta_2-r_f$。这样，式(13.36)就变为：

$$\bar{r}_i = r_f + (\delta_1 - r_f) b_{i1} + (\delta_2 - r_f) b_{i2} \tag{13.37}$$

(三) 多因素模型的定价公式

同样道理，在多因素模型下，APT资产定价公式为：

$$\bar{r}_i = \lambda_0 + \lambda_1 b_{i1} + \lambda_2 b_{i2} + \cdots + \lambda_k b_{ik} \tag{13.38}$$

如果用 δ_j 表示对第 j 种因素的敏感度为1，对其他因素的敏感度为0的证券组合的预期收益率，可以得到：

$$\bar{r}_i = r_f + (\delta_1 - r_f) b_{i1} + (\delta_2 - r_f) b_{i2} + \cdots + (\delta_k - r_f) b_{ik} \tag{13.39}$$

式(13.39)说明，一种证券的预期收益率等于无风险利率加上 k 个因素的风险报酬。

第三节 资产定价模型的实证检验

CAPM和APT的提出对全世界的金融理论研究和实践均产生了巨大的影响，其主要表现有：①大多数机构投资者都按预期收益率-贝塔系数的关系（或者单位风险报酬）来评价其投资业绩；②大多数国家的监管当局在确定被监管对象的资本成本时，都把预期收益率-贝塔系数的关系连同对市场指数收益率的预测作为一个重要因素；③法院在衡量未来收入损失的赔偿金额时也经常使用预期收益率-贝塔系数的关系来确定贴现率；④很多企业在进行资本预算决策时也使用预期收益率-贝塔系数的关系来确定最低要求收益率。

也正因为其影响力如此之大，从 CAPM 和 APT 提出至今，围绕它们的争论就一直没有停止过。而大多数争论都是根据不同的实证检验结果进行的。由于相关文献非常多，本节只能列举一些主要的结论和证据。

一、罗尔的批评

1977 年，罗尔（Roll，1977）发表了一篇重要论文，对 CAPM 的实证检验提出了严厉的批评。其主要观点可以概括为：

（1）CAPM 只有一个可检验的假设，那就是市场组合是均值-方差有效的。

（2）该模型的其他所有运用，包括最著名的预期收益率与贝塔系数之间的线性关系都依赖于市场模型的效率，因此，都不是单独可以检验的。市场组合的有效性是预期收益率与贝塔系数之间线性关系的必要条件。

（3）对于任何的样本期收益率观测值，运用样本期的收益率和协方差（而不是事前的预期收益率和协方差）都可以找到无数的事后均值-方差有效组合。运用任何这种组合与单个资产计算样本期 β 系数都会与样本平均收益率完全线性相关。换句话说，不管从事前的角度看真正的市场组合是否有效，这样计算出来的 β 都会满足证券市场线的关系。

（4）除非我们知道真正市场组合的准确构成，并把它运用于实证检验，否则我们无法检验 CAPM 的对错。这意味着除非我们的样本包括所有资产，否则 CAPM 就无法检验。

（5）运用 S&P500 指数等来代替市场组合会面临两大问题：首先，即使真正的市场组合不是有效的，替代物也可能是有效的。相反，如果我们发现替代物不是有效的，我们也不能凭此认为真正的市场组合是无效的。其次，大多数替代物之间及其与真正的市场组合都会高度相关而无论它们是否有效，这就使市场组合的准确构成看来并不重要。然而，运用不同的替代物会有不同的结论，这就是基准误差（benchmark error），它指的是在检验时使用不正确的基准所导致的误差。

后来，罗尔和罗斯（Roll & Ross，1994）以及坎德尔和斯坦博（Kandel & Stambaugh，1987）将罗尔的批评更推进了一步，他们认为在检验中否定平均收益率与 β 系数存在正向关系只能说明在检验中所用的替代物是无效的，而不能否定预期收益率-β 系数之间的理论关系。他们还证明了，即使高度分散的组合（如所有股票的等权重组合或市值加权组合）也可能不会产生有意义的平均收益率-β 系数关系。

二、β 系数的测度误差

罗尔的批评说明了 CAPM 的实证检验从一开始就是有缺陷的。假设我们可以获得真实的市场组合数据，从而绕过了罗尔的问题，但我们还得解决估计 β 系数时的测度误差这个统计问题。

统计学知识告诉我们，当回归方程右边的变量存在测度误差时，回归方程的斜率就会被低估而截距就会被高估。米勒和斯科尔斯(Miller & Scholes，1972)所做的模拟检验也证实了这一点。这是很多实证检验(如林特勒(Lintner，1965)所做的检验)发现估计的证券市场线过于平缓而截距(超额收益率)不等于0的主要原因。

为了解决β系数的测度误差问题，布莱克、詹森和斯科尔斯(Black，Jensen & Scholes，1972)率先对检验方法进行了创新，在检验中用组合而不用单个证券。将单个证券组成组合可以消除各个证券大部分的非系统性风险，从而提高证券组合β系数和预期收益率估计值的精确度，以此解决β系数测度误差的问题。

但是，一个问题解决了，新的问题又产生了，将股票组成组合会减少样本的数量。为了平衡这两个问题，我们在构建组合时应使各组合β系数的差异尽可能大。在其他条件相同时，自变量的观测值差异越大，回归的估计值就越精确。例如，如果我们要将1 000只股票组成20个组合(每个组合包含50只股票)，那我们就不能将1 000只股票随机分配给20个组合，而应根据β系数的大小对1 000只股票进行排序，然后将β系数最大的50只股票组成第1个组合，把β系数最小的50只股票组成第20个组合，其他以此类推。这样就可得出较为可信的检验结果。法玛和马克贝思(Fama & MacBeth，1973)运用BJS的方法对CAPM进行了实证检验，结果发现，与股票平均收益存在显著关系的唯一变量是股票的市场风险，且存在正向的线性关系，其与股票的非系统性风险无关，但估计的证券市场线仍然过于平缓，截距也为正值。由此可见，CAPM在方向上是正确的，但数量上不够精确。最新研究(Murtazashvili & Vozlyublennaia，2012)考虑了测量误差与定价误差相关时CAPM的表现。

三、围绕收益率异常现象的争论

20世纪80年代以来，越来越多的实证研究发现，除了β值以外，其他一些因素，如上市公司的规模、市盈率(P/E)、财务杠杆比率等，都对证券收益有很大影响。例如，市盈率较低的证券组合、小公司的股票、高股利收入股票的收益率常高于根据资本资产定价模型计算的收益。这种现象被称为异常现象(anomalies)。

在这些实证研究中最为著名的是法玛和弗伦奇(Fama & French，1992)的研究。他们认为公司规模和β系数都与股票的收益率正相关，而这两个解释变量之间又是高度负相关的，因此，他们就试图将两者的效应区分开来。他们以1941—1990年在纽约证交所上市的股票为样本，先将所有股票按市值大小分为10个组合，在每个组合里再按β系数的大小分为10个组合。这样他们就把所有股票分成了100个组合。结果发现，平均收益率与β系数之间并不像CAPM所说的那样存在正相关关系。而规模、账面价值与市值比率则能较好地解释收益率的差异。

为了进一步了解资产收益率与规模、账面价值与市值比率之间的关系，法玛和弗伦奇(Fama & French，1993)提出了一个三因素模型，这些因素分别为市场收益率、小股票组合收益率与大股票组合收益率之差(SMB)、账面市值比高的股票收益率与账面市值比低的股票收益率之差(HML)。他们还发现小股票和价值股的平均收益率都较高，而大股票和增长股的平均收益率都较低，即使经过贝塔系数调整后也是如此。在这基础上，法玛和弗伦奇(Fama & French,2015)进一步提出了五因素模型,在三因素模型基础上又引入了盈利能力和投资因素。法玛和弗伦奇的这一发现就像重磅炸弹一样在理论界和实业界引起了极大的震动,很多人对CAPM的信心开始动摇。但CAPM的支持者则从以下6个方面做出回应:

(一) 在检验过程中运用更好的计量经济学方法

例如,艾米胡、本特和门德尔松(Amihud,Bent & Mendelson,1992)运用广义最小二乘法(GLS)对法玛和弗伦奇所采用的样本进行重新检验,结果发现即使剔除规模、账面价值与市值比率的影响后,平均收益率与β系数之间仍然显著正相关。但他们也发现,若把样本期缩短为1972—1990年,那么两者之间就不存在显著的正相关。考虑到资产收益率波动很大,在较短的样本期内找不到在统计上显著的结果也并不奇怪。

(二) 提高估计β系数的精确度

例如,科萨日、尚肯和斯隆(Kothari,Shanken & Sloan,1994)在估计β系数时用年收益率数据而不用月收益率数据,以避免市场摩擦、非同时交易(nonsynchronous trading)以及月收益率的季节性变化等引起的问题。结果发现平均收益率与β系数之间存在显著的正相关。

(三) 重新考虑法玛和弗伦奇研究结果的理论根源和实践意义

大家对SMB和HML组合所代表的真实的、宏观的、不可分散的风险都很感兴趣。法玛和弗伦奇(Fama & French,1995)注意到,典型的价值股的股价往往都是因为财务困境而跌到很低水平。在破产边缘的公司渡过难关的概率大于破产的概率,这使得价值股的平均收益率较高。这个发现为价值溢酬(value premium)提供了一种自然的解释:在信用危机和流动性危机下,处于财务困境的公司的股票表现将十分恶劣,而这时正是投资者最不愿意听到其投资出现亏损的时候。

希顿和卢卡斯(Heaton & Lucas,1997)的结果也为价值效应提供了解释。他们注意到,典型的投资者是私人拥有的小企业的业主,这些投资者的收入自然对各种财务事件特别敏感,因此,他们持有价值股时就需要较高的溢酬。

如果规模、账面价值与市值比率等明显"无关"的变量实际上是我们还不完全了解的更基本的风险测度的替代物,那么法玛和弗伦奇的研究结果与多因素APT并不矛盾。

(四) 将之归咎于"数据挖掘倾向"

不少CAPM的支持者将各种"异常"现象归咎于"数据挖掘倾向"(data snooping bias)。他们认为,如果全世界的金融研究者都不断地检查各种数据库以寻找成功的交易策略,那他们肯定可以找到一些似乎可以预测预期收益率的变量。但实际上,这些现象都是样本内的假象,在样本外就不再成立。

例如,最近几年,规模和账面价值与市值比溢酬已大大减少。1981年小公司效应被发现后,SMB组合的收益率就大大下降。在法玛和弗伦奇(Fama & French,1993)的最初样本(1960—1990年)中,HML累积收益是市场收益的2.6倍。但如果我们考察整个时期(1947—1999年),HML的累积收益与市场累积收益几乎完全一样,这是因为从1990—1999年,市场的累积收益是HML组合的1.71倍。

这个现象引起了CAPM支持者的极大兴趣。如果平均收益率在被公布之后就大幅下降，这很可能意味着这种异常现象的存在只是由于大多数投资者不知道而已。当他们知道了这种异常现象之后，他们就会利用这种异常现象，从而使小股票和价值股股价进一步攀升，从而使这种异常现象在短期内更为突出。但等大量的投资者将小股票和价值股纳入其投资组合之后，异常的高收益就会消失。

（五）回到单因素模型，考虑不可交易的资产以及 β 系数的周期行为

CAPM 的市场组合包括了全世界的所有资产，而且假定这些资产都是可交易的。但上述检验均只涉及美国的股票。大家知道，即使不考虑其他国家的资产，在美国，人力资本也是人们收入的重要组成部分。而人力资本价值的变动与股价指数变动之间的相关度是不大的，因此，将人力资本纳入投资组合可以大大降低风险。贾格纳森和王（Jaganathan & Wang，1996）对此做了尝试。他们用总的劳动收入变化率来代替人力资本价值的变动。除了用市值加权的股价指数估计标准的证券的 β（β^{VW}）值外，他们还估计资产相对于劳动收益增长率的 β 值（β^{Labour}）。他们还考虑了经济周期对 β 值的影响。他们用低信用等级公司债的收益率与高信用等级公司债的收益率之差来衡量经济周期的状态，并估计资产价值相对于经济周期变量的 β 值（β^{prem}）。然后将这 3 个 β 系数连同规模（市值）一起，对各种股票组合的收益率进行横截面回归分析，结果发现 3 个 β 的解释能力都大大提高，而规模变量的重要性消失了。他们还将自己的条件 CAPM（名称中含有“条件”是因为 β 系数取决于经济状态）与陈、罗尔和罗斯（Chen，Roll & Ross，1986）的多因素 APT 以及法玛和弗伦奇的三因素模型的估计相比较，结果发现，考虑了人力资本和 β 的周期性变化后，CRR 所考虑的宏观经济因素和 FF 的规模、账面价值与市值比的重要性全部消失了。

（六）可变波动率

CAPM 的另一些支持者认为，股价的变动主要是受新信息的影响，而新信息到达的密集度是不同的，因而股价波动的方差以及相互之间的协方差就可能随时间而改变。帕甘和施韦尔特（Pagan & Schwert，1990）用 152 年（1835—1987 年）的数据估计了纽约证交所上市的股票月平均收益率的方差，结果发现它随时间大幅波动。这意味着如果我们能改善对随时间而改变的方差、协方差的建模、估计和预测技术，我们对预期收益率行为的理解将前进一大步。

当我们考虑收益率的分布会随时间改变时，我们就要研究条件均值、方差和协方差而不是无条件均值、方差和协方差。目前，最广为使用的估计条件方差和协方差的模型是恩格尔（Engle，1982）提出的 GARCH 模型。恩格尔（Engle，2002）又把 GARCH 模型推广到了多维数据（Multivariate GARCH 模型）。林海（2001）对中国股市波动率的估计做了有益的探索。

四、股权溢价难题

在一篇引起广泛兴趣的论文中，梅拉和普雷斯科特（Mehra & Prescott，1985）计算了 1889—1978 年股票组合的超额收益率，他们发现历史平均超额收益率如此之高，以至于任何合理水平的风险厌恶系数都无法与之相称。这就是股权溢价难题（equity premium puzzle）。这一发现引发了一场力图解释该难题的大讨论。其中有两种解释特别值得注意。

(一) 预期收益率与实际收益率

在2002年发表的一篇论文中，法玛和弗伦奇(Fama & French，2002)对股权溢价难题提供了一种较具说服力的解释。他们计算了1872—1999年美国的平均无风险利率、股票平均收益率以及风险溢价，结果发现，1872—1949年，风险溢价只有4.62%，而1950—1999年，风险溢价高达8.41%。他们还对根据实际平均收益率计算风险溢价提出了质疑。他们用不变增长率的股利贴现模型(参见本书第六章)来估计预期收益率，结果发现1872—1949年，用股利贴现模型估计的预期风险溢价与根据实际平均收益率计算出来的风险溢价相差无几，但在1950—1999年，前者则大大小于后者。这说明在1950—1999年过高的平均超额收益率实际上是超过了投资者在投资决策时所期望得到的水平。因此他们认为股权溢价难题至少部分是由于近50年来意外的资本利得过高所致。

法玛和弗伦奇认为，在估计预期资本利得时，用股利贴现模型比根据实际平均收益率更可靠，理由包括以下3个方面：

(1) 1950—1999年实际平均收益率超过了公司投资的内部收益率。如果这种收益率代表了事前的预期，那么根据公司财务的基本原理，我们只能得出公司愿意进行净现值为负的投资这样一个不可思议的结论。

(2) 用股利贴现模型进行估计的统计精确性要远高于使用历史平均收益率，后者的标准误(2.45)是前者(1.03)的2.4倍左右。

(3) 在计算单位风险报酬(夏普比率)时，用股利贴现模型远比根据实际收益率稳定。1872—1949年和1950—1999年，前者估计的夏普比率分别为0.23和0.21，而后者估计的夏普比率分别为0.24和0.51。如果投资者的总体风险厌恶系数不随时间变化，夏普比率应该较为稳定才对。

(二) 幸存者偏差

股权溢价难题是从美国股市发现的。我们有理由相信，根据美国股市估计的风险溢价存在幸存者偏差(survivorship bias)问题，因为半个世纪前谁也不知道美国会成为世界上无人匹敌的霸主，也不知道第三次世界大战没有爆发，更不知道科技进步如此之快。当时投资者担心的很多灾难都没有发生，而原来意想不到的奇迹却发生了，这就是幸存者偏差。

为了进一步研究这个问题，朱日恩和戈兹曼(Jurion & Goetzmann，1999)收集了39个国家1926—1996年股票市场升值指数的数据，结果发现美国股市扣除通货膨胀后的真实收益率在所有国家中是最高的，年真实收益率高达4.3%，而所有其他国家的中位数是0.8%。

本章小结

1. 资本资产定价模型表明，当证券市场处于均衡状态时，资产的预期收益率等于市场对无风险投资所要求的收益率加上风险溢价。给定无风险收益率 R_f 为一常数，投资收益率为系统性风险 β 值的正的线性函数，而风险溢价由以下两个因素决定：①市场组合的预期收益率与无风险收益率之差($\bar{R}_M - R_f$)，这是每单位风险的风险溢价；②用 β 系数表示的风险值，用公式表示为：$\bar{R}_i = R_f + (\bar{R}_m - R_f)\beta_i$。

2. 因素模型认为各种证券的收益率均受某个或某几个共同因素影响。各种证券收益率之所以相关，主要是因为它们都会对这些共同因素起反应。

3. 套利定价理论认为，套利组合要满足三个条件：

(1) 投资者不追加资金；

(2) 套利组合对任何因素的敏感度均为零；

(3) 套利组合的预期收益率大于零。

4. 当所有证券均得到合理定价，以至于不存在无风险套利机会时，我们就称其满足无套利条件。无套利定价法是金融学最为重要的方法之一。

5. 套利定价理论也是关于资产定价的均衡模型，但与资本资产定价模型相比，套利定价理论的假设条件少多了，使用起来也方便很多。

6. 套利定价理论认为，一种证券的预期收益率等于无风险利率(r_f)加上 k 个因素风险报酬($\delta_k - r_f$)：

$$\bar{r}_i = r_f + (\delta_1 - r_f)b_{i1} + (\delta_2 - r_f)b_{i2} + \cdots + (\delta_k - r_f)b_{ik}$$

7. 对 CAPM 的实证检验即使不是完全不可能的，也是极其困难和复杂的，会遇到难以找到真正的市场组合、用实际收益率替代预期收益率、数据挖掘倾向、幸存者偏差、样本误、相关变量是否随时间变化等诸多难题，因此理论界还远未形成定论。但这并不影响 CAPM 和 APT 在实践中发挥重要的作用。

重要概念

分离定理　共同基金定理　市场组合　资本市场线　证券市场线　β 系数　特征线　资本资产定价模型　套利定价理论　因素模型　三因素模型　套利组合　流动性溢酬　收益率异常　数据挖掘倾向　股权溢价难题　幸存者偏差

进一步阅读

[1] Sharpe, W. Capital asset prices: a theory of market equilibrium under conditions of risk[J]. Journal of Finance, 1964(19): 425 - 442.

[2] Ross S A. The arbitrage theory of capital asset pricing[J]. Journal of Economic Theory, 1976(13): 341 - 360.

[3] Mehra R, Prescott E. The equity premium puzzle [J]. Journal of Monetary Economics, 1985(15): 145 - 161.

[4] Da Z, Guo R, Jaganna than R. CAPM for estimating the cost of equity capital: Interpreting the empirical evidence [J]. Journal of Financial Economics, 2012 (103): 204 - 220.

参考文献

[1] Amihud Y, Mendelson H. Asset pricing and the bid-ask spread[J]. Journal of Financial Economics, 1996(17): 223 - 249.

[2] Amihud Y, Bent J C, Mendelson H. Further evidence on the risk-return relationship [D]. Graduate School of Business, Stanford University, 1992.

[3] Black F. Capital market equilibrium with restricted borrowing[J]. Journal of Business, 1972(45): 444 - 455.

[4] Black F, Jensen M C, Scholes M. The capital asset pricing model: some empirical tests[J]. In: Michael C Jensen, ed. Studies in the Theories of Capital Markets, New York: Praeger.

[5] Chen N, Roll R, Ross S. Economic forces and the stock market[J]. Journal of Business, 1986(59): 383 - 403.

[6] Chordia T, Roll R, Subrahmanyam A. Commonality in liquidity[J]. Journal of Financial Economics, 2000(56): 3 - 28.

[7] Engle R F. Autoregressive conditional heteroskedasticity with estimates of the variance of U. K. inflation[J]. Econometrica, 1982(50): 987 - 1008.

[8] Engle R F. Dynamic conditional correlation: A Simple class of multivariate seneralized antoregressive conditional heteroskedasticity models[J]. Journal of Business and Economic Statistics, 2002(3): 339 - 350.

[9] Fama E F, French K R. Common risk factors in the returns on stocks and bonds[J]. Journal of Financial Economics, 1993(33): 30 - 56.

[10] Fama E F, French K R. Multifactor explanations of asset pricing anomalies[J]. Journal of Finance, 1986(51): 55 - 84.

[11] Fama E F, French K R. Size and book-to-market factors in earnings and returns[J]. Journal of Finance, 1995(50): 131 - 155.

[12] Fama E F, French K R. The equity premium [J]. Journal of Finance, 2002 (57): 637 - 659.

[13] Fama E F, French K R. The cross section of expected stock returns[J]. Journal of Finance, 1992(47): 427 - 466.

[14] Fama E F, French K R. A five factor asset pricing model. Journal of Financial Economics, 2015(1): 1 - 22.

[15] Fama E, MacBeth J. Risk, return and equilibrium: empirical test[J]. Journal of Political Economy, 1973(81): 607 - 636.

[16] Heaton J, Lucas D. Portfolio choice and asset prices: the importance of entrepreneurial risk[D]. Northwestern University, 1997.

[17] Jaganathan R, Wang Z. The conditional CAPM and the cross-section of expected re-

turns[J]. Journal of Finance, 1996(51): 3 - 54.

[18] Jorion P, Goetzmann W N. Global stock markets in the twentieth century[J]. Journal of Finance, 1999(54): 1015 - 1044.

[19] Murtazashvili I, Vozlyublennaia N. The performance of cross-sectional regression tests of the CAPM with non-zero pricing errors[J]. Journal of Banking & Finance, 2012(36): 1057 - 1066.

[20] Kandel S, Stambaugh R F. On correlations and inferences about mean-variance efficiency[J]. Journal of Financial Economics, 1987(18): 61 - 90.

[21] Kothari S P, Shanken J, Sloan R G. Another look at the cross section of stock returns[J]. Journal of Finance, 1994(49): 101 - 121.

[22] Lin H, Wang J, Wu C. Liquidity risk and expecfeel corporate bond returns[J]. Journal of Financial Economics, 2011(3): 628 - 650.

[23] Lintner J. Security prices, risk and maximal gains from diversification[J]. Journal of Finance, 1965(20): 587 - 615.

[24] Lintner J. The valuation of risk assets and the selection of risky investments in stock portfolio and capital budgets[J]. Review of Economics and Statistics, 1965 (47): 13 - 37.

[25] Lintner J. The aggregation of investor's diverse judgments and preferences in purely competitive security markets[J]. Journal of Financial and Quantitative Analysis, 1969(12): 347 - 400.

[26] Mehra R, Prescott E. The equity premium puzzle[J]. Journal of Monetary Economics, 1985(15): 145 - 161.

[27] Merton R. An intertemporal capital asset pricing model[J]. Econometrica, 1973 (41): 867 - 888.

[28] Miller M, Scholes M. Rate of return in relation to risk: a reexamination of some recent findings[J]. In: Jensen M C, ed. Studies in the Theories of Capital Markets, New York: Praeger.

[29] Mossin J. Equilibrium in a capital asset market[J]. Econometrica, 1966(34): 768 - 783.

[30] Pagan A, Schwert G W. Alternative models for conditional stock volatility[J]. Journal of Econometrics, 1990(45): 267 - 290.

[31] Roll R. A critique of asset pricing theory: part I. on the past and potential testability of the theory[J]. Journal of Financial Economics, 1977(4): 129 - 176.

[32] Roll R, Ross S A. On the cross-sectional relation between expected return and betas [J]. Journal of Finance, 1994(49): 101 - 121.

[33] Ross S A. The arbitrage theory of capital asset pricing[J]. Journal of Economic Theory, 1976(13): 341 - 360.

[34] Sharpe W. Capital asset prices: a theory of market equilibrium under conditions of risk[J]. Journal of Finance, 1964(19): 425 - 442.

[35] 林海.中国股票市场价格波动率的实证研究[D].厦门大学硕士论文,2001.

即测即评

习　题

1. 某投资组合的预期收益率为16%,市场组合的预期收益率为12%,无风险利率为5%。请问:在均衡状态下该投资组合的β系数应等于多少?

2. 某固定资产投资项目初始投资为1 000万元,未来10年内预计每年都会产生400万元的税后净收益,10年后报废,残值为0。该项目的β值为1.6,市场无风险利率为6%,市场组合的预期收益率为15%。请问:该项目的净现值等于多少?当该项目的β值超过多少时,其净现值就会变成负数?

3. 请判断以下陈述正确与否,并解释原因:

(1) β值为0的股票,其预期收益率也等于0。

(2) CAPM理论告诉我们,波动率越大的股票,其预期收益率应越高。

(3) 为了使你的投资组合的β值等于0.8,你可以将80%的资金投资于无风险资产,20%投资于市场组合。

4. 假设由两种证券组成市场组合,它们的期望收益率、标准差和比例如表13-2所示。

表13-2　两种证券的期望收益率、标准差和在组合中的比例

证券	期望收益率(%)	标准差(%)	比例
A	10	20	0.40
B	15	28	0.60

基于这些信息,并给定两种证券间的相关系数为0.30,无风险收益率为5%,写出资本市场线的方程。

5. 假设无风险利率为4%,某个风险资产组合的预期收益率为10%,其β系数等于1。根据CAPM:

(1) 市场组合的预期收益率等于多少?

(2) $\beta=0$的股票的预期收益率应为多少?

(3) 某股票目前的市价为30元,其β值为-0.4,预计该股票1年后将支付1元红利,期末除权价为31元。请问:该股票目前的价格是被高估还是被低估?

6. 在单因素指数模型中,某投资组合与股票指数的相关系数等于0.7。请问:该投资组合的总风险中有多大比例是非系统性风险?

7. 假设影响投资收益率的是两个相互独立的经济因素 F_1 和 F_2。市场的无风险利率为 5%。组合 A 对 F_1 和 F_2 的 β 系数分别为 1.2 和 1.8,预期收益率为 28%。组合 B 对 F_1 和 F_2 的 β 系数分别为 2.0 和-0.3,预期收益率为 20%。请根据 APT 写出预期收益率和 β 之间的关系。

8. 假设影响投资收益率的只有一个因素,A、B、C 三个投资组合都是充分分散的投资组合,其预期收益率分别为 12%、6%和 8%,β 值分别等于 1.2、0 和 0.6。请问:有无套利机会? 如果有,应如何套利?

9. 假设影响投资收益率的只有一个因素,A、B 两个组合都是充分分散的,其预期收益率分别为 13%和 8%,β 值分别等于 1.3 和 0.6。请问:无风险利率应等于多少?

10. 一位投资学的学生认为:"一种具有正的标准差的证券必然提供大于无风险利率的期望收益率,否则,为什么会有人持有它呢?"根据资本资产定价模型,判断他的陈述是否正确,并解释原因。

11. 如果套利定价理论是有用的理论,那么经济体系中系统因素必须很少,为什么?

12. Roll 批评的主要内容是什么? 从该批评出发,我们在使用 CAPM 时需要注意什么?

资产定价中的因子大战

第十四章 资产配置

资产配置是根据投资者的风险承受、目标以及投资期限等情况，把投资分配在不同种类的资产上，以此获得资产收益和风险的平衡。资产配置正日益成为金融市场一个很重要的课题。越来越多的证据表明，一个投资组合的投资收益中绝大部分收益是由配置贡献的。而且全球各资管机构正在逐步由单一资产类别或产品的关注转为以资产配置为核心的管理模式。

学完本章之后，你应该能够：

★ 了解资产配置的主要理论基础

★ 了解资产配置的主要策略和模式

★ 掌握如何评价基金经理的投资表现

第一节　资产配置的理论基础和主要策略

一、资产配置的理论基础

资产配置的理念主要立足于三个主要的理论：

(1) 分散化的投资原理。现代投资组合理论指出，各类风险资产间存在风险分散效应，因此组合在一起会产生更优的收益风险比。这个分散效应的前提条件是不同资产的收益率变动不是完全正相关的。资产间的相关性越低，风险分散的效果就越好。资产分散化被认为是在金融市场上可以找到的唯一的免费午餐。

资产分散配置主要立足于对资产收益率、风险以及不同资产之间相关性的预测。大量的研究都力图使用各种模型和统计方法从历史数据中获得对未来相关性的预测。在这个过程中必须注意和考虑预测和估计误差。用历史数据计算出来的相关性并不一定能代表其未来的相关性。最新的一些研究开始使用一些前瞻性市场的数据来进行预测，并获得了良好的效果。比如，期权价格反映的是投资者对资产未来风险的预期，从期权价格中提取出来的信息具有前瞻性，能够更好地预测未来的收益变动。这是一个很有潜力的研究方向。

(2) 金融资产包括股票、债券、大宗商品等。其在短期内的价格波动比较大，风险也比较高，但是长期的收益则比较稳定，可以获得金融资产所带来的风险溢酬。资产配置可以通过在风险资产的投资获得其稳定的长期收益，并通过调整不同市场的投资比例来规避短期的风险。

(3) 投资资产的收益来源于系统风险带来的风险溢酬和投资能力所带来的超额收益，俗称 $\beta+\alpha$。其中，β 表示持有该资产获取的系统性风险溢价，其特点是市场容量大，获取较为容易。α 收益是在 β 收益基础上的超额收益，如积极管理相对于指数投资的超额收益、市场中性的绝对收益，其特点是市场容量有限，对投资能力要求高。

二、资产配置的主要策略

根据投资目标、风险程度、时间跨度以及多元化程度，资产配置策略基本上有四大主要策略：战略性配置、动态配置、策略性配置、混合资产配置。

(1) 战略性配置的首要目标是建立一个资产池以实现长期投资期限内预期收益和风险的最佳平衡。一般而言，战略性配置适用于各种经济环境，其配置一般不会因为市场和经济条件的变化而调整。

(2) 动态配置的基本目标和战略性配置一致，都力图实现长期投资期限内预期收益和风险的最佳平衡。和战略性配置不一样的是，动态配置策略会根据市场经济环境的变化调整其投资组合，但是在核心资产上仍然会保持一定的比例。

(3) 策略性配置则比战略性配置和动态配置更为积极，尽可能地持有最有潜力实现预期目标的资产、行业甚至个股。其初始的资产配置类似于战略性配置和动态配置，但是其交易策略更为积极，对一些核心资产可以自由地重仓持有或者全部清空。

(4) 混合资产配置是战略性配置、动态配置以及策略性配置的混合。其主要的思路是在核心组合上实行战略性配置，其余的部分则使用动态配置或者策略性配置。

三、资产配置的主要模式

从全球范围来看，资产配置的主要模式包括：

(1) 传统股债模式，投资于传统的股票和债券市场。挪威政府养老金是这种模式的一个典型例子。为储存石油财富，挪威于 1990 年建立政府养老金，发展成为稳健投资和纪律性投资的典范。基金成立初期只投资于股票、债券两类资产，配置比例为 40% 股票、60% 债券；2007 年将配置比例调整为 60% 股票、40% 债券；2008 年开始少量投资房地产市场。基金的投资目标是 CPI+5%，组合波动率在 12% 左右。表 14-1 列出了该基金 2008—2018 年的表现。

表 14-1 挪威政府养老金 2008—2018 年表现

年份	挪威政府养老金(费后)	标准普尔 500 指数
2008	−23.3%	−38.5%
2009	25.5%	23.5%
2010	9.5%	12.8%
2011	−2.6%	0.0%
2012	13.4%	13.4%

续表

年份	挪威政府养老金(费后)	标准普尔500指数
2013	15.9%	29.6%
2014	7.5%	11.4%
2015	2.7%	−0.7%
2016	6.8%	9.5%
2017	13.6%	19.4%
2018	−6.2%	−6.2%
2008—2011年化	4.9%	5.0%
夏普比率	0.40	0.28

数据来源:上海申毅投资整理。

(2) 另类投资模式。其特点包括:①股权导向型,投资重点放在股权类资产。看重长期内股权类资产超过债券资产的收益率。②高配另类资产。重点是发掘市场的非有效性,加大在无效市场中的投资,如非流动性资产等。

此类模式的代表基金包括耶鲁捐赠基金。该基金投资目标是年化收益率9%左右,风险承受能力相对较高。耶鲁捐赠基金2018年的资产配置构成为:绝对收益资产(26%)、风险投资(19%)、外国股权(15%)、杠杆收购(14%)、房地产(10%)、自然资源(7%)、美国国内股权(4%)、固定收益证券(4%)、现金(1%)。其2008—2018年11年间的年化收益率为7.13%,夏普比率为0.61。[①]

(3) 风险平配模式。这种模式在2008年金融危机后逐渐开始流行。其目标是控制既定风险前提下的最大化收益。特点是强调风险因子的配置,以风险为立足点,避免了对回报进行预测的不确定性。丹麦养老金ATP以及桥水基金是这种模式的代表。在具体操作上,该模式基金将投资组合分为股票、利率、信用、通胀、商品五个风险因子,将风险预算平均地分配给每个因子;避免组合对单个因子的过度依赖,从而提高了组合的夏普比率,降低了组合风险。进一步可以通过杠杆化低风险组合,就可以在相同风险的条件下获得更高的收益。表14-2给出了桥水基金旗下一个Pure Alpha 18%资产配置策略2008—2018年的收益率数据。

表14-2　桥水基金2008—2018年表现

年份	桥水基金	标准普尔500指数
2008	9.41%	−38.5%
2009	1.93%	23.5%
2010	14.77%	12.8%

① 数据来源:上海申毅投资。

续表

年份	桥水基金	标准普尔500指数
2011	25.34%	0.0%
2012	0.79%	13.4%
2013	5.22%	29.6%
2014	3.53%	11.4%
2015	4.67%	−0.7%
2016	2.36%	9.5%
2017	0.81%	19.4%
2018	14.55%	−6.2%
2008—2011年化	7.3%	5.0%
夏普比率	0.99	0.28

数据来源：中证网、上海申毅投资整理。

当然，在现实生活中，由于投资者的非理性，资产配置并不是都能完全发挥其功能。主要原因有：

（1）投资者的行为是有偏的。即使投资者选择了一个资产配置策略或者模式，如何具体地执行是一个巨大的挑战。

（2）即使投资者同意了某种资产配置策略或者模式，但是如果初始阶段的表现很好，投资者就会有增加风险的冲动；如果初始阶段的表现很差，投资者就会有降低风险的计划。

（3）投资者的风险承受能力事前是不知道的。

（4）不同资产的长期行为并不能保证其在短期内的表现。

第二节　基金资产配置表现的评价

一支基金在成立的时候都会公布一个基准组合，作为其业绩评价的标准。基金经理的目标就是获得超过基准组合的收益，以此反映其投资和组合管理能力。基金经理的能力主要来自于两个方面：①资产配置的能力，也称为择时能力。基金经理可以通过对不同市场的判断和预测调整其在不同市场上的投资权重，增加预计未来表现好的市场的投资比例，减少预计未来表现不好的市场的投资比例，以此获得优于基准组合的表现。②个别证券的选择能力，也称为择股能力。在每个大类资产，如股票、债券市场等总的投资比例保持不变的情况下，基金经理通过选择优于市场整体表现的个别证券，使得其管理的组合优于市场指数，从而获得超额收益率。

下面我们通过一个例子来解释如何具体地评价基金经理的资产配置能力。假设某个主动型基金在2019年度的实际组合和其基准组合的表现如表14－3所示。

表 14-3　某个主动型基金 2019 年度的组合表现

	投资组合		基准组合	
	权重	收益率	权重	收益率
股票	0.75	13.28%	0.60	10.81%
债券	0.10	1.99%	0.30	1.55%
现金	0.15	0.50%	0.10	0.50%

根据如上信息，我们可以计算出该基金组合在 2019 年的收益率为：

$$0.75\times13.28\%+0.10\times1.99\%+0.15\times0.50=10.23\%$$

而基准组合的收益率为：

$$0.60\times10.81\%+0.30\times1.55\%+0.10\times0.50\%=7.00\%$$

所以，该组合在 2019 年的表现优于基准组合，超额收益率为 10.23%－7.00%＝3.23%。基金经理在 2019 年度表现出了优秀的投资能力。

我们接着进一步分析基金经理在资产配置上的能力，具体表现为通过不同市场权重的调整获得超越基准组合的表现，所以和基准组合的区别只是在投资权重上不同，在各个市场的具体证券组合是一样的。因此，我们可以计算出该基金经理在资产配置上的表现为：

$$(0.75-0.60)\times10.81\%+(0.10-0.30)\times1.55\%+(0.15-0.10)\times0.50\%=1.34\%$$

最后，在个股选择方面的表现为：

$$3.23\%-1.34\%=1.89\%$$

所以，该基金经理在个股选择方面的表现优于其在资产配置方面的表现。

第三节　中国金融市场资产配置的发展

随着中国金融市场不断发展，特别是中国金融衍生品不断创新，中国资本市场的资产配置也正在经历着迅速增长。具体体现在海外机构开始大幅增加在中国资本市场的配置，与此同时国内机构也在大力开展资产配置业务。

一、海外机构配置中国金融市场

随着中国金融市场国际化的程度越来越高，中国金融市场在国际金融机构的资产配置中开始扮演越来越重要的角色。中国金融市场国际化主要表现有：

（一）中国 A 股纳入全球指数

2017 年 6 月 20 日，明晟（MSCI）宣布从 2018 年 6 月开始将中国 A 股纳入 MSCI 新兴市场指数和 MSCI ACWI 全球指数。2017 年 10 月 24 日，MSCI 对外公布，通过征询结果与指数修订，明确了中国 A 股正式纳入 MSCI 新兴市场指数的时间表，意味着 A 股纳入明晟进入实质阶段。根据时间安排，2017 年 12 月 1 日，“MSCI 中国 A 股国际大型股指数”更名为“MSCI 中国 A 股大型股指数”；2018 年一季度，发布关于中国 A 股纳入的详细问答文件;2018 年 3 月 1 日,将"MSCI 中国 A 股指数"更名为"MSCI 中国 A 股在岸指数";发布新的"MSCI 中国 A 股指数",追踪的个股将限定在"沪股通"和"深股通"范围之内。2018 年 6 月 1 日,按照 2.5%的比例将 A 股正式纳入。2018 年 9 月 3 日,将 A 股的纳入比例提升至 5%。MSCI 是一家股权、固定资产、对冲基金、股票市场指数的供应商。MSCI 指数类型包括产业、国家、地区等,范围涵盖全球,是全球投资组合经理最多采用的基准指数。MSCI 指数因其客观性、公正性、实用性等优质特点获得国际机构高度认可,广为投资人参考。纳入 MSCI 可以阶段性带来被动性的资金配置需求。

(二) 合格境外机构投资者(QFII)和人民币合格境外机构投资者(RQFII)的放开

QFII 是指人民币合格境外机构投资者。合格境外机构投资者是一国在货币没有实现完全可自由兑换、资本项目尚未开放的情况下,有限度地引进外资、开放资本市场的一项过渡性的制度。这种制度要求外国投资者若要进入一国证券市场,必须符合一定的条件,得到该国有关部门的审批通过后汇入一定额度的外汇资金,并转换为当地货币,通过严格监管的专门账户投资当地证券市场。RQFII 境外机构投资人可将批准额度内的外汇结汇投资于境内的证券市场。对 RQFII 放开股市投资,是侧面加速人民币国际化。2019 年 9 月 16 日,国家外汇管理局已宣布,经国务院批准,决定取消 QFII/RQFII 投资额度限制。同时,RQFII 试点国家和地区限制也一并取消。

(三) 中国衍生品的国际化

在过去 30 年,中国的衍生品市场经历了一个快速增长时期。1990 年,中国郑州粮食批发市场设立,引入期货交易机制,标志着中国衍生品的诞生。2010 年 4 月 16 日,第一个股指期货——沪深 300 股指期货合约开始交易。2013 年国债期货重新上市。2018 年原油、铁矿石、PTA、20 号胶期货先后作为特定品种引入境外交易者,成为首次全球市场提供以人民币计价的大宗商品期货。2019 年推出新的期货及期权品种,放开 QFII 对衍生品的使用限制等。这些都标志着中国的衍生市场在不断发展并融入全球市场。

截至 2019 年年底,总共有 20 多家外资私募管理机构在中国基金业协会备案。更多的海外机构则通过 QFII 投资于中国市场。在这过程中,中国衍生品市场的发展和海外机构的资产配置互惠互利。中国的衍生品可以帮助海外机构灵活地配置资产:①提供对冲和管理风险的工具,如使用期货进行套保;②提供更多可选择的产品,如各类量化策略、各类期权策略以及复合产品。与此同时,海外机构配置也可以带动中国衍生品市场发展:①为衍生品市场注入新鲜血液;②带来成熟的使用和管理衍生品的经验。

二、国内金融机构的资产配置

目前国内的金融机构在资产配置方面还面临着一定的局限性。具体表现在:①可供选择的常规资产种类有限;②组合配置不够灵活;③传统配置难以掌控风险;④组合收益难以预期;⑤需求和组合难以精确配合。

但是随着中国衍生品市场不断发展,中国国内金融机构的资产配置也将会有越来越多可以选择的余地。通过配置不同的策略,达到更为完善的风控目标。也可以根据市场情况随时调整配置策略配比,更容易地掌控组合的业绩表现。

本章小结

1. 资产配置的理念主要立足于三个主要的理论：①分散化投资原理；②金融资产的短期收益不稳定，长期收益则比较稳定；③投资资产的收益来源于系统风险带来的风险溢酬和投资能力所带来的超额收益。

2. 资产配置的主要策略包括战略性配置、动态配置、策略性配置和混合资产配置。

3. 资产配置的主要模式包括传统股债模式、另类投资模式和风险平配模式。

4. 基金经理的投资能力包括资产配置的能力和选股能力。

重要概念

资产配置　　战略性配置　　动态配置　　策略性配置　　混合资产配置　　传统股债模式　　另类投资模式　　风险平衡模式

进一步阅读

[1] Briston G P, Hood L R, Beebower G L. Determinants of portfolio performance [J]. Financial Analyst Journal, 1986, July/August.

[2] Doeswijk R Q, Lam T, Swinkels L. Strategic asset allocation: The global multi-asset market portfolio 1959—2012 [J]. Financial Analyst Journal, 2014 (2), 26－41.

[3] Doeswijk R Q, Lam T, Swinkels L. Historical returns of the market portfolio [J]. Review of Asset Pricing Studies, 2019, forthcoming.

即测即评

习　题

1. 简述资产配置的主要理论基础。

2. 简述资产配置的主要策略。

3. 简述资产配置的主要模式。

4. 某个主动型基金在 2019 年的表现如下：

	投资组合		基准组合	
	权重	收益率	权重	收益率
股票	0.70	10.00%	0.60	10.35%
债券	0.25	2.99%	0.30	2.55%
现金	0.05	0.40%	0.10	0.40%

基于这些信息，回答如下问题：

(1) 该基金在 2019 年的表现是优于市场还是劣于市场？

(2) 该基金经理在资产配置方面的表现是好还是坏？

(3) 该基金经理在择股方面的表现是好还是坏？

2020 中国银行个人金融全球资产配置白皮书

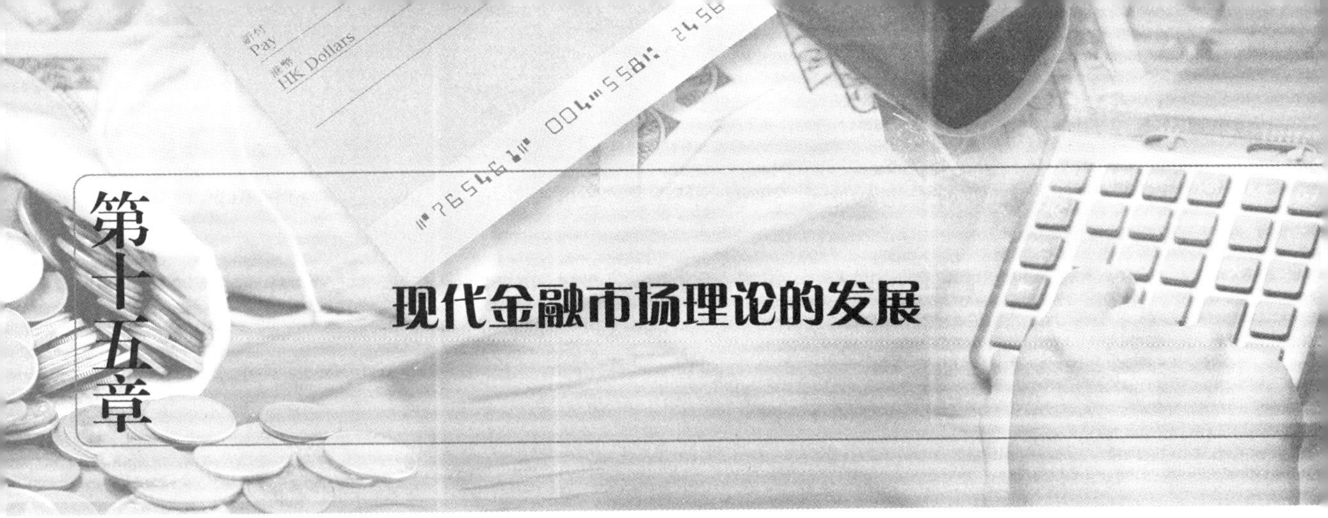

第十五章 现代金融市场理论的发展

现代金融市场理论被公认为是从20世纪50年代开始发展的。其中20世纪50年代至20世纪80年代发展起来的一系列理论：风险-收益理论、有效市场理论、资本结构理论和期权理论，奠定了现代金融市场理论的基础框架。20世纪90年代初以来，现代金融市场理论又有了新的发展，主要表现在：①1990年默顿(R. Merton，1990)出版《连续时间金融》一书，既是对他早期研究成果的最高总结，也是通往新的研究领域的一座桥梁。从那时起，人们开始使用动态演绎的方法来研究金融体系。②21世纪初的一些诺贝尔经济学奖的成果。2001年的诺贝尔经济学奖由阿克洛夫(G. A. Akerlof)、斯宾塞(A. M. Spence)和斯蒂格利茨(J. E. Stiglitz)三位经济学家获得。他们在不对称信息条件下的市场分析以及市场有效性悖论等问题上做出了重大贡献；2002年，美国心理学家卡尼曼(D. Kahneman)和史密斯(V. L. Smith)因为在实验经济学与行为经济学方面做了开创性工作而获得诺贝尔经济学奖；美国经济学家恩格尔(R. F. Engle)和英国经济学家格兰杰(C. W. J. Granger)提出的自回归条件异方差(ARCH)模型和协整模型(cointegration)获得了2003年的诺贝尔经济学奖。2013年，美国经济学家法玛(E. Fama)、希勒(R. Shiller)以及汉森(L. P. Hansen)由于在市场效率理论、行为金融理论以及实证金融方面的贡献获得诺贝尔经济学奖。③2001年科克伦(J. M. Cochrane)出版《资产定价》(Asset Pricing)一书，这本书在更高的层次上建立起以随机贴现因子(stochastic discount factor，SDF)为核心的适用于信息经济学和行为经济学的资产定价理论。

学完本章之后，你应该能够：

- ★ 了解现代金融市场的四大基础理论
- ★ 了解20世纪90年代以来现代金融市场理论的一些新发展
- ★ 了解行为金融学的一些简单内容
- ★ 了解资产定价理论的最新发展
- ★ 了解既有效又无效的市场理论
- ★ 了解资产收益率的可预测性研究进展

第一节 现代金融市场理论的基础

20世纪50年代是金融市场理论发展的一个重要的分水岭。在此之前存在的金融市场理论体系被称为古典经济学中的金融市场理论；之后发展起来的叫作现代金融市场理论。现代金融市场理论起始于20世纪50年代初马科维茨(Markowitz)提出的投资组合理论。

古典金融理论在凯恩斯主义出现之前,一直是以"货币与实物经济相分离"的"两分法"为手段,从实物经济的层面出发对经济问题进行探讨,并取得了很大成就。1936年凯恩斯的《就业、利息与货币通论》一书问世,对于古典金融市场理论的发展具有划时代的意义。凯恩斯将货币视为一种资产,把货币资产融入实物经济中,改变了货币与实物经济相分离的状态,创立了以货币经济为特征的宏观经济学。

20世纪50年代,由于直接融资的迅速发展,金融市场上金融工具不断创新;同时,金融理论方面出现了大量以金融市场为研究对象的微观金融理论。较为著名的理论包括风险-收益理论、有效市场理论、资本结构理论和期权理论,这四大理论构建了现代金融市场理论体系的基础,并推动了金融市场理论研究由定性描述向定量分析的方向发展。

一、风险-收益理论[①]

在金融市场中,几乎所有的金融资产都是风险资产。理性的投资者追求同等风险水平下的收益最大化,或是同等收益水平下的风险最小化。

美国经济学家马科维茨(Markowitz,1952)于1952年发表了一篇题为《资产组合选择》的论文[②],以后他又将该论文扩充为一本名为《资产组合选择:有效的分散化》(Markowitz,1959)的书。利用概率论和数理统计的有关理论,马科维茨发展了一个在不确定条件下选择资产组合的模型框架——均值-方差分析框架,这个框架进一步演变成为研究金融经济学的基础。在马科维茨的模型中,证券的收益率是个随机变量,证券的价值和风险可以用这个随机变量的数学期望和方差来度量;并且根据一般的心理分析,他假定经济理性的个人都具有厌恶风险的倾向,即在他的模型中投资者在预期收益固定时追求最小方差的投资组合。虽然模型排除了对风险爱好者的分析,但是,毫无疑问,现实中绝大多数人属于风险厌恶型,因而他的分析具有一般性。在一系列理论假设的基础上,马科维茨对证券市场分析的结论是:证券市场上存在着市场有效投资组合。所谓"有效投资组合"就是预期收益固定时方差(风险)最小的证券组合,或是方差(风险)固定的情况下预期收益最大的证券组合。这一理论为衡量证券的收益和风险提供了基本思路,为金融实务努力寻找这种组合提供了理论依据。

到了20世纪60年代,马科维茨的思想被人们广泛接受,金融界的从业人员也开始应用这些理论及其发展进行资产组合选择和套期保值决策,并用定量化的工程思想指导业务活动。同时,他的理论得到进一步发展。夏普(W. Sharp)在马科维茨对有价证券收益与风险的数学化处理的基础上,引入了无风险证券,利用数学规划的方法,分析了存在无风险证券条件下理性投资者的决策问题,并提出马科维茨模型的简化方法——单指数模型。同时,他与莫辛(Jan Mossin)和林特勒(John Lintner)一起提出了资本资产定价模型

---

① 对风险-收益理论更为详细的介绍参见第十二章和第十三章。

② 这篇论文获1990年诺贝尔经济学奖。

(CAPM)。这一理论的意义在于,首先,它建立了证券收益与风险的关系,揭示了证券风险报酬的内部结构,即风险报酬是影响证券收益的各相关因素的风险贴水的线性组合;其次,它建立了单个证券的收益与市场资产组合收益之间的数量关系,并用一个系数来反映这种相关程度的大小;最后,它把证券的风险分成了系统性风险和非系统性风险。对风险的分类是夏普理论的主要贡献,与风险分类相关的两个著名的系数——α 系数和 β 系数已经成为华尔街投资者的常识。

由于 CAPM 的应用与研究存在很大局限性,罗斯(Ross,1976)于 1976 年提出了套利定价模型(APT)。该理论核心是假设不存在套利机会,即在完善的金融市场上,所有金融产品的价格应该使得在这个市场体系中不存在可以让投资者获得无风险超额利润的机会。如若不然,对套利机会的追寻将推动那些失衡的金融产品的价格恢复到无套利机会的状态。该理论假定,证券收益是由一个线性的多因素模型生成的;所有证券的风险残差,对每一种证券是独立的,因此大数定律是可适用的。可以说,APT 在更广泛的意义上建立了证券收益与宏观经济中其他因素的联系。

CAPM 和 APT 标志着现代金融市场理论走向成熟。在此之前,对于金融产品的价格,特别是瞬息万变的有价证券的价格,人们一直感到一种神秘的色彩。人们认为这些价格是难以捉摸的。CAPM 和 APT 给出了包括股票在内的基本金融工具的理论定价公式,它们既有理论依据又便于计算,从而得到了人们的广泛认同。根据这两个模型计算出来的理论价格也成为金融实务中的重要参考。

二、有效市场理论①

效率市场假说(efficient market hypothesis,EMH)是金融市场理论的一个重要部分,主要研究信息对证券价格的影响。效率市场假说认为,证券价格已经充分反映了所有相关的信息,资本市场相对于这个信息集是有效的,任何人根据这个信息集进行交易都无法获得经济利润。根据罗伯特(Robert)对信息集大小的分类,效率市场假说又可以进一步分为三种:①弱式效率市场假说;②半强式效率市场假说;③强式效率市场假说。

三、资本结构理论

1958 年,米勒(M. Miller)与莫迪利亚尼(F. Modigliani)一起,在《美国经济评论》(American Economic Review)上发表题为《资本成本、公司财务与投资理论》的论文。该理论开创了从交易成本角度来研究资本结构的先河,并且应用套利理论证明了公司市场价值与资本结构无关,即著名的 MM 定理(Modigliani-Miller theorem)。MM 定理是现代公司资本结构理论的基石,是构成现代金融市场理论的重要支柱之一。

MM 定理讨论了在完美市场上,在没有税收、交易成本和代理成本等情况下,资本结构对公司价值的影响,提出了在不确定条件下如何分析资本结构和资本成本之间关系的新见解。该理论假设,股票持有者可以像公司一样进入同样的资本市场,因此,公司保证

① 有效市场理论更详细的介绍参见第十一章。

股东利益的最佳办法就是最大限度地增加公司财富。他认为，通过资本市场所确立的公司资本结构与分配政策之间的关系，同公司资产的市场价值与资本之间的关系，是一个事物的两个方面。因而，在完全竞争(不考虑税收)条件之下，公司的资本成本及市场价值与公司的债务比率及分配率是互相独立的。也就是说，一定量的投资，无论是选择证券融资还是借款，对企业资产的市场价值并无影响；企业的分配政策对企业股票的价值也不起作用。

但是现实中并不存在完美的金融市场，并且存在税收。1963 年，米勒与莫迪利亚尼(Miller & Modigliani，1963)把税收纳入其分析框架中。债券持有者收到的利息免缴所得税，而对股息支付和留存盈余则要缴所得税。由此企业利用债券融资可以获得避税收益，并能够通过改变融资结构而改变企业的市场价值。

后来有些学者引入市场均衡理论和代理成本、财务拮据成本(因偿债能力不足而导致的直接和间接损失)等因素，对 MM 理论进一步加以完善。斯蒂格利茨(Stiglitz)等人将市场均衡理论(Market Equilibrium)引入资本结构研究。他们认为，一方面，提高公司负债比率，会使公司财务风险上升，破产风险加大，从而迫使公司不选择最大负债率(100%)的筹资方案而选择次优筹资方案；另一方面，随着公司负债比率的上升，债权人因承受更大的风险而要求更高的利率回报，从而导致负债成本上升，筹资难度加大，这样也会限制公司过度负债。在此之后，又有一些学者将代理成本、财务拮据成本等理论引入资本结构研究，结论是：当公司负债比率达到某一界限之前，举债的减税收益将大大超过股权资金成本上升的损失。随着负债比率的升高，举债的减税收益与股权资金成本的增加将呈现此消彼长的关系，超过此点后，财务拮据成本和代理成本会上升，在达到另一个峰值时，举债减税的边际收益正好被负债提高的损失(包括股本成本、财务拮据成本、代理成本的提高)所抵消。超过此峰值后，负债提高的损失将超过举债的减税收益。因此，资本结构与公司价值相关，但也不是负债越高越好，从而使资本结构理论更趋完善。

米勒教授所提出的资本结构理论尽管存在严格的前提和假设条件，但对于开拓人们的视野，推动资本结构理论乃至投资理论的研究，引导人们从动态的角度把握资本结构与资本成本、公司价值之间的关系以及股利政策与公司价值之间的关系，具有十分重大的意义。因此，MM 理论被西方经济学界称为一次“革命性变革”和“整个现代企业资本结构理论的奠基石”。

四、期权理论①

1973 年，布莱克(F. Black)和舒尔斯(M. Scholes)在美国《政治经济学期刊》(Journal of Political Economy)上发表了著名论文《期权与公司债务定价》，成功推导出期权定价的一般模型，为期权在金融工程领域的广泛应用铺平了道路，成为在金融工程化研究领域最具革命性的成果。布莱克和舒尔斯采用无套利分析方法，构造一种包含期权和标的股票的无风险证券组合，在无套利机会的条件下，该证券组合的收益必定为无风险利率，这样

① 对期权理论更详细的介绍参见第八章。

就得到了期权价格必须满足的偏微分方程。可以建立无风险证券组合的原因是标的资产价格和期权价格都受同一种不确定性的影响，即基础资产（这里指股票）价格的变动。在任意一个短时期内，看涨期权的价格与标的股票价格正相关，看跌期权价格与标的股票价格负相关。如果按适当比例建立一个标的股票和期权的证券组合，股票头寸的盈利（亏损）总能与衍生品的亏损（盈利）相抵，该组合就是无风险的。由此，布莱克和舒尔斯推出了他们的期权（不支付红利的欧式股票期权）定价公式。

布莱克和舒尔斯期权定价公式（BS 期权定价公式）的推出是现代金融市场理论的重大突破。默顿打破了公式中无风险利率和资产价格波动率为恒定的假设，将该模型扩展到无风险利率满足随机变动条件的情况。布莱克、舒尔斯和默顿的工作，为期权等衍生品交易提供了客观的定价依据，促进了金融衍生工具的极大发展。舒尔斯和默顿为此获得了 1997 年诺贝尔经济学奖。

布莱克-舒尔斯-默顿期权定价模型（BSM 定价模型）问世以后，随着期权交易的发展，很快被引入实际应用。此后，金融学者开展了大量的后续研究，对模型的适用条件做了更为完善的补充和修正。比如针对该模型考虑的是价格连续变化的情况，考克斯（Cox）、罗斯（Ross）和鲁宾斯坦（Rubinstein）提出了用二项式方法来计算期权的价格；罗尔（Roll）运用连续时间定价法给出了证券支付红利时的看涨期权定价公式；布伦勒（Brenner）和盖莱（Galai）研究了期权提前执行时的平价关系等。

到了 20 世纪 80 年代，达菲（D. Duffie）等人在不完全资本市场一般均衡理论方面的经济学研究为金融工程的发展提供了重要的理论支持，将现代金融工程的意义从微观的角度推到了宏观的高度。他们的工作从理论上证明了现代金融工程的合理性及其对提高社会资本资源配置效率的重大意义。他们证明了金融工程不只是有价值转移的功能，金融工程的应用还可以通过增加市场的完全性和提高市场效率而创造实际的价值。金融市场活动的工程化趋势不仅为金融业本身带来益处，而且为整个社会创造了效益。

第二节　连续时间金融模型

时间和不确定性是影响金融经济行为的核心要素，也正是时间和不确定性二者相互作用的复杂性，对金融市场研究提出了挑战。连续时间金融模型研究在连续时间中投资者不断调整决策的问题，该理论使金融数学和金融经济理论得到了进一步发展。在过去二十多年里，连续时间模型已被证明是金融学发展中一种用途广、效能高的工具，连续时间方法已经成为金融经济学研究中不可或缺的一部分。在金融市场研究的一些核心领域，比如资产定价、衍生品定价、利率期限结构和组合选择等，连续时间方法被认为是最有效的研究途径；根据连续时间方法建立的模型不但具有丰富的经济含义，而且经得起计量经济学的各种检验。

连续时间金融在数学处理和研究上较为复杂，但是与相对应的离散时间模型对比，金融学家却喜爱用连续时间模型来解决问题。比如，在研究金融衍生产品定价问题时，要考虑风险厌恶因素，而风险厌恶可以通过概率测度的某种变换来处理。在较弱的假设条件下，连续时间中的变换只会影响到证券价格变化的漂移水平，而不会影响它的波动性；而离散时间中的变换则会影响到波动性及漂移水平。这在推导 BS 期权定价公式时得到了证实。所以,在金融市场研究中,连续时间模型能产生更精辟的理论解释和更精练的经验假设,使用连续时间模型更有利于技术方面的处理。此外,连续时间金融与传统的经典理论相辅相成,比如它对阿罗-德布鲁(Arrow-Debreu)完全市场模型和 MM 定理进行了确认和巩固;同时,连续时间金融模型也提出了新观点,比如在 BS 期权定价模型提出之后,连续时间金融发展了一个新的称作“或有权分析”(contingent claim analysis)的金融学分支。

现代连续时间金融方法始于 20 世纪 60 年代末 70 年代初默顿(Merton,1969,1971,1973b)的一系列研究成果,并经历了两个主要的发展阶段。

一、1969 年至 1980 年的主要发展

在连续时间金融领域,1969 年至 1980 年这个时期的研究产生了许多重要的突破。其中,布莱克和舒尔斯(Black & Scholes,1973)、默顿(Merton,1973a)的成果毫无疑问最有影响力。他们提出了重要的期权定价模型,在对标的证券及其期权的特性和交易规则做了一系列假设条件之后,他们还提出一个基本假定:标的证券价格的运动是连续变化的,遵循一种带漂移的几何布朗运动:

$$\frac{dS_t}{S_t}=\mu dt+\sigma dW_t \tag{15.1}$$

式中:S_t 为标的证券(这里考虑为股票)价格;

W_t 为标准布朗运动;

μ、σ 为参数。BS 模型是在严格的假设下提出的:股票价格服从对数正态分布;股票收益的方差是常数;股票不分红;买卖股票和期权没有交易费用;等等。但是这些理想假设严重偏离了实际情况,此后,许多研究者对该模型进行了扩展,主要是从跳跃、随机波动以及收益波动与资产价格的关系等几个方面进行。

这项研究为连续时间金融的发展开辟了新的观点。此外,他们认为,公司股权和债权可以看作对公司资产价值的或有权,由此引出了一个称为“或有权研究”的新的研究领域,这为衍生品定价、公司金融及违约风险等方面的深入研究提供了基础。同时期的重要研究还包括跨期资产定价理论。其中,默顿(Merton,1969,1971,1973b)为跨期资产定价理论的发展奠定了基础。默顿(Merton,1969)开创性地使用连续时间模型在随机动态条件下对投资者的跨期消费和投资组合选择问题进行研究。默顿(Merton,1973b)提出,连续时间模型可以用来解释均衡资产定价问题,并对夏普(Sharpe,1964)和林特勒(Lintner,1965)静态均衡资产定价模型进行了扩展,提出了跨期资产定价模型,由此将资产定价理论扩展到动态领域,同时也极大地推广了连续时间方法在金融经济学中的应用。在这个意义上,连续时间模型是金融学静态和动态模型的分水岭。

后人对 BS 模型中关于标的证券价格运动方式的基本假定提出了新的看法并展开了大量研究。

默顿(Merton,1976)试图把价格连续变化和跳跃式变化两种运动方式统一到一起,将跳跃引入 BS 模型:

$$\frac{dS_t}{S_t}=\mu dt+\sigma dW_t+\kappa_t dq_t \qquad (15.2)$$

其中，q_t 是强度为 λ 的泊松过程，$\kappa_t \sim \text{I. I. D. N}(\bar{\kappa},\delta^2)$ [①]为每次跳跃的规模，其中 $\bar{\kappa}$、δ^2 分别为跳跃规模的均值和方差。跳跃的引入可以体现尖峰和波动微笑的特征，但是由于假定跳跃规模服从独立同分布的正态分布，所以并不能很好地体现收益分布的有偏性。

考克斯和罗斯(Cox & Ross,1976)通过几个简单的例子，利用不同随机过程下的期权定价对风险中性定价方法做了详细的解释，并认为收益的波动率受资产价格的影响因而并不是固定的，但是它相对于资产价格的弹性可以是不变的：

$$dS_t=\mu S_t dt+\sigma S_t^{\gamma} dW_t \qquad (15.3)$$

该模型称为方差常弹性模型(CEV)，其中，$\gamma(0<\gamma<1)$是方差弹性(当 $\gamma=1$ 时，该模型就是 BS 模型)。CEV 模型较 BS 模型的优点是，解决了收益分布非对数正态的假定以及体现了波动微笑的特征。

哈里森和克雷普斯(Harrison & Kreps,1979)从基本概念上对风险中性定价方法进行了阐述，他们的思想后来成为著名的鞅理论，鞅理论现在应用于金融市场研究的许多分支。这篇文章还对均衡定价模型和无套利模型进行了比较，提出了其中的联系所在。

二、1981 年之后的发展

卢卡斯(Lucas,1978)在离散时间交换经济下提出了广义均衡定价理论。之后，考克斯、英格索尔和罗斯(Cox,Ingersoll & Ross,下面简称 CIR,1985a)对连续时间跨期完全竞争经济进行了完备描述，提出了连续时间生产经济下的广义均衡理论，并且通过一个偏微分方程的解给出了任意资产的均衡价格。作为对一般均衡框架的应用，CIR(1985b)限定某些特殊条件，提出了利率期限结构的一般均衡模型。CIR 模型的一个最基本的特征是无风险利率变动过程的内生性，且该利率变动过程是一个连续时间的一阶自回归均值回复过程。此外，CIR(1985b)中所采用的各种假定是非常有用的，因为这些假定很好地隐含了利率的实证特性：均值回复过程保证了利率永远非负；方程中的绝对方差直接与利率自身成比例；就利率自身而言，存在一个稳定状态分布。

在 BS 模型中，资产收益的均值和方差都是常数，但现实情况并不是这样。赫尔和怀特(Hull & White,1987)使用了随机波动模型(SV 模型)：

$$\frac{dS_t}{S_t}=(\mu+cV_t)dt+\sqrt{V_t}\,dW_{1,t} \qquad (15.4)$$

$$d\ln V_t=(\alpha-\beta\ln V_t)dt+\eta(\rho dW_{1,t}+\sqrt{1-\rho^2}\,dW_{2,t})$$

式中：W_1、W_2 是相互独立的标准布朗运动；

V_t 为波动过程，这说明波动自身是一个随机过程；

参数 α、β、η 体现了收益分布的高峰特征；

参数 c 体现资产收益的非对称性，即杠杆效应。

---

① $\kappa_t \sim \text{I. I. D. N}(\bar{\kappa},\delta^2)$指 κ_t 服从独立同分布的正态分布，其均值和方差分别是 $\bar{\kappa}$、δ^2。

之后赫斯顿(Heston,1993)给出了在随机波动模型下,期权价格的解析解。

贝茨(Bates,1996)将收益的跳跃和随机波动结合,提出了SVJ模型。该模型体现了有偏和高峰特征,最重要的是它改变了SV模型只能存在极高波动风险时才能解释波动微笑的缺点。达菲、潘和辛格尔顿(Duffie,Pan & Singleton,2000)提出收益和波动具有跳跃的两个模型:一个是收益和波动跳跃同时发生,且两者跳跃规模大小相关的模型(SVCJ);另一个是收益和波动跳跃独立发生,规模也独立的模型(SVIJ)。埃拉科尔(Eraker,2004)还提出了状态非独立、相关跳跃随机波动模型(SVSCJ)。

在线性模型发展的同时,资产收益的非线性模型也得到了飞速发展。斯考腾斯(Schoutens,2003)、尼尔森和谢泼德(Barndorff-Nielsen & Shephard,2005)对正态倒数高斯(NIG)模型进行了扩展和应用。

此外,1981之后连续时间金融的发展还围绕下面几个问题展开。

第一,在完全市场里,动态随机最优控制问题①和静态空间框架之间同等关系的建立。考克斯和黄(Cox & Huang,1989),卡拉特扎斯、勒霍斯基和施里夫(Karatzas,Lehoczky & Shreve,1987)证明,在完全市场里,利用鞅理论②可以将动态跨期问题简化为静态问题。这个方法对解决跨期资产选择问题和受限条件下的资产定价问题有特殊的帮助。

第二,连续交易问题。连续时间模型是建立在市场存在"连续交易机会"的假设基础上的,但是市场并非连续开放。达菲和黄(Duffie & Huang,1985)证明,在只有较少证券的情况下,连续交易时可以达到阿罗-德布鲁均衡,但是如果有很多证券则不成立。他们从福利的角度对动态交易机会的重要性进行了分析。罗斯(Ross,1989)指出,对于金融理论家来说,如何对金融市场交易量的水平和形式进行解释是一个重要的挑战。尽管这个问题与是否采用连续时间方法无关,但这对于连续时间金融方面的学者来说仍旧是个有趣的研究对象。这方面研究的连续时间模型从研究连续交易机会开始,市场有时会休息。有人认为估计的价格波动率与选取收盘价或是交易价格有关。交易行为本身可能产生波动性。人们如何将这些问题放进一个连续时间模型呢?特别是当存在交易成本时,很可能会产生内生的交易间隔,只有当状态变量触及一定的触发点时交易才会发生。

---

① 随机控制理论产生于20世纪60年代至70年代之间,是以概率论、数理统计、随机分析、偏微分方程等数学理论为基础,研究经济、金融、管理、生物、力学、物理、化学、工程等许多学科和领域中广泛出现的大量的不确定性系统的建模、分析和最优控制等诸多问题。金融市场的一个显著特性是具有不确定性,随机最优控制理论发展起来后,金融学家开始将这一理论应用于金融理论的研究中。比如,默顿利用连续金融时间序列方法研究消费和资产组合的问题;布洛克和米尔曼(Brock & Mirman)使用离散时间方法对经济最优增长问题进行研究。此后,随机最优控制理论广泛应用于金融研究的许多领域。如今,在连续时间金融市场模型的研究中,随机控制理论和方法已成为重要的研究手段之一。

② 金融领域中的许多现象,如价格的波动、汇率的变化等都满足随机过程的基本特征。作为现代金融理论重要工具的鞅和亚鞅理论与有效市场假定有着极其密切的联系,鞅和亚鞅实际上就是定义在价格变化独立基础上的随机过程。因此,有效市场假定在某种程度上也是随机过程理论的具体应用。卡拉特扎斯和斯雷夫等人提出鞅方法并将其引入现代金融理论中。在有效金融市场中,证券的价格可以等价于一个鞅随机过程。利用等价鞅测度的方法对衍生证券的定价问题进行研究,一方面可以提供一套有效的算法,另一方面可以较好地解决在不完全市场下的定价问题。这对现代金融市场理论来说是个突破性的进展。

第三,连续时间金融理论与一些实证现象的相符问题。这些现象如:股权溢价之谜、股权溢价的反周期变化、资产定价中股票收益率的可测性、衍生品定价中波动率微笑和偏度等。股权溢价之谜指现实中的股权溢价远远大于现行的资产定价模型计算出的溢价,如果使其保持一致,则得到的风险厌恶系数偏离合理水平。关于股权溢价之谜的问题首先由梅拉和普雷斯科特(Mehra & Prescott,1985)提出。学者们在致力于解决股权溢价之谜的过程中,进一步发展了连续时间模型,并将偏好因素考虑进来。孙达雷山(Sundaresan,1989)和克斯坦丁尼德斯(Constantinides,1990)发展了基于消费习惯的定价模型,进一步促进了资产定价实证工作的发展,关于实证研究可见坎贝尔和科克伦(Campbell & Cochrane,1999)。

为了更形象地理解连续时间金融模型,我们以基于消费习惯的模型为例进行简单说明。考虑基于消费习惯的效用函数:

$$U(c)=E\left[\int_t^T \psi(c_s,z_s,s)\mathrm{d}s\right] \tag{15.5}$$

$$\left(z_t=\mathrm{e}^{-\alpha t}z_0+\delta\int_0^t \mathrm{e}^{-\alpha(t-s)}c_s\mathrm{d}s,z_0,\alpha,\delta\geqslant 0\right)$$

式中:c_s 表示消费流;

z_t 表示习惯;

α 表示赋予过去消费水平的权重。

第四,考虑市场摩擦的连续时间理论。当存在税收、交易成本、限制市场参与、不完全性和信息不对称等情况时,连续时间模型如何发展?布伦南和夏(Brennan & Xia,2001)、德腾普勒(Detemple,1986)等对考虑市场摩擦的情况进行了研究。

第五,连续时间金融模型的估计问题。计量经济学提出了很多方法,如矩估计、参数方法、非参数方法等来估计金融问题中的连续时间模型。达菲和辛格尔顿(Duffie & Singleton,1993)提出了矩模拟法;雅辛(Ait-Sahalia,1999)利用最大似然估计法进行估计;依雷克(Eraker,2003)使用马尔可夫链蒙特卡罗模拟进行估计;汉森(Hansen,1982)提出的广义矩估计方法,大大促进了实证金融的发展。

第六,结合博弈论和议价问题。一些学者们开始试图结合博弈论和议价问题来研究连续时间模型,以使契约特征变成内生变量,从而加强跨期定价框架的一般性。范和孙达雷山(Fan & Sundaresan,2000)、巴拉尔和佩劳丁(Mella-Barral & Perraudin,1997)等研究了这一问题。

第七,还原定理(Recovery Theorem)。用股票价格历史数据我们只能估计股票收益率的分布,但是从期权价格中我们可以观察到状态价格的分布。状态价格是风险厌恶—定价核—现实状态下概率分布的乘积。罗斯(Ross,2015)提出了一个很重要的还原定理。利用该定理,就可以利用期权价格的信息将三者分开,来确定市场预期收益和风险厌恶程度。这使得我们可以获得定价核、市场风险溢酬、大跳跃概率等方面的信息,从而对效率市场假说进行无模型假定(model free)的检验。

第三节 行为金融理论

一、行为金融理论的起源及发展

现代金融市场理论有三个关键性的假设:理性经济人、有效市场和随机游走。其中理性经济人假设是后两个假设的基础。所谓理性经济人,即每个投资者都是完全理性的,都有很好的认识水平,能够准确预测未来。于是金融学者们只考虑理性投资者追求预期效用最大化,很少考虑受行为因素和心理因素影响的个人决策问题。实际上,大量事实证明,投资者个人的行为方式及心理因素对金融活动具有极大的影响。比如,投资者的目的是理性的行为,但投资者的个人情绪可能干扰他们自己进行理性思维和理性行为,也自然会妨碍理性决策,致使最终决策偏离最优决策。

现实中的金融市场往往也是非理性的,比如股票长期投资溢价、股票价格泡沫、有限套利、噪音交易、金融市场非理性走牛或走熊等。有效市场假说(EMH)认为,理性的投资者应该对新信息立即做出调整,因而新信息都反映在证券价格变化之中。因此,投资者无法通过新信息获得超额利润。然而,许多学者认为,投资者可能在收到新信息时并不立即做出反应,或者会依据一些不相关的信息作出投资决策。同时,与 EMH 相矛盾的实证研究不断涌现。对于许多异常现象,比如长期反转现象、期间异常现象、股权溢价之谜、公司异常现象等,现代金融理论并不能做出合理的解释。更重要的是,CAPM 和 EMH 是无法被经验研究所检验的。罗尔(Roll,1977)证明 CAPM 是不可证明的;法玛(Fama,1991)认为,EMH 是无法检验的。

近几十年来,金融市场理论界正在经历着向传统金融市场理论发起挑战的“非理性革命”。许多学者开始关注金融决策中投资者的行为分析,利用心理学、行为学等学科的研究方法,在保留某些最优化理论的基础上,以投资者个人的实际行为模式作为分析基础,希望能够重构一个与现实世界更为接近的金融分析框架。这从方法论上对金融理论进行了革新,导致了行为金融的诞生与发展。

1951 年,伯勒尔(Burrel,1951)发表了《投资战略实验方法的可能性研究》一文,首次用行为心理学来解释金融市场现象,标志着行为金融理论的萌芽。

1952 年,马科维茨(Markowitz,1952)研究了投资者实际上是如何决策的。同时罗伊(Roy,1952)从个人心理学角度构造了“安全第一”的投资组合选择模型。这两篇著名论文给予心理学家和经济学家很大的启发。

1972 年,斯洛维奇(Slovic,1972)发表论文《人类判断的心理学研究对投资决策的意义》,从而为行为金融理论的发展奠定了基础。

1979 年,卡尼曼(D. Kahneman,1979)等人提出了前景理论(prospect theory),为行为金融市场理论奠定了理论基础。

20 世纪 80 年代中期,行为金融的研究开始兴起,并取得了突破性进展。近年来,行为金融领域的研究获得三次诺贝尔经济学奖,这进一步说明了行为金融理论已经被主流经济学认可,成为全新的金融研究领域。

二、行为金融学的定义

希弗林(Shefrin)在他的《超越恐惧和贪婪:行为金融学与投资心理诠释》一书中提出,行为金融学是关于心理因素如何影响金融行为的研究,是心理学在金融行为中的运用。它是一种研究金融市场的新方法,部分解决了传统金融理论所不能解释的一些问题,比如,运用不具有完全理性的代理人模型可以更好地解释一些金融现象。广义地看,行为金融学是行为理论与金融分析相结合而形成的研究方法与知识体系,是金融学和心理学相结合而产生的交叉学科。

(一) 行为金融学与心理学

从研究方法来看,心理学和金融学都采用实证研究的方法,但却有所不同。传统金融学主要是对金融现象、金融数据的自然观察和统计分析,而心理学的实证方法在检验理论和假设的时候不仅采用自然观察的方法,而且还通过实验室实验进行观察和检验。行为金融学将二者结合起来,借鉴了心理学的实验室方法,对金融决策、金融市场及金融行为进行实验,深化了对金融问题的认识,拓宽了金融市场学研究的边界。

从研究内容来看,金融学研究金融决策、金融市场及金融行为,而心理学研究人的行为特征,二者的研究内容完全不同。但行为金融学却将二者巧妙地结合起来,在对传统金融理论假设进行修正的过程中,将"常人"而非理性人的行为分析融入传统金融理论之中,提高了金融学对金融现象的解释力和预测力。

(二) 行为金融学与金融学

行为金融学是在经济学、金融学和心理学知识积累的基础上产生和发展起来的。行为金融学可以看作金融学的分支。行为金融学产生之前的金融学可以被称为理性金融学。但行为金融学产生之后,金融经济学家在理性金融学和行为金融学之间产生了激烈的争论。理性金融学偏向定价行为的理性化,其研究者批判行为金融学缺乏精密数学模型的假设,不能对金融市场行为进行有意义的预测,但理性金融学本身似乎也提不出完全成功的方法。行为金融学的研究者指责理性金融学的模型过于复杂,不能分辨可测量的经济变量,提倡考虑心理偏见,通过分解理性选择模型中的信息、效用和交易成本来度量"理性化"行为的效果。

实际上,理性金融学方法和行为金融学方法并不是完全对立的,而是常常交缠在一起的。其各自的倡导者也不得不承认,行为金融学和经济学、金融学之间存在着错综复杂的关系,而且从某种程度上来说,行为金融学和新古典经济学以及传统金融理论正在逐步融合。

三、行为金融学的研究现状

(一) 行为金融学的研究对象

从研究主体的角度来看,传统金融理论的研究主体是理性经济人,而行为金融学对这一假设提出质疑,认为研究主体是具有有限理性的人,即"正常人"或"行为投资者",而非"理性投资者"。这种行为投资者并不总能实现目标最大化,甚至也不追求目标最大化,而只是追求特定情况下令人满意的结果。当现实过于复杂而不能清醒辨识时,行为投资者就可能采取不同于理性选择的直觉决策方式。在这种不确定状态下，行为投资者的选择不仅与不同行动方案的预期效用有关，更与这些方案与基准点的偏离方向有关。

从研究内容来看，传统金融理论根据期望效用理论解决金融问题。每个投资者在每天的生活中面对各种不确定性的问题，需要进行最优选择。所谓最优选择实际上是依赖于个人偏好的。所以效用理论要解决的正是在个人偏好的前提下，面对不确定性如何实现自身效用最大化的问题。这种理论描述了"理性经济人"在风险条件下的决策行为。但是这种期望效用模型在诸多实验面前总是顾此失彼，结果并不令人十分满意。行为金融学家在此基础上提出前景理论作为对期望效用理论的替代。前景理论在一定程度上对个人与偏好的实验结果提供了合理的解释。它认为，行为投资者在进行决策时，实际上是对"前景"进行选择。所谓的前景也可以理解为期望，但与期望有所不同，前景选择遵循特殊的心理规律而不是期望效用理论所假设的各种公理。

从研究对象的层次来看，行为金融学的研究对象可归纳为三个层次：①个体的有限理性和生态理性特征、个体和群体行为与非完全市场；②金融市场的异常现象；③投资者的套利策略。个体的有限理性和生态理性特征、个体和群体行为与非完全市场是金融市场异常现象产生的原因，而投资者的套利策略之所以能够获得超额回报，是由于它们利用了金融市场中的反常现象。

（二）行为金融学的研究方法

1. 实验室研究

行为金融学在继承传统金融学的研究方法的同时，突破性地将实验室研究引入金融学研究。所谓实验室研究，即在可控制的实验条件下，针对某一现象，通过控制某些条件，观察决策者行为并分析实验结果，检验、比较和完善经济理论，更多地为政策决策与投资决策提供依据。实验经济学的研究领域主要集中在市场实验、个体选择行为的实验和博弈实验。实验室研究的主要优点在于能够很好地控制无关变量。好实验与坏实验的区别就在于变量的有效选择和操纵。在实验室研究中，自变量是被实验者所操纵的变量；因变量指被实验者观察和积累的随着自变量变化而变化的被试者行为；控制变量是由实验者控制在实验之中保持恒定的潜在变量。

2. 划分实证研究和规范研究的新视角

行为金融学提出了与传统经济学的实证研究和规范研究不同的划分标准。传统的经济学方法分为实证研究方法和规范研究方法。前者是描述性的，研究"是什么"的问题；后者研究"应该是什么"的问题。行为金融学则认为实证研究方法和规范研究方法都应该属于规范性的理论，因为传统金融学假设所有的人都是理性经济人，而真正的实证经济学应该以真实的、正常的人为研究对象。因而行为金融学才是从事实证研究的学科，而传统的金融学和经济学实际上只是规范性研究。

（三）行为金融学的发展趋势

行为金融学的一个重要发展方向是，将现行的理论模型合并为一个较为完整的理论体系，并能够获得实践的检验。希弗林和斯塔特曼（Shefrin & Statman，1994）进行了这方面的努力，但其工作仍停留在鉴别可能对金融市场行为有系统影响的行为决策因素上。已被大多数人承认的心理因素包括：①决策者的偏好并非固定的，而是可变的；②决策者的决策受到决策环境和技术的影响；③决策者寻求满意而非最优解。这些因素也是暂时性的，会随着市场的发展和人类的进步而改变。

随着行为金融理论的发展，一些学者开始意识到把行为金融理论与现代金融理论完全对立起来是没有意义的，应该将两者结合起来。这是行为金融理论的另一个重要的发展方向。其中，希弗林和斯塔特曼(Shefrin & Statman，2000)在马科维茨现代投资组合理论的基础上提出了行为投资组合理论(behavioral portfolio theory，BPT)；希弗林和斯塔特曼(Shefrin & Statman，1994)在CAPM的基础上对其进行了扩展，提出了行为资产定价模型(behavioral asset pricing model，BAPM)。BAPM认为，投资者并非都具有相同的理性信念，而是被区分为信息交易者和噪声交易者。前者是理性的，严格按照CAPM做出投资决策；后者是非理性的，不遵循CAPM。两类交易者互相影响，共同决定资产价格。

目前，行为金融的研究已经深入金融领域的各个方面。但是，对于行为金融的可行性仍旧存在怀疑。鲍尔(Ball，1996)认为必须坚持EMH，因为它已经获得了强大的学术认同，而且除此之外并没有更好的选择；他认为行为金融本身也充满了异常现象。法玛(Fama，1998)在对二十多篇论文进行仔细比较后，提出行为金融的论据是随机并且矛盾的，这也就说明EMH的存在。总之，这些反对者的一致观点是，行为金融只是对EMH/CAPM检验无法解释的现象之汇集，它本身没有独立的论据，不是一个方法论。

行为金融理论是针对现代金融市场理论的缺陷而提出来的，其前提假设似乎比现代金融市场理论更合乎实际，对现实具有更强的解释能力。因此，一些学者认为行为金融将取代现代金融市场理论，成为金融市场学的主流理论。但是也有一些学者认为，由于缺乏个体投资者的具体数据，行为金融学无法得到检验，因此无法取得与现代金融理论并行的地位。这是行为金融理论与现代金融理论相对立的方面。此外，虽然行为金融理论对现代金融理论提出了挑战，但它并不完全拒绝现代金融市场理论的一些概念和原理，而且在其基础上发展了自己的一些理论模型。因此，从某种意义上来说，行为金融理论是对现代金融市场理论的完善、补充和发展。这是它们相联系的方面。

根据行为金融学家泰勒(Thaler)的观点，包括行为金融学在内的金融学研究将会出现下述趋势：

(1) 经济模型中关于经济人的假设将有所变化。经济人不再是过去大多数经济学模型中的“超理性”的经济人，其理性程度取决于研究的背景。经济人也并不像过去大多数模型所假设的那样，当他们偶然犯错误时，能够迅速地学习并进行更正；实际中的经济人也许经过学习仍然会犯错误，并且学习机会和能力也各不相同，理性程度也不同，因而将是异质的。

(2) 经济学家将研究人类认知。一种对有限理性进行建模的方法是简化经济人处理信息的能力，经济学家将尝试通过更好的理解人类认知来扩展模型。

(3) 经济人将会更加情绪化。情绪包括愤怒、憎恨、内疚、羞愧、自豪、爱好、遗憾、快乐等。贝克和沃格勒(Baker & Wursler，2006，2007)发现投资者情绪会使得资产价格偏离其内在价值，从而使得资产价格可预测。周(Zhou，2018)在情绪如何影响资产定价方面做了一个详细的文献回顾和总结。

综上所述，未来的金融市场学将会在考虑经济人的理性程度、情绪状态以及学习速度等因素的基础上构建理论模型，经济人将不会再是无差异的，而是异质的正常的人。

第四节 随机贴现因子模型

2001 年，科克伦(J. M. Cochrane)出版了《资产定价》(Asset Pricing)一书，这本书在更高的层次上建立起以随机贴现因子为核心的适用于信息经济学和行为经济学的资产定价理论。

该理论与其他经济理论的发展如出一辙，总是理论家建立模型并进行检验和预测；实证研究者将理论模型应用到实际数据中，并发掘其中不符合理论模型的典型例子，由此又促进新理论的形成和发展。

在过去的 20 多年里，资产定价的理论发展和实证工作是在一个完整的框架里进行的。这个框架最关键的假设是：金融市场不存在套利机会。在这个假设条件下，通过一个“随机贴现因子”将资产的市场价格与其未来回报联系起来，由此可以为金融市场上的任何资产进行定价。这种思想也可以理解为阿罗-德布鲁一般均衡理论在金融市场中的应用。在这个框架里，每个时点的每个自然状态都会存在一个状态价格，而任何金融资产的市场价格就是以状态价格作为权重对未来可能的回报进行的加总。当人们对市场结构进行更深层次的假设时，可以得到进一步的结论。例如，如果市场是完全的，则存在一个唯一确定的随机贴现因子；如果随机贴现因子是一系列共有冲击的线性函数，则资产收益率可以描述为一个线性因子模型；如果经济中存在一个有代表性的投资者，并且他的效用函数已知，则随机贴现因子与其总消费边际效用有关；等等。在最近关于行为金融(行为金融强调非标准偏好或非理性预期)的研究中，也开始利用这个框架。

下面，首先以一个简单的基于消费的资产定价模型为例，简要说明随机贴现因子定价理论的基本思想。

一、一个简单的资产定价模型：基于消费的模型

假设一个投资者今天买了一只股票，则在 $t+1$ 时刻他的回报 x_{t+1} 等于 $t+1$ 时刻的股票价格 p_{t+1} 加上当时的红利 d_{t+1}，即 $x_{t+1}=p_{t+1}+d_{t+1}$。由于投资者并不知道他在未来的回报是多少，他只能猜测各种可能结果的概率，所以 x_{t+1} 是个随机变量。

假设该投资者的效用函数由今天(用 t 表示)和未来(用 $t+1$ 表示)的消费决定：

$$U(c_t,c_{t+1})=u(c_t)+\beta\, e_t[u(c_{t+1})] \tag{15.6}$$

式中：c_t、c_{t+1} 分别是今天和未来的消费；

β 描述的是投资者的消费耐心。

我们通常使用幂函数形式的效用函数：

$$u(c_t)=\frac{1}{1-\gamma}c_t^{1-\gamma} \tag{15.7}$$

假设今天投资者可以按照 p_t 的价格自由买卖股票，并在未来获得 x_{t+1} 的回报。e 是非投资性收入，ξ 指所购买的金融资产的数量。因此，该投资者的目标函数为：

$$\max_{\{\xi\}} u(c_t)+e_t[\beta u(c_{t+1})]$$
$$\text{s. t. } c_t=e_t-p_t\xi \tag{15.8}$$
$$c_{t+1}=e_{t+1}+x_{t+1}\xi$$

将约束条件带入目标函数，并对 ξ 求偏导，可以得到关于最优消费和资产组合选择的一阶条件：

$$p_t u'(c_t)=E_t[\beta u'(c_{t+1})x_{t+1}] \tag{15.9}$$

式(15.9)描述了最优问题的标准边际条件：$p_t u'(c_t)$是投资者购买额外一单位资产所承担的边际效用损失；$E_t[\beta u'(c_{t+1})x_{t+1}]$是投资者从 $t+1$ 时刻的额外回报中所获得的(预期贴现)边际效用增加。投资者会持续买卖该金融资产，直到边际效用损失等于边际效用增加。

或者：

$$p_t=E_t\left[\beta\frac{u'(c_{t+1})}{u'(c_t)}x_{t+1}\right] \tag{15.10}$$

给定回报 x_{t+1} 和投资者的消费选择 c_t、c_{t+1}，式(14.10)告诉我们如何预测市场价格 p_t。

令 $m_t=\beta\dfrac{u'(c_{t+1})}{u'(c_t)}$，则：

$$p_t=E_t(m_t x_{t+1}) \tag{15.11}$$

式(15.11)是资产定价理论中最基础也是最关键的公式，许多更为复杂的定价公式都是在这个公式的基础上进行修正的。

二、随机贴现因子模型的发展

回顾过去的20多年，基于随机贴现因子的资产定价理论主要有以下三方面的发展：

(1) 资产定价的理论与实证分析已经确立了一个比较成熟的框架，并且能够对一些前人无法做出解释的“谜团”或“典型例子”进行解释。比如，第一，关于利率、股票价格以及横截面收益率等方面存在的一些谜团，学者们已经能够给出合理的解释。尽管这些解释可能是由于所选择的数据挖掘法(data snooping)不同而产生的，但是它们还是有其合理性的。第二，关于这些谜团学者们建立了大量模型，尽管这些模型与早期的理论家提出的模型具有大致相同的框架，但是其中许多细节仍然是新颖和重要的。比如，在卢卡斯(Lucas)等人的早期模型中，投资者的同质假定导致了 CCAPM 尽管引入了效用函数，但无法刻画投资者的行为，使得竞争市场均衡时的随机贴现因子从由个人效用主观决定的因子变成了事实上一致的客观因子；这种分析忽略了投资者对不确定性的主观感受差别，因此无法解释股权溢价之谜、股市波动之谜等“异常”现象。而新的资产定价理论通过引入各种投资者异质假说，比如投资者偏好异质、收入异质、习惯异质等，致力于寻找随机贴现因子的决定因素。第三，资产定价所关注的是风险的来源，以及决定风险补偿的经济动力。这样在分析不确定性时，就不会仅仅把风险的不确定性考虑为基于概率的风险估计，而是将这些不确定性的决定因素考虑到效用函数中，尽可能地反映投资者的真实行为。

尽管学者们在资产定价理论领域取得了很大的成绩，但是资产定价理论也面临着许多新的挑战。默顿（Merton，1973）、卢卡斯（Lucas，1978）等人提出的标准资产定价框架中，金融经济学家结合经济基本面，在对整体股市行为进行大量的实证分析与理论探讨时，发现了许多标准理论无法解释的问题，而资产定价理论正是在攻克这些难题的过程中发展成熟起来的。尽管资产定价能对一些谜团进行合理解释，但对于有些问题仍然在不断摸索的过程中。比如，实证发现，相对于短期实际利率、消费、红利的波动而言，实际股票回报的波动太高。股价的高波动不能被有效市场理论所解释，坎贝尔（Campbell，1999）把这种现象称为"股市波动之谜"。在前人做了大量研究都无法合理解释的情况下，学者们开始采用基于消费的跨期边际替代率作为随机贴现因子。格罗斯曼和希勒（Grossman & Shiller，1981）用标准普尔指数的股利和总体消费数据来计算随机贴现因子，做出了从 1881 年以来的现值图。他们发现，该模型中股利贴现值与实际股价只有脆弱的关系，除非将相对风险厌恶系数增大到荒谬的程度；否则，股利现值的波动根本无法充分解释股价的变化。之后又有许多学者进行了有关的实证工作，都发现利用资产定价的这一理论框架（即股价是对未来股利的贴现值）无法解释股票市场的波动水平，因此无法解释"股市波动之谜"。

在近来的研究中，学者们开始从行为金融的角度，结合资本定价的理论框架进行分析。坎贝尔和科克伦（Campbell & Cochrane，1999）提出"消费习惯"模型，代表性行为者从消费和一个时期生活水平或习惯水平之间的差距中获得效用。当调整该模型来吻合消费增长的一、二阶矩——平均无风险利率和股票市场的夏普比率时，它也大致与股票回报的波动性、可预测性和周期性吻合。该模型确实成功地解释了股市波动之谜。希顿和卢卡斯（Heaton & Lucas，2000）及约根森（Vissing-Jørgensen，1997）建立了一个只有部分居民参与股市的一般均衡模型，并认为，随着居民参与股市比率上升而导致成本下降可能有助于解释美国股市在 20 世纪末的上涨。

(2) 关于交易成本如何影响资产价格的问题仍需进一步研究。艾米胡和门德尔松（Amihud & Mendelson，1986）认为交易成本会极大地降低小股票的价格，因此可以解释小公司效应。何和摩德斯特（He & Modest，1995）以及卢特摩尔（Luttmer，1996）将汉森-贾格纳森（Hansen-Jagannathan）波动率边界进行了扩展，以考虑存在交易成本的情况。最大的困难是，在同时调整资产组合和消费的过程中（特别是耐用品和房屋），如何解释交易成本影响一般均衡中的资产价格。还有科斯坦丁尼德斯（Constantinides，1986）、格罗斯曼和拉罗克（Grossman & Laroque，1990）、希顿和卢卡斯（Heaton & Lucas，1996）、瓦雅诺斯（Vayanos，1998）等也进行了一些研究工作。

(3) 大量实证表明，在动态资产定价模型中，一些额外的因素可以解释股票收益率横截面数据的特征。这些额外的因素有些可能是关于财富的缺省部分，比如人力资本；有些可能是随机贴现因子模型中的时间变化。提高对这些因素模型的认识还需要做大量工作，利用政府和公司债券以及股票市场的一些信息对我们的研究有所帮助。最终，我们对随机贴现因子和现实经济均衡之间的关系会有更深刻的理解。

金融市场的一个重要作用是使投资者能够分散风险。尽管金融创新在过去的几十年里取得了很大发展，但许多风险管理部门的风险管理手段仍然比较落后。学术研究的一个重要任务是为金融创新进行估价，包括为与通货膨胀、房地产价格、国家或世界收入等有关的金融工具定价。在资产定价领域还存在一些相关的公共政策问题。单个家庭和政府都要面临风险管理问题，因此，资产定价仍然是经济领域的一个活跃的研究问题。

第五节 有效的无效市场理论

2013 年诺贝尔经济学奖联合授予了有效市场之父尤金·法玛、行为经济学之父罗伯特·希勒以及拓展了市场有效性检验的拉斯·汉森。法玛定义的有效市场是一个市场价格能够反映所有相关信息的市场。换言之，价格总能够反映消息，市场消息一经公布，价格会及时地、充分地反映出新信息价值。如果市场是完全有效的，主动投资将毫无意义，因为价格已经充分反映出你能够获得的所有信息。但若没有主动投资者，谁又能在第一时间使市场有效？甚至，在现实世界中投资者给积极经理人支付数以亿元计的佣金。所有市场都是有效市场的假说在逻辑上与现实相悖。

另一方面，希勒认为证券市场定价背离基本面价格的原因在于人们决策的失误和难以抵消的共同偏差。人类会犯错误，惊慌、集群和极度兴奋是人类的共性。如果市场中的非理性投资者占大多数，价格会脱离基本面，战胜市场岂不是一件容易的事情？实际上，跑赢市场并不容易。大部分专业的投资人，如共同基金经理人，也很难战胜市场。实际上，具有大量资本且经验丰富的基金经理人在追求最优投资表现、高抛低吸的过程中使得市场更加有效了。

针对两种截然不同的观点，拉斯·彼特森在他 2015 年出版的教材《既有效又无效：聪明的钱如何投资以及市场价格如何确定》中，提出了“有效的无效市场”的理论。

一、主要理论内容

尽管基金经理人间激烈的竞争可以抑制价格的背离，价格在需求压力和机构摩擦间仍将偏离基本面价值。这个过程使得市场达到“既有效又无效”状态：既足够“无效”使得基金经理人能够从超越市场的表现中获得成本和风险的补偿；又足够“有效”使得基金经理人的回报抵消成本后难以吸引更多的经理人或者额外的资本进入市场。

基金经理人在提供流动性的同时，也帮助其他交易者进行交易。基金经理人能够盈利是因为流动性需求者对交易价格的估价并不等于基本面价格（就像你愿意以高于原料的价格购买汉堡）。例如，一些投资者通过交易来降低风险（货物生产者如农民和商品消费者如航空公司的对冲行为）；另外一些投资者需要筹措资金或者投资（如出售债券获得现金筹备婚礼或购买结婚礼物，或是共同基金需要平衡投资组合控制资本的流入流出等）；还有许多投资者抛售将要进行合并的公司的股票来避免事件风险；养老基金可能依照规程规章交易；银行可能考虑不同资本需求而购买特定的证券资产；许多投资者厌恶持有流动性较差的资产；一些投资者倾向投资于高回报率的投机性证券等等。尽管激烈的竞争使得基金经理获得的补偿接近于无，但竞争并不会使流动性溢价完全失去价值，因为他们的交易需要承担流动性风险，而这种风险则通过流动性溢价给予他们补偿。流动性风险是一个非常重要的概念，可以简单地解释为在最坏的情形下，投资者的销售行为会产生高昂的交易成本。

交易成本会降低基金经理人给予投资者的收益补偿。另外，基金经理人需要对他们的工作、能力和内部交易成本（如交易员薪酬、电脑设备费、律师费和审计费等）收取一定的费用。当投资者可以获得基金经理人在既有效又无效的市场中比期望收益更高的利润时，他们愿意支付基金经理人上述成本和报酬。

在既有效又无效的市场中，价格和收益如何能够达到完全有效的价值？由于存在竞争，扣除市场摩擦（交易成本、流动性风险和资金成本）的净收益将十分接近其有效水平，毕竟持续地战胜市场是很难的。然而，尽管收益水平接近有效，价格仍然能够偏离其未来现金流的贴现值。为了进一步理解这个矛盾的观点，我们举一个购买股票的例子说明。一只便宜的股票的收益取决于今日和明日的价格。如果明日的价格更加偏离其有效水平但流动性成本更大，那么即使价格再高，收益回报对于投资者来却并无甚多吸引力。

市场每时每刻向着一种既有效又无效的状态运动着，就如同自然规律不断印证着达尔文的“适者生存”法则一般。在传统的经济学中，“完美市场有效”的概念和自然法则中的自然达到“物种最优均衡”状态如出一辙。然而，自然界中并不存在最适合生存的生命，也没有一种生命形式能够达到“最优均衡状态”后就停止演变。金融市场也是这般，一定数量的投资者和投资策略能够在这个市场上“存活”，尽管市场的力量能够将价格引导向有效的水平，市场状态仍然在不断随着新的竞争者到来而变化着，供给和需求时时刻刻冲击着市场价格。

与自然法则相同，在金融市场中进进出出的投资活动使得市场达到既有效又无效的状态。例如，政治手段可能是无效的，然而在面临竞争时政治家往往有激励使其变得有效。然而，由于投票者监督代表的能力有限，这个过程将产生政治摩擦（就如同金融市场的市场摩擦），政治系统中的竞争力量并不能够使得整个政治手段完全有效。相似地，交通运输活动也可能是一种既有效又无效的状态。例如，当你在高速公路上行驶时，你会发现每个车道行车速度接近相同，主要原因是自由变换车道使得所有车道上车辆数目相近。然而，变道成本和不断变化的交通状况使不同车道上行进的车速不会完全相同。最终，车辆行进速度将几乎接近一个既有效又无效的水平。这个既有效又无效的状态使得变道不会有任何作用，然而变道仍然有着比较优势。尽管过度频繁地变道和高速行驶会增加行驶风险，就如同频繁交易和高杠杆交易会增加金融市场的交易风险一样。

二、新古典金融和经济学理论与既有效又无效的市场理论的区别

表 15－1 详细地列出了既有效又无效的市场经济机制与新古典经济学的差别。作为人们对经济学认知的重要支柱，新古典经济学在全球大学教育课程中仍占有主要地位。其理论曾一度被人们接受和引用。然而，2007 年因流动性紧缺导致的全球金融危机的出现让人们重新思考它的实际应用性。与莫迪尼亚尼-米勒定理模型相反，公司在债务便利和资金压力成本之间权衡，受现金限制的公司在发生流动性危机的时候必须改变它们的投资策略。尽管两基金分离定理提出所有投资者应该同时持有现金和一样的市场组合，但现实世界中大部分投资者却持有不同资产组合，如一些人倾向于直接投资风险较高的证券，而另一部分人（如沃伦·巴菲特）则更愿意选择更安全的资产。由于持有难以筹措

资金或者交易成本较高的证券投资者需要获得补偿，因此，资本回报不仅仅受到市场风险的影响（如资本资产定价模型），还受到市场和资金的流动性风险的影响。当套利机会出现时，货币市场、信用市场、可转换证券市场、股票市场（连体双胞胎股票价差）以及期权市场中的一价定律被打破。投资者倾向于在资产到期、红利分配前通过对看涨期权行权和转换可转换债券以补充所需资金或填补大额空头成本。除此之外，金融市场摩擦也影响实体经济和非传统货币政策，例如中央银行的信贷便利政策对处理“流动性干涸”问题尤为重要。

表 15－1　新古典金融和经济学理论与既有效又无效的市场理论对比

新古典金融和经济学	既有效又无效的市场理论
莫迪尼亚尼-米勒模型	资本结构相关理论
资本结构不相关	融资限制存在
两基金分离定理	投资者选择不同投资组合
每个人投资组合由现金和市场组合构成	投资者依据个人资金约束投资
资本资产定价模型	流动性风险和融资约束
预期收益与市场风险成比例	流动性风险和融资约束影响期望收益
一价定律和布莱克-斯克尔斯模型	套利机会
无套利理论，隐含衍生品价格	需求压力影响衍生品价格时出现套利机会
默顿法则	提前行权和转换最优策略
除非到期或者遇到公司支付红利，否则不提前履行看涨期权或者转换可转换债券	释放现金，节省做空成本，限制交易成本
真实经济周期和李嘉图等价	信用周期和流动性螺旋
宏观经济政策和金融无关论	由宏观、资产定价和资金约束驱动
泰勒法则	两种货币政策工具
利率是货币政策的核心	利率（信贷成本）和抵押政策（信贷规模）

资料来源：拉斯·彼特森．既有效又无效：聪明的钱如何投资以及市场价格如何确定．普林斯顿大学出版社，2015．

第六节　资产收益率的可预测性

资产收益率的预测一直是业界和学界都非常关心的一个问题。对于业界来说，如何准确地预测资产收益率是决定组合表现的一个重要因素。对于学术界而言，则可以将收益率预测和资产所承担的风险进行比较，来判断金融市场是否运行有效。需要指出的是，资产收益率的可预测性并不是对效率市场假说的否定。如果预期收益率和其承担的风险相匹配，则市场仍然是有效的。只有当预期收益率无法被风险所解释的时候，我们才有可能认为市场存在异常现象。

资产收益率预测根据对象可以分为时间序列预测和横截面预测。时间序列预测是预测某一个市场或者某一只证券在不同时间上的收益率。绝大多数的研究都集中在对市场整体，如指数等的时间序列预测。横截面预测则是预测在某一个时点上不同证券的收益率。通常通过买入预测收益率高的证券的同时卖出预测收益率低的证券来获得收益。

收益率预测的研究也分为两个不同角度。第一个角度的研究力图寻找对预测有帮助的各种变量。随着预测变量增多，如何有效地进行信息加总和取舍就变成一个很重要的研究课题。这是收益率可预测性研究的第二个角度。

一、时间序列收益率可预测性

在研究时间序列收益率可预测性的过程中，有两个问题必须引起重视。一是样本内可预测性和样本外效果的区别。韦尔奇和戈亚尔（Welch & Goyal, 2008）的研究表明，很多预测变量在样本内预测表现很好，但是如果进行样本外检验则其预测能力就基本消失了。二是统计上显著和经济上显著的差异。桑顿和瓦伦特（Thornton & Valente, 2012）的研究表明，一些变量可以获得很显著的统计上的预测效果，但是运用到实际的组合管理中所带来的经济效果则不明显。

时间序列收益率的预测一般通过一个预测回归来检验某个变量的预测效果：

$$r_{t+1}=\alpha+\beta' X_t+\varepsilon_{t+1}$$

式中：r_{t+1}是金融资产在下一个时期的收益率；X_t是预测变量在时刻t的信息集合。该信息集合可以是某个特定信息，也可以是多个信息。在样本内，可以通过验证回归系数β的显著性以及整个回归的R^2系数来判断预测变量在样本内的预测效果。

样本外预测则通过如下步骤进行。假设整个数据的样本区间从 1 到 N。在中间的某个时点 m，利用从 1 到 m 的数据进行回归，利用回归的系数和 m 时刻的信息对 $m+1$ 时刻的收益率进行预测，并以此计算其预测误差。然后以此类推，直到 N。预测变量在样本外的统计表现可以通过样本外的 R^2（R^2_{OOS}）来衡量：

$$R^2_{OOS}=1-\frac{\sum_{i=m+1}^{N}(r_i-\hat{r_l})^2}{\sum_{i=m+1}^{N}(r_i-\bar{r}_l)^2},$$

式中：$\hat{r_l}$表示使用模型预测的收益率；

$\bar{r}_l$ 表示没有使用预测模型而使用历史样本均值预测的收益率。

如果预测变量具有预测效果，则 $\sum_{i=m+1}^{N}(r_i-\hat{r_l})^2<\sum_{i=m+1}^{N}(r_i-\bar{r}_l)^2$，$R^2_{OOS}>0$。我们就可以通过检验 R^2_{OOS} 是否为正来检验某个预测变量的样本外预测效果。

经济上的显著性则通过比较两种不同的投资策略进行。第一种投资策略根据预测变量得到的预测收益率决定其最优投资权重，第二种投资策略则使用简单的历史样本均值作为预测来决定投资权重。我们通过事后比较这两种投资策略的表现，如夏普比例、确定性等价收益率等，就可以判断预测变量在经济意义上的显著性。

在过去几十年中，很多研究都力图寻找可以对收益率进行时间序列预测的预测变量，也提出了很多指标。

（一）股票市场

韦尔奇和戈亚尔（Welch & Goyal, 2008）及拉帕齐、斯特劳斯和周（Rapach, Strauss &

Zhou, 2008)对文献中提出的一些用于预测股票市场的变量进行了分析和检验。具体包括:①股息率:坎贝尔(Campbell,1987)、坎贝尔和席勒(Campbell & Shiller, 1998a, 1988b)等;②收益价格比率;③红利支付比率:坎贝尔和席勒(Campbell & Shiller, 1998a, 1988b)、拉蒙特(Lamont, 1988)等;④股票收益率方差:郭(Guo,2006);⑤股票市场横截面风险溢酬:波尔克、汤姆森和沃尔泰纳霍(Polk, Thompson &Vuolteenaho, 2006);⑥账面价值一市值比率:科塔里和尚肯(Kothari & Shanken,1997)、潘悌夫和沙尔(Pontiff & Schall, 1998);⑦公司发行股票行为:布杜奇、麦可、理查德森和罗伯茨(Boudoukh, Michaely, Richardson, & Roberts, 2007),贝克和沃格勒(Baker & Wurgler, 2000);⑧三个月国库券收益率;⑨长期国债收益率和期限溢酬:坎贝尔(Campbell,1987)、法码和法伦奇(Fama & French,1989);⑩信用风险溢酬:法码和法伦奇(Fama & French, 1989)、凯姆和斯坦博(Keim & Stambaugh, 1986);⑪通货膨胀:坎贝尔和沃尔泰纳霍(Campbell & Vuolteenaho, 2004);⑫投资与资本比率:科克伦(Cochrane, 1991)。

最近的一些研究则立足于从其他角度入手,提出了一些新的指标。波勒斯勒夫、陶亨和周(Bollerslev, Tauchen & Zhou, 2009)发现,利用期权市场的信息可以对股票市场收益率进行预测。他们发现,波动率风险溢酬——方差在现实测度和风险中性测度下的差异——可以很好地预测股票市场的收益率。黄、姜、图和周(Huang,Jiang,Tu & Zhou, 2015)及姜、李、马丁和周(Jiang, Lee,Martin & Zhou, 2019)则发现,情绪可以预测股票市场收益率。

(二)公司债券市场

凯姆和斯坦博(Keim & Stambaugh, 1986)是第一个对公司债券收益率预测进行研究的。法码和法伦奇(Fama & French,1989)发现信用风险溢酬、期限溢酬和红利率是公司债券收益率的重要预测变量。格林伍德和汉森(Greenwood & Hanson, 2013)发现债券发行者的信用质量可以预测公司债券收益率。在最近一个研究中,林、王和吴(Lin, Wang & Wu, 2014)则发现流动性和远期利率因子可以预测公司债券收益率。

(三)国债市场

法码和布里斯(Fama & Bliss,1987)、坎贝尔和席勒(Campbell & Shiller, 1991)以及科克伦和皮亚泽西(Cochrane and Piazzesi, 2005)发现,利率期限结构中所隐含的信息有助于预测国债市场的收益率。另外的一些研究则发现宏观经济变量可以有效地预测国债市场收益率。路德维森和吴(Ludvigson and Ng, 2009)利用主成分分析从 132 个宏观指标中构建了 8 个宏观经济因子,发现这些因子可以预测国债市场收益率。塞斯拉克和波瓦拉(Cieslak & Povala, 2015)发现,预期通货膨胀率可以预测国债市场收益率。在最近的一个研究中,林、刘、苏和朱(Lin, Liu, Su & Zhu, 2019)则发现,美国国债收益率隐含着对灾难风险的补偿。

(四)衍生品市场

哈维和怀利(Harvey & Whaley, 1992),甘咯维斯和圭多林(Gonclaves & Guidolin, 2006),康斯坦蒂尼迪斯、斯基亚多普洛斯和 扎卡拉奇(Konstantinidi, Skiadopoulos & Tzagkaraki, 2008),以及纽曼和斯基亚多普洛斯(Neumann & Skiadopoulos,2013)均发现股指期权收益率统计上可预测,但是其经济意义在考虑了交易成本之后均不显著。郭、韩和林(Guo,Han & Lin,2018)发现整个隐含波动率曲面隐含着可以预测股指期权收益率的信息。其预测性不仅在统计上显著,而且经济意义也很明显。郭和林(Guo & Lin,2020)的研究则发现,跳跃和波动率风险指标可以预测股指期权的收益率。

随着研究的不断进展,学者提出了越来越多的预测变量。如何有效地从这些大量的预测变量中综合提出有效的信息,就成为一个重要的研究课题。一个最简单的思路就是把这些变量都放在预测回归等式的右边,作为回归的一个自变量。但是大量的研究都表明这种多元的回归模型在样本内可能可以达到很好的拟合效果,但是样本外的预测都很差。而且还可能存在很严重的多重共线性问题,因为很多预测变量都是高度相关的。为了解决这个问题,拉帕齐、斯特劳斯和周(Rapach, Strauss & Zhou, 2008)提出了一个组合预测的思路(Combination forecast)。具体可以分为两步。第一步,单独使用每个预测变量进行回归并得出使用该变量进行预测的收益率。N 个预测变量就可以得到 N 个预测收益率。第二步,计算这 N 个预测收益率的某种组合预测收益率,比如简单均值、中位值、加权平均值等,作为对收益率的预测。实证结果表明,这种方法可以获得很好的预测效果。林、吴和周(Lin, Wu & Zhou, 2018)在组合预测的基础上进一步提出了迭代组合预测(Iterated combination forecast),进一步提高了组合预测的效果。

二、横截面收益率的可预测性

横截面收益率的预测主要利用某个时点上某个或者某些证券的特征预测个别资产的收益率,并通过买入预测收益率高的资产并同时卖出预测收益率低的资产来获得收益率之差。其研究的重点是寻找可以预测横截面收益率的证券特征。早期的小公司规模效应、账面一市值比效应、动量效应、反转效应等都是这方面研究的例子。

(一) 股票市场

在一系列的研究中,斯坦博、余和袁(Stambaugh, Yu & Yuan, 2012, 2014, 2015)以及斯坦博和袁(Stambaugh & Yuan, 2017)分析了 11 个可以用于预测股票市场横截面收益率的指标。具体包括:①股票净发行量:里特(Ritter, 1991)、拉夫兰和里特(Loughran & Ritter, 1995);②综合股票发行:丹尼尔和铁曼(Daniel & Titman, 2006);③应计项目:斯隆(Sloan,1996);④净营运资产:赫什雷弗、侯、赵和张(Hirshleifer,Hou, Teoh & Zhang, 2004);⑤投资资产比:铁曼,魏和谢(Titman, Wei & Xie,2004);⑥资产增长率:库珀、古伦和席尔(Cooper, Gulen, & Schill, 2008);⑦财务压力:坎贝尔、希尔斯彻和希拉吉(Campbell, Hilscher & Szilagyi, 2008);⑧O-指标衡量的破产风险:奥尔森(Ohlson ,1980);⑨过去 1 年收益率:卡哈特(Cahart, 1997);⑩毛利润率:诺维-马克思(Novy-Marx, 2013);⑪资产收益率:法码和法伦奇(Fama & French,2015)。

在另一个有影响力的研究中,侯、薛和张(Hou, Xue & Zhang,2015)则讨论和总结了 73 个可用于预测横截面收益率的公司特征。

(二) 公司债券市场

吉布哈特、白克亚尔和斯瓦米纳坦(Gebhardt, Hvidkjaer & Swaminathan, 2005)发现投资级别的公司债券收益短期内存在收益率反转现象。约斯托娃、尼古洛娃、菲利波夫和斯大尔(Jostova, Nikolova, Philipov & Stahel, 2013)则发现垃圾债券收益存在动量效用。白、巴里和温(Bai, Bali & Wen, 2019)发现公司债券历史收益率的一些分布指标可以用于预测公司债券的横截面收益率。巴里、苏布拉马尼亚姆和温(Bali, Subrahmanyam & Wen, 2019)发现公司债券收益存在长期反转现象。乔迪亚、戈亚尔、野泽、苏布拉马尼亚姆和童(Chordia, Goyal, Nozawa, Subrahmanyam & Tong, 2017)以及崔和金(Choi & Kim, 2018)都发现股票的某些特征可以用于预测该公司债券的收益率。郭、林、吴和周(Guo, Lin, Wu & Zhou, 2020a)发现公司债券的历史技术指标可以预测公司债券的收益率。郭、林、吴和周(Guo, Lin, Wu & Zhou, 2020b)提出了一个情绪指标,该指标可以显著地预测公司债券的收益率。

同时间序列收益率预测一样,随着横截面收益率预测变量不断增加,如何从这些众多的指标中综合和提出有效的信息,成为一个很重要的研究课题。一个核心的思路就是如何降低维度,使用尽可能少的指标达到尽可能好的预测效果。最近越来越多的研究开始引入机器学习的方法来达到这个目的。相关的研究有拉帕齐、斯特劳斯和周(Rapach, Strauss & Zhou, 2013),科扎克、内格尔和桑托斯(Kozak, Nagel & Santosh ,2018),凯莉、普鲁特和苏(Kelly, Pruitt & Su, 2019),以及科扎克、内格尔和桑托斯(Kozak, Nagel & Santosh ,2019)。

(三)衍生品市场

戈亚尔和沙雷托(Goyal & Saretto, 2009)发现个股的已实现波动率和隐含波动率之差可以预测个股期权的收益率。曹和韩(Cao & Han, 2013)证实个股的异质波动率可以预测其期权收益率。巴里和穆雷(Bali & Murray, 2013)发现风险中性下的偏度可以预测期权组合的收益率。巴斯克斯(Vasquez, 2017)则发现隐含波动率的期限结构可以预测个股期权的收益率。胡和雅克布斯(Hu & Jacobs,2019)发现标的资产的收益率可以预测个股期权收益率。

本章小结

1. 现代金融理论被公认为是从20世纪50年代开始的。其中20世纪50年代至80年代发展起来的风险-收益理论、有效市场理论、资本结构理论和期权理论,奠定了现代金融理论的基础框架。

2. 时间和不确定性是影响金融经济行为的核心要素,也正是时间和不确定性二者相互作用的复杂性,对金融研究提出了挑战。连续时间金融模型已被证明是金融学发展中一种用途广、效能高的工具。

3. 行为金融学是关于心理因素如何影响金融行为的研究,是心理学在金融行为中的运用。广义地看,行为金融学是行为理论与金融分析相结合而形成的研究方法与知识体系,是金融学和心理学相结合而产生的交叉学科。

4. $p_t=E_t(m_t x_{t+1})$是资产定价理论中最为基本也最为重要的公式。过去20多年基于随机贴现因子的资产定价理论的发展主要有:①资产定价的理论与实证分析已经确立了一个比较成熟的框架,并且能够对一些前人无法做出解释的“谜团”或“典型例子”进行解释，但是该理论也面临着许多新的挑战；②关于交易成本如何影响资产价格的问题仍需进一步研究；③在动态资产定价模型中，一些额外的因素可以解释股票收益率横截面数据的特征。

重要概念

风险-收益理论　有效市场理论　公司结构理论　期权定价理论　连续时间金融　行为金融学　随机贴现因子模型　基于消费的资产定价模型　既有效又无效的市场理论

进一步阅读

[1] Merton R. An intertemporal capital asset pricing model[J]. Econometrica,1973(41): 867－888.
[2] Campbell J Y. Asset pricing at the millennium[J]. Journal of Finance,2000(55): 1515－1568.
[3] Shefrin H. A behavioral approach to asset pricing[M]. Academic Press,2008.

参考文献

[1] Ait-SahaliaY. Transition densities for interest rate and other nonlinear diffusions[J]. Journal of Finance,1999(54):1361－1395.
[2] Amihud Y,Mendelson H. Asset pricing and the bid-ask spread[J]. Journal of Financial Economics,1986(17):223－249.
[3] Bai J, Bali T G, Wen Q. Common risk factors in the cross-section of corporate bond returns [J]. Journal of Financial Economics, 2019 (131): 619－642.
[4] Ball R. The theory of stock market efficiency: accomplishments and limitations[J]. Journal of Applied Corporate Finance,1995(8):4－17.
[5] Baker M, Wurgler J. The equity share in new issues and aggregate stock returns [J]. Journal of Finance, 2000 (5):2219－2257.
[6] Baker M, Wurgler J. Investor sentiment and the cross-section of stock returns [J]. Journal of Finance, 2006(4):1645－1680.
[7] Baker M, Wurgler J. Investor sentiment in the stock market [J]. Journal of Economic Perspectives, 2007 (2):129－151.
[8] Bali T G, Murray S. Does risk-neutral skewness predict the cross-section of equity option portfolio returns? [J]. Journal of Financial and Quantitative Analysis, 2013 (4): 1145－1171.
[9] Bali T G, Subrahmanyam A, Wen Q. Long-term reversals in the corporate bond

market [J]. Journal of Financial Economics.

[10] Barndorff-Nielsen O E, Shephard N. Continuous time approach to financial volatility [M]. Cambridge: Cambridge University Press, 2005.

[11] Bates D S. Jumps and stochastic volatility: Exchange rate processes implicit in Deutsche Mark options[J]. The Review of Financial Studies, 1996(9): 69 - 107.

[12] Black F, Scholes M. The pricing of options and corporate liabilities[J]. Journal of Political Economy, 1973(81): 637 - 659.

[13] Bollerslev T, Tauchen G, Zhou H. Expected stock returns and variance risk premia [J]. Review of Financial Studies, 2009 (11): 4463 - 4492.

[14] Boudoukh J, Michaely R, Richardson M P, Roberts M R. On the importance of measuring payout yield: implications for empirical asset pricing [J]. Journal of Finance, 2007 (2): 877 - 915.

[15] Brennan M J, Xia Y. Assessing asset pricing anomalies[J]. Review of Financial Studies, 2001(14): 905 - 942.

[16] Burrell O K. Possibility of an experimental approach to investment studies[J]. Journal of Finance, 1951(6): 211 - 219.

[17] Campbell J Y. Stock returns and the Term Structure [J]. Journal of Financial Economics, 1987 (2): 373 - 399.

[18] Campbell J Y, Cochrane J H. By force of habit: a consumption-based explanation of aggregate stock market behavior[J]. Journal of Political Economy, 1999(107): 205 - 251.

[19] Campbell J Y, Hilscher J, Szilagyi J. In search of distress risk [J]. Journal of Finance, 2008 (63): 2899 - 2939.

[20] Campbell J Y, Shiller R J. Stock prices, earnings, and expected dividends [J]. Journal of Finance, 1988 (3): 661 - 676.

[21] Campbell J Y, Shiller R J. The dividend-price ratio and expectations of future dividends and discount factors [J]. Review of Financial Studies, 1988 (3): 195 - 227.

[22] Campbell J Y, Shiller R J. Yield spreads and interest rate movements: A bird's eye view [J]. The Review of Economic Studies, 1991 (3): 495 - 514.

[23] Campbell J Y, Vuolteenaho T. Inflation illusion and stock prices [J]. American Economic Review, 2004 (2): 19 - 23.

[24] Cao J, Han B. Cross section of option returns and idiosyncratic stock volatility [J]. Journal of Financial Economics, 2013 (1): 231 - 249.

[25] Carhart M M. On persistence in mutual fund performance [J]. Journal of Finance, 1997 (52): 57 - 82.

[26] Choi J, Kim Y. Anomalies and market (dis) integration [J]. Journal of Monetary Economics, 2018 (100): 16 - 34.

[27] Chordia T, Goyal A, Nozawa Y, Subrahmanyam A, Tong Q. Are capital market anomalies common to equity and corporate bond markets? An empirical investigation

[J]. Journal of Financial and Quantitative Analysis, 2017 (52): 1301 - 1342.

[28] Cieslak A, Povala P. Expected returns in Treasury bonds [J]. Review of Financial Studies, 2015 (10):2859 - 2901.

[29] Cochrane J H. Production-based asset pricing and the link between stock returns and economic fluctuations [J]. Journal of Finance, 1991 (1):209 - 37.

[30] Cochrane J H, Piazzesi M. Bond risk premia [J]. American Economic Review, 2005 (1):138 - 160.

[31] Constantinides G M. Capital market equilibrium with transaction costs[J]. Journal of Political Economy,1986(94):842 - 862.

[32] Constantinides G M. Habit formation: a resolution of the equity premium puzzle [J]. Journal of Political Economy,1990(98):519 - 543.

[33] Cooper M J, Gulen H, Schill J. Asset growth and the cross-section of stock returns [J]. Journal of Finance, 2008 (63):1609 - 1652.

[34] Cox J C,Ingersoll J E,Ross S A. An intertemporal general equilibrium model of asset prices[J]. Econometrica,1985a(53):363 - 384.

[35] Cox J C,Ingersoll J E,Ross S A. A theory of the term structure of interest rates [J]. Econometrica,1985b(53):385 - 407.

[36] Cox J C,Ross S A. The valuation of options for alternative stochastic processes[J]. Journal of Financial Economics,1976(3):145 - 66.

[37] Cox J C, Huang C F. Optimal consumption and investment policies when asset prices follow a diffusion process [J]. Journal of Economic Theory, 1989 (49):33 - 83.

[38] Daniel K D, Titman S. Market reactions to tangible and intangible information [J]. Journal of Finance, 2006 (61):1605 - 1643.

[39] Detemple J. Asset pricing in a production economy with incomplete information[J]. Journal of Finance,1986(41):383 - 391

[40] Duffie D,Pan J,Singleton K J. Transform analysis and asset pricing for affine jump diffusions[J]. Econometrica,2000(68):1343 - 1376.

[41] Duffie D,Singleton K J. Simulated moments estimation of markov models of asset prices[J]. Econometrica,1993(61):929 - 952.

[42] Duffie D,Huang C F. Implementing Arrow-Debreu equilibria by continuous trading of long-live securities[J]. Econometrica,1985(53):1337 - 1356.

[43] Eraker B. Do stock prices and volatility jump? reconciling evidence from spot and option prices[J]. Journal of Finance,2004,59(3):1367 - 1404.

[44] Fama E F. Efficient markets Ⅱ [J]. Journal of Finance,1991(46):1575 - 1618.

[45] Fama E F. Market efficiency,long-term returns,and behavioral finance[J]. Journal of Financial Economics,1998(49):283 - 306.

[46] Fama E F, Bliss R. The information in long-maturity forward rates [J]. American

Economic Review, 1987(4):680 - 692.

[47] Fama E F, French K R. Business conditions and expected returns on stocks and bonds [J]. Journal of Financial Economics, 1989 (1):23 - 49.

[48] Fama E F, French K R. A five-factor asset pricing model [J]. Journal of Financial Economics, 2015 (16):1 - 22.

[49] Fan H, Sundaresan S M. Debt valuation, renegotiation, and optimal dividend policy [J]. Review of Financial Studies, 2000(13):1057 - 1099.

[50] Gebhardt W R, Hvidkjaer S, Swaminathan B. Stock and bond market interaction: Does momentum spill over? [J]. Journal of Financial Economics, 2015 (75): 651 - 690.

[51] Goncalves S, Guidolin M. Predictable dynamics in the S&P 500 index options implied volatility surface [J]. Journal of Business, 2006 (79): 1591 - 1635.

[52] Goyal A, Saretto A. Cross-section of option returns and volatility [J]. Journal of Financial Economics, 2013(2): 310 - 326.

[53] Greenwood R, Hanson S G. Issuer quality and corporate bond returns [J]. Review of Financial Studies, 2013 (6): 1483 - 1525.

[54] Grossman S J, Laroque G. Asset pricing and optimal portfolio choice in the presence of illiquid durable consumption goods[J]. Econometrica, 1990(58):25 - 51.

[55] Grossman S J, Robert J Shiller. The determinants of the variability of stock market prices[J]. American Economic Review, 1981(71):222 - 227.

[56] Guo B, Han Q, Lin H. Are there gains from using information over the surface of implied volatilities? [J]. Journal of Futures Markets, 2018 (38): 645 - 672.

[57] Guo B, Lin H. Volatility and jump risk in option returns [J]. Journal of Futures Markets, 2020.

[58] Guo H. On the out-of-sample predictability of stock market returns [J]. Journal of Business, 2006 (2):645 - 70.

[59] Guo X, Lin H, Wu C, Zhou G. Extracting information from the corporate yield curve: A machine learning approach [W]. Working paper, 2020a, Washington University in St. Louis.

[60] Guo X, Lin H, Wu C, Zhou G. Investor sentiment and the cross section of corporate bond returns [W]. Working paper, 2020b, Washington University in St. Louis.

[61] Hansen L P. Large sample properties of generalized method of moments estimators [J]. Econometrica, 1982 (50):1029 - 1054.

[62] Harison J M, Kreps P M. Martingales and arbitrage in multiperiods securities markets[J]. Journal of Economic Theory, 1979(20):381 - 408.

[63] Harvey C R, Whaley R E. Market volatility prediction and the efficiency of the S&P 100 index option market [J]. Journal of Financial Economics, 1992 (31): 43 - 73.

[64] He H, Modest D. Market frictions and consumption-based asset pricing[J]. Journal

of Political Economy,1995(103):94 - 117.

[65] Heaton J,Lucas D J. Asset pricing and portfolio choice: the importance of entrepreneurial risk[J]. Journal of Finance,2000(55):1163 - 1198.

[66] Heaton J,Lucas D J. Evaluating the effects of incomplete markets on risk sharing and asset pricing[J]. Journal of Political Economy,1996(104):443 - 487.

[67] Heston S. A closed-form solution for options with stochastic volatility with applications to bond and currency options[J]. Review of Financial Studies,1993(6):327 - 343.

[68] Hirshleifer D, Hou K, Teoh S H, Zhang Y. Do investors overvalue firms with bloated balance sheets? [J]. Journal of Accounting and Economics, 2004 (38):297 - 331.

[69] Hou K, Xue C, Zhang L. Digesting anomalies: An investment approach [J]. Review of Financial Studies, 2015 (28):650 - 705.

[70] Hu G, Jacobs K. Volatility and expected option returns [J]. Journal of Financial and Quantitative Analysis, 2019, 已接受。

[71] Huang D, Jiang F, Tu J, Zhou G. Investor sentiment aligned: A powerful predictor of stock returns [J]. Review of Financial Studies, 2015 (3): 791 - 837.

[72] Hull J C, White A D. The pricing of options on assets with stochastic volatilities [J]. Journal of Finance,1987(42):281 - 300.

[73] Jiang F, Lee J, Martin X, Zhou G. Manager sentiment and stock returns [J]. Journal of Financial Economics, 2019 (1): 126 - 149.

[74] Jostova G, Nikolova S, Philipov A, Stahel C W. Momentum in corporate bond returns [J]. Review of Financial Studies, 2013 (26): 1649 - 1693.

[75] Kahneman D,Tversky A. Prospect theory: an analysis of decisions under risk[J]. Econometrica,1979(47):313 - 327.

[76] Keim D B, Stambaugh R F. Predicting returns in the stock and bond markets [J]. Journal of Financial Economics, 1986 (2):357 - 390.

[77] Kelly B T, Pruitt S, Su Y. Characteristics are covariances: A unified model of risk and return [J]. Journal of Financial Economics, 已接受。

[78] Konstantinidi E, Skiadopoulos G, Tzagkaraki E. Can the evolution of implied volatility be forecasted? Evidence from European and US implied volatility indices [J]. Journal of Banking and Finance, 2008 (32): 2401 - 2411.

[79] Kothari S, Shanken J. Book-to-market, dividend yield, and expected market returns: a time-series analysis [J]. Journal of Financial Economics, 1997 (2):169 - 203.

[80] Kozak S, Nagel S, Santosh S. Interpreting factor models [J]. Journal of Finance, 2018 (73): 1183 - 1223.

[81] Kozak S, Nagel S, Santosh S. Shrinking the cross-section [J]. Journal of Financial Economics, 2019, 已接受 .

[82] Lamont O. Earnings and expected returns [J]. Journal of Finance, 1988(5):1563 - 1587.

[83] Lin H, Liu L, Su H, Zhu X. Disaster risks in bond returns [W]. 上海财经大

学,2019.
[84] Lin H, Wang J, Wu C. Prediction of corporate bond excess returns [J]. Journal of Financial Markets, 2014 (21): 123 - 152.
[85] Lin H, Wu C, Zhou G. Forecasting corporate bond returns with a large set of predictors: An iterated combination approach [J]. Management Science, 2018 (9), 4218 - 4238.
[86] Lintner J. The valuation of risk assets and the selection of risky investments in stock portfolios and capital budgets[J]. Review of Economics and Statistics,1965 (47):13 - 37.
[87] Loughran T, Ritter J R. The new issues puzzle [J]. Journal of Finance, 1995 (50): 23 - 51.
[88] Lucas R E Jr. Asset prices in an exchange economy[J]. Econometrica,1978(46): 1429 - 1445.
[89] Ludvigson S C, Ng S. Macro factors in bond risk premia [J]. Review of Financial Studies, 2009 (12):5027 - 5067.
[90] Luttmer E. Asset pricing in economics with frictions[J]. Econometrica,1996(46): 1429 - 1446.
[91] Markowitz H M. Portfolio selection[J]. Journal of Finance,1952(7):77 - 91.
[92] Mehra R,Prescott E. The equity premium puzzle[J]. Journal of Monetary Economics,1985(15):145 - 161.
[93] Mella-Barral P,Perraudin W. Strategic debt service[J]. Journal of Finance,1997 (52):531 - 556.
[94] Merton R C. Continuous time tinance[M]. Oxford:Blackwell Publishers.
[95] Merton R C. Lifetime portfolio selection under uncertainty: the continuous-time case[J]. Review of Economics and Statistics,1969(51):247 - 257.
[96] Merton R C. Optimum consumption and portfolio rules in a continuous-time model [J]. Journal of Economic Theory,1971(3):373 - 413.
[97] Merton R C. Theory of rational option pricing[J]. Bell Journal of Economics and Management Science,1973a(4):141 - 183.
[98] Merton R C. An intertemporal capital asset pricing model[J]. Econometrica,1973b: 867 - 888.
[99] Modigliani F,Miller M. The cost of capital,corporation finance,and the theory of investmen[J]. American Economic Review,1958(48):261 - 297.
[100] Modigliani F, Miller M. Corporate income taxes and the cost of capital: a correction[J]. American Economic Review,1963(53):433 - 443.
[101] Neumann M, Skiadopoulos G. Predictable dynamics in higher-order risk-neutral moments: Evidence from the S&P 500 options [J]. Journal of Financial and Quantitative Analysis, 2013 (48): 947 - 977.
[102] Novy-Marx R. The other side of value: The gross profitability premium [J].

Journal of Financial Economics, 2013 (108):1 - 28.

[103] Ohlson J A. Financial ratios and the probabilistic prediction of bankruptcy [J]. Journal of Accounting Research, 1980 (18):109 - 31.

[104] Polk C, Thompson S, Vuolteenaho T. Cross-sectional forecasts of the equity premium [J]. Journal of Financial Economics, 2006 (1):101 - 41.

[105] Pontiff J, Schall L D. Book-to-market ratios as predictors of market returns[J]. Journal of Financial Economics, 1998 (2):141 - 60.

[106] Rapach D E, Strauss J K, Zhou G. International stock return predictability: What is the role of the United States? [J]. Journal of Finance, 2013 (68): 1633 - 1662.

[107] Ritter J R. The long-run performance of initial public offerings [J]. Journal of Finance, 1991 (46):3 - 27.

[108] Roll R. A critique of asset pricing theory: part I. On the past and potential testability of the theory[J]. Journal of Financial Economics,1977(4):129 - 176.

[109] Ross S A. The arbitrage theory of capital asset pricing[J]. Journal of Economic Theory,1976(13):341 - 360.

[110] Ross S A. Institutional markets, financial markets, and financial innovation[J]. Journal of Finance,1989(44):541 - 556.

[111] Ross S A. The recovery theorem [J]. Journal of Finance, 2015 (2): 615 - 648.

[112] Roy A D. Safety first and the holding of assets [J]. Econometrica, 1952 (20):431 - 449.

[113] Schoutens W. Levy processes in finance: pricing financial derivatives[M]. New York:Wiley,2003.

[114] Sharpe W. Capital asset prices[J]. Journal of Finance,1964(19):425 - 442.

[115] Shefrin H, Statman M. Behavioral capital asset pricing theory[J]. Journal of Finance and Quantitative Analysis,1994(29):323 - 349.

[116] Shefrin H, Statman M. Behavioral portfolio theory[J]. Journal of Financial and Quantitative Analysis,2000(35):127 - 151.

[117] Sloan R G. Do stock prices fully reflect information in accruals and cash flows about future earnings? [J]. The Accounting Review, 1996 (71): 289 - 315.

[118] Slovic P. Psychological study of human judgement: implications for investment decision making[J]. Journal of Finance,1972(27):779 - 801.

[119] Stambaugh R F, Yu J, Yuan Y. The short of it: Investor sentiment and anomalies [J]. Journal of Financial Economics, 2012 (104):288 - 302.

[120] Stambaugh R F, Yu J, Yuan Y. The long of it: Odds that investor sentiment spuriously predicts anomaly returns [J]. Journal of Financial Economics, 2014 (114):613 - 619.

[121] Stambaugh R F, Yu J, Yuan Y. Arbitrage asymmetry and the idiosyncratic volatility puzzle [J]. Journal of Finance,2015 (70):1903 - 1948.

[122] Stambaugh R F, Yuan Y. Mispricing factors [J]. Review of Financial Studies,

2017 (4): 1271 - 1315.

[123] Sundaresan S M. Intertemporally dependent preferences and the volatility of consumption and wealth[J]. Review of Financial Studies, 1989(2): 73 - 89.

[124] Thornton Daniel L, Valente G. Out-of-sample predictions of bond excess returns and forward rates: An asset allocation perspective [J]. Review of Financial Studies, 2012(10): 3141 - 3168.

[125] Titman S, Wei K C J, Xie F. Capital investments and stock returns [J]. Journal of Financial and Quantitative Analysis, 2004 (39): 677 - 700.

[126] Vasquez A. Equity volatility term structures and the cross section of option returns [J]. Journal of Financial and Quantitative Analysis, 2017 (6): 2727 - 2754.

[127] Vayanos G. Transaction costs and asset prices: a dynamic equilibrium model[J]. Review of Financial Studies, 1998(11): 1 - 58.

[128] Vissing-Jørgensen A. Limited stock market participation[D]. Working Paper, MIT.

[129] Welch I, Goyal A. A comprehensive look at the empirical performance of equity premium prediction [J]. Review of Financial Studies, 2008 (4): 1455 - 1508.

[130] Zhou G. Measuring investor sentiment [J]. Annual Review of Financial Economics, 2018 (10) : 239 - 259.

即测即评

习　题

1. 请简要概述金融市场学的四大基础理论。
2. 请简要概述 20 世纪 90 年代以来现代金融市场理论的一些新发展。
3. 请简要概述行为金融学的主要内容。
4. 请简要概述资产定价理论的最新发展。
5. 请阅读金融市场学理论的一篇经典文献并总结其思想。
6. 请分析从消费和效用函数中推导随机贴现因子的合理性。
7. 请简要概述既有效又无效的市场理论。
8. 请简要概述资产收益率可预测性的主要内容。

行为金融理论纵览

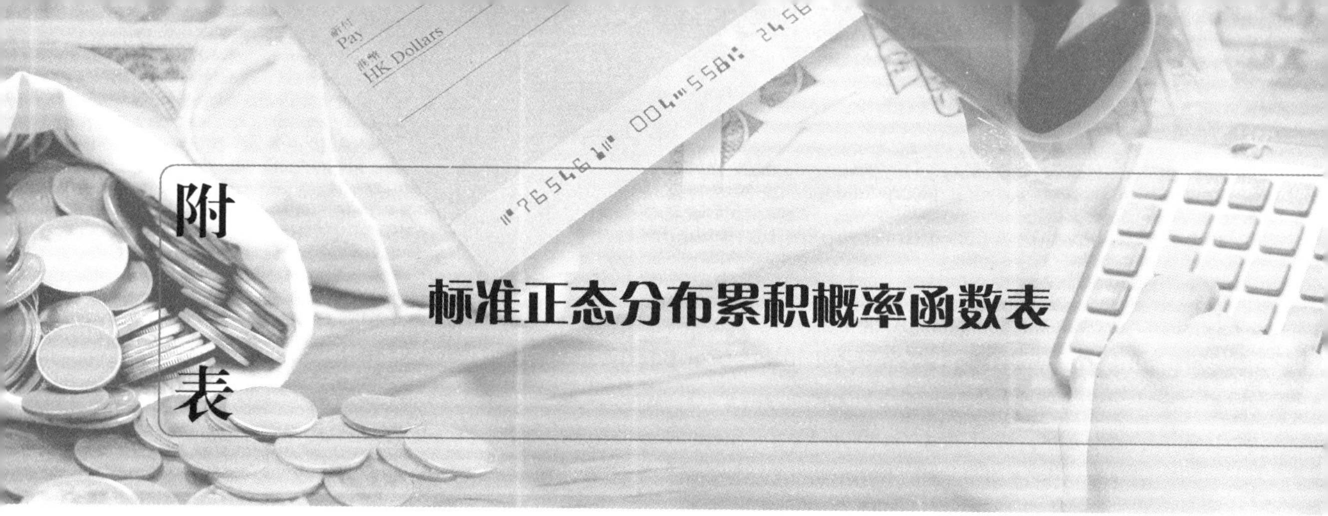

附表 标准正态分布累积概率函数表

1. 当 $x \leqslant 0$ 时的 $N(x)$ 表

这个表表示了当 $x \leqslant 0$ 时 $N(x)$ 的值。使用这张表时可与内插法结合起来使用。例如：

$$\begin{aligned} N(-0.123\,4) &= N(-0.12) - 0.34 \times [N(-0.12) - N(-0.13)] \\ &= 0.452\,2 - 0.34 \times (0.452\,2 - 0.448\,3) \\ &= 0.450\,9 \end{aligned}$$

x	.00	.01	.02	.03	.04	.05	.06	.07	.08	.09
−0.0	0.500 0	0.496 0	0.492 0	0.488 0	0.484 0	0.480 1	0.476 1	0.462 1	0.468 1	0.464 1
−0.1	0.460 2	0.456 2	0.452 2	0.448 3	0.444 3	0.440 4	0.436 4	0.432 5	0.428 6	0.424 7
−0.2	0.420 7	0.416 8	0.412 9	0.409 0	0.405 2	0.401 3	0.397 4	0.393 6	0.389 7	0.385 9
−0.3	0.382 1	0.378 3	0.374 5	0.370 7	0.366 9	0.363 2	0.359 4	0.355 7	0.352 0	0.348 3
−0.4	0.344 6	0.340 9	0.337 2	0.333 6	0.330 0	0.326 4	0.322 8	0.319 2	0.315 6	0.312 1
−0.5	0.308 5	0.305 0	0.301 5	0.298 1	0.294 6	0.291 2	0.287 7	0.284 3	0.281 0	0.277 6
−0.6	0.274 3	0.270 9	0.267 6	0.264 3	0.261 1	0.257 8	0.254 6	0.251 4	0.248 3	0.245 1
−0.7	0.242 0	0.238 9	0.235 8	0.232 7	0.229 6	0.226 6	0.223 6	0.220 6	0.217 7	0.214 8
−0.8	0.211 9	0.209 0	0.206 1	0.203 3	0.200 5	0.197 7	0.194 9	0.192 2	0.189 4	0.186 7
−0.9	0.184 1	0.181 4	0.178 8	0.176 2	0.173 6	0.171 1	0.168 5	0.166 0	0.163 5	0.161 1
−1.0	0.158 7	0.156 2	0.153 9	0.151 5	0.149 2	0.146 9	0.144 6	0.142 3	0.140 1	0.137 9
−1.1	0.135 7	0.133 5	0.131 4	0.129 2	0.127 1	0.125 1	0.123 0	0.121 0	0.119 0	0.117 0
−1.2	0.115 1	0.113 1	0.111 2	0.109 3	0.107 5	0.105 6	0.103 8	0.102 0	0.100 3	0.098 5
−1.3	0.096 8	0.095 1	0.093 4	0.091 8	0.090 1	0.088 5	0.086 9	0.085 3	0.083 8	0.082 3
−1.4	0.080 8	0.079 3	0.077 8	0.076 4	0.074 9	0.073 5	0.072 1	0.070 8	0.069 4	0.068 1
−1.5	0.066 8	0.065 5	0.064 3	0.063 0	0.061 8	0.060 6	0.059 4	0.058 2	0.057 1	0.055 9
−1.6	0.054 8	0.053 7	0.052 6	0.051 6	0.050 5	0.049 5	0.048 5	0.047 5	0.046 5	0.045 5

续表

x	.00	.01	.02	.03	.04	.05	.06	.07	.08	.09
−1.7	0.044 6	0.043 6	0.042 7	0.042 7	0.040 9	0.040 1	0.039 2	0.038 4	0.037 5	0.036 7
−1.8	0.035 9	0.035 1	0.034 4	0.034 4	0.032 9	0.032 2	0.031 4	0.030 7	0.030 1	0.029 4
−1.9	0.028 7	0.028 1	0.027 4	0.027 4	0.026 2	0.025 6	0.025 0	0.024 4	0.023 9	0.023 3
−2.0	0.022 8	0.022 2	0.021 7	0.021 2	0.020 7	0.020 2	0.019 7	0.019 2	0.018 8	0.018 3
−2.1	0.017 9	0.017 4	0.017 0	0.016 6	0.016 2	0.015 8	0.015 4	0.015 0	0.014 6	0.014 3
−2.2	0.013 9	0.013 6	0.013 2	0.012 9	0.012 5	0.012 2	0.011 9	0.011 6	0.011 3	0.011 0
−2.3	0.010 7	0.010 4	0.010 2	0.009 9	0.009 6	0.009 4	0.009 1	0.008 9	0.008 7	0.008 4
−2.4	0.008 2	0.008 0	0.007 8	0.007 5	0.007 3	0.007 1	0.006 9	0.006 8	0.006 6	0.006 4
−2.5	0.006 2	0.006 0	0.005 9	0.005 7	0.005 5	0.005 4	0.005 2	0.005 1	0.004 9	0.004 8
−2.6	0.004 7	0.004 5	0.004 4	0.004 3	0.004 1	0.004 0	0.003 9	0.003 8	0.003 7	0.003 6
−2.7	0.003 5	0.003 4	0.003 3	0.003 2	0.003 1	0.003 0	0.002 9	0.002 8	0.002 7	0.002 6
−2.8	0.002 6	0.002 5	0.002 4	0.002 3	0.002 3	0.002 2	0.002 1	0.002 1	0.002 0	0.001 9
−2.9	0.001 9	0.001 8	0.001 8	0.001 7	0.001 6	0.001 6	0.001 5	0.001 5	0.001 4	0.001 4
−3.0	0.001 4	0.001 3	0.001 3	0.001 2	0.001 2	0.001 1	0.001 1	0.001 1	0.001 0	0.001 0
−3.1	0.001 0	0.000 9	0.000 9	0.000 9	0.000 8	0.000 8	0.000 8	0.000 8	0.000 7	0.000 7
−3.2	0.000 7	0.000 7	0.000 6	0.000 6	0.000 6	0.000 6	0.000 6	0.000 5	0.000 5	0.000 5
−3.3	0.000 5	0.000 5	0.000 5	0.000 4	0.000 4	0.000 4	0.000 4	0.000 4	0.000 4	0.000 3
−3.4	0.000 3	0.000 3	0.000 3	0.000 3	0.000 3	0.000 3	0.000 3	0.000 3	0.000 3	0.000 2
−3.5	0.000 2	0.000 2	0.000 2	0.000 2	0.000 2	0.000 2	0.000 2	0.000 2	0.000 2	0.000 2
−3.6	0.000 2	0.000 2	0.000 1	0.000 1	0.000 1	0.000 1	0.000 1	0.000 1	0.000 1	0.000 1
−3.7	0.000 1	0.000 1	0.000 1	0.000 1	0.000 1	0.000 1	0.000 1	0.000 1	0.000 1	0.000 1
−3.8	0.000 1	0.000 1	0.000 1	0.000 1	0.000 1	0.000 1	0.000 1	0.000 1	0.000 1	0.000 1
−3.9	0.000 0	0.000 0	0.000 0	0.000 0	0.000 0	0.000 0	0.000 0	0.000 0	0.000 0	0.000 0
−4.0	0.000 0	0.000 0	0.000 0	0.000 0	0.000 0	0.000 0	0.000 0	0.000 0	0.000 0	0.000 0

2. 当 $x \geqslant 0$ 时的 N(x)表

这个表表示了当 $x \geqslant 0$ 时 N(x)的值。使用这张表时可与内插法结合起来使用。例如：

$$\begin{aligned} N(0.627\,8) &= N(0.62) + 0.78 \times [N(0.63) - N(0.62)] \\ &= 0.732\,4 + 0.78 \times (0.735\,7 - 0.732\,4) \\ &= 0.735\,0 \end{aligned}$$

x	.00	.01	.02	.03	.04	.05	.06	.07	.08	.09
0.0	0.500 0	0.504 0	0.508 0	0.512 0	0.516 0	0.519 9	0.523 9	0.527 9	0.531 9	0.535 9
0.1	0.539 8	0.543 8	0.547 8	0.551 7	0.555 7	0.559 6	0.563 6	0.567 5	0.571 4	0.575 3
0.2	0.579 3	0.583 2	0.587 1	0.591 0	0.594 8	0.598 7	0.602 6	0.606 4	0.610 3	0.614 1
0.3	0.617 9	0.621 7	0.625 5	0.629 3	0.633 1	0.636 8	0.640 6	0.644 3	0.648 0	0.651 7
0.4	0.655 4	0.659 1	0.662 8	0.666 4	0.670 0	0.673 6	0.677 2	0.680 8	0.684 4	0.687 9
0.5	0.691 5	0.695 0	0.698 5	0.701 9	0.705 4	0.708 8	0.712 3	0.715 7	0.719 0	0.722 4
0.6	0.725 7	0.729 1	0.732 4	0.735 7	0.738 9	0.742 2	0.745 4	0.748 6	0.751 7	0.754 9
0.7	0.758 0	0.761 1	0.764 2	0.767 3	0.770 4	0.773 4	0.776 4	0.779 4	0.782 3	0.785 2
0.8	0.788 1	0.791 0	0.793 9	0.796 7	0.799 5	0.802 3	0.805 1	0.807 8	0.810 6	0.813 3
0.9	0.815 9	0.818 6	0.821 2	0.823 8	0.826 4	0.828 9	0.831 5	0.834 0	0.836 5	0.838 9
1.0	0.841 3	0.843 8	0.846 1	0.848 5	0.850 8	0.853 1	0.855 4	0.857 7	0.859 9	0.862 1
1.1	0.864 3	0.866 5	0.868 6	0.870 8	0.872 9	0.874 9	0.877 0	0.879 0	0.881 0	0.883 0
1.2	0.884 9	0.886 9	0.888 8	0.890 7	0.892 5	0.894 4	0.896 2	0.898 0	0.899 7	0.901 5
1.3	0.903 2	0.904 9	0.906 6	0.908 2	0.909 9	0.911 5	0.913 1	0.914 7	0.916 2	0.917 7
1.4	0.919 2	0.920 7	0.922 2	0.923 6	0.925 1	0.926 5	0.927 9	0.929 2	0.930 6	0.931 9
1.5	0.933 2	0.934 5	0.935 7	0.937 0	0.938 2	0.939 4	0.940 6	0.941 8	0.942 9	0.944 1
1.6	0.945 2	0.946 3	0.947 4	0.948 4	0.949 5	0.950 5	0.951 5	0.952 5	0.953 5	0.954 5
1.7	0.955 4	0.956 4	0.957 3	0.958 2	0.959 1	0.959 9	0.960 8	0.961 6	0.962 5	0.963 3
1.8	0.964 1	0.964 9	0.965 6	0.966 4	0.967 1	0.967 8	0.968 6	0.969 3	0.969 9	0.970 6
1.9	0.971 3	0.971 9	0.972 6	0.973 2	0.973 8	0.974 4	0.975 0	0.975 6	0.976 1	0.976 7
2.0	0.977 2	0.977 8	0.978 3	0.978 8	0.979 3	0.979 8	0.980 3	0.980 8	0.981 2	0.981 7
2.1	0.982 1	0.982 6	0.983 0	0.983 4	0.983 8	0.984 2	0.984 6	0.985 0	0.985 4	0.985 7
2.2	0.986 1	0.986 4	0.986 8	0.987 1	0.987 5	0.987 8	0.988 1	0.988 4	0.988 7	0.989 0
2.3	0.989 3	0.989 6	0.989 8	0.990 1	0.990 4	0.990 6	0.990 9	0.991 1	0.991 3	0.991 6
2.4	0.991 8	0.992 0	0.992 2	0.992 5	0.992 7	0.992 9	0.993 1	0.993 2	0.993 4	0.993 6
2.5	0.993 8	0.994 0	0.994 1	0.994 3	0.994 5	0.994 6	0.994 8	0.994 9	0.995 1	0.995 2
2.6	0.995 3	0.995 5	0.995 6	0.995 7	0.995 9	0.996 0	0.996 1	0.996 2	0.996 3	0.996 4
2.7	0.996 5	0.996 6	0.996 7	0.996 8	0.996 9	0.997 0	0.997 1	0.997 2	0.997 3	0.997 4
2.8	0.997 4	0.997 5	0.997 6	0.997 7	0.997 7	0.997 8	0.997 9	0.997 9	0.998 0	0.998 1
2.9	0.998 1	0.998 2	0.998 2	0.998 3	0.998 4	0.998 4	0.998 5	0.998 5	0.998 6	0.998 6
3.0	0.998 6	0.998 7	0.998 7	0.999 8	0.998 8	0.998 9	0.998 9	0.998 9	0.999 0	0.999 0
3.1	0.999 0	0.999 1	0.999 1	0.999 1	0.999 2	0.999 2	0.999 2	0.999 2	0.999 3	0.999 3

续表

x	.00	.01	.02	.03	.04	.05	.06	.07	.08	.09
3.2	0.999 3	0.999 3	0.999 4	0.999 4	0.999 4	0.999 4	0.999 4	0.999 5	0.999 5	0.999 5
3.3	0.999 5	0.999 5	0.999 5	0.999 6	0.999 6	0.999 6	0.999 6	0.999 6	0.999 6	0.999 7
3.4	0.999 7	0.999 7	0.999 7	0.999 7	0.999 7	0.999 7	0.999 7	0.999 7	0.999 7	0.999 8
3.5	0.999 8	0.999 8	0.999 8	0.999 8	0.999 8	0.999 8	0.999 8	0.999 8	0.999 8	0.999 8
3.6	0.999 8	0.999 8	0.999 9	0.999 9	0.999 9	0.999 9	0.999 9	0.999 9	0.999 9	0.999 9
3.7	0.999 9	0.999 9	0.999 9	0.999 9	0.999 9	0.999 9	0.999 9	0.999 9	0.999 9	0.999 9
3.8	0.999 9	0.999 9	0.999 9	0.999 9	0.999 9	0.999 9	0.999 9	0.999 9	0.999 9	0.999 9
3.9	1.000 0	1.000 0	1.000 0	1.000 0	1.000 0	1.000 0	1.000 0	1.000 0	1.000 0	1.000 0
4.0	1.000 0	1.000 0	1.000 0	1.000 0	1.000 0	1.000 0	1.000 0	1.000 0	1.000 0	1.000 0